勐卯土司
千秋史话

何少林 张方元 著

瑞丽市中缅边境文化交流协会　编

德宏民族出版社

图书在版编目（CIP）数据

勐卯土司千秋史话 / 何少林，张方元著．-- 芒市：

德宏民族出版社，2015.12

ISBN 978-7-5558-0421-5

Ⅰ．①勐… Ⅱ．①何… ②张… Ⅲ．①傣族－土司制

度－研究－瑞丽市 Ⅳ．① K285.3

中国版本图书馆 CIP 数据核字（2016）第 008203 号

书　　　名：勐卯土司千秋史话

作　　　者：何少林 张方元 著

出版·发行	德宏民族出版社	责 任 编 辑	舒生跃　孟成信
社　　址	云南省德宏州芒市勇罕街 1 号	责 任 校 对	封履仁
邮　　编	678400	封 面 设 计	罗天溥
总编室电话	0692-2124877	发行部电话	0692-2112886
汉文编室	0692-2111881	民文编室	0692-2113131
电子邮件	dmpress@163.com	网　　址	www.dmpress.cn
印　刷　厂	德宏民族出版社印刷厂		

开　　本	889mm×1194mm 1/16	版　　次	2015 年 12 月第 1 版
印　　张	29.5	印　　次	2015 年 12 月第 1 次
字　　数	600 千字	印　　数	1-5000
书　　号	ISBN 978-7-5558-0421-5/K•178	定　　价	138.00 元

如出现印刷、装订错误，请与承印厂联系调换事宜。印刷厂联系电话：0692-2121712

《勐卯土司千秋史话》编委会

顾　问：金光亮　　卜金富　　李　川　　散　孟

主　任：舒生跃

副主任：排　生　　岩　板　　排云祥　　棍　么

　　　　尚丽霞　　何少林　　张方元

成　员：帅很三冷　依　闷　　林素玮　　刘和云

　　　　思铭章　　孟成信　　封履仁

勐卯河谷地带——中国傣族的发源地

ᥙᥭᥢ ᥛᥰᥢᥴ ᥝᥭᥢᥰ ᥜᥨᥢ--ᥤᥨᥢᥴ ᥖᥭᥢᥴ ᥐᥰᥢᥴ ᥖᥲ ᥝᥲᥢ ᥖᥩᥱᥰ ᥖᥤᥢᥴ ᥙᥭᥢ ᥙᥨᥢ

古代南方丝绸之路"蜀身毒道"上的大象运输队

ᥝᥨᥢᥴ ᥙᥲ ᥝᥨᥢᥴ ᥝᥭᥢᥰ ᥕᥩᥰ ᥖᥰᥤᥴ ᥝᥭᥢᥰ ᥖᥰ ᥖᥲ ᥝᥩᥰ ᥙᥨᥢ ᥙᥭᥢ ᥖᥲᥢ ᥝᥱᥢ ᥖᥨᥢᥴ

雷允召武定纪念塔

ᥔᥕᥭ᥵ ᥖᥫ᥵ᥑᥣᥴ ᥔᥩᥙᥰᥔᥣᥴ ᥗᥥᥰ ᥘᥬᥭᥴ ᥓᥩᥛᥴ ᥝᥧᥴᥖᥥᥒᥰ ᥔᥣᥴᥘᥬᥭᥴ

雷奘相寺——召武定建立的佛寺

ᥡᥳᥐᥲ ᥝᥤᥲᥑᥰᥞᥲ ᥚᥲᥖ——ᥙᥝᥰ ᥡᥴ ᥝᥤᥲ ᥚᥲᥖ ᥑᥛᥰ ᥘᥘᥰ ᥙᥝᥰ ᥐᥣᥭᥳᥘᥦᥝᥳ

勐卯果占璧王国王宫遗址

ᥛᥫᥒᥰ ᥛᥣᥝᥳ ᥐᥨᥝᥳ ᥓᥣᥛᥲ ᥙᥤᥴ ᥝᥤᥒᥴ ᥐᥨᥝᥰ ᥝᥤᥒᥴ ᥕᥣᥝᥴ ᥝᥤᥒᥴ ᥐᥨᥒᥰ ᥞᥣᥝᥲ ᥚᥲᥖ

古滇越乘象国曾经的都城
ᨡᩣᩴᩤᩴ ᨾᩮᩬᩥᨦ ᩃᩮᩣ ᨡ᩠ᨿᩢᨦ ᨾᩮᩬᩥᨦ ᨲᩣ᩠ᨦ ᨾᩮᩬᩥᨦ ᨷᩪᩁ ᩃᩢᩣ ᩃ᩠ᨿᩁ

刀京版审案升堂情景
ᨳᩢᩣᩴ ᨩᩪ ᨡᩩᩁᨾᩮᩬᩥᨦ ᩃᩮᩣ ᨾᩮᩬᩥᨦ ᨩᩦ ᨷᩪᩁ

思伦法建立的麓川王城王宫

ᥢ ᥘᥫᥒ ᥖᥩᥒ ᥓᥛ ᥗᥤ ᥛᥥᥢ ᥘᥤᥒ ᥖᥣᥛ ᥘᥛᥬ ᥙᥩᥒ ᥥ

与明朝"三征麓川"抗衡的勐卯王思任法

ᥓᥩᥒ ᥛᥬ ᥙᥤ ᥘᥛᥩ ᥘᥓᥒ ᥘᥢᥢ ᥛᥢᥢ ᥐᥩᥒ ᥘ ᥘᥩᥒ ᥛᥣᥬ

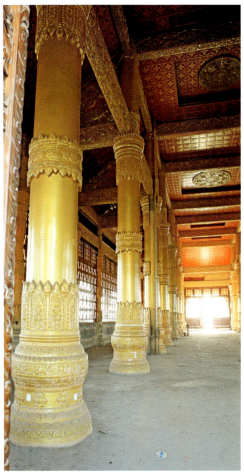

富丽堂皇的麓川国王宫大殿

ᥖᥩᥒ ᥘᥫᥒ ᥘᥩᥒ ᥓᥛ ᥗᥤ ᥛᥥᥢ ᥐᥩ ᥘᥬᥢ ᥐᥣᥒ ᥘᥩᥒ

果占璧王国姐南王城傣族供奉的朗满娜与国王塑像

ᥖᥩᥒ ᥘᥫᥒ ᥘᥤᥰ ᥘᥫᥢ ᥘᥬ ᥛᥬ ᥖᥩᥒ ᥓᥛ ᥗᥤ ᥛᥥᥢ ᥘᥛ ᥘᥢᥬ ᥘᥩᥢ ᥐᥩ ᥘᥬᥢ ᥘᥩᥒ

麓川国大将思嘎法遗像

ᥘ᥮ᥰ ᥖᥣᥴ ᥜᥦᥳ ᥘᥣ ᥕᥤᥴ

明代来自勐卯的耿马傣族

ᥖᥣᥰ ᥕᥝᥰ ᥖᥬᥴ ᥙᥣ ᥓ ᥑᥳ ᥖᥣ ᥖᥴ ᥙᥣ ᥘᥬᥰ ᥐᥳ ᥑᥣᥰ

明代由勐卯来到金沙江畔永仁县的傣族

ᥖᥣᥰ ᥕᥝᥰ ᥖᥬᥴ ᥙᥣ ᥓ ᥑᥳ ᥖᥣ ᥖᥴ ᥙᥣ ᥘᥬᥰ ᥐᥳ ᥑᥣᥰ ᥘᥬᥰ ᥐᥳ ᥑᥣᥰ

明代来自勐卯的孟连傣族

ᥛᥫᥒᥰ ᥓᥣᥢ ᥗᥭᥰ ᥞᥣ ᥓᥰᥣᥩ ᥛᥫᥒᥰ ᥛᥣᥝᥰ ᥘᥭᥱ ᥛᥣᥲ ᥐᥪᥰᥙ ᥐᥬᥱ ᥘᥣᥭ ᥛᥫᥒᥰ

明代来自勐卯的印度阿萨姆邦傣族

ᥛᥫᥒᥰ ᥘᥭᥱ ᥓᥣᥢ ᥛᥫᥒᥰ ᥛᥣᥝᥰ ᥐᥪᥰᥙ ᥐᥬᥱ ᥓᥰᥣᥩ ᥘᥣᥭ ᥞᥣ ᥓᥣᥢ ᥛᥫᥒᥰ ᥛᥣᥝᥰ ᥘᥭᥱ ᥛᥣᥲ ᥐᥬᥱ ᥘᥣᥭ ᥘᥭᥱ ᥛᥫᥒᥰ

来自勐卯的印度阿萨姆邦傣族

ᥖᥣᥱ ᥔᥤᥰ ᥜᥩᥳ ᥖᥣᥲ ᥛᥫᥒᥰ ᥛᥣᥰ ᥘᥤ ᥖᥬᥰ ᥖᥣ ᥛᥤᥰ ᥘᥤ ᥛᥤᥰ

土司印鉴

清王朝授勐卯土司的大印

ᥔᥤᥲ ᥟᥤᥰ ᥗᥩᥒᥰ ᥗᥤ ᥔᥤᥰ ᥔᥨᥒᥰ ᥖᥣᥰ
ᥙᥭᥰ ᥟᥧᥰ ᥙᥣᥰ ᥔᥤᥰ ᥙᥣᥰ ᥔᥤᥰ ᥔᥨᥒᥰ

清代铸造的平麓城古铜炮

ᥔᥤᥲ ᥟᥤᥰ ᥖᥣᥲ ᥖᥩᥒᥰ ᥔᥤᥰ ᥖᥣᥲ ᥛᥤᥒᥰ ᥘᥤ ᥔᥤᥰ ᥘᥤᥒᥰ ᥖᥣᥰ

恢复重建的平麓城东门原貌

ᥢᥣᥭ ᥔᥩᥒ ᥖᥣᥰ ᥖᥣᥝ ᥑᥣᥒᥰ ᥔᥥᥒ ᥢᥣ ᥖᥣ ᥕᥥᥱ

明代建立的平麓古城东门遗址

勐卯衎氏末代土司衎景泰、衎玉兰夫妇与女儿

1930 年任勐卯土司代办的刀京版与他的幕僚们

ᩋᩣ. ᩁᩪᨷᨲᩤᩯ ᩉᩢᨠ ᨧᩮᩢᩢᩣ ᩉᩖᩣᩴ 1930 ᨷᩦ ᨠᩢᨷ ᩃᩪᨠᨶᩬᨦ

1941 年任勐卯土司代办的方克胜

ᩋᩣ. ᩁᩪᨷᨲᩤᩯ ᩉᩢᨠ ᨧᩮᩢᩢᩣ ᩉᩖᩣᩴ 1941 ᨷᩦ ᨠᩢᨷ ᩃᩪᨠᨶᩬᨦ

勐卯末代土司衔景泰夫人衔玉兰年青时

ᩋᩣ. ᩁᩪᨷ ᨿᩤ ᩉᩢᨠ ᨧᩮᩢᩢᩣ ᩉᩖᩣᩴ ᨠᩢᨷ ᩃᩪᨠᨶᩬᨦ

雷允飞机制造厂遗址纪念碑

ᥱᥤᥒ ᥖᥩᥛᥰ ᥘᥨᥝ ᥗᥥᥒᥴ ᥖᥩᥛᥰ ᥞᥨᥝ ᥱᥤᥒ ᥞᥤᥛ ᥴ

雷允飞机制造厂生产的飞机

ᥞᥤᥒ ᥖᥩᥛᥴ ᥖᥩᥒ ᥖᥩᥒᥴ ᥞᥤᥒ ᥞᥤᥒᥴ ᥖᥩᥒᥰ

ᥙᥤᥝ ᥖᥩ ᥘᥩᥴ ᥖᥩᥒᥴ ᥖᥩᥒᥴ ᥖᥩᥒ ᥘᥩᥴ

滇缅公路修通后英军高炮兵守卫畹町桥

ᥓᥨᥝ ᥖᥩᥒᥰ ᥖᥤᥒᥴ ᥖᥩ ᥖᥩᥒᥰ ᥗᥥᥒᥴ ᥖᥩᥒᥴ ᥓᥤᥒ

ᥙᥨᥝ ᥖᥤᥒ ᥓᥩᥒᥰ ᥖᥤᥒ ᥖᥩᥒᥰ ᥖᥩᥒᥰ ᥱᥤᥒ ᥓᥩᥒᥴ ᥖᥤᥒᥰ

为滇西抗战做出重要贡献的南洋华侨机工纪念碑

ᥖᥭᥰ ᥓᥭᥰᥐ ᥖᥭᥰ ᥙᥭᥰᥐ ᥗᥭᥰ ᥖᥭᥰ ᥗᥭᥰ ᥖᥭᥰᥙ ᥐᥭᥰᥙᥴ ᥐᥭᥰ

衍玉兰与亲友相聚

ᥗᥭᥰ ᥖᥭᥰ ᥖᥭᥰᥙ ᥖᥭᥰᥙ ᥖᥭᥰᥙᥴ ᥐᥭᥰ ᥖᥭᥰ ᥐᥭᥰ ᥖᥭᥰᥙ

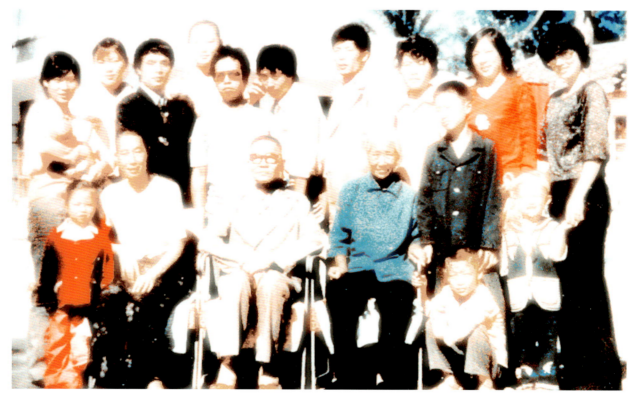

衍景泰最后的全家福

ᥖᥭᥰᥙᥴ ᥖᥭᥰ ᥖᥭᥰᥙ ᥖᥭᥰ ᥖᥭᥰᥙ ᥖᥭᥰ ᥐᥭᥰ ᥖᥭᥰ ᥗᥭᥰ ᥖᥭᥰᥙ ᥖᥭᥰ ᥐᥭᥰ ᥗᥭᥰ ᥖᥭᥰᥙ ᥖᥭᥰ ᥖᥭᥰᥙ ᥖᥭᥰᥙ

1950 年五星红旗插上了畹町桥
1950ꩮꩰ ꨕꨯꨯ ꨅꨮꨓꨮ ꨅꨯꨮ ꩚ꨓꨱ ꨅꨰꨳꨯꨮ ꨅꨯꨮꨀ ꨕꨯꨯ ꨅꨯꨮ ꨀꩴꩰ ꩚ꨓꨱ ꨕꨯꨯ ꨅꨮ

毛泽东主席接见德宏州原州长刀京版
ꨀꨮꩰ ꨅꨮ ꨕꨯꨯ ꨅꨮ ꨀꨮꩴ ꨅꨮ ꨕꨯꨯ ꨅꨮ ꨅꨯꨮ ꨅꨯꨮ ꨀꨮꩴ ꨕꨯꨯ ꨅꨮ ꨅꨯꨮ ꨅꨮ ꨕꨯꨯ ꨅꨮ ꨀꩴꩰ ꨕꨯꨯ ꨅꨮ

1956年周恩来总理与缅甸总理在德宏芒市参加中缅边民联欢会

1956 ᥜᥤᥲ ᥗᥦᥰ ᥑᥧ ᥘᥭᥰ ᥙᥤᥰ ᥓᥥᥲ ᥘᥣᥭ ᥛᥥᥒᥰ ᥓᥨᥝ ᥒᥢᥴ ᥘᥭᥰ ᥙᥤᥰ ᥓᥥᥲ ᥘᥣᥭ ᥛᥥᥒᥰ ᥙᥛᥣ ᥙᥨᥢ ᥓᥩᥛᥰ ᥘᥭᥰ ᥙᥤᥰ ᥓᥥᥲ ᥘᥣᥭ ᥛᥥᥒᥰ ᥙᥛᥣ

勐卯末代土司衍景泰（左）与芒市末代土司方御龙

ᥛᥥᥒᥰ ᥛᥣᥝᥲ ᥙᥙᥲ ᥘᥭᥰ ᥗᥤ ᥙᥢᥰ ᥓᥨᥝ ᥘᥭᥰ ᥙᥤᥰ (ᥓᥣᥭᥴ) ᥘᥣᥭ ᥛᥥᥒᥰ ᥙᥙᥲ ᥘᥭᥰ ᥗᥤ ᥙᥢᥰ ᥓᥨᥝ ᥘᥭᥰ ᥙᥤᥰ

高僧圆寂葬礼——摆拉洛

ᥘᥣᥰ ᥘᥣᥰ ᥘᥣᥰ

第十四任土司衎国藩倡导和发展的瑞丽傣戏已有130年历史

ᥘᥣᥰ ᥘᥣᥰ ᥘᥣᥰ ᥘᥣᥰ ᥘᥣᥰ ᥘᥣᥰ ᥘᥣᥰ ᥘᥣᥰ ᥘᥣᥰ 130 ᥘᥣᥰ ᥘᥣᥰ

姐勒金塔

瑞丽成为我国对东南亚开放的桥头堡

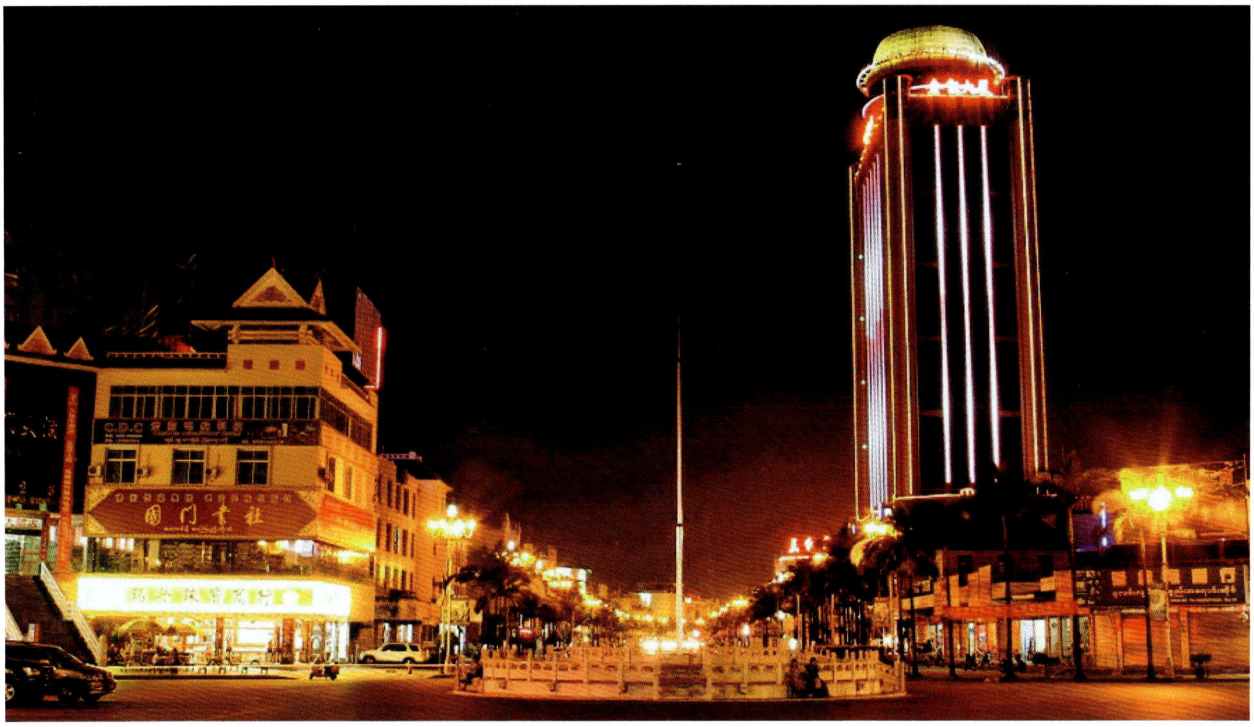

姐告重点开发开放试验区夜景

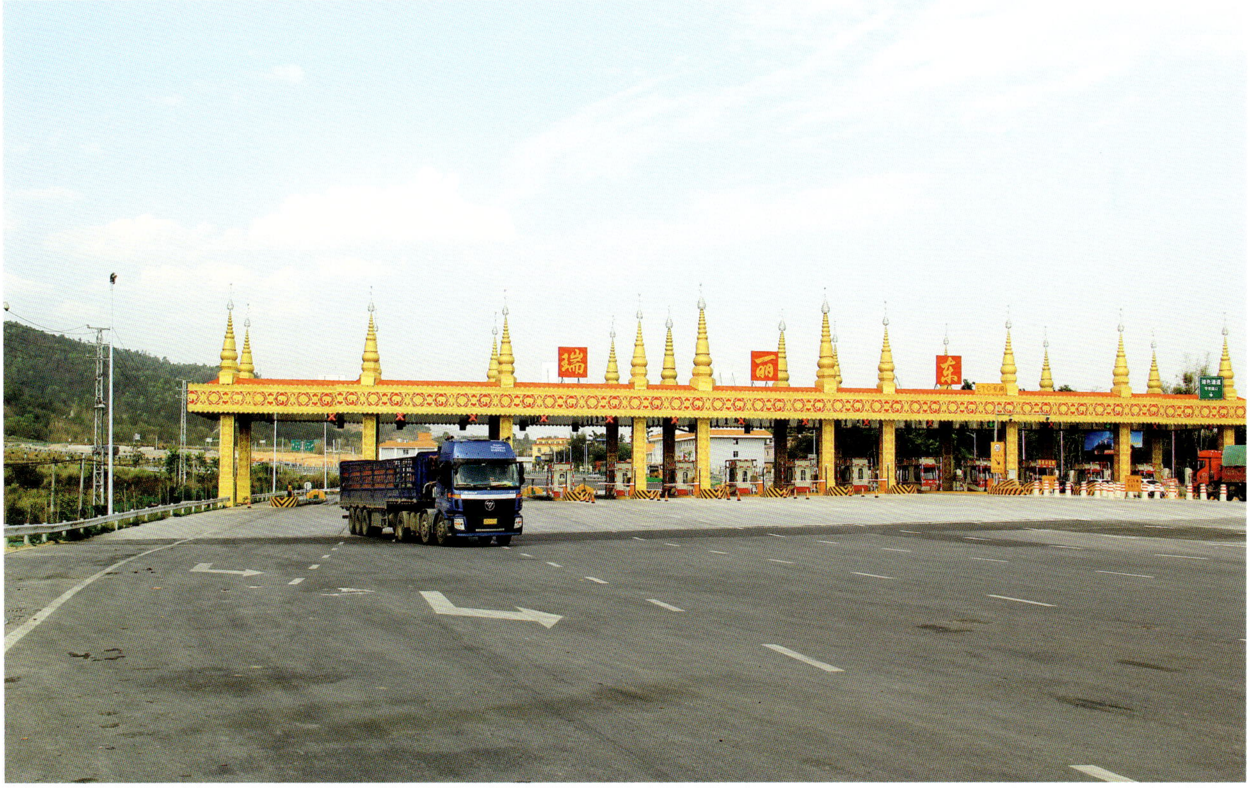

龙瑞高速公路通车标志 G56 杭瑞高速公路全线贯通

瑞丽江的铁索桥、水泥桥和高速公路桥见证了瑞丽的发展历程

ᥴᥨᥝᥱ ᥓᥭᥰᥛᥨᥝᥱᥴᥨᥝᥱ ᥓᥭᥰᥛᥨᥝᥱᥴᥨᥝᥱ ᥓᥭᥰᥛᥨᥝᥱᥴᥨᥝᥱ ᥓᥭᥰᥛᥨᥝᥱᥴᥨᥝᥱ ᥓᥭᥰᥛᥨᥝᥱᥴᥨᥝᥱ

今日畹町桥

ᥴᥨᥝᥱ ᥓᥭᥰᥛᥨᥝᥱ ᥴᥨᥝᥱᥓᥭᥰᥛᥨᥝᥱ ᥴᥨᥝᥱ ᥓᥭᥰᥛᥨᥝᥱ

姐告大桥促进了中缅瑞丽－木姐跨境经济合作区的建设

瑞丽大等罕佛寺

勐卯土司千秋史话

瑞丽著名傣族诗人召尚弄奘罗遗址

著名傣族歌手、诗人庄相

傣族孔雀舞大师毛相

— 20 —

牛车选美——瑞丽中缅胞波狂欢节

ᥝᥦ ᥘᥤᥴ ᥙᥨᥛ ᥘᥤᥴ ᥘᥤᥴ ᥘ—ᥘᥤ ᥘᥨᥰ ᥙᥩ ᥖᥤ ᥘᥤ ᥙᥩ ᥙᥴ ᥘᥤ

傣族孔雀舞传承人约相在教少儿孔雀舞

ᥝᥨᥛ ᥘᥤᥴ ᥘᥥᥴ ᥘᥤᥰ ᥘᥤᥴ ᥙᥩ ᥘᥤ ᥙᥨᥛ ᥘᥤᥰ ᥘᥤᥴ ᥘᥤᥴ ᥘᥤᥴ ᥙᥩ ᥖᥤ ᥘᥤ ᥙᥩ

瑞丽银井一寨两国寨门

繁忙的瑞丽江渡口

进洼、出洼时佛教信众赕佛

瑞丽佛寺小和尚出家 仪式

本书作者、编辑在约相孔雀舞传习馆调研

本书作者、编辑拜访衍玉兰夫人

序

中共德宏州委副书记、州长　龚敬政

　　勐卯，是瑞丽古老的名称。瑞丽江河谷地带是云南省最早有人类活动的地方之一，是傣族文明的发祥地。早在两千多年前，由傣族先民建立的"滇越乘象国"就通过古代南方丝绸之路——"蜀身毒道"与中华民族大家庭建立了联系。随着东汉"掸国"傣族部落首领雍由调派遣朝贺使团正式向东汉朝廷称臣纳贡被封为"汉大都尉"后，以勐卯为中心的傣族部落地方就归入了中原王朝的版图。由于勐卯地处云南通向东南亚及南亚各国的交通枢纽，在以后漫长的历史岁月中，历代王朝对勐卯傣族地区的战略地位都给予了高度的重视和关注。为加强对勐卯傣族地区的统治，从唐代中央王朝施行"以夷治夷"的"怀柔羁縻"制度，到后来元明清逐步形成、发展和完善的"土司制度"，成为了有别于中原内地特殊的政治统治制度。勐卯土司制度的发展历史，从某种意义上讲，也就是勐卯傣族地方的社会发展史。

　　德宏民族出版社组织策划、编著、出版的"德宏土司系列历史读物丛书"之一的《勐卯土司千秋史话》，从大量汉、傣史籍资料中，撷取了瑞丽江河谷地区傣族先民建立勐卯部落国家"滇越乘象国"始，至后来建立"勐卯果占璧王国"、麓川王国、勐卯安抚司衎氏世袭土司历史发展过程的有关史料，以时代更替为主线，介绍了各个时期的历史人物和历史事件，脉络清晰地讲述了勐卯土司制度建立、发展、完善过程的往世今生和来龙去脉，展现了勐卯地方傣族人民与傣族民族领袖共同推动社会发展数千年的历史苍桑、傣族与中华民族大家庭紧密联系的历史渊源。讴歌了在不同历史时期德宏边疆地区傣族和其它少数民族在历代土司的率领下反抗外来侵略、保卫国家领土完整的爱国主义精神和光荣传统。《勐卯土司千秋史话》一书中还穿插介绍了许多有关勐卯及傣族地区的自然景观、民族风俗、人文古迹、风味饮食、民间传说等内容，是一本集科学性、趣味性、通俗性为一体的民族历史题材普及读物，对于让德宏人认识自己的历史，向社会各界人士宣传介绍德宏将会起到积极的作用。

习近平同志深刻地指出："历史是一个民族，一个国家形成、发展及其盛衰兴亡的真实记录，是前人各种知识、经验和智慧的总汇。"睿智的民族总是能深刻地认识和解读本民族的历史，并在历史的经验和教训中，从昨天走过的路径中找到明天前行的方向。勐卯古国在经历了数千年的时代变迁后，今天又迎来了她重振古代南方丝绸之路"蜀身毒道"雄风的新时代。作为沿边开发开放中的瑞丽试验区，在国家实施"一带一路"发展战略中成为了重要的一环，是云南建设面向南亚东南亚辐射中心的关键节点，是孟中印缅经济走廊建设的先行区。我们德宏各族人民要把握历史机遇，在融入国家"一带一路"的发展战略中，鼓舞信心、开拓进取，以实实在在的行动发挥好通道枢纽、产业基地和交流平台的作用，努力打造瑞丽试验区升级版，让勐卯及德宏地区实现跨越式发展，在2020年与全国人民一道共同实现全面建成小康社会的奋斗目标。我们不仅需要经济建设的全面发展，更需要人的思想观念的变革和民族文化的协调发展。我们期盼"德宏土司系列历史读物丛书"其它卷本能尽快出版面世，为各族群众提供丰富愉悦的精神食粮。

开卷有益，阅读增智。

2015 年 12 月

目　　录

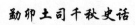

第一篇 古蜀身毒道上的滇越乘象国

引子：瑞丽，她在远古时候的名字称为"勐卯"。勐卯是中国西南边疆、云南西部一块美丽、富饶的河谷盆地。她是云南最早有古人类生活的地区之一。

时光穿越到距今一万年前，地处勐卯河谷的瑞丽坝子，格外温暖宜人，东北部的高黎贡山挡住了从北方来自西伯利亚和青藏高原的寒冷风雪，留下了来自印度洋的暖湿气流，丰沛的雨水和高质量的光照，使当时生活在勐卯河谷被称为"越人"的傣族祖先（可能就是中国元媒古猿人的一支）没有寒冷的威胁，既感到冬暖夏凉十分怡然，又为勐卯河谷万物的生长提供了得天独厚的优越条件。河谷盆地一望无际，从高黎贡山雪水汇集而成的南卯江（即今瑞丽江）发源于云南省腾冲县境内，流经腾冲、龙陵和紧邻勐卯的梁河、芒市、陇川，进入瑞丽坝子。南卯江干流主河长328千米，从勐卯河谷盆地的弄岛容棒旺以南约1千米由南宛河汇入后流出国境，进入缅甸，在缅甸伊尼瓦注入伊洛瓦底江。南卯江从崇山峻岭、高峡深谷间汹涌澎湃地走过来，刚刚进入勐卯坝子后马上温顺得像一个待字闺中的少女，平稳而静穆，弯弯的江水碧波荡漾，缓缓地流过整个勐卯坝子，为农家提供灌溉，让少女在江畔沐浴。南卯江两岸原野竹林掩映，盆地边沿丘陵生长着红椎、红椿、铁杉、滇楠、柚木、铁杉、秃杉、董棕、滇桐、云南石梓、鹅掌楸、铁力木、娑罗双、野茶树、云南山茶花、鹿角蕨、盈江龙脑香等珍稀特别的树种、名目繁多的竹类和漫山遍野的野生稻谷。

而在莽莽苍苍一望无际的原始森林里，则生活着麂子、蜂猴、白眉长臂猿、熊狸、亚洲象、华南虎、豚鹿、印度野牛、羚牛、绿孔雀、黑鹳、赤颈鹤、黑颈长尾雉、灰孔雀雉、白肩雕、巨蜥、蟒蛇、翡翠鸟、犀牛、猩猩、野驴等各种野生动物。 孔雀在大榕树间翱翔翻飞，白鹿在林中跳跃嬉戏，大象在山中吼叫，人与野生动物和谐相处，很少发生野兽伤人事件。南卯江和纵横田野的无数河沟中，则有着蛇鱼、大刺鳅、红尾鲤、鲫鱼、黄鳝结鱼、黄壳鱼、瘌鼻子鱼、石鳎子、巴宝鱼、冷水花鱼、南方裂腹鱼、彩花穗唇鲃鱼、小花鱼、沙鳅、老虎鱼、三线纹胸鮡鱼、石扁头鱼、黄鳝等各种丰富的鱼类品种。山中和坝子里生长着野酸枣、酸角、酸木瓜、楂子果、羊奶果、粘枣果、芒果、番木瓜、芭蕉、菠萝蜜、菠萝、香蕉等野生水果，丰富的自然馈赠使勐卯河谷成了傣族先民们心中的人间天堂 "勐巴拉娜西"。

勐卯傣族先民的男人们用石头斧子和弓箭进山进行狩猎，下江湖河沟捕鱼摸虾，女人们则采集野生稻米和水果，用自己烧制的陶器进行烹饪，生活过得怡然自得。由于傣族先民生活在亚热带地区，气候炎热，为防止野兽、毒蛇、蚊虫的叮咬，所以居住在勐卯坝子的傣族先民们以生存的智慧十分聪明地选择了傍水而居的生活方式，一来便于生产生活饮水、沐浴用水的方便，二来在水边居住空气凉爽，可以减少疾病。他们用大龙竹做房屋建材，建成穿斗式的干栏式竹楼，四壁用竹子编的篱笆做围墙，屋顶用山茅草编的草片覆盖在上面，山茅草的草片遇雨则合拢，能挡住天上的雨水，天晴则散开，中空透气给屋子里散热，远离地面的竹楼让地上的湿气不能入侵，人住楼上，可由流动的空气作自然空调，同时又可防止野兽、毒蛇进入屋内，十分安全舒适。人们聚居的村寨周围往往竹林环抱，大榕树成为傣族先民心中的神树，一旦种下后就会得到人们的呵护，所以总是长得十分高大，枝繁叶茂，榕树由于会生出气根，从树枝上垂下地面后又会成长成粗壮的树枝，又从新长成的树枝上长出新的气根，枝枝相连，往往一棵榕树便可以独树成林，占地数亩或几十亩，成为一道美丽的风景线。久而久之，流水、竹林、大榕树便成为勐卯坝子傣族居住村寨的地标，有傣族村寨就会有河水、竹林和大榕树。丰衣足食的勐卯傣族先民们，没有了生存的后顾之忧，便在精神方面尝试追求健康和美丽的生活。有人发现因生活在亚热带地方喜爱经常吃水果，果酸使牙齿釉质腐蚀，易发生龋齿。而通过把槟榔、芦子、撒挤和少量熟石灰、烟丝放入口中咀嚼一会儿后，口中唾液便会变成红色，上述混合物中因含有少量的生物碱，能起到消炎止痛的治疗功效，长年咀嚼，便会对口腔和牙齿起到保健作用，可以保持牙齿的健康，使人很少得牙齿疾病，人们活到七、八十岁牙齿还保存十分完好。这一成功经验立即在勐卯一带得到崇尚和推行，几乎成了每个成年人的生活习俗，嚼食槟榔芦子也成为傣族先民人与人之间表示友好、尊重、礼貌的举动，凡是两人相见，必定首先互相递槟榔盒或槟榔包，以示友好。但嚼食槟榔芦子和石灰后，牙齿健康虽然保证了，但牙齿也染黑了，一张嘴便满口黑牙，因而在古代勐卯河谷之外的人不知傣族先民是什么民族，就以"黑齿"作为傣族的汉语名称。最早见诸汉文史籍对傣族的记载就叫"黑齿"。后来又过了很久很久，人们发现用金子打成薄片镶在牙齿上也能起到保护牙齿的功效，而且十分美观大方。由于勐卯河谷地带江河中盛产金沙，一时间用金子打成薄片镶在牙齿上又成了人们时尚的追求，只要有条件的，无论部落长老还是普通百姓，不管是王公贵族还是贩夫走卒，人人相见一张嘴满口便金光闪闪，煞是好看，人们主要是中原一带的汉族又把对傣族的称呼由稍微带有一点贬意的"黑齿"改为了带有羡慕和赞美的"金齿"，并把勐卯河谷地带以"金齿"地来命名，任命地方长官也以"金齿"冠名，这是后话。

勐卯河谷的傣族先民们，世世代代在这里休养生息，世代繁衍，他们为开拓美好的家园、创造幸福生活，不畏艰辛，艰苦奋斗，使勐卯这块热土由荒凉的蛮荒之地成为广通四海的商贸通道要津，书写了傣族文明发展的辉煌历史，在中华民族发展的历史舞台上演绎了波澜壮阔的史诗，引发了许多影响全国、震惊中外的重大历史事件，成为傣族文明的发源地。

一、 勐卯黑齿盟约献白象牙 西周天子仁心赐指南车

勐卯这块热土很早就与中原地方建立了联系，有据可查的最早在公元前 1066—770 年的西周时代。

商朝末期的统治者商纣王因"不知稼穑之艰难，不闻小人之辛劳"，只顾寻欢作乐，骄奢淫逸，酒池肉林，贪残暴虐，引起广大人民和四方诸侯的反抗。周文王姬昌的父亲季历因反对商王用"炮烙"之刑残害百姓，被商王囚杀。姬昌为报杀父之仇，立誓要推翻走向腐朽没落的商汤王朝。姬昌是一位很有作为的创业主，他勤于政事，重视发展农业生产，礼贤下士，广罗人才，拜渭水河边用直钩钓鱼年已 70 多岁的姜尚（即姜子牙）为军师，对他谋划的军国大计言听计从，在姜子牙的辅佐下，周文王姬昌积善修德，大力发展生产，积极为灭商进行经济实力方面的准备。同时他又分化瓦解商朝的附庸，使各小诸侯国纷纷前来归附，诸侯都把周文王看成是取代商纣的"受命之君"。为了灭商建立巩固的后方根据地，周文王将周的都城由岐山迁到渭水平原，在沣（在今陕西西安市附近地区）建立了起义的根据地，暗地里广发"英雄帖"，号召和串联天下各地诸侯共同讨伐商汤王朝。远在千里之外湖北的荆人部落首领鬻熊早已对腐朽没落的商汤王朝深恶痛绝，接到周文王的英雄帖后，他审时度势毅然决然率领楚民背弃商纣王，西行投奔到周文王处。鬻熊率领的荆楚部落一向以打仗不怕死、英勇无敌而著称，荆楚部落的加盟为周文王的反商阵营增强了实力，因而鬻熊很受周文王的器重。继荆楚部落的加盟后，其他许多部落也纷纷来投奔周文王处，使周文王的反商势力扩展到长江、汉江、汝水流域，岐周实际已控制了大半个天下，形成了"三分天下有其二"的形势，而殷商已处于极端孤立的境地。就在这大功即将垂成之际，姬昌不幸死去。由于姬昌在位 50 年间实行许多正确的政策，使岐周国力逐渐强大，他逝世时已经为灭商奠定了坚实的经济、政治和军事基础。

周文王姬昌逝世后，其子姬发（即周武王）继位。周武王姬发继位后，对内重用贤良，继续以姜太公为军师，并用弟周公旦为太宰，把召公、毕公、康叔、丹季等良臣都委以重任，一时间周武王周围人才荟萃，政治蒸蒸日上。对外争取联合更多诸侯国，壮大力量。此时，商纣王愈加荒淫残暴，穷奢极欲，搞得众叛亲离，怨声四起。周武王是一个既有雄才大略又有文韬武略的君王，他审时度势地看到商纣王虽然政治上已十分腐败，但军事上仍有较强实力，

周武王更加积极地为灭商增强军事实力，为便于进攻商都朝歌（今河南淇县），周武王将都城由丰迁至镐（今陕西西安市），并举行了历史上有名的"孟津观兵"，因周武王顺应天下人民的意愿，高举义旗讨伐荒淫无道的商纣王，周武王的义举深得天下人民的拥戴。中国各地的庸、蜀、羌、微卢、彭、濮人等八百诸侯纷纷响应周武王的号召，联合举兵讨伐商纣王。这天，在河南孟津举行盟誓观兵大会时，各地诸侯纷纷如约而至，并把自己部落的宝物贡献给周武王，以表达对周武王的尊崇之意。当时贡献的宝物有濮人部落贡献的丹沙、白子国部落献的麒麟……而来自勐卯黑齿部落献出的是傣族先民象征吉祥的白色马鹿，那浑身雪白温顺可爱的白鹿深得周武王的喜爱，勐卯黑齿部落和白鹿深深地印在了周武王的脑海里，同时这件事也以甲骨文字的形式记录在了中国历史上。

后来，走上灭亡道路前的商纣王日益昏庸暴虐。朝廷中的良臣比干、箕子忠言劝谏，一个被商纣王杀掉，一个被他囚禁起来，老百姓看到如此情况，虽然人人缄口不言，但早已民怨沸腾。武王同姜尚研究后认为灭商条件已完全成熟，遵照文王"时至而勿疑"的遗嘱，周武王果断决定举兵伐纣，他下发号令通告各诸侯国向朝歌进军。周武王亲自率兵车300乘、近卫武士3000人、甲士45000人向朝歌进发。大军到达朝歌郊外35千米处的牧野（今河南琪县南），与各诸侯率领的兵车4000乘相会合。当还沉溺于声色犬马中的纣王闻知周武王起义大军已兵临城下时，急忙惊慌失措地仓促发兵应战，他调集都城中的士兵，再加上把囚犯、奴隶、战俘武装起来，总共约有乌合之众17万人，就此迎战周武王的起义大军。双方开始了历史上著名的"牧野之战"。周武王在战前向全军作了誓师宣言，历数了商纣王的罪恶，动员将士们英勇杀敌，起义大军的将士们同仇敌忾，众志成城，一路势如破竹，所向披靡，所到之处攻无不克，战无不胜。众叛亲离的商纣王的军队根本毫无斗志，那些被迫参战的奴隶、囚徒不愿为纣王卖命，反把武王看作救星，大批将士临阵反戈一击，掉转枪头反过来配合周军向商纣王的军队进攻，商纣王的军队在周武王起义大军的凌厉攻势下一触即溃。眼看周武王率领的起义大军已经杀入商都朝歌，商纣王见大势已去，登上鹿台，自焚身死，商朝由此灭亡。

周武王完成讨伐无道昏君商纣王的壮举后，在镐京建立了周朝的都城。后来周武王死后，由周成王姬诵幼年继位，周成王在他的叔叔周公旦辅佐下，平息了原纣王后代残余反抗势力的叛乱活动，继续推行"封邦建国"的分封制分封同姓国亲和功臣，如封周公旦于鲁国、封康叔于卫国、封唐叔于晋国、封太公吕尚于齐国等手段，先后分封的诸侯国达71国之多，从而广泛争取到了各方势力的拥护，最后终于在周成王手上完成了周朝建国大业。因周武王十分痛恨商纣王的暴政酷刑，吸取前车之鉴，采取了许多亲民爱民的举措，由于治理国家和安抚民众有方,使得天下太平,人民安居乐业,路不拾遗 夜不闭户,整个国家犯罪案件基本为零,因而使得周朝所制定的各种刑法40多年都没有实际使用过,天下人民对周成王感恩戴德,万分景仰。这天,有傣族先民名叫重译的使臣一行人跋山涉水,万里迢迢,专程从勐卯来到了周朝国都镐京,勐卯傣族先民使者向周成王献上白雉、黑雉、白象牙等珍贵贡品,向周成王致以崇高的敬礼。当时在商、周时代以象牙制作的饰品被看作是十分珍贵的,王公贵族们都以有象牙制作的饰品为荣,以象牙饰品为时尚。如商代时期的象簪、象珥,周代的象笏、象觚、象环、象柶等即可以证明。而更重要的是商周时代的人都认为,只有德政民和风调雨顺的和平年景才会获得象牙。当周成王看到不远万里、历尽艰辛,衣服褴褛,牙齿漆黑的勐卯傣族使臣贡献的珍贵象牙后,十分高兴地说,你们不顾山川幽深,道路悠远,专程到这里向我贡献珍宝,我不知要赐给你们什么东西才好呢?重译回禀周成王说:在你的领导下,我们地方年年风调雨顺,没有什么自然灾害,老百姓十分满意,大家认为只有中国出了圣人才会这样,因此嘱托我们一定要专程朝觐周天子,贡献上我方最珍贵的礼物,才能表达百姓们对周天子的感恩戴德之意。周成王当即向重译等人赏赐了许多织有华丽图案的锦布,当使臣们反映说因路途遥远,现在已经迷失了回家乡的路时,周天子又专门赏赐了五辆当时最新发明、装备有最先进的指南针的马车,可以说就是当时中国人发明的世界上最早装备着"导航设备"的马车,周成王为让勐卯傣族先民掌握驾驭车辆的技能,又特意安排专业技术人员向使臣们教授如何按指南针方向驾驶马车的方法,直到来自勐卯的傣族先民们比较熟练地学会了掌握驾驭车辆的技术后,他才放心地让傣族先民们在先进的"导航设备"指引下,驾着马车一路向西,驰向那遥远的勐卯故乡。

自勐卯傣族先民向周成王敬献白象牙返回勐卯后,周成王继续治理天下达数十年时间,由于他政治开明、思想开放,在他的英明领导下,中国走向了历史上最早的一次改革开放时代——春秋时期,为中华民族文明发展历史绘上浓墨重彩的一笔。首先,周成王倡导解放思想,实行了百花齐放、百家争鸣的方针,一时间全国各诸侯国各种思想流派和学术主张纷纷登台亮相,其中最有名的有以下几个代表人物:

一个就是大名鼎鼎的孔子。孔子名孔丘,字仲尼,是春秋末期著名的思想家、政治家、教育家,中国儒家学派的创始人。这个孔子可不得了,当孔子还在20多岁时就立志通过当公务员走仕途发展的道路,所以他对天下大事非常关注,对治理国家的各种问题经常进行思考,也常在公众场合和一些朋友聚会上发表一些个人的见解。他的学识和才能让他很快得到鲁国政府有关领导的重视,一开始被鲁国国王任命为"委吏"—管理钱、粮仓库的小官,他兢兢业业,管理的钱、粮账目一清二楚,考核成绩优秀,很快又被提拔为"乘田",即管理畜牧业的局长。

孔子更是尽职尽责，让管理的牲畜产仔率、存栏率都显著增长，政绩突出，被国君鲁昭公提拔当了一个县的"中都宰"（即县长）。在担任县长期间，孔子认为用道德和礼教来治理国家是最高尚的治国之道。这种治国方略也叫"德治"或"礼治"，而要达到这一目标，就要提高国人的文化素养，大力发展国民教育，他提出"有教无类"的口号，在古代率先打破'学在官府'的贵族垄断文化格局，提倡在平民阶层中普及文化教育，而且身体力行，带头开办私人学校，成为中国发展国民教育的第一人。以孔子的才能和智商治理一个小小的县，可谓杀鸡用牛刀，结果，工作出色，四方八面口碑一致叫好，因此孔子又被提升为"司空"，也就是现今管理土地、城建工程大权的国家住建部长。孔子勤政为民，廉政为官，在任期间干得风生水起，受到上上下下的一致好评，很快得到新任国君鲁定公的信任，被任命为鲁国大司寇，即相当于今天国家的政治局委员、主管公安、司法的政法委书记。孔子上任后，不畏权贵，坚持依法办事，上任7天就查办了经常违法犯罪但因身居"大夫"高官而长期逍遥法外的黑恶势力头面人物少正卯，砍了他的人头，并曝尸3日。这一动作大快人心，立即让鲁国的百姓们拍手称快，使鲁国社会秩序迅速得到大治，实现了安定团结的局面，深深得了全国老百姓的民心，也充分展示了孔子的治理国家的才干。国君鲁定公立即任命孔子"摄相事"，即代行国家总理职务，孔子由此进入了鲁国国家核心领导层，年收入"俸粟六万"，在当时就是24万斤粮食呀！折合成今天的人民币，相当于40至50万元，可谓已经达到了孔子仕途目标的顶峰。孔子在代行国家总理职务治理鲁国的3个月中，经济发展，国家稳定，君民团结，使强大的齐国也十分畏惧孔子的治国才能，足见孔子是一个杰出的政治家。但孔子由于身处乱世，他所主张的仁政没有施展的空间，加上他在改革鲁国政治时废除了一些贵族的特权，因而受到这些既得利益受到损失的贵族们的疯狂报复，这些人多数是鲁国王的近臣，他们串通国君宠爱的妃子和一些奸臣，千方百计诋毁和排斥孔子，在政治上孔子逐渐被鲁国君冷淡，最后连举行国家祭奠天地日月的郊祭活动后，按照礼仪惯例，朝廷重臣们人人都有分得祭祀肉的待遇，这次唯独没有分给代行总理职务的孔子，这让孔子心灵很受伤。他敏感地意识到：这个事情不是分肉的官员的大意，而是鲁国国君故意安排的隔壁戏，意在暗示不再重用他了。从此他便对从政心灰意懒，萌生了弃政从教的决心。终于在某个时候他毅然辞了职，将精力用在传播儒家思想和发展教育事业上。

孔子携带当年私人办学时培养的弟子们周游列国长达14年之久。在各个诸侯国家里，他利用过去他在从政时树立的威望和影响，通过向各国主要领导干部举办专题讲座，在群众中举行广场演讲活动、办培训班、巡回讲学等形式，广泛宣传他的儒家以"仁、礼"为核心的人道主义和秩序精神的"道德"思想体系、重义轻利、"见利思义"的义利观与"富民"

思想，宣传孔子所主张的在"大同"世界里，天下的人都不止以自己的家人为亲，不止以自己的父母儿女为爱，而是相互敬爱，爱天下所有的人。使老有所终，壮有所用，孩子们都能获得温暖与关怀，孤独的人与残疾者都有所依靠，男人各自有自己的事情，女人有满意的归宿。天下没有欺诈，没有盗贼，路不拾遗，夜不闭户，人人讲信修睦，选贤举能等为内容的"世界大同"思想，即后来被孙中山所提倡的"天下为公"的思想。孔门师生在社会上产生很大影响，形成了中国古代的第一个儒家学派，孔子在东周各诸侯国都有很多"粉丝"，他的弟子多达三千人，其中著名的有七十二贤士。七十二人中有很多人后来都成了各国高官、栋梁，从而为儒家学派进一步延续了辉煌。孔子晚年修订了《六经》（《诗》《书》《礼》《乐》《易》《春秋》）。孔子去世后，其弟子把孔子的言行语录和思想记录下来，整理编成了儒家经典《论语》。儒家思想经历朝历代演变，对中国人的价值观、人生观产生了极为深远的影响。

孔子热爱教育事业，毕生从事教育活动，他最早提出启发式教学、因材施教方法、培养德行、言语、政事、文学等全面发展的人才的思想。他学而不厌，诲人不倦。不仅言教，更重身教，以自己的模范行为感化学生。他爱护学生，学生也很尊敬他，师生关系非常融洽，成为中国古代教师的光辉典型。孔子对后世产生了影响的深远，他在世时就被誉为了"千古圣人"，去世后又被后世历代统治者追认尊称为"孔圣人"、"大成至圣先师"、"万世师表"、"文宣皇帝"、"文宣王"，成为当今"世界十大文化名人"之首。

除孔子之外，春秋时代还涌现了号称"诸子百家"的许多政治家、思想家、哲学家、军事家等。如楚国主张"无为而治"，研究道德学问成为道家学说始祖的老子、中国最早研究存在与意识关系的哲学家庄子、韩国带有唯物主义观点的思想家、哲学家、法学家的代表人物韩非子、以"兴天下大利，除天下之害"为己任，主张"非攻"与爱民的墨子、吴国以研究和编写中国和世界上最早的军事著作《孙子兵法》、被誉为"兵学圣典"的中国古代军事理论家孙子等，他们在春秋时代不但影响了当时各个国家的统治阶级，也影响了社会民众，至今仍然对中国的文明发展史发挥着深远的影响作用。

春秋时代百花齐放、百家争鸣、生动活泼的政治风气，以及所产生的这些名家的学说与思想，给当时春秋时代的中国人以积极的思想启迪，极大的帮助和促进了人们的思想解放，继而带来了科技创新和科学技术的发展。使当时出现了许多有名的科技发明家、著名工程技术大师、医学家，为推动中国当时的科学技术的发展起到了重要的作用。如著名的墨子不但是一个政治家，也是很有成就的科学家，他在力学、声学、光学、电磁学等方面都很有研究，制作发明的有听瓮、中燧、司南，还有汲水器、投石器、望远器、采集器等，其中的司南应该属于我国或者世界最早的指南针。鲁国出生于工匠世家被誉为"百工圣祖"的鲁班，从小就跟随家里人参加过许多土木建筑工程劳动，逐渐掌握了生产劳动的技能，积累了丰富的实践经验。鲁班是第一个能在山区打出深水井的人。鲁班的发明包括木工工具、兵器、农业机具、仿生机械以及其他各种种类的发明创造，被视为技艺高超的工匠的化身，更被土木工匠尊为祖师。齐国著名的医学家扁鹊，擅长各科，通过望色、听声，即能知病之所在，因其医术高明，被当时广大老百姓尊称为神医。在孙子兵法军事理论的教育和指导下，各诸侯国也涌现了许多著名的将军，有春秋战国四大名将之一的秦国大将军蒙恬、擅长大规模运动战、歼灭战的"野战之王"白起、王翦，擅长城市防御战的赵国名将廉颇及军事综合能力最高的战术大师李牧、齐国具有文韬武略的军事家管仲及先后在鲁国、魏国、楚国都任过大将军的吴起等。

春秋战国时期在人才流动方面也很开放，许多国家的领导都把具有改革开放创新精神的人才当作宝贝，会千方百计通过提高待遇、委以重任等手段获得人才。如卫国人吴起是一个有着改革开放意识和军事战略指挥才能的人才，到鲁国后鲁国国君把他任命为大将，曾指挥鲁国军队大败齐国军队。后听说他被奸臣妒贤嫉能排斥打击，过得很不爽，魏国国君魏文候立马派人说服吴起到了魏国，当即就任命他当了魏国的大将军。吴起不孚众望，在与强大的秦国争霸的战争中，他指挥魏国军队大破秦军，通过南征北战，战功卓著，为魏国夺取的土地面积达千里之多。后因他性格耿直，得罪了魏国受魏国君宠幸的奸臣权贵，被他们挑拨离间，失去了魏王对他的信任。无奈之下，吴起自谋出路来到楚国，楚国国君楚悼王慧眼识宝，立刻对他委以重任当了楚国的总理。而吴起通过各方面的变法，迅速使楚国国富民安，实力雄厚，终于跻身于战国七雄的行列中。

思想的解放，科技的发展，人才的流动，必然对社会生产力的发展起到积极的推动作用。在春秋时期，哪个国家的君主政治开明，选贤任能，实行改革开放，哪个国家的社会就稳定，经济GDP就增长得快，老百姓安居乐业，相随而来的就是军事实力的强大。春秋时期，各诸侯国家都很重视人才的作用，大胆使用具有改革创新精神的能人治理国家，都起到了重要的作用。如魏国国君任用李悝变法，楚国任用吴起变法，秦国任用商鞅变法，使齐、楚、燕、韩、赵、魏、秦等7个国家在当时的70多个诸侯国中脱颖而出，成了"战国七雄"。这里要着重讲一下的是楚国和秦国，不仅因为这两个国家在春秋战国时期都在春秋五霸和战国七雄中占有重要的位子，更重要的是，因为这两个国家在中国历史发展进程中都与勐卯傣族先民们有着十分紧密的联系：楚国使勐卯与云南连在了一起，而秦国则使勐卯最终成为了中华民族大家庭的一个重要的组成部分。

二、楚将军庄蹻拓疆巴黔滇　秦始皇嬴政开凿五尺道

要说楚国的建立，还要从西周天子周文王说起。当年周文王号召和串联天下各地诸侯共同讨伐商汤王时，楚国的祖先 -- 荆人部落首领鬻熊就率领楚民最早投奔到周文王处。荆楚部落的加盟为周文王的反商阵营增强了实力，因而为周文王所器重。在周武王组织讨伐商纣王的军事行动中，鬻熊带领他的"荆人"部落冲锋陷阵、攻城略地，为推翻无道商汤王朝立下了汗马功劳。周成王时，为辅助周成王建立周朝立下卓越功勋的的周公旦，因故避祸而隐居到楚地时，受到楚人的热情接待。鬻熊的重孙熊绎久闻周公旦的大名，对他敬如上宾，周公旦大感其德。周公旦回朝后向周成王诉说了此事，深深地感动了周成王。以至于后来周成王在消灭商汤后大行封赏有功之臣时，就把熊绎封为楚地的国君，并授予了子爵称号，楚国就此正式诞生了。熊绎在丹阳建立了楚国的都城，并开始了艰苦的创业。

楚国最初被分封时是个很小的国家，国土面积方方仅20多平方千米。有一次周成王召开天下各诸侯国国君参与研究讨论周朝国家大事的会仪时，由于西周王朝历来对南方各少数民族部落都持歧视态度，虽然他对熊绎本人很有好感，但传统观念中仍然把楚国视为"南蛮"之地，一来是楚国地方太小，无足轻重。二来又是偏远落后的地方，属于"化外之地"，在文化档次上与中原的其它诸侯国家还是有很大差距的。因此熊绎没有被受到一个重要的诸侯给予该有的礼遇，反而与当时的狄夷、鲜卑等北方的少数民族部落首领一起担任守烽火台和负责祭祀时用菁茅滤酒去渣的工作，这种低人一等的待遇让熊绎很受刺激，他深深地尝到了落后就要受岐视的滋味，从此之后，熊绎知耻近勇，带领国人开始了艰苦创业实现强国之路，目标是让楚国跻身于诸侯强国之列。

后来，熊绎的儿子熊渠继承了王位，当了楚国的国君。熊渠是一位既有雄才大略又有进取精神的君主，他从父王那里继承了创建民富国强的楚国的高远心志，他继位后一方面大力发展经济，另一方面积极整军习武，趁着中原动乱无人关注楚国之机，开始了楚国开疆拓土的进程。在攻克三苗（即古代湖南一带的少数民族聚居地）使之归顺荆楚后，又组织了向西方的征讨，攻打庸国（今湖北竹山一带）并占领了庸国，从而拉开了楚国拓疆扩土的序幕。继西征战事结束后，熊渠又组织了东征江汉平原一带的军事行动，熊渠亲自出马率领楚国军队打败了位于今湖北中部的扬越，把楚国的疆土范围又推进至江汉平原。接着又乘胜追击，开展了远征，攻打了位于今湖北鄂州境内的鄂国。经过金戈铁马、南征北战的一系列军事行动，熊渠所率领的楚国军队取得了开疆扩土的丰硕战果，短短时期就让楚国国土面积扩大了

数倍，楚国逐渐兴盛起来，初露峥嵘，开始挤入诸侯大国之林。周朝国王周昭王看到楚国通过吞并周围小国势力日益强大，担心楚国的崛起会危及到周朝中央政府的权力中心，决心遏制楚国的发展势头，组织了一次南征荆楚的战役，企图把楚国扼杀在萌芽状态之中。但长年失去军事训练、也没有实战锻炼的周朝军队，如何是能征惯战且训练有素的楚国军队的对手，今朝的楚国岂能与昔日面积只有20多平方千米的楚国相比，周昭王南征荆楚的战事不但没有取得任何战果，相反在回师的途中渡汉水时，周昭王率领的军队被熊渠率领的楚军打了个漂亮的伏击战，周昭王的军队全军溃败，这就是历史上记载的周天子"丧六师于汉"的故事，周昭王自己也在乱军中命丧黄泉。这是楚国与西周的第一次大规模的军事较量，这次较量最终以楚国的胜出而结束。从此以后，各诸侯开始轻视周天子，周朝中央政府的威权开始削弱，楚国也开始了与西周中央政府的分庭抗礼。

公元前770年，周平王迁都洛阳，历史进入了战国时代。公元前740年，熊渠之子熊通继任了楚地之王，他延续了父王熊渠30多年的开疆拓土历程，通过启用令尹子文治理楚国，使楚国的国力更加强盛，楚国的大国声威也初步建立了起来。熊通心志高远，为大展鸿图，于公元前706年开始公开向周天子周惠王讨官要官，要周天子把他的爵位从子爵晋升为王、公等级的爵位，这是怎么回事呢？

原来当时中国爵位制度就是从西周王朝对诸侯进行封赏时开始的，西周的爵位分封制度是以帝、王为至尊，列为第一等，如周天子就是属于王的等级，以下的诸侯又分别封为公、侯、伯、子、男五等爵位。这五等不同的爵位等级的封赏依据，主要是根据各个诸侯所受封的封地面积大小不等来定的。如被封土地面积达到方圆百里之地的诸侯就有资格封为公、侯级别的爵位。对于封地面积达到35平方千米土地的诸侯就可以封为"伯"的爵位，而对于封地只有方圆25平方千米面积及以下的诸侯，就只能封为子、男两等最低的爵位了。爵位这个玩意今天看来，就是一种荣誉等级职称，如现今时代有所谓"副省级大学校长"、"地厅级国企厂长"、"县处级和尚"诸如此类的资格名称。西周初期周朝天子对诸侯进行封爵的目的，主要是为了平衡王室亲族跟诸侯间的权力、分化殷商王朝的旧有势力、封赏拥周灭商的功臣和鼓励诸侯开发土地的一种措施，但毕竟爵位也是一种身份和权威的名片，各诸侯国君还是很在意的。对于原来封地面积只有10平方千米的楚国国君，给予封为子爵爵位的待遇，标准条件摆在那里，应该没有什么话好讲。但此一时非彼一时也，现在楚国实际控制的疆域已经远远超过50平方千米的面积，所以熊通认为他提出把他最低档子爵的爵位往上提一下的要求也是理所当然的。然而熊通的这一要求却被周惠王拒绝了。可能周惠王本来就对楚国曾杀死周昭王一事耿耿于怀，对于楚国新的崛起更是心存戒备，岂能在荣誉职称上又来助长你的气焰？周惠王的拒绝把熊通气得七窍生烟，但转念一想：周天子毕竟还是天下各诸侯都公认的最高权威，现在还得听从他的，只要我把楚国建成具有强大的经济、军事实力，民富国强的楚国，让周天子也不敢小看我才是硬道理。于是熊通假借奉周惠王之命镇压夷越为名，名正言顺地趁机大力开拓江南的土地，为建设强大的楚国扩大国土疆域。他亲率大军相继灭掉邓国、绞国、权国、罗国、申国等诸侯国。在迫使随国臣服楚国以后，又顺带灭掉了息国。然后挥师北上，攻克了蔡国和郑国。接着又先后灭掉了贰国、谷国、弦国、黄国、蒋国、道国、柏国、房国、轸国、夔国等诸侯小国。公元前638年，熊通又在泓之战中战胜了春秋五霸之一的宋国，宋国国君宋襄公也被迫臣服熊通为老大。自公元前655年以来，楚国在熊通的领导下，楚国大军已经占领了从川东、湖北、河南南部到安徽的千里沃土。此时已经称雄中原的熊通更是对周天子不屑一顾，心想：你不封我为王的爵位，老子干脆自己封自己得了，于是他公开自称为"楚成王"，在与别的诸侯国君打交道时也打出这个头衔，久而久之大家也就公认了这个自封的"楚成王"。这是周朝天下诸侯中第一个敢与周天子叫板自己称王的国君。

楚成王后经过两代传至楚庄王，楚人争强好胜的霸气仍然势头不减。楚庄王也不是个省油的灯，他当上国君后不负众望，继续坚持贯彻实施励精图治，争当霸主的既定方针。公元前606年时，楚庄王曾率领楚军浩浩荡荡开赴伊水与洛水之间，对周天子耀武扬威。先是征讨陆浑之戎，后楚庄王又率领楚国大军围攻郑国，兵不血刃迫使郑国投降了楚国。面对当时实力最强的晋国，楚庄王也毫不示弱，率领楚国大军与晋军在邲这个地方进行会战，楚国军队士气旺盛，如狼似虎，让晋国军队大败而逃。此后，陈、蔡、许、郑等国都十分害怕楚国，只得乖乖地以楚庄王马首是瞻。公元前594年，楚国大军又兵临城下围攻宋国，宋国被迫与楚国订立城下之盟，表示屈服和尊崇楚国。此时此刻，中原各国除晋、齐、鲁这几个大国仍然敢与楚国叫板外，其余各诸侯国家纷纷尽尊楚庄王为霸主，从而确立了楚庄王在春秋五霸的历史地位。透过一系列征讨战事，楚国先后吞并了45个较弱小的诸侯方国，用自己的实力改变了春秋时期群雄争霸的格局，最终形成了以楚国和晋国两个超级诸侯大国南北对峙、各霸一方的局面。当楚庄王武功取得巨大成就之后，他又选拔孙叔敖对楚国实行文治，推行民主政治，礼贤下士，倡导教育，发展文化事业，因而使楚国出现了经济繁荣、社会稳定、国防巩固、文化灿烂的鼎盛局面。

公元前511年，此时是楚昭王继任楚国国君时期。楚昭王浑浑噩噩，治国无方，使楚国国势开始走下坡路。楚国东边的邻国吴国借机进攻楚国，夺取了楚国的六邑和潜邑。公元前509年（楚昭王七年），楚国派子常攻打吴国，吴军在豫章大败楚军。公元前506年（楚昭王十年）春天，晋、齐、鲁、宋、蔡、卫、陈、郑、许、曹、莒、邾、顿、胡、滕、薛、杞、小邾共 18 国在召陵会盟，商议伐楚。虽然会盟没有得到统一，但吴、蔡、唐三国组建了一个以吴国为主角的反楚同盟。由吴国的军队担任主攻，粮食补给等由蔡国和唐国分担。吴国君主阖闾派孙武、伍子胥率军攻打楚国，吴国军队以足智多谋的孙武将军为指挥。孙武何许人也？那可是个了不得的人。孙武是春秋时期著名的军事家、政治家，尊称"兵圣"。后人尊称其为孙子、孙武子、百世兵家之师、东方兵学的鼻祖，兵法家孙膑的先祖。孙武自幼受到将门家庭的熏陶，自幼聪慧睿智，机敏过人，勤奋好学，善于思考，富有创见，而且特别尚武，最大的爱好就是看书，尤其是兵书。孙家是一个祖祖辈辈都精通军事的贵族世家，家中收藏的兵书非常多。《黄帝兵书》《太公兵法》《风后渥奇经》《易经卜兵》《军志》《军政》《军礼》《令典》《周书》《老子兵录》《尚书兵纪》《管子兵法》及上自黄帝、夏、商、周，下到春秋早、中期有关战争的许多竹简，塞满了阁楼。孙武就喜欢爬上阁楼，把写满字的竹简拿下来翻看。有不明白的问题就请教家聘的老师，甚至直接找祖父、父亲问个明白，同时他还把兵书上的知识与现实各国之间的战争结合起来进行研究，终于成为一代著名的军事理论家。

另外一个大将军就是伍子胥。伍子胥本是楚国人，他的父亲伍奢曾经是楚平王儿子的专职老师，因受朝中奸臣费无极的谗言相害，和其长子伍尚一同被楚平王杀害。伍子胥从楚国逃到吴国，公元前 506 年，伍子胥协同孙武带兵攻入楚都，伍子胥掘楚平王墓，鞭尸三百，以报父兄之仇。吴国倚重伍子胥等人之谋，西破强楚、北败徐、鲁、齐，成为诸侯一霸。

由齐至吴，经吴国重臣伍员举荐，向吴王阖闾进呈所著兵法 13 篇，被重用为大将军。此次战役，孙武将军采取了"闪电战"的战术，出其不意地不宣而战，以当时吴国所能动用的最大兵力和吴国军队所能达到的最高速度，在楚人浑浑噩噩之际，快速突破楚国边境攻入了楚国的腹地，楚国的军队在毫无防备的情况下仓促应战，既无招架之功，更无还手之力，被孙武和伍子胥率领的吴国军队打得节节败退，吴国军队风卷残云，势如破竹，迅速夺取了楚国的舒邑。楚国军队为挽回败局，决定在柏举这个地方与吴国军队进行决战，但刚刚交手，楚国军队便被吴军打得丢盔弃甲，大败而逃，楚国的都城郢都差点就被攻破。柏举决战后的第 9 天，楚昭王一家连同其妹妹季急急如丧家之犬，带着几个随从弃都城避难逃往郧国。 柏举决战后的第 10 天，吴师终于攻破楚国都城郢都。自吴王以下的各级将官都住进了楚王的宫室和大臣们的官府。幸亏楚国的大夫申包胥跑到秦国求援，对秦哀公表示说，如果秦国能够保存楚国，楚国将世世代代服从秦国。见秦哀公不为所动，申包胥哭了 7 天 7 夜，最终感动了秦哀公，秦哀公才承诺出兵帮助楚国。

后来秦国派出了一支有 500 乘车的军队，以子蒲、子虎为帅，出武关，过申县，在沂邑这个地方（今河南正阳县境）打败了吴国大将夫概率领的军队。秦国的军队纵横于方城内外，与此同时，被打散而又重新聚拢起来的楚国军队也在军祥（今湖北随州市西南）这个地方打败了吴国的另一支军队，楚国的军队由于熟悉地形，经常出没于汉水南北之间，楚国的老百姓也大力支援秦国和楚国的军队，在敌军后方广泛开展游击战以阻击吴国的军队，吴国的军队穷于应付，入郢前打着主动仗的吴人，入郢后却打起被动仗来。这年的秋天，楚、秦合兵消灭了为虎作伥、帮助吴国侵略楚国的唐国。就在吴国军队在楚国被动挨打之际，素来与吴国一直作为敌国的越国国君越王允常，见吴国军队进攻楚国的主力久出不归，吴国国内国防力量空虚，也乘隙派出军队袭扰吴国。吴王阖闾见前线大势已去，后方大患又十分紧急，当即命令全军撤回吴国。吴国军队撤退之后，楚昭王回到郢都，当时已经是 10 月份了。历时 10 月余的大战终于结束了。在这场大战中，受祸最惨的是郢都的楚国人，郢都经吴国军队的百般蹂躏，都城已经残破不堪。于是，楚昭王只得下决心把国都迁都至"载郢"（即今天的江陵）。

公元前 489 年（楚昭王二十七年），楚昭王病死，昭王的儿子熊章即楚惠王接替王位，楚惠王即位后，继续执行安邦定国、伺机发展的方针，于公元前 447 年兼并蔡国，两年后又兼并了杞国，楚国东拓疆土至泗水之上，尽有了江淮以北之地。从而使楚国从濒于危亡的大难中渐渐复苏过来，国力开始有了充实，影响力也有了一些恢复，虽然再也不像霸主时代那样气焰灼人，但毕竟在国内也使民众得到了安宁，楚国在对外方面也树立了一个不招人反感的形象。

周惠王时，中国历史进入战国时代，其间，楚国和诸侯列国战战和和，并无大的建树，一直延续到楚简王、楚声王后的楚悼王。此时，距吴楚大战已经有 80 年了，楚国经过 80 年的休养生息，国力逐渐恢复了元气。公元前 400 年，韩、赵、魏合兵又数次对楚国发动进攻，向楚国提出了严峻的挑战。当时新继任楚国国君的楚悼王忧患意识很强，为应对当时各诸侯强国都想吞并楚国的野心，他一心谋求富国强兵之道。当他得知大名鼎鼎的魏国将军吴起因实施改革得罪魏国贵族受到排斥，失去魏王信任而被迫投奔楚国来到他的地盘后，大喜过望，如获至宝。楚悼王一向仰慕吴起的才能，立即任命吴起为宛城（今河南省南阳市宛城区一带）的太守（相当于省长），看到吴起工作干得风生水起，不到一年时间，就把宛城治理得社会治安良好，百姓安居乐业，马上又把他升任为令尹（相当于总理职务）。担任令尹后的吴起在楚国国君的支持下大刀阔斧地进行了改革，具体措施有：1. 贯彻实施依法治国方针，制定法律并将其公布于众，使官民都明白知晓，并依法办事。 2. 凡过去祖宗有战功而被封有爵位和俸禄的贵族，已传三代的自动取消爵位和俸禄，同时停止对贵族的按例供给；3. 将国内贵族充实到地广人稀的偏远之处开垦荒地，一来减少在京城要地的动乱因素，二来也可为国家增加粮食产量。4. 淘汰并裁减无关紧要的官员，削减官吏俸禄，将节约的财富用于强兵。5. 纠正楚国官场损公肥私、谗害忠良的不良风气，使楚国群臣不顾个人荣辱一心为国家效力。在吴起的组织实施下，重新建设了楚国的新国都郢（今湖北省江陵市）。经过吴起变法后的楚国国力强大，向南攻打百越，将楚国疆域扩展到洞庭湖、苍梧郡一带，足足增加了1000多平方千米的国土面积。公元前381年，楚国出兵援助赵国，与魏军大战于州西（今河南省武陟县），楚、赵两国大败魏军。一时间，楚国兵强马壮，横扫中原，初露称雄之势，其它诸侯国家都十分畏惧楚国的强大。楚国又成了七雄中唯一能与秦国抗衡的大国，疆土西起大巴山、巫山、武陵山，东至大海，南起南岭，北至今安徽北部，幅员空前广阔，楚国至此进入了最鼎盛的时期。

但吴起的变法触动了楚国贵族阶层的既得利益，因而招致了楚国贵族对吴起的怨恨，也为自己埋下了杀身之祸。

公元前381年，楚悼王去世，身为楚国重臣的贵族们趁机发动兵变谋害吴起。在祭奠楚悼王的灵堂上，楚国的贵族们按捺不住报复的欲望，用事前就暗藏的箭射向吴起，吴起拔出箭头逃到楚悼王停尸的地方，将箭插在楚悼王的尸体上，大喊："群臣叛乱，谋害我王。"贵族们在射杀吴起的同时也射中了楚悼王的尸体。楚国的法律规定：伤害国王的尸体属于重罪，将被诛灭三族。楚肃王继位后，命令楚国的首相令尹把射杀吴起时同时射中楚悼王尸体的人全部处死，这次受牵连被灭族的楚国贵族有70多家。阳城君因参与此事逃奔出国，其封地被没收。吴起的尸身虽然也被处以车裂肢解之刑，想必吴起九泉之下知道有这么多的仇人来陪他，死也瞑目了。吴起死后，他在楚国的变法宣告失败，虽然变法时间不长，但变法的成果还是对楚国国力的增强继续发挥着重要的影响。

楚怀王熊槐即位后，一开始也还能重用屈原等大臣，针对主要弊政也进行过一系列的革新，但由于改革影响了楚国贵族阶层的既得利益，因而引来楚国贵族的一致反对。久而久之，难以抵挡反对改革声浪的楚怀王慢慢失去了进行改革的信心，屈原所倡导的变法最终宣告失败。后来楚怀王渐渐开始利令智昏，任用佞臣，不但没有振兴国家的大志，反而排斥左徒大夫屈原，致使国家的国势一天不如一天。

公元前313年，秦国大夫张仪欺骗楚怀王，要楚怀王以断绝与齐国联盟的行动来换取秦国割让给楚国的300平方千米土地，左徒大夫屈原十分清楚秦国的这一阴谋，苦苦劝说楚怀王不要上当，但利令智昏的楚怀王刚愎自用地拒绝屈原等人的劝束，贸然答应秦国的要求断绝了与齐国的联盟，果然中了秦国的诡计，楚国与齐国断交后只得到秦国给予的3平方千米土地。楚怀王恼怒不已，盛怒之下贸然发兵大举进攻秦国，结果被秦国大将军魏章大破楚军于丹阳，楚怀王第二次召集全国的军队，再度向秦军发动进攻时，结果再次惨败于蓝田，其后到公元前311年时，秦国军队趁势反击攻取了楚国的召陵，楚国三战三败，大片领土被侵占，人口被强秦掠夺，楚国国运开始走向了衰败没落的道路。

公元前299年，野心勃勃的秦国为扩张领土再次对楚国发动进攻，又侵占了楚国的8座城池。得手以后，秦昭襄王主动邀约楚怀王在武关这个地方会面，欺骗他说要通过会面把攻占的城池还给楚国。楚国大夫昭睢、屈原都认为秦昭襄王约楚怀王会面根本就是一个陷井，力劝楚怀王不要赴约。但楚怀王忘记了前车之鉴，不听昭睢、屈原的苦劝，执意前往武关去见秦王，结果当即被秦昭襄王扣留为人质，秦昭襄王胁迫楚怀王以割让楚国土地来换取他的自由，楚怀王坚决不肯，此后楚怀王就一直被秦国囚禁在秦都咸阳。不自量力的楚国大臣们发起了夺回楚王的军事行动，但被秦国大将白起率领的秦国军队打得落花流水，此后，楚国国势便迅速衰弱。国家不可一日无君，在危机四伏和风雨飘摇中，楚顷襄王被群臣推戴登基当上了楚国国王。

公元前278年春，楚顷襄王继位后的某一天。早朝散后，心情沉重的楚顷襄王信步来到先贤殿，他让陪同的近臣和护卫甲士们退守在大殿门外，一个人走进了供奉着列祖列宗画像的殿内，把门掩上，示意不让任何人打扰他。他敬畏地点燃了三炷香，五体投地伏在地上叩了三个头，在袅袅青烟中他似乎看到列祖列宗一个个鲜活了起来，他似乎看到开国先君熊通对他侧目而视，把楚国疆土扩大了近百倍的楚悼王对他扼腕叹息，而那个曾把楚国建成为春秋五霸强国的楚庄王则对他轻蔑地冷笑着……想到开国先君开创的强楚半壁江山在他父王和他的手上已经丧失，昔日唯一能与秦相抗衡的超级霸主地位也一去不复返，连过去的一些小国也敢于联手来挑战楚国，真有点"虎落平阳被犬欺"的感觉。想到早朝议论朝政时那些文臣们一提起应对秦国的国策时，个个畏秦如虎，几乎一边倒都主张同意割地以保楚地平安的办法，恨得他牙根痒痒，不禁深深怀念起前朝代老臣三闾大夫屈原来。那个屈大夫辅佐先王可谓是披肝沥胆、赤胆忠心，他变法革新、惩治贪腐、推行新政，对振兴楚国做出了重要的贡献，可他那个认为世人皆醉唯他独醒，孤高自傲的狗脾气真让人受不了，凭着他当三闾大夫的资格，连先王也敢当面数落劝诫，对我更是三番五次当着大臣们的面批评进谏，看在他是前朝老臣的面子上没有砍他的脑袋，只是给了他一个流放的惩处，也算是手下留情了。想到当朝文官中再也没有像屈原这样的有胆有识、敢于担当的诤臣，不禁悲从中来，双膝跪拜长揖不起。门外的近臣见楚顷襄王在先贤殿久久没有什么动静，不禁有些担心，想推门进去看看又怕楚王责怪，大家面面相觑，不知所措。候在门口的大将军庄蹻是个急性子，说：你们不敢我去上前就要推门，就在这时门开了，楚顷襄王走了出来，见到是庄蹻在面前，不由心中一动。

庄蹻何许人也？原来庄蹻本与楚国国君是本家，也姓熊，楚怀王时楚国的一个将军，是春秋战国时期与齐国田单、秦国卫鞅、燕国乐毅同时举世闻名的著名将领。当时的楚国自怀王继任以来，由于国君的昏庸，楚国国政逐渐被以上官靳尚为首的旧贵族所左右，这些腐朽无能的旧贵族把持朝政，谗害贤良，弄得楚国国势日衰，导致楚国在同秦国以及齐、韩、魏等中原诸国的战争中连连大败。为了讨好齐国，竟然把楚国东部 15 个城池约 250 多平方千米的国土割让给齐国。同时，为了应付给秦国的贡品，不惜加重人民的苛捐杂税，因而激起广大人民的强烈反抗情绪。忧国忧民的庄蹻仗义执言，极力反对旧贵族们一味割地求和以求强秦的卖国行为，遭到朝廷奸臣们的排斥打击， 使他十分不满。

一次他看到地方官吏在征收税捐时，在朝廷下达的征税标准上又增加了 3 倍，横征暴敛以中饱私囊，老百姓稍有怨言就鞭笞刀砍，惹得民怨沸腾，庄蹻得知实情后与税吏理论，不料这些恶吏们穷凶极恶，竟然派兵要把庄蹻捉拿入监狱治罪，一怒之下庄蹻拔剑杀死了税吏，引发了当地官府的疯狂追杀，愤怒的老百姓见庄蹻为大家出头遭到官府迫害，大家一哄而起，夺下兵丁的武器把税官和兵丁全部杀死。楚国的老百姓素来有崇尚习武的风俗，历来实行的都是兵民一体的军队动员体制。平时老百姓在家种田，每年有一定的时间进行军事训练，一有战事发生，穿上盔甲、拿起武器就可上战场杀敌，是具有较高军事素质的农民。当庄蹻干脆一不做二不休，带领受压迫的穷苦百姓揭竿而起，发动农民起义，这支军队立即成了骁勇善战的劲旅，特别是楚国东部原越国地的老百姓更是积极参与，义军中东地百姓人数就达 10 余万人。被推到风口浪尖的庄蹻，以其威望和影响力，很快成为受人民拥戴的起义军首领，他率领的农民起义军提出杀死贪官、惩治污吏、免除苛税、抗秦兴国的口号，受到各地人民的大力拥护，起义军队伍不断壮大，很快就席卷全国，起义队伍也发展到 10 多万人。正当庄蹻领导的义军攻城拔寨，所向披靡，快打到楚国都城郢都时，正值秦国军队入侵楚国。大敌当前，素有爱国情怀的庄蹻本就是楚怀王的同姓本家，从本意上并没有推翻楚王朝封建统治的目的，毅然决然率领义军归降朝廷，共同抗击秦军的入侵。楚怀王本来对庄蹻的义军摧枯拉朽的势头已经感到惶惶不可终日，得知庄蹻率队归降后大喜过望。为安抚民众的怨怼，拉拢庄蹻，楚怀王一方面严惩了一些贪官污吏，减免了农民的税赋，另一方面下旨赦免了庄蹻和归降义军的反叛罪名，并委任庄蹻为大将军，利用庄蹻和他率领的农民起义军，打败了入侵楚国的秦军，夺回了被秦军占领的 15 座城池。庄蹻感激楚怀王的知遇之恩，决心誓死效忠楚怀王。当楚怀王被秦国骗到咸阳囚禁起来时，庄蹻是力主发兵攻秦营救楚怀王的中坚力量。在攻打秦国咸阳的战斗中，庄蹻虽然身先士卒冒死冲杀，身中箭矢仍然奋勇当先，一往无前。

终因咸阳城高墙厚，秦军以逸待劳，营救楚怀王的军事行动失败了。当群臣推戴楚倾襄王继任楚国国君后，庄蹻像效忠楚怀王一样对新国君楚倾襄王忠心耿耿，也颇得楚倾襄王的赏识，继续委任庄蹻为大将军。

想到在今天的朝议时，武将们个个畏秦如虎，缄口无言。只有庄蹻奏本详述了应对秦国咄咄逼人攻势的应对之策：强秦如今实力雄厚，不断扩张，地大物博的楚国一直是秦国觊觎的目标。在综合国力和军队战斗力弱于秦国的情况下，楚国仍然"带甲百万"，需要大量的后勤物资，长年的战事使军队减员不少，也需要补充兵员。在经济衰弱、兵源枯竭的背景下，楚国只有发挥东接交趾（今天越南一带）、西有夜郎国（今贵州一带）、滇国（即今云南一带）、北有巴国（今重庆一带）、蜀国（今四川一带）的地缘优势，开拓新的土地和人力资源。巴国虽称为诸侯国，但基本上还是个部落联盟的国家，名义上全民皆兵，但没有建设独立于民众的武装力量，不能进行有效的行政管理和军事动员。巴国东、西两面长期受到蜀国和楚国战事的挤压，国家政局不稳，国力积贫积弱，是楚国西征的首选目标，以楚国目前能征惯战且训练有素的军队比之于巴国的军队，有着绝对的优势。庄蹻坚信，如能由他亲自率领一支十万人的楚国铁骑，沿汉江溯江而上，先征服巴、蜀两地，再由西进南下征服"夜郎国"，从后面包抄攻击秦军背后，应能解除秦军对楚国的威胁。有了巴、蜀和夜郎国广阔的疆土和众多的人口，特别是号称有"10万精兵"的夜郎国及蜀国的人力资源，就能为增强楚国实力提供丰富的物资和兵源保障，这是切实可行的兴国之策。听了庄蹻慷慨激昂的战略设想，群臣们交头接耳，有人赞许认为可行，有人摇头表示怀疑，一时议论纷纷，没有一个统一的意见。

此时的庄蹻已身经百战，因为带领楚国军队收复了被秦国占领的楚国大片国土，因而深受广大人民和军中将士的爱戴，很有威望。尽管他时时都对楚倾襄王表现得十二万分地忠诚，但楚倾襄王却对庄蹻这个曾经反叛过楚国的"盗寇"终究放不下心，他既顾忌庄蹻的威望，又忌惮跟随庄蹻归顺过来的这支10万人的东地兵为主的军队。为削弱庄蹻的起义军，把庄蹻远远置于远离楚国的地方。楚倾襄王计上心来，决定以支持庄蹻的西征主张为名，趁此机会名正言顺地派庄蹻挂帅出征讨伐"夜郎国"，让他千里远征又无后勤保障条件，以此作为削弱这支军队的最好手段。于是，楚倾襄王当即传旨：拜庄蹻为征西大将军，命他率领原来归顺楚国的旧部10万人马，择日出发，西征讨伐。

公元前278年秋，在楚国国都郢城的江边码头，庄蹻饮了楚倾襄王赐予的辞行酒后，登上战船，威风凛凛地率领10万征西大军乘坐数百艘战船，浩浩荡荡从荆襄出发，循汉江溯江而上，开始了西征的万里征程。庄蹻哪里知道，郢城一别就是他与楚倾襄王的生死之别，而楚倾襄王也没有料到，他让庄蹻带走了这支能征惯战的劲旅，也带走了他免遭亡国之君命运的希望。

庄蹻西征剑锋所指的第一个目标就是巴国，由于巴国在与楚国的长期战争中，连连失利，只得把国都一迁再迁，从江州（即今重庆市一带）经过五次迁移，最后把国都迁到阆中。巴国王退守新都阆中，命巴国王子据守江州和先王陵寝之地的枳（即今重庆涪陵一带）。庄蹻制定的原则是首战必胜，为的是对巴国形成强大的军事威慑力，以便为下一步西进增强政治影响力。庄蹻昔日的旧部将士们过去跟随庄蹻起义时，因庄蹻关爱下属，与大家生死同心，在南征北战的征战中，大碗喝酒，大块吃肉，都是拼命的兄弟。自从归顺朝廷后，这些兄弟被当作招安的"草寇"时时刻刻受到排挤，大家心中十分不爽。今日又能够在庄蹻大哥的领导下，自然心中十分高兴，都愿意拼死去冲锋陷阵。士气高涨的楚国西征大军刚出师就捷报频传，连连攻克了巴国在长江设的三道关隘，巴国王子在江州闻讯楚国西征大军兵临城下，早已闻风丧胆，张皇失措，自思江州无险可守，斗志全无，只得仓促应战。与庄蹻西征大军没有经过像样的交战，江州即告失守，紧接着涪陵也相继被楚国军队攻陷。庄蹻率领的西征大军势如破竹，纵横捭阖，迅速占领了长江三峡地区和清江流域。庄蹻在讨伐巴国诸地时采取了军事威慑与安抚拉拢两手结合的手段，对抵抗者武力解决，对归附者一律官复原职，地归原属，从而使庄蹻西征大军一路进展顺利，在短短半年多时间就基本征服了巴国的疆土。庄蹻随即向楚王飞马报捷，由楚王向巴国各地相继委派官吏建立了楚国的基层政权机关，使巴国的土地名义上尽为楚国所有。

庄蹻西征大军在顺利实现征服巴国的第一步战略目标后，经过短暂休整，又盯上第二个目标——蜀国。

与巴国紧邻的蜀国自开明王朝建都成都后，实行重农政策，加强政治统治，使得蜀国社会稳定，人民安居乐业，国力强盛，国土疆域南抵陕西汉中，西至芦山、天全，东至嘉陵江，成为号称"天府之国""蜀中江南"的粮米之仓。当庄蹻西征大军挥师西进，占据了蜀国的邻居——巴国的大片领土后。巴国的毁灭并没有让古蜀国人心生警觉。因为事前，楚国为了施放烟幕弹，采取远交近攻的策略，楚王给蜀国君写信说因巴国屡次进犯楚国，为惩罚巴国的行为，楚国要采取报复行动讨伐巴国，楚国愿意与蜀国采取联合行动共同瓜分巴国领土。蜀国王觉得这是个有利可图的好机会，自己可以借楚国讨伐巴国的时机，不费一兵一卒就可得到大片土地，真是天上掉下来的大馅饼。于是，当庄蹻率领的楚国西征大军向巴国进攻时，他命令蜀国的军队也开始蚕食巴人在川东一带的领土。楚国留给蜀国的残渣剩饭让古蜀国王心满意足，他并不懂得唇亡齿寒的道理：巴国的今天就是蜀国的明天。

庄蹻率领楚国西征大军越过巴、蜀边界，大军直插蜀国的遂宁重镇，蜀国军队根本没有想到这位刚刚联手共同攻打巴国的盟友会来这么一手,蜀国的精锐部队主要部署在蜀国北边以防御秦国的入侵,防守巴国方向的军队只有不到2万多人,被庄蹻率领的5万多人的西征大军打得晕头转向,溃不成军,庄蹻西征大军直逼蜀国都城成都,蜀军不愧是长年与巴国打仗训练有素的军队,马上从忙乱之中清醒过来,在离成都不远的三星堆镇迅速组织起了有效的防御,庄蹻的西征大军遭到了蜀军顽强的抵抗,攻防双方的将士都有很大伤亡,一时间形成了对峙局面。为避免更大的人员伤亡,庄蹻命令西征大军停下了进攻的脚步。防守的蜀军也得到了喘息的机会,蜀王急忙调兵遣将来保卫成都。看着近在咫尺的蜀都成都不能得手,庄蹻似乎并不在意,他在等什么呢?原来,在庄蹻率领西征大军一部进攻遂宁时,他又命令胞弟庄豪率领5万多人的另外一路人马从西南方向溯长江而上,经泸州、宜宾,沿岷江北上直插乐山,从南面逼近成都。蜀国军队注意力都被庄蹻东面的部队所吸引,庄豪率领的军队从蜀军背后迂回包抄,蜀国守军被前后夹击,阵脚顿时大乱,蜀国王调遣防卫成都的军队远水解不了近渴,一马平川的成都平原无险可守,在楚国重兵压城之下,蜀国王只得订立城下之盟,向庄蹻的楚国西征大军缴印纳降。蜀国被攻克,"天府之国"的成都,让庄蹻西征大军得到了充足的后勤保障,蜀王宫里金银财宝、蜀绣锦布、粮草物资,让楚顷襄王有意断绝对庄蹻西征大军后勤保障的阴谋诡计落了空。庄蹻派信使飞马急报楚王攻克蜀国的捷报,让楚王任命官吏管辖蜀地,自己又奔向了下一个进军目标 -- 夜郎国。

春秋战国时期的夜郎国当时还是一个奴隶制的君主国,但却是中国西南最大的一个诸侯国,夜郎国国土疆域纵横920千米,东至今湖南、广东,西至贵州、云南,北至四川、湖北,南达安南(今越南),幅员辽阔,而且国富兵强,号称拥有10万精兵,据说在夜郎国当官的人,任职一世即可让其子孙富达十世,可见当时的夜郎国是很富裕的。夜郎国的国王采默却是个井底之蛙,固步自封地自以为国大兵强,对楚国的进攻丝毫不以为然。当庄蹻西征大军挥师南下,一举攻克了黔北,再经过沅水往南,在短短两个多月时间里,扫平了黔北地区时,夜郎国王采默还在宫中歌舞升平,寻欢作乐。当庄蹻以迅雷不及掩耳之势,以5万大军铁桶般地团团围困了夜郎国国都(今贵州省桐梓县一带)时,采默这才慌了神,因此时保卫京师的夜郎国军队只有2万多人,采默急忙派人出城四处调兵遣将,但此时已为时过晚来不及了,夜郎国国都已经连只苍蝇都飞不出去了。

庄蹻听从庄豪的建议,采取先礼后兵的办法,派出使者进城劝说夜郎国国王采默投降,但采默自恃城坚兵强,不但拒不投降,还杀害了来使,把首级挂在城头,以示坚决抵抗的决心。夜郎国守卫京师的部队不愧是采默的精锐之师,作战勇猛顽强。庄蹻西征大军被迫在夜郎国都城下进行了异常惨烈的攻坚战。庄蹻站在战车上指挥西征大军用抛石器向城头抛射石头,将士们架上云梯向城墙头攀登，连发机弩连珠般地把弩箭射向城头，而守城的夜郎国士兵则冒着滚石和箭镞，义无反顾地保卫着京师的城防，一拨人倒下，另一拨人又涌上来，鲜血染红了城头。而城墙下，被夜郎国士兵从云梯上砍下、被箭镞射中以及被城上滚木打中的士兵，血肉横飞，死尸一层层堆在城墙边，双方士兵都伤亡惨重，这是庄蹻西征大军在夜郎国遭遇到的最艰难的攻坚战。看到城池久攻不下，跟随自己多年的江东子弟兵不断死在眼面前，庄蹻顾不得自己统帅的身份，亲自手持盾牌，挥舞钢刀登上云梯，身先士卒地杀到城墙头，左砍右杀，如入无人之境，将士们在主帅的激励下，杀声震天，一鼓作气攻破了城防，城门被打开，楚国士兵一拥而入，夜郎国都城顷刻间为楚军占领，在这万分危急的时刻，夜郎国王采默在卫士的掩护下杀出一条血路，才得以突围出城。在楚军的追击下，兵败如山倒的夜郎国军队溃不成军，夜郎国王采默只得率领残部向黔桂相连的十万大山逃遁，夜郎国君采默及其后裔自此在人间蒸发，成为历史的一个谜案，这是后话。攻克夜郎国国都后，庄蹻又率领西征大军乘胜追击，经过几场血战，又攻下了黔北重镇遵义。然后，庄蹻兵分两路，一路人马由校尉庄豪率领，从遵义向西经毕节、威宁，一路杀向云南的梁州（今云南昭通盐津一带），庄蹻率领的另外一路人马则沿着乌江由水路攻占且兰（今贵阳一带），后又舍船登陆，征服了夜郎国的安顺、关岭、普安等夜郎国三苗部落地。两路大军最终胜利会师于夜郎国与滇人部落的梁州。在梁州，楚军曾一度遭到当地土著部落的拼死抵抗。当地的土著人凭借天险，依靠原始的竹木制作的弓弩、长矛及檑石牢牢守住山道，让来自平原的楚军将士一筹莫展。面对这些不堪一击的部落武装，庄蹻凭着运用自如的军事指挥才能和用先进武器装备的精锐部队，没有费吹灰之力就击败了梁州一带的土著人的抵抗，率领大军直奔滇中纵深地带。滇池一带的"滇棘""劳浸""糜莫"等数十个部落酋长闻讯庄蹻西征大军即将进入，大家召开紧急联席会议，商定了要联合起来，准备利用山地、森林与楚国西征大军打一场游击战的计划。

在进入"滇"族部落地之前，庄蹻、庄豪及幕僚们进行了认真的研究和分析。当时的滇池及其周围地区分布着称为"滇棘""劳浸""糜莫"等数十个部落，其中以"滇"族部落最大，这些部落早已经进入青铜时代，这里土地肥沃，农业生产有一定的发展。由于滇地地广人稀，物产丰富，各部落人群自给自足充分有余，因而滇与其它部落人群所居住的地方极少有利益冲突，大家和平共处，从来没有发生过战争。"滇棘""劳浸""糜莫"等部落酋长的族人武装，多为维持秩序、防备野兽侵害人群及酋长出行护卫等职能，充其量就是个看家护院的自卫型武装。族人武装的武器多为弓箭、弩箭以及用青铜制造的戈、矛、斧和剑，与楚国军队配备的铁制长矛、刀、剑、斧以及联发机弩、护甲战车等相比，显然在兵器等级上落后不止一个等级。通过对比了上述情况后，庄蹻把进伐滇地的战略定为招抚攻心为上策，杀伐攻城为下策，他让庄豪把经常行走在滇地的商人找来，让他们以做生意的名义把"滇""劳浸""靡莫"等部落的长老请到中军大帐，庄蹻谦恭地表明西征大军至此不是为了结怨，而是为了帮助滇地人民发展生产、推广儒家教化而来。滇地归顺楚国后，各部落酋长原属土地和人口丝毫不动照旧归属各部落酋长，希望各位长老向酋长们转达善意，以和平的方式接受楚国西征大军的到来。庄蹻让部下给各位长老赠送了从楚国、巴国及蜀地带来的丝绸、蜀布、筇竹杖、金银器等礼品，并给各部落酋长也备下了一份丰厚的礼品，恭恭敬敬地欢送各位长老们回去，并请他们让部落酋长们给予一个答复。"滇棘""劳浸""靡莫"等部落的各位长老们刚进楚军大营时，就见两排威武雄壮的军士衣甲鲜亮、兵器锃亮，战车一辆辆齐整地排列着，还有攻城用的抛石器、机制连发弩箭等，看得大家心惊肉跳。各位长老们都知道这是先礼后兵的意思，回到部落后纷纷转达了庄蹻的来意，并特别说明了楚军武器装备的厉害，力劝各部落酋长们不要与楚军抗拒，希望大家能够和平共处。庄蹻恩威并重的手段终于让"滇棘"俯首归降，楚国西征大军终于化干戈为玉帛，以和平方式进入了滇池地方。

至此，楚国西征大军占领了巴国、黔中、夜郎、滇棘等地区，为楚国疆域拓展了数千里的国土属地，人口徒增百万之众。

公元前277年深秋，庄蹻率领的西征大军以招安的办法从夜郎国沿曲靖、陆良、澄江到达滇人部落酋长的大本营晋宁城石寨山（今晋宁县城附近）。到石寨山大寨前的沿街道路，净土扫尘，沿途民众夹道欢迎，各部落酋长们列队迎候在寨门前松枝搭成的彩门下，"滇"部落酋长率领各部落酋长一一向庄蹻呈献上了象征该部落权力的青铜制作的铜鼓，上面铸有精美的各部落图腾图案。"滇棘"部落酋长手捧斟满米酒的海碗高举过头，给庄蹻敬上一碗，庄蹻和"滇棘"部落各酋长们酒碗一一相碰后，仰头一饮而尽，在场的人群发出一阵欢呼声。庄蹻手一挥，让部下推上装满各种礼物的数十辆礼车，分别赠给各部落酋长。"滇棘"部落酋长也让手下赶着羊群、推着装满美酒、粮草的数十辆牛车犒劳楚军，并按接待最高贵客人的礼遇，要求庄蹻驻到晋宁城中。庄蹻委婉地谢绝了酋长的好意，表示要严格要求部下不得侵扰、抢掠百姓，执意要在滇池边安营扎寨。庄蹻率领的楚国军队军纪严明，军队所需粮草均用攻克夜郎国王宫时缴获的金银向百姓购买，他还让部下经常开展一些亲民利民的活动，极大地改善了军队与民众的关系，这些举措极大地赢得了滇地各部落酋长和民众的信赖，这红土高原上的"滇棘"、"劳浸"、"靡莫"部落的酋长们，也和庄蹻一样是黑炭般的刚强汉子，都是一些性格刚烈的血性英雄，性格直率，讲究义气，他们认准庄蹻是他们的朋友，甘愿为他两肋插刀。庄蹻与"滇棘"、"劳浸"、"靡莫"数十个部落的酋长在滇池畔的晋宁歃血为盟，结拜为生死弟兄，鸡血酒一碰下肚，便都和他是哥儿们了。庄蹻率领的西征大军终于在滇地站稳了脚跟。

庄蹻和他的部下来到五百里滇池边，看着浩瀚滇池清澈的湖水，柔润的波涛轻言细语地奔来眼前，风光秀丽，碧波万顷，风帆点点，对岸的湖畔还睡着一个美人，睡姿十分优雅迷人，湖光山色，令人陶醉。而远处一马平川的滇池坝子里稻谷一片金黄，高原的秋天美得像一个风光绮丽的人间仙境，竟让一个久经沙场威武不屈的铁血将军对这娇柔的美景动了心。

滇池古名滇南泽，又称昆明湖，滇池因周围居住着"滇棘"部落或有水似颠倒而流状、故起名为"滇池"。滇池是一种因地震断层陷落形成的湖泊，其外形似一弯优雅的新月。湖面的海拔高度为 1886 米，南北长约 40 千米，东西最宽处约为 15 千米。湖岸线长 150 余千米，面积为 306 平方千米，素称"五百里滇池"。主要注入河流有盘龙江、金汁河、宝象河、海源河、马料河、落龙河、捞鱼河等，出水口为螳螂江。滇池水由海口注入普渡河，汇入金沙江. 属长江水系，流域面积 2855 千米，为中国的第六大淡水湖。

滇池东有金马山，西有碧鸡山，北有蛇山，南有鹤山。这些山连绵起伏，形成了昆明坝子的天然屏障。湖滨土地肥沃，气候温和，水源充沛，有利于灌溉和航行。平均气温为 15 ～ 18 度，降雨量为 1070 毫米，是名副其实四季如春的好地方。昆明坝子盛产稻米、小麦、蚕豆、玉米、油料等作物，是滇国著名的"鱼米之乡"。

庄蹻让部下在滇池边埋锅造饭，铜锅里煮着很香很香的米饭，炖着味道鲜美的羊肉和滇池的鲜鱼。将军高举盛满烈性老米酒的酒杯，这次他没有一饮而尽，而是把一碗老米酒全部浇在他那随身佩带一刻不离的钢刀上，他那把寒光凛冽的钢刀曾在无数次的战斗中喝过很多人的鲜血，今天，他要让钢刀退去一些杀气，多享受些和平安宁的时光。是啊，经过 3 年多的征伐鏖战，回顾左右，跟随他的江东老部下在血火刀光的拼杀中已经死伤过半，将军心中叹息了一声：是啊，应该好好地休息一下了。他满怀深情地向部下敬了一杯酒，感谢他们不离不弃地跟随自己南征北战。他大碗大碗地喝着老米酒。这儿的鱼真鲜，感到比汉水里的鲤鱼更甜！

左一碗右一碗的老米酒并没有将他灌醉，倒是这高原上一泻千里的月光把将军陶醉了。他有些思念楚天的故乡，想念楚国的父老乡亲了……庄蹻感到自己没有辜负楚顷襄王的重托，已经胜利地完成了西征任务，为开拓楚国的疆土做出了努力，相信楚国振兴将指日可待。他立即派出三路信使快马加鞭地分别从滇池向沅水、黔中、巴国等三个方向朝楚国国都郢城方向急驶而去，他要赶快把胜利的消息向楚顷襄王报捷，并急切地盼望楚王做出回复后，即率领楚国西征大军班师凯旋回朝。

行军锅在滇池边一埋就是 3 个月。3 个月在马蹄下，那该是多长的一段距离，那该是一段怎样的征程呀！殊不知，在庄蹻派出信使向楚王报捷前两个多月，楚国发生了一件惊天动地的历史巨变，而这一历史巨变，既让庄蹻感到刻骨铭心的痛苦，也逼迫庄蹻和他率领的西征大军从此走上了一条始料不及的道路，开始了他们又一次历史的新生。

在庄蹻派出信使向楚王报捷前两个多月，楚国究竟发生了一件什么惊天动地的历史巨变？

原来，在庄蹻受命西征取得征服巴国的胜利后，楚顷襄王因楚国疆土得到新的扩张而狂妄起来，同时也因为庄蹻及其部下被远远调离了楚国，让他免除了最大的内忧，心中就像放下了一块大石头，但他却忘记了虎视眈眈的强秦外患仍在。在奸臣们的阿谀奉承中，终日淫乐无度，不理朝政。秦昭襄王的谋士们认为，目前楚国已与齐国等国断绝了外交关系，在国际关系上处于孤立无援的境地，国内腐败现象盛行，广大人民怨声载道，能征惯战的名将庄蹻远离楚国，向楚国发动总攻势的时机已经成熟，秦昭襄王做出了进攻楚国的的决定。为了达到出其不意、攻其不备的效果，秦昭襄王还实施了兵不厌诈的计策。公元前278年，秦昭襄王派出使臣到楚国对楚顷襄王说，我家秦王为了加强与楚国的友好关系，决定要把公主许配给楚顷襄王。楚顷襄王被秦昭襄王的满口谎言骗得晕头转向，为这天上掉下来的好事搞得利令智昏，忘记了父王曾被诱骗囚死咸阳的教训，兴冲冲地准备迎亲当他的新郎官。三闾大夫屈原看出了秦昭襄王的阴谋，长跪在宫门外力谏楚顷襄王不要相信秦王的鬼话。果不其然，一支伪装成送亲队伍的秦国特遣队披红挂绿，举着彩旗，推着载满"嫁妆"的礼车，吹吹打打拥着公主的婚车来到郢城门前，趁楚顷襄王开城门迎亲之际，丢下彩旗，从"礼车"上拿出兵器，迅速控制了城门。早已经埋伏在城外的秦国大军随后一拥而入，兵不血刃，不费吹灰之力就攻进了楚都郢城中。只想着当新郎官的楚顷襄王哪里会想到秦国会有这么一招，全城的守军们都沉浸在国王大婚的喜庆气氛中，哪有什么防备。如狼似虎的秦军在白起的率领下长驱直进，转眼就攻陷了楚都郢城。楚顷襄王新郎官没有当成却成了丧家犬，跌跌撞撞从郢都逃出，被迫迁都于陈（今河南淮阳）。秦兵继续进攻，又向西边进发攻取了西陵（今湖北宜昌），再向东方攻占了竟陵（今潜江西北）直至安陆一带，继而向南直进逼到了洞庭湖边，使大别山以西的江汉地区尽为秦有，从此楚国本土丧失殆尽。国破山河在，恨别鸟惊心，悲痛欲绝的屈原见国家灭亡在即，自己的政治理想彻底破灭，对前途感到无比绝望，虽有报国之心，恨无回天之力，在五月五日这一天以身投入汨罗江自尽，以死明志不愿当亡国奴，让后世之人为纪念这位伟大的爱国主义诗人确立了一个举世闻名的节日——"端午节"。

公元前277年夏末秋初，正当庄蹻血战夜郎国攻克夜郎国都之际，秦国倾尽全国兵力，兵分两路向楚国发动了致命性的攻势，秦军一路由武安君白起大将军率领攻陷楚国的邓城后，又向鄢城（今湖北宜城东南）进逼；另一路由秦国蜀郡的郡守张若率领水、陆混合编队的秦军东下，向楚国的巫郡及江南等地进军，攻下了被庄蹻征服的黔中郡，虽然楚顷襄王不甘失败，又调集东部兵力收复了黔中郡部分地区，并重新立郡以对付秦国，但随即黔中郡又被秦军夺走。秦将军白起指挥的围攻鄢城之战，遭到楚国守城官兵的顽强抵抗，秦军攻城部队久攻不下，伤亡惨重，残暴的白起设计了一个毒计，利用上游河流筑堤蓄水后，再决堤放水，使得鄢城楚国军民数 10 万人被溺死。水退后只见尸横遍野、一片狼藉，连秦国士兵看到这一惨绝人寰的人间地狱都感到不寒而栗。

当庄蹻派出的信使快马加鞭来到黔中郡不远时，只见城中百姓扶老携幼惊恐万状地逃出城来。一打听才得知秦军已经攻入黔中郡城中，正在追杀楚国的郡守和有楚国口音的人。机敏过人的信使见秦军已杀出城门，当即拨转马头往回就跑，在僻静的地方埋藏了庄蹻给楚王报捷的书简，用所骑的马匹向逃难的百姓换了一身衣服，模仿当地人的口音装成落难的商人，才躲过了秦军的盘查和追杀。但乱军已把返回滇地的道路封锁了，信使靠着沿路乞讨，辗转迂回，经过千辛万苦，历时 3 个多月才回到晋城。

当庄蹻得知楚国国都已被秦军攻破，国君不知所踪，自己西征三年损兵折将拼死夺取的巴国、蜀国和夜郎国的黔西等地悉数都被秦军夺取，秦军抄了庄蹻及其楚国西征大军归国的后路。当时，秦军实力已经非常强大，六国尚且无法抗衡，庄蹻又如何能够杀出一条回国的路呢？急火攻心的庄蹻闻知这一消息后，两眼一黑，一口鲜血喷涌而出，顿时倒地昏死过去。等他苏醒过来时，只见各个部落酋长、庄豪及副将们都急切地守在他的周围。他长叹了一声，对众人说：国家既已经灭亡，我等忠臣良将岂有继续活在世上之理，拔刀就要自刎。众人急忙夺下庄蹻手中的刀，滇族部落酋长对庄蹻说：庄将军，你对楚王的赤胆忠心苍天可鉴，你为楚国所立的赫赫战功，可以问心无愧，天要灭楚，人无奈何，以庄将军的文韬武略和高德威望，我们一致拥立你为"滇国"的国王，带领我们开发滇地，建设一个民富国强的国家。庄豪和部下将士们也表示：既然不能返回原来的祖国了，愿意拥戴庄蹻将军为建立"滇国"竭尽全力。庄蹻见到众人对自己如此厚爱，心中那个帝王梦终于被唤醒了，他自思道：当初我带领江东子弟反抗楚国苛政而发动起义的目的，就是为了有一个能让百姓安居乐业的社会，如今有这么一个由自己来掌控历史的机遇，为什么不顺应民意来展示自己的远大抱负呢？

庄蹻听从了大家的意见，遥望东北方向拱手拜了三拜，表示对楚亡国的深切哀悼。从此把精力放在了建立滇国的大事上。庄蹻决定把"滇国"的国都地址选在滇池边的拓东（今呈贡与晋宁一带）。这里处于滇池、抚仙湖、阳宗海、星云湖和杞麓湖的中心地带，三面环山，阡陌纵横，田畴交错，沃野千里，物产丰饶，是建立滇国的最佳中心位置。他一方面安排各部落酋长组织当地百姓上山采石、伐木，让军中兵士里的能工巧匠指导民夫夯土筑城墙、建王宫，另一方面听取幕僚和谋士的策划，制定了长期发展"滇国"经济社会的治国方略。滇族部落冶铜技术由来已久，制造的青铜器已经到达炉火纯青的地步，但尚不知道冶炼钢铁的方法和打制铁器的技艺，而楚国当时冶炼铁矿的技术已经十分成熟，庄蹻就让部下那些懂得冶铁技术、会打制铁器的士兵带领滇人开矿炼铁、打造铁制农具、工具和兵器，教会滇族民众学习掌握用铁制犁铧犁田的技术，帮助百姓学习栽桑养蚕以及缫丝织锦的技术，让那些有文化的兵士教滇族人的小孩子识文断字，在各部落人民中传播孔子的儒家学说等等。跟随庄蹻西征的部下主要来自当年起义时带来的旧部人马，当初参加起义时人员来自四面八方，三教九流各种人才都有，其中不乏有许多不满楚国暴政而参加起义的知识分子，当然大多数都是农民，所以对农业生产的各种技术都很在行，楚国比滇族部落更早地进入了铁器时代的农耕社会，因此这些人都掌握有比滇族人更为先进的农业生产技术。当时滇人使用的农具主要有铜锄、半圆形镂孔铜锄、铜铲、铜镰、铜斧。因青铜原料金贵，一般主要用于铸造祭祀礼器、铜鼓、兵器，百姓家很少用得起青铜打制的农具，且青铜制造的农具坚韧性差很容易崩裂，而铁制农具原料便宜，坚硬且有韧性。由于楚国传入的铁制农具的大力推广应用，加上使用畜力犁田，对滇池一带的农业耕作手段起到了一个革命性的飞跃，生产力得到大力发展。 楚军将士带来了中原地区先进的农耕技术、冶炼技术、建筑艺术、思想观念及文化艺术，让楚、滇两种文化相互交流促进，滇中地区经济和文化得到进一步的发展和繁荣。为了更好地赢得众酋长对他的臣服，庄蹻一方面大肆封赏长期跟随自己南征北战、功勋卓著的将领们，让他们成为"滇国"的重要朝臣，封给爵位，赐以食邑，众将士当然感恩戴德，更加死心塌地的奉昔日的"大哥"为"大王"。庄蹻为笼络当地土著民族的人心，又按各部族规模大小给各部族酋长以不同封号，赐予俸禄，把原属领地归由各酋长作为食邑，并给予充分的自治权利，让他们原有的既得利益不但没有失去，反而得到更多的实惠，自然感到心安理得。庄蹻为让自己带来的楚国将士们尽快融入当地土著民族中，他让随他从征的老弱病残兵士退伍解甲归田，赐予田地，鼓励他们与当地土著民族女子结婚生子，让他们融入当地社会生活中，加强了民族团结。为增进与滇地各部族人民的民族感情，让他们把自己当成"自家人"，庄蹻自己带头改变服饰，穿着当地土著"糜莫"人的服装，并要求各文臣武将和兵士也效仿他穿着当地"糜莫"人的服装，遵守当地人的风俗习惯。庄蹻将军的这一系列举措，得到朝野一致的称赞和拥戴，让他与当地的"糜莫之属"结成了团结互助的兄弟关系。庄蹻入滇成了云南人类社会发展史从蒙昧原始的社会走向文明开化的时代的新起点，昔日"无常处，无君长"原始状态的"滇"族部落地，经庄蹻将军和滇人的共同开拓，渐渐过渡到用铁犁耕田，有城镇集市的的阶级社会。楚国的衰亡让庄蹻不能归国这一不幸，却成就了庄蹻开拓云南的千秋伟业。

公元前276年春天，经过半年多的建设，滇国王城的轮廓初现，穿上縻莫服的庄蹻将军在"滇"王宫举行了盛大的登基仪式。在编钟演奏的楚音乐曲中，他率领文武大臣按照周礼举行了隆重的祭祀天神的仪式，祭坛上摆满祭品，庄蹻率领众大臣三叩九拜，祷告上苍福佑滇国国运兴盛、社稷久安，消灾免祸，风调雨顺，五谷丰登，国泰民安。滇国周边的蜀郡、黔中郡、昆明国、哀牢国、瓯骆国及黑齿国均纷纷派出使节，携带贺礼前来祝贺。各地敬贺的礼品有蜀地的丝绸、蜀布，昆明国的良马，瓯骆国的海贝、光珠、黑齿国的象牙、翡翠等，特别是黑齿国敬贺的象牙和翡翠，庄蹻是知道的，那是只有周天子宫廷中才有资格制作为配饰享用的，因此感到十分珍贵，也许还曾经动心过征服黑齿国的念头。庄蹻在他登基后的施政报告中，仍尊楚国为宗主国，把滇国作为楚国的藩属国，这一方面表达了庄蹻念念不忘楚国的情怀，另一方面也因为庄蹻带领的楚国江东子弟们毕竟与故国有着斩不断理还乱的深厚感情，为顺应部下的这种思乡情结才提出的这一决定。此言一出果然深得人心，众大臣和旧部将士纷纷赞许。举国上下广大民众用传统的民族形式为滇国的建立开展了丰富多彩的庆祝活动。君临天下的庄蹻从一个臣子变成了君王，由一个武将军转身为文皇帝，他以自己深厚的知识功底、多年在楚国担任重臣、率领人民抗暴起义、南征北战的丰富社会阅历及对各地民生的了解，对自己承担起统治滇国、建设一个民富国强的滇国充满了自信心。在他的治国方略中，他提出了八个方面的主张：外睦周边、内和诸族、重视农渔、开发铜盐、便利商贸、轻徭薄赋，发展人口、富民强国。自公元前276年滇国建立后，除了秦国统一全国后有12年时间滇国曾被秦始皇以"益州郡"所取代外，当秦国忙于应付陈胜、吴广领导的农民起义军时，滇国又在庄蹻后裔领导下恢复了"滇国"名称，公元前109年西汉征服西南夷时，滇国王羌尝审时度势，顺应历史发展潮流，在大军压境前举国投降，主动归附大汉王朝，因而受到汉武帝刘彻的褒扬，封羌尝继续袭任滇王并赐予金质"滇王之印"，之后，滇国又延续到东汉时期的公元115年，在红土高原建国的历史长达380年之久。庄蹻就像一只雄鹰，在红土高原上找到了一片比楚天还要辽阔的天空。他统一了滇国所属的各部落，让滇国国王的旨意能够在东至石林、陆良、泸西一线，西至安宁、易门及叶榆（今大理）一带，北到昭通、会泽、盐津、威信之地，南达元江、新平、个旧，东西宽约150余千米，南北长约400余千米的滇国疆域内做到政令通达。首先他按照外睦周边的方针，利用秦国在基本消灭了楚国后，主要兵力忙于征伐齐、燕、韩、赵、魏等国，无暇顾及对秦国毫无威胁的滇国之际，与被秦国占领的蜀国和夜郎国所设置的蜀郡、黔中郡的太守互通友好，表示井水不犯河水，从而使滇国在北方和东方免除了来自秦国虎狼之师的威胁。又与滇国东边的瓯骆国（即今越南一带）建立友好关系，对西边氐羌游牧部族为主的昆明国（今大理、丽江一带）也建立了互不侵犯的友好关系，基本保持了和平相处的态势，从而为滇国赢得了近55年的社会经济发展战略机遇期。当北方中原大地战国七雄征战杀伐、纵横兼并，打得一塌糊涂之际，偏安一隅的滇王庄蹻和他的后裔则抓紧时机组织民众广泛推广应用铁制农具，修沟挖渠发展灌溉农业，提倡精耕细作，使滇国的农业生产有了大力地发展。鉴于滇国尚未发现储量丰富的铁矿石，但在东川发现有丰富的铜矿。过去滇国百姓食盐全靠蜀国商人私自贩运来的，价格昂贵且不能保证供给，但在安宁附近发现有丰富的岩盐矿藏，庄蹻对开采铜矿和生产食盐实行国家专营制度，大力开发东川的铜矿和一平浪的盐矿，使之成为滇国军需民用和重要的国家税收。滇国铜矿的大力开发，让滇族传统制作铜器的技艺也得到极大的发扬和传承，大量价格低廉、质量好的青铜打制的锄、镰、犁铧、斧等农具和工具在滇族部落百姓中得到普遍推广应用，有力地促进了当地农业生产的发展。一平浪盐矿的大力开采，让滇国人民的食盐供应得到了保证，并成为了滇国重要的贸易商品。滇国在保持与周边邻邦和平友好的同时，积极与北方的蜀郡、西方的昆明国、东方的瓯骆国开展贸易，并为商人们开展商品贸易提供便利，蜀郡的蜀布、锦绣、楪榆国的良马、瓯骆国的香料、海贝与滇国的铜器、食盐进行交换，互通有无，促进了交通与集市贸易的发展。在滇国经济发展的同时，滇王大力抓好发展人口的生产，实行轻徭薄赋，让百姓安居乐业、休养生息的政策，建立了20多个县城和乡邑，方便民众聚居和集市贸易。滇王庄蹻时值壮年，也仿效楚王设了三宫六院七十二妃，娶各部落酋长的公主和挑选滇国各族美女为后为妃，自己带头生产人口，所生子女无数。他把公主们嫁给各部落酋长们的儿子为妻，王子则分封到各城邑当王，因为这些城邑所属部落的酋长都是这些王子们的外公，自己又是酋长们的儿女亲家，双重亲戚关系，自然能够亲切友好的和谐相处，不会产生什么大的矛盾。庄蹻的这些王子从小就在父王所办的贵族学校进行培养，由博学多才的大臣们担任教授，饱读诗书、习文练武，系统学习了春秋时期诸子百家学说的精华，在经济管理、社会管理、兵法战略等方面都有全面的掌握，至少都是现今大学专科以上的学历，到各地城邑任一方诸侯，治国理政自然得心应手。而各酋长的王子们，大多四肢发达，头脑简单。由于滇地原本就属化外之地，文化教育落后，那些有见地的酋长虽然也请了一些流落到滇地有文化的商人当私塾老师，为子女零零星星地传授了一些文化理论知识，但充其量也就是个高小文化毕业，比起从贵族学校出来的滇国王子们差距自然巨大，久而久之，各地城邑的治理大权渐渐尽被庄蹻的后裔们所掌控，在滇国四方八面开花结果，繁衍生息，成为滇国主流社会的代表，并为滇王的统治奠定了坚实的社会基础。庄蹻和他在滇国安家落户的楚军将士的后裔们，和当地土著民族一起，为共同开拓云南边地，推动滇国的社会发展，使滇国经济社会有了长足的发展和进步，滇王庄蹻在位执政时间长达50年之久，后无疾而终。庄蹻的儿子继位后，把庄蹻葬于呈贡附近的天子庙山上，并把庄蹻滇王国家社稷重器的巫师纹铜鼎、铜鼓及五牛盖铜筩、8人缚牛铜扣饰共300多件青铜器物，各友邦部落国家敬贺的玛瑙、绿松石、海贝、象牙饰物数万件，以及把庄蹻生前戎马半生一直陪伴着他的一柄铁制战国兵器"削"也放在他的身边，按照楚国"珠实玉匣"随葬制度进行了风光大葬。只是庄蹻没有料到的是，就在他死后仅仅5年，滇国也和他的宗主国楚国一样，也被野心勃勃的秦国攻破了。

　　说起秦国之所以能够战胜楚国并统一六国成为中国第一个统一的国家，这就要从秦孝公的执政说起。战国初年，秦国与当时的超级大国楚国相比还是一个比较落后的国家。在秦孝公出生前，秦国经历了自秦厉公之后几代君位动荡，国力大为削弱。魏国趁秦国政局不稳之机夺取了河西地区（今山西、陕西两省间黄河南段以西地区）。秦孝公之父秦献公继位后，以割地方式与魏国讲和，以达到安定边境的目的，被迫迁都栎阳（今陕西省渭南市富平县东南），经过几年的修养生息，并且数次东征，想要收复河西失地，无奈振兴国家的愿望没有实现便去世。

　　公元前361年，秦孝公继位，黄河和肴山以东的战国六雄已经形成，除此之外，在淮河、泗水之间还有十多个小诸侯国。此时周王室的权威和势力已经衰微，诸侯间凭借武力相互征伐吞并已成常态。战国六雄中，楚国、魏国与秦国接壤。魏国已经占有原本属于秦国的河西地区，楚国自汉中郡往南，占有巫郡和黔中郡。秦国地处偏僻的雍州，无缘参加中原各国诸侯的盟会，因此被诸侯们所疏远，大家就像对待夷狄原始部落那样看待秦国。秦孝公深感奇耻大辱，继位后立志以恢复秦穆公时期的霸业为己任。他在国内对老百姓广施恩德，救济孤寡，树立了良好的亲民形象，为实现富国强兵目标，他广泛招募战士，并在国内颁布了著名的《求贤令》，在《求贤令》中，他诏告天下：我为了光复先王的伟业，希望国人、大臣及外籍宾客奉献富国强兵的良策，只要有谁能够提出振兴秦国的奇计，我要给予他最高的礼遇和重用，并和他共同分享国家。

　　卫国人商鞅自幼饱读诗书，文韬武略，满腹经纶，曾经投奔到魏国想发挥自己的才能，但不为目光短浅的魏王所重用，遭到冷遇，迟迟不得志。听闻秦孝公公告的求贤令后，便携带春秋时期著名法家李悝的经典著作《法经》来投奔秦国，并在他的老朋友景监的引荐下见到秦孝公。

　　第一次见面，商鞅还弄不清秦孝公的想法。他试探性地从三皇五帝的"帝道"讲起，还没说完，秦孝公就已经打起了瞌睡。事后，秦孝公训斥景监说："你推荐的什么朋友，就只知道夸夸其谈，讲的什么玩意？"

见到秦孝公的这个反应，商鞅不但没有害怕，反而高兴了起来，心想："原来秦公的志向不在只当一个四平八稳的帝王。"第二次又让景监引荐他与秦孝公见面，他这次的话题从"王道仁义"讲起，秦孝公的兴致比前一次稍为好了点，但还是觉得这些理论与当前秦国急需的国策不沾边，听着听着哈欠连天。商鞅看到这个情况后，不但不认为是秦孝公对他的不尊重，反而更高兴了。因为他终于明确了秦公的真实志向。

于是，当第三次一见面时，商鞅劈头就问："陛下，当今天下四分五裂，您难道不想开疆拓土，成就一番霸业吗？"

秦孝公立刻精神了，他要的就是霸道！当即就请教商鞅有什么良策？商鞅就滔滔不绝地把他早已思虑成熟的强国争霸方略对秦孝公从头至尾细细讲来，听得秦孝公津津乐道，如饮甘泉。商鞅建议秦孝公顺应当时各诸侯国争相发展经济和军事实力的形势，加快实行变法，以期求得以改革旧政促进社会生产力的快速发展。商鞅指出，夏商周三代的礼法已经发生了很大变化，"治世不一道，便国不法古"，只有顺应历史发展的新潮流，因时而立法，因事而建制，才能使国家富强，成就统一天下的霸业。慧眼识人的秦孝公当即认为商鞅就是能使秦国振兴的良才，秦孝公激动地握住商鞅的手："请先生助我成就霸业。"

在思想上说服了秦孝公，商鞅认为他的强国大计只是销售了一半。当时秦国的重臣们中保守势力还十分强大，要实行变法还得打败这股守旧势力。果不其然，变法遭到以甘龙、杜挚为代表的守旧派的激烈反对，在上朝时，以甘龙、杜挚为代表的两个重臣就带头跳出来向商鞅发难："商鞅你来自外国，根本不了解我们秦国的实际情况，你的这套治国之策根本行不通，希望国君不要被他的花言巧语迷惑。"

此时的秦孝公并没有急于表态，因为他要看看商鞅如何应付——如果你提出的变法政策连大臣都说服不了，如何能够在全国推行？商鞅站了出来，和群臣展开了一场著名的"答辩会"。甘龙提出，治国理政必须遵循和效仿先王的规章制度，不能离经叛道。商鞅就历数那些成败君主的实例，说明凡是治理国家有作为的君王必有所创造，有所超越，陈陈相因必然导致国家的衰亡，只有顺应时势才能大展宏图。一番滔滔雄辩，有理有据，把对方驳斥得哑口无言，朝中大臣们再也没有人提出反对意见了。

说服了大臣，商鞅认为变法政策还只是在朝廷站稳了脚跟。改革变法最重要的是要得到广大人民群众的拥护和支持，才能贯彻落实到全国，成为举国上下的共识和统一行动。但是，老百姓会相信你的新政策吗？商鞅想到了一个让世人增强信念的办法。

一天，商鞅亲自来到国都的南门，让人竖起了一根三丈高的木头，百姓不知这是怎么回事，纷纷前来围观。商鞅就当众宣布说，能把这个木头扛到北门的人就赏给他10两黄金。"这可是重赏啊！"人群中一阵惊叫，却没有人相信这是真的，也没有一个人出来尝试。见此情景，商鞅又果断地把赏金数量提高到50两黄金。终于在围观的人群中有个年轻人半信半疑地出列打算试试运气，他轻松地把木头搬到北门。众目睽睽之下，商鞅当场就把50两黄金赏给了这个年轻人。此事立即在人群中疯传开来，举国轰动了：商鞅的改革变法政策是信守承诺的！

在商鞅的劝说下，秦孝公决定在秦国国内进行变法，秦孝公于公元前359年命商鞅负责在秦国国内颁布实施《垦草令》，作为全面变法的序幕。《垦草令》主要内容有：刺激农业生产、抑制商业发展、重塑社会价值观，提高农业的社会认知度、削弱贵族、官吏的特权，让国内贵族加入到农业生产中、实行统一的税租制度以及其他措施。

《垦草令》在秦国一经公布后，立即得到广大人民群众的拥护，在全国很快推行开来。《垦草令》成功实施后，秦孝公于前356年正式任命商鞅为左庶长，在秦国国内负责实行第一次变法。第一次变法的主要内容为：一、废除旧的世卿世禄制度，明令军法，奖励军功，建立20等军功爵制，实行依照军功授给田、宅的政策。二、废除以井田制为形式的共同体土地所有制，承认土地私有和买卖。扩大田亩面积，把百步为1亩改为240步为1亩，奖励开垦荒地，耕织收入多的，免其徭役。三、禁止游手好闲、弃农从商，凡从事"末业"（工商）和不事生产而贫困破产的人罚做奴隶。四、改革户籍制度，实行什伍连坐法。五、严惩私自斗殴滋事、改法为律，制定秦律和推行小家庭制。

经过第一次变法后，秦国国力和军事实力开始强大。公元前358年，秦国在西山（今河南省熊耳山以西）击败韩国。公年前357年，楚宣王派右尹黑来迎娶秦孝公的女儿，与秦国联姻。商鞅在秦国开始了彻底而系统的改革。公年前355年，秦孝公与魏惠王在杜平（今陕西省澄城县东）会盟，结束了秦国长期不与中原诸侯会盟的局面。

秦孝公于公年前350年命商鞅征调士卒，修筑宫殿，营造新都，并于次年在商鞅的主持下，秦国迁都咸阳。接着，秦国夺取魏国河西之地，迫使魏国迁都大梁。同时命商鞅在秦国国内开始进行第二次变法改革。第二次变法改革主要内容为：开阡陌封疆，废井田，制辕田，允许土地私有及买卖，进行土地制度改革，加收人口赋，燔诗书而明法令，塞私门之请，禁游宦之民和执行分户令。为便利征收赋税和进行商品流通，颁布标准统一的度量衡器。推行郡县制，以郡县制划分行政区域，把全国的城乡里邑设置为31县。县设县令、县丞，由国王任免。里中居民建立什伍组织，五家为伍，十家为什，巩固了中央政府的集中统一领导。规定人民不得自由迁徙，旅店不得留宿没有官府凭证的旅客，从而有效地加强了社会治安管理。奖励告密者，对有犯罪行为人的亲友邻居实行连坐法，让社会全体成员敬畏法律，互相监督，全民防范违法犯罪行为。

经过历时 21 年由商鞅主持推行的两次变法后，秦国国力开始强大起来。国内老百姓享受到了变法改革带来的实惠，家家粮多钱多，富裕充足，人民安居乐业，社会秩序井然，在秦国做到了路不拾遗，山中没有盗贼，大家都很高兴。通过一系列的变法措施，使秦国的阶级关系也发生了巨大变化，贵族特权取消了，奖励农耕政策实行后，农民生产粮食多了也可以立功，优秀的农民可以扬眉吐气积极投入粮食生产。新的爵位等级秩序建立后，不分平民贵族，以战功授奖封爵，只要立战功多，就可以富甲一方。既然杀敌取胜可以带来财富和地位，何乐而不为呢？广大庶民积极参军报效国家，在战场上英勇杀敌争取立功受奖，因而出现了一大批因立下军功而得到土地封赏的新兴地主，封建制的生产关系也得以迅速建立，大大推动了秦国生产力的发展。军功制度的奖励下，人民勇于为国家打仗，秦国的军队从此变成虎狼之师，商鞅率领秦国军队夺回了被魏国强占去的河西之地，并迫使魏国赶快把国都迁到大梁这个地方。秦国的法律普及后，为非作歹的人群不敢再私自斗殴滋事，乡村、城镇社会秩序安定了。为了彰显秦国的发展成就，诸侯国的名义领袖周显王为了迎合秦国"新贵"，专门派使臣赐予秦孝公"霸主"的称号，诸侯各国也都派了使者前来祝贺。这与过去各诸侯把秦国与夷狄原始部落列为下等国家看待的鄙视态度来了个逆转。公元前 348 年，看到秦国日益强大的韩王昭侯，也乖乖地亲自带队前往秦国，与秦国签订了两国之间的停战盟约。公元前 342 年，秦孝公派太子驷率领西戎 92 国首领，声势浩大地朝见周显王，此举意在彰显秦国西方霸主的领袖地位，告诉大家：普天之下，秦国之外，已无强国。

秦孝公是个说到做到的开明君主，他兑现了他在《求贤令》中许下的诺言："与之分土"。商鞅被任命为大良造（秦国执掌军政要务的最高长官），因战功卓著被封赏於、商等地的 15 座城邑，并赐予商君称号。秦孝公给了商鞅巨大的荣誉与倾覆朝野的权力，让他达到了人生的巅峰，。

商鞅所推行的奖励耕战的政策，后来被秦孝公后的几个国君所继承和贯彻实施，秦国也因此一跃而成为战国七雄中国家经济实力和军事实力最强大的国家。在实施兼并六国的战争中，秦国由于经济实力雄厚，军事实力强大，因而南征北战屡屡得胜。秦昭王时，魏国人范雎入秦，建议秦昭王采取"远交而近攻"的方略，对六国各个击破。公元前 260 年，秦国在讨伐赵国的长平之战中，被围困的赵国军队粮尽援绝后被迫献城投降，守城的 40 多万士兵被俘，以凶狠残暴闻名的秦国大将白起把赵国的降卒全部活埋。秦国用血与火残酷无情的战争手段，增强了自身的实力，为秦国完成统一霸业奠定了基础。

秦王赢政（即后来的秦始皇）即位时，秦国已经攻占东方各国的大片地区，秦国统一六国的条件业已成熟。公元前237年，秦王嬴政罢黜弄权摄政的宰相吕不韦，自己亲自执掌朝政，他以雄才大略的远大抱负开始谋划吞并六国的战争。秦王嬴政制定的战略方针总谋略是由近及远，先取赵国、魏国、韩国，再取燕国、楚国、齐国。公元前236年秦王派出著名大将王翦率领秦国大军开始进攻赵国，历经6年的持续战争，终于在公元前229年消灭了赵国。在秦国攻打强大的赵国时，邻近的弱国韩国惧怕秦军的声威，于公元前231年向秦军请降。秦国受降后，把韩地设为川郡，自此韩国灭亡。公元前226年，秦王又任用王翦率军60万进攻楚国，经过4年多的反复征战，终于在公元前222年彻底消灭了楚国。公元前225年，秦王任王贲为大将，率领秦国大军进攻魏国，仅仅3个月后，魏国就被灭亡了。公元前222年，王贲又趁热打铁，率领秦军进攻燕国，不到一年时间就将燕国灭掉。公元前221年春，秦将王贲又率领秦国大军最后消灭了齐国。自秦王嬴政登基后经过16年的战争，秦国最终灭掉了六国，秦王嬴政完成了统一中国的大业，成为中国空前旷世的始皇帝。

秦始皇为进一步加强对中国本土疆域的统治，在统一六国后，于公元前217年派出大将王翦带领秦国大军从蜀郡和黔中郡兵分两路攻入夜郎国和滇国。坐井观天自吹自擂的夜郎国和长期处于和平环境中的滇国，哪里是久经沙场实战锻炼的秦国雄师的对手？几经交战，夜郎国首先灭亡，接着滇国军队也全线溃败，随即滇国以及大理、哀牢等部落国家都先后被秦军灭了，接替庄蹻继任滇王的庄蹻的太子只得带领残余势力逃匿到滇国与瓯骆国的边境地区，好在这些地区山高林密，道路崎岖，多为靡莫部族领地，酋长又都是庄蹻太子的外公辈，自然安然无事，只能蛰伏待机，盼望终有一天能够光复国土。

三、蜀郡马帮勇闯蜀身毒道，大汉使臣揭秘乘象宝国

秦国统一全中国之后，秦始皇下令在西南设立了黔中郡，并委派官吏入滇治理，使滇国成为秦帝国的组成部分。在滇国东北的曲靖设置了郡县，并委派了一位名叫常頞的将军担任地方长官。

这位常頞县令上任后，按照秦始皇的旨意，为了保证秦国军队能快速调动以扑灭各地发生的抗秦起义，方便人民群众日常交通和贸易，他决心继承李冰父子开通西南夷通道的事业，组织人力接力开凿从四川宜宾至云南曲靖附近的交通道路，把蜀郡与滇国紧密联系起来。

历史上蜀国所辖的四川盆地在地形上被称为"四塞之国"，古代交通甚为困难，蜀道难久为人知，故有"蜀道难，难于上青天"之说。四川盆地为高山和高原所环抱，盆地的西部是岷江、雅砻江、大渡河和金沙江流域；盆地的东部是长江三峡，除长江可通过航运通过清

江流域与江汉平原相通外，都是高山大川，无路可走。盆地北部则有秦岭山脉阻隔了四川与秦陇的交通。盆地以南则是云贵红土高原的横断山脉，山险流急，险阻重重。这一四周封闭的地形激励起蜀国先民向外开拓、努力改善自身环境的决心和勇气。公元前三世纪，秦国为了开发四川，秦惠文王命司马错伐蜀，首次在此古道上凿壁架栈成为军事通道，修筑的栈道长达千里通于蜀汉，使天下皆畏秦。栈道长250余千米，路面宽3～5米不等。栈道盘旋于高山峡谷之间，因地制宜采用不同的工程技术措施，或凿山为道，沿途凿壁架栈，铺板而成栈道，或修桥渡水，或依山傍崖构筑用木柱支撑于危岩深壑之上的木构道路，表现了在筑路工程中适应十分复杂的地形条件的出色的技术能力。栈道是川陕间的交通干线，历代屡屡修建，在经济文化交流和战略方面发挥了重要作用。栈道是古蜀人的一大发明，古蜀国"四塞之国"的封闭性是靠"栈道千里，无所不通"来达到开放的。古蜀人创造的栈道是一种奇迹，他们逢山开道，遇水造桥，以血肉之躯和原始的工具，在悬崖峭壁上凿岩洞安放木头作为支撑，再铺设木板搭成栈道。古蜀先民为了突破江河急流的障碍，在发明了栈道的同时，又发明了笮桥。笮桥即绳桥，有多种类型，有藏区的溜索和编网的藤桥，有岷江上的竹索桥，滇西北金沙江上的编网篾桥，都江堰早期的珠浦桥以及攀枝花早期的铁索桥，凭着巴蜀先民在建筑道路施工方面的聪明智慧，终于修通了从秦国都城咸阳到蜀郡成都的通道。这条通道从陕西咸阳出发，经汉中沿山川峡谷在悬崖峭壁上的千里古栈道，进入蜀郡的广元后，南行经剑阁过剑门关，再沿着绵阳、德阳，最终到达了蜀郡成都。从而让"难于上青天"的蜀道加强了秦国中央政府与蜀郡的紧密联系。

早在秦统一六国前的公元前316年，秦惠文王灭蜀、取巴，设置了巴、蜀、汉中三郡。原已臣属于蜀的云南滇国的"丹"和"犁"两个"西南夷"部落，也随之接受了秦的统治。秦王任命李冰为蜀郡太守，李冰和他的儿子在修建了著名的都江堰后，就按照秦国修筑驰道的要求，从成都开始修筑到僰道（宜宾）的通道，经过数年的努力，从成都经邛崃、芦山、雅安、乐山、犍为，最后到达宜宾的驰道终于修成。但由于公元277年庄蹻讨伐巴国后，紧接着进攻蜀郡，战乱频仍，李冰父子原本打算继续修筑从宜宾到西南夷道路的计划只得停了下来，这一停就整整停了60年的时间。

常頞县令上任后，立志要在任上有所作为。立即组织人力修建从四川宜宾至云南曲靖的交通道路。这条道路修筑的方向是从宜宾出发，经南广（高县）、筠连，再沿西南方向进入原滇国界内的盐津，出豆沙关过彝良、朱提（今昭通）、宣威后，到达古梁州城——味县（今曲靖），最终到达谷昌（今昆明）。最早曾走过这条线路的蜀国知名人物是秦灭蜀后被迫南逃的蜀王子安阳王，安阳王在蜀国国都城被攻破后，曾率领残兵败将3万余人沿着这条线路辗转进入了越南北部的红河地区，并在那里建立了“瓯骆国”（越南历史上称之为“蜀朝”）。只不过当时这条道路是蜀国的商人们从成都贩运货物到滇国时走的羊肠小道，多数地方仅能够容许驮货的马匹通过而已。常頞亲自到筑路工地上视察，组织民工开山凿岩，采用积柴烧火再用冷水淋激的方法，使岩石疏松或裂开，以此开辟道路。在两千多年前川滇交界的山谷里，烈焰冲天，参与筑路的川、滇民工们“号子”声惊天动地，掌钎扬锤、铲土垫石，曾出现了一幅热气腾腾的筑路场景。经过近 10 年的艰辛努力，终于把五尺道从今四川宜宾延伸到今曲靖附近。（汉代昭通地区墓葬中，曾发现有刻铸着“蜀郡千万”“蜀郡都”字样的铁器，可资证明“五尺道”的开辟使云南各个部落和内地很早就存在的经济文化联系）。五尺道开通后，从成都到滇国的五尺道上，蜀郡与滇国商人们贩运各色货物的马帮络绎不绝，沿途所过集镇的马店、饭馆也纷纷建立起来，频繁的经济文化交流和秦朝郡县行政建置的设立，把关中、四川和云南连成一片，这是秦国对西南进行长期经营和开发的结果，是劳动人民智慧和力量的产物。五尺道的开辟沟通了秦帝国京城咸阳经四川与滇国的联系，通过滇国也为加强中原地区与西南边疆的紧密联系发挥了积极的作用。正当常頞信心百倍地准备实现他的下一个目标：修筑从昆明到滇国西部的道路时，秦国发生了以陈胜、吴广为领袖的大规模农民起义，为镇压农民起义军，秦二世急忙调集远在西南边疆的王翦率领的军队火速勤王救驾。川滇五尺道上，秦军战车滚滚，士兵急急匆匆，络绎不绝向西北方向的蜀郡开拔，除少数留守的军队外，大多数部队均已调走，这是怎么回事呢？

原来自从秦国统一六国后，登上始皇帝宝座的嬴政为了让大秦王朝长治久安、万世长存，一方面采取高压手段用严刑酷法镇压一切反抗秦国统治的人，秦法律罗列了许多罪名，人民动辄就会被判刑，致使整个秦国“赭衣（罪人）塞路，囹圄（牢房）成市”。秦朝的刑罚名目繁多，有脸上刺字、割鼻子、砍双足、腰斩、剁成肉酱、车裂、连坐、殊灭九族等。秦始皇“焚书坑儒”不仅滥杀无辜，而且开封建文化专制主义的先河，严重地摧残了学术文化事业的发展。另一方面秦始皇极尽骄奢淫逸的生活，他役使人民修长城、筑驰道、建阿房宫和骊山陵墓，每年役使的庶民、刑徒和奴隶就达 300 万人之多，当时全国总人口约 2000 万人，服徭役的人数占总人口数的 15%，除老弱妇孺外，繁重的徭役让从事农业生产的壮年男子所剩无几。秦朝为了保证修长城、驰道、建阿房宫和骊山陵墓的费用开支，向老百姓开征了各种名目繁多的赋税，而且赋税十分沉重，老百姓收入的三分之二都被国家征收了，致使百姓苦不堪言。秦始皇不顾人民群众发展经济的客观要求，常年派兵北击匈奴，南攻百越，“暴兵露师常数十万，死者不可胜数”，使当时秦国的老百姓从事耕作的收获都不足于缴纳军粮，女子纺织的布匹上缴国家后，连自己都衣不蔽体，经长年战乱后残破的社会经济不但得不到恢复，反而被进一步推入绝境。秦始皇死后，秦二世和掌握实权的丞相赵高更加暴虐，政治黑暗，赋敛无度，繁刑严诛，任意屠杀皇室手足和文武大臣，使朝中官员和广大百姓人人感到自危，惶惶不可终日。

俗话说多行不义必自毙，到秦二世元年（公元前209年）七月，陈胜、吴广领导的一批戍卒，在大泽乡（今安徽宿县西南）因下雨耽误了戍边的行程不甘被秦律处死便揭竿而起，率先发动了农民起义，义旗一举，全国各地的庶民、刑徒、奴隶及原六国贵族的残余势力，纷纷响应加入到起义军的行列。农民起义军摧枯拉朽，秦朝政权顿时土崩瓦解。到了公元前206年，刘邦率领的起义军进抵灞上（今陕西），秦王子婴向刘邦的义军投降，从秦始皇统一六国到秦朝宣告灭亡，仅仅只有15年时间。

随后刘邦和项羽开展了长达5年争夺政权的楚汉之争，刘邦一开始虽然实力不如项羽，但由于刘邦善于使用人才，他重用萧何、张良、陈平等谋士为他效力。更重要的是，他得到了不被项羽重用的将领韩信，正是韩信出色的军事才能使楚强汉弱的局面得到逆转。在最后的垓下战役中，刘邦战胜了项羽，四面楚歌的项羽拒绝了属下东渡乌江卷土重来的建议之后，在乌江边自尽，为楚汉战争画上了句号。

公元前202年，刘邦称帝，建立了大汉王朝。5月定都长安，西汉王朝诞生。

滇王庄蹻的后裔自打秦军大部队撤离滇国后兵力空虚之际，趁机联合各地部落酋长，召集旧部人马消灭了残留的秦军，重新恢复了滇国的统治。秦末农民大起义推翻了秦帝国及其在各地的政权机构后，刘邦的西汉帝国虽然建立了，作为曾经担任过秦国最基层干部"亭长"的刘邦深刻认识到，由于中原地区长期战乱，人口急剧减少，社会经济极端凋敝，许多政治，经济大事急待解决，大汉朝廷鞭长莫及，暂时无暇顾及西南边疆民族地区，因此也没有向西南夷地区派遣官吏。为了集中精力做好发展经济、巩固政权的中心工作，同时防止西南夷地区夜郎国、滇国对汉王朝蜀地的干扰、侵袭，西汉王朝采取封锁蜀滇五尺道交通关隘要塞的措施，军队主要驻扎防守在蜀郡一线。而滇国则因刚刚复国，百废待举，也无暇和无能力去招惹势力强大的汉王朝，双方形成相安无事，和平共处的状态。

汉高祖刘邦登基后，从长期战乱，经济凋敝，社会贫困的客观现实出发，认真吸取秦王朝推行重赋暴政引发农民起义导致国家灭亡的深刻教训，为确保汉王朝长治久安，在治国安民方略上，刘邦采用了大臣叔孙通的建议，恢复礼法，设三公和九卿，任用萧何为丞相，以道家无为而治的老子思想为治国理念，沿袭了秦王朝制定的行之有效的治理国家的郡县制度；在经济方面，汉王朝采取了清静无为、休养生息的一系列政策，爱惜民力，鼓励生产，轻徭薄赋，大大缓和了阶级矛盾，调整了封建生产关系，调动劳动者生产积极性，从而适应并推动了生产力的发展。在政治上，刘邦先以分封功臣韩信、彭越、英布等为王作为手段笼络人心，等到政权稳固后，为了防止反叛和巩固皇权稳定，则又以种种罪名取消他们的王爵，或贬或杀，改封刘氏宗亲为王，订立了"非刘氏而王者，天下共击之"的规则。在对外关系上，由于历经多年动乱，大汉王朝建国初期国力较弱，汉高祖刘邦一度曾经攻打过匈奴，但被匈奴冒顿单于围困于白登，差点丢了老命，深知汉王朝暂时还无法消灭匈奴强大的军事实力，此后他改变了思维定势，转而采用和亲政策，以政治联姻和馈赠财宝的手段交好于匈奴，让昭君远嫁匈奴冒顿单于为王后，以此化干戈为玉帛，换取了大汉帝国和平发展所需的宝贵时间，因而汉朝初期在较长时间内并没有发生什么战事。

汉王朝实行的休养生息的政策也使西南地区的蜀郡获得了新的发展。川西平原自秦朝李冰父子执政时期修建了都江堰后，因得灌溉之利，成都平原沃野千里的田地再加上中原铁制农具的犁耕技术的传入，田肥美，民殷富，使蜀地成为闻名遐迩的"天府之国"。四川自古盛产蚕桑，丝织为中国之冠，自秦王朝始汉王朝继续实行的奖励农耕的制度，使成都织锦成为盛行一时的行业。由于锦缎驰名，"锦城"已经成为成都的代称。四川人很早就发明的凿盐井取卤水，打气井取天然气，用天然气煮卤水制盐生产工艺，其钻井技术为当时的世界首创，也使食盐成为四川与周边进行商品流通的重要货物。西汉王朝建立初期虽然为巩固政权对西南夷地区采取了"关蜀故徼"的措施，但当时云贵川三省人民存在已久的经济上的紧密联系并未因此中断。四川商人避过汉军关卡的检查，带去四川的丝绸、盐、铁器、布和竹木制品，换回云南、贵州各部落民族的铜器、牛、马等牲畜。虽然蜀郡的太守也知道这种"走私"行为对于双方都是有利的，但对中央政府下达的禁令还是不敢公开违背，只得采取睁一只眼闭一只眼的态度，任由这些"走私"行为的存在，并没有严格地执行封关的禁令。

大概是物以稀为贵吧，四川的商人们在贩运私货时得利颇丰，从蜀郡贩运到夜郎国和滇国的蜀锦、蜀布、铁器、食盐往往能卖出比蜀郡本地高出十倍的价钱，而再从夜郎国、滇国买来的牛羊、马匹又比蜀郡的价格高出十倍，一买一卖都有赚头，无奈因为朝廷下令封关，这种走私贩运只能是小打小闹，还得偷偷摸摸，每到兵丁把守的关口还要绕道远路。因为封关20多年，原来由李冰父子和常頞修筑的五尺道也长年失修，道路塌方、阻断，商贩路途十分艰苦，商贩们迫切要求早日开关，好让他们放开手脚赚取更大的利益。而西南夷夜郎国、滇国的各族人民也因汉王朝实行让人民休养生息的政策后，远离了战乱，人民安居乐业，生产有了很大的发展，人口也有了急速的增长，生产生活物质需求供不应求，也迫切盼望尽快解除封关，恢复和发展五尺道的交通便利，以促进各地商品流通。

这一天终于盼来了。公元前182年，初秋，成都平原暑热刚过，农历八月初八一大早，锦城成都南门的守城官兵就听见一阵铎铃和杂乱的马蹄声由远而近传来，近前一看原来是约八九百匹驮着货物的马帮运输队浩浩荡荡从城内走来，骑马走在马帮前面的是成都商人邓富川、邓旺川两兄弟，随行的有百余名赶马人。说起邓家兄弟成都城内无人不知无人不晓，都知道是祖传的经商世家，自大汉王朝建立以来，由于汉高祖实行积极有为的"无为而治"的国策，形成了自战国以来百姓梦寐以求的太平盛世，农民开始丰衣足食了，经商的富人收入高了，国家的财政收入也有了很大增长，人民对物质的需求量和购买力也有了很大提高。邓家凭着善于经营的头脑，及时把握机遇，利用成都平原蜀锦丝绸业、制盐业、冶铁业等各业都有很大发展的情况，北上关中、南下夜郎、滇国开展互通有无的货物交易，在锦城成都开了丝绸铺、盐铺、杂货铺等铺面，家大业大，成为成都有名的富商。但自汉王朝封闭蜀郡向西南夷地区的贸易往来后，邓家生意受到了很大的限制，尽管也偷偷摸摸以走私方式开展了一些向西南夷地区的商品贸易活动，但毕竟还是小打小闹。随着社会秩序的日趋安定和社会经济逐渐恢复，汉王朝消除了西南夷地区对大汉王朝政权可能造成威胁的顾虑，开始放开了蜀郡对西南夷地区的关禁，先后在李冰和秦将常頞所筑的五尺道沿途的宜宾和雅安置城筑市，设置了犍为县、僰道县，允许内地人民和西南夷人民相互通商。得知大汉王朝贴出了开放西南边境关卡的告示后，成都的商人们无不欣喜若狂，奔走相告。邓家兄弟当即决定立即开展一次长途贩运商品贸易，兄弟俩组织了四川省特有的蜀布、丝绸、川盐、铁制农具、川茶、邛竹杖等一批货物，打算分别贩运到西方的吐蕃和南方的夜郎、滇国等西南夷地方及更远的地方，之所以要选择农历八月初八这天出发，一是应了马帮长途运输行规的季节要求，二是八月八音谐了"发了又发"商家的彩头。

邓家兄弟带领的马帮驮队来到成都城外的十里长亭，俩兄弟拱手告别，哥哥邓富川率领的约600匹驮马组成的马帮队主要贩运的是丝绸、蜀布、铁器、川盐等货物，向南方朝夜郎、滇国方向前行。弟弟邓旺川带领的300多匹驮马走的是西路，主要驮运的是川茶和川盐，贩运的目的地是吐蕃和昆明族部落等方向。

邓富川带领的马帮行进的道路属于滇川古商道南路，这是滇川之间早期商道的主干道，这一段道路分别由岷江道和五尺道两部分所构成。岷江道从成都出发，沿岷江南进乐山，过犍为到宜宾，这一段道路在战国时由李冰烧崖修筑，整条古道均依崖而建，一路虽然较为险峻，但经加宽疏通，还是比较好走的。另一段为五尺道，这一段古道为秦时的将军常頞所筑。五尺道与岷江道相连，五尺道由僰道县（宜宾）出发沿大关河进入云南省盐津县，一路向南经盐津到昭通，后辗转入贵州西北的威宁地区，再折回西进到云南曲靖。进入云南曲靖后再经滇中平原进入云南昆明。

五尺道早在公元前 259 年，秦孝王派蜀太守李冰修筑从宜宾至夜郎，在修筑这段路的时候采取了积薪烧石的办法，把巨石松裂，然后凿开石头开通道路。在公元前 246 年，秦始皇派秦将军常頞继续修筑道路，使五尺道延续到了曲靖附近，因此，自从秦开通从成都到滇国的五尺道以来，这条道路就成为了官道，一直被当时滇川之间的商人所用，利用率非常的高。

邓富川带领的马帮商队，自从四川成都与其弟邓旺川分别后，一路晓行夜宿，从双流、过彭山、眉山、乐山、犍为，因为是官道，可以通行马车的，沿途各关隘守军早已知晓通关告示，对邓富川带领的马帮商队都没有盘查，所以马帮商队行走起来很通畅，经过 8 天的行程，穿过无边无际的蜀南竹海，终于在中秋节这一天到达了蜀郡边关重镇——僰道县治所地宜宾。

宜宾是古代蜀国属地，公元前 316 年秦灭蜀国后，秦王朝就把宜宾纳入蜀郡范畴。战国后期，约在公前 250 年左右，李冰父子开通成都到宜宾的五尺道后，秦王朝在宜宾设置了县级政权—僰道。僰道设县后，由于秦将常頞修筑从宜宾到滇国边境曲靖的五尺道从此地开始，因此宜宾也是蜀郡通往西南夷地区的边关重镇。宜宾也是一个久负盛名的四川酒都，当地僰人酿造"蒟酱"酒的历史已经有 2000 多年，在秦朝时就很有名气。酿制这种"蒟酱"酒要用红高粱、大米、糯米、大豆、荞麦等五种粮食为原料，按照传统的工艺流程，经过制曲工艺、跑窖循环、续糟配料、分层起糟、分层入窖，分甑分级量质摘酒、按质并坛等酿酒工艺，原酒陈酿工艺，勾兑工艺以及相关的特殊技艺，使这种"蒟酱"酒酿造工艺达到了令人叫绝的境界，发酵后的酒味达到醇和、醇厚、醇正、醇甜的绝妙境界。因为"蒟酱"酒要使用红高粱、大米、糯米、大豆、荞麦等五种粮食为原料，因此后来这种"蒟酱"酒也被人们称为"五粮液酒"。进入万里长江第一城——酒都宜宾后，邓富川和他的马帮运输队在这里的马栈歇息了两天，邓老板请马帮的马锅头和马脚子们畅饮了"蒟酱"酒的芬芳和甘醇，品尝了宜宾特有的宜宾板鸭、江安竹黄、麻辣火锅和叙府燃面，解除了多日的劳累，驮马也得到了休息。邓富川老板用从成都驮来的食盐换取了一些"蒟酱"酒，第二天又踏上了新的征程，因为从宜宾到滇国的路途遥远不说，因为封关后近 20 年的时间里，原先由常頞续修的从宜宾到滇国边境重镇曲靖的五尺道，因无地方官员的维护保养，道路年久失修，许多路段坍塌，桥梁被大水冲掉，需要绕道而行，原来宽敞的五尺道基本上成了羊肠小道，因此，马帮将要经历艰苦异常的行程。

邓富川带领的马帮商队约有 80 多人，平均每人要照看七八匹驮马，这些马脚子们个个精明强干，并身怀武艺，其中还有几个面色很黑，一看就知道不是成都本地的人。邓富川负责运输货物的人并非是他商号里面的伙计，而是他雇佣的专业运输队——马帮。

马帮可以说是滇川地区一个特有的商业运输群体，这个群体伴随着成都商业发展的过程为商人贩运南来北往的货物，也渐渐成为一个专业的行当，在成都成立了好几家马帮脚行，专门为商人贩运南来北往的各种货物。原来各商号老板运输货物都是用自己养的马，但商号老板不可能自己饲养太多的马匹，当随着买卖做得越来越大后，货物运输量增大，货物运输需要进行长途贩运时，就只好找别人商量借用马匹，久而久之，就有些商人看到这个商机，建立了专门从事货物运输的马帮商队——脚行。以至于马帮成了大西南地区特有的一种交通运输方式。由于大西南地区从四川成都平原进入夜郎、滇国的地界后，都是高山峡谷，水路运输几乎不可能，加之山道极为险峻崎岖，根本没有平坦的车路来满足马车等运输工具的通行，因此运输几乎都需要靠人畜之力。在滇国西边的昆明部落就出产一种虽矮小却极有耐力的山地驮马——大理马，大理马十分适合进行商业贸易的长途运输，因此马帮的徒步运输就应运而生了，马帮也成为当时这个区域中最方便最经济的运输形式，大量的商业运输都采取这一方式进行。

马帮商队基本都是由"老乡"和"弟兄们"所组成的，这样可以有更好的凝聚力，可以很好地应对一路上各种艰难险阻，他们在贸易中可获得的好处和利润则以出资所占股份的多少和出力的大小来合理分配。

马帮运输队的组成形式一种是家族形式的马帮。这种一般由全家人参与到马帮运输事业中去，驮马都是由自家所有，马帮商队的名称也以自家的姓氏和商号的名称来命名。第二种是斗凑帮，这种形式成立的马帮一般是由一个村子或者附近村子的人，各家出几匹驮马，结队而行，各自照看自家的驮马，由一个声望较高且经验丰富的人作为主事人，由他出面去联系生意，结算分红之时一般他可以多获取到两成左右的收入。第三种主要是结帮形式，这种马帮商队没有固定的组织，一般因为走同一段路，或者是接受了同一宗业务，或者是担心路途遭遇抢劫而一同结伴而行的马帮商人，这种形式的马帮为松散型的。以上的几种组织形式有些时候会搅合在一起，便成为复杂而有趣的马帮景观。在不断的发展变化中，行走于川滇古商道上的马帮逐渐形成以家族式的马帮商队，他们都有自己的商号，经过多年的发展已经具有相当的规模且也十分地专业化了。

在马帮中，其成员结构和分类也是十分明确的。马帮的首领被称"马锅头"，他们一般都会直接参加到货物的运输活动之中，同时也是赶马人的雇主。马帮中从事赶马的人一般被称为"马脚子"，这些马脚子一般都是出身贫寒家庭，他们为了谋生不得不走上赶马的路，川滇古商道一路不仅艰苦异常，而且还十分危险，因此他们几乎是用生命在换取生活的所需。

马帮的各项工作完全是靠赶马人分工轮流完成的，因此每个赶马人都需要具有全部赶马人应该具有的一切本领和能耐。他们不仅要懂得观察天气变化，选择合适驮马行走的路线，选择安全的地方进行宿营，且要懂得各地的民族语言，善于和不同地方、不同身份的人打交道。

同时他们还要会辨识骡马的性情，掌握各种马帮生活的技能，如上驮下驮、钉掌修掌、找草喂料等诸多技能。马脚子在一路上必须绝对服从马锅头的指挥，根据马锅头的要求从事各项活动。马锅头是马脚子的直接领导，是一队马帮的核心，他负责各种生意的接洽、各种采买的开销、联系事宜，甚至在运输途中吃饭也要由马锅头掌勺分饭分菜。马脚子只是马锅头雇佣的小工，但是马锅头和马脚子之间并不是单纯的雇主和雇工的关系。在马帮中，尤其是小马帮的马锅头，大多是自己参加赶马的劳动者，他们一般都和马脚子同吃一锅饭，因此马锅头这一名字也是由此而来。有的马脚子经过一段时间工钱的积累后，也会购买属于自己的一、两匹驮马，并将自己的驮马加入到马帮的运输之中，以入股分红赚取一份属于自己的运费。马脚子最多的能1人照看好12匹驮马，但只有那些十分能干的马脚子才能完成这样的任务，而一般的马脚子只能负责照顾好7至8匹驮马。一个马脚子和他所照顾的驮马及货物就称为"一把"，这样数个马脚子组合起"多把"后就结成了一帮，一队马帮队伍就此形成。马帮的马脚子是一支训练有素、组织严密的队伍。他们不仅个个身体强壮，而且身怀武艺，全副武装，十分专业。马锅头、马脚子和驮马各司其职，按部就班，兢兢业业，每次货物运输中，他们都井然有序地行动，因而保证了货物运输任务能很好地完成。

行走于滇川古道上的马帮们，每天的生活机会都会如此进行着：早上找回骡马，马吃料，人们吃完早饭上路，上驮下驮，宿营做饭，放马睡觉，这样周而复始，日复一日，月复一月，年复一年地长期从事相同的事情。不管怎样，由于这些行走于滇川古道上的马帮的存在和运作，为滇川间的商贸发展做出了巨大贡献。

马帮对社会经济的转运联通作用，直接影响着各个商帮的与发展，大商帮每年都需要雇佣数以千计的大马帮为他们驮运货物，马帮马锅头从驮运货物中赚取可观的利润，因此，马锅头既是马帮运输业的垄断者，同时也是个体商家。马帮因商帮的需要而获得发展，商帮因马帮的存在和发展而得到强有力的支撑，二者形成固定的业务联系，因而，由四川成都的川货源源不断地运入夜郎国和滇国，以至转运到骠国（缅甸）以至更远的身毒国（印度）及中亚、西亚各国。

货运马帮的马锅头很重信誉，由起点至收货点都认真负责，不需要货主押运也能保证把托运的货物运到目的地。

马帮商队的发展也带动了养马业、马栈业和马具制造业的兴起。"人、马、货物"是马帮的三大要素。人是马帮的组织者、支配者。而马，在马帮中是非常重要的，没有马，何谓马帮。

在川滇一带从事马帮运输的马匹，不能用身材高大的蒙古马和西域马，一方面是匈奴方面根本不允许蒙古马卖到中原地区，以防止增强大汉王朝的骑兵实力，另一方面是价格昂贵，民间商人根本买不起，必须使用大理马、滇池马、吐蕃马、东爨马和腾越马，但最适合进行商业贸易长途运输的驮马主要是腾越马，古时又称为 "越赕马"。这种马产自滇国西边的哀牢国部落，马虽矮小，但却极有负重耐力，特别适宜在山地高山峡谷间行走，当时滇国、云南族部落国大理和西边的哀牢部落国等地都有较大的牧场，专门用于饲养这种良马，以供马帮驮运和乘骑役用。

邓富川带领的马帮运输队经过 8 天的艰难跋涉，从宜宾过筠连进入盐津，从豆沙关进入素有 "锁钥南滇，咽喉西蜀" 之称的昭通。昭通位于滇国东北部，地处云、贵、川三省结合处、坐落在四川盆地向云贵高原抬升的过渡地带。 东侧紧邻夜郎国威宁，南侧紧邻滇国的建宁（今曲靖），西侧紧邻蜀郡的大凉山，北侧与宜宾以金沙江为界相邻。昭通地势南高北低，最低海拔 267 米（水富县），最高海拔 4040 米（巧家县），总面积 23021 平方千米。自秦朝以蜀郡太守李冰和常頞先后开凿的 "五尺道" 从宜宾延伸至建宁（今曲靖），令昭通地处 "五尺道" 枢纽，得风气之先，是滇国最早、最充分接受中原文化影响的地区。西汉王朝在今昭通设立了朱提县，昭通首次被纳入大汉王朝中央政权的管理之下。

由于昭通处于川滇商道沿线上的枢纽，随着商贸业的发展，因而形成川滇商品运输线上的一个重要集散中心。随着川滇商道沿线这些集散中心的不断发展，同时也出现了许多专门为长途运输货物马帮服务的配套功能的客栈、商铺等，逐渐地在川滇商贸古道上出现了一些极具特色的商业镇。由于马帮长途运输货物，每到一地，除了野外宿营，都需要旅店休息，因此马栈业也随之兴盛了起来。在马帮商道沿线的大小城镇，兴建起了大量的马店。大的马店，可以容纳驮马四、五百匹和驮运的大量货物。其中，四川的彭山、乐山、犍为、泸县、宜宾，夜郎国的毕节、威宁，滇国的盐津、昭通、沾益、宣威等地，凡是马帮转运的通道，都设有大量的马栈。

邓富川带领的马帮住进了一家挂着 "陈记马栈" 的马店住下，这家马栈是昭通城内规模最大的马店，马店不仅完全能够容纳邓富川带来的马帮运输商队，提供食宿服务，店老板还充当马帮商队的交易，邓富川与老板很熟悉，过去曾经与老板进行过 "房东贸易"，双方互利互惠，已经建立起了良好的合作关系，所以这次特意在此食宿。

昭通城里有许多铺子经营马具，随着马帮商队的发展马具制造业也迅速兴起。马鞍主要是皮制马鞍和木制鞍架，马具主要有马笼头、皮带、架绳、跨条、皮条、秋帮等驮运用件和马掌、马钉，及 "头马"、"二马" 等驮马的装饰用品。马鞍制造业在沿川滇商道沿线的四川、贵州、云南等地都有一定的发展。

邓富川的马帮商队在昭通短暂修整后便向东取道夜郎国的威宁，过六盘水径向滇国的建宁。威宁取威镇安宁之意而得名，夏朝时为梁州西南域，殷周时期属鬼方西北隅，春秋时期居蜀国南鄙，战国时又为夜郎国西部莫国属地，秦朝时威宁属象郡辖地。威宁以六冲河为界与蜀郡南接壤。由于威宁有低纬度、高海拔、高原台地的地理特征，使这里的光能资源成为夜郎国之冠，威宁城也因年平均日照多而被誉为"阳光城"。又因地处乌蒙之巅，山脊和空旷地带无静风时刻，春风浩荡，秋风送爽，常年艳阳高照与凉风扑面兼备，是理想的避暑胜地。

进入夜郎国和滇国地界内后，这一带山高林密，而且路上有峭壁深涧，山中有饿虎猛兽，河里有毒蛇蝎子，沿途还有部落族人的骚扰，马帮队伍面对的自然环境都异常危险艰苦，随时随地都能置马帮赶马人于死地。马帮绝大部分时间都处于野外生活，对任何一个赶马人和马锅头都是严峻的考验。不知有多少赶马人和马锅头就这样弃尸荒野，客死异国他乡，有时甚至连收尸的人都没有。当时的西南夷地区部落众多，族人十分彪悍，对待外地人的进入本地戒备心很强，如果马帮的人没有及时与所经过的部落首领进行沟通，就会遭到部落族人的伏击和抢劫，尽管马帮赶马人都是全副武装的，但一旦遭到众多部落族人的袭击，在寡不敌众的情况下，死人损货的事也是时有发生的。这种种特殊的生存境况，决定并造就了马帮赶马人的冒险精神。所以，干马帮就等于冒险，就等于拎着脑袋找饭吃。只要走上了马帮路，就等于立了生死状，是死是活，是找钱发财还是血本无归，全靠马帮自己的运气和能耐了。众所公认能干的赶马人都是些勇敢的人，是些意志坚定、能力高超的人。对要生存、要发展的马帮赶马人来说，冒险并不仅仅是拿生命财产孤注一掷，而是非凡的胆识、坚韧的毅力、勇敢的气魄和卓越的智慧等等的体现。

马帮的行业性质，决定了他们必须少惰性，多勤勉。他们埋头苦干，不仅劳力，而且劳心。他们抛家别子，风餐露宿，还要和恶劣的天气作卓绝的抗争，经常还要赶时间，抓机会，这当然比"日出而作，日落而息"的农民要艰苦得多。不论多么漫长的路途，马帮都要一步步走过来，上路后每天都要起大早，路上要生火做饭，中午和下午要上驮下驮，要搭帐篷，晚上睡到半夜还要爬起来看看放养在山上的驮马跑远了没有，是不是安好。光每天的上驮下驮对赶马人来说就是一项艰巨的工作，一个人要把十多匹驮马所驮的上千斤货物抬上抬下，一天两次，甚至更多次。每天不管多苦多累，首先要服侍好驮马，一日三餐，赶马人都要先让驮马吃好，最后才轮到打发自己。

由于马帮的各项工作完全靠赶马人分工合作，所以每个赶马人都必须要具备全部赶马人应该具备的本事和能耐。他们不仅要懂四时节令、天气变化，要能辨别方位道路，通晓各民族语言，而且要识骡马的性情，要会各种马帮所需的技能，诸如算账识货，开枪打仗，支帐篷做饭，砍柴生火，识别野菜野果，上驮下驮，钉掌修掌，找草喂料，乃至医人医畜。

马帮大多数时间是在野外度过，在那里他们举目无亲，有时候谁也帮不上谁，哪怕同一个马帮里的人，也是一个萝卜一个坑，生存劳作完全得靠自己，懒惰的人根本就无法在马帮里混。

马帮是一个商业运作的群体，他们由各种各样的人组成，同时他们也要与形形色色的人来往打交道，为了自己的生存，也为了生意上的需要，他们都有着很好的宽容、亲和与合作的精神。

马锅头与赶马人组成的马帮，多以家族、民族、宗教、乡邻、伙伴等关系为纽带，因此，赶马人与马锅头之间的关系十分融洽密切，行动容易协调，运输效率也就比较高了。马帮与各家商号之间，也存在着互利互助的关系。有的马锅头经过自己的努力，积累了一定资金，然后有了自己的商号，有了商号以后，更得力于马帮的支持。所以，马帮与商家就有着很好的团结合作关系，贯穿着亲密合作的精神。在马帮自身内部，由于大家结成了一起行动的马帮，同吃一锣锅饭，同睡一顶帐篷，一年四季、一天到晚形影不离，马帮的利益就是大家共同的利益，与每个人的利益息息相关，因而相互之间更是亲如一家。而且马帮在外面闯世界，常常要跟各种各样的人打交道，遇人遇事，大家都本着宽容忍让，和气为上，否则就将处处碰壁，时时遇麻烦。所以马帮就有了难能可贵的宽容、亲和与合作的精神。

遇到别的马帮赶马人或骡马病了，马帮的人都会全力给予帮助。碰到路断了什么的，大家就一起合力去修。缺了粮食、草料什么的，也会尽可能相互接济一下。因为大家都认识到，争抢道路，争抢草场，争抢顾客货物，最终只会两败俱伤，对谁都没好处，那是常在路上的马帮最为忌讳的。

马帮像一支训练有素、组织严密的军队。每次运输上路，马锅头、赶马人和驮马们都是各司其职，按部就班，井然有序地行动，该走就走，该停就停。马帮不仅有严格的规矩，如赶马人要绝对服从马锅头的指挥，这也是他们生存发展的必需。

尽管马帮是一种民间运输团体，但它毕竟是一种商业组织，他们的运作已经是一种商业行为。每次货物运输，他们的责任都十分明确，而且落实到每个人的头上。马锅头负责全局，要完好无损地保证货物运抵交接，到了目的地，一样一样由商号清点验收，管得很严；赶马人负责照看归他管理的骡马，每头骡子，每样货物，都要负责到底。要是出了什么纰漏，做了什么手脚，下次就没有饭碗了。只有好好做人做事，才有人请你。所以从事马帮运输的赶马人特别看重个人的信誉和信用，真要有什么意外，哪怕自己吃亏贴进去，也要保证客户的利益。

马帮的经营几乎完全靠的是信誉和信用，马锅头从来都是说一不二，十分干脆果断，而且说到做到，绝无戏言。只要预先交付了定金，他们就会尽心尽力完成工作。这已成为他们的定例。

虽然马帮这样做多少还有些江湖习气，但不能否认的是，马帮向来有着一种特殊的激动人心的责任感，因为前面的一切都是未知数，必须对马帮群体中的所有人，包括自己的生命负责，对那些珍贵的骡马和昂贵的货物负责，还包括对远方家乡的亲人负责。这也正是马帮在西南地区茶马古道区域口碑甚好的原因。

邓富川跟随马帮到夜郎国、滇国以至于到"云南国"大理一带贩运货物不止一次了，因此他对马帮特有的规矩和禁忌都很熟悉，他也能小心地遵守和执行。 比如马帮吃饭的规矩：马帮歇梢后，先是为马添料加草，让马先食，然后人才做自己吃的，以示对马的关爱崇敬，这种先"马"后人的规矩也说明了马在马帮运输中所体现的重要价值。马队朝哪个方向走，生火做饭的锅桩尖必须正对这一方向，烧柴必须一顺，切忌烧对头柴。开饭时，马锅头坐在锣锅正对面，面对要走的方向。大锅头第一个添饭，添饭时平平地添最上面一层，忌讳挖一深洞。添完饭，勺子要平放，切忌翻过来。吃饭吃得快的人只需洗自己的筷子，最后歇碗者要洗碗洗锣锅，锣锅不能翻扑，谁把锣锅翻扑了就触犯了忌讳。

马帮在路上，大部分时间过的是野营露宿的生活。一般天一发亮就爬起来从山上找回骡马，给它们喂料，然后上驮子上路。中午开一次"梢"（吃午饭）。当天色昏暗下来的时候，马帮都要尽力赶到他们必须到达的"窝子"，在那里才好"开亮"（即露营）。他们要在天黑前埋好锣锅烧好饭，卸完驮子，搭好帐篷。每天的开梢开亮，都由大家分工合作，找柴的找柴，做饭的做饭，搭帐篷的搭帐篷，洗碗的洗碗，而且是轮流着做，以免不公平。

无论是谁，凡是不小心犯了以上忌讳，就要受到马锅头的数落，还要受到出钱请客打牙祭的处罚，严重的就会被逐出马帮。

马帮的铓锣，是传递信息的重要器具。怎样敲，也有规矩。在深山密林里，铓锣有惊吓飞禽走兽的作用，铓锣声传得很远，又有通知对面和后面马帮的作用。马帮行路中，在宽道上的要让从狭道上来的，上坡的要让下坡的。请人让路敲"嗡—嗡—嗡——"，有事告急敲"嗡！嗡！嗡……"不如此这般，就是犯讳，轻则受罚，重则打官司，甚至伤人命。这许许多多大小不一的规矩，看起来复杂，但却是赶马人长期马帮生涯经验的积累所总结出来的，在实际中很实用，有的会对赶马人在心理上产生无形的影响。所以，作为一个赶马人——马帮成员，要图个一路顺风、平安无事，就不得不处处谨慎小心，没有这些规矩，就可能达不到发财致富的企望。

马帮的行头包装，甚是奇异新鲜。俗话说："人靠衣装，马靠鞍"，马帮的打扮主要集中在头、二三匹马上。居最前者称头马，它是百里挑一挑出来的体形较高大、毛光水滑、膘肥体壮的识途好驮马，依次称二马、三马，主人对它们都要精心打扮，着意包装。

俗话说：行船走马三分命，马帮贩货运输路途艰难，在长达数千公里的跋涉中，随时会遇到危险。为此，马帮在运行中逐渐形成了一套严密完整的组织管理制度，全体成员按分工有不同的职业身份：大锅头1人，总管内务及途中遇到的重大事宜，多由能通晓多种民族语言的人担任；二锅头1人，负责账务，为大锅头助理；伙头1人，管理伙食，亦行使内部惩处事宜；哨头2至6人，担任保镖及押运；岐头1人，为人、畜治病的医生；伙首3至5人，即马帮的分组头领，即小组长；么锅1人，即联络员，对外疏通关系，对内是消灾解难的巫师；伙计若干人，即赶马人，每人负责骡马7至8匹不等。在人员庞大的马帮里，有的还设置总锅头1人，管理全盘事宜，实际就是货主的代理人。马帮成员分工详细，奖惩严格，但不像其他行业有过分的特权和等级界限，长时间的野外艰苦生活，练就了人们团结友爱、坦诚豁达的性格。马帮，堪称桃园结义的群体，平时互相以弟兄相称。

为了便于管理，马帮也有自己独特的编制形式：1. 群，以9匹马为一群，由群头负责，9匹中挑选一匹马为群头马，额顶佩戴红布底黄色火焰图案途标，耳后挂2尺红布绣球，脖系6个铜铃，鞍插一面红色白牙镶边锦旗。2. 伙，三群为一伙，由伙首负责，选一匹伙头马，额头佩黄底红色火焰图案毡绒图标，耳后挂4尺红布绣球，脖系8个铜铃，鞍插一面红底黄牙镶边锦旗，3. 帮，全部骡马组成一帮，选三匹健走识途好马，组成头马、二马、三马，由它们来带队。

头马打扮的盛装异常华丽：额佩黄红色火焰图案金绒图标，标中央缀圆镜一面，周围6面小镜环绕，套嵌镶珠宝的纯银笼头，系9个铜铃，头顶系6尺红布绣球，耳后佩牦牛尾红缨一对，鞍上插帮旗和祖旗各一面。帮旗为黄红边三角锦旗，中央绣帮主姓氏。祖旗为红底金边方形锦旗，正中缀两根锦鸡羽毛，象征前途锦绣大路通达。头马是马帮的"门面"，极受赶马人宠爱，马帮煮饭的锣锅在行路时专由头马驮负，头马的装饰也与众不同，如赶马人在《赶马调》中所唱的那样："头马打扮玻璃镜，千珠穿满马笼头，一朵红缨遮吃口，脑门心上扎绣球"。二马、三马佩饰不如头马华贵，但有别于其他驮马。二马驮马帮需用的药物，三马是大锅头或病号的乘骑。

马帮是一个相信神灵的群体，路上逢庙就拜，每年寒冬腊月或正、二月都要买猪、羊、鸡到城隍庙敬拜，祈求来年顺利，生意兴隆。出外在路上，马帮禁忌很多。比如说在"开亮"时，饭勺不能放在锅里，否则过河时马会"放鸭子"，意指马匹掉入水中；饭勺不能敲锅边，否则途中会有吵架、马匹摔坏等不吉利的事件发生等。还崇拜山神，在野外露宿，得先用菜饭撒祭山神，然后丢几个代表山神化身的草果在火塘中。马帮离不开道路，故崇敬路神，代表路神的化身是草鞋，凡是赶马人草鞋穿烂后都不能乱扔，要带到宿营地火化。若遇大雪封山中途迷路，赶马人只需在马蹄绑上草鞋，驮马自己就会神奇地找到前行的路，并且一路顺达。赶马人还有卦神崇拜，其化身是架置锣锅的两根铁条（锅桩），运输途中若遇到疑难或需要祈福消灾时，就用铁条打火卦占卜。

邓富川所以选择初秋时节组织马帮出发，一方面是大汉王朝刚刚才解除通关禁令，同时他也是避开了马帮的出行禁忌，马帮对出行有严格的规定——生肖属马日严禁出行，农历腊月、六月忌出远行；按方向有“春不走东，夏不走南，秋不走西，冬不走北”的讲究。马帮按严格编队而行，么锅为全帮的导引，手擂大锣开路。大锣既能惊吓野兽，又能向对面马帮知会让路事宜和调整马队速度。

邓富川也懂得赶马人的语言禁忌，全使用赶马人的行话与他们交谈，如：打尖（途中稍歇），开稍（吃午饭），开亮〈野外宿营〉，彩利（工钱）等。有些数字谐音不吉，则借它字来代替。如“三”谐“丧”，以“神”字代。“四”“十”谐音与“事故”“蚀本”同，因此就以“重双”和“金”字代。有些字音意含凶险的词语，则采取回避或替代的方式。如“老虎”称高鹰，“蛇”称老梭，“狼”称山兵，“鬼”称黑影，“哭”叫汪，“灯”叫亮子，“锅”叫祖师，“肉”叫片片头，“饭”叫钢，饭勺叫“顺子，筷子叫“帮手”等等。途中若遇洪水断路就叫“开顺”，若遇到送葬的就叫“送财神”、“进财”，这些替代语都含有讨口彩的意思。

驮马禁忌——忌马额有白毛，马耳前倒、马背生旋、白蹄白尾，鼻孔朝天，忌马日役马，忌驮马夜间卧眠，忌半夜驮马嘶叫，忌当着生人面前数马匹，忌马队穿过羊群，忌马脖子带草藤而归。

衣食禁忌—服饰忌穿红、黄二色衣服，衣服款式以宽大为宜，忌错扣和敞胸露怀，裹腿不得松散，忌跨越草帽，忌乱抛草鞋。饭前忌敲空碗空筷，忌盛饭菜旋转锣锅，忌筷子直插饭食上，忌吃饭串门，吃饭不得坐门槛或马鞍，忌饭后即卧，忌吃途中捡到的食物，特忌住宿后移动锣锅位置。马帮在开饭时，不管什么人过路，定要邀请同食，即使是飞禽走兽经过，也要抛丢饭食饲喂。

住宿禁忌——露宿时忌宿沙河畔、大箐口和悬崖下，住店忌与生人同住，忌火种熄灭，忌放置东西无序，等等。

物象禁忌——忌见果木冬日开花，忌见鹰擒兔子，忌见耗子搬家，忌见蛇交配、蜕皮，忌见苍蝇群聚不散，忌见马蜂炸窝，忌见鸦雀噪林……气象禁忌——黑气蔽天、白气铺地忌出行，风卷尘沙、风阻行人、风吼如嚎慎出行，雨后现虹、素虹缠月、多虹同现忌出行，清明见雾不出门，有雷响、电闪忌出行。

赶马人的工钱称"彩利"，其分配方案是：平均工资（包括人彩、畜彩）加职务补贴。帐务民主公开，职务补贴所占比例不大，体现了马帮内部"做不平吃要平"的原则。奖惩：因工作出色、避免重大事故者，发给一定数额奖金，称"利尾"。若冲犯禁忌、违反帮规或故意肇事，最轻者买一只公鸡请众人"打牙祭"表示谢罪，此外还有烧香、驮马鞍、自策、棍刑和除名等五种处罚。

赶马人在长期实践中练就了一套特殊技能，他们能用口哨、吆喝向驮马发出指令，即俗话说的"马语"。赶马人为解除长途疲乏，慰藉孤寂单调的生活，都能哼唱一些即兴创作的赶马调。赶马调由上下两个乐句组成，形式独特，有四个调类：行路歌，借物抒情；盘调，以沿途地名、风光名胜、风土人情一问一答数唱；喊路调，在独路险路上唱，意在通知对方让路，曲调高亢粗犷；怀古调，在住宿地演唱的叙事长歌，曲调优美。

马帮每到一地，都有自己熟悉的店家，他们称之为"客主家"，意思是到家了，在那里马帮可以放心地将货物与马交给主人家保管和饲养，人即可以放心地休息。

经过半个多月的行程，邓富川的马帮驮队，经过宣威、沾益、曲靖，到达了滇国都城——晋城。邓富川由于经常贩运货物到滇国，很受滇国上上下下的欢迎，邓富川把从宜宾采购的"五粮液酒"——"蒟酱"酒，在晋城全部卖掉，又买了一批当地一平浪盐矿生产、外形如像桶状的滇盐，把在宜宾换购"蒟酱"酒的川盐又买了回来，只不过是换了个牌子。这一买一卖，不但把邓富川从成都到滇国马帮运输所有的费用都找回来了，还有一些赚头，马锅头和他的马脚子们对邓老板的经营头脑都佩服得五体投地。

在晋城，邓老板请马帮的弟兄们"打牙祭"，尽情品尝了滇国的火腿、鸡棕、过桥米线、宜良烤鸭等美食，邓老板与大家把酒言欢，共同庆贺从成都出发至今一路平安，同时向马锅头提前预付了雇佣马帮一半的费用，并格外拿出一些"四铢钱"给每个马脚子发了一次"彩利"以资奖励。因为明天他们的要行走的道路完全是仅能让马行走的道路，他们要从比较熟悉的滇国，到完全陌生的昆明族部落国、哀牢部落国、黑齿部落国，漫漫征程要越过兰津江、黑水河，翻越高黎贡山，要攀行雕琢在高山峡谷峭壁上险峻的羊肠小道，经历一山分四季、十里不同天的奇特体验，还要经受猛兽毒蛇的袭击、酷暑瘴气的考验，因此，邓富川需要紧密地团结和带领一支信念坚定的统一团队，以邓富川挑选雇佣的这支马帮的素质和自己的亲和力，他完全自信能够把他的商队带到他预期想要到达的遥远的目的地——"身毒国"。

第二天，邓富川的马帮队就踏上了新的征程。从滇池向西的道路完全不同于成都平原的平坦大道，也不同于四川盆地丘陵地带平缓的低山，虽然也有江河、山隘，但总归有原来五尺道的基础，加上所走道路沿途基本上都是人口稠密的地方，大多数时间都是在马店歇宿，只有很少时候是在野外露宿，因此马帮商队总的感觉还是好的。进入滇国，特别是从滇池向西行进，过了安宁后就开始转入崇山峻岭，从禄丰、南华直到楚雄，沿途一山连一山，山山相连，一眼望不到边，好在这一路所过的江河水不深，且过了几座山后就会有一个小平坝子，就会有人居住，滇国人对蜀郡马帮商人进入滇地已经司空见惯，人很憨厚朴实，对马帮的态度也很友好，经过约10天的行程，邓富川的马帮运输队终于到达了一个叫做沙桥的地方，这里离"普棚驿"的地方已经不远即将进入"昆明族"部落国的领地。当马帮走过一段山路刚进入一个小盆地时，突然一支马队从树林里吼叫着从四面八方冲出来，企图把马帮团团围住。骑在马上的人手持长矛，腰挎长刀，身上穿着奇特的部落族人服装，马帮的马锅头立即敲响腰里别着的小铜锣，听到急切的锣声后，马脚子们纷纷迅速地拿出藏在马驮子里的刀和弓箭，立即收拢马帮，列队摆出护卫马帮的阵势，作好与山贼进行战斗的准备。须知这些马脚子都是些身怀绝技武功高强的人，多数都是从原秦国军队的士兵中退役而来当马脚子的，平时训练有素，沙场拼杀尚不畏惧，何况对付这些乌合之众的山贼。一个马队小头目趋马上前嘴里叽里咕噜的说着些什么，马锅头让会说当地话的向导上前沟通，几番交涉后，才从向导的口中知道这些马队是当地昆明部落族人的武装卫队，见到浩浩荡荡的马帮以为是入侵的军队才前来堵截的。当得知是贩货的商队后，立即友好地表示道歉，让马帮放行。

经过一场虚惊后，马帮终于到达了普棚驿，这里是滇国进入昆明族部落国门户的重镇，刚好有几户专门提供马帮商队食宿的马店，能够接纳邓富川的马帮商队。于是，邓富川决定在此地修整两天，以便等候与他在成都分别后从西路牦牛道的弟弟邓旺川的马帮商队会合，前往昆明部落国大理。

再说邓旺川带领的马帮商队由古都成都出发后，经双流、新津一路南下到铁都临邛（今邛崃）、青衣（名山），再南到雅安、严道县（今荥经），翻越了邛崃大山（今泥巴山）后，至雅安牦牛道（今汉源县），过清溪峡至甘洛、阗县（越西），途经灵关入安宁河流域的越嶲郡（今西昌），用成都贩运来的铁器、茶叶与当地人换购了虫草、松茸等珍稀土特产以及一些用筇竹制作的手杖后，再从西昌出发，到达会理境内后，沿金沙江向西南下至拉鲊渡口，经攀枝花进入到云南滇国的永仁，经大姚、姚安、弥兴，到达普棚驿。邓旺所走的西边的牦牛道崎岖难行，路途十分艰巨。由雅安至西昌的路上，除跋山涉水之外，还要经过许多人烟稀少的草原，茂密的森林，要攀登陡削的岩壁，由于道路狭窄，来往的马帮的两马相逢，进退无路，只得双方协商作价，将一方瘦弱的马匹丢入悬岩之下，而让对方马匹通过。一路还要涉过汹涌咆哮的河流，巍峨的雪峰。长途运输，风雨侵袭，沿途人烟稀少，驮马以草为饲，驮队均需携带幕帐随行。宿则架帐蓬，每日行程仅 10～15 千米。加上山高坡陡，天寒地冻，空气稀薄，气候变化莫测，如民谚所说的那样："正二三，雪封山；四五六，淋得哭；七八九，稍好走；十冬腊，学狗爬，" 邓旺川的马帮商队途中已经跌崖壁死了 3 匹马和 2 个马脚子，就是在这艰苦的条件下来到普棚的。

邓氏两兄弟在普棚会合后，好不高兴，两个马帮的马脚子们多是四川老乡，相互都很熟悉，见面后也免不了各自叙说别后的经历，自然少不了一番感慨。

两支马帮合起来后，组成新的马帮队伍，确定了总马锅头，第二天一早离开马店，邓家兄弟骑马走在前面，总马锅头牵着头马领着马帮浩浩荡荡依次向着昆明族部落国都城羊苴咩城（大理）走去。从普棚到羊苴咩城一路基本都是下坡路，过了大勃弄（今祥云）后，在下了一个很大的坡——白岩山陡坡后，就到了龙尾城（今下关），龙尾城是拱卫昆明部落国都城羊苴咩城的重要军事要塞，由于事先邓家兄弟已经派马锅头带领两个昆明族人的马脚子与把守龙尾城关隘的兵丁进行了沟通，得知他们是贩货的马帮，就让他们顺利进入了龙尾城。与龙尾城紧紧相连一泓碧蓝清澈的湖水映入眼帘，这就是昆明族部落族人的母亲湖——洱海。洱海在秦以前被称为叶榆河、叶榆泽、昆明池等，是由西洱河塌陷形成的高原湖泊，外形如同耳朵，故名洱海。洱海南北长，东西窄，南北长 40 余千米，东西宽最大 10 余千米，洱海海岸线长 15 千米，曾是北通东西两湖，南达大理、下关的船运码头，沿湖居民多以捕鱼为生。洱海地区气候温和，湖水不结冰，苍山上的雪水融化后形成 18 条溪流注入洱海，使得洱海湖水长年水平均深度保持在 15 米以上，最深处可达 21 米。洱海虽面积没有滇池大，但由于水深，蓄水量却比滇池多而著名。洱海发源于洱源县的茈碧湖，源头出自罢谷山，北有弥直河注入，东南收波罗江水，西纳苍山 18 溪水，总径流面积 2565 平方千米，面积约 251 平方千米，蓄水量 30 亿立方米，平均水深约 11.5 米，最深为 20 米。

从空中往下看，洱海宛如一轮新月，静静地依卧在苍山和大理坝子之间。洱海属断层陷落湖泊，湖水清澈见底，透明度很高，苍山洱海，山水相依，自古以来一直被称作"群山间的无瑕美玉"。在风平浪静的日子里，洱海干净透明的海面宛如碧澄澄的蓝天，给人以宁静而悠远的感受，远处点点渔船在波光粼粼的湖中摇动着，让人顿时有一种"船在碧波漂，人在画中游"的诗画般意境。湖内有三座小岛，郁郁葱葱，沿湖还有许多美丽的海湾，使洱海变得更加绮丽。

"洱海月"是大理四大名景之一。 洱海之奇在于"日月与星，比别处倍大而更明"。如果在农历十五，月明之夜泛舟洱海，其月格外的亮、格外的圆，其景令人心醉：水中，月

古"蜀身毒道"上的滇越乘象国

圆如轮，浮光摇金；天空，玉镜高悬，清辉灿灿，仿佛刚从洱海中浴出。让人分不清是天月掉海，还是海月升天。此外，洱海月之著名，还在于洁白无瑕的苍山雪倒映在洱海中，与冰清玉洁的洱海月交相辉映，构成银苍玉洱的一大奇观。

洱海西面有点苍山横列如屏，东面有玉案山环绕衬托，空间环境极为优美，"水光万顷开天镜，山色四时环翠屏"，洱海气候温和湿润，风光绮丽，景色宜人。巡游洱海，岛屿、岩穴、湖沼、沙洲、林木、村舍，各具风采，令人赏心悦目。

从龙尾城进了昆明部落国都城羊苴咩城后，马帮住进马店，邓家兄弟决定请马帮的弟兄们品尝大理的著名美食，首先就是大理著名的砂锅鱼。大理洱海是云南横断山脉中蓄水量最大的淡水湖泊。洱海自然资源丰富，仅鱼类就有鲤鱼、弓鱼、鳔鱼、细鳞鱼、鲫鱼、草鱼、鲢鱼、青鱼、虾、蟹等十余种。其中以弓鱼最为著名，身形长瘦，鳞细肉鲜，号称"鱼魁"，是洱海的特产。大理昆明族人对鱼的食法和烹调技术也颇具特色。在众多食用法中，最具风味特色的是砂锅鱼。砂锅鱼集中了昆明族人鱼味的精华，热烹热吃，配以豆腐等食物，味道鲜美，是脍炙人口的美味佳肴。砂锅鱼的烹调方法是：把从洱海捕来的黄壳鲤鱼刮洗干净后，擦去水分，于腹壁上擦抹精盐，腌10多分钟后，放进大理特制的砂锅里清炖，再加入泡豆腐、火腿、肉丸、鲜笋片、猪蹄筋等十多种配料及调味品，把砂锅置于木炭火炉上烹炖而成。除砂锅鱼外，还有大理民间传统的"土八碗"，土八碗由八道热菜组成：添加红釉米的红肉炖；挂蛋糊油炸的酥肉；加酱油、蜂蜜扣蒸的五花三线千张肉；配加红薯或土豆的粉蒸肉；猪头、猪肝、猪肉卤制的干香；加盖肉茸、蛋屑的白扁豆；木耳、豆腐、下水、蛋丝、菜梗佘制的杂碎；配加炸猪条的竹笋。

席中还有一道菜是煎炸的乳扇。乳扇是一种呈扇形的乳制品，是大理美食中的一道上等菜。云南十八怪之"牛奶做成扇子卖"，指的就是"乳扇"。席间还一道大理民间特色菜，民间称之为"吃生皮"，是用火烧猪肉（多用臀部和后腿的肉皮）和猪肝切成细丝，以葱、蒜、芫荽、炖梅、辣子面、酱油等为佐料，调蘸而食。品尝了满席的大理美味佳肴后，就连在成都也算得上是美食家的邓家兄弟也都啧啧称赞，认为味道鲜甜可口。

在大理休整期间，邓家兄弟专程陪同马帮的马锅头到大理邓川昆明族部落的牧马场挑选了一批著名的大理马，补充为马帮的驮马。自秦代以来昆明族部落就有着相当发达的养马业，以出产一种"日行五百里"的"大理马"而蜚声内地。《桂海虞衡志·志兽》中曾称赞说："大理马，为西南蕃之最"。补充的这些马匹一来是为了驮运新的货物，二来是前行的道路异常艰难，山高坡陡，路险流急，马匹需要替换驮运，以便让马匹得到休息。邓家兄弟又到乔后盐矿买了许多当地生产的食盐，这是哀牢国、黑齿国十分稀缺的物资，相信一定能够赚钱的。

货驮捆扎停当后，马帮又踏上了新的征途。

从羊苴咩城出发，西出龙尾关（今下关），从龙尾关翻越点苍山，经过一座天然巨石搭在西洱河上的天生石桥，沿着西洱河一路下坡，道路越来越窄，沿途只见满山的野杜鹃和野山茶花开得如火如荼，秋风送来阵阵凉意，方知已经到了深秋，掐指一算邓家兄弟离开成都已经两月有余了。一路人烟渐渐稀少，多数时候马帮只能野外露宿，到时只要找一块平坦的地方，把三个马驮子并在一起，上面盖上蓑衣防雨水，下面铺上毛毡以防潮，人往驮孔里面一钻就可以睡觉。就这样走了 5 天时间，过了博南（今永平），来到了南津江（今澜沧江）。

澜沧江在秦朝时间称为兰津江，发源于青藏高原卡格博峰，澜沧江深谷海拔高差 4734 米以上，从江面到顶峰的坡面距离为 14 千米，每千米平均上升 337 米，使峡谷坡面呈近垂直状态。再加上极大的流水落差悬殊，真可谓 "隔河如隔天，渡河如渡险"。

澜沧江以江流湍急著称，冬日清澈而流急，夏季混浊而澎湃，该江狭窄，江面狂涛击岸，水声如雷，十分壮观。如此陡峭的高山纵谷地形，如此奇异绝妙的地理构造，实为举世罕见。由大理龙尾关至博南杉阳，然后沿博南山盘旋而下直至澜沧江江边；两山夹峙，一径陡绝，崎岖回环，古称 "梯云路"。下坡的第一段，称为 "倒马坎"，据说是因山路陡险，马蹄踏下处，一步一心惊，跋涉艰难，走完这段路后，连马都要累倒，才有 "倒马坎" 这个地名。由于长年累月马帮过往，铁蹄到处，火星飞溅，在青石板上留下了一个个深深的蹄印。梯云路脚是平坡。名虽带 "平"，实际仍是 "坡"，只不过坡度稍缓罢了。出平板坡后，沿着山坡北上，一路尽是茅草荒坡，绝少树木。行约 3 里，古老的兰津渡口便呈现在面前。不知经历了多少世纪，人们就是靠篾索桥过往这凶险之江。过桥的工具为一个大竹筒，倚此在篾索上滑过。江水像一把锋利的宝剑，把山岩劈成两半奔流而下。江两岸的岩石平直如墙，长约 100 米。从水面垂直而上，高 200 余米。江面宽不到 50 米，可谓 "抬头一线天"，这一线天里还不时有苍鹰盘旋翱翔于岩壁之间。这里的江水如万马奔腾，掀起排排巨浪。浪卷起风，风推着浪，猛力向岩墙撞击，发出巨大的轰鸣。人们在东岸的岩壁上凿石穿木修成栈道，江险路窄不知有多少马帮的驮马和商人滚崖落江，葬身鱼腹。

邓家兄弟的马帮用了整整 3 天时间才使整个马帮渡过兰津江，风餐露宿，马不停蹄，终于到达了哀牢国都城——永昌（今保山）。公元前 3 世纪的周赧王时，保山就是一度兴盛的哀牢古国的发祥之地和立国之基，其开国之君便是 "龙的传人" 九隆。在哀牢古国漫长的历史岁月里，哀牢族先民不仅卓有成效地开发了 "三江" 流域 "东西三千里，南北四千六百里" 的热土，而且把永昌建成通衢东西、连通南北的通商要道重要枢纽，永昌城里商铺林立，人来人往很是繁华。邓家兄弟在永昌城马店里安顿好马帮后，便相约到街头巷尾察看行情，见到商铺里出售一种"桐华布"，据说是用一种名叫"梧桐木花"的纤维纺织的布，这种布的质地坚韧厚实，细致紧密，就像绸缎一样薄而光滑，布幅宽五尺，如果不是长纤维的材质是织不出这样好的布来的。当时的纺织印染工艺水平也很高，能直接将布织出各种彩色图案，绣出各种花纹，就像绫锦一般非常好看，一点也不亚于四川出产的蜀布。见到当地人纷纷用来做衣服穿，邓家兄弟认为这种桐华布在别处的销路也一定很好，就卖了一些食盐，打算多购买一些"桐华布"，但卖桐华布的商贩告诉邓家兄弟说存货不多不能满足他们的要求，并告诉他们说这种桐华布是从"黑齿国"贩运过来的，想到不日便要离开永昌前往"黑齿国"，因为马帮里那几个面色黝黑的马脚子就是黑齿国的人，正好充当向导带领他们到黑齿国去购买这种桐华布。

从永昌到"黑齿国"首先要翻越异常凶险的黑水河（今怒江）。

怒江是中国西南地区的大河之一，又称潞江，上游藏语叫"那曲河"，发源于青藏高原的唐古拉山南麓的吉热拍格。它深入青藏高原内部，由怒江第一湾西北向东南斜贯西藏东部的平浅谷地，入云南省折向南流，进入缅甸后改称萨尔温江，最后注入印度洋的安达曼海。怒江从河源至入海口全长3240千米，中国部分2013千米，云南段长650千米；怒江两岸山峰海拔均在3000米以上，因江水上下游落差很大，水急滩高，有"一滩接一滩，一滩高十丈"的说法。两岸多危崖，素有"水无不怒古，山有欲飞峰"之称，怒江每年平均以约两倍黄河的水量像骏马般奔腾向南，就这样昼夜不停地撞击出了一条山高、谷深、奇峰秀岭的巨大峡谷，放眼望去，十分壮观。这是仅次于美国西南部号称世界第一的科罗拉多大峡谷的世界第二大峡谷，是到达黑齿国必经之路。怒江沿岸属亚热带山地季风气候，具有立体气候的特点，境内的"三江"峡谷地带，从峡谷底到梁峰顶，分布着各种不同类型的自然景观，栖息着种类繁多的各种野生动物。

怒江峡谷壁陡崖悬，壑深万丈，滔滔江水如野马奔腾于峡谷之中，交通历来闭塞。居住于怒江两岸的古代傈僳族和怒族等少数民族，为了相会和聚集，受到彩虹的启发，发挥自己的聪明才干，发明了怒江上的交通工具——溜索。溜索用藤蔓做成，穿在江两岸岩石上凿出的石孔里，用竹篾编扭成很长的篾绳，作为溜索架设在怒江溜板，人们紧紧抓住溜板，便能滑向对岸，从此溜索这种便捷的交通工具便被两岸的人们广泛运用，人们凭借着它跨过怒江天堑，成为当时最惊险的桥——最早的"怒江桥"。用溜索滑渡怒江，需要有极大的胆量和一定的技巧才行。

怒江上的溜索有两种——平溜和陡溜。平溜的溜索两头一样高，平越大江，来往都可过，但溜到江心后得双臂用劲，攀到对岸。陡溜有一定的倾斜度，一头高，一头低，自然滑向对岸，十分轻快。

陡溜一般都是两根，倾斜方向相反，来回都很省力。为了安全，溜索上有一块硬木或竹子做成的溜板和一根拴在腰间的麻绳。过溜索是需要勇气的，当你把生命系在一根并不太粗的绳索之上，当你越过看一眼都头晕目眩的峡谷，当你听到溜索下那震耳欲聋的江水咆哮之声时，心中会不由生自主出几分怯意。当地那些男女老少在江面上自如地溜来飞去，特别是那些母亲带着孩子，背着山羊肥猪一起"从天而降"时，不能不为他们的勇气所折服。藤蔑做的溜索很容易磨损，所以过一段时间（短则二三个月，长不超过一年）就得更换一次。

邓家兄弟和所带领的马帮商队的伙计们和驮马都经历了惊心动魄的冒险，除了有两驮货物因捆扎不当从溜索上掉落到江中外，总算平安渡过了怒江天险。

过了怒江后，从百花岭开始，顺着山路蜿蜒而上，便进入高黎贡山。跋涉在古老的驿道，踏着爬满翠绿苔藓的石板，摩挲脚板的是不知飘零了几千年的落叶，苔藓与落叶掩盖不了石板上嵌入的半圆形马蹄印，间或还能见到丢弃在路边锈迹斑斑的马掌铁，马帮在马锅头和赶马人的吆喝下，向险象环生的高黎贡山走去，清脆的铜铃和马蹄错落有致的声音久久回荡在高山峡谷之间。

高黎贡山是横断山脉中最西部的山脉，它北连青藏高原，南接中印半岛，北段位于西藏境内，称伯舒拉岭，山体作北偏西走向。进入哀牢古国境后，就称为高黎贡山。高黎贡山呈南北走向，平均海拔约 3500 米。其中，以北段较高，海拔达 4000 米以上，尾端山脉约 2000余米。而高黎贡山则处于怒江大峡谷中段，这里山势陡峭，峰谷南北相间排列，有着极典型的高山峡谷自然地理垂直带景观和丰富多样的动植物资源，这是横断山脉最有名的高山。高黎贡山森林覆盖率达 85%，高山峡谷复杂的地形和悬殊的生态环境，为各种动植物提供了有利的条件。高黎贡山巨大的山体阻挡了西北寒流的侵袭，又留住了印度洋的暖湿气流，形成了低纬度高海拔典型的亚热带立体型气候。在东西坡海拔 1600 ～ 2800 米地区，它连接东喜马拉雅区，山顶终年云雾缭绕、寒气逼人，山腰夏无酷暑、冬无严寒，山脚的怒江河谷一年四季烈日炎炎。随着气候的改变，植被和生态也迅速改变。这里有山茶、木兰、兰花、龙胆、报春、绿绒蒿、百合、杜鹃等。其中有一株号称"世界杜鹃王"的大树杜鹃——树龄达 280 多年，整棵花树占地 500 平方米，胸径 2.1 米，每年开花 4 万多朵，以其鲜艳而硕大无比的花朵和磅礴的气势独领风骚。高黎贡山中还有滇金丝猴、羚牛、扭角羚、蜂猴、白眉长臂猿、孟加拉虎、懒猴、黑叶猴、灰叶猴、熊猴、红面猴、黑麝、云豹、金猫、灵猫等等 20 多种珍稀的古原生动物和白尾梢红雉、红腹角雉、白鹇、金鸡、白腹锦鸡、红腹锦鸡、绿孔雀、太阳鸟和种类繁多的画眉，300 多种鸟类在这里生息繁衍，谌称"野生动物的乐园"。

高黎贡山，还分布着大大小小许多座形似铁锅的新生代火山，形成了"十山九无头"的火山群壮丽奇观。这里的地热资源十分丰富，分布有许多温泉，如百花岭阴阳谷温泉、金场河温泉、摆洛塘变色温泉。高黎贡山的众多火山之间，热浪蒸腾，数百眼热泉、温泉散落当中。

高黎贡山是怒江水系和伊洛瓦底江水系的分水岭，这些河流由于落差大，大多数都超过2000米，因而形成许多美丽的瀑布、叠水，如百花岭阴阳谷三级瀑、美人瀑、高脚岩瀑布群、大坝河口瀑布。高黎贡山壮观的多叠瀑布星罗棋布。中午时分，山林、山谷被光剪辑成一幅绝妙的明暗素描，光照处，浑青一片；背光处，翠绿一顷。山在光的照抚下婀娜善变。瀑布却在人举目搜寻之下，忽地又从灌木丛中钻出，晶莹成一片片一条条一缕缕的白云，褐赭色的岩石在瀑布的涛声中，愈发肃穆深沉得犹如一位智者。远观，大瀑布从两座对峙的山谷间一涌而出，似乎在一泻迸发之际，就迅速遁入一堵上窄下宽的"井"型岩石中，随后一跌而下四五米，倏地钻入丛林中，忽隐忽现，响声分外震耳，使山的静谧平添了瀑布的响声。

经过艰难曲折的跋涉，邓家兄弟和马帮商队越过高黎贡山，终于来到了哀牢国与黑齿国交界的龙陵，龙陵是一个四周被丘陵环抱着的小盆地，山峦上遍山林木葱蔚，遥望如巨爪下攫，俯瞰大地，千里尺幅，如在画中。陵谷重叠，近绿远蓝，更远便渐渐成为了灰色，峰回路转，翻过一个名叫双坡垭口的地方，晚秋的凉意立即被一阵盛夏的暖风所改变，带路的脸色黝黑的马脚子向导告诉邓家兄弟：前面就是乘象国的地界了。邓家兄弟才知道，原来当地人把"黑齿国"称为"乘象国"，什么意思呢？马脚子向导由于汉话会的不多，比手画脚摸着鼻子表示很长，又摸着两只耳朵表示很大，乱了半天也让人摸不着头脑，只好作罢。

翻过双坡垭口后，一直走的是盘山的下坡路，当马帮走到一个峭壁高耸的关隘"南天门"时，一队兵丁把守在路口，这些兵丁头缠黄布包头，上穿用桐华布缝制的对襟白布短褂，袖口较窄，下穿裤裆肥大的裤子，这些守卫关卡的兵丁有的腰挎长刀，有的手持长矛和藤条盾牌，有的拿着弓箭，为首的小头目见马帮近前，喝令停下，马脚子向导急忙向前用邓家兄弟听不懂的语言向小头目进行说明，只见那个小头目顿时喜笑颜开，走向邓家兄弟面前，双手合十低头说了句"如里金旺"，马脚子向导解释说，这是向你们问好，邓家兄弟也学着双手合十低头回应了一句"如里金旺"，小头目手一挥，兵丁立即把路让开，让邓家兄弟的马帮商队顺利通过关卡。在南天门向下俯瞰，弯弯曲曲的盘山道路尽收眼底，从关卡到山脚高有数十丈，让人心惊胆战。好在道路越来越宽敞了，显然是专门修筑的。下到山脚，一条河水清澈见底的小河突然出现在眼前。一直负重下坡的驮马纷纷停住脚步争相到河边饮水，邓家兄弟因下坡路险，怕马失前蹄，也一路跟随马帮徒步行走，此时又渴又累，也顾不得斯文，到河边掬起一捧河水饮下，只觉得清冽甘甜，顿时神清气爽，稍事休息后，马帮又继续前行，过了一座石桥后，道路平缓而宽敞，沿着河水一直延伸到远方。路两边有许多竹篷，有的一篷竹子就生长有五六十根竹子，密密麻麻枝叶交错。转过山脚，一片榕树林映入眼帘，仔细一看才发现竟然是一棵榕树长成的树林，你看这大榕树，高有数十丈，枝繁叶茂，粗大的树主干要二三十个人才能合抱，树枝垂下无数气根，这些气根有的又长成两三人才能合抱的树枝，支撑着树枝向前延伸。榕树林间，有七八只长着美丽羽毛的绿孔雀在树枝间上下翻飞，这些孔雀，身体粗壮，雄鸟长约1.4米，雌鸟全长约1.1米。头顶上那簇高高耸立着的羽冠，别具风度，冠羽长条形，羽毛翠绿。颈羽暗蓝色镶绿边像圆圆的鱼鳞，后背闪耀着紫铜色的光泽。雄孔雀尾上覆羽特别发达，羽毛绚丽多彩，羽支细长，犹如金绿色丝绒，其末端还具有众多由紫、蓝、黄、红等色构成的大型眼状斑，在树下林间的空地上抖动着尾羽正在开屏，尾羽反射着光彩，好像无数面小镜子，鲜艳夺目，在雌孔雀中大秀其丰采时，还不时发出一声声清脆悦耳的鸣叫声。邓家兄弟和马帮的伙计们不由得驻足好奇地观看了好一会，才意犹未尽地继续前行。远处平坦的坝子田野里稻谷一片金黄，竹篷掩映下的村寨炊烟袅袅，当邓家兄弟情不自禁地赞叹这样的美景时，已然进入了乘象国的门户——勐焕。

勐焕是一个繁华的小城邑，城邑四周被青黛色的竹篷所环抱，城邑中心地带有三棵大榕树，沿街店铺林立，都是用竹子搭建的二层小竹楼，竹子的大梁、竹子的柱子，就连房子的四周都是用竹子编成篱笆围成的。竹楼楼下是商铺，楼上住宿，虽然时值深秋，但勐焕城邑却仍然如盛夏般炎热，竹楼上下通透，很是凉爽。勐焕城商铺里各色人等都有，据向导说有骠国人（缅甸人）、天竺人（印度人），有大夏国人（阿富汗人）等，各地商人卖什么的都有。邓家兄弟等马帮安顿好后，便急切地出门去逛街，他来到一个卖各种水果的商铺，见到许多在成都看不到的亚热带水果，有番石榴、番荔枝、山竹、木瓜、芒果、甘蔗、红毛丹等等，其中有一种浑身有刺丁形状怪异的名叫"菠萝蜜"的果子，让人大开眼界。商人向他们介绍说菠萝蜜别名叫大树菠萝，当地人称为"牛肚子果"。属于桑科桂木属常绿乔木，老树常有板状根；树皮很厚，黑褐色，果形大，成熟的果肉为黄色。商铺老板剥开一个"菠萝蜜"果子让他们尝了尝菠萝蜜的果肉，果肉软软的，呈金黄色，中有一卵形果核，入口后感到清甜可口，肥厚柔软，只是味道十分浓郁芳香。老板还说果核还可煮食，富含淀粉，能够充当食物。据说"菠萝蜜"是从天竺国传入中国的，是著名的热带水果，多生长于赤道附近地区。菠萝蜜是世界上最重也是最大的水果，一般一个果子就重达5～20千克，最重的有超过50千克的。菠萝蜜的树高达20米。有乳状汁液，树干基部有板状根，果实从生长到成熟要6～11月。

菠萝蜜的营养价值很高，同时，菠萝蜜还有很高的药用价值，能止渴解烦，醒脾益气，还有健体益寿的作用。支气管炎、支气管哮喘、急性肺炎、咽喉炎、视网膜炎、乳腺炎、产后乳房充血、产后血栓性静脉炎、关节炎、关节周围炎、蜂窝组织炎、小腿溃疡等疾病均有疗效。还有抗氧化、抑菌、抗炎、辅助抗肿瘤、抑制黑色素生成和辅助降血糖等药用功效。

逛完水果铺子后，感到肚内有些饥饿，邓家兄弟便来到卖风味小吃的铺子，这里有烤鱼、炒田螺，还有一种用腌酸的竹笋丝煮当地一种叫"沙鳅鱼"的菜肴，以及用麂子新鲜的生肉剁成肉泥，用各种叫不出名称的佐料拌成的一种叫"撒撇"的菜肴，他们尽情品尝了这些著名的小吃，感到鲜美无比，喝了一种当地人酿造的十分醇香的米酒后，又沿街踱步浏览其他各种商铺，这里的铺子有卖光珠、琥珀、水晶、琉璃、蚌珠、翡翠等珠宝玉器的，也有售卖犀角、象牙等珍稀物品的，还有出售各种药材的。对这些他们虽然很感兴趣，但却没有停下脚步，在逛了几乎半条街道后，他们终于找到了专门售卖桐华布的商号，这是他们此行的主要目标。经过与售卖桐华布的商号老板讨价还价后，邓家兄弟以十分划算的价格用在滇国购买的食盐换购了一批桐华布，因为乘象国这里远离大海，又不产食盐，食盐在当地是很珍贵的必须品，邓家兄弟带来的食盐自然成了抢手货。

在勐焕呆了两天后，邓家兄弟的马帮又踏上了向乘象国都城勐卯前进的行程。从勐焕西行约25千米，来到了一个四周群山森林密布，坝边凤尾竹环抱的山间河谷盆地——遮放坝子，遮放坝子是乘象国境内重要的山间盆地，面积224310亩，其中平坝118200亩，缓坡106110亩，平坝海拔800～840米，坡度小于8度。芒市河穿过三台山贯穿整个遮放坝子，为农田灌溉提供了良好的条件，遮放坝子这里生产着一种声名遐迩的"遮放米"，遮放米色泽白润如玉，煮熟的米饭软滑适中，粘而不稠，冷不回生，营养丰富。邓家兄弟和马帮的伙计们用锣锅煮了一顿"遮放米"，果然十分清香可口，大家赞不绝口，据当地人介绍，正宗的遮放米主要产自遮放坝子南木冷河源头的允午寨子，是从野生稻经过驯化培育的水稻品种，允午寨子种植的这种水稻当地人称为"豪枇"，是老百姓专门用来供奉天地万物之灵，祈求谷魂永远保佑的"神米"，是指定进贡给乘象国国王的专用进贡之物，每年都有定量。由于这里地热资源丰富、光照充足，昼夜温差大，每到雨季山风合着雨水将四山屯集在地面上的各种物质冲刷下来，给整个坝子覆上厚厚一层水稻生长元素，因此才吸收了天地精华种植了如此美味的珍品。

走完遮放坝子，一条大河汇入芒市河，形成了一条新的河流——南卯江（瑞丽江）。南卯江是乘象国境内的主要河流，发源于哀牢国海拔2520米的腾冲明光河头山，流经腾冲、龙陵后进入乘象国的萝卜坝、勐焕坝、遮放坝，最后流入勐卯坝，至弄岛容棒旺南约1千米的南宛河入汇后流出乘象国境，进入骠国，在骠国的伊尼瓦注入伊洛瓦底江。南卯江主河长325多千米，其中在乘象国境内流程约125多千米。流域多年平均年径流量107.83亿立方，流域内水系分布有大小支流710多条，较大的支流有萝卜坝河、南宛河、芒市河、畹町河和南掌河。

马帮商队沿着芒市河从遮放坝子山边的道路一路前行，到戛中这个地方后，开始上坡，马帮沿着盘山路上到山顶，只见山下的南卯江如蜿蜒的青龙从遮放坝尾绕着青山向下游流去，南卯江畔江岸为高山陡壁，数十米高的岩壁上，热带雨林郁郁葱葱，裸露的树根沿岩壁向下生长和熔岩合为一体，高大挺拔的木棉树，花开时节，满树彤红，映红了山谷，高山岩壁经数百万年的侵蚀，形成了无数似兽如鸟、像人仿树的千奇百怪的堆积物、石钟乳。时常会见到一股清亮的箐泉"叮咚"作响从山上飞泻下来，山光水色，令人陶醉。过了黑山门关口后，一路下坡又来到南卯江边，气温显得热了起来，江流由狭窄的河段流入勐卯坝子，视野突然开阔起来，只见江水荡漾，波光粼粼，江面野鸭、白鹭群起群落，灰鹤、小鸥、翠鸟飞翔，仿佛置身一幅山水画中。

江面上几个穿着筒裙打着赤脚的黑齿族男子撑着竹竿用竹筏摆渡，前面一个翠竹丛丛、山青水碧的大坝子出现在眼前。向导告诉邓家兄弟，这就是乘象国国都罕萨所在的勐卯坝子。

勐卯坝子，用当地人的说法意思就是"雾茫茫笼罩翠绿的地方" 勐卯坝子在群山的环抱之中，开阔而平坦，田野间处处是热带果林和凤尾竹掩映着的竹楼，阳光下绿野无垠，葱茏一片，独木成林比比皆是，一派田园风光。南卯江像一条玉带绕着瑞丽坝子缓缓流淌，江水波光粼粼，江畔山青水秀，竹茂林幽，风光十分秀丽迷人。一幢幢干栏式的傣家小竹楼点缀在凤尾竹林深处，四周流水潺潺，稻谷金黄，或秧苗青青，绿荫遍野，风光如诗如画，真是一个翡翠般美丽而又神秘的坝子！

勐卯坝子属南亚热带季风性气候，全年分旱雨两季，基本无霜，年平均气温21℃，年降水量1394.8毫米，年平均日照2330小时，日照质量高，平均气温适宜，热量条件较好。冬无严寒，夏无酷暑，加之勐卯坝子土地肥沃，地势平坦，灌溉便利，因此盛产稻谷、甘蔗、砂仁、胡椒、草果、菠萝、烟草、油桐、茶叶、花生、柚子、芒果、菠萝蜜等经济作物和水果，花开四季，果结终年，是一块不可多得的热区宝地。

马帮商队沿着南卯江畔在江边沙滩、竹林和大榕树间穿行着，经过了一个又一个竹林环抱的村寨，仿佛行走在一幅美丽的画卷中，这里的傣族先民多傍水而居，房屋多是干栏式两层楼建筑，分上下两层，上层为围合的居住空间，下层架空用来堆放柴草杂物或饲养家畜家禽。这种干栏式建筑主要是为防潮湿、避害虫、毒蛇、野兽和水灾的要求而建造，干栏式建筑长脊短檐式的屋顶以及高出地面的底架，适应多雨地区的需要，干栏式住房其建造的建材往往是就地取用当地盛产的树木或竹材，以木材作房架，竹子作檩、掾、楼面、墙、梯、围栏等，各部件的连接用榫卯和竹篾绑扎，为单幢建筑，各家自成院落，院落里种有果木、花草，各宅院之间有小径相通，房顶用草排覆盖，这种草排天晴时稀疏透光，下雨时会自然闭合挡住雨水，显得十分巧妙。

马帮商队正在行进中，忽然向导马脚子用手指着前方，口中喊着"大象！大象！"邓家兄弟顺着向导手指的方向看去，只见路边的田地上，当地傣族先民役使着一种奇怪的动物在耕田，这种动物的身高约3米左右，体长约5米，体重大概在2500千克上下。背部较平缓，中部略高，后半部较低，胯部较低并向后方倾斜。头顶有两个明显隆起。皮肤为深灰至黑色，多皱褶，体表散生极稀疏的短毛，特别显眼的是这种动物有两只蒲扇般大的耳朵和一根长长的鼻子。邓家兄弟突然想起向导马脚子原来向他们比画的大耳朵、长鼻子就是指的这种动物。只见在这种动物身上有一个人手握竹竿在驾驭，身拖两具犁具由后面的两个人分别掌控正在犁田。从向导的口中，邓家兄弟得知这种动物名叫"大象"。邓家兄弟所看见的大象在动物学中称为"亚洲象"，是亚洲最大的陆生动物。亚洲象栖于亚洲南部热带雨林、季雨林及林间的沟谷、山坡、稀树草原、竹林及宽阔地带。常在海拔1000米以下的沟谷、河边、竹林、阔叶混交林中游荡。亚洲象喜群居生活，每群数头或数十头不等，由一头成年公象作为群体的首领带着活动，没有固定的住所，活动范围很广。

亚洲象的鼻子是现存动物中最长的，可以垂到地面，富有弹性，能伸长至2米。上粗下细，末端为2个鼻孔，亚洲象的鼻子实际上是鼻子和上唇的延长体，表面光滑，一直下垂到地面。由4万多条肌纤维组成，里面有丰富的神经联系，不仅嗅觉灵敏，而且是取食、吸水的工具和自卫的有力武器。鼻子的顶端有一个像手指一样的突起，这个突起不大，但上面集中了丰富的神经细胞，感觉异常灵敏，使得象鼻十分灵活，能随意转动和弯曲，具有人手一样的功能。象的鼻子非常灵活而敏感，鼻端的指状突起能捡起细小的物体。象鼻也很有力量，可以抬起350千克的重物，在移动重物时需要头部活动，以颈部肌肉收缩产生动力。鼻子对大象来说有极为重要的作用，除了呼吸，象鼻的嗅觉十分灵敏，它们时常扬起鼻子在空中摇曳摆动，不但能探测到食物或水的大体方位，还能察觉到附近有无猛兽。大象用鼻子采集食物，吸水喷到嘴里饮用。象鼻也是大象日常交往的工具，将鼻子卷成不同的姿势能表达不同的含义。大象用鼻子相互抚摸，缠卷是友好的表示。大象也用鼻子卷起沙土撒到身上，或用鼻子吸水喷到身上来清洁皮肤。象鼻还能做出揉眼、挠痒等细致动作，有时还会利用工具，如用鼻子抓起木棍或竹篾来挠痒，卷起木棍等。

象牙是亚洲象雄象上颌突出嘴外的第二对门齿，也是强有力的防卫武器。象牙大部分呈乳白色，长度一般在2米左右，单支重在30～40千克左右。雄象2～5岁开始出牙，随着年龄增长而生长，有白、黄、浅棕等色。一般来说雄性象有较为发达的象牙，而雌象即使有象牙也十分短小。象牙也分牙体和牙根两部分。象牙约三分之一为牙根，长在牙管里与骨头相连，是空心的，内有牙髓，保证象牙的持续生长。而露出口腔外，相当于象牙三分之二的部分即为牙体，实心。不同个体象牙的粗细、长短、弯曲度都有较大差异。有的大象只有一侧的象牙，甚至根本没有象牙。象牙对雄象尤为重要。雄象用象牙来打斗争夺配偶，象牙发达显然在打斗中更有优势，从而获得更多繁殖后代、传递基因的机会。同时大象也用象牙协助采集食物、掘土和防御天敌。

亚洲象的耳朵很大，宽度近1米，有利于收集音波，所以听觉非常敏锐，边沿最高处一般不超过头顶。象耳竖起能听到很远处传来的声音，彼此之间常用次声波进行联络。耳朵褶皱很多，遍布毛细血管，大大增加了散热面，所以更像是两把调节体温的大蒲扇，在炎热的夏季，它就是靠不停地扇动两只大耳朵，使耳部的血液加速流动，达到散热降温的目地，因此大象不停地扇动耳朵主要是为了散热。同时扇动耳朵也能驱赶热带丛林中的蚊蝇和寄生虫。大象发怒时会张大并竖起耳朵。年龄大的大象耳朵边缘会卷起，因此有经验的人可根据耳朵边缘卷曲程度来判断大象的年龄。

亚洲象的尾巴呈长条圆形，上粗下细，长到膝关节处。末端呈扁平状，上面长有黑色尾毛，排成2行，毛长10～15厘米。象尾左右摆动驱赶蚊虫。发怒或奔跑时尾巴会向上竖起。小象有时会拉着妈妈的尾巴，就像孩子被大人领着走一样。

亚洲象四肢粗壮，前肢几乎与地面垂直，有利于支撑体重，腕关节可活动。后肢略弯曲，运动时便于推动身体前进，小腿骨短，腕关节几乎不能活动。大象没有脚踝骨的，脚底有厚厚的脂肪层，便于缓解压力，而且能有效感知地面的震动波，跺脚也是大象交流或接受信息的重要途径之一。

亚洲象行走时，先迈一侧后足，即将落地时同侧的前足也向前迈出，两足均落地后再迈另一侧的后足，然后是另一侧前足……大象一般只有这一种步伐，所以严格地说大象"奔跑"时只能算是快走。

大象运动能力很强，象在正常时每天要走3到6千米去觅食，但迅速奔跑起来也能达到每小时30多千米的速度，在河里面游泳的速度达每小时候1.5～2千米，可连续游5～6小时。亚洲象是植食性动物，主食竹笋、嫩叶、野芭蕉和棕叶芦等。在早、晚及夜间，亚洲象会外出觅食，它们主要食用草、树叶、嫩芽和树皮。亚洲象也会吃农作物如香蕉和甘蔗。它们采食的植物以植物的嫩枝、树叶、茎秆为主要食物，也吃草和植物的果实。每头成年象每天需要进食150～240千克，甚至达300千克，因此大象一天中要有16个小时用来采集食物，它们的消化系统效率不高，只有 40% 的食物可以被吸收，一天一只成年象可以吃进 30 到 60 千克食物，但 60% 被排泄出去了。

亚洲象生活中水是必不可少的，亚洲象每天需要饮水数次，一天消耗的水量达 60 千克左右。如果水太浑浊，象还会在河流或水池边用鼻子和脚挖出一个坑，喝坑里渗出的经过沙石过滤的水。干旱时节象群还会成群结队地长途跋涉去寻找水源。

亚洲象采食时，会用鼻子卷起地上的草，或缠绕拉断树木的枝叶然后送入口中。遇到较小的果实等则用鼻端的指状突起捏起送进嘴里。对于散落在地面的碎草、树叶等，则先用前腿将其堆成堆，然后一并卷起。有时还会把食物来回甩打，去除上面的水或泥土，或者用鼻端的突起挑拣。象饮水时，先将水吸入鼻中，然后再喷到嘴里喝下，不能直接用鼻子喝水。鼻子每次最多可吸水 15 升左右。

野生的成年象很少躺在水中沐浴，它们常用鼻子吸水喷淋到身体各处清洁身体和给身体降温。而幼象则会在成年象的护卫下尽情地在水中翻滚、嬉戏和玩耍。

在烈日下，当大象离水源较远时，它们会把鼻子伸进嘴里，吸出胃里的水，然后喷到身上。象也会用鼻子卷起地上的浮土，抛撒到身上，覆盖在身上的尘土能防止蚊虫叮咬和烈日灼伤皮肤。地面浮土不足时印度象还会用脚把泥土踢松。象由于毛少，容易生皮肤病，所以需要经常洗澡或做泥浴，大象常把泥浆喷洒到身上，泥浆能起到和水一样的降温作用，而且泥浆渗入粗糙皮肤上的皱褶，能包裹住里面的寄生虫。泥巴干了之后被抖落下来，就能把寄生虫一同清理掉。大象听觉、嗅觉非常发达，视觉较差。象能发出多种多样的声音，包括低沉的隆隆声，鼻子喷气声，和用喉部和鼻腔共鸣产生的嘹亮的"嗷喔——"的声音，穿透力很强，声音能表达出极为丰富的内容。用低沉的吼叫声和尖锐的鸣叫声彼此打招呼。如果有象群成员走失，它们会用短促而响亮的"嗷！"的声音进行联络。雌象 10 岁左右性成熟，而雄象一般要到 12～14 岁才性成熟。大象终生生长，但性成熟后生长很缓慢。由于性成熟较晚，雌象一般在 16～20 岁左右第一次繁殖，而年轻的雄象由于竞争不过强大的成年雄象，野生条件下一般没有繁殖机会。象的寿命是除人类以外哺乳动物中最长的，一般约 60～80 岁，有的甚至能活到 90 岁甚至百岁以上。

亚洲野象在选择自然生存环境时，往往选择食物丰富、水源充沛和隐蔽性好的热带森林。象对食物的种类和数量、栖息地大小、封闭度、水源、温度和日照、山坡的状况、海拔等生存环境的要求是比较严格的。多生活于海拔 1300 米以下的气温较高、空气湿润、靠近水源、植被生长茂密的热带森林中。在海拔 1000 米以下的热带雨林、季雨林及林间的沟谷、缓坡、竹林及宽阔地带最为常见。

亚洲象饮水量大,并且用水和泥浆洗浴降温。因此喜欢在距离水源较近的地方活动,对河流、溪流、池塘等旱季不干涸的水体有强烈的依赖性。

驯养后的亚洲大象可用来骑乘,贵族骑乘的大象装饰华丽气派,还带有仪式性质。国王骑着大象巡游。在南亚和东南亚的森林里,大象是最好的交通工具。大象被当地傣族先民驯服后用来耕地,大象也是搬运木材的重要劳动力。

冷兵器时代,战象是重要的兵种,它们不仅有巨大的破坏力,还能给敌人带来极大的恐慌。大象也是产象的国家进贡时常见的礼物,传统文化中大象都是神圣的。小乘佛教中传说佛祖的母亲因梦见白象而孕育释迦牟尼。白象十分稀少,所以一旦发现,就会被小心地捉住作为神圣的吉祥物精心照料和供养起来,不但不用干活,还会用瑰丽的珠宝进行装扮,由大批侍者奉养起来,备受人们尊敬,西周以来就把象看作是代表江山稳固、社会安定的标志。在象的背上放一宝瓶,瓶内再插放五谷,寓意太平有像、五谷丰登。因为"象"与"景象"的"象"字同音;"宝瓶"的"瓶"字与"太平"的"平"字同音,这样"大象宝瓶"就成为"太平有像"的吉祥图案了。

在前往乘象国都喊沙的途中,邓家兄弟还看到大象从山上把巨大的圆木搬运下山,驯象人在南卯江边为大象洗澡,还看到一队大象背上驮着骑楼,上面坐手持长矛和弓箭的士兵正在巡逻,才知道在《吕氏春秋》中记载的商王曾经骑着大象攻打东夷部族的事并非虚词,把驯养的大象用来作为战争的工具,一定会令对手万分恐惧而所向无敌的。

与大象巡逻队相遇不久,邓家兄弟的马帮商队就来到了一座城下,城门口有兵丁守卫着,城门上赫然三个大字"乘象国",他们知道这就是国都喊沙城。

乘象国是古代傣族先民建立的部落王国,是一个非常古老的部落联盟国家。由于乘象国地处连接中国和天竺国东西方两个文明古国的通道要隘,它是在东西文化交流的开放环境中建立并逐渐发展起来的。据说乘象国的建立最早是在东周威烈王元年,即公元前 425 年(傣历 331 年)时,傣族先民聚居地区相继出建立了一些部落小王国,出现了许多部落小国王"召勐"王,各部落国之间为了各自的利益开始了 60 多年你争我夺的斗争。至东周显王五年(公元前 364 年),傣历辛卯年时,实力强大的傣族先民部落"召勐"王莽纪拉扎大王就在勐卯建立了达光国,并在喊沙建立了王城,勐亨、勐色、勐乃、勐绕……等远近傣族先民各小部落国的小"召勐"王们,折服于达光国的实力和莽纪拉扎大王的威望,都纷纷前来朝贺,表示积极拥戴莽纪拉扎大王,并以他马首是瞻,绝对听从他的命令。在此基础上共同组成了一个统一的大部落联盟国"乘象国"。推举"莽纪拉扎"大王为部落联盟的盟主 -- 乘象国国王。各小部落国"召勐"王希望莽纪拉扎大王庇护本国臣民免受外族侵略,为此而遵循大王的命令调动本国军队参与大王统一组织的反对外敌入侵保卫本国疆土的战斗，各小部落国承诺年年向莽纪拉扎大王朝贡称臣，而乘象国国王也保证各小部落"召勐"王们也有自治本部落的自主权，不受联盟国王的干预。在结盟会议上经过大家共同协商，制定了按照能者为王的规则选择乘象国国王的禅让制度。

乘象国国王坦玛利担任联盟盟主后，坦荡无私，一心一意为乘象国的百姓们谋求福祉，对待各小部落国的"召勐"王也十分公平，深得百姓的爱戴，把乘象国治理得国家繁荣昌盛，百姓安居乐业，路不拾遗，夜不闭户，国土疆域东北至勐焕与永昌（今保山）接壤；东南至勐亨、勐乃而与孟人居住区毗连；南至补甘姆以南与属于"养"的骠国接壤；西至那加山脉东侧的勐色，北至勐养、勐光。即西起亲敦江流域，横跨南鸠江（伊洛瓦底江）中、上游，东至萨尔温江的广阔地带。

乘象国王城喊沙就建在南卯江东岸的平坝子上。这里地处南卯江与伊洛瓦底江所构成的三角地带的东北侧，南卯江江水深，水流缓，江面广阔，可直接航运到伊洛瓦底江，沿江各处都有许多水流平稳而良好的渡口和码头。乘象国经由勐卯出境骠国的交通主干线从勐卯出境，到达骠国木姐后向西行入骠国（缅甸）境甘勃。再向西北越过若开山脉，在勐色渡过亲敦江，经由八莫到与天竺国接壤的密支那后，进入天竺国的雷多，翻越那加山脉，经迦摩缕波国（今印度阿萨姆邦）到达天竺国（印度），继而进一步通向中亚、西亚和西欧各国。如此重要的区位，使得喊沙城成为交通四通八达、联结中国内地和西方水陆商道的重要通道和枢纽。南来北往、络绎不绝的中外商贾在江边渡口的待渡、停留和集聚，使喊沙逐渐发展成为繁荣开放的都城。

邓家兄弟的马帮商队在喊沙城逗留了几天后，便向天竺国那个神秘而又令人神往的国度开始了新的行程。这一路的艰难险阻自不必细说，好在有惊无险，经过一个多月的行程，最终顺利到达了天竺国，这是后话。

正当邓家兄弟正在前往天竺国的道路上艰难曲折行走时，公元前140年，具有雄才大略的汉武帝刘彻继位登上了大汉皇帝的宝座。

初春的一个早上，刘彻阅览着案上各种奏章、边关急报，不禁眉头紧皱。西北边境上匈奴单于近年来公然违反大汉王朝与匈奴订立的和亲政策，不断袭扰边境，掠夺人口和财物，成为大汉王朝安定团结的最大隐患。

大汉王朝经过文景之治的太平盛世后，流民还归田园，户口迅速繁盛。列侯封国大者至三四万户，小的也户口倍增，而且比过去富实得多。农业的发展使粮价大大降低。自从汉高祖刘邦即位后，这位平民布衣出身的皇帝深知苛捐杂税对百姓的沉重负担，因此他为了赢得民心，巩固执政根基，一直对老百姓实行轻徭薄赋的政策，让大汉国的农民税赋负担成为自秦国以来最轻的，深受天下百姓的爱戴和拥护。汉高祖刘邦的儿子汉文帝刘垣继承王位后，又于文帝十三年（公元前 167 年）起，连续免除全国农民田亩赋税长达 11 年，在这期间，农民来自农业税的负担完全没有了，纵观整个中国社会历史发展史，这种执政理念在封建社会、民国时期乃至新中国建国后相当一个时期都是绝无仅有的。西汉前期 70 余年把减轻农民负担作为发展社会、巩固政权的基本国策来贯彻，使得人民群众很快得到富足，社会安定，建成了中国历史上少有的安康和谐社会历史发展时期。

随着经济的快速发展和繁荣，国家财政也得到了极大的充实，国家财政情况与大汉王朝建国初相比，出现了天壤之别。如在文、景两帝治国期间，国家粮食储备仓库"太仓"里面的积粮已堆放了大量因存放时间太长而导致不能食用之粟，至汉武帝即位时，国家财政又上了一个新台阶。各级地方粮食储备仓库都堆满了粮食，而各级地方政府财政资金也十分充裕，光是首都政府财政积累下来的资金就有千万贯之多，穿钱的绳子都朽烂了也没有用出去，国家粮食储备库存的粟米，年复一年积累下来的陈粮，因粮仓爆满堆积不下只得堆放在粮仓外面的露天之下，以至于很多粮食因保管不当而腐败不可食用。国家财政实力达到如此雄厚的情况，也是在中国封建社会发展历史中少见的朝代。

大汉王朝建国初期推行的积极有为的"无为而治"国策，也为农民建立了平静稳定的生产环境，中央和各级政府都努力把对农民生活生产活动的干扰降低到最小程度。在排除农民生产干扰方面，一是减轻政府对农民的税赋劳役负担，二是打击权贵、豪强对农民的任意侵害；在保证农民收益上，一方面大幅度减免农业税，另一方面通过财税政策稳定物价，努力保证农民的劳动得到稳定的报酬。太平盛世，国家的财政收入多、富人的收入高了，农民的富足程度自然也得到了很大增长。经过 60 多年的休养生息，大汉王朝社会经济出现了前所未有的繁荣景象。

由于国家实力的日益强大，为汉武帝刘彻决定对长期侵扰边境形成心腹之患的匈奴用兵提供了信心，为达到从根本上解决来自北方匈奴入侵威胁的战略目的，汉武帝在继续承袭自汉高祖开国以来既定的治国方略和有关政策的同时，审时度势积极发展军事力量。在军事战略方针上，汉武帝坚持"攘外必先安内"的方针，首先组织大军平定了来自南方闽越国的动乱，后开始着手以军事打击手段代替带有屈辱性质的和亲政策来彻底解决北方匈奴的威胁。汉武帝派了著名的大将卫青、霍去病先后组织了三次大规模出击匈奴的军事征伐行动，相继收复了河套地区，夺取了河西走廊，将当时汉朝的北部疆域从长城沿线推至漠北。

汉武帝在对匈奴进行军事征伐战争同时，又采取和平外交和军事威胁相结合的手段使西域诸国尽数臣服，从而使匈奴国失去了盟友，处于孤立无援的地位。昔日凶悍的匈奴国在丧失了肥沃茂盛的漠南地区作为立国基础后，匈奴王庭只得远迁漠北，这就初步解决了自西汉初期以来匈奴对中原的直接威胁。但匈奴毕竟是虎狼之邦，国家军事力量并没有遭到彻底消灭，一旦有风吹草动，就会卷土重来。要使大汉王朝实现长治久安，就必须采取根本措施彻底消灭匈奴的国家军事力量。正在这时有从月氏国逃亡过来的人说，匈奴攻破月氏王国后大肆烧杀抢掠，无恶不作，并且用月氏国王的头颅作为匈奴单于的酒器，受此残害和羞辱，月氏国的臣民们因纷纷逃避战祸而流离失所，对匈奴人的暴行深恶痛绝，一心想报此深仇大恨，只是苦于没有人和他们一起共同来打击匈奴。汉武帝正在谋划着如何从根本上消灭匈奴军事力量的战略，听到此情况后顿时有了主意，他想：要是能派人出使月氏国，联系月氏国和受到匈奴国残害的西域各国，前后夹击定可彻底打败匈奴国。但要到月氏国，匈奴国又是必经之路，这就需要既有过人胆略又有赤胆忠心的人才能担此重任。于是汉武帝就广泛发布召贤告示，招募能够出使到月氏国的人。汉中人张骞在建元年间被任命为郎官，深知出使西域联合各国共同抗击匈奴的重大意义，张骞以郎官的身份应募出使月氏国。他与堂邑氏的奴仆甘父一起离开陇西踏上了向西域那不知凶吉的苦难旅程。果不其然，尽管百般小心谨慎，张骞等人还是被匈奴国的巡逻骑兵所截获，被用专车送到匈奴国首领单于那里。单于对张骞等人说："月氏国在我国的北边，汉朝人怎么能往那儿出使呢？我如果想派人出使到南越，汉朝肯任由我们的人经过吗？"就以非法入境罪名把张骞扣留在匈奴国长达十多年时间。为了消磨张骞的意志，单于强逼着给张骞娶了妻子，虽然张骞后来和当地人的妻子还生了个儿子，然而张骞仍始终手持汉使节杖，没有忘记大汉王朝外交使节的身份。

后来，张骞乘匈奴内乱疏于监管的机会，和堂邑甘父逃离了匈奴，并继续出使了西域各国，顺利完成了汉武帝交给的任务，从西域顺利返回长安。张骞第一次出使西域，既是一次极为艰险的外交旅行，同时也是一次卓有成效的科学考察。张骞第一次对广阔的西域进行了实地的调查研究工作，他不仅亲自访问了位处新疆的各小国和中亚的大宛、康居、大月氏和大夏诸国，而且从这些地方初步了解到乌孙（巴尔喀什湖以南和伊犁河流域）、奄蔡（里海、咸海以北）、安息（即波斯，今伊朗）、条支（又称大食，今伊拉克一带）、身毒（又名天竺，即印度）等国的许多情况。张骞将其见闻，向汉武帝做了专题报告，对葱岭东西、中亚、西亚，以至安息、印度诸国的位置、特产、人口、城市、兵力等，都做了详细说明。张骞第一次出使西域所获得的关于中原外部世界的丰富知识，在以后西汉王朝的政治、军事、外交活动和对匈奴战争中，发挥了积极的作用，并产生了深远的影响。这个报告的基本内容是我国和世界上对于这些地区第一次最翔实可靠的记载。至今仍是世界上研究上述地区和国家的古地理和历史的最珍贵的资料。张骞在向汉武帝汇报时特别提起了他在大夏（今阿富汗北部）的一个奇特发现，他说："我在大夏国时，在市场上惊奇地见到有大汉国蜀郡邛崃山出产的竹杖和蜀地出产的布。我问他们是从哪里买到这些东西的，大夏国的人说：是他们的商人去身毒国买来的。身毒国在大夏东南大约几千里的地方，他们的习俗也是定土而居，和大夏国一样，但地势低湿暑热，他们的士兵是骑着大象作战的。据他们说他们的国家有一条恒河，可以堪比中国的长江。以我推测的地理方位来推断，大夏国位居中国的西南，距长安一万二千里，身毒国在大夏国东南数千里，从身毒国到长安的距离应当不会比大夏国到长安的距离远。而蜀郡在长安西南，身毒国有蜀郡的产物，这证明身毒国离蜀郡不会太远。从蜀地去，应该会是一条直路，又没有干扰。汉武帝由张骞的口中知道了大宛、大夏、安息等国都是大国，有很多珍奇宝物，又是定土而居，差不多和汉朝的习俗相同，而且兵力弱小，他们十分看重汉朝的财物；他们的北面就是大月氏、康居等国，兵力强大，可以通过用赠送财物、施之以利的办法让他们归附汉朝。假如能够不通过武力而以施于恩惠的办法使他们归附汉朝的话，那就可以为大汉王朝扩展很多领土，这样就可以在四海之内遍布大汉天子的威望和恩德。据此，张骞向汉武帝建议，遣使南下，从蜀地往西南方向，另辟一条直通身毒和中亚诸国的路线，以避开通过羌人和匈奴地区的危险。汉武帝基于沟通同大宛、康居、月氏、印度和安息的直接交往，扩大自己的政治影响，彻底孤立匈奴的目的，欣然采纳了张骞的建议。汉武帝对张骞这次出使西域的成果非常满意，特封张骞为中大夫，并授堂邑父为"奉使君"，以表彰他们的功绩，汉武帝还任命张骞主持遣使南下探寻开辟直通身毒和中亚诸国路线的有关事宜。

在张骞通使西域返回长安时，汉朝抗击匈奴侵扰的战争已进入了一个新的阶段。元朔六年（公元前123年）2月和4月，张骞曾直接参加了大将军卫青两次出兵进攻匈奴的战斗。汉武帝任命张骞为校尉，跟随大将军卫青出击漠北。当时，汉朝军队行进于千里塞外，在茫茫黄沙和无际草原中进行作战，后勤给养相当困难。张骞发挥他熟悉匈奴军队特点、具有沙漠行军经验和丰富地理知识的优势，亲自担任汉朝军队的向导，指点行军路线和扎营布阵的方案。由于他"知水草处，军得以不乏"，保证了战争的胜利进行。事后汉武帝论功行赏，封张骞为"博望侯"。颜师古在《汉书》注中认为，"博望"是"取其能广博瞻望。"这是汉武帝对张骞博闻多见，才广识远的恰当肯定。

元狩元年（公元前122年），张骞奉汉武帝之命去犍为郡（今四川宜宾）亲自主持遣使南下、从蜀另辟一条直通身毒和中亚诸国路线的事宜。张骞派出了4支探索队伍，分别从四川的成都和宜宾出发，向青海南部、西藏东部和云南境内前进。最后的目的地都是身毒国。四路使者各行约一两千里，向青海南部、西藏东部出发的使臣分别受阻于氐、筰（四川西南）先后返回。派出向云南境内出发的使者来到滇国时，向滇王说明来意，当即受到了滇王的热情接待，滇王在滇国辖区势力范围内对大汉皇帝使臣的探路使命给予了积极的配合和支持，滇王亲自派出向导为大汉王朝的使臣带路，派出军队进行护卫，让汉使臣感到十分满意。但是当汉使臣来到"昆明"族部落（今大理地区）辖区地方后，被当地部落酋长指使当地族人杀害了一个使臣，并抢掠了使臣的财物，使臣继续向西方的行程受到阻碍，最终也无法走到目的地——身毒国，但汉使臣的此行却打通了大汉和滇国相通的道路。

张骞所组织领导的由西南探辟新路线的行动，虽没有取得预期的结果，但对中国西南地区的开发是有很大贡献的。张骞派出的使者，已深入到当年庄蹻所建立的滇国。使臣们了解到，在此以前，蜀郡的商人已经常带着货物去滇越贸易。同时还知道住在昆明夷部落（今大理洱海一带）的少数民族"无君长"，"善寇盗"。正是由于昆明夷族人的坚决阻挠，使得汉朝的使臣不得不停止前进。在此以前，西南各地的少数民族，对汉朝的情况几乎都不了解。当汉使臣会见滇王时，滇王竟然好奇地问使臣："汉朝同我们滇国比较，是哪一国大呢？"使者到夜郎国时，夜郎侯同样也提出了这个问题。通过汉使者的解释和介绍，他们才了解到汉朝的强大，汉王朝从此也更注意加强同滇国、夜郎及其它部落的联系。

元狩二年（公元前121年），张骞又奉命与"飞将军"李广率军出右北平（今河北东北部地区）进击匈奴，李广率4000多骑兵作为先头部队，张骞率领10000多名骑兵殿后。结果因李广盲目轻敌孤军冒进，陷入匈奴左贤王40000骑兵设下的重围。李广率领部下苦战一昼夜，辛亏张骞兼程赶到，匈奴才解除包围而去。此战虽杀伤众多敌人，但李广所率士兵大部分牺牲，张骞的部队亦因过分疲劳，未能及时组织追击敌人。此役过后朝廷追责论罪，李广功过两抵，张骞却以未能组织部队追歼逃敌罪而被贬为庶人，从此，张骞离开了军旅生活。但张骞所开始的外交事业并未结束，不久，他又第二次踏上了通使西域的征途。

公元前119年，汉武帝第三次指挥汉军以泰山压顶之势击败匈奴，彻底解除了来自北方的威胁后，又通过政治、军事、外交等形式的一系列斗争，于很短的时间内在今川、黔等地陆续设置了祥舸、越嶲、沈犁、武都、汶山诸郡。其中祥舸郡已辖及今云南东部，越嶲已辖及今云南楚雄州北部。在此基础上，汉武帝派王然宇为使至滇国劝说滇王归附汉朝。当时的滇王拥有数万兵士，和其东北的劳浸、靡莫等族同姓部族彼此团结得很紧密，都不愿入朝附于汉。劳浸、靡莫等族还曾经好几次侵犯过西汉的使者，情况是复杂的。

汉武帝元封元年（公元前111年）正月，汉武帝派遣郎中司马迁出使西南，其使命就是武帝开拓西南边疆的目标。事实上，就在司马迁逗留西南期间，西南的且兰夷、邛夷、筰夷先后被大汉军队打败，其他各西南夷部族都十分震恐，纷纷请求臣服归降，于是汉朝决定在西南夷地区新置祥柯、越嶲、沈犁、汶山、武都五郡。司马迁作为汉武帝唯一派赴西南地区的使节，是这次西南夷归降的受降人和设置郡制的主持者。元鼎元年，汉武帝大规模地开通西南夷，全面地推行郡县制度于边邑，并将这一重大使命交给了司马迁。西南夷是对西夷和南夷的总称。它的地域，以汉王朝西部边郡巴、蜀为中心，以南称南夷，以西以北称为西夷。以今天的地域来说，西南夷的范围包括了云贵两省，以及四川宜宾以南，成都以西以北地区，还包含甘肃东南部、陕西西南一角。这一片地区，山川纵横，地形复杂，交通不便，所以各部落民族比较闭塞，形成数以千计的许多城邦小国，各部族国经济文化发展极不平衡。汉武帝经营西南夷，时断时续，从建元六年唐蒙通使起，到元封二年王然宇抚定滇国止，前后经营了 27 年，才告成功。唐蒙、司马相如、公孙弘、司马迁、王然宇等人都参与了抚定工作。司马相如于元光元年（公元前 134 年）、元光五年（公元前 130 年），两次出使西南夷，告喻巴、蜀父老，抚定筰、笮、冉駹、斯榆等地的酋长，都封为王朝的大臣，安抚工作取得了很大成功。驰义侯遗已率大军在且兰境内，在南夷东部，当今贵阳市东。中郎将郭昌、卫广率八校尉之兵，听驰义侯遗已的调遣。郭昌、卫广等攻破且兰，斩首数万，平定了南夷的叛乱，把南夷地区改设为柯郡。大汉军队攻破且兰让夜郎国朝野十分震恐，夜郎国王无奈之下只得自动入朝归降汉王朝。汉朝的西路军攻破邛都地方，诛杀了邛国的酋长，又攻克笮都杀死笮都的大王，让冉駹这个地方的部落酋长也十分惊恐，也只得请求臣服让大汉王朝设置官吏。由此，汉王朝政府以邛都设立为粤郡，以笮都设立为沈黎郡，以冉駹地设为汶山郡，而把广汉西白马设为武都郡。司马迁向西南行至犍为郡后，对犍为郡的驰义侯传达了汉武帝征略南夷之诏令。派出副使至蜀郡传达汉武帝征西夷之诏令。此次征西南夷，主力在东路，而西南夷，又以南夷的夜郎、且兰、滇等为大国。司马迁奉使设郡置吏，首先设置了柯郡，而后至西夷境，由昆明（今云南大理、保山一带）而返回邛都（今四川西昌市），经笮都（今四川汉源县），而由成都北返还京城长安。经过一年半的时间，司马迁代表汉朝中央政府对西南归降部族置郡的情况进行了周密的思考和深入的考察，撰写了设置郡行政区划的可行性报告。在报告中司马迁根据各地部落族人聚居的范围、生产方式、生活习俗将西南众夷归类划分成不同的区域范围，按区域详细叙述了他们的分布和习俗。将报告中的部族划分与西南五郡的设置一一对照，我们依然能够看到司马迁当年置郡的痕迹。其一，司马迁对部族的归类划分与五郡设置完全吻合，二者浑然一体，显然，五郡区划是以部族区域为基础建立起来的。遵循了汉朝对西南夷族人的管理政策"因故俗治"的原则。"故俗"即西南夷各部族人的居住范围、经济方式、生活习俗，"因故俗治"就是汉朝对其设置郡县管理时，基本保持"故俗"不变。这一对照，正好说明司马迁对部族的归类划分是严格执行了汉朝中央政府对西南夷的管理政策，是设郡工作的组成部分。其二，司马迁对西南夷大小部族的分布和习俗掌握得准确、具体，在奉使时间短、经略范围广的条件下仍作如此严格的调查掌握，是作为五郡设置的依据和基础。在司马迁的主持下，大汉王朝在西南地区正式设置了祥柯、越巂、沈黎、汶山、武都等五郡，以后又置了益州、交趾等郡，基本上完成了对西南地区的开拓。

4年之后，张骞再次出使西域，归来后再次激发了汉武帝开凿西南夷道的决心。因为第一次开凿西南夷道的目的只不过是出于封建帝王"一点四方"的心理，"普天之下，莫非王土，率土之滨，莫非王臣"的心理需求，而这一次，张骞带回的西域奇珍让汉武帝看到了实实在在的利益——具有世界眼光的汉武帝要开辟一条直通身毒、大夏的"国际通道"。他挥斥方遒，派出拨胡将军郭昌率领由京师赦免的罪犯组成的军队作为先驱，强行开道，以通大夏，他决心用武力将西南夷道通到滇西洱海地区，"通博南山，度澜沧水"直至"蜀身毒道"国内最后一段——"永昌道"开通。郭昌将军可谓十分骁勇善战，带领军队对昆明地区的部落族人进行了讨伐，斩首数十万，终于平定了昆明地区的部落族人，但是昆明地区的族人进行了顽强的抵抗，当汉武帝再次派遣使臣出使身毒国经过洱海边的昆明部落族人地区时又被当地人所阻挡。

公元前110年，汉武帝为了打通西南夷地区的通道，他征发犯罪遭贬谪的官吏，在长安西南开凿了一个周围20千米的人工湖，称之为"昆明池"，以摹拟洱海的实战环境来给驾驭"楼船"的水军进行水战演习，准备讨伐当时居于洱海地区的昆明部落族人，此举就成了"汉习楼船"这个著名历史典故的由来。司马迁在《史记·平准准书》中曾这样地描述了当时水军演习时的盛况：当时大兴土木修筑的昆明池，列观环之，沿池的楼船高十余丈，旗帜加其上，十分壮观。

公元前109年，西汉王朝正式开始了征服西南夷的行动，汉武帝派出驻守蜀郡（今四川）的军队，消灭了劳浸、摩莫部落族人的势力。随后，大军兵临滇国都城城下，滇王尝羌审时度势，见大势所趋，继续顽抗无异于螳臂当车，当即表示愿意举国将滇国归顺为西汉领土，并请汉王朝派遣官吏来滇国治理，自己入朝为汉臣。西汉王朝随后即取消了滇国而设置了益州郡，益州郡治所设在今晋宁晋城。同时大汉王朝给滇王尝羌赐了滇王金印，任命他作为滇国地方的行政长官继续统治这个地方。益州郡所辖范围，包括今云南省的绝大部分，是当时西汉王朝在边疆民族地区设置的17个"初郡"中的一个。而郡里西汉官吏士卒的费用和俸食，都由邻近的内地郡县供给，不在本地征取。这是因为初郡的社会经济生产相对来说要落后一些，暂时只能"以其故俗治理"，不征收赋税。对于归顺的各部落民族的上层，西汉王朝也采取了正确的安抚政策妥善安置，较好地缓解了中央政府与西南夷地区部落族人的矛盾。司马迁对此称赞道："西南夷地区的部落君长有数百个之多，唯独只有夜郎国、滇国国王被封授王印，特别是滇国地盘最小，国民最少，但最得到汉武帝的宠幸。"云南从此开始进入全国统一行政建制体制内。汉武帝在云南设置郡县后，汉王朝对滇西地区也进行了积极的开发，陆续设置了嶲唐（保山）、不韦（施甸）、比苏（云龙）、云南（云南驿）、邪龙（巍山）、叶榆（大理喜洲）等六县，隶属于益州郡。

在此后至东汉的一个多世纪中，西南各兄弟民族不断受到汉族先进的经济和文化的影响，感受到中央王朝郡县制直接统治下大汉法律所给予他们的一些保护，各部落酋长也希望得到东汉王朝的正式封号及赏赐以巩固自己的地位。公元69年，哀牢国王柳貌派遣他的儿子代表哀牢国77个小王、51890户、553710人归属大汉王朝。在此基础上，东汉王朝在今腾冲、龙陵、德宏等地区设置哀牢县，在今永平地区设博南县，又分汉武帝所设的六县出益州郡，合并设置了一个新郡——永昌郡。汉王朝开拓和经营西南的最边远的郡——永昌郡设立后，西夷道、南夷道、永昌道连成一线，古道全线贯通。新设立的永昌郡治所在不韦县，辖地极广，"东西1500千米，南北2300千米"，东至洱海，西达怒江以西，相当今之大理州、保山、临沧地区、德宏州一部和西双版纳部分地区。史载当时的永昌郡共有民户20万户，人口有189万多人，这在当时东汉105个郡国中位居第二。永昌郡不仅地方面积大，而且物产丰富　土地肥沃丰腴，不仅出产黄金、光珠、琥珀、翡翠、琉璃珠等珍宝，还出产其它地方没有的孔雀、犀角、海贝、海螺、象牙等稀有物品，因此汉王朝对永昌郡十分重视。

大汉王朝永昌郡的建立让偏居一隅的滇越乘象国（此时已经改名为掸国）与大汉王朝的关系进一步密切了起来。掸国的建立，按照傣文史籍的记载，大体应当是在滇越乘象国末年，由国王雍由调执掌朝政。掸国国王雍由调是一个奋发有为的君王，掸国在国王雍由调的统治下，人民安居乐业，社会稳定，国力比乘象国时期更加富足强盛，雍由调国王因此成为了怒江以西、伊洛瓦底江上游地区各部族的盟主，各部族纷纷归顺掸国，使掸国统治的疆域不断扩大，掸国的疆界大体是：东北至勐卯而与永昌（今保山）相接，到达永昌郡毗邻的勐卯、勐宛、勐腊、勐底、勐兴、勐染、勐卡、勐雅、遮放、勐焕等地；东方到勐定、耿马、勐秀、勐连、勐研、勐冷贺等地。东南至勐亨、勐乃、锡箔、勐艮、莱卡、景栋、景罕、莫迈、勐吉、勐板、勐弄、雍会、两节、沽戛、沙统、勐拜贺等地而与孟人居住区毗连；南至补甘姆以南与属于"养"的骠人居住区接壤；西至那加山脉东侧与印度接壤的准果、勐良、勐养、夏里、勐亨、盖南巴、勐光、曼莫等地。西起亲敦江流域，横跨南鸠江（伊洛瓦底江）中、上游，东至萨尔温江的广阔地带。

掸国整个疆域处于高黎贡山西南侧、那加山脉东侧的低海拔地带，亲敦江、伊洛瓦底江、萨尔温江纵贯其境，境内山峦与河谷平原相间，印度洋东向暖湿气流给掸国带来了丰沛的雨水，气候温热，雨量充沛，土地沃美，物产丰富。加之自古以来西南丝道的"蜀身毒道"和"永昌水道"又横穿其境，因而自西亚、欧洲商道进口的"异物"也必须首先经过掸国国境。而从中原出口西亚、欧洲的货物，也都先经过掸国下船，然后才沿伊洛瓦底江出印度洋西去罗马的水道。

掸族也是世界上最早广为种植水稻的民族，掸国一带历来就盛产稻谷、栽桑养蚕。　还生长有孔雀、翡翠鸟、犀牛、大象、猩猩等珍禽异兽。在掸国境内还有丰富的金、银、宝石、铜、铁、锡、铅等矿藏。伊洛瓦底江以盛产沙金而著名，因此伊洛瓦底江又被称为"大金沙江"，恩梅开江以东产金矿，是掸国王室用金的主要来源。平时老百姓在水中用原始的工具淘金，每天都能采到重达五铢的沙金。抹谷（勐棍）一带则是宝石矿的盛产区，有许多产宝石的矿井，每年生产大量珍贵的宝石。勐拱以西则盛产玉石、琥珀、水晶，勐密、勐拱等处的玉石、宝石、琥珀等厂均在其地，掸国因为有丰富而独特稀奇的矿产，因此雍由调国王才能够拿出那么多的珍宝朝贡给大汉朝廷。

掸国在不断崛起和发展过程中与公元三世纪初在中南半岛南部新建立的骠国开始发生领土和利益方面的冲突，骠国是由骠人部落发展而成的国家，骠人乃藏缅系中的一支，即缅人的前身。骠国成立后，为了扩大自己的疆域，不断对邻国掸国进行侵扰。处于东北有强大的汉帝国，南面有骠国侵扰的掸国，既感受到了一个统一和强大的汉王国的政治和军事的威胁，同时又切实得到了汉王朝经济繁荣、人口发展所带来的贸易往来的实惠，英明的掸国国王雍由调采取了摒弃对抗寻求对话的基本国策，对大汉王朝进行了积极的联系与结交。为保持国家的稳定和安全，掸国国王雍由调权衡了形势和利弊得失，作出了向更加强大的大汉帝国靠拢的明智选择，期望通过得到大汉王朝的庇护，从而威慑骠国的入侵念头，以维护掸国的安宁。为了积极与大汉王朝建立友好关系，永元九年（公元 97 年）春天的正月，掸国国王雍由调第一次派遣掸国使臣及一些部落头人组成的友好使团，携带着该国出产的各种珍稀宝物，千里迢迢经永昌、大理、成都、长安，辗转来到东汉帝国国都洛阳，向汉和帝奉献了掸国出产的珍宝，时任大汉皇帝的刘肇对这个来自遥远国度的友好行动给予了的积极的回应，向使臣赐了给掸国国王的金印和紫绶带，同去的部落头人们也得到汉和帝赐予的印绶和钱帛，东汉帝国第一次把掸国列为了自己的属国。掸国国王雍由调得到东汉帝国的认可后，大喜过望，立即大肆对外宣传掸国与大汉王朝的友好关系，并与大汉邻邦的永昌郡不断加强经济与人员的友好交往，虎视眈眈的骠国果然投鼠忌器，不敢继续骚扰掸国，使得掸国与骠国两国相安无事相处了 23 年时间。永宁元年（公元 120 年），汉安帝登基当了大汉皇帝，为进一步巩固掸国与大汉王朝的友好关系，雍由调国王又派遣使臣第二次出使东汉帝国，这次除了带有许多奇珍异宝外，还别出心裁地带去了人数庞大的歌舞杂技演出团。掸国派遣的使者到洛阳后向当时刚刚登基的汉安帝进行朝贺，歌舞杂技演出团的演员们个个能歌善舞，经过一年多的精心排练演习，演员们在这场祝贺演出中充分展现了艺术表演才能，歌舞演员在皇宫向汉安帝演奏了来自异域的音乐和表达美好祝福的歌舞，魔术师表演了口中吐火、把自己手足进行肢解、把人头换成牛头、马头等令人瞠目结舌的节目；杂耍演员则表演了抛耍圆球的节目，手中抛耍的圆球由一开始的几个到后多达十多个。演员们精彩的表演让安帝和观看的大臣们惊叹不已，当安帝问到表演的人的情况时，其中有演员自我介绍说是来自海西的人。海西就是当时东汉王朝所知道的大秦（今意大利罗马）。由此让安帝知道了经由掸国可以到达大秦国。掸国歌舞杂技演出团朝贺安帝登基大典的演出获得了圆满成功，博得了安帝的极大欢心，安帝当即下旨赐封雍由调国王为汉大都尉，职务与永昌郡太守级别相当，属于东汉附属国国王待遇，并赐给了金印、紫绶带及各种华丽的锦缎，其余使团的各位成员也都各有赏赐。雍由调国王通过第二次派遣友好使团朝贺东汉安帝的举措，进一步巩固了掸国与东汉王朝的友好关系，更加震慑了骠国人觊觎掸国领土的野心，又为掸国的安定争取了 10 年的时间。永建六年（公元 131 年），掸国国王雍由调第三次派遣使团出使东汉王朝，但由于经由的永昌一带发生了地方部落民族间的骚乱，使团为保证出行平安，采取改道向东南出萨尔温江中游的勐亨、勐乃，经仄国和老挝北部，沿日南郡（今越南西北部）进入中原，与掸国使臣同行的还有勐亨、勐乃、勐色、勐绕等许多部落小君长的使节一起出使汉帝国，他们携带了各地的贡品，向大汉天子赠送了各自地方的特色贡品，有光珠、琥珀、水晶、翡翠、珍珠等，这次掸国国王向大汉天子贡献的是掸国出产的象征太平吉祥的白色大象，此举进一步巩固了掸国与东汉王朝的友好关系，又为掸国赢得了近 60 年的发展建国时期。

掸国与汉帝国建立友好的外交关系后，不仅解除了来自东汉帝国的军事威胁，还得到汉帝国在军事上和经济方面的大力支持，掸国民众与东汉王朝永昌郡境内的族人来往频繁，双方官方和民间人员的频繁互访，让掸国吸取了东汉帝国的先进文化，掸国引进了在东汉时期创立的中原历法，让人民按照历法总结的四时季节农作物生长规律指导农业生产活动，使得掸国的农业生产得到提高，民众开始逐渐得到富足，国家的军事实力也得到不断加强，骠国人慑于逐渐强大的掸国，停止了对掸国的大规模军事侵扰，只敢时不时试探性地对掸国进行一些侵扰活动。

当掸国国王最后一次遣使纳贡约 50 余年后，昔日强大的东汉帝国已经逐渐开始走向衰败。东汉末年宦官外戚两个集团轮流执政，互相残杀，政治极其腐败，各地军阀为了争夺土地和人民，以扩大自己的势力范围，连年攻战不休，使经济文化素称发达的黄河流域一带人民的农业生产遭受了严重的破坏，战争造成了人民大量死亡，形成"出门无所见，白骨蔽平原"的凄惨景象。董卓挟持汉献帝迁都长安时，以步骑兵驱赶洛阳数百万人民向西徒步行走到长安，沿途老百姓饥饿困顿，积尸满路。董卓还放火焚烧洛阳周围100千米以内的大小建筑物，使得中州大地一片荒芜。李傕等人以讨伐董卓为名，放纵部下抢掠陈留、颍川等县，杀死所攻占城池的男女老少，所经过的地方千里无人烟。汉献帝当初进入关中地区时，三辅大地有户口数十万人，自董卓、李傕连年不断的兵祸后，长安城内身体强壮的人都四散逃亡，年老体弱者只得相互人吃人，二三年间，关中地区不再有人迹。徐州原来是个"百姓殷富，谷食甚丰，流民多归之"的地方。不久，曹操攻破徐州后，所经过的地方也大肆进行杀戮。袁绍与公孙瓒的部下青州刺史田楷，连续年征战2年多，致使青州地方粮食并尽，士卒疲困，只得靠抢掠百姓，最后形成四野无青草。袁术初到南阳时，南阳人口户口尚有数十万，袁术不修法度，奢欲无厌，老百姓民不聊生。袁术后来到淮南后，更加荒淫无度，后宫有数百妻妾，都穿着绫罗绸缎，吃不完的粮肉，而士卒又冻又饿，江淮一带原本是粮食富足之地，现在也十室九空，人民争相互食，没有被杀被吃被饿死的人民便大量逃亡，劳动人手离开土地，更使土地荒芜，饥馑频仍。国内群雄并起，个个拥兵自重，使东汉王朝中央政权处于内忧外患雪上加霜的局面。公元184年，民怨沸腾最终引发了中原地区爆发的黄巾起义，起义军一呼百应，各地农民纷纷响应，以摧枯拉朽之势迅速地使东汉王朝土崩瓦解。

此时，与掸国接壤的东汉帝国永昌郡也已经名存实亡，永昌郡治下的各部族纷纷自立，掸国失去东汉帝国的军事支持，处境日益艰难。骠族人的势力则日益强大，并于公元三世纪在中南半岛建立了骠国，骠国为扩张领土，开始大规模向北用兵，先后占领了掸国的尊莫、东帕一带的领土，并继续向北扩张。

公元233年，即三国时期的蜀兴十一年，掸国国王雍由调去世后，传位于玛展国王。掸国玛展国王为抗御骠国侵扰而南下蒲甘，但仅仅1年后，于公元234年，掸国玛展国王去世，众人便拥立尚穆达为国王，称之为"太阳神与龙女之子"。尚穆达被推举为掸国国王后，居住在下缅甸卑谬一带的骠人发动向北扩张的战争，攻占了掸国的尊莫、东帕一带地方，并向北推进。而当此时，掸国内南部的一些小部落王国也乘机起兵反叛，盘踞在勐约、东洞、夺旺、巴果一带。在内外交困的形势下，尚穆达国王把蒲甘正式定为掸国的国都，由国王亲自坐镇指挥抗击骠人入侵的战争，经过近8年艰苦卓绝的自卫反击战斗，尚穆达国王先是组织指挥击退了骠人入侵的胜利，继后又平息了南方各小部落王国首领的叛乱。尚穆达国王定都蒲甘后，便着手整顿建设，可是又突然遭遇到意外的灾祸：国内出现巨猪、巨鸟和巨龟为害，人心惶惶，不堪其苦，但无人能除此三害。后来民间有一个名叫列米满（贡玛法）的英雄勇敢地站出来为人民一举除了三害，被尚穆达国王招为驸马。公元242年，也就是定都蒲甘的第9年后，尚穆达离开人世，国人便拥立列米满为新的国王。列米满心胸开阔，智勇双全，善于经营，而且又是"纯正的傣家王种"。于是附近所有大大小小的部落王子又都前来朝贡、投靠，又结成了一个新的巩固的联盟。

公元242年，尚穆达国王去世后，其女婿列米满继承了王位，为维护对国家的统治，开始在国内进行了一系列的改革，对外积极抵御骠国，从公元242—517年间，从列米满到尚列佐满，掸国共经历了五任国王，历时275年。

公元5世纪初，南方的骠国又大举侵犯掸国，对掸国都城蒲甘形成了新的威胁。尚列佐满雄才大略，带领着蒲甘的军民沿南鸠江（伊洛瓦底江）南下，在离大海洋不远的瓦南班地区，砍伐原始森林，开垦田地，建立起一个很大的城镇，尚列佐满国王大力提倡信奉佛教，安顿子民，以作为防御控制骠人的据点，同时又在全国民众中大力尊崇和祭祀补甘姆的"色勐"（社神），求得色勐对掸国的庇佑，因此掸国国内更加稳定和繁荣昌盛。公元517年，掸国国王尚列佐满去世，骠国乘掸国国内新君王尚未确立之际大举进攻掸国，掸国民众因内忧外患人心惶惶，各部落酋长则乘乱纷纷脱离掸国的控制，并相互攻伐兼并其它部落的领土，致使掸国政局动荡不安。为稳定局势，掸国一些有见识的大臣纷纷拥立睿智贤能名叫"散等"的高僧出来当国王，以挽救局面。散等高僧果然不负众望，以精练强干的形象和担当精神力挽狂澜，大力振兴国运，由于君王贤明，民心拥戴，掸国国力大增，天下太平，人民生活水平空前提高，社会文明达到历史新高，周边小国纷纷归附，成为东南亚地区最强大的王国，掸国政权根基稳定了45年，在此期间骠国对掸国尽管仍然虎视眈眈，但慑于掸国的强盛基本没有大的侵略行动。

公元562年，散等高僧完成了时代赋予他的使命安然去世，大臣们商议后决定还政于尚列佐满的后人尚列佐。但尚列佐命运多舛，实在是个短命君王，执政不到3年就于公元565年突然离世，只得由他的儿子吴尚佐继位。

公元6世纪，此时国势强盛的骠国则人口猛增，不少骠人开始迁移到瓦南班一带居住，骠国与掸国的冲突不断升级，骠国统治王朝野心勃勃，积极谋求向外特别是向北拓展，终于引发了骠国王雅汀嘎耶率兵北上灭亡掸国尚穆达王朝的战争。骠国国王雅汀嘎耶倾全国之力，调动大量军队和人民，并由国王自己御驾亲征，迂回伊洛瓦底江上游，大军突然兵临城下，一举攻破了蒲甘王城。仓皇失措的掸国尚穆达王族和大量的掸国人民向北和东北逃亡到瑞丽江畔的勐卯（瑞丽），公元586年，即隋文帝开皇六年，掸国都城被骠国攻破，国王被杀，掸国尚穆达王朝历时353年后终于政息人亡，从此退出了历史舞台。

掸国的尚穆达王朝终于灭亡。骠人在伊洛瓦底江流域建立了国家，并在卑谬修建了周长有 160 里，有 12 座城门的都城（梵文名室利差罗）。

　　随着掸国的土崩瓦解，在各部落首领纷纷自立的潮流中，瑞丽江一带的掸族部落首领根仑、根兰兄弟趁乱兼并掸国各部族的领土，并率傣族军民抵御骠国的进犯，因而得到了掸国贵族和掸族民众的拥戴和支持，于公元 567 年开始，在瑞丽江畔的勐卯（瑞丽）建立了一个新的国家——"果占璧"，从而把掸（傣）族社会历史的发展推进了一个新的阶段。

第二篇　勐卯弄果占璧王国——最早的傣族部落国

公元六世纪，中国历史已经进入魏晋南北朝分裂时代的末期，中原各国纷争仍未停息，无力顾及边疆，掸国的尚穆达王朝又由于骠国人的不断侵扰逐渐走向衰落，而掸（傣）族地区周边的孟高棉语族各部族，也各自开始寻找本民族部落的发展道路。掸国尚穆达王朝统治下的各地傣族小部落酋长也纷纷脱离尚穆达王朝政治中心，各自寻找新的出路。这就为势力比较强大的勐卯地方的"召勐王"根仑、根兰兄弟提供了一个极为良好的机遇。原为掸国旧部属小国勐卯的根仑（傣族名混鲁）、根兰（傣族名混赖）兄弟趁骠国灭亡掸国激战犹酣之际，在尚穆达王朝无力控制他们的时机在勐卯以联合起来共同抵抗骠国入侵为由，兼并了原来掸国所属勐卯附近各地的小部落国，让勐卯地方的势力迅速崛起。根仑、根兰兄弟接纳了流落到勐卯的前掸国王族、大臣和武将，依靠他们的威望和影响收容了大批溃散的士兵，继而组建了一支强大的军队。他们假借复兴掸国为名，很快就征服了西南的勐莱、勐养等大片地区，后又率兵跨过南宏江（怒江）向西南进发，以武力征服了东边的景洪、景栋、景线、景迈、南奔等广大掸（傣）族地区。继后又进一步征服了"勒宏"地区（今云南临沧一带）的傣族各部落小国，并向东扩展至红河沿岸。在西边则扩展至与印度接壤的布拉马普特拉河谷，公元 567 年（陈废帝光大元年），建立了勐卯弄果占璧王国，成为继掸国后又一个辉煌的朝代，对掸（傣）族社会历史的发展和进步，起了非常重大的推动作用。

勐卯弄果占璧王国建立以后，先后经历了根仑、根兰兄弟王朝、混等王朝、雅鲁王朝和思氏麓川王朝四个朝代，从公元 567 年南北朝时期陈废帝光大元年至公元 1448 年明正统十三年，以明王朝的第三次麓川之役结束麓川王朝领地被肢解，"勐卯弄果占璧王国"退出历史舞台，前后共历时 881 年。

一、根仑、根兰兄弟王朝时期（公元 567—762 年）

（一）勐卯弄果占璧王国开国元勋根仑、根兰兄弟

据傣族史籍记载，根仑、根兰两弟兄在建立勐卯弄果占璧王国之初，自称他们两兄弟是受上天之命，从天上扶着黄金之梯降临到人间的南卯江（瑞丽江）河谷来当召勐王，负责管

理傣族地方。根仑、根兰两弟兄以武力先后征服了景洪、景栋、景线、景迈、临沧一带的"勒宏"地区，向东扩展至红河，在西边扩展至与印度接壤的布拉马普特拉河谷，建立了勐卯弄果占璧王国后，根仑、根兰兄弟实行双王共同执掌朝政，由于根仑、根兰两兄弟同心协力，肝胆相照，吸取了掸国灭亡的历史经验教训，依靠文臣武将发挥才能，制定和实施了许多鼓励人民积极发展生产的措施，因而国力不断增强，人民生活日益富裕，治国有方，经过年深日久，根仑、根兰兄弟王族日益兴旺发达，这个家族的官种已发展到了"三箩筐"，农奴也已有了3万户，繁衍生活在瑞丽江河谷地方。眼看国力不断增强，人口也日渐增多，原有的领土已经不能满足两王的野心。为了进一步发展勐卯弄果占璧王国的势力范围，根仑、根兰兄弟王族召开贵族长老会议，经大家共同商量，决定由王兄根兰率领一支大军并带领勐卯弄果占璧王国一半的国民，渡过南宏江去另一个地方开拓新的疆域，征讨其他傣族地区。而王弟根仑和另一半国民则继续留在大城原地发展。民间传说中把根仑王说成是一个非常神奇的人，说他"耳廓肥大下垂及肩，身材魁梧，天庭饱满圆似满月，臂长过膝，具有常人没有的神力，后来整整活了三世人的时间，最后化身为菩萨转世。根仑、根兰兄弟王族据说有100个儿子，1000个孙子，重孙则上万。每征服一地，根仑、根兰便将他们的儿子、孙子和重孙们分配到所征服的地方去担任"召胜"、"召勐"，统治和管理当地的百姓。就这样，根仑、根兰兄弟的子孙后来遍布天下四面八方的16个大勐，2000多个小勐和岛屿。在征服了西南各地后，又由王兄根仑率领大军，越过南宏江前往征服东南各地，并在乌育河附近的勐荣坐镇了一段时间，最后才回到勐卯的姐弄大城。为了加强勐卯弄果占璧王朝的集权统治，根仑、根兰兄弟二王对分封各地的'召胜'、'召勐'明确规定了每年要向勐卯大城两王朝廷缴纳的贡赋。根仑、根兰兄弟二王前后分封出去的7个儿子分别管辖的地方和要缴纳的贡品是：①长子混弄，受封管理南鸠江（伊洛瓦底江）畔的太公城；②次子混法，受封管理南鸠江以内的勐养、勐莫，每年要上贡良马若干匹；③三子混乌，受封管理南宏江（怒江）以东的南奔、景线（今泰国北部），每年上贡大象若干头；④四子混格维法，受封管理景栋以北的勐荣（今缅甸掸邦东部），每年上贡此地产的黄金若干两；⑤五子混拉，受封管理伽列城，每年上贡一种名叫"清卡蕴"的水赋若干；⑥六子混查，受封管理阿瓦（今缅甸瓦城），每年上贡此地产的红宝石若干；⑦七子混素，受封管理混鲁曾一度坐镇的乌育河附近的勐荣。

根仑、根兰兄弟成为勐卯果占璧国王之后，他们的子孙便被称"根仑根兰王族"，成为傣族地区部落联盟国家执掌政权的贵族。公元762年后继任的勐卯王混鲁，以及后来在公元954年勐兴威的陶勐兄弟分配到整个傣族地区的十几个王子，包括勐卯的岛雅鲁，都完全是根仑、根兰兄弟王族后来的直系血亲。公元1330年后出现的麓川王国思汉法（思可法），也是根仑、根兰兄弟王族的后裔。

（二）勐卯弄果占璧王国葛拉叭国王时代

公元 690 年时，当时正是唐王朝武则天女皇天授元年，葛拉叭在勐卯果占璧王城雷允举行的隆重的登基仪式上，承袭了勐卯弄果占璧王国的国王王位。这时，正逢佛祖由印度本土周游各国向南方经斯里兰卡（锡兰）、缅甸等地来到果占璧王国讲经布道传播上座部佛教。

所谓"南传上座部佛教"，是指公元前 458 年释迦牟尼去世时，以大迦叶为首的 500 教徒，诵出各人所闻佛法为佛说；以富娄耶为首的 500 教徒，也定自己所闻佛法为佛说。从此分裂为名位高、固守旧说的上座部和名位低、修改旧说的大乘部两大教派。上座部佛教因其主要流传于东南亚、南亚一带地区，故也称为"南方佛教"。因上座部佛教所传诵的三藏经典使用的语言属于巴利语，所以人们也把南传上座部佛教称为"巴利语系佛教"或"巴利佛教"。南传上座部佛教是斯里兰卡、缅甸、泰国、柬埔寨、老挝等国家以及中国云南及其周边一带的佛教。其教义比较接近原始佛教，注重于教义的字面解释。核心是三相（即无常、无苦、无我），以十二因缘讲明人生无常，以五蕴讲明人本无我，以四谛讲明无常无我之苦及其解脱法，崇拜佛牙、佛塔及菩提树等。在修持上主张修戒、定、慧三学和八正道，特别注重禅修。总体上延伸提倡保持早期的修禅方式，如托钵化缘、过午不食、雨季安居等等。传统理论上归纳称其为"小乘佛教"；而中原佛教（也称为大乘佛教或汉传佛教）的教义教理主要依据译经典籍，有多种独立的思想体系，上座部佛教是它的统治思想。南传上座部佛教分有四个支派，即摆奘、朵列、左底、耿润。四派的学说与教义相同，区别在于持戒律的宽严程度不同，这也使得不同教派的教徒和信众在生活方式上有所差异。

摆奘傣语意为"佛教节日很多的教派"，又称"耿弄"。是傣族地区南传上座部佛教教徒最多、分布较广、戒律较宽松的一个支派。摆奘最基本的戒律是"五戒"，即不杀生、不淫乱、不妄言、不偷盗、不饮酒。违犯任何一条都将被开除。虽然戒律禁杀生，但是僧侣不禁肉食、不禁烟酒。佛寺建在村寨中的热闹地段，僧侣可以自由出寺，可以进入寻常百姓家，僧俗关系随和、亲密，但僧侣言谈不能大笑。信徒见佛寺住持躬身施礼，不必叩头。僧侣睡觉可用被褥，袈裟可用毛呢制作，出远门的可乘车。但行走不能东张西望，双眼只能看脚前约 60 厘米远，不能甩手，不能跑（下雨也不例外）。

朵列教派僧侣原在森林中修行，靠每日下山化缘生活。后来村民见僧侣生活清苦，又行善于民，才将僧侣迎到寨子里，并建寺于寨中。信徒约占南传佛教信徒总数的 33%。朵列内部又分"苏探玛"和"睡晋"两个支派，主要区别是"睡晋"的僧侣不能攒钱花钱，有沙弥尼（尼姑）。朵列的教规、教义与左底派基本相同，信徒持戒较严，仅次于左底。

左底系巴利语，意为"闪光的宝石"。左底派僧侣有极严格的戒律，信徒的日常生活也必须遵守宗教戒律的严格约束。

耿润又称"摆润"，德宏、临沧、西双版纳傣族信奉的耿润同为一个教派，其教义、教规基本与摆奘相同。耿润内部分为"润摆"、"润顺"两支，二者的主要区别在于僧侣等级晋升仪式有所不同。

南传上座部佛教摆奘、耿润、朵列和左底4个派别的僧阶各有不同：摆奘与朵列派别有沙弥尼，耿润则无。（一）摆奘：僧阶分为"召尚""召长""召几""西拉多"4级。其中"西拉多"由土司赐封。（二）耿润：分为"召尚""召闷""召庭""沙弥""桑召""祜玛召""阿嘎玛利"和"玛哈尖"8级。（三）朵列：分为"召尚""召长""召虎""召贴""召玛哈""召尚哈拉扎"6级。上述三个派别的僧阶虽多寡不一，但基本可分为4个等级：1、"召尚"即沙弥，俗称小佛爷，年龄在8～19岁之间；2、"召长"即比丘，俗称二佛爷，也称"召闷"；3、"召几"，即长老，俗称大佛爷，年龄一般在35岁以上，僧龄20年左右；4、"召崩几"即僧众长老，俗称大佛爷。南传上座部佛教各派别僧阶须由低至高逐级晋升，年龄虽长但僧龄短的僧侣，要拜年龄小而僧龄长者为师。沙弥尼，俗称尼姑，分"皓宛"（徒弟）和"皓弄"（师傅），其位不高，处于依附和尚的地位。

佛祖从萨瓦体王国来到果占璧王国传经布道时在此留下了"札朵"佛脚印，至今还有许多佛教徒为之礼顶膜拜。雷允王城东部"峦武"（蛇山）山下村寨的百姓们得知佛祖到来，便热情洋溢地前往迎请，并专门为佛祖打坐编制奉献草蓆蒲团，后来人们把这两个寨子叫作"勐绑"（迎请村）和"勐福"（草蓆村）。勐卯弄果占璧王国内的三家"沙铁"（富翁）也特地集资在王城以东的峦庄相（宝石寺山）上建起了一座富丽堂皇、冬暖夏凉的"货信诵经房"，请佛祖住持讲经布道。由于葛拉叭国王听了佛祖的布道后，对佛教的"三相"、"十二因缘"、"五蕴"、"四谛"等经典教义佩服得五体投地，于是带头崇尚佛法，他特地任命曾在深山中经年禅修熟读经书的佛家弟子维陀拉莽密为当朝宰相，让他在国内普布佛法，经常组织开展讲经说法，用佛家思想统一人们的观念，用佛家教义理念来治理国家。维陀拉莽密的讲经布道对勐卯果占璧王国的民众影响极大，可谓震动人鬼神三界，各地民众不远千里来邀请他前去讲经布道。佛历1250年（公元706年），葛拉叭国王为了弘扬佛法，还专门为维陀拉莽密举行了规模盛大、极为隆重的"绑坦"盛会，请维陀拉莽密为大家讲经布道，从此，果占璧王国的百姓开始信仰佛教。

葛拉叭国王为崇敬佛法，修建了峦货卯金塔，并且在塔旁修建了三幢"奘寺"，这三幢奘寺，都仿照雀鸟形状建造：各高7层，寺内雕梁画栋，装饰了金银珠宝等许多珍贵物品，用金粉刷得金光灿灿。这三幢奘寺各有不同的特点：第一幢，冬天住着就像春天一样暖和；第二幢夏天住着犹如秋天一样凉爽，第三幢雨水季节住着时，能除炎去湿。最后，塔旁再建了一幢"奘"寺，专门用来给维陀拉莽密修行居住，国王并派了1000个侍女去侍奉，5000个武装士兵去护卫。

（三）召武定—勐卯弄果占璧王国伟大的国王

1. 召武定的传奇身世

公元709年葛拉叭国王去世后，大臣们便一致拥立葛拉叭国王的儿子召武定继承王位。说起召武定的出身，颇有些传奇色彩，据今德宏一带流传着的傣族民间传说：果占璧王国葛拉叭国王的王妃耶嘎玛谢嬉怀孕后，身体十分虚弱，经常生病。有一天，王妃突然觉得全身发冷，颤颤抖抖，就像是染上了疟疾。宫女们赶快帮忙服侍着把她送上阳台，盖上最华丽的大红毯子，借阳光的温暖减轻王妃的痛苦。这时一只正在天空盘旋的非常巨大而又凶恶的"体楞嘎"鸟，突然见到阳台上有一个红色的物体，便以为是可以充饥的食物，就一下子俯冲下来，迅速把王妃叼走。体楞嘎鸟飞到一片遥远的原始森林中，在一株巨大的木棉树上停留下来，把所衔的食物，稳稳当当地放在平列的三大枝丫上，准备动嘴啄食。这时，耶嘎玛谢嬉王妃刚好苏醒过来，一睁开眼，见此情此景吓得乱吼乱叫，拼命手足乱舞进行挣扎，吓走了这只凶恶的体楞嘎鸟。可是由于木棉树很高，她想了许多办法都无法下到地上，就只得勉强依靠树上的野果在树上生活。日子一天天过去了，耶嘎玛谢嬉王妃怀孕满十月后，在树上生下了一个男孩子，母子俩继续过着非常艰难的生活。离这棵木棉树不远的地方，有一座古老而又深幽的寺院，里面住着一位进行禅修的名叫嘎巴的山野修行僧。有一天，这位山野修行僧散步走到木棉树下，突然听到一阵阵婴儿啼哭声，他顺着声音望去，发现树上有母子2人。这位山野修行僧十分惊奇：在这样的深山老林中，怎么会有这样的事情？他立即向树上的妇女探问究竟。只听到树上的妇女说："我是果占璧国王的王妃，只因身体有病发寒发冷，在阳台上借阳光取暖昏睡时没想到被一只巨鸟衔来到此地。巨鸟虽已被我吓走，但我无法从树上下到地下，只得在树上靠野果充饥，并生育了我的孩子，已经历了几十天的痛苦。万望长老慈悲为怀搭救奴家下树，我一定感恩不尽。"山野修行僧嘎巴作为佛家弟子以慈悲为怀，十分怜悯和同情这位妇女的遭遇，就回去拿了一把锋利的砍刀，砍了一棵很长而又留有枝丫的树干，靠到木棉树上作为梯子。让耶嘎玛谢嬉王妃抱着儿子顺着树梯来到树下，并随山野修行僧嘎巴来到寺院中落脚。耶嘎玛谢嬉王妃向长老打听从此地到勐卯的路程，山野修行僧嘎巴告诉她说：这里离勐卯要有几次月圆和月缺的路程，就是要走出这片森林，至少也得走十天半月，而且沿路毒蛇猛兽经常出没，无法通行。回去的希望已经破灭，王妃只得留住嘎巴居所，和嘎巴共同扶养这个儿子。为了纪念这次脱险，他们给孩子取名为混相武（"混相"

之意为公子，"武"意为福禄，即有福禄的公子）。每天王妃陪着嘎巴，到山沟里汲水，到附近找柴，到深山老林去采集野芋、野果和野菜，3个人的生活倒也能够勉强维持。

光阴似箭，日月如梭，转眼间混相武已经长到了十四五岁。一天，天神混英浦突然飞临寺院，给混相武赠送了一把非常神奇的琴。只要用这把琴弹起乐曲，远近森林的野象就会非常驯服的聚集到琴边听从琴主人的使唤。混相武自得了天神赐给他的这把神奇的琴后，许多野象都来和他交朋友，并且听从他的指挥，非常忠诚地为他服务。不久，混相武终于在一群大象的帮助下，回到了果占璧王国的首府勐卯。这时，他的父王葛拉叭国王已经去世，于是"混干"、"波勐"等大臣们便拥立混相武继承王位。混相武自继承王位后，果占璧王国更加兴旺发达，人民把他称为"召武定"。

另外，据今临沧地区孟定一带的傣族民间传说又有另外一种说法：说召武定的母亲勐卯公主怀孕后，有一天在阳台上被一只老鹰叼到孟定罕洪（村名，今尚存，意为老鹰窝）的一棵攀枝花树上，在树上生下了一个男孩，后来被仙人救下树来进行抚养，这个男孩自幼天生就会唱歌，特别会弹一把仙人给他的神琴，琴声一响，就能招引百鸟群兽听他使唤。男孩长到12岁时，他到曼掌（象村）弹琴，大象们竞相俯首贴耳甘愿为其效劳，人们就把他称为"召武定"（"武"意为主人，"定"意为琴）。召武定长大成人后，骑着一头白象，在群象的簇拥下浩浩荡荡回到勐卯看望他的父王。勐卯国王派给他大批军队和居民，并让他返回出生地开辟孟定坝，因而成为孟定王（傣语的孟定意即因召武定开发的坝子而得名）。

召武定是根仑、根兰兄弟王朝时期的一代明君。大约在公元710年（唐睿宗景云元年，唐标铁柱时期，唐王朝忙于抵制吐蕃对中原的进攻无暇顾及云南西部边疆）召武定继承王位后，又进一步统一了今临沧的"勒宏"地区（今云南今临沧一带）的傣族各部落小国，并向东扩展至红河沿岸，在西边则扩展至与印度接壤的布拉马普特拉河谷。召武定时期果占璧王国的疆土十分广阔，勐卯弄果占璧王国的疆域主要包括：勐卯及其附近地区，怒江以东至澜沧江沿岸的勒宏地区，泰国北部、缅甸掸邦东部及我国的西双版纳一带地区，掸邦高原，伊洛瓦底江畔的阿瓦地区，以及伊洛瓦底江以西至亲敦江流域的勐养地区，是傣族历史上大一统的政权 -- 勐卯弄果占璧王国。公元7世纪中叶，中国西部吐蕃奴隶主政权统一了青藏高原各部，在南方与唐争夺四川边境和洱海地区，严重威胁到唐朝在西南地区的利益和安全。唐中宗景龙元年（公元707年），唐朝派遣御史唐九征为讨击使，击毁吐蕃城堡，拆除了吐蕃在漾水、濞水上的铁索桥，切断了吐蕃与大理洱海地区的交通，征战取得了重大胜利，唐九征就在此立铁柱记功。史载此铁柱立于苍山下漾濞江畔。"唐九征为御史，监灵武诸军。时吐蕃入寇蜀汉，九征率兵出永昌郡千余里讨之"。当时吐蕃为打通与西洱河部落的联系，在"漾

水""濞水",也就是今天的漾濞江、顺濞河上修建铁索桥,并建筑城堡派重兵镇守。唐九征打败吐蕃后,拆毁城堡,斩断两条江上的铁索桥,用拆除下来两座桥的铁索铸炼成铁柱详细记录了战功。"唐标铁柱"整个历史事件就是昆明大观楼长联里"唐标铁柱"典故的出处。

召武定主宰果占壁王国的时期,是傣族在历史上最为辉煌的时代,对傣族社会的发展和进步,起了非常巨大的推动作用。

2. 召武定国王带头崇尚佛法

在召武定担任勐卯弄果占壁王国国王期间,带头崇尚佛法,把南传上座部佛教的佛法教义广泛普及到了全傣族民众之中,使佛教成为勐卯果占壁王国从国王到民众全民信奉的国教。在普及南传上座部佛教之初,曾经遭到以峦武山阿拉马塔村占卜师群体为代表的反对势力的极力反对,他们反对南传上座部佛教在傣族地区的传播,对佛祖的传经布道活动千方百计加以阻挠和破坏,经过一场充满阴谋、血腥和残酷的激烈较量和斗争,由于国王召武定的坚定支持,对反对传播南传上座部佛教的势力采取铁血手段给予严厉打击,在峦武山下的一块空地上,把顽固不化反对传播南传上座部佛教的代表人物活埋后,处以用犁耙头处死的刑罚,沉重打击了反对势力的气焰。自此以后,勐卯弄果占壁王国全民皆以此为导向,人们纷纷以皈依佛教为荣,从国王召武定到全国的民众都虔诚供奉佛祖,日日朗诵佛经和赕佛,严格按照佛祖关于"信哈"(五戒)、"信别"(八戒)和"信昔"(十戒)佛教教义遵照执行,因而人人一心向善,人与人之间没有欺诈,社会上尊老爱幼成为风气,人人乐善好施,个个行善积德,以求为今后修个好的来世,从此果占壁王国天下太平、人畜兴旺、稻谷丰盈、人民安居乐业。召武定国王通过弘扬南传上座部佛教的影响,把果占壁整个国家管理得井井有条,使得果占壁王国与周围的 16 个"贺相"国及 3000 个"贺罕"国都能够友好相交,和睦相处,国家之间从来没有发生刀兵之争,果占壁国内由于人人按照佛教教义行事做人,大家都能和睦相处,人人都是笑脸相迎,很少发生纠纷和争吵,也没有暴力冲突,天下无盗贼,家家不闭户,民众的生活都很富裕,没有穷人,全国的百姓都不愁吃、不愁穿,既无内忧,又无外患,因此国家十分安定团结,呈现出一片太平盛世的景象。为了弘扬崇尚佛法,召武定国王还亲自主持在芒约修建了雷奘相寺(宝石山佛寺)。此寺建成后,葛嘎善、葛腊贡、嘎萨巴等佛祖都曾至此居留过,因而成为东南亚地区八大著名奘寺之一,历史上是中缅两国小乘佛教拜佛的圣地。雷奘相寺又名白象塔,佛寺规模宏大,占地面积 12321 平方米,高 16.56 米,直径 5.5 米。呈正方形,由 3 大坛台组成,第一坛台共塑 12 头大象(据传建奘房时召武定曾骑着大象来雷奘相赶摆,把大象拴在此,为纪念召武定,后人在塔坛上雕塑大象和 4 尊佛像,第二坛台四角环抱着 4 座干塔,第三坛台是主塔。雷奘相寺所在的山顶平地长约 200 米,宽约 60 米,大殿是砖木结构的四面坡平房建筑风格，面阔三间，进深有六间，建筑面积近400平方米。山门坐西向东。西侧有一幢高脚屋，专供香客休息。大殿之西，建有穿斗式高脚屋一幢，供僧侣居住。东西山顺山势横卧两间沙弥尼居室。在沙弥尼居室的酸枣树下，有一块背篓大的青石，其上有一个深深的牛蹄印，传说是驮佛祖渡江到雷奘相寺的金牛留下的蹄印。

3. 召武定国王建都雷允

雷允紧紧靠在南卯江（即瑞丽江）畔，瑞丽江从坝子头一直流淌过坝子尾，浇灌着瑞丽坝子万顷良田，哺育着在广阔无垠的勐卯坝子居住的傣族人民，傣族人民在这里休养生息，繁衍后代，使瑞丽坝子变成了人人向往的"勐巴拉娜西"（人间天堂）。果占壁王国的王城雷允十分雄伟，整个王城是按照大象的轮廓而建造的，其头部、躯干的形象远远望去一目了然。王城四周挖凿有深深的护城壕沟，仅王城的周围面积就有13个眼程那么宽，（一眼程约合1.5千米长），城内的王宫巍峨雄壮，王宫前有国王的栓象石。王城内的街道整齐，人烟稠密，商业繁盛，城内百姓的住房就像蜂窝一样密密麻麻。王城附近山上商人的马帮、驮牛队的驮铃声不绝于耳，坝子里的牛车辘辘作响，瑞丽江上的船舶穿梭往来，到此地经商的商人们川流不息，做生意的来来往往，络绎不绝，社会秩序井然有序，召武定还在全国建立了允哈、允门、允晃、允雅、允姐铎、允木、允闷及允陆等许多城镇，为商业贸易的发展提供了客观需求，加之召武定国王统一了傣族地区，对唐王朝奉行和睦相处的政策，永昌府与勐卯果占壁王国之间没有其他异族的梗阻，因此中原内地经过勐卯果占壁王国进行中西方商业贸易的商旅往来通道更加通畅，使得处于商贸要道枢纽地位的勐卯更加繁荣。召武定担任勐卯弄果占壁国王之时，在中原唐王朝抛弃重农轻商观念、鼓励商业贸易的影响下，召武定也大力推崇经商活动，当时社会崇尚商人，商人的社会地位较高，也有一定的社会影响，商业的发达，致使勐卯弄果占壁王国曾经出现了王城里3个家财过百万、富甲一方的傣族"沙铁"（富商），一个叫沙铁货萨嘎；一个叫沙铁巴瓦利亚；还有一位叫沙铁贡达拉。这3家富商中，最富有的首先就数货萨嘎家，家财几百万贯，牛群满山遍野。这些商人利用勐卯弄果占壁是永昌府通往缅甸、泰国、交趾（越南）、真腊（老挝）的通商要道，开设了中原内地与缅甸、印度等国商人相互交换商品的市场，使勐卯弄果占壁王城内市场货物琳琅满目，黄金、光珠、宝石、翡翠、玛瑙、水晶、蜀布、食盐、锦缎、邛竹杖等中外商品成为至此交易的商品，马帮运输、水路航运、旅馆客栈各业兴旺。经过德宏古道在缅印与内地间进行商贸交易的商人更多，唐朝时，不仅有中原内地的汉族商人经过勐卯弄果占壁王国到缅甸、印度经商，也有南诏国白族商人马帮通过德宏古道前往缅甸做生意的。当时从缅甸、印度输入中国的商品有江猪、白毡、琉璃、琥珀、海贝、光珠等，而中国商人主要向缅甸和印度输出绫罗绸缎等商品。

4. 召武定和他的象兵

为了维护国家的和平与稳定，召武定国王十分注重建设勐卯弄果占璧王国的军队，在果占璧王国的军队中，象兵一直是召武定建立的傣族军队里最令人生畏的武装力量，召武定设置的官吏职位中的军事指挥官，就有"召闷章"一职，傣语意为"指挥万头战象的首领"，级别相当于中原东汉王朝设置的"大司马"职位。根据勐卯弄果占璧王国国王的规定，除战争时期象兵可以乘坐大象打仗外，平时只有国王才享有乘坐大象的特权，因此傣族有句古谚叫作"米章宾召，宾召米章"，意即"有象才是王，是王才有象"。

召武定国王每次出巡时都以乘象为出行的交通工具。他乘坐的大象装饰得富丽堂皇，大象身四围以银镜十数面为璎珞，用银铃银钉为缘；大象鞍座的三面以铁为围栏，漆以鲜明的红色，鞍座上方的宝盖悬挂着金铃。象鞍后有役使大象的象奴一人，头戴铜帽花裳，手执长钩来控制大象行走快慢的节奏，每逢召武定国王出巡时，前呼后拥，骑兵在前面开道，国王和王后乘坐的大象在中央，后面是数十头身披甲胄的战象和手执长矛、槊的象兵殿后，旗幡飞扬，招摇过世，往往引得民众双手合十迎候在路边。勐卯弄果占璧王国的象兵参加作战时大象身披甲胄，象兵在大象鞍座上手执长矛、槊，形象十分威猛。正是有了这支雄壮的象兵，召武定国王才能指挥大军东征西讨、南征北战而所向无敌，能在短短的时期就统一了以勐卯为中心，含今西双版纳、临沧、保山、思茅及缅甸北部等"勒宏"地区，让果占璧王国的统治区域比根仑根兰王朝时期扩大了近十倍，建立了傣族历史上大一统的政权 -- 勐卯弄果占璧王国。

召武定在果占璧王国时代做出的另一重要贡献是大力鼓励傣族民众学习内地南诏国汉族种植水稻的耕作方式和耕作技术，使果占璧王国傣族民众水稻种植水平有了很大提高，成为影响东南亚国家人民种植水稻的重要因素，为傣族人民发展稻作文明做出了重要贡献 。

二、混等王朝（公元 762–954 年，傣历 856—1048 年）

（一）龙潭公子混等

公元 760 年召武定去世后，他的儿子继承了王位，但由于他的儿子平庸无能，无法有效地治理国家，两年后，勐卯弄果占璧王国各地的"召勐"各自称雄，纷纷脱离国王的领导，致使勐卯弄果占璧王国四分五裂。在群雄争霸的激烈斗争中，以当时勐卯坝子姐东的"召勐"混等势力最大，相继打败了勐卯各地召勐的势力，成了当时勐卯果占璧王国的霸主。据民间传说：混等的父亲小时候是在勐卯坝子姐东村等晃大龙潭边放牧的一个牧童，长大后因与等晃龙王的公主相爱后生下一个儿子，因这个儿子的母亲－－龙王公主居住在等晃大龙潭中，人们便给他取名为"混等"，意思是"龙潭公子"。由于混等是"龙的传人"，加之他自小就在龙潭中捉鱼摸虾，练就了能潜在水中一个时辰不出水面呼吸、并能在水面行走如飞的神通功夫，受到人们普遍的尊敬，把他视为"真正的傣家王种"。混等从小就被父母送到奘寺里学习文化和佛教知识，又拜了民间武师学拳练武，虽然年纪只有16岁，已经是满腹文韬武略、年轻有为，被人们拥立为果占璧王国的国王。

公元762年混等被拥立为果占璧王国国王之际，正值公元7世纪中叶，当时中国西部西藏的吐蕃奴隶主政权统一了青藏高原各部，为了扩大吐蕃的领土和势力，吐蕃奴隶主政权在中原北方地区与大唐王朝争夺安西四镇（今新疆境内），在南方先后占领了云南洱海地区和四川的盐源一带，继而又与唐王朝争夺四川西北的安戎城（今四川茂县）。吐蕃势力一度直逼成都，严重威胁着唐王朝西南地区的安定。唐王朝为打击和消除吐蕃在云南洱海地区势力所采取的一系列步骤中，扶植"南诏"是影响最为深远的一件事，也与勐卯果占璧王国有直接的关系。

（二）唐朝扶助建立南诏国

南诏国的建立要从唐贞观二十三年（公元649年）说起，当时云南洱海地区的蒙舍诏（部落国）的首领细奴逻继承蒙舍诏王位。这个时期洱海周边有几个比较大的诏，洱海北面是河蛮人的浪穹诏（今洱源）、邆赕诏（今洱源邓川）、施浪诏（今洱源三营），洱海东面是磨些人的越析诏（今宾川），洱海西面是哀牢人的蒙嶲诏（今漾濞），蒙舍诏（今巍山）因地处洱海最南面被称作"南诏"。浪穹诏、邆赕诏、施浪诏、越析诏、蒙嶲诏、蒙舍诏被汉史书合称为"六诏"。在六诏之中，南诏在政治上一向积极靠拢唐王朝，"率种归诚，累代如此"。南诏经过兼并了"同在一川"的蒙嶲诏后，势力已经逐渐强大了起来。

唐永徽四年（公元653年），蒙舍诏（南诏）的部落首领细奴逻为获得唐帝国的支持，细奴逻派公子逻盛炎出使唐帝国向大唐王朝表示忠心，唐高宗赐封细奴逻为巍州刺史。其他五诏与河蛮部落，因受吐蕃强大势力的威胁，经常背弃唐王朝而归附于吐蕃势力。而南诏却始终依附唐王朝，因而得到唐王朝的大力支持。唐朝廷为了培植能够抗衡吐蕃的地方势力，极力拉拢和扶持南诏。唐开元元年（公元713年）唐玄宗继位，唐玄宗即李隆基，是唐睿宗李旦的儿子，武则天的孙子，又称唐明皇。延和元年受禅即位。唐玄宗即位后，先起用姚崇、宋璟为相，其后又用张嘉贞、张说、李元纮、杜暹、韩休、张九龄为相。他们各有所长，并且尽忠职守，使得朝政充满朝气。而且唐玄宗在此时亦能虚怀纳谏，因此政治清明，政局稳定。初期先后任用姚崇、宋璟为相，整顿武周后期以来的弊政，社会经济持续有所发展，被称为

"开元之治"。唐玄宗继位后，极力开拓大唐王朝的疆域，继续扶持南诏国，他先是授予南诏王细奴逻之子皮逻阁以特进的官阶（正二品），接着又授封他为"台登郡王"，最后干脆授封他为"云南王"；同时任命了皮逻阁的儿子阁逻凤为阳瓜州（原蒙巂诏地）刺史。开元二十六年（公元738年），皮逻阁策划要乘胜追击兼并其他五诏，张建成建议用重金厚赂剑南节度使王昱，由他向唐王朝转达南诏打算合六诏为一的请求。王昱得到皮逻阁的好处后，便积极向唐玄宗陈述南诏皮逻阁请求统一六诏的重要性，得到了唐玄宗的首肯。唐玄宗在给王昱的敕文里说，蒙归义（即皮逻阁）效忠唐王朝并愿意为唐王朝尽忠效力，积极讨伐西蛮，而其它五诏则摇摆不定，有时归附唐朝有时又归附吐蕃，极不可靠，授意皮逻阁出兵讨伐其他五诏。唐朝廷还派遣了中使（宦官）王承训、御史严正诲参与南诏征服五诏的军事行动。由于唐王朝的大力支持，阁逻凤指挥的南诏大军在不长时间内便攻下石和城（今凤仪），占领石桥城（今下关），夺取了太和城（今大理）、大釐城（今喜州）、筑龙口城（今上关），全部占领"西洱河蛮"旧地，又削平"三浪"（浪穹诏、施浪诏，遥赕诏）的势力，打败了越析诏，兼并了越析诏的领地。到了8世纪30年代，南诏王阁逻凤终于在唐王朝的全力扶持下，在驱除吐蕃势力的同时统一了六诏，使南诏国成为了唐王朝抗御吐蕃的西南屏障。唐王朝为了奖励南诏王阁逻凤对唐朝廷的忠心及在驱除吐蕃势力战争中立下的汗马功劳，对南诏王借此行动中扩张领土的行为故意视而不见给予默认，以至于南诏国的势力最大时，管辖的疆域"东到了曲靖一带，东南与越南接壤，西边到了印度的摩伽陀，西北与吐蕃（西藏）接壤，西南与缅甸的骠国比邻，北到达益州，东北的边界到达贵州边境。

唐玄宗派出中人快马飞驰到太和城向皮逻阁宣读诏书：赐皮逻阁名为蒙归义，并进爵为"云南王"，并赐予了锦袍、金钿带等物品。在唐王朝的封王诏书里说，封皮逻阁为"云南王"的原因是因为洱河诸部都暗地里私通吐蕃国，而蒙归义（皮逻阁）率兵征讨吐蕃势力有功，因而特此嘉奖。皮逻阁统一六诏后，南诏正式建立为南诏国。公元739年，皮逻阁正式把太和城作为南诏国的国都。

南诏国依靠唐王朝的大力支持统一了六诏后，唐朝却开始走向衰败之路。开创了盛世之后，唐玄宗逐渐开始满足了，沉溺于享乐之中。没有了先前的励精图治精神，也没有改革时的节俭之风了。唐玄宗见到了天生丽质、倾国倾城的杨玉环（唐玄宗的儿媳妇）后，便不顾礼义廉耻，公然强娶儿媳妇杨玉环为妃子，"后宫佳丽三千人，三千宠爱在一身，春宵苦短日高起，从此君王不早朝。"正直的宰相张九龄等人先后被罢官，奸臣李林甫爬上了相位，大唐王朝任由李林甫、杨国忠等贪官佞臣执掌朝政。为了讨杨贵妃的欢心，唐玄宗专门安排为杨贵妃做衣服的人就有700多人。为了让杨贵妃吃上她喜欢的荔枝，唐玄宗还下令开辟了从岭南到京城长安长达几千里的"贡道"，目的只为方便荔枝能及时地用快马快速运到长安，首开了中国快递运输的先河。

杨贵妃得到唐玄宗的专宠后，唐朝官场的奢靡之风越来越盛，大臣、贵族、宗室为了巴结杨贵妃，投其所好，争献美味佳肴、珍异珠宝，让她高兴的人都升了官。杨贵妃一人得道，鸡犬升天，她的兄弟个个得到封侯，堂兄杨国忠则平步青云一步登天，当上了唐朝宰相。杨贵妃的几个姐姐也得到了实惠，大姐封为韩国夫人，三姐封为虢国夫人，八姐封为秦国夫人。做了朝中高官的杨国忠权倾朝野一手遮天，在杨国忠的专权下，唐朝首先是朝政混乱，朝政混乱导致了国家的经济混乱，最后致使整个唐朝开始混乱起来，唐朝从此转向衰落 。官吏贪黩，政治腐败。上行下效，唐朝廷委任管理云南地方少数民族事务的官员政策水平太低，仅仅因为在态度上对南诏国的首领不够尊重，就把唐王朝花了近百年功夫才建立起来的唐朝廷与南诏国的友好关系毁于一旦。事情是这样引起的，唐天宝四年（公元 745 年），唐朝廷派任四川的剑南节度使章仇派遣使者至云南（即姚州）找云南王皮逻阁了解情况，但这位钦差大臣与云南王皮逻阁交谈时盛气凌人，言辞十分傲慢，使皮逻阁很不满意，这件事就成了后来南诏国与唐王朝反目成仇的一根导火索。

唐天宝九年（公元 750 年），当时唐王朝又派鲜于仲通这个人担任剑南节度使，派张虔陀这个人为云南（即姚州）太守。皮逻阁的儿子阁逻凤已经继任了云南王，有一次他有事和妻子路过云南（姚州），云南太守张虔陀在接待阁逻凤一行人的酒席宴上公开调戏与侮辱阁逻凤的妻子，当场就引起了阁逻凤的极大愤怒，只是碍于张虔陀是唐朝廷任命的地方大员，当时隐忍了下来没有发作。但这个张虔陀非但没有对自己侮辱阁逻凤妻子一事进行道歉，反而又公开向阁逻凤进行勒索贿赂，要阁逻凤给他好处，自然遭到阁逻凤的严词拒绝，阁逻凤一行当即离席而去，欢迎宴会不欢而散。事后，恼羞成怒的张虔陀还派人去对阁逻凤进行百般辱骂，并无中生有地编造谎言，秘密派人到长安向唐朝廷诬告阁逻凤谋反，唐朝廷偏听偏信云南太守张虔陀的密奏，发密旨要张虔陀捉拿阁逻凤押送京城由朝廷治罪。阁逻凤在长安的朋友李宓得知朝廷听信云南太守张虔陀的诬告要降罪于阁逻凤的消息后，立即把这一情况火速传给了阁逻凤。阁逻凤十分震怒，心想我一个赫赫有名的云南王，为唐王朝忠心耿耿，在消灭吐蕃势力的战争中立下汗马功劳，一个小小的地方太守就敢对我作威作福，而朝廷仅仅凭张虔陀的一面之词就要治我莫须有的罪，这是对我极大的不信任。阁逻凤一气之下，干脆一不做二不休要对张虔陀进行复仇。阁逻凤一行立即马不停蹄地返回南诏国，迅速调集大军围攻云南府。南诏国军队多为骑兵，在统一六诏和剿灭吐蕃藏兵的长期战斗中练就了一支骁勇善战的精锐部队，而整天沉溺于声色犬马，贪污腐化的云南太守张虔陀那里是南诏大军的对手，云南府立马就被攻破。昔日不可一世的张虔陀成了阁逻凤的阶下囚，阁逻凤亲手砍下了张虔陀的脑袋，终于解了心头之恨，紧接着阁逻凤又指挥南诏大军攻取了羁縻州。阁逻凤的行动引起了唐朝廷的极大恐慌。唐天宝十年（公元751年），唐朝廷诏令剑南节度使鲜于仲通率兵8万人出戎州、嶲州，进军讨伐南诏国。鲜于仲通，名向，字仲通。渔阳县人，寄籍新政（今四川东北部），生于武周长寿二年（公元693年），中年举进士。鲜于仲通深得剑南节度使章仇赏识，引为采访支使，委以心腹重事。唐天宝初年，鲜于仲通向剑南节度使章仇推荐杨贵妃兄杨国忠，杨国忠借章仇之力，得以觐见唐玄宗，拜为朝廷参政命官。天宝九年（公元750年），杨国忠投桃报李推荐鲜于仲通为剑南节度使。天宝十年，（公元751年）发生了唐朝与南诏间的天宝战争。阁逻凤得知朝廷出兵问罪，自知自己为解一时之恨已经铸下了大错，为了挽回局面，不让事态扩大，以达到息事宁人的目的，阁逻凤立即派遣使者向剑南节度使鲜于仲通表示谢罪请和，承诺立即归还攻占云南府和羁縻州时所掠夺的财物，并表示愿意继续效忠于唐王朝。同时向鲜于仲通明确表态：如果唐朝廷不同意谢罪请和的话，南诏就要归附到吐蕃一边去，如果真的走到那一步的话，那时候的云南之地就不再是唐帝国的领土了。但剑南节度使鲜于仲通根本不理会阁逻凤的求和请求，自恃兵多将广，决意要剿灭南诏国。他率领大军进军至西洱河，一路没有遭遇到南诏军队的抵抗，就兵临南诏都城太和城下。阁逻凤见自己一让再让的行动并没有被鲜于仲通接受，便率领同仇敌忾的南诏军民进行了绝地抵抗。双方在太和城下经过浴血奋战，拼死搏斗，南诏军最终击败了鲜于仲通军队的进攻，这一仗让鲜于仲通率领的唐王朝官兵死亡6万余人，其余1万多人灰溜溜地败回四川境内。但此战让南诏方面的损失也十分惨重，云南省境内自曲、靖二州以下东爨居地都在这次兵灾中被鲜于仲通率领的唐朝官兵沿途烧杀抢掠所毁灭，田园荒芜，十室九空，民不聊生。万般无奈之下，南诏国终于被推向了吐蕃的怀抱。吐蕃国王赞普梦寐以求十多年希冀达到统一洱海地区的目的，就这样不费吹灰之力就实现了。为了感谢唐王朝送给吐蕃国的这一大礼，唐天宝十一年（公元752年），吐蕃国王赞普特意册封阁逻凤为"赞普钟"，意思是把阁逻凤当成吐蕃国王赞普的兄弟，吐蕃国王赞普用与阁逻凤结成哥们弟兄的手段来笼络人心，企图以此长期巩固吐蕃与南诏的联盟关系。

天宝十三年（公元754年），剑南新任节度使李宓接任鲜于仲通走马上任。但唐王朝继续实行穷兵黩武政策，又兴师动众地调集了7万大军第二次讨伐南诏国。此次被朝廷选中担任远征军主帅的竟是南诏王阁逻凤的好朋友李宓将军，连他的5个儿子都在征南大军之列。出征前全家相聚，李宓痛苦不堪，叹道："南诏受圣上册封，称臣纳贡，不违不悖，岂有风云突变之理？自古征战无情，知交对垒，弟兄仇杀，血染沙场，天理良心何在！"长子李贞元只好劝道："为将者当禀忠于国，如今君命难违，纵然洞悉事态原委，也无回天之力，何苦伤精费神！"李宓的长孙女巧珠不忍见爷爷满腔悲苦，要求陪爷爷出征。李宓道："万万不可，吾家子孙，今后当戒之慎匆为将。"说着取出一把宝剑交给巧珠说："这是当年阁逻凤赠我之南诏铎鞘宝剑，若此次征战爷爷不能回来的话，我的孙女可持此剑去进见南诏王，后事自会有分晓。"

就这样，李宓将军怀着极为纠结的矛盾心情踏上了南征之途。一路上征南大军受尽了蛮烟瘴雨带来的疾病和由于给养不济而误食野菜中毒的折磨，军队士兵死伤无数，不等交战早已军心涣散。

南诏国面对唐朝廷征讨大军压境，阁逻凤也早已作好了充分准备：由于他与吐蕃国王赞普已经结盟为兄弟之国，吐蕃国王赞普见唐朝廷大军征讨南诏国，立即派出精锐骑兵前来增援，与南诏国形成南北夹击的态势严阵以待，阁逻凤重筑了龙首龙尾两关，在龙尾关前开挖了子河，再筑玉龙关为前沿阵地，层层设防。打算采取诱敌深入的策略，以打疲劳消耗战的方法，让李宓将军久攻不克，粮饷耗尽而自动退兵。然而此时唐、南两军展开殊死决战已是箭在弦上不得不发了。李宓将军兵分三路：一路由副帅何履光率水师从下河口渡海正面进攻；一路由李宓的长子李贞元为副总兵，从江尾攻打龙首关；一路由李宓将军本人率领中军从正面攻打龙尾关。结果，师出不利，由副帅何履光率领的水师还未展开进攻就被南诏军趁夜偷袭，未及下海即已被击溃，李贞元率领的攻打龙首关的部队被南下的吐蕃骁骑和凤伽异的南诏军从两面夹击，也遭到惨败。玉龙关这边的南诏守军是由阁逻凤亲自指挥的精锐部队，南诏军居高临下，据险而守，在李宓将军的面前摆下了一道铜墙铁壁，等待李宓的是一场没有多少胜算的恶战。

玉龙关阵前的西洱河对岸，李宓将军手挥三尺龙泉宝剑，跨骑一匹浑身雪白没有一根杂毛的汗血宝马。说起这汗血宝马，这是原产于汉代西域土库曼斯坦科佩特山脉和卡拉库姆沙漠间的阿哈尔绿洲的一种良马，是经过3000多年培育而成的世界上最有名的良马种之一。这种汗血宝马能够"日行千里，夜行八百"。一般来说，马奔跑的极限速度是每天150千米左右，最多也不过200千米。而汗血宝马的最快速度经科学测算，记录为8天跑完4300千米。汗血宝马在平地上跑1千米仅需要1分钟时间，由此说来，汗血宝马日行千里并非浪得虚名。汉博望侯张骞出使西域时，曾在大宛国（今费尔干纳盆地）见过汗血马，知道这种马的耐力和速度十分惊人，不但能日行千里，更会从肩膊附近位置流出像血一样的汗液，因此张骞在向汉武帝汇报西域见闻时把这种马称为"汗血宝马"，此马从此以后就被中国人视为名马。李宓将军胯下的这匹汗血宝马是唐玄宗皇上出征前特意御赐给他的，并要求他此役一定要"马到成功"。李宓身先士卒策马正欲踏上通往玉龙关的一座木板吊桥杀向敌阵，胯下的宝马却止步不行，只是一个劲地用马蹄踢踩桥头，双目流泪回头望着主人。原来，这吊桥的桥板事先已被南诏士兵换成了朽木，不堪重负。玉龙关上的守将在阵前对李宓叫道："李将军马不前行，是不是惧怕我南诏军的神威？何不就此退兵，以免遭到灭顶之灾！"这话激怒了李宓将军，他不顾一切策马登桥，刚到桥心就听"轰隆"一声，人马皆坠入河中淤泥之中，胯下的汗血宝马也半个身子没入泥沙中动弹不得，只有绝望地在嘶叫。猛然听得身后吐蕃藏族骑兵喊杀声由远及近传来，李宓知道他们已经被南诏和吐蕃的联军合围了，全军覆没已经成为定局。南诏的守军闻得吐蕃骑兵杀来，顿时万箭齐发，只见李将军身后的将士人仰马翻，血流成河。然而却没有一支箭是射向李宓将军的，李宓知道，这是阁逻凤念及与他的旧情，严令手下不得伤害他性命而特意安排的。想到自己因朝廷所遣不得不兄弟手足相残，落得个兵败身亡的下场，不禁长叹一声"天命难违！"，自思全军覆灭，自己也无颜再见中原父老。心中暗自感谢阁逻凤的好意，拔出佩剑自刎于西洱河中。主帅既亡，唐军官兵不战自乱，南诏大军乘势掩杀过来，与吐蕃虎狼之师南北夹攻，把唐朝廷远征军打得溃不成军，尸横遍野，全军覆没。可怜7万北方中原将士的尸骨埋于南国他乡的点苍山脚下，酿成了一场震动唐王朝的大悲剧。

战斗结束后，南诏王阁逻凤下令收集唐军阵亡将士尸骸，恭恭敬敬地葬于西洱河南岸的旧铺，刻碑勒石题为"大唐天宝战士冢"后称"万人冢"。大碑落成之日，阁逻凤率南诏军民前往祭奠，亲自致悼词曰："君不正而朝纲乱，奸佞起而害忠良。生乃祸之始，死乃怨之终。呜呼悲哉，唐师阵亡兄弟！"。阁逻凤又命南诏军民将李宓将军的遗体厚葬于苍山斜阳峰麓的仙鹤塘，并建立了"李将军祠"，供奉了神位。次年，李将军夫人闻得李宓战死南诏，就按照李宓生前嘱托带着孙女巧珠来到南诏国太和城。巧珠拿出祖父留下的南诏铎鞘剑呈献给阁逻凤，举座皆潸然泪下。南诏王阁逻凤陪同夫人及巧珠一起到李将军祠祭奠，亲笔题写一联："父忠子孝，留下英魂警后世；节义两全，磷火万点洱河咽。"的挽联，让巧珠焚化给爷爷。事后，巧珠提出情愿世居南中以陪伴爷爷，阁逻凤为其择配郑回三公子，并册封公子为阳瓜州司文郎。

（三）阁逻凤太和城立德化碑

天宝之战的第二年，因发生了安禄山反叛唐朝廷的事件，自此之后，唐王朝再也无力再向南诏发起进攻。流水无情但落花有意，南诏还是一心一意想着要归顺大唐。为了表达这种心意，南诏王阁逻凤特意于公元766年（唐大历元年）在太和城中立了一个《德化碑》，石碑系青石刻碑，高4米，宽2.4米，厚0.6米。 石碑阳刻正文3800余字，着重叙述了南诏的建立过程、南诏与唐朝原来的密切联系、说明"阻绝皇化之由,受制西戎之意"不得已叛唐及双方交恶三次兵戎相见的经过及最后南诏归吐蕃的过程。石碑阴刻41行,3000余字,内容为南诏重要职官的题名。

《德化碑》是南诏王阁逻凤因不堪唐王朝姚州太守张虔陀的凌辱,被迫背唐投吐蕃后,对吐蕃新主心中郁闷,诉说背唐的不得已苦衷和吐露重新归唐愿望的文告。阁逻凤刻意在碑上署了南诏国朝廷全体文武官员之名,勒碑铭志,竖立于太和村后之大道旁,以昭告天下,并希望以此作为证物以传达信息给唐王朝,表示叛唐附吐蕃实在是出于不得已之举。阁逻凤对臣属说,后世如果可能归唐,即可指碑给唐朝使者看,让他们明白我的本心。阁逻凤心知肚明,唐王朝毕竟是泱泱大国,无论经济实力还是军事实力都是吐蕃不能相比的,依附于吐蕃害多利少,两国关系是不能持久的。南诏王阁逻凤逝世后,由他的儿子异牟寻继承了王位,当了南诏王。阁逻凤逝世前对儿子临终遗嘱的最后一句话就是:一定要带领南诏国回归大唐!

唐大历十四年(公元779年)5月,唐代宗李豫病逝于长安宫中。李适即位,就是历史上的唐德宗。青少年时代的动荡生活使李适深知国家安定的可贵,他登基以后,大有图强复兴大唐帝国的雄心壮志。即位之初,为了实现自己的政治理想,他实施了一系列的革新措施,果敢有为,对外联合回纥、南诏共同打击吐蕃势力,成功扭转唐王朝对吐蕃的战略劣势,为后来唐宪宗时期的"元和中兴"创造了较为有利的外部环境。

唐德宗即位后不久,吐蕃又来进犯四川剑南地区,蜀中大为震惊。唐德宗下诏书命令李晟率领神策军前往援救。说起这个李晟,是唐中期的名将,绰号"万人敌",中唐顶梁柱。李晟年轻时就是一位武艺不凡的豪杰,他18岁时投奔名将王忠嗣(时任河西节度使)。一次与吐蕃军的战斗中,唐军遭遇吐蕃一名悍将,屡战皆败。大为恼火的王忠嗣下令招募军中弓箭高手射杀这名吐蕃悍将,李晟应声纵马出阵,一箭便干掉了敌将,王忠嗣兴奋的称赞他是"万人敌"。

自安史之乱以来,唐朝国势日趋衰落,天下形势一塌糊涂,李晟数次扮演了唐王朝"拯救者"的角色。一次吐蕃进犯灵州(今宁夏灵武市西南),李晟临危受命,仅率1000余名骑兵前去迎敌,他没去宁夏,而是奔袭甘肃,把吐蕃军后方基地的军需物资一把火给烧了,围攻灵州的吐蕃军因断了粮草,只好退兵。李晟廓清肃宁三城,斩获敌人千余首级,从容击退了吐蕃的进攻,保卫了大唐的西南边防,使人民的生命财产避免了更大的损失。不久,吐蕃、南诏联军10万兵马又进犯四川剑南地区,经过13年的养精蓄锐,唐德宗决心收复吐蕃占据的云南洱海地区,又派遣大将李晟、曲环率北方精锐的禁军神策军4万人,调集幽州邠、陇、范阳等地士兵5万人,由金吾大将军安邑率领,驰援四川,与川南兵联合打击吐蕃、南诏的联军。

李晟率领神策军神速突进大渡河，出其不意地在吐蕃、南诏联军后方发起攻击，让吐蕃和南诏联军顿时乱了阵脚，李晟率领的神策军以少胜多大败了吐蕃、南诏联军。金吾大将军安邑率领的范阳兵追击吐蕃南诏联军于七盘，又大破吐蕃、南诏联军，相继攻克了维、茂二州。李晟、曲环率领的神策军一直把吐蕃、南诏联军追赶到大渡河外，南诏王异牟寻率领的吐蕃、南诏联军兵败如山倒，被李晟的神策军斩首 6000 余级，生擒和抓捕受伤将士数千人，给吐蕃、南诏联军造成了严重的伤亡。在此次战役中，吐蕃、南诏联军士兵因饥寒交迫冻饿而死、坠下悬崖峭壁而死、战斗中被打死、掉到大渡河里淹死的有 8 万人之多。吐蕃南诏联军被唐朝的军队打败后，吐蕃国王赞普又悔又怒，南诏王异牟寻也十分恐惧，吐蕃与南诏国双方原来的亲密关系开始发生变化，吐蕃国王赞普改封南诏国王为日东王，取消了过去曾经册封的"兄弟国"的地位，把吐蕃与南诏国的关系降为君臣关系。吐蕃国王赞普还在南诏国内征收重税，在险要处设立营堡以控制和约束南诏人，吐蕃国王赞普还要求南诏国每年要出兵协防吐蕃国的领地，让南诏王异牟寻真切地感到了依附吐蕃的害处。想到父王的临终嘱咐，他才深深体味到了其中的深义。天宝战争后不到半个世纪后，南诏在南诏王异牟寻的率领下最终还是抛弃吐蕃回归了大唐王朝。

唐贞元十年（公元 794 年），南诏王异牟寻在洱海边的点苍山神祠与唐朝使臣举行隆重的盟誓仪式，南诏王异牟寻面对天、地、水三大自然神，以五岳四渎之灵为名，率领文武群臣共同发誓：愿意永远归附大唐王朝，子子孙孙永为唐臣！南诏王管辖的各部落首领也一致表示：愿意归顺大唐，誓为大唐臣民，永无离异贰心。盟誓仪式后，南诏王异牟寻派遣其弟凑罗栋、清平官尹仇宽等 27 人向唐德宗献出南诏地图和方物。唐朝廷随即派礼部郎中袁滋持节担任使臣，成都少尹庞顾担任副使臣，崔佐时为判官，俱文珍为宣慰使，刘幽岩为判官。携带着唐德宗皇帝御赐给异牟寻的黄金大印，印文刻有"贞元册南诏印"字样。使者到达南诏后，异牟寻离开座位，跪拜接受册印，稽首再拜；又接受所赐衣物。唐朝廷在下诏册封异牟寻为"南诏王"后，随即就在南诏统领的疆域设置了"云南安抚使司"，由剑南西川节度使兼任"云南安抚使"，南诏国自此由云南安抚使节制完全归附了大唐王朝的统治。

（四）勐卯弄果占璧王国归降南诏王

以上讲的是南诏国的建立以及与唐王朝的恩怨情仇的情况。现在回过头来讲一下南诏国与勐卯弄果占璧王国混等王朝的关系。公元 762 年（唐肃宗宝应元年），云南南诏王皮逻阁在统一洱海地区六诏的同时，派遣他的儿子阁逻凤率领南诏国西征大军对整个伊洛瓦底江流域的各个部落国进行征讨，为南诏国拓展疆域开辟寻传地方。阁逻凤的西征大军采取"刊木通道，造舟为梁，耀以威武，喻以文辞，款降者抚慰安居，抵捍者系颈盈贯"的策略，先礼后兵，先行派出特使到伊洛瓦底江流域的各部落国家广泛宣传南诏国国王的诏谕内容，紧接着出动征讨大军浩浩荡荡兵临城下，这种利诱加威逼的做法很快就取得了成效，在不长的时期南诏国就一举征服了永昌府及整个伊洛瓦底江流域的各个部落国。为了统一勐卯弄果占璧王国傣族地区和征服缅甸骠国，阁逻凤率领的南诏国西证大军逼近了勐卯弄果占璧王国傣族地区。

勐卯弄果占璧王国混等国王自小就进入佛寺学习佛法，是个虔诚信奉佛教的君王，在阁逻凤率领南诏国大军进行西征的行动中，他清醒地看到，如果坚持抵抗南诏西征大军的话，一定会落得个"抵捍者系颈盈贯"的结果，到时国家遭到灭亡不说，自己项上的脑袋也保不住。要是按照南诏王告示要求的那样主动表示诚心归附的话，南诏王一定会按照"降者抚慰安居"的承诺继续让自己当这个国王的。经过权衡利弊，为了保境安民，让百姓免遭生灵涂炭，勐卯弄果占璧王国混等国王在南诏国西征大军尚未到达勐卯之前，就主动派出使臣到南诏国都太和城向南诏王皮逻阁递上了愿意归顺南诏国称臣纳贡的降表，此举受到了南诏王的欣赏。傣历856年（公元762年）戊寅，南诏王皮逻阁决定把他的女儿嫁给混等为妻子，并敕封混等为"勐卯王"，令其继续管理傣族地方。

南诏皮逻阁国王把公主嫁给混等为妻，是皮罗阁效仿中原唐朝皇帝唐太宗李世民用和亲方式把文成公主嫁给松赞干布，以此加强唐朝与吐蕃地方政权密切关系的做法。这一历史佳话具体情况是：唐太宗贞观八年（公元634年），松赞干布即位为吐蕃赞普（国王），年仅十三岁，他依靠论科耳、尚囊等辅臣，讨伐叛乱，统一吐蕃。当大唐帝国称霸中原时，松赞干布赞普也已称雄雪域高原，完成了对藏族地区一些小国的兼并，定吐蕃国都城逻娑（今西藏自治区拉萨），建立了统一的吐蕃王朝。松赞干布赞普是个具有文韬武略的国王，他审时度势确定了明确的治国方略，积极谋求与唐王朝建立密切关系。从公元634年开始，他曾两次派遣能言善辩，聪明机智的大相禄东赞出使长安，向唐朝皇帝李世民求亲，但没有得到应允。公元638年因吐蕃侵占了唐王朝的党项、白兰羌、青海吐谷浑等地，发生冲突，唐朝与吐蕃之间进行了"松州之战"，唐王朝大军击败了吐蕃军。松赞干布十分恐惧，率领部下退出了党项、白兰羌、青海吐谷浑等地，遣使谢罪，再次向唐皇帝请求和亲，并派遣其宰相禄东赞到长安向唐皇帝致礼，敬献黄金五千两和珍宝数百件。公元641年，唐太宗终于同意了松赞干布和亲的请求，答应把宗室女文成公主嫁给他。于是文成公主在唐蕃专使及侍从的陪同下，踏上了漫漫的唐蕃古道。有关藏王松赞干布派禄东赞出使长安为松赞干布娶回文成公主的故事，在藏族民间故事中有许多记载。据说藏王松赞干布派禄东赞去长安求婚时，当时突厥、波斯、霍尔、格萨、吐蕃等势力也都派出了使者前往长安求婚。唐朝皇帝同大臣们商量，出了几个难题来考这些国家的使者。唐朝皇帝出的第一个难题是将100匹小马放在中间，100

匹母马拴在四周。让使者分辨出每匹小马的亲生之母。其他国家的使者无法辨认，他们把小马牵近母马，不是踢就是跑，小马怎么也不敢靠近母马的身边。藏王使者禄东赞懂得马性，他让人给母马喂上等草料，让它们吃饱。饱食后的母马叫起来，招呼自己的小马去吃奶。于是100匹小马就纷纷跑到自己的母马身边，藏王使者毫不费劲的破解了第一个难题。唐朝皇帝出的第二个难题是要用一根线穿过一块中间有弯曲孔道的玉石。那6个国家的使者花了半天的时间，想尽办法都未能穿成。最后轮到藏王的使者禄东赞，他的办法非常简单，他捉来一只小蚂蚁，先把细线粘在蚂蚁的脚上，然后在玉石的另一个孔眼处抹一些蜂蜜，蚂蚁闻到蜂蜜的香味后，就赶紧沿着弯曲的孔道往里钻，很快就把细綫穿过弯曲孔道的玉石，结果又是藏王的使者得胜。唐朝皇帝出的第三个难题是将两头刨得粗细一般的一根大木头，让7位使者分清哪头是树梢，哪头是树根，并说出其中的道理。其他6位使者看过来，看过去，掂了又掂，量了又量，怎么也分不出树梢和树根来。而藏王使者叫人把木头放在河里，只见木头一浮起，前头轻，后头重，轻者为梢，重者为根，一清二楚。藏王使者的聪明才智使皇帝很惊讶，也很喜欢他。最后唐朝皇帝又出了最后一道难题：要求在500个穿着打扮一模一样的姑娘中指出谁是文成公主来？使者们都从未见过这位公主，要指认出来谈何容易！这500个穿着打扮一模一样的姑娘出来后，其他国家的使者都挑最漂亮的姑娘来认，结果都指认错了。唯有藏王的使者事先曾从一老妇那里打听到文成公主从小爱擦一种香水，经常引得蜜蜂在头上飞。藏王使者就根据老妇这一指点，悄悄放了一只蜜蜂，根据蜜蜂的指引从500个姑娘中认出了文成公主。唐朝皇帝非常高兴，当即同意将文成公主许配给藏王松赞干布。藏王使者见了公主说："藏王松赞干布希望你去西藏的时候，别的东西都不必带，只要带些五谷种籽、锄犁和工匠就行，这样就可以帮助我们西藏能种植更多更好的庄稼。"文成公主进藏时，果然让父皇陪送给她500驮五谷种籽、1000驮锄犁，还有数百名最好的工匠。

　　藏王松赞干布多年的夙愿得以实现，十分高兴，他亲自率领迎亲队伍从西藏远行至青海玛多县柏海迎候。在离黄河源头不太远的扎陵湖和鄂陵湖畔，松赞干布建起"柏海行馆"，一对异族夫妇便在这个美丽的地方，度过了他们的洞房花烛夜。

　　松赞干布和文成公主一行来至到青海玉树时，看到这里景色优美，气候宜人，而且长途跋涉倍感劳累，需要休息，两人便在一个山谷里住了1个月，名副其实度了一个蜜月。文成公主闲暇时，拿出父皇送给她的谷物种子和菜籽与工匠一起向玉树藏族人民传授种植的方法和磨面、酿酒等技术。玉树藏族人民非常感激文成公主，当公主要离开玉树继续向拉萨出发时，他们都依依不舍。松赞干布和文成公主离开玉树后，当地的藏民保留了她的帐房遗址，把她的相貌和足印都刻在石头上，年年进行膜拜。

文成公主克服了进藏路上遇到的各种艰难险阻，最后终于抵达拉萨时，全拉萨城万人空巷，人们载歌载舞，欢腾雀跃，纷纷跑到街上夹道欢迎她的到来。

　　文成公主进藏前，唐朝内地汉传佛教已经十分盛行，而藏族地方藏传佛教还未传入。文成公主自己是一位虔诚的佛教徒，她来西藏时随身携带了佛塔、经书和佛像，决意要在西藏修建佛寺弘扬佛法。她让山羊背土填水塘，建成了"大昭寺"。大昭寺建成后，文成公主与松赞干布亲自到庙门外栽插柳树，成为后世著名的"唐柳"。大昭寺大殿正中供奉的一尊释迦牟尼塑像，也是文成公主从长安请来的。文成公主又修建了小昭寺。从此，佛教慢慢开始在西藏流传，以至于后来成为著名的藏传佛教。文成公主还对拉萨四周的山峰分别以妙莲、宝伞、右施海螺、金刚、胜利幢、宝瓶、金鱼等八宝名称进行命名，这些山峰的名称一直沿用到现在。

　　文成公主一方面弘传佛教，为藏民祈福消灾，同时，还拿出五谷种子及菜籽免费发给藏族人民，教人们种植。玉米、土豆、蚕豆、油菜等品种都能够适应高原气候，因此生长良好。而小麦却因适应环境条件的需要而不断变种，最后长成了藏族人喜欢的青稞。文成公主还带来了车舆、马、骡、骆驼以及有关生产技术和医学的著作，以内地先进的科学文化促进了吐蕃的社会文明进步。

　　松赞干布非常喜欢贤淑多才的文成公主，专门为公主修筑的布达拉宫，共有1000间宫室，巍峨壮观、富丽堂皇。布达拉宫主楼13层，高117米，占地面积36万余平方米，气势磅礴。布达拉宫中至今仍然保存的大量内容丰富的壁画，其中就有唐太宗五难吐蕃婚使噶尔禄东赞的故事、文成公主进藏一路遇到的各种艰难险阻的情形、文成公主抵达拉萨时受到热烈欢迎的场面等。这些壁画构图精巧，人物栩栩如生，色彩鲜艳。布达拉宫后面还有松赞干布当年修身静坐之室的遗址，四壁陈列着松赞干布、文成公主、禄东赞等人的彩色塑像。

　　松赞干布迎娶文成公主后，中原唐朝与吐蕃国之间关系极为友好，此后100多年间，很少发生战事，两国间使臣和商人频繁往来。松赞干布十分倾慕中原文化，他脱掉毡裘，改穿绢绮，并派吐蕃贵族子弟到长安国学读书。唐朝也不断派出各类工匠到吐蕃，传授各种技术。

　　公元649年，唐太宗李世民去世，新君高宗李治继位后，特别派遣使臣入吐蕃向松赞干布告哀，并授松赞干布"驸马都尉"，封他为"西海郡王"。松赞干布当即派遣专使前往长安吊祭唐太宗，敬献15种用黄金制作的祭品供奉于昭陵（唐太宗墓），并上书唐高宗，表示对唐朝新君的祝贺和支持。唐高宗又晋封松赞干布为"王"，并刻了他的石像列在昭陵前，以示褒奖。

　　文成公主进藏与松赞干布联姻，加强了藏族与汉族的亲密关系，为促进唐帝国与吐蕃之间经济文化的交流、促进了吐蕃政治、经济、文化和社会的发展，为增进汉藏两族人民亲密、友好关系，做出了历史性的贡献。自文成公主进藏联姻后，大唐帝国与吐蕃国睦邻友好、和平友共处关系维持了110多年。南诏国王皮逻阁长期与吐蕃国打交道，自然熟知这一故事的情况，为了加强南诏国与勐卯傣族地方政权首领的紧密联系，以巩固自己的统治，采用和亲手段自然是南诏国王皮逻阁最理想的上策了。因此南诏国王皮逻阁在勐卯弄果占璧王国刚刚归顺南诏国时就把自己的公主嫁给勐卯弄果占璧国王混等就不足为奇了。

（五）南诏国王招婿勐卯混等王

南诏国王皮逻阁为巩固自己的集权统治和领土统一，对勐卯傣族地方政权的首领混等采用联姻形式密切关系，本来是带有明显实用主义的政治手段，但在傣族民间传说中，南诏国王把公主下嫁混等王进行联姻的故事却被民众说得颇带有传奇色彩。传说当混等长到16岁时，这一年，从等贺相（南诏国）传来了一件特大新闻，说南诏国王的公主巴帕娃蒂已满15岁，长得花容月貌，倾国倾城。从曼果地方起所有远居近邻的许多小邦国家的首领"巴召幢"、"幸召马"和"闷召掌"们为了巴结南诏国王，都准备了丰厚的礼物去向南诏国王求亲。南诏国王的公主只此一个，但求亲者却成千上万，许了一个就难免得罪于其他众多的人，说不定还会因此引起麻烦。国王和大臣们都为此而愁眉不展。不久，有位大臣提出了一个"万全"之计。原来，皇城外有一个广阔无垠的大海，海中有一个小岛，它与四周的陆地相距很远，远到要老牛大声吼叫才能听到，如果不用船筏，谁也休想进得去。皇帝采纳了大臣的建议，从全国各地选调能工巧匠，在海心岛上建盖了一座富丽堂皇而又十分舒适的宫殿，宫殿内除陈设了许多豪华的用具外，还特意安了一个特大的响鼓。宫殿建成后，皇帝下诏在海滨举行盛大的招驸马大"摆"，邀请国内的主要将官和附近的所有小邦国家的首领前来参加，大"摆"揭幕后，皇帝便将公主送入海心岛的宫殿居住，并发出皇榜诏告：不分贫富贵贱，不分民族，不论官职高低、不分贵族或平民，只要不用桥梁，不用船筏，不准凫水而第一个进入海心岛宫殿击鼓三通者，当即就可招为南诏王的东床驸马。

来赶"招驸马大摆"的人人山人海，所有的求婚者都赶到了皇城外的海滨，人人想方设法，个个绞尽脑汁，但因不能凭借工具和凫水渡海进入公主宫殿，大家都无计可施，无法可想。时间一天天过去，月亮圆了又缺，缺了又圆，但仍然没有一个求婚者能按南诏王的要求进入海心岛宫殿。消息传到了银云瑞雾的勐卯弄果占璧王国，混等国王邀约了一些平时要好的小伙伴，日夜兼程赶到南诏国王城，参加南诏国国王的招驸马大"摆"盛会。因混等只懂傣文看不懂汉文告示所写的皇榜，便亲自跑进宫殿向南诏国王打听事由。南诏国王以他的金口玉牙，当面说明了皇榜上的招亲条件和诺言。入夜后，洱海海滨仍然灯火辉煌，人们来来往往，熙熙攘攘，仍然和白天一样热闹非凡。混等走向海滨，来到洱海边的一个土坎上，海滨赶"摆"的人群见混等一直走到海边，在大家的注视下，突然使出绝招：双脚踏上水面，就像走在宽敞而又平坦的大道上，不慌不忙，迈着矫健的步伐踩着水面劈波斩浪向海心岛宫殿走去。在海边围观的人群个个张口结舌，鸦雀无声，眼睁睁看着混等从水面走进了海心岛宫殿。正睡得香甜的巴帕娃蒂公主，被海边围观人群的喧哗声惊醒，一时不知所措。睁开眼睛一看，就见一个英俊的少年恭恭敬敬地站在床旁，非常热情而又谦恭地说道："尊贵的公主啊！我非常抱歉使你受惊了。可是我也想知道，你为什么睡得这样香甜，连人来了都不会把你惊醒？"公主慢慢平静下来后，示意年轻人出外稍候。不久，公主梳妆完毕后来到客厅，面对这个英俊的小伙子，公主心中早已有了爱意，又听到他那谦恭而又多情的话语，更是喜上心头。在请客人就座之后，公主羞怯地问道："尊敬的公子，莫非你是天神的公子？还是神鸟、神龙的子孙？你究竟用的什么方法来到这个海心岛宫殿？我已经在这里等候了几次月圆和月缺的日子，可那么多的公子、王孙绞尽脑汁仍然无法进来。"混等隐瞒了自己的身份谦逊的回答公主道："我来自一个银云瑞雾缭绕的国家勐卯，只因皇帝招驸马的消息传到我们遥远的小国。为了见见世面和试试自己的缘分，才来到这个至高无上的王城，谁知天神降给我恩赐，使我有福分能见到公主的玉容。可惜我家既不是富商显贵，更不是王公贵族，如果公主认为我的身份没有资格与公主婚配，我就退出宫殿原路回到勐卯去；如果公主有心有意，那我等到天明就去击鼓。公主羞涩地回答："奴家的父王日日夜夜向天神祈祷，让有缘有福的人进入海心岛，敬爱的哥哥既然能够进来，说明是天神的旨意，奴家怎敢违拗天神的旨意呢？"

次日天刚发亮，只听得海心宫殿的大鼓传来了三通响声，洱海边赶"摆"的人群一片沸腾，人人惊异，个个称奇，都赞不绝口。大臣们急忙进宫向国王面奏，国王当即下诏书：张灯结彩，出动彩船乐队，以最隆重的仪式，迎接驸马和公主进宫。混等国王进宫拜见南诏国王和王后时，这才说明了自己真实的身份。由于皇帝已发皇榜，有言在先，现又见混等人品非凡，又是傣族地方的国王，而且公主对他一见倾心。于是龙颜大悦，下诏择定黄道吉日，为混等与公主举行婚礼，把混等王招为南诏国王的东床驸马。

萨嘎历125年戊寅，南诏国王正式册封混等为"勐卯王"，诏令其管理所有傣族居住的地方，南诏国王并和王后一起，亲自率领皇亲国戚、文臣武将，以及不少工匠、百姓和卫队，组成一支庞大的送亲队伍，浩浩荡荡送混等夫妇回勐卯登基勐卯王位。到了勐卯举行完勐卯王位登基仪式后，皇帝又命随行的工匠、百姓和军队，限期为混等在勐卯等贺（勐卯老城以南3公里的姐东峦村）这个地方修建了雄伟的勐卯王宫和王城，等一切安排妥当就绪后，南诏国王才携带王后及文武大臣们班师返回南诏国王城。

（六）南诏国里的傣族大军将

在南诏王阁逻凤率领南诏国大军"西开寻传"，取得征服勐卯果占璧王国管辖的傣族地区的胜利后，紧接着又在勐卯果占璧王国混等王出兵助战下消灭了拒不接受招安的缅甸骠国，自此，南诏国已经控制了几乎整个勐卯弄果占璧王国管辖的傣族地区，由于勐卯弄果占璧国王混等及傣族地区各部落首领主动归附南诏国，并在南诏国统一缅甸及各国的战争中发挥了积极的作用，因此，南诏国与勐卯弄果占璧混等王朝的关系也很密切。南诏国王族与勐卯弄果占璧混等王朝贵族首领联姻，混等国王成为了南诏王的乘龙快婿，而且在南诏国的最高统治机构中被封授为"大军将"，让混等能直接参与南诏国最高权力机关的统治，使得南诏国与勐卯弄果占璧混等王朝密切的政治关系显得格外突出。

"大军将"这一官职设置是南诏国特设的官职，与当时中原唐王朝官职设置不同，在南诏国主要官员设置中，最高级官员称为"清平官"，共有6人，职位等于同时代唐朝的宰相一职，又设武大臣"大军将"12人，每日随同清平官一同朝见国王商议国家大事。清平官中有1人为内算官，负责为国王处理有关文诏起草事宜，2人为副内算官，为内算官的助手。又有外算官3人，外算官由清平官或由大军将兼任。外算官负责领导六曹［"六曹"相当于唐朝的六部，名称分别是兵曹（管军事）、户曹（管户籍）、客曹（管外交）、法曹（管司法）、土曹（管营造工程）、仓曹（管财政）］。六曹各曹所下发的公事文书，由主管外算官与本曹行文发出。六曹负责官员立有功绩后，就可以提升为"大军将"。大军将在朝廷内随同清平官共同议论朝政，出外则负责镇守重要城镇，担任一方的节度使，积有功绩后，就能提升为清平官。

南诏国的地方组织是以洱海地区为中心，分为十睑（相当唐朝的州）、六节度。这十睑分别是：1.邆川城睑（大理自族自治州东南）；2.龙口城睑（大理县北）；3.大厘城睑（大理县喜州）；4.太和城睑（大理县太和村）；5.羊苴咩城睑（大理县）；6.白崖睑（又名勃弄，大理县东南红岩）；7.蒙舍睑（巍山彝族回族自治县）；8.云南睑（祥云县）；9.蒙秦睑（漾濞县）；10.牟和睑（洱源县北蒙次和村），这10睑是拱卫南诏的重镇，也是进入洱海地区的门户，因此守将都是由南诏国王的子弟去镇守。南诏国地方基层官吏设置办法是按照辖地人口规模设置：有100家人口设总佐1人，有1000家人口设理人官1人，有10000家人口就设都督1人。南诏国只有会川、通海两地设有两都督。六个节度分别是弄栋节度、永昌节度、银生节度、剑川节度、拓东节度和丽水节度。各节度长官为节度使，率领军队分别驻守在南诏国王城外围要害地方，统治六诏以外的诸部落。1.弄栋节度使治所驻弄栋城（姚安县），管诸族部落。境内不许汉人居住，原来住在姚州的汉人都被迁徙到远处。2.永昌节度使治所驻永昌城（今保山市）。永昌是古哀牢族聚居地，南诏国王的始祖舍龙就来自哀牢，南诏与哀牢有传统的良好关系。南诏国全国常备武装兵力人数为3万人，在永昌城就有驻兵1万人，其中一部分士兵是当地的哀牢人，另一部分士兵则是骁勇善战的白族"望苴子"（老虎兵）。永昌镇拥有重兵是为了监视西爨，又肩负管辖勐卯弄果占璧王国所属傣族地区的任务。3.银生节度使治所驻银生城（景东县），辖区直到今西双版纳傣族自治州一带，督辖朴子、长鬃等数十民族部落国。南诏王把弄栋镇境内的汉族人迁徙到与唐境隔绝的永昌银生两镇。4.剑川节度使治所驻铁桥城（剑川县北），管辖浪加萌、于浪、传裒、长裈（音坤）、磨些、朴子、河人、弄栋等十余民族部落国。5.拓东节度使治所驻善阐府（南诏别都，现昆明市），管辖东爨乌蛮37部。公元794年，南诏击败吐蕃势力后，迁施蛮、顺蛮、磨些蛮、茫蛮、弄栋蛮等数万户到拓东镇，充实云南的东北境。6.丽水节度使治所驻丽水城（在腾冲县西），管辖金齿、漆齿、绣脚、绣面、雕题、僧耆等十余族。6节度使对外防御的任务是：剑川、丽水两镇节度主要负责防御吐蕃势力的进攻；拓东、弄栋两镇负责防御唐朝剑南方面的举动。6节度使对内都管辖境内各少数民族部落的行政事务。南诏国王要在管辖区域内实施政治统治权，必然要强制和教育各少数民族人民接受内地先进的法制、科技、文化思想观念，改革一些原始野蛮的"故俗"陋习，各地节度使用强权政治破除和改变各少数民族地区民众的闭塞状态，终究在客观上是一件好事。

在南诏的最高统治机构中，有两位傣族的"大军将"排列在南诏王室文武大臣名单中，一位"大军将"是赏二色绫袍金带的"赵龙细利"，另一位""大军将"是赏二色绫袍金带的"黑嘴罗眉"。这两位都是傣族，名叫赵龙细利的傣语的意思是"吉祥、光华的大王"，"赵"就是傣族话"召"，是一种对官员尊敬的称呼。"德化碑"记载的南诏国王"赏二色绫袍和金带"的大军将中的"赵龙细利"就是果占璧王国的勐卯王混等。另外一个大军将应为西双版纳一带的傣族部落国的首领。

（七）南诏王设置些乐城——最早的土流并治尝试

勐卯弄果占璧王国混等王朝时代，由于整个云南西南地区都已基本统一在南诏范围之内，永昌和丽水东部又进行了大量移民，输入了新的文化，寻传地区也已进行了大量的开发工作；缅甸的骠国被南诏大军征服后，已放弃依靠武力扩张领土的侵略行为，改为坚持执行睦邻友好的和平共处政策，停止了对勐卯弄果占璧王国傣族地区的劫掠侵犯，而且经常经过勐卯向南诏和唐王朝进贡并进行经济、文化方面的交流。整个勐卯弄果占璧王国傣族地区及其周边地区，基本没有出现较大的战乱，社会秩序安定，道路交通安全畅通，这又进一步促进了大唐帝国对外开放西南丝路的繁荣和兴旺，促进了当时唐王朝和东南亚、南亚、西亚及欧洲各国的经济文化交流，也带动了中原内地先进的汉族人民和西南地区各少数民族之间的经济文化交流。当时，南诏国王室在紧接勐卯弄果占璧王国之北的丽水（伊洛瓦底江上游）和长傍（恩梅开江之拖角）一带，组织当地各族人民，并发配国内的各种囚犯，以及劫掠来的弥臣、弥诺等国人民，在此地进行大规模的黄金生产。所有这些生产活动，都对勐卯弄果占璧王国产生了重大影响。混等王朝时代的果占璧王国社会经济已经有了较大的发展。从唐史的一些零星记载中，也可以看出这种发展的趋势：第一、"养象"耕田在这一带地区已成为民众普通的习俗，养象的目的已经从过去仅仅为乘骑发展到了现在的"耕田"；第二、勐卯弄果占璧王国百姓以大象耕田，说明这一地区的农业生产已经普遍进入了"犁耕"农业阶段，人们已经学会利用畜力和相应农具作为征服和改造自然的工具，因而使农业劳动生产力的发展水平有了较大的提高；第三，耕种"水田"已成为普遍的生产方式，就是说"水田"已成为人们获取生活资料的主要生产资料，水田数量已经占耕地总面积的绝大部分。

混等王朝时期的果占璧王国疆域，据《生威城大泰纪年》中记述：主要包括澜沧江下游的我国西双版纳及老挝北部一带的景栋、清盛、缅甸掸邦东部、泰国北部、东枝以北缅甸掸邦中部、今德宏及其附近一带地区的勐卯（今瑞丽）、勐腊（盈江）、塞范（今芒市境遮放）、勐宛（今陇川）、勐底（今梁河）、勐古（今芒市之芒海及境外缅甸之勐古）、孟丁（临沧地区耿马县境孟定）、勐省（今耿马县勐省地）、耿马、勐勐（今临沧地区双江县）、勐荣（在临沧地区耿马、沧源边外萨尔温江东岸的勐艮一带）、勐酣、勐卡达拉（两地，在勐艮附近一带）、勐谷（今缅甸抹谷）、勐乱（在今抹谷一带）、勐景老（又称勐老或景老，其地在南卯江与伊洛瓦底江汇合口之东北今勐本附近）、八莫（今缅甸八莫）、勐养（在伊洛瓦底江西岸直至亲敦江中上游的广阔地带）、勐育、勐固（均在密尼河上游的新维西北部），今地图仍标作勐育、勐固。勐模、勐代、勐散姆（即今缅甸北掸邦西北部汤彭山脉的东南一带）、泰天生威城（缅甸北掸邦腊戌之西）。按照上述地名，混等王朝时代的果占璧王国管辖的疆土，主要是以勐卯为中心的今德宏全境、临沧部分地区、西双版纳以及老挝、泰国北部、缅甸的掸邦、伊洛瓦底江流域的勐养和八莫、勐本等地。地域十分辽阔，基本上已包括了现今绝大部分傣族地区。

虽然南诏国与勐卯弄果占璧王国事实上已经成为翁婿国的关系，南诏王皮逻阁早在公元762年就封授果占璧王国国王混等为管理整个傣族地区的"勐卯王"，公元766年所立的《德化碑》中也把"勐卯王"混等列上了南诏国"大军将"的名字。但是，在混等受封"勐卯王"王位33年、傣族"大军将"名署《德化碑》29年后的公元794年（唐德宗贞元十年），继任的南诏王异牟寻在设置新的南诏国行政区划时，却又把勐卯弄果占璧王国所管辖的整个傣族地区割裂为三片分别归三个节度使进行管辖。于是，原来勐卯弄果占璧王国所管辖的盈江被设为镇西城、弥城（今盈江盏西），和境外曼莫、勐拱一带的傣族区统统划归给丽水节度区；景东、景谷、思茅、西双版纳，以及缅甸景栋，泰国、老挝北部直至越南莱州一带的傣族区，划归给了开南（银生）节度区；而在今德宏东南部，新任南诏王的异牟寻设置了些乐城（今瑞丽）、利城（今梁河勐宋）、郎阳川（今大盈江）、茫部落（今芒市）、盐井（今遮放），连同保山地区的潞江坝、湾甸和临沧地区、缅甸的掸邦和勐养等一带的傣族地区统统划归给了永昌节度区。结果，勐卯弄果占璧王国所管辖的傣族地区被分解得支离破碎，名列南诏国"大军将"的傣族"勐卯王"混等所在的地区也受制于南诏王任命的节度使。这也许就是最早开创土官与流官结合统治一个地区的行政管理模式的先例。

混等在勐卯弄果占璧王国当了72年的国王，直至公元835年庚寅才离开人世。这时，混等王已经活了88岁了。混等国王去世后，混等国王的儿子召混鲁继承了王位。召混鲁继任国王后仍然以等贺作为勐卯弄果占璧王国的王城，继续管理着整个傣族居住的地方。召混鲁生有一子，名叫召混赖。公元915年明末贞明元年，召混鲁国王离开人世后，召混鲁的儿子召混赖继承了王位。召混赖国王在位36年，享年87岁。

（八）混鲁王子孙十三人分封管理傣族地区

后汉隐帝刘承佑乾佑三年（公元950年），勐卯弄果占璧王国召混赖国王去世后，由于他没有儿子继承王位，勐卯弄果占璧王国进入了没有官种继任国王的时期，国家一时陷入了权力真空状态，一度引起了社会的混乱和动荡。当时在勐兴威的曼贺独村，有两个傣族民间的领袖人物。这两人是兄弟俩，哥哥名陶勐岛列，弟弟名陶勐岛罕。由于他们兄弟俩长期以来热心公益事业，为傣族人民办了许多好事，凡是各地发生什么纠纷，人们都来请他俩去帮助进行仲裁，在处理这些事情时他们都能主持公道，做到以理服人。只要是经他俩裁决的事，谁都会心服口服不敢拒不执行。因此，勐兴威的陶勐岛列和陶勐岛罕两兄弟成为了勐卯弄果占璧王国傣族地区众望所归的"陶勐"，当勐卯弄果占璧王国召混赖国王去世后无人继承王位时，陶勐两兄弟就被民众推举来暂时代理勐卯弄果占璧王国的各种事务。傣历1047年（公元953年），陶勐兄弟召集所有傣族地区有威望的长老协商认为，傣家不能没有官，于是陶勐兄弟便带领一些人去拜见召法弄傣翰，请求派果占璧召混鲁的子孙出来管理傣族地方。召法弄傣翰决定派遣召混鲁的子孙13人到各地管理傣族地区。傣历1048年（公元954年）庚寅7月15日，陶勐兄弟率领众人迎奉着13位官种回到了勐兴威的首府勐独。次年。俩弟兄召集所有傣族地区有威望的人，到勐独共商分官设治的大事。四面八方的傣族居住区都来了人，经过反复协商，将迎来的13位鲁赖子孙分配到各地管理地方，具体是：1. 混岛敖化：分封为主持勐乃、景栋、景罕、莫迈等地区的"召";2. 混岛靖罕:分封为主持勐雍会、弄满、沙统、勐拜贺等地区的"召";3. 混岛昂仑(雅鲁):分封为主持勐卯、勐宛、勐腊、勐底、遮放、勐焕、勐克等地区的"召";4. 混巴武藤:分封为主持勐定、耿马、勐相等地区的"召";5. 混岛陆勒:分封为主持勐亨、勐养、勐卡、达雅等地区的"召";6. 罕蚌法:分封为主持嘎里、允色等地区的"召";7. 混相蒙法:分封为主持勐恒、盖兰、纳班等地区的"召";8. 混罕宪法:是召傣翰之子,分封为主持景老、勐良、曼莫、勐养、勐光等地区的"召";9. 混巴思龙:是召傣翰之孙,分封为主持顺赛、勐弄等地区的"召"。可是三年后,当地的百姓对他很不尊重,因而又换到勐居、勐板等地区为"召";10. 混相岩温:是召傣翰长子,分封为主持勐约、勐枝、勐坦、勐里、勐牙、勐莽嘎、莽果、勐博、勐本、勐龙等地区的"召",但直属于勐兴威管辖。11. 岛混韵:是召傣翰之子,分封为主持勐若、勐达、勐奠、勐回等地区的"召",设治在勐英的允兰。

召弄傣翰和陶勐弟兄,分别安置了各地的"召"后,紧接着于萨嘎历 319 年壬辰,着手筹建允线遮城,以统领各个傣族地方,城镇之所以命名为"允线遮"是因为各地"召勐"分封出去后,召傣翰已成为统辖他们的最大的"召",称为"召弄"傣翰,所有傣族地区的大小"召"、"混"和头目,都要听从他的号令。允线遮城建立后,召弄傣翰为了增强自身的实力,又将勐锡箔、勐东、勐克、勐艮、莱卡、勐丙、勐弄、勐梳、勐章、曼晃、曼冷、景冷、勐半等地收归自己直接管理。尽管他号称是各地傣族地方"召勐"的"弄召",但实事求是地讲,召傣翰的才智和治国理政的能力和威望都不能与昔日的根仑、根兰、召武定、混等这些君王相比,尽管名义上现今勐卯弄果占璧王国傣族地区各地的"召勐"都是以他的名义分封出去的,但各"召勐"们各有各的想法,召傣翰已经不能统一整个勐卯弄果占璧王国傣族地区了,勐卯弄果占璧王国混等王朝事实上已经消亡。

混等王朝是傣族在勐卯建立的第二个果占璧王朝。按照傣文史书记载,它是在唐王朝云南南诏地方政权的扶持下建立起来的。开始于公元 762 年(傣历 856 年),唐宝应元年,南诏阁逻凤赞普钟十一年,消亡于公元 954 年(傣历 1048 年),五代十国的后周显德元年,大理段聪明德二年,历时共 192 年。

(九)混等王朝消亡与大理国的建立

在混等王朝消亡的同时,中国已进入晚唐时期。祖籍为大理喜洲人的段思平,始祖是段俭魏,曾任南诏国的大军将。在唐朝天宝战争中,大军将段俭魏大败唐军,为南诏国立下赫赫战功,被南诏国王阁逻凤提升为清平官,传六世后到段思平一代。段思平自小天资聪慧,熟读四书五经,具有能安邦定国的文韬武略,入仕途后,开初当了一名幕览(小府的副将),

由于他武艺超群，才干出众，被南诏王任命为通海节度使，成为统辖一方的大将。当时社会正处变革中，南诏政权已经开始走向末路，南诏国先后被郑买嗣的"大长和国"、赵善政的"大天兴国"和杨干贞的"大义宁国"先后取代。这几个政权虽然存在的时间都不长，但朝代更迭难免要进行血腥的杀戮，因而使得民不聊生，百姓怨声载道。

南诏尊圣二年（公元 929 年），杨干贞夺南诏王赵善政之位，建大义宁国，改元兴圣。杨干贞的弟杨诏疑神疑鬼地认为段思平有帝王之相，在杨干贞面前挑拨说段思平终有一天会夺取你的王位，让杨干贞下令追杀段思平。段思平因为当时到通海秀山神祠占卜时得知自己将有血光之灾的暗示，便藏匿在自己舅父的部族中才躲过一劫。南诏国大臣高方和段思平关系密切，便派段思平之弟段思良和军师董迦罗前来保护段思平。南诏兴圣元年（930 年），南诏王杨干贞的位置被其弟杨诏所篡夺，杨诏篡位后，改国号为"大明"。段思平为推翻杨诏所篡夺的王位，随即向东方的黑爨 37 蛮部借兵，会师于石城，以董迦罗为军师进攻南诏。段思平率领的讨伐大军所向皆克，遂向大理城发动进攻。当时杨诏调集守军据险守桥，使段思平的大军不能通过。当晚段思平在梦中得到神点拨的三句话："人无首、玉瓶无耳、镜子破"，感到大惑不解，军师董迦罗指点说段思平的梦境乃大吉之兆，因为"君乃丈夫，去首为天；玉瓶去耳为王；镜破则无对者"，因而军心大振。当天段思平的士兵找到一名洗衣妇女，向她打听指引段思平大军渡河的地点，这个洗衣的妇女说了三句话："人从我江尾，马从三沙矣，尔国名大理。"

段思平大军按照洗衣妇女的指引，成功渡过西洱河从背后向杨诏的守军杀去，杨诏兵败自杀。杨干贞知道杨诏兵败的消息后弃城而逃，被段思平军当场擒获，大义宁国就此灭亡。后晋天福二年（公元 937 年），段思平即位，改国号"大理"，建元文德，仍定都羊苴咩城（即今大理城）。大理政权基本上继承了南诏以来云南的疆界，其政治中心在洱海一带。疆域范围大概是今天的云南省，贵州省，四川省西南部，缅甸北部地区，以及老挝与越南的少数地区。政区与南诏相当，东至普安路之横山（今贵州普安），西至缅甸之江头城（今缅甸杰沙），南至临安路之鹿沧江（今越南莱州北部的黑河），北至罗罗斯之大渡河，统辖面积相当于今天云南省面积的 2.9 倍。大理国后期废除了节度和都督的军事辖区，对其他建制略作了调整，行政区划设有八府、四郡四镇、三十七部。八府：除大理首府以外的善阐府（今昆明）、威楚府（今楚雄）、统矢府（即弄栋府，今姚安）、会川府（今会理）、建昌府（今西昌）、腾越府（今腾冲）、谋统府（今鹤庆）、永昌府（今保山）；四郡：东川郡（今会泽）、石城郡（今曲靖）、河阳郡（今澄江）、秀山郡（今通海）；四镇：西北的成纪镇（今永胜县）、西南的蒙合镇（今巍山县）、西部的镇西镇（今盈江县）、东部的最宁镇（今开远市）。

三十七部：普摩部（今曲靖市）、磨弥部（今沾益市）、纳垢部（今马龙县）、罗鸠部（今罗平县）、夜苴部（今富源县）、磨弥殿部（今宣威县）、落温部（今陆良县）、落蒙部（今路南县）、师宗部（今师宗县）、仁德部（今寻甸县）、閟畔部（今东川市）、嵩盟部（今嵩明县）、际鹿部（今泸西县）、维摩部（今丘北县）、弥勒部（今弥勒市）、阳城堡部（今晋宁县）、强宗部（今阳宗海）、步雄部（今江川县）、罗加部（今澄江县）、宁部（今华宁县）、休腊部（今河西）、因远部（今元江县）、罗婺部（今武定县）、华竹部（今元谋县）、罗部（今罗次）、屈中司部（今开远市）、纳楼部（今蒙自县）、教合部（今文山州）、矣尼迦部（今马关县）、王弄山部（今河口市）、乌蒙部（今昭通市）、乃娘部（今彝良县）、芒布部（今镇雄县）、乌撒部（今威宁县）、于矢部（今普安县）、休制部（今玉溪市）、嶍峨部（今峨山县）。职官名称设置为：府和郡的长官称"演习"，部称"部长夕户"，大理国王封授的官职都是世袭的。大理政权实行一整套的封建分封制，以府和郡分给其大臣世袭领地，以部封给当地少数民族首领，受封的大领主，又在其领地内分封小领主。大理政权是以白族封建农奴主为主，联合其他少数民族统治者建立的地方政权。大理王是最高土地所有者，各地领主对之有缴纳贡赋和往调当地兵役、劳役的义务，而各地领主是当地事实上的土地所有者。

段思平建立大理国后，厉行改革、励精图治、发展生产，着手建立新的封建秩序，使得大理国的生产、经济得到了很大的发展。公元944年，段思平在邓川视察农业的时候去世，由其子段思英继位大理国国王。

段思英继位大理国国王后不久，中国历史上发生了重大变故。

建隆元年（公元960年），赵匡胤通过陈桥兵变，夺取后周政权，建立了大宋王朝，而后又进行统一战争。乾德三年（公元965年），宋太祖赵匡胤派遣大将王全斌进入四川，征战后蜀国，后蜀国孟昶降宋，今四川、重庆一带统一于宋王朝，宋地与大理国辖境直接相连。大理国立即派遣驻建昌城的守将到成都表示祝贺，主动表达了大理国与赵宋王朝互通友好的愿望。此时，宋朝大将王全斌也向宋太祖赵匡胤进献了云南地图，力主乘势进兵攻取云南。然而，鉴于历史上南诏国背反唐朝廷曾经与大唐帝国发生过3次激烈的边境冲突，给唐王朝带来过严重的破坏。宋太祖以史为鉴，对大理国仍然心存戒备，宋太祖赵匡胤曾用玉斧指着地图上的大渡河说"这条河以外的地方不是我现在要管的地方。因此，宋王朝沿大渡河设置防线，依河为界，阻止南诏势力进入大宋王朝管辖的蜀地，大渡河事实上已经成了大宋王朝与大理国之间的事实边界。大宋王朝既没有对云南洱海地区进行征伐，也没有与洱海地区的大理国建立关系，就这样双方相互隔绝了近20年。公元982年（太平兴国七年），因云南各族人民与内地汉族人民长期以来形成的不可分离的血肉关系，在各族人民密切往来的巨大力量推动下，17年后，宋王朝宋太宗不得不下令让黎州（今天四川汉源）官吏在大渡河上造大船，"以济西南蛮之朝贡者"，用来便利大理国使者入京进贡和开展边境贸易。从此后宋朝开放了与西南各族人民的联系往来，宋朝廷随后先后开放了四川的黎州、峨眉铜山寨和广西的横山寨等处，作为各族人民的进行货物交易的市场。此后，大理国历任国王在很长时间里多次派遣使臣到开封府向大宋朝廷进贡，始终与宋王朝保持着密切的联系，大理国不满足于一般的向宋朝廷进贡和开展边境贸易，而是希望与大宋王朝正式建立藩属关系。大理国国王多次向宋朝廷要求对其王位进行册封，但大宋朝廷对大理国要求正式册封王位的请求一直未予答应。

段氏大理国王族经过长期传承，到北宋徽宗大观二年（公元1107年）时，段誉接替其父段正淳成为大理国的第16代国王。段誉是个有所作为的君主，他明白作为一个边地少数民族部落国家，唯有与大宋王朝建立友好的关系，才是自己的立国之本。尽管宋朝与大理国的关系由于宋太祖实行的"宋挥玉斧"的方针而有所疏离，然而大理国王段誉仍然一直坚持向大宋王朝称臣纳贡，希望得到大宋朝廷的正式承认。段誉特别重视采取各种形式加强与宋朝的联系 。在他担任大理国王期间，除多次入贡大理马、麝香、牛黄、细毡等土特产给宋朝廷外，还组派由幻戏乐人（魔术师）和歌舞演员组成的表演队，借祝贺大宋皇帝宋徽宗生日为名，到宋朝皇宫为宋徽宗进行祝寿表演，异彩纷呈、精美绝伦的表演节目深得喜爱文学艺术、琴棋书画样样精通的宋徽宗的喜爱，宋徽宗对大理国表演队给予了极高的礼遇。俗话说"精诚所至，金石为开"，经过大理国139年的努力，到了公元1115年（宋徽宗政和五年），宋朝廷终于同意了大理国的请求，与大理国正式建立了藩属关系。并先后下旨册封段誉为"金紫光禄大夫""云南节度使""云南大理国王""云南八国都王""忠顺王""检校司空""上柱国"等大理地方和宋朝廷中央的各种官衔。（说起这位段誉国王，在金庸的武侠小说里被描写得武功高强的侠客。他自继位大理国国王直至南宋高宗绍兴17年时禅位去当了和尚，在位的时间长达39年，是后大理国各位国王中在位时间最长的国王，段誉死后被谥号为"宣仁皇帝"）。

宋徽宗当大宋皇帝时，金国势力正兴起于东北，金兵不断南下入侵大宋疆域，宋王朝时时面临来自北方的严重威胁。此时有人提出要在大渡河以外的地区设置大宋王朝的城池，以便更好地开展经济互市。宋朝廷派遣大臣宇文常调查此事并提出具体意见。宇文常经调查后复奏朝廷说：后蜀灭亡时，太祖赵匡胤用玉斧指着地图把大渡河以外的地方划出宋朝直接管辖的范围，从而使大宋王朝建立150年与西南边疆的少数民族地方政权没有发生过大的战事。如果当时要是在大渡河外建立了城池，不知道后来对宋朝到底是祸还是福？以此表明反对在大渡河外建立宋王朝的城池。（这就是后来明代学者在昆明大观楼长联里所提"宋挥玉斧"的出处）。

大宋王朝赵匡胤对大理国的基本策略是以大渡河为界，使大理国既不能侵扰大宋，又不能成为大宋的藩属国，以保持这种状态作为最好的"御戎之上策"。宋朝军队平蜀以后之所以没有继续南下征服大理国，不外两个方面的原因：一是吸取了唐朝与南诏国相争导致国力衰竭而亡国的历史教训。二是鉴于当时宋王朝立国未稳的客观环境，宋军不敢只身冒险，避免四面树敌。宋王朝平定蜀地以后，统一全国的大业并未完成，北有强敌契丹，南有南汉、南唐、吴越诸政权，不容许宋王朝把有限的兵力财力用于降服西南少数民族地区。这也迫使宋朝政府不得不在西南地区采取收缩政策，以便集中力量对付来自北方的威胁。所以，平蜀以后乃至整个两宋都没有对大理国采取军事行动。"宋挥玉斧"的典故一再被宋朝地方官员引为托词，借以掩饰自己的无能与不作为，借以达到因循苟安、划地自守的目的。那么 当时的大理国是否有侵犯大宋疆域的意图呢？从当时的情况看，公元937年时，大理国的国力还比较弱，因此大理国一直走的是和平发展之路，大理国的君臣与国民都普遍崇尚佛教，"以佛立国"，用"儒释"治国是基本的治国之道，因此，这一时期的大理国与皮罗阁时代的南诏国不同，国王不好杀戮，对外也无掠地称霸的野心，大理国与外邦交往多以和平友好互利的方式进行。虽在段思聪承袭大理国王位时，也曾经发生过大理国侵扰四川的小规模战事，但后来由于高氏家族的强烈反对而被制止。总而言之，大理国自开国后就基本上采取了内守政策，不存在明显的扩张野心。正是由于宋朝和大理国双方不谋而合地都从本国实际需要出发采取了"守内虚外"的基本国策，双方均无意扩张疆域，所以"宋挥玉斧"，以大渡河为界的和睦共处才有机会与可能。

三、勐卯弄果占璧雅鲁王朝的建立与缅甸阿奴律陀国王的联姻

（一）雅鲁王朝的建立

在勐卯弄果占璧王国混等王朝被南诏王把其管辖的傣族地区分解出去半个世纪后，另一个在大宋帝国西南地区新生的民族地方政权——缅甸阿奴律陀蒲甘王朝的兴起和发展，促成了勐卯弄果占璧王国雅鲁王朝的建立，两个王朝相生相克，经历了由兵戎相见到和睦相处的过程。

勐卯弄果占璧王国雅鲁王朝的建立与缅族的强大和发展有关。缅族在唐代的南诏国初期，就住在勐卯弄果占璧王国的西部地区。果占璧王国的混等王朝建立初期，约为公元800年前后，

缅族人已抵达了缅甸北部的掸邦高地，后又进一步向西迁移，楔入勐卯弄果占璧王国混等王朝管辖的傣族地区。公元832年当南诏国摧毁了当时雄据缅甸的骠国王朝，掠夺了当时骠国的国民3000人发配到南诏的拓东城。骠国自被南诏征讨后国势便一落千丈，逐渐向南退守缅甸南方地区。缅族人则借南诏国对骠国原来的地盘鞭长莫及无力实施实质性监管之机，自公元8世纪末在掸邦高原进入权力真空地带的蒲甘进行开拓、发展，积蓄力量。后进一步西下到密尼河下游的皎克西（皎施、叫栖）一带，接着又攻占了勐卯弄果占璧王国混等王朝的傣族势力占据的阿瓦地区，在接管了骠国长期以来所建成的皎克西等地的完整的水利灌溉系统后，缅族人便运用他们在南诏统治时期向内地白族人所学到的先进水稻耕作种植技术，开始大规模地种植水稻和许多其他农作物。由于缅族人所占据的下缅甸地区有着肥沃的土地和得天独厚的自然气候条件，加上与内地先进的农业生产技术的结合，大大促进了生产力的发展，从而为缅族人的发展提供了极为丰厚的物质条件，促成了缅族人口的迅猛膨胀和地方势力的不断壮大，终于帮助缅族领袖平普耶王于公元849年在傣族补甘姆王朝的故都补甘姆建起了包括19个村庄的"蒲甘王城"。

从公元849年起的平普耶王至公元1044年的阿奴律陀（洛拉塔）为王的195年，也就是果占璧王国的混等王朝后期至雅鲁王朝初期，正是缅族以蒲甘为基地而不断向外扩张和壮大的时期。这种不断上升的扩张和强大，为阿奴律陀最终统一整个缅甸并建立蒲甘王朝奠定了极为坚实的基础。阿奴律陀在基本统一了整个下缅甸，征服了今曼德勒、敏铁拉、皎克西、实皆等地后，于公元1044年正式登基成为缅甸蒲甘国国王。此时刚好是大理国段思廉登基大理国国王之时。阿奴律陀国王与大理国即时建立了友好关系，这为他对内巩固蒲甘国的执政基础提供了一个和平的外部环境。在此期间，他集中了大量缅族人，以3年时间修筑了敏铁拉湖，建了菩利它塔，并在皎克西修建了7道闸门和运河，运河修筑工程结束后，他又立即强行征调大量移民来到这一地区进行开发。公元1056年，阿奴律陀国王调集大军攻灭了蒲甘国东南部的直通（萨统）王国，掳掠了大量直通国的上座部佛教典籍，俘获了直通国的僧侣和臣民3万余人，阿奴律陀让这些人充当菩利它塔守塔人和从事农业生产的奴隶，优越的自然气候条件与充足的劳动力相结合，使得这一地区迅速成为了阿奴律陀蒲甘王朝的鱼米之乡。

阿奴律陀为王的缅族人以蒲甘为基地而不断向外扩张和壮大，在果占璧王国的中间地带楔入而且占领了其西南的阿瓦地区，并以此为基地继续不断向外扩张，因而极大地震撼了整个果占璧王国的傣族地区。被缅人占领地区的傣族人民被迫纷纷逃奔傣族腹心地区。缅人的强悍和不断扩张，使得果占璧王国混等王室和各地"召勐"王的政治权威受到了极为沉重的冲击。

俗语说"合久必分，分久必合"，在混等王朝末期，由于混等国王的后代继位后治国无方，造成国势逐渐衰落，各地"召勐"各自为政、各行其是，致使混等王朝面对缅蒲甘王朝的外来入侵毫无抵抗力，果占璧王国的大片土地被缅人占领。公元10世纪中叶勐兴威兄弟顺从民意废黜混等王族后裔，迎请鲁赖王族的13位贵族子孙为分封管理各傣族地方的"混岛王"，组建"允线遮"为新的政权中心，以联合分封管理各傣族地方的"混岛王"共同抗御来自缅甸蒲甘王朝的外来入侵。可是这个允线遮中心建立后，由于允线遮的"召傣翰"没有能够服众的权威和能力，因而无法凝聚各地"召勐"共同抗击蒲甘王朝的外来侵略。

在此局势危急之际，鲁赖王族的13位贵族子孙之一的雅鲁之子"召法弄"混顿货如一颗曜眼的明星闪亮登场，成为挽救果占璧王国被蒲甘王朝吞并的救世主。公元954年，当混顿货的父王雅鲁（昂仑）被封为管理勐卯一带的"混岛"时，总的形势是：东北方的南诏已经进入衰落时期，重臣几度篡权，终于被段思平的大理国所替。但大理国建国初期尚无实力顾及其西南方；西南的骠国自被南诏征讨后国势便一落千丈，只得逐渐向缅甸南方退守；缅族自公元8世纪在掸邦高原出现后，便进入真空地带的蒲甘开拓发展，积蓄力量，但当时尚未对周边国家构成威胁；在傣族地区，此时已经是混等王朝的末期，所谓"国王无嗣，天下无王"，勐兴威兄弟虽然在民间很有威望，但由于"非贵族不能为王"，因而也只得迎请鲁赖贵族子孙分封到各地为王。缅族在蒲甘地区经过了近百年的休养生息和发展壮大后，阿奴律陀于公元1044年建立起了缅族历史上的第一个政权——蒲甘王国。公元11世纪初蒲甘王国开始向四面扩张，迫使傣族地区的王子们不得不重新组合而发动抗击异族入侵的战争。雅鲁之子混顿货才继承父位后，立即被封为"召法弄"大王，这其中的原因显然与傣族地区联合反击缅族入侵的战争有关。"混岛"雅鲁自勐兴威回家乡勐卯任职，精心治理勐卯傣族地方，发展军事力量，组织傣族军民抵御外族入侵，逐渐获得百姓的拥护。公元955年，"混岛"雅鲁去世后，其子混顿贺继承了雅鲁的王位。勐卯在雅鲁父子的治理下不断壮大，成为果占璧各部中军事实力最强的部分，在抵御外族入侵中发挥了最主要的作用，果占璧各部纷纷依附，影响力甚至超过首都"允线遮"的召弄，混顿贺被傣族民众尊称为"诏法弄宏勐"。混顿货继承勐卯王位，成为"召法弄宏勐"后决心奋发图强，重整旗鼓振兴果占璧王国，他四处奔波，八方串联，说服各地的"混岛"王把他们的武装力量集中由他统一指挥，抗击缅族蒲甘王朝的扩张行径。混顿货统一领导军队在反击蒲甘王朝缅人入侵的战斗取得了显著的战果，收复了大片被缅人占领的傣族地方。于是，混顿货在各傣族地区民众中的威望急剧上升，被各地的"混岛"王尊称为"召法弄宏勐"大王，混顿货借此为契机重新统一了傣族各地，再次树起果占璧王国的大旗建立了雅鲁王朝。果占璧各部在混货顿的领导下，不断击败外来侵略者，成为缅族蒲甘王朝及白族大理国王朝最大的劲敌，他们相继开始对果占璧转变策略，与果占璧王国积极实施"睦邻友好"政策。到了公元1006年混顿货国王逝世时，勐卯弄果占璧王国已经恢复了昔日的强势地位，被缅人尊称为"大卯国"，

雅鲁王朝时代的果占璧王国疆域大体是：东至今保山的潞江坝、柯街、湾甸和临沧的耿马、孟定、镇康附近及缅甸掸邦东部的景栋一带；南至缅甸掸邦南部的东枝、萨尔温江口的直通一带；西至缅北的亲敦江流域；北部包括今德宏全境，以及缅北的八莫、孟勐一带。

雅鲁王朝的都城首先建都在姐兰，芳罕来当勐卯王时，又建都于允外，后又迁至棒罕；朗玉罕良时又迁往南博，后改称允朗玉。

雅鲁王朝建都所在地允外傣语之意为藤城，以藤生此城周围，易守难攻，固若金汤而得名。其地据传在瑞丽坝子下段缅甸姐南与南坎之间的南卯江畔。后来雅鲁王朝迁都到棒罕建立的都城，其地在今瑞丽坝子缅方一侧的木姐与姐南之间，南棒河与南博河汇合口的北岸，北临南卯江，即现在瑞丽姐告附近。民间至今流传古果占璧王国曾在此建过都城。

（二）雅鲁王朝与缅甸阿奴律陀国王的联姻

公元1007年，召傣翰承袭了混顿货王位当了勐卯弄果占璧王国的国王。鉴于大理国的雄厚实力及与勐卯弄果占璧王国傣族政权的友好关系，缅王阿奴律陀蒲甘王朝自认为无法与实力强大的大理国和勐卯弄果占璧王国相抗衡，加之当时缅甸国内发生了阿利教与佛教相争之乱，缅王阿奴律陀不得不改变原先打算依靠军事实力扩张领土的策略，转而采取对勐卯弄果占璧王国实行睦邻友好外交政策来稳固自己的统治。蒲甘王朝的缅王阿奴律陀也不得不为与果占璧王国建立和平共处友好关系，专门造访勐卯召傣翰国王和各傣族"召勐"王，以协商和制定稳定两国边境的措施，缅王阿奴律陀还提出要与"召法弄宏勐"混顿货大王的公主联姻的请求，希冀以此举来表明永世和好之诚意。

阿奴律陀国王自己崇尚和笃信佛教，在国内大力普及推广上座部佛教，并册封阿罗汉为国僧，同时以铁血手段坚决镇压和取缔了阿利教，让缅甸蒲甘国成为一个全民信仰南传上座部佛教的国家。

阿奴律陀在征服了直通王国之后不久，得知大理国供奉着一颗释迦牟尼佛祖的"佛牙舍利"时，便决定要亲自前往大理国求取这颗佛牙舍利，以奉迎回来在蒲甘城建立最高贵的大金塔供奉，以供全国信众虔诚膜拜。

阿奴律陀亲自率领着尚锡萨四弟兄、瑞品两兄弟以及四个卜算师、七个"古纳"，随行的大队人马，部队都以红、黄、蓝、白四色服装分别编队，所有军人全身都以黑色花纹进行文身；所携带的刀、矛、弓箭等武器都擦得闪亮发光，雄壮的队伍威风凛凛，人人称赞。阿奴律陀

国王乘坐的大象十分讲究，除配备金鞍银架外，还挂上了 300 个金铃和 300 个银铃，一路行走时，叮嘡作响之声悦耳动听，远远的地方都能听得到。

蒲甘国王阿奴律陀亲自率领求取佛牙舍利的伍从蒲甘绕过蛮莫（今八莫），来到了勐卯弄（今瑞丽市）。勐卯弄是一座繁华而雄伟的大城，沃野广阔无垠，是果占璧王国的首都。为了稳定蒲甘国东北边境的局势，消除南进的后顾之忧，阿奴律陀国王趁此机会，专程造访了勐卯弄果占璧王国雅鲁王朝的召傣翰国王和它所属的各"召勐"国，在拜访果占璧王国召傣翰国王时，他陈述了蒲甘国愿意与果占璧王国和平共处睦邻友好的愿望，蒲甘国王阿奴律陀一行人的访问活动，受到勐卯弄果占璧王国召傣翰国王和所有被访问国"召勐"们的热情款待，果占璧国王热情款待阿奴律陀一行。附近的勐宛（今陇川）、勐萨、腊撒、邦达、勐龙、勐兴、勐哈、嘎萨（今缅北格萨）、勐嘎、勐庞等地的"召勐"们也都闻讯前来欢迎祝贺。

在果占璧王国召傣翰国王为蒲甘国王阿奴律陀一行举行的欢迎宴会上，蒲甘国王阿奴律陀见到了前来招待的召傣翰国王的公主朗佐曼腊。只见这位朗佐曼腊公主貌若天仙，白里透红的脸庞胜过十五的皓月，两只耳朵上戴的金耳环和胸前佩戴的金胸花璀璨夺目，嚼着槟榔的樱桃小口吐露着芳香，她那倾国倾城之容、闭月羞花之貌，让蒲甘国王阿奴律陀一见到朗佐曼腊公主就爱上了她。大勐卯朗佐曼腊公主的美名早已名扬千里，整个缅族地方的姑娘都无法与她媲美，就连仙女朗玛洛峦恩在她面前也要逊色三分。阿奴律陀和朗佐曼腊两人一见钟情，相见恨晚，恩爱异常，私下约会时，他们海誓山盟地表示要结为夫妻，白头偕老。阿奴律陀国王送给朗佐曼腊公主一对金手镯作为订婚礼物，朗佐曼腊公主回赠一件自己贴身穿的丝绸衣物以表示自己永不变心。两人相约等待阿奴律陀国王从南诏国求得佛牙舍利之后，就一起携手回蒲甘成亲。

蒲甘国王阿奴律陀在勐卯的访问活动结束后，就准备动身到大理国去求取佛牙舍利。上路这天，在欢送的人群里朗佐曼腊公主和阿奴律陀国王都依依不舍不愿离别，她送了一程又一程，而阿奴律陀也不时回头遥望勐卯方向的朗佐曼腊，有好几次都几乎从坐骑上跌下马来。

蒲甘国王阿奴律陀一行翻越皑皑白雪覆盖的高黎贡山，淌过波涛汹涌的怒江、澜沧江，经过千辛万苦，终于率领他的奉迎佛牙舍利伍队抵达了大理国王城。奉迎队伍在王城对面的洱海之滨扎下营寨，为庆祝顺利到达目的地，蒲甘国王阿奴律陀和随他奉迎佛牙舍利的队伍举行盛大的庆祝晚会。缅人素来能歌善舞，会表演各种杂耍绝技，大家乘兴激情歌舞，庆祝会开得欢快热烈。尚锡萨四兄弟表演了飞天节目，从很高的空中翻滚跳跃和飞舞，不仅使所有蒲甘随行官员们大开眼界，同行的士兵们也个个目不转睛地观赏叫绝，就连南诏王城内外的各族百姓也家家户户涌出庭院、巷道来观看表演，男女老少个个一面仰头观看，一面拍手称赞。第二天清晨，蒲甘国王阿奴律陀率领尚锡萨兄弟等人来到南诏国王宫晋见南诏国王，阿奴律陀向南诏王说明了蒲甘国的来意，请求南诏国王把佛牙舍利让蒲甘国王阿奴律陀奉迎到蒲甘国进行供奉，以满足蒲甘国广大佛教信徒的朝拜愿望。南诏国国王当庭召集众大臣进行商议。大臣们上奏说：佛教界曾经有过明确规定，佛祖的佛牙舍利只能供奉在南诏国，不得随意转移供奉到别的地方，因此南诏王没有答应阿奴律陀国王求取佛牙舍利到缅甸供奉的要求，但却答应要把一尊碧玉佛像送给蒲甘国广大佛教信众。蒲甘国王得知此中原委后，表示愿意与南诏永结友好。南诏国国王还把苏婉兰公主嫁给阿奴律陀国王为妻，使两国结为世代姻亲。阿奴律陀国王十分高兴，千恩万谢，带着苏婉兰公主高高兴兴地沿路返回蒲甘国。经过这次求取佛牙舍利之旅，蒲甘国王阿奴律陀更加虔诚地皈依佛法，在返回蒲甘国的路途中，他一路广建佛塔，以表示对佛祖的崇敬。当迎奉碧玉佛像的大队人马回到尚法边老时，阿奴律陀国王命令队伍停下，抽调人力，限期修建了一座佛塔。途经勐卯弄时，阿奴律陀国王又命令队伍停下，修建了一座更大的佛塔，并举行了盛大的佛塔落成大摆。到了勐卯后，蒲甘国王阿奴律陀备上了厚礼，向勐卯果占璧王国的召傣翰国王正式为娶朗佐曼腊公主提了亲。果占璧王国的召傣翰国王十分高兴，专门请佛爷选定了黄道吉日，于傣历1150年（公元1056年）为阿奴律陀国王与朗佐曼腊公主举行了盛大隆重的结婚典礼仪式。朗佐曼腊公主与阿奴律陀国王完婚后，就跟随阿奴律陀国王骑着大象，在随从的蔟拥下载歌载舞回到蒲甘，阿奴律陀国王还专门在曼德勒为朗佐曼腊王妃建造了瑞海宫瑞沙延宝塔。

　　朗佐曼腊与阿奴律陀婚后曾度过了一段甜蜜的爱情生活。但后来由于阿奴律陀国王原来所娶的缅族王妃们对朗佐曼腊十分嫉妒，经常在缅王阿奴律陀面前嚼舌头，编造朗佐曼腊的坏话，并对朗佐曼腊进行了百般凌辱。久而久之，阿奴律陀国王对朗佐曼腊也产生了怀疑。失去阿奴律陀国王宠爱的朗佐曼腊公主感到身心疲惫，实在不能再忍受这种在身体上和心灵上受到的折磨，便毅然决定回到勐卯弄果占璧王国父王的身边。她在回国经过锡箔时，在此地建了一座佛龛面向勐卯的佛塔，以表达自己对祖国始终不能忘怀的心情。锡箔佛塔即将落成时，疑心重重的阿奴律陀国王派遣跟踪监视朗佐曼腊的人也跟到了锡箔，要查看朗佐曼腊建的佛塔。当夜，朗佐曼腊公主祷告求助于天神，让天神帮助自己免受迫害。次日早晨，当监视的人查看佛塔时，发现佛塔的佛龛竟已转向西南的蒲甘王城方向。监视的人回去后向缅王阿奴律陀报告说，朗佐曼腊王妃在锡箔所建的佛塔佛龛是朝向蒲甘的，说明她是对我们缅国仍有深深的怀念之情。缅王阿奴律陀听后，回想昔日与朗佐曼腊的恩爱之情，十分悔恨自己没有阻止朗佐曼腊王妃回国。在锡箔佛塔刚刚建好落成后，朗佐曼腊王妃突然染上重病，虚弱得不能下床，于是她立即修书派人回勐卯向父王报告。可是当勐卯国王派遣的人赶到锡箔时，朗佐曼腊王妃已经离开了人世。当地的人们为了纪念朗佐曼腊公主，还特地修整了她曾经洗过澡的澡塘，为她修建了一座奘寺，并在奘寺里塑起朗佐曼腊公主的塑像。

（三）勐卯弄果占璧国王芳罕归附大理国

公元 1067 年（萨嘎历 429 年）召傣翰去世，由于其子罕先法已先于他去世，召傣翰的精神领袖王位无人继承。经"布胜"、"波勐"等大臣们商议后，决定去勐英请分封管理勐若、勐达、勐奠、勐回等地区的岛混韵的儿子岛法崩回来继承允线遮的王位。可是岛法崩坚持不肯自己来继承这个精神领袖的"王位"，而是推荐了他的次子召混傣蚌来继承这个王位，并要求长子珀翰章和三子芳罕共同辅佐召混傣蚌。公元 1067 年，召混傣蚌从勐英回到允线遮正式继任果占璧王国的王位，建都"允线遮"，表面上虽统一了傣族各部，实际上仍无法有效控制傣族各部势力，面对外族入侵还是一盘散沙。公元 1176 年，负责管理勐卯傣族地方的混岛昂仑（雅鲁）去世，因无子嗣承袭王位，勐卯又进入了无王时代，众大臣至允线遮求官，傣历 1334 年（公元 1240 年）宋理宗（赵昀）嘉熙四年，岛法崩的三儿子芳罕到勐卯承袭王位，芳罕在瑞丽江畔修建陪都"允外遮"，与首都"允线遮"遥相呼应，坐镇"允外遮"管理果占璧各部。芳罕继承勐卯王位时，大理国王早已经撤销了建立在与勐拱（勐光）对峙的达洛（打罗）渡口的丽水节度使所，在腾冲设置了腾冲府。就在这个时候，南诏大理国段兴智国王的公主，在皇宫中突然被一只从山上下来的猛虎伤害了。国王紧急下诏，要限期捕杀这只猛虎为公主解恨，全国各地官府到处组织猎户开展追捕行动。不想这只猛虎在大理国猎人们围捕的空档中，从南诏国地界逃入果占璧王国勐卯地界，落入了当地老百姓设置的陷阱中，老百姓把捕获的老虎献给允线遮的召傣蚌。召傣蚌不敢贪天之功为己有，便命令手下人把老虎送去允外城交由勐卯王芳罕处理。芳罕刚刚登基任勐卯王，为了在国势尚弱的情况下防止缅甸蒲甘王朝的入侵，千方百计想与大理国搞好关系，好在这棵大树底下得到庇护。当芳罕得知这只捕获的猛虎就是伤害过大理国王公主的那只猛虎后，大喜过望，认为这是与大理国搞好关系的一个契机，他立即组织大队人马，亲自带领部下将这只猛虎装在囚车中，献虎的队伍浩浩荡荡，一路上吹吹打打，招摇过市地送至大理国都城羊苴咩城，把这只老虎晋献给大理国王，以此与大理国王搭上了关系。勐卯王芳罕表示勐卯果占璧王国愿意归附大理国，大理国国王对芳罕擒获并亲自贡献伤害公主的猛虎给予了特别嘉奖，对于勐卯果占璧王国主动表示臣服大理国更是格外惊喜，当即以大理国国王名义给芳罕赐名"谬蚌"，并下诏书册封芳罕为"勐卯王"，同时颁给他一枚方印和一枚圆印，勉励他管理好整个傣族地方，以稳定果占璧王国的局势。芳罕终于成为了大理国政权正式认可的管理整个傣族地区的"召吴弄谬蚌"大王。

公元 1256 年，南宋太宗宝祐三年，元宪宗六年，勐卯王芳罕迁都南博河下游西岸的棒喊。

经过几年的建设，勐卯果占璧王国都城棒喊建设得井井有条，城门、护城河及王宫、街道等各种建筑样样齐备，城内商铺林立，各业兴旺，棒喊王城十分繁华。此时勐卯王芳罕管辖的地区有勐卯、勐宛、勐腊、勐盏达、勐底、勐恒、勐遮放、勐焕、勐克、勐养、勐达牙等地。

四、大理国的灭亡和元朝政权对勐卯实行土司世袭统治的开端

（一）"元跨革囊"及大理国的灭亡

南宋末年，1206 年后，成吉思汗统一蒙古，北方的蒙古帝国日益强大。蒙古族铁骑先后征服了亚洲、欧洲的广大地区及宋朝长江以北地区，长江天险成了灭亡南宋的最大障碍。于是蒙古军采取了迂回包抄南征大理的战略。而渡过丽江金沙江天险便成了实现这一战略的关键。元宪宗三年（公元 1253 年），忽必烈率 10 万铁骑进攻大理。这个孛儿只斤·忽必烈，是蒙古族成吉思汗的孙子。他的父亲孛儿只斤·拖雷是成吉思汗的幼子。成吉思汗生前分封诸子，拖雷留在父母身边，继承父亲在斡难和怯绿连的牧地和军队。成吉思汗留下的军队共有约 12.9 万人，其中大部分都由拖雷率领。1227 年成吉思汗去世后，三儿子孛儿只斤·窝阔台继位，拖雷被封为监国。1232 年拖雷率蒙古军击败金军，在回军途中病逝。1251 年，拖雷的长子蒙哥继承了蒙古大汗位，蒙哥的弟弟忽必烈也受封为王。

忽必烈出奇兵灭大理这一战略行动早于公元 1244 年窝阔台继承蒙古大汗位时就进行了策划，当时窝阔台大汗就曾命令征蜀蒙古军抽调精兵强将组成远征军，准备千里奔袭攻取大理。据说当时调集的军队人数多达 20 万之众，后因其他原因没有成行。

1251 年 7 月 1 日，忽必烈长兄蒙哥登基成为蒙古国大汗，第二年（公元 1252 年）9 月，忽必烈奉长兄蒙哥大汗之命率军 10 万，由蒙古高原起程远征大理国。当年 12 月，大军趁冬季封冻之机，越过黄河，进入河湟之地。第二年春天，大军经过盐夏，4 月出萧关，6 月进驻六盘山，8 月抵达甘肃南部的临洮。

大军到达临洮后，忽必烈派遣玉律术、王君侯、王鉴三人先行，招谕大理，后因道路阻塞，无功而返。蒙古军在八思巴的协助下顺利进入川西地区，9 月，抵达四川西部松潘一带。

蒙古军队从松潘进至大渡河边后，忽必烈将大军分为三路：兀良合台率西路，抄合、也只烈率东路，忽必烈亲率中路，分别从三个方向进攻大理国。兀良合台所率西路军 3 万人，由晏当路（今四川理塘、稻城一带）南下，经川西藏区进至今云南迪庆州香格里拉县一带，在巨甸渡过金沙江。西路军在今丽江石鼓一带，被大理国在金沙江边设置的军事要隘"空和寨"所阻。兀良合台亲自率军出战，经过 7 天的激战，才攻破寨门。抄合、也只烈所率的东

路军 3 万人，沿川西平原南下，进入大理国建昌、会川二府辖地。此路大军遭遇到大理国姚州城守军的顽强抵抗，元军虽然兵临姚州城下，始终不能攻克城池，只好停下等待忽必烈率领的中路大军的支援。

忽必烈率领的中路军有 4 万人，当大军到达满陀城（今四川泸定）时，横梗在他们面前的是汹涌澎湃的大渡河天险，这是大理国与前宋王朝的分界线。大渡河古称泸水，位于四川省中西部，是长江支流岷江的最大支流。大渡河发源于青海省玉树藏族区境内阿尼玛卿山脉的果洛山南麓，上源足木足河经阿坝县于马尔康县境接纳梭磨河、绰斯甲河后向南流经金川县、丹巴县，于丹巴县城东接纳小金川后始称为大渡河，再经泸定县、石棉县转向东流，经汉源县、峨边县，于乐山市城南注入岷江，全长 1062 千米，流域面积 7.77 万平方千米。大渡河支流较多，流域内地形复杂，经川西北高原、横断山脉东北部和四川盆地西缘山地。在绰斯甲河口以上上游上段属海拔 3600 米以上丘原，丘谷高差 100～200 米，河谷宽阔，支流多，河流浅切于高原面上，曲流漫滩发育。至泸定为上游下段，河流穿行于大雪山与邛崃山之间，河谷束狭，河流下切，岭谷高差在 500 米以上，谷宽 100 米左右。特别是从泸定至石棉段，蜿蜒于大雪山、小相岭与夹金山、二郎山、大相岭之间，地势险峻，谷宽增加到 200～300 米，谷坡 40～70 度，水面宽 60～150 米，河水流急水深、谷坡陡峻，河中巨石梗阻、险滩密布，是大理国军队防守的天险，此段也是蒙古军队千里奔袭大理国的必经之地。蒙古军队虽来自大漠，不习水性，但出师之前，他们对从四川到大理国必须经过的山川地势作了详细的了解，知道这里有大渡河、金沙江、洱海等河流湖泊，为渡河事先做好了充分的思想准备和物质准备。来到金沙江边，面对汹涌的江水，蒙古军士不用船只，而是使用北方人渡黄河时惯用的"革囊"渡江的方法来强渡金沙江天险。

"革囊"就是用皮子做的气囊。中国北方特别是黄河两岸的普通百姓过河，过去都是乘革囊而过。革囊一般用羊皮做成，船工向皮囊中吹气，羊皮就膨胀为鼓鼓囊囊的革囊。这种革囊，人们可以缚在身上只身游水渡河，也可以用数支革囊集中绑在一起，在上面承载木筏，就可以同时让许多人乘木筏过河。大凡水流湍急，不易舟楫的河流，都采用这种"革囊渡江"的方式。蒙古军士对于使用"革囊"渡江的方法早已驾轻就熟，为了达到快速闪击、千里奔袭的目的，忽必烈主帅命令蒙古军丢下粮草辎重，只携带武器和少量食物，跨着革囊轻装渡过大渡河，由大渡河向南，沿河谷南下，在高山峡谷无人区之中急行军 1000 余千米，到达今丽江宁蒗县永宁镇金沙江北侧。金沙江是中国第一大河长江的上游，长江江源水系汇成通天河后，到青海玉树县境进入横断山区，开始称为金沙江。金沙江早在 2000 多年前的战国时期称为黑水，随后的《山海经》中称之为绳水。东汉称为淹水，三国时期称为泸水，宋代因为沿河盛产沙金，"黄金生于丽水，白银出自朱提"，河中出现大量淘金人而改称金沙江。金沙江流经云贵高原西北部、川西南山地，到四川盆地西南部的宜宾接纳岷江为止，全长2316千米，流域面积34万平方千米。从云南省丽江石鼓镇至四川省新市镇为金沙江中段，河长约1220千米，江水奔流在四川、云南两省之间。金沙江河床窄，岸坡陡峭，具有"高、深、窄、曲、陡"的特点，为典型的高山深谷型河道。也是当时大理国对外防御的天险。忽必烈率领的蒙古中路军仍继续使用将士身跨革囊的办法又顺利渡过金沙江天险，4万大军兵不血刃出其不意地就占领了丽江么些族（纳西族）地方，么些族首领和字看到这些从天而降的蒙古兵包围了他的城府，不禁大惊失色，自思大势已去，只得打开城门出来投降，并表示愿意为忽必烈率领蒙古大军做向导引路征讨大理国。元朝10万蒙古大军用跨革囊的办法先后顺利渡过大渡河、金沙江天险的传奇故事成为了后来清代孙髯翁在昆明大观楼长联里所抒怀"元跨革囊"典故的出处。说起这位孙髯翁，他祖籍陕西三原，名叫孙髯，生于清康熙二十四年乙丑岁（公元1685年）。因其父在云南任武官，他就随父寓居昆明。孙髯翁博学多识，是一个传奇人物。据说孙髯一生下来就有胡须，所以取名叫"髯"，字髯翁。孙髯翁从小就有名气，古诗文写得极好。出游之时，随身总是带着书。看到科举考场要搜身，掉头就走，从此不问科举，终身为民。孙髯好梅花，曾自制一枚印章，上刻"万树梅花一布衣"以表明自己的平民身份。现今昆明五华山北坡的大梅园巷，原来是一个梅园，相传就是孙髯居所。孙髯年轻时曾溯流而上，考察金沙江，提出"引金济滇"的设想，又考察盘龙江，写成"盘龙江水利图说"。在现实生活中孙髯翁目睹贪官污吏榨取民财，穷苦百姓流离失所，更加忧国忧民。有一天他登大观楼，观景之时心绪难平，激愤如潮，于是当场奋笔疾书为昆明滇池大观楼题楹一幅，以他的如椽巨笔为我们留下了"海内第一长联"。长联计180字，详尽描述了春城昆明滇池的四时美景，精辟概略了千年云南历史，状物则物势流转，辞采灿烂，文气贯注；写意则意气驰骋，沉郁顿挫，一扫俗唱。在文禁森严的雍乾之际，孙联一出，发聋震聩，四方惊动，昆明士民竟相传抄，被清代及后世文人学士称为"天下第一长联、海内长联第一佳作"，孙髯翁也被后人尊称为"联圣"。

孙髯翁在昆明大观楼撰写的长联：上联"五百里滇池奔来眼底，披襟岸帻，喜茫茫空阔无边。看：东骧神骏，西翥灵仪，北走蜿蜒，南翔缟素。高人韵士何妨选胜登临。趁蟹屿螺洲，梳裹就风鬟雾鬓；更萍天苇地，点缀些翠羽丹霞，莫辜负：四围香稻，万顷晴沙，九夏芙蓉，三春杨柳。"下联："数千年往事注到心头，把酒凌虚，叹滚滚英雄谁在想：汉习楼船，唐标铁柱，宋挥玉斧，元跨革囊。伟烈丰功费尽移山心力。尽珠帘画栋，卷不及暮雨朝云；便断碣残碑，都付与苍烟落照。只赢得几杵疏钟，半江渔火，两行秋雁，一枕清霜。"孙冉翁以"元跨革囊"四个字概括了 10 万大军轰轰烈烈、气势磅礴、横渡金沙江之壮举,为后人回顾这一历史往事留下了无限的想像空间。

忽必烈率领的中路大军渡过金沙江之后,改由永宁南行,从四川木里、盐源一带进入丽江宁蒗永宁泸沽湖一带。元军在丽江永宁泸沽湖附近稍事休整后,翻越瓦哈山(大药山)直下金沙江边,继续使用将士身跨革囊的办法又顺利渡过金沙江天险,然后大军直驱丽江,到达大匮(今丽江大巨),进而攻击三赕(今丽江),三赕的么些族首领麦良无力进行抵抗也举旗出降。蒙古军由三赕进发至谋统(今鹤庆),谋统守将高氏出降,邻近的善巨(今永胜)高氏也投降了蒙古军队。至此,忽必烈所率的中路军沿途招降纳叛,把大渡河以南直到云南西北部的大理国辖地,统统收归到自己的帐下。段氏大理国西北的军事防御体系、大渡河、金沙江两道天险,以及无数的"蛮夷"部族所形成的缓冲区域,霎时尽被忽必烈率领的蒙古"天兵"所破。蒙古大军有如从天而降,一下子就出现在苍山洱海之间,首先攻下邓川。这时,兀良合台所率的西路军也抵达龙首关外,两路大军合兵一处,乘势攻破龙首关,大理国"首邑之地"的北大门顿时门户洞开。蒙古大军占领大釐后,沿苍山山麓小道,很快直抵羊苴咩城下。

经南诏大理国近 500 年经营的羊苴咩城,可以说是固若金汤。从战略上说,蒙古军并无十分把握攻占此城。当年唐朝天宝年间,唐朝李宓将军率领的唐军就曾攻至羊苴咩城下,最后却落得全军覆没、主帅自刎的下场。所以,蒙古军虽有兵临城下之优势,但忽必烈并不急于攻城,他认为如果能兵不血刃,订立城下之盟,那才是用兵的上善之策。于是忽必烈主帅再次派遣耶律术、王君侯、王鉴三位特使入羊苴咩城,招谕大理国段氏出降。但大理国国王段兴智、相国高泰祥君臣却颇为自信地杀了蒙古使臣,毫不理会忽必烈的招降。国王段兴智、相国高泰祥引兵出战,决心与蒙古军大战于羊苴咩城下,再现唐王朝李宓兵败羊苴咩城的历史。

面对坚固的羊苴咩城防和大理国守军高昂的士气,蒙古军一时难以攻克大理城。忽必烈决定再遣使臣招谕大理国君臣,劝其出降。但大理国君臣"三返弗听",几次三番都断然拒绝投降蒙古大军。

经过阵前观察,仔细考察和研究了大理城周围的地形后,蒙古军统帅忽必烈发现大理羊苴咩城北、东、南三面都防守严密,唯有西边背靠点苍山一方的城防最薄弱,因为点苍山山高坡陡,加之正是冬天,山顶积雪,无人能上山,因此成了大理国羊苴咩城防守的天然屏障。忽必烈经过深思熟虑后,决定派蒙古勇士组成一支特别行动队,绕道苍山西坡,由西向东翻越苍山,从大理城守军意想不到的方向突然进攻大理羊苴咩城,一举破城。当这支特别行动队组建之时,参加的将士就知道有十之八九的人会死在苍山之上,特别行动队实际就是一支敢死队，但为了完成攻破大理羊苴咩城的使命，大家义无反顾，争先恐后地自愿报名参加敢死队。蒙古军组成的登山特别行动敢死队在翻越苍山时，正值寒冬腊月时节，苍山上雪深树埋，天寒地冻，峭壁冰峰坡陡路滑，沿途被冻死和跌下悬崖绝壁而死伤的将士不计其数，最后存活下来的军士在苍山上组成一支奇兵，他们由苍山顶直冲而下逼近大理羊苴咩城时，突然军旗招展、鼓号齐鸣，杀入城中。由于大理国王段兴智、相国高泰祥君臣和守军对城西方向丝毫没有防备，被这支突如其来从天而降的蒙古军杀得晕头转向，顿时溃不成军，在城外围攻的蒙古军与城内蒙古军特别行动敢死队的勇士们里应外合，大理羊苴咩城被迅速攻破，大理国王段兴智、相国高泰祥君臣只得弃城而逃，退守到姚州、善阐两地。此次军事攻坚行动，是自南诏统一洱海地区以来，外部军事力量第一次攻入羊苴咩城，南诏大理国号称固若金汤的城防体系就此被蒙古铁骑踏破。此后，蒙古军队乘胜追击至姚州，与在那里久战不胜的蒙古东路军会合，两路人马合兵一处后，蒙古兵军心大振，如潮水般包围了姚州府，姚州府守军面对精锐骁勇的蒙古大军，守将心惊，士兵胆战，毫无斗志，不久姚州城就被蒙古大军攻克，蒙古大军俘获了大理国相国高泰祥。再后蒙古军在兀良合台率领下乘胜追击，大军直逼滇中围攻了善阐城，虽然攻善阐城时颇费了一些时日，但最后蒙古大军终于攻破善阐城。大理国末代国王段兴智在乱军之中仓皇出逃至昆泽（阳宗海），最后还是被追击的蒙古军擒获，押解到蒙古，最终还是投降了蒙古人，段兴智也被元王朝册封为世袭的"大理总管"，段氏的大理国至此灭亡，退出了历史舞台。

（二）元王朝中央政权对云南实行土司制度的开端

蒙古军队在千里奔袭消灭大理国的战役中虽然获得了大胜，但蒙古远征军受到的损失也是十分惨重的。当年从蒙古出师奔袭大理国的10万铁骑，最后存活下来的只有2万余人，骁勇善战的蒙古族精锐部队勇士损失了近五分之四。忽必烈出奇兵灭大理后，从大理率领一支蒙古军队由云南出发，经贵州、湖南向南宋腹地江南一带发动了攻击，策应由北方进攻的蒙古大军。在南北元朝蒙古大军的夹击下，南宋王朝从此走向了穷途末路。公元1260年，忽必烈长兄、大蒙古国皇帝蒙哥去世，忽必烈在开平继位成为大蒙古国皇帝，建元中统，开始按中国传统的王朝年号纪年。公元1271年，忽必烈改"大蒙古"国号为元，于公元1272年迁都元大都（今北京）。忽必烈在总结窝阔台攻宋及蒙哥攻宋得失的基础上，制定了先取襄樊（今属湖北）、实施中间突破、沿汉入江、直取临安（今杭州）的灭宋方略，开始了攻灭南宋的战争。大政方略既定，忽必烈随即举兵南下，对处于风雨飘摇之中的南宋王朝开展了最后一击，旨在最后彻底消灭南宋王朝。经过近4年的南征北战、东征西讨，由于忽必烈制定的攻打南宋王朝的方略正确，加之忽必烈善于选择伯颜等良将统领元军，并且注重发展水军和对南宋官员大力实行招降安抚政策，形成了军事、政治优势，使南宋军队时时处于被动挨打的境地。公元1276年忽必烈领导的元军终于攻占南宋都城临安（今杭州），公元1279年，南宋王朝的末代小皇帝9岁的赵昺和宰相陆秀夫被元军围困在崖山上，绝望之中的陆秀夫抱着小皇帝毅然跳海身亡，建立152年之久的南宋王朝到此宣告终结。元朝灭亡南宋，结束了唐末以来370多年的分裂局面，重新统一中国，这在中国历史上占有重要地位。南宋王朝则因后期政治腐败，治国、治军方针迂腐，奸相当权，排斥异己，任用庸才，赏罚失律，致使朝野上下离心离德，最后招致兵败国亡，这是历史发展的必然规律。

南宋王朝自赵构在公元1127年以河北兵马大元帅掌握重兵的优势条件，利用北宋灭亡的国家危难之机当上了南宋开国皇帝后，一直处于中国历史上最不安定的朝代。自从赵构当上了南宋皇帝开始，南宋王朝对金王朝先后进行了五次战争，曾经涌现出岳飞，韩世忠、张浚、文天祥和陆秀夫等爱国名臣、名将。"还我河山"即是岳飞为表抗金决心的亲手笔迹。

南宋的首都临安（今日杭州），湖光秀美，市井繁华，店铺林立，热闹非凡。市内有早市、夜市、瓦肆。西湖游船画舫，湖岸戏蓬满座。商客往来，络绎不绝，让临安充满了大都市的气息。南宋期间中国对海外的商品贸易也很发达，重要的港口有泉州、广州、明州等。中外贸易商品主要有瓷器、丝绸、象牙、香料等。中国商人最远曾到达大食（今日阿拉伯）地区。

南宋时期在文学方面也涌现了许多著名的文学大家，宋词为一大时代特色。有著名的才子陆游、辛弃疾和女词人李清照等，开创了南宋文学史上的盛世词坛文化。

（三）元王朝对勐卯果占璧王朝傣族地区的分化

元王朝消灭大理国后，对云南实行了将近20年的军事管制。在元朝中央政府建立云南行省之前，元朝廷先在大理设立了"元帅府"，统一管辖原大理国所辖旧地，后改为"大理善阐都元帅府"，再后又改为"云南诸路宣慰司"，下辖万户、千户、百户府等基层行政管理机构。

元王朝对金齿地区的统一和经营，大体过程为：公元1254年，元朝军队乘革囊跨过金沙江灭大理国后的次年，忽必烈即派遣兀良合台率兵征降云南省各地，金齿、百夷、缅中、岛蛮相继归顺。最后，腾冲府酋高救也归顺了元朝。公元1260年，元王朝任命原大理王室的信苴日为总管，镇守大理，管理原大理国地区，金齿、百夷地区各遣子弟入朝进贡。公元1261年元王朝任命贺天爵为金齿安抚使，忽伯林为副安抚使，设治所于今德宏盈江一带，使安其民。公元1267年，忽哥赤被忽必烈任命为云南王，镇守于大理、鄯阐（今昆明），金齿（澜沧江流域及以西）等五处，奉诏抚谕吏民。公元1268年，忽哥赤派遣爱鲁率军征金齿诸部。次年，爱鲁再入金齿，定租赋。1270年，爱鲁再征金齿、骠国等五处未降部落，破其二部，并于公元1271年在今腾冲设置腾越州。公元1272年，忽必烈在云南正式设立行省机构。

公元1272年，元代云南行中书省的建立，进一步加强了元王朝对云南边地各土司的政治统治。

"行中书省"是元政权的地方最高行政领导机构。窝阔台为蒙古大汗时，设立行中书省作为中央最高行政机构，忽必烈继位后根据刘秉忠等的建议重建行中书省。行中书省意即代表中书省在地方上行使行政大权的机关。军事统治时期，云南的地方行政机构设有"宣慰司"、军事上设有"都（总之意）元帅府"，权力分散，军政不统一。赛典赤认为必须立即改变这种状况。公元1272年赛典赤上奏忽必烈，要求"宣慰司兼行元帅府事，并行省节制"，得到忽必烈同意，统一了省一级的行政大权；公元1274年，元世祖忽必烈决定派遣赛典赤·赡思丁到云南建立行省。赛典赤·赡思丁又名乌马儿，回回人，赛典赤是汉语贵族的意思。赛典赤动身到云南之前，忽必烈召见了他，对他说：云南那个地方朕亲自到过，如果委派去管理那个地方的人不适合的话，就会让我感到十分不安，因此必须选一个谨慎忠厚的人去治理，此人非你莫属"。赛典赤受忽必烈任命退朝之后，立即拜访了熟悉云南地理情况的人，将云南的"山川城廓、驿舍军屯、夷险远近"等情况绘制成一幅详细的地图呈送给忽必烈，忽必烈看到后大喜，立即正式任命赛典赤为"行中书省平章政事"，前往云南任职。

公元1276年赛典赤入滇上任后立即上报元帝国中央朝廷：以军事统治时期的万户府、千户所、百户所为基础，改置云南省路、府、州、县的行政机构，路设总管，府设知府，州设知州，县设知县或县尹。在得到朝廷同意后，他立即在全云南共设了37个路、2个府、54个州、47个县，其余甸、寨、军民总管府土司等设置不在此数。由于当时云南各族内部发展的不平衡性，原有的生产方式尚不能突破，再加上民族关系特殊，所以赛典赤仍旧委任各少数民族中的贵族充当路、府、州、县的长官，在怒江以西傣族地区置了芒施路（芒市）、镇西路（盈江旧城）、麓川路（陇川）、平缅路（梁河）、柔江路（潞江坝）、镇康路（永德）等六路，称"金齿六路"，委任"百夷"部落中最强的"勐卯"部落酋长思氏为麓川路军民总管府的世袭总管，使之与元政权从内地派来的官员相结合，加强对各族人民的政治统治。由于这一系列工作的推进，让云南的治理形势大为改观，边远地区的少数民族地方也基本上统一了起来。公元1276年，赛典赤将行省治所由大理迁往善阐（昆明），结束了大理作为云南首府536年的历史。并将所改设的各路名号上报元中央朝廷。至此，云南行中书省初具规模。蒙古军平定大理，标志着从皮罗阁统一六诏建立南诏政权到大理国灭亡500余年的时间，云南分裂于中央朝廷的局面结束，云南行中书省的建立，使云南重新进入全国统一的行政管理建制。从此，"云南"一词正式成为以后历代中国省一级行政区划的名称。

元王朝虽然在云南建立了行省，但为了限制行省的权力，又分封蒙古亲王同时镇守云南，并划给他们管辖范围和领地，蒙古亲王不受行省约束。大理国前国王段兴智因被授予了"世袭大理总管"职务，负责管辖大理、善阐、威楚、统矢、会川、建昌、腾越等城，同时划定滇西勐卯弄果占璧王国雅鲁王朝傣族各部为其辖地。从而使云南形成了蒙古亲王、行省及段氏总管三家共同统治的政治格局。

公元 1278 年，赛典赤又在今盈江西北境外设置南赕，并在今盈江设置六路总管府，以统一管理镇康、柔远、茫施、镇西、平缅、麓川及南赕等路、赕。同时将安抚使司升格为宣抚使司。公元 1286 年，元朝廷"以金齿叛服无常，不能镇守"为由撤销建宁、镇康二宣抚使司，立大理金齿宣抚使司，将治所从建宁（今盈江）移至永昌（今保山），驻扎了重兵以镇守大理金齿宣抚使司管辖的地方。公元 1291 年，赛典赤设置大理金齿宣慰司都元帅府，以加强对这一地区的统治。

元朝对傣族地区的统一和统治是逐渐进行的，耗时半个多世纪才完成。首先是自公元 1253 年后已经过多次征讨，并在今盈江建立大理金齿安抚使司后，才于公元 1276 年首批设置了柔远、茫施、镇西、平缅、麓川和镇康等 6 路。其次，在公元 1277 年元征缅战争后，又在勐卯地区建立起南甸、南睒、木邦、太公、勐养、孟定、车里等路、甸。进入 14 世纪后才又在耿马设立谋粘路，在缅甸设立木朵、邦牙路，在泰国、老挝北部设立八百大甸宣慰司，在怒江以东设立耿冻、孟连及骠甸路。

勐卯雅鲁王朝的解体虽与元王朝统一傣族地区设立分而治之的建置有一定的关系，但实际上早在元王朝对傣族地区设立有关建置之前，勐卯雅鲁王朝就已相当松散了。公元 1278 年，在元王朝的设治时，身居勐卯果占璧的召法弄大王，已不再是率领全国各地的"召勐"王，统一归属元朝后仅仅只是以国都所在地勐卯之主的身份归属于元王朝：元王朝也没有按照"大国主"地位授予相应的官衔，而仅只是按照一般"召勐"王的待遇授予麓川路一地的军民总管府总管。于是，"召法弄"大王也就与原所管的"召勐"王们平起平坐，共同受制于设在今盈江的安抚使及后来设立在大理的金齿安抚使。这件事的本身，就非常清楚地表明，身居王城勐卯的果占璧"召法弄"大王，早已丧失了对全国各地包括他管辖的德宏及附近一带的"召勐"王们的控制权力，那些"召勐"王们早已不再听从他的号令，而各自选择自己的道路，各行其是，各自为政了。

（四）元缅战争与勐卯弄果占璧王国雅鲁王朝的完全解体

元朝廷对勐卯弄果占璧王国雅鲁王朝的肢解是以元王朝对傣族地区设置分而治之的建置

来实现的，采取的策略则是以勐卯果占璧王国为突破口，借助元缅战争达到这一目标的。元王朝征缅战争的交战区，主要在今瑞丽市之西自八莫至仰光的伊洛瓦底江河谷地带，而元征缅大军的往来和驻防又主要是今梁河和盈江一线。这一带地区当时正是果占璧王国雅鲁王朝的中心地带，因而这场战争也就给果占璧王国带来了很大的冲击，最后促成了果占璧王国雅鲁王朝的完全解体。

元王朝征缅战争的起因是这样的。至元八年（公元1271年），元世祖忽必烈通过元大理、鄯阐等路宣慰司都元帅府派遣奇得脱因等元朝官员带领使团出使缅甸蒲甘，诏抚缅王那罗梯诃波帝。蒲甘王那罗梯诃波帝接见了元朝使团并随即派出以价博为首的缅甸蒲甘王朝代表团随元使赴元王朝的京都访问。当月，忽必烈皇帝很高兴地召见了价博，并下诏让缅甸使臣参观舍利和京城的佛寺，两国间建立了初步联系。可是缅王随后却以怨报德，于至元九年（公元1272年）3月，借口干崖（今盈江）总管阿必带元使至蒲甘之事，发数万大军沿伊洛瓦底江的傣族地区而上，经八莫进入干崖，将干崖总管阿必抓去。干崖总管府阿禾只得以重金大礼将其父阿必赎回。

至元十年（公元1273年）3月，元朝皇帝忽必烈再次派出勘马剌失里、奇得脱因等官员出使缅国蒲甘王朝，要求缅王那罗梯诃波帝派遣缅甸王室子弟或显贵大臣来京朝贡。未料，元使一去不归。据缅甸史籍记载，因为元朝使臣在晋见缅王时没有按照缅甸王室关于大臣晋见国王时要脱鞋上殿的要求，不肯脱马靴，缅王当即大发雷霆，以元使上殿不脱靴为由，将忽必烈派来的勘马剌失里和奇得脱因两位使臣处死。云南行省见派出的使臣久久不归，缅王对忽必烈提出要缅王派遣王室子弟或显贵大臣来京朝贡的要求也毫无表示，便向朝廷建议出兵征讨缅国。元帝忽必烈当时没有批准，而是要求先探明情况再作决定。11月，元帝忽必烈降旨给干崖总管阿禾，令其派人前往缅甸探听元使消息。阿禾因父阿必曾经被缅王抓过之事不敢再得罪蒲甘王朝。于是便以"探得国使俱安，惟缅留之不遣"隐瞒了实情上报给元朝廷。

至元十二年（1275年）4月，建宁路女抚使向元帝报告阿必被虏及缅王将元朝派来的两位使臣杀害之事的实情上奏给元帝忽必烈；11月，云南行省报告"去使不得归，即出兵征讨"，但元朝皇帝忽必烈认为"攘外必先安内"，考虑到在云南民族地区的稳定问题尚没有基本解决时就贸然出兵征讨缅甸，时机尚未成熟。于是下诏"姑缓之"，暂时没有发兵进行征讨。元世祖至元十三年（公元1276年），元朝廷实施了在云南民族地区进行分面治之的行政措施：升金齿安抚司为金齿宣抚司，立金齿六路并建立了六路总管府，这六路就是麓川路（今瑞丽、陇川）、平缅路（今梁河南部、陇川北部）、镇西路（今盈江）、镇康路（今临沧市镇康县）、茫施路（今潞西）、柔远路（今保山潞江坝）。六路之外又设置了"南赕"，在今盈江县北部，隶属金齿宣抚司。金齿六路的范围与今天德宏州界大体相当。原来勐卯弄果占璧王国所统辖各地的"召勐"，现已先后成为元王朝直接管辖的路、甸总管。而先前勐卯果占璧王国国王芳罕归附元王朝后，被授为仅只管辖勐卯一地的"麓川路军民总管府"的总管。各地"召勐"直接受制于元朝廷，勐卯弄果占璧王国国王芳罕大权旁落，元朝廷对原来勐卯弄果占璧王国所统辖各地的"召勐"的管理初步根基巩固，不易动摇。

到了至元十四年（公元 1277 年）3 月，还没等元朝大军对缅甸进行征讨，缅国蒲甘王朝就以干崖总管阿禾归附元王朝被授为镇西路总管而十分愤怒，要攻占镇西路总管阿禾的领地蒲甘王派出由大象 800 头、马万余匹及兵丁约 5 万人组成的缅甸征讨大军，大举向元朝镇西路新附干崖（今云南盈江县）及原来归附的金齿所辖的勐卯弄果占璧王国傣族地区进行侵袭，镇西路总管阿禾遂派人快马加鞭向元朝廷告急。当时大理路（治所在今大理市）蒙古千户忽都、总管信苴日已在永昌（保山）之西驻军，听命后立即率领 700 名骑兵先期驰援镇西路总管阿禾，纳速达丁率领 1 万余蒙古铁骑也随后赶来。元军与缅军双方在行进途中打响了遭遇战，这场遭遇战整整激战了两天两夜，战斗进行得十分惨烈。当时随同元军征战缅甸的一个名叫马可·波罗的意大利人，途经德宏地区，在记载了德宏地区当地少数民族的风土人情、商业交易、宗教祭祀、狩猎活动等情况的同时，以精湛的文笔详尽地记录了他亲自目睹的这场元军与缅军空前惨烈的"象马大战"。

当时缅军人数有 6 万余人，他们自恃有威武的象兵为前锋，悍然入侵德宏地区，沿途大肆焚烧掠夺。元军将领纳速达丁率领 1 万余蒙古铁骑进行迎击。两军交锋之初，元军来自北方草原的战马，从未见过缅军驱赶着的身躯庞大的战象，顿时被吓得惊慌失措，掉头便逃，元军统帅纳速达丁冷静地命部下退到一片树林旁，滚鞍下马，徒步朝象阵冲去，蒙古勇士们充分发挥自己的强项，拉开硬弓专门射杀缅兵骑着的战象。周身被蒙古勇士射中箭的大象，顾不得驭象士兵的指挥，狂奔乱跳把骑在背上的缅甸士兵摔到地下，受伤的战象痛得嗷嗷直叫，回头横冲直撞，缅甸士兵及战马被踩踏而死的人不计其数，元军铁骑以弓弩优势大破缅军的象阵，使缅军阵脚顿时大乱。元军骑兵立即飞身上马，趁机进行追歼掩杀，于是，一场猛烈可怕的战斗又开始了。马可·波罗以简练的笔墨描绘了这惊心动魄的战争场面：霎时间，只见刀光剑影，血肉横飞，重伤者不计其数成批倒地，断臂折足、肢体分离，惨死沙场的缅甸士兵令人惨不忍睹。结果，蒙古铁骑以少胜多，生擒缅军战象 200 余头，缅兵大败溃逃。次日溃逃的缅军残兵在经过干崖时，又被干崖的阿禾、阿昌率领的土司兵伏击，缅军残军所剩无几，全军覆没大败而归。这场战役以元军取得了完全的胜利而结束。据考证，这次战役的地点，就在今德宏州梁河县的大盈江畔，旧称小梁江，故此役又名"小梁江之役"，缅史则称"牙嵩之战。

说起这个马可·波罗，他是 13 世纪来自意大利的世界著名的旅行家和商人。

马可·波罗小时候，他的父亲和叔叔到东方经商，来到元大都（今天的北京）并朝见过元帝国的忽必烈皇帝，还带回了忽必烈皇帝给意大利罗马教皇的信。他们回家后，小马可·波罗天天缠着他们讲东方旅行的故事。这些故事引起了小马可·波罗的浓厚兴趣，使他对欧洲以外的世界充满好奇，因此决心要跟父亲和叔叔到中国去。公元 1271 年，马可·波罗 17 岁时，父亲和叔叔拿着教皇致元帝国忽必烈皇帝的复信和礼品，带领马可·波罗与十几位旅伴一起向东方进发。他们从威尼斯进入地中海，然后横渡黑海，经过两河流域来到中东古城巴格达，从这里到波斯湾准备走水路到中国。马可·波罗和父亲、叔叔来到霍尔木兹后，一直等了 2 个月，也没遇上去中国的船只，只好改走陆路。这是一条充满艰难险阻的路，是让最有雄心壮志的旅行家也望而却步的路。他们从霍尔木兹向东，先来到以色列，再穿过叙利亚、越过荒凉恐怖的伊朗、阿富汗，一路上跋山涉水，经历的凶险包括沙暴、雪崩、干旱和猛兽、强盗的袭击，克服了疾病、饥渴的困扰，躲开了强盗、猛兽的侵袭，吃尽千辛万苦。旅途中，马可·波罗曾因高原缺氧而病了 1 年多。他们多次在瘟疫区，以及十字军和伊斯兰教徒的冲突地带死里逃生，终于来到了中国新疆。翻过帕米尔高原，走过塔克拉玛干沙漠，然后到达甘肃古城敦煌，瞻仰了举世闻名的佛像雕刻和壁画，接着，他们经玉门关见到了万里长城。最后穿过河西走廊、陕西、内蒙，整整经过四年的艰苦跋涉，直到公元 1275 年才走到离北京不远的元朝的北部都城 -- 元顺帝忽必烈的行宫上都，见到了当时很渴望了解欧洲的元顺帝忽必烈。到达元朝的北部都城时已是夏天，距他们离开祖国已经过了四个寒暑了！马可·波罗的父亲和叔叔向元世祖忽必烈呈上了意大利罗马教皇的信件和礼物，并向元世祖忽必烈介绍了马可·波罗。元世祖忽必烈非常钦佩 3 人的毅力，对聪明、好学，懂得东方风俗和语言的马可·波罗更是非常赏识和器重。特意请他们进宫讲述沿途的见闻，并携带他们一起返回元大都北京，后来还留他们在元朝当官任职。

年轻、聪明的马可·波罗很快就学会了蒙古语和汉语。他借奉元世祖忽必烈之命巡视各地的机会，走遍了中国的山山水水，中国的辽阔与富有让他惊呆了。他先后到过新疆、甘肃、内蒙古、山西、陕西、四川、云南、山东、江苏、浙江、福建等东南沿海地区以及北京等地，还出使过越南、缅甸、爪哇、苏门答腊。他每到一处，总要详细地考察当地的风俗、地理、人情。

在回到大都后，又详细地向忽必烈大汗进行了汇报 。

后来到了公元 1289 年，波斯国王阿鲁浑的元妃去世，阿鲁浑派出三位专使来元廷求婚。忽必烈选定阔阔真公主出嫁波斯国王，马可波罗趁机向忽必烈大汗请求参与护送阔阔真公主到波斯国的任务，因为在完成这项使命后，他们就可以顺路回国。公元 1292 年春，马可波罗随同元朝使臣护送阔阔真公主从福建泉州起航出海到波斯成婚，公元 1295 年马可波罗一家回到了阔别多年的意大利威尼斯老家。后来马可·波罗在一次海战中被俘，在狱中他口述了大量有关他在中国经历的故事，其狱友鲁斯蒂谦按他所述的内容写下著名的《马可·波罗游记》，记述了他在东方最富有的国家——中国的见闻，激起了欧洲人对东方的热烈向往，对以后新航路的开辟产生了巨大的影响。

至元十四年（公元 1277 年）10 月，元朝皇帝得知派遣出使缅甸的勘马刺失里等使臣已被缅王杀害的消息已经得到证实，便命令纳速刺丁率领 3800 人的大军前去征讨。纳速刺丁是什么人？为什么忽必烈对他如此重用？原来纳速刺丁是忽必烈重臣赛典赤赡思丁的长子、云南行中书省右丞。公元 1260 年赛典赤·赡思丁随兀良哈台进入云南，先后任安南达鲁花赤、云南诸路宣慰使都元帅。公元 1274 年赛典赤·赡思丁担任云南行省首任平章政事后，纳速刺丁作为父亲的主要助手，为实现云南的安定与建设做了很多事情。纳速刺丁招抚少数民族寨子 300 多处，得民户 12 万户。他在这里定租赋，设驿站，立卫兵，不仅稳定了西南边境局势，而且妥善地处理了棘手的民族关系，其所作所为在当地深得人心，对稳定元初云南局面做出了重要贡献。赛典赤·赡思丁去世后，云南的民族关系出现了波动。为稳定局势，元世祖忽必烈曾经下诏书要求云南省各任官员一定要坚持执行和遵守赛典赤制定的各项规章制度，不得随意更改。但是后任云南省地方大臣并没有听忽必烈的话，赛典赤的许多"成规"还是被云南官吏或放弃，或更改，对少数民族仍然采取剥削压榨的办法，使已经缓和的社会矛盾又趋激化，少数民族又开始进行武力反抗。至元十七年（公元 1280 年），纳速刺丁被委任为云南行省左丞、右丞。他向朝廷建议了三件事，一是罢撤不利于当地人民而专营金制品的"云南造卖金箔规措所"；二是罢云南都元帅府，把军政与民政都统一在行省的领导之下；三是缩小云南官员中让其儿子当人质的范围，减轻中下级官员精神负担，缓和民族矛盾。这三件事都得到了朝廷的同意。他按照朝廷的旨意在云南大刀阔斧废旧政，裁冗官，兴屯田，定赋税，开驿路，明事权，破迷信，办教育，改善民族关系，政绩卓著，很快就被元朝廷任命为云南行省平章政事（从一品），成为位高权重的地方大员。

在元朝官职设置中，除中央机构设置的中书省、枢密院、御史台官员享受正一品待遇外。

地方行政机构中的行省是朝廷委派重臣到各地署事、行使中书省职权的派出机构。所谓正一品的职官：有太师、太傅、太保、中书令、中书省右左丞相、文散官等中央级的官员，爵位是"王"级别。纳速剌丁所任的云南行省平章政事与元朝中央部级中书省平章政事、枢密院、大抚军院知院、御史大夫、宣政院、宣徽院、太禧宗禋院院使、大宗正府札鲁忽赤、大司农司大司农、翰林国史院承旨、集贤院大学士、詹事院詹事、光禄大夫、荣禄大夫等官员为同级别官职。爵位为"郡王"，享受"从一品"待遇。

公元 1277 年 10 月，元朝云南诸路宣慰使都元帅纳速剌丁奉命统兵 3848 人出征缅国。当时缅甸军虽然经过"小梁江战役"大败后已退出干崖地区，但仍然还继续占领着伊洛瓦底江沿岸的傣族地区。纳速剌丁率领的元军自南甸、干崖出击，一路势如破竹，连连攻克八莫等据点，很快就攻占了江头城（今缅甸蛮莫县江新），招降了附近的掸族部落 35200 户（约 300 寨）。可是由于当时已经进入盛夏，天气十分炎热，又是瘴疠地区，士兵难以适应，许多将士因瘴疠之毒染病，死伤众多，因此未敢继续深入缅境，于是纳速剌丁遂"以天热还师"奏报元帝批准同意后撤兵回国。纳速剌丁回国后立即向朝廷上奏曰：缅甸蒲甘王国的地形虚实，统统尽在我的掌握之中，我已经有了详尽的对缅作战计划方案，只要我们元朝派出大军进行征讨，必定会大获全胜，但当时忽必烈没有批准。直到至元十七年（公元 1280 年）2 月，纳速剌丁等再次请求征伐缅甸蒲甘王国，这次忽必烈立即给予了批准，下诏在全国范围内调兵遣将，积极进行筹备，并正式任命亲王相吾答尔为征缅大军统帅，统领纳速剌丁率领精兵万人继续征剿缅甸。5 月，忽必烈又下旨让四川省府发兵万人前往纳速剌丁帐下助战。至元十九年（公元 1282 年）2 月，元帝忽必烈又命右丞太卜、参知政事也罕的斤前往纳速剌丁阵前助阵征缅；8 月，元帝忽必烈又发罗罗斯军往助。至元二十年（公元 1283 年）正月，元帝忽必烈又命药剌海征缅。因缅甸蒲甘王朝的军队在所占领的江头城（戛撒）附近一带驻有重兵，所以元代王朝连续三年的征缅战争都在这一带地区进行。

至元二十一年（公元 1284 年），元王朝的征缅大军一举攻克了江头城（戛撒）、太公城等地。缅王那罗梯诃波帝以为元军势必乘胜南下，万分恐惧，于是便决定抛弃蒲甘王城，连夜乘船南逃卑谬进行避难。至元二十二年（公元 1285 年）11 月，缅王派遣其盐井大官阿必立相为使臣前来向元朝征剿大军主帅进行求和，当阿必立相使臣一行来到太公（达光）城东北时，被当地傣族人民阻拦。阿必立相只得修书派人请骠甸土官匿俗代为向元军主帅转报缅王的求和请求，元军主帅经奏折报元帝批准后，同意在江头城进行元缅双方的议和。至元二十三年（公元 1286 年）2 月，元帝下诏在太公城（达光）建立"征缅行省"，并派去官员以"签行中书省事"，办理各项管理缅甸的事务。元帝命脱满达儿为都元帅率军继续驻扎在缅甸附近的地方，以防止缅军又来进犯。

至元二十四年（公元1287年）缅国王室发生内讧。缅王庶子不速速古里杀害了缅王那罗梯诃波帝，还杀害了元朝云南王派去的官员阿南达等人。不久，诸子之间为争王位，相互残杀，致使蒲甘王宫内骨肉相残，血流成河，不速速古里自己也在与诸兄弟争夺王位的纷乱中被杀。最后蒲甘王那罗梯诃波帝的第六个儿子普哇拿阿迪提牙以残暴的手段消灭了他的竞争对手，踏着兄弟们的尸体和鲜血登上了王位，当了缅甸蒲甘国王。此时的缅甸蒲甘王朝实际上已经解体，分成若干邦。各地纷纷拥兵自立，蒲甘王国贵族和掸族部落首领为寻求政治上的支持，大多向元朝投降，接受了元朝任命的宣慰司等各种官职名号。鉴于缅甸蒲甘王朝国王普哇拿阿迪提牙贼心不死，蠢蠢欲动又想入侵勐卯果占璧王国傣族地方，元世祖怒从心起，下令驻在征缅行省的云南王等率领元朝征缅大军乘船南下，以摧枯拉朽之势对缅甸蒲甘王朝发起总攻，一举攻破缅甸蒲甘王朝首都蒲甘城，自此，缅甸蒲甘王朝开始走上覆灭之路。

约于至元二十六年（公元1289年），缅王普哇拿阿迪提牙也向元朝纳贡称臣，并派自己的世子信合八到大都朝见元朝皇帝。第二年，元成宗铁木耳封普哇拿阿迪提牙为缅国国王。

大德年间，缅甸权臣、木连城（今缅甸叫栖县）掸族首领阿散哥杀死普哇拿阿迪提牙缅王及元朝留驻缅国的信使从人百余人，另立普哇拿阿迪提牙的儿子邹聂为王。朝中大权尽操于阿散哥之手，缅王邹聂实际上成为了一个傀儡。元成宗闻讯后，决心派兵惩罚阿散哥。

大德四年（公元1300年）12月，元成宗令宗王阔阔、云南行省平章政事薛超兀而、芒完图鲁米石等出兵对阿散哥弑君之罪进行干涉，元朝大军围攻木连城时，遭到了阿散哥率领的缅甸守军的顽强抵抗，战事一度处于僵持状态。次年2月，由于阿散哥以重金贿赂了阔阔以下元军的将校，元军将领就以暑热瘴毒为借口请求撤兵回国，元成宗同意元军撤回。元军班师回朝后，阿散哥派其弟弟哲迪到元上都请求元成宗皇帝给予宽恕，元成宗赦免了阿散哥的弑君之罪，下诏停止继续征缅，默认了缅甸国内的现状。此后，直到大元末期，缅甸一直保持着对元朝的朝贡及臣属关系

元缅战争前后历时10年之久。在此期间，勐卯弄果占璧王国伊洛瓦底江两岸的傣族地区长期被缅甸蒲甘王朝的缅军占领，交战期间元朝军队和缅甸军队大量人员拉锯式的反复争夺作战，元朝廷为加强对边地的统治，对建宁（今盈江）安抚司不断加强和升格，达光被设为征缅行省的省会。不少元朝廷高级官员和大批军队的驻扎，不仅使各族人民的生产生活受到严重影响，也让勐卯弄果占璧王国的社会经济遭受了极大的破坏，让人民经受了兵灾战火

的屠杀和流离失所的灾难，同时也让勐卯弄果占璧王国各地的"召勐"王们脱离王朝的领导而另立门户提供了机会。果占璧王国都城勐卯附近的南睒、木邦、太公、南甸、蒙怜、勐莱、云远、骠甸以及怒江以东的彻里（车里）、谋粘、木朵、耿冻、孟连等路甸和八百大甸宣慰等政权，都是在元缅战争期间及元缅战争结束时建立的。勐卯弄果占璧王国的"召勐"王们都成了元王朝直接管辖的路、甸军民总管或宣慰使，雅鲁王朝时代的果占璧王国已经名存实亡了。

（五）元代设土司制度的统治方式

公元1254年元朝廷用军事手段完成对云南的统一后，对云南，特别是对云南边境少数民族地区行政管理体制设置，经过半个世纪的经营实践，已经初步形成了元代土司制度的统治方式。

元代土司制度的统治方式，早在元世祖忽必烈尚未统一中原前就开始了。忽必烈在进入云南后，面对西南地区众多而复杂的各民族，如何稳定在西南各民族中的统治便成为能否最后消灭南宋政权统一全国的关键问题。因此忽必烈总结了历代王朝对西南民族羁縻统治的经验，决定采取招抚政策。在平定云南大理政权后，忽必烈立即招降西南各民族，并对能率部归附者，授以各种官职，如宣慰使、宣抚使、安抚使等，使"官吏军民各从其俗，无失常业"。分别招降了云南许多民族。"招降临安、白衣、和泥分地城寨190所，威楚、金齿、落落分地城寨军民32200所，秃老蛮、高州、筠连州等城寨19所"。后来爱鲁、纳速刺丁又招降西南诸国。在招降地区皆授原民族的首领官职，通为世袭，这是元初实行的土司制度雏形。

元朝在统一全国后，开始在南方民族地区普遍建立土司统治。对四川、云南、湖广等行省共设有大小土司行政机构296处。其中四川行省宣慰司1、安抚司2、蛮夷路3、蛮夷州6、长官司2、土军1、蛮夷千户所1、蛮夷洞15、蛮夷处6、蛮夷寨4；云南行省宣慰司4、宣慰司都元帅府1、宣抚司3、军民总管府25、蛮夷路19、蛮夷州39；湖广行省宣慰司3、宣慰司都元帅府1、安抚司13、长官司5、军民总管府5、蛮夷路19、蛮夷州38、土军2、蛮夷洞16、蛮夷处31、蛮夷寨33。

元朝对土司的设置、任用、承袭、贡赋、义务、征调等都有具体的规定，土司统治制度已经基本创立。元朝土司制度统治的具体方法有如下这样几项内容：

第一，设立各种土司职务

元朝土司官职大者有宣慰使、宣抚使、安抚使、招讨使、长官司诸职。1.宣慰司，掌军民之务，分道以总郡县，行省有政令则布于下，郡县有请则为达于省。有边陲军旅之事，则兼都元帅府，其次则只为元帅府。其在远服，又有招讨、安抚、宣抚等使，品秩品数，各有差等。宣慰司之官职又分为五种：宣慰使司——"级别从二品。每司宣慰使三员，从二品；同知一员，从三品；副使一员，正四品；经历一员，从六品；都事一员，从七品；照磨兼架阁管勾一员，正九品"。宣慰使司都元帅府——"级别从二品。使三员，同知二员，副使二员，经历二员，知事二员，照磨兼架阁管勾一员"。官阶与宣慰司同名官员同。宣慰使兼管军万户府——"每府宣慰使三员，同知、副使各一员，经历一员，照磨兼管勾一员"官阶与宣慰使司同名官员同。都元帅府——"都元帅二员，副元帅二员，经历、知事一员"。元帅府——"级别正三品。达鲁花赤一员，元帅一员，经历、知事各一员"。上述五种宣慰司一级土司机构的官员不完全都是由各民族的首领担任的，间或也有元朝派去的官员，但其机构仍是土司机构。2. 宣抚司，"级别正三品。每司达鲁花赤一员，宣抚一员，同知、副使各二员，佥事一员，计议、经历、知事各一员，提控案牍架阁一员"。3. 安抚司，"级别正三品。每司达鲁花赤一员，安抚使一员，同知、副使、佥事各一员，经历、知事各一员"。4. 招讨司，"级别正三品。达鲁花赤一员，招讨使一员，经历一员"。5. 诸夷长官司，西南夷诸溪洞各置长官司，级别如州：设达鲁花赤一员、长官、副长官各一员。

宣慰司、宣抚司、安抚司、招讨司、蛮夷长官司以下还设有蛮夷千户所、洞、处、寨等许多官职，均系专门设在民族地区的土官职名。另外还在民族地区或接近内地的地区设路、府、州、县，同样设置各级土司，路为总管府总管、府为知府、州为知州、县为知县。至元八年，改威楚路，置总管府。元贞二年置云远路军民总管府。大德中置彻里军民总管府。又在金齿宣抚司下设置柔远路、茫施路、镇康路、镇西路、平缅路、麓川路。至元二十年，四川行省讨平九溪十八洞，以其酋长赵阙，定其地可以设官者与其人可以入官者，大处为州，小处为县，并立总管府"。所设路、府、州、县大多置各级土官官职。

第二，任用各民族中的豪族酋长为各级土司土官

元朝比较广泛的任用南方民族的豪酋为土司土官，从宣慰使、宣抚使、安抚使、长官司到路、府、州、县的长官大多以各民族中的豪族酋长来担任，元朝在云南、四川、广西等地都曾任用豪酋为宣慰使或宣慰使司都元帅。在云南，至元十八年（公元1281年）大理归顺元朝，信苴日（白蛮）与其子阿庆复入觐，元帝嘉奖信苴日为大理威楚金齿等处宣慰使、都元帅，授其子阿庆袭爵，为镇国上将军、大理金齿等处宣慰使都元帅，佩金虎符"。泰定四年（公元1327年）八百媳妇蛮请求册封官职，元帝设置蒙庆宣慰司都元帅府，以土官招南通为宣慰司都元帅"。"至顺二年（公元1331年）置八百等处宣慰司都元帅府，以土官昭练为宣慰使

都元帅"。在四川，于至元十三年（公元1276年），宋朝播州安抚使杨邦宪"奉版籍内附，授龙虎卫上将军、绍庆、珍州、南平等处沿边宣慰使"。后于至元十九年（公元1292年），"以杨汉英为绍庆、珍州、南平等处沿边宣慰使，行播州军民宣抚使、播州等处管军万户"之职。泰定四年，（公元1327年）"以思州土官田仁为思州宣慰使"。

宣抚使：元代任用土酋为宣抚使的很多，因宣抚司都设在各少数民族的边远偏僻地区。如"改鬼国为顺元路，以其酋为宣抚使"。后至元元年（公元1341年），"平代、都云、定云首长宝郎、天都虫来降，即以其地复立宣抚司，参用其土酋为官"。"以叙州宣慰司为叙南等处诸部蛮夷宣抚司"，蛮夷宣抚司的宣抚使也是以土酋担任。

安抚使：元朝任用的安抚使，在四川，有西川都掌蛮得兰纽为都掌蛮安抚使，阿永为西南番安抚使，播州安抚使杨邦宪，思州安抚使田景贤等。西南诸番中有小龙番静蛮军安抚使龙小零、大龙番应天府安抚使龙延三、卧龙番南宁州安抚使龙文求。在广西，有左右江土酋岑世兴和黄胜许分别为沿边溪洞军民安抚使等。

长官司长官：即蛮夷长官司长官。蛮夷长官司有的又称管军民司或蛮夷军民司，十围、安化等新附洞蛮凡八万，宜设管军民司，以其土人蒙意、蒙世、莫仲文为长官"。"木瓜犵狫蛮夷军民长官"，"卢番蛮军民长官"。实际都是蛮夷长官司的长官。

路、军民总管府、总管府的土官：元朝任用土酋为路、军民总管府、总管府的土官较普遍，在四川有3个路，云南有19个路、25个总管府（或军民总管府），湖广有19个路、5个总管府的官员都是由土司担任。"立亦奚不薛为总管府，命阿里为总管"。"以金齿归附官阿鲁为孟定路总管"。"置车里军民总管府，以土人寒塞为总管，佩金虎符"。 府、州、县土官：元朝任用土酋为府、州、县官员最多，据不完全统计，元朝在四川、云南、湖广等地任用的府、州、县土酋官员就有150人左右。在《元史》中有许多记载。如木来军民府以"其土人马列知府事"，四川大盘洞蛮地"立盘顺府，命谋谷什用为知府"，广西太平州知州李以忠的祖先在元朝曾任过太平府知府。 元朝还任用土酋担任行中书省的官职，有的土酋被任用担任行中书省的参知政事、左丞、右丞、平章等官职。如信直日"释为云南诸路行中书省参知政事"，后其子"阿庆袭爵"。播州杨邦宪"赠推忠效顺功臣、平章政事"。中书省的官职为加衔的虚职，多不参与行中书省的管理，且不少为"遥授"，如"云南宣慰使土官举宗、禄余并遥授云南行省参知政事"。"以安南国王陈益稷遥授湖广等处行中书省平章政事"。

第三，规定了土司的义务

元朝对所任用的土司都规定必须向中央王朝尽一定的义务，"南方旧有散毛洞，元朝天子早纳贡"。贡赋包括朝贡和纳赋两项内容。

朝贡。按元朝对土司的要求，土司从归附之时起就必须按规定时间朝贡，有一年一次、两年一次或三年四年一次。"命播州每岁亲贡方物"是一年一次。洞蛮进方物"率二岁以上"，邦牙等处宣慰司都元帅府其地在云南极边，"令三年一贡方物"。这是二年、三年一贡之例。除定期朝贡外，还有特殊事件的加贡，如至元三十一年（公元 1294 年）成宗即位，"云南部长边习四川散毛洞单顺等贡方物"。至大四年（公元 1311 年）仁宗即位，"金齿诸路献驯象"。"大德二年 9 月圣诞节，金齿国贡方物"，等即是。对朝贡的人数，元朝则加以限制，每次限定数人，最多也只数十人。至大四年，"思州军民宣抚使司招谕官唐铨以洞蛮杨正思等五人来朝"。至元二十九年（公元 1292 年），"斡罗思招附桑生猫、罗甸国古州等峒酋长三十一……诣阙贡献"。泰定二年（公元 1325 年），"平伐苗酋的娘率其户十万来降，土官三百六十人请朝。湖广行省请汰其众还部，令的娘等四十六人入觐"。元朝对土司贡物的品种、数量亦有定额，金、银、丹砂、雄黄、象、马、虎，豹、毡、刀等，土司须按规定数额交纳，并令不许超过限额，"乌蒙宣抚司进马逾岁献额"，即令减少按献额进献。对于土司的朝贡，元朝照例都给予优厚的赐予，赐物种类很多，数量可观。

纳赋。是土司对元朝中央所尽义务的重要内容。在元初设立土官之时，土司地区立赋法，征租赋。早在忽必烈进入云南之初，大理王段兴智降，"兴智与其季父信直福入觐，诏赐金符，使归国。丙辰，献地图，诸番平诸部，并条奏治民立赋之法"。后元将爱鲁于至元六年（1269）征服金齿诸部后，"定其租赋"。至元十六年（公元 1279 年）另一元将纳速剌丁"以军抵金齿、蒲骠、曲蜡、缅国，招安夷寨三百，籍户十二万二百，定租赋"。纳赋有常赋和增赋两种，云南景甸土官纳"常赋外增输金五千两、银七百两，许之"。纳赋多以金银、粮、布为主。土司是不能拒绝的，否则元朝会采取强征，甚至发兵征讨。因为这是一种隶属关系的表现，它象征着土司对中央王朝的臣服，意味着土司地区归属中央王朝的版图。第四，规定了土官的信物、承袭、升迁、惩罚的制度。元朝对土司的管理，从土司的任命、承袭、升迁到对土司的惩罚等都有明确的规定。

元缅战争既消灭了蒲甘王朝的势力，也结束了勐卯弄果占璧王国雅鲁王朝时代，元王朝自身也在这场历时十年的战争中元气大伤，到了公元十四世纪初，元王朝国内各地的农民起义风起云涌，元朝廷忙于派兵镇压全国各地的农民起义，已经没有能力顾及西南边疆。形势的发展变化给勐卯弄果占璧王国后来的兴起和发展创造了极为有利的条件。

（六）勐卯弄果占璧王国的女国王朝玉罕良

公元 1292 年，元世祖（忽必烈）至元二十九年，勐卯弄果占璧王国国王芳罕去世，芳罕有四位同父异母的公主和两个王子，长女名叫朗叶罕，次女名叫朗玉罕良，三女名叫朗安娥，四女名叫朗相艾，可两位公子均未成年。因召法芳罕无子继承勐卯果占璧王国王位，又因长女已外嫁汉官，于是众大臣经商议后决定拥立召法芳罕的二公主朗玉罕良继位勐卯王王位。公元 1293 年朗玉罕良公主承袭了勐卯王位后，成了勐卯弄果占璧王国历史上空前绝后的第一位女王。朗玉罕良称王以后，就把都城从南博河西岸的棒罕迁至南博河西南隅山脚下的允嫡。赫赫有名的允嫡公主城建成后，四周筑有高高的城墙，沿城墙四周挖有深深的护城壕沟，城内建立了公主的寝宫、公主歌舞榭台、公主坐骑象辇的洗象塘和女王商议朝政的王宫等建筑设施，整个公主城分布在占地面积约一平方公里的一片山坝结合部的二台坡地上，前倚绿水背靠青山，难攻易守，是一个险要的胜地。女王的公主城坐南朝北，女王宫前有一大片南博河的开阔地，从这里通向各地的道路四通八达，滔滔奔流的南博（河）自东南流向北注入瑞丽江，形成王宫的一道天然屏障；宫殿前面，远眺重重青山，连绵起伏，近望万亩良田，阡陌纵横，形成王宫的又一道天然屏障。加上允嫡城西北面的军事重镇货博，这里常年驻有王室的精锐卫队，兵精将勇，一有突发事件就能迅速调集到女王王城附近进行护卫，这些措施使女王的王城易守难攻，固若金汤。女王王宫与东北面的货允隔河相望，货允是专司王室物资供应的所在地，也是另外一个保护女王王城的军事要地，货博和货允互为掎角日日夜夜保护着女王王宫这个首脑机关，整体布局精当合理，防卫布阵天衣无缝，显示出嫡玉罕良女王有着卓越不凡的治国理政能力和思维缜密的军事才能。

　　住在女王王城城内的人，多是些宫娥彩女，她们是保障女王物质享受和精神生活享受的重要组成部分。这些宫娥彩女，每天都奔忙在允嫡王城通往王宫的一条大路上，顺着山麓向东走四百米来到女王的寝宫服侍女王的饮食起居，女王的寝宫有阳台、梳妆台和卧室三个结构层次，卧室内女王日常生活所需要的各种摆设井井有条，女王寝宫再往北走约三百米，就是女王的歌舞榭台，在这里经常会有宫廷歌舞伶人或者民间艺人在这里为女王表演节目，偶尔还会有来自缅甸、泰国、印度等国家的艺人也会在这里进行访问演出，因此这里经常是歌声悠扬，轻歌曼舞之音依稀可闻。离歌舞榭台不远有一个专门为女王乘坐的象辇进行洗涤清洁的洗象塘。女王出巡时多数都是乘坐象辇，身材高大的白色大象背上有用黄金和宝石装饰的骑楼，上面有宝盖为女王遮阳。女王的王宫建筑在一片约百平方米的开阔地上，女王王宫由十六块硕大的柱脚石支撑着高大的王宫立柱，每根立柱高约 8～9 米，柱粗约为 80 厘米。整个女王宫宫殿建筑面积约 128 平方米，进深 8 米，东西长约 16 米，可见当年女王王宫的建筑规模是十分气势恢弘的。

萨嘎历（傣历）662 年，公元 1310 年时，朗玉罕良女王因病不治与世长辞，人们悲伤不已，举国上下为失去这位美丽聪慧的女王感到难过，为她举行了隆重的国葬。朗玉罕良女王在位执政虽然只有 16 年，但在她执政期间，勐卯弄果占璧王国在反击缅甸浦甘王朝的入侵和元朝廷大军征剿缅甸浦甘王朝入侵军队的战争中，艰难地维护着勐卯弄果占璧王国傣族地区的统一和完整，执政环境之恶劣是可想而知的。但朗玉罕良女王作为勐卯果占璧王室的傣族公主，在其先父逝世后王位无人继承的严峻时刻，为了国家的利益，能够挺身而出，勇挑重担。不仅要顶住来自家族内部分裂势力对王位的觊觎，还要面对朝野保守势力固有的"母马不能挂铜铃，女人不能当召法（官）"陈旧观念的阻力，义无反顾地勇敢承担起历史赋予的重任，把维护勐卯弄果占璧王国的统治坚持延续下来。她为了国家和民族的利益而自己终身不嫁，用牺牲个人幸福的代价为民众谋取福祉，这绝不是一般普通的傣族女性所能办到的，真可谓巾帼不让须眉，朗玉罕良女王注定成为勐卯果占璧王国历史上空前绝后的一位传奇人物。

第三篇　勐卯弄果占璧麓川思氏王朝与明王朝三征麓川

一、勐卯弄果占璧王国女王朗玉罕良最后的抉择

公元 1310 年（元至大三年），承袭勐卯弄果占璧王国王位的女王朗玉罕良染上了疾病，经多方治疗仍无明显成效，病情越来越重。朗玉罕良自思来日无多，对身后让谁来继承勐卯弄果占璧王国王位、麓川路军民总管府总管的大事作了认真的考虑。她想，两个同父异母的弟弟都已年满 19 岁了，是可以接替王位的时候了。但是宫廷内外王族为争夺王位互相钩心斗角，明争暗斗愈演愈烈，如不尽早做出妥善安排，必将引起天下大乱。于是女王朗玉罕良便召集众大臣们对自己身后由谁来继承王位之事进行商议，经过众大臣们激烈的争辩后，最后由女王朗玉罕良做出了最后的抉择——决定由混依海罕继承勐卯弄果占璧王国王位、麓川路军民总管府总管。

提起这位混依海罕，他的传奇经历要从他的父王谬蚌芳罕说起。谬蚌芳罕有四位公主，长女名朗月罕，次女名朗玉罕良（就是当了勐卯弄果占璧王国国王的那位公主），三女名朗安娥，四女名朗相艾，可就是没有一位公子，虽然皇宫里除王后外，妃子也有一大堆，但没有一个人为他生下一个儿子。谬蚌芳罕为此十分苦恼，特意专设祭坛，日夜向陆哈佐天神祭祀祈祷，请求陆哈佐天神赐给他一个儿子。一天夜里，谬蚌芳罕临时想起过去曾经宠幸过的一个小王妃召朗婉，便到这个小王妃召朗婉的寝宫去歇息，小王妃召朗婉迎候谬蚌芳罕施礼问安后，莺声燕语地感激大王最近连日来一直到她的寝宫对她宠爱有加，让她感到十分高兴。谬蚌芳罕顿时感到事情有些蹊跷，明明他很久都未到过小王妃召朗婉的寝宫歇宿，她为何会说他近来天天都来宠幸她的话？谬蚌芳罕当晚不动声色，第二天立即布置专人昼夜监视小王妃的寝宫，看看究竟是怎么一回事。当天午夜，陆哈佐天神又变成谬蚌芳罕的模样走进小王妃召朗婉的寝宫，被监视人发现后，立即召集人马捉拿这个淫贼。宫中顿时一片混乱，惊动了谬蚌芳罕，当他起来问明此事后，立即亲自督促指挥抓捕淫贼的行动。陆哈佐天神听到人们来抓捕他的喧哗声，急忙跑出寝宫，飞身跃上宫殿屋顶，高声对谬蚌芳罕说："谬蚌芳罕，我就是你日夜祈求送子的天神，我是来给你送儿子的。"说罢一溜烟就不见踪影了。谬蚌芳

罕根本不相信是陆哈佐天神给他送子的事，一口咬定是小王妃召朗婉不忠贞，行为不轨。盛怒之下宣布剥夺小王妃的召朗婉的王妃封号，并立即将召朗婉王妃逐出王宫，贬为乞丐，使其以乞讨为生，并规定严禁她的远亲近戚及其他任何人给予接济。

小王妃召朗婉含羞忍辱被迫离开王宫，到处乞讨度日，无奈当时她已经身怀有孕，行动越来越不方便，不日即将临盆，再也无法四处乞讨了，只得到曼南盖莫村的山边住下，饥寒交迫，凄惨万分。曼南盖莫村的百姓见了，都十分怜悯和同情她，人人叹息她的命不好，大家念她曾一度是"召法弄"谬蚌芳罕的王妃，就违背"召法弄"谬蚌芳罕的警告，悄悄把她接到村中，给他盖了一间小草房，大家拼凑了一些生活用具，许多人又陆续给她施舍了些粮食和其他食物。小王妃召朗婉为了肚子里的孩子忍辱负重，在这间草房中艰难地生活着。不久，她终于生育了，一胎就生下了3个儿子。小王妃召朗婉分别给她的三个儿子取了名字：长子叫岩罕勐，次子叫混依海罕，三子叫混三弄。岩罕勐两岁时不幸夭折，老二混依海罕和老三混三弄则健康成长。

萨嘎历656年，召法弄谬蚌芳罕一命归天，因为无儿子接任，造成勐卯无国王继位的局面。一天夜里，树神洛哈佐托梦给一位主持政务的"波勐"说：如果你们诸位主持政务的"波勐"们要想使勐卯地方长久安宁、粮食年年丰收的话，只有请召法弄谬蚌芳罕的二公主朗玉罕良出来继承王位。第二天，众"波勐"集会进行了商议，大家认为：因召法弄谬蚌芳罕命中无子，只生有四位公主，长公主朗月罕已嫁给汉官汪章去了勐密，二公主朗玉罕良已成年正待字闺中，三公主朗安娥和四公主朗相艾都还未成年，只有二公主朗玉罕良聪明能干，才能出众，是继承勐卯弄果占璧王位和麓川路军民总管府总管的最佳人选，现在，洛哈佐神已降下旨意，要立二公主朗玉罕良出来继承王位，并将这一决定诏告天下，全国民众无不心悦诚服，为有这样一位女王来继任勐卯弄果占璧国王王位感到高兴。

公元1292年，朗玉罕良正式承袭王位成为勐卯王，朗玉罕良继任勐卯女王时，芳罕的小王妃召朗婉母子2人仍然在曼南盖莫村靠种地维持生活，生活虽然艰苦，但两个儿子都已健康长大，又很勤劳孝顺，一家三口的小日子也还勉强混得下去。

转眼间，小王妃召朗婉的两个儿子都已长成十五六岁了，家庭生活也渐渐得到改善，小王妃召朗婉总算熬出了头。一天，地方守护神突然给混依海罕托梦说："混依海罕啊，如果你们想得到幸福，想成为人中之王的话，就到你家耕地上边的石壁脚取出天神存放的印玺。别忘了我的嘱咐。"天亮起床后，混依海罕便将梦中的事告诉了三弟，两人似信非信地来到岩石脚挖取宝印。挖了一阵后，果然挖出了一块奇异的石头。这块石头呈四方形，色泽如玉，五面光滑，一面刻有文字，弟兄俩反复琢磨后，认定可能就是印玺，于是带着回家去。紧接着让他们感到奇异的事就一件件的接踵而来：回家路上碰到行人时，只见他们都个个都垂首弯腰，恭恭敬敬的侍立在路旁，待弟兄俩走后才敢慢慢离开。开始时弟兄俩还以为碰到了一些犯神经病的人，可后来所遇到的人都是如此。回到家后不久，村中的人又纷纷前来家中祝贺送礼，就连邻近村寨的人，也都络绎不绝的前来送礼祝贺。为什么人们突然尊敬我家呢？召朗婉惶恐不安，向两兄弟追问原由，兄弟俩才将挖得印玺一事详细说了一遍，但母子们仍不得其解。第二天，混依海罕弟兄俩又带着用叶子包好的饭团上山去割茅草。天时近午，弟兄俩都已经割好了大半担草正在吃午饭，洛哈佐天神变作一只白额金睛大老虎，一声咆哮，突然向混依海罕扑来，弟兄俩惊呼不已，准备拔刀搏击，这时见那只猛虎只是从混依海罕的头上一跃而过，随即就奔向森林，头也不回径自走了。

兄弟俩惊魂稍定，见这只老虎并不伤人，也就不再追赶。吃过午饭，割好茅草回到家里后，兄弟俩便将遇到老虎从混依海罕的头上一跃而过的事告知母亲和一些村里人。人们听后都很惊奇，大家一传十，十传百，很快就将混依海罕兄弟得印玺和遇虎的事传到了勐卯各地。

二、擒虎王思汉法——麓川王朝伟大的开拓者

萨嘎历673年(公元1308年)朗玉罕良在执政16年后去世,勐卯再次陷入没有国王的情况,"混胜"、"波勐"们经多次集中商议,迟迟拿不出主意。在一次商议会上,有一位"波勐"提出了混依海罕的事。他说:大家都还可能记得,还在召吴弄谬蚌芳罕坐镇勐卯王位的时代,他的小王妃召朗婉所生的两个儿子混依海罕、混三弄已经长大成人。这就是王室的现成的后裔,官家的血统,朗玉罕良女王也曾经提出过要让混依海罕继承王位的事,应该把他们接来继承王位。最后混胜和波勐们一致同意,迎接召朗婉母子三人回宫,并拥立混依海罕继承王位。

元惠宗至元六年(公元1340年,萨夏历702年),混依海罕接受"萨玛达"(傣语意为"伟大的领袖")称号,正式承袭勐卯弄果占璧国王、麓川路军民总管府总管的职务。登基的日子已经到来,大臣们齐集大殿。一切都按祖先法定的程序而进行。大臣们将混依海罕扶上王位,混依海罕自己取名思汉法,傣语意思为"非常威武的擒虎王"(汉文史书又称为"思可法")。思汉法国王请母后召朗婉和新册封的王后朗干罕赛公主同席就座,大佛爷为思汉法诵经祝福,大臣们一起跪地叩首朝贺。这位朗玉罕良女王同父异母的弟弟思汉法执掌了勐卯土司政权后,在傣族社会历史上揭开了大规模统一傣族地区的序幕,开创了勐卯弄果占璧王国新的辉煌。

(一)思汉法统一勐卯各勐的行动

被称为"虎王"的思汉法是一个很有才能的人,他智勇过人,具有远大的理想和抱负。思汉法由于不是从小就在勐卯王宫里娇生惯养,长大后按照体制规则承袭王位的,完全是凭

着自己的智慧和力量，经历了磨难与锻炼从体制外进入勐卯王宫获取政权的，因此他一登上王位后，就因才能卓著而被人们尊为"萨玛达"。思汉法决心要在雅鲁王朝末期果占璧王国已经完全解体的基础上，重新统一各地的傣族地方，立志要成为果占璧历代诸王中最强大、最有作为的一代君主。

思汉法登上勐卯王位后，立即着手在允遮海建立都城，他用了两年时间，征用了上百万人次的民工才建好允遮海都城，思汉法将新都命名为"允姐兰"。当时勐卯国的辖区包括勐卯（今瑞丽市）、勐宛（今陇川县）、勐腊（今盈江县）、勐底（今梁河县）、遮放（今芒市遮放镇）、勐焕（今芒市坝）、勐克（今保山市潞江坝）等地，与今德宏州境域大体一致。思可法登上王位后雄心勃勃，胸怀大志，但又脚踏实地，积极经营、谋划他统一傣族地区的宏图大业。他一方面加强巩固政权，扩充军队，同时又派遣使臣积极向元王朝进贡，俯首称臣，表现出对元朝廷服服帖帖的样子，马上赢得了元朝廷对他的高度信任，给他正式册封了"麓川路军民总管府总管"的职衔。第二步他便利用"麓川路军民总管府总管"这个元王朝给予的合法身份，有计划、有步骤地逐步实施其既定的计划：他先以缔结联盟的形式，兼并了勐卯附近的各部落，要求结盟各部落的"召勐"要以他马首是瞻，绝对服从他的领导。对敢于反对他的"召勐"就以武力进行征服，以此建立起来一支强大的军队。这支军队一经建立，思汉法就开始了他扩充麓川路军民总管府管辖疆域的行动。

公元1313年（元皇庆二年），思汉法刚刚迁都姐兰后，立即就给允线姐的岳叔丈混傣博写了一封亲笔信，派遣使者送去。信中主要说明：我们的近邻中国元朝帝国之所以不断发展强大，是因为他们把全国都统一在一个皇帝之下，各地都不闹分裂，上下齐心。而我们傣族地方则是各地各自为王，一盘散沙，现在已基本上分裂为勐卯、允姐和景洪（今西双版纳首府）三大块。这明摆着是我们傣族把刀把子给了别人而等着任人宰割了。过去我们傣族各地方虽然因为各自利益发生过一些摩擦，曾经铸成了错误。但是，为了让我们傣族地方有更大的发展，我们就应把这些错误让黄牛踩平、踩板而让它消逝吧！"独树不能成林，独户不能成村"。我们应抛弃前嫌，团结起来，携手合作，共同振兴我们的民族。可是混傣博看完此信后认为思汉法是为了打他地盘的主意，怒火中烧，立即杀了7个使者，只放了3个回去传达他拒绝认同的信息，混傣博并迅速派兵前去进攻勐卯。思汉法得知这一情况后，早已胸有成竹，立即派出军队到一些险要隘口进行阻击，一举全歼了来犯之敌。混傣博被打得无路可走，只得派出人员前去请求归顺，并盟誓此后不会再起二心。

公元1314年（元延佑一年），思汉法又派出使者去与勐密土司混傣恒商量结盟统一傣族地区的大事。混傣恒火气更大，坚决不同意结盟，也杀了7个使者，放回3个回去向思汉法传达他的意思。混傣恒为防止思汉法的报复，采取先发制人的做法，派出一员大将统领1000头战象和数万人的军队，一路直奔勐卯掩杀而来。然而思汉法早已严阵以待，仅用800头战象和数千骁勇善战的勇士便一举消灭了勐密地方土司的来犯之敌。过后不久，勐密地方的使臣便送来了混傣恒的人头，来使报告思汉法说：混傣恒脾气残暴，不识时务，勐密地方百姓已杀了他，并推举他的弟弟混傣盖为勐密的新"召勐王"。新召勐王混傣盖命我们带着混傣恒的人头前来谢罪，并表示徒弟不能跟师傅斗，勐密地方愿意归属思汉法大王，俯首听命思汉法王的差使。思汉法王接受了勐密新召勐王混傣盖的请求，并立即任命混傣盖为勐密地方的召勐王。允线姐和勐密两地的"召勐王"通过军事手段归顺思汉法王后，立即起到了杀鸡给猴看的效应，其他地方的小召勐王们纷纷见风使舵，一个个乖乖地听从了思汉法王的号令，与麓川王国思汉法王进行了结盟。

等勐卯附近各勐的归附大局一定，思汉法王便召集大臣们商议进一步继续扩张麓川王国疆域的战略部署，他分别派出一些大臣和武将，各带领一支精兵强将组成的军队到各勐地方进行思想说服和武力征讨，以统一各地傣族的"召勐"。使臣们和所率领的大军所到之处，各地"召勐"们在武力威胁面前都闻风归顺，派出的各路使臣都胜利而归。与此同时，思汉法还派出了一大批弟子，分别到一些著名的奘寺学习深造佛法，准备把南传佛教弘扬到被思汉法统一征服归顺的所有地区，以佛祖的教义来教化人们的观念。

（二）思汉法组织的东征行动

萨夏历679年（公元1316年），思汉法又率40万大军渡怒江东进，准备攻取云南省城，沿途攻城拔寨，所向披靡，兵锋直指昆明。元朝廷闻报，急派使臣前来安抚，思汉法迫使皇帝降旨，将昆明以西的地方归他管辖。思汉法班师回勐卯后，扩大领地的欲望继续膨胀，又相继征服了景迈、景线、景栋、景洪、措们、腊光、勐卫萨丽国及缅甸伊洛瓦底江的各个王国和部落。当果占璧王国勐卯附近的大部分"勐"被统一后。思汉法大王紧接着实施了新的举动，决心收复曾经被元王朝分裂出去后被元朝迁分封为土司所割据和占领的地区。

公元1317年（元皇佑四年），思汉法大王和三弟三弄法统率麓川王国的大军进行了东征行动，东征也很快取得了胜利。思汉法大王的大军以闪击战的行动迅速征服其它不愿归顺思汉法统治的地方后，为了消除元朝廷对他扩张领地行动的猜疑，便亲自带领使团来到了云南行省，要求梁王派人护送思汉法亲自到北京晋见元朝皇帝，向元帝说明情况。思汉法在北京皇宫拜见元朝皇帝时说："我们非常敬佩中国。你们国家上下统一，因而十分强盛，很值得我们学习。我这次来主要是恳请皇上赐回我们祖先原来管辖的旧领地，以安慰我们民族的情绪，除此之外我们没有其他的要求，也不希望出现什么摩擦而影响我们对朝廷的忠心。只

要皇上答应我们的要求，我们也就回去了"。此时，元王朝已经处于衰落时期，各地农民起义军纷纷揭竿而起反抗蒙古人的统治。元朝皇帝权威丧失，朝臣离心离德，国家财政困难，国库空虚，军队没有战斗能力。思汉法正是清楚地看清了这一形势，觉得这正是要挟元朝皇帝承认他所收复祖先故地的良机，相信元朝皇帝一定会无法拒绝他的要求。事情果然不出所料，正如思汉法原先的估计那样，思汉法如愿以偿地取得了元朝皇帝的默许。

（三）思汉法收复东南各地的行动

14世纪30年代后期，受第一次东征行动胜利的鼓舞，思汉法紧接着又出兵指向东南，一举攻下了景洪、勐腊等西双版纳地区、景栋、勐蓬等缅甸掸邦东部地区，老挝的南掌一带，以及泰国北部的景线、清莱、奔猜、剀浪（南邦）、弄城和清迈东面的巴斯东城等地区，致使景线和南人大量迁至查良和阿瑜陀耶地区，思汉法一举攻占了云南省礼社江（今元江）以西的各路甸。

思汉法王到北京向元朝皇帝请求承认他东征所收复的各召领地回到勐卯后不久，已经是公元1318年。大臣们来禀报，现探知，割据景洪、景栋、景海的勐乃"召勐"王刚刚死去，他所统治的各地"召勐"王们因相互争夺权力，致使勐乃地方一片混乱。思汉法一听，认为这正是征服统一勐乃地方的一个极好的机会，于是便当机立断，立即调集大军迅速征讨收复东南各地。思汉法统领的征讨大军先到景洪、景栋、勐巴、勐老、景线、景迈、景海、南奔、南邦等地，然后又到拉明、勐达卯（木旦）、巴果、达贡、达外等地。这次征讨行动更为顺利，大军所到之处基本都是兵不血刃，各地便纷纷闻风归顺，与麓川王国签订了自愿归顺的书面协定，愿意绝对服从思汉法大王的统治。

（四）思汉法西征勐卫萨丽的行动

思汉法统领的征讨大军迅速征讨收复东南各地后，公元1321年（元至治元年），思汉法大王雄心勃勃再次发动向西扩展疆域的战争。思汉法任命胞弟三弄法为元帅，统帅大军向西征讨勐卫萨丽（印度阿萨姆地区）。勐卫萨丽也是傣族聚居的地方，他们在公元1222年（南宋嘉定十五年），就已建立王国，三弄法统领的征西大军由3千兵马组成，分别由岛思远、岛思汉和岛法洛三位"贺色"大将军领兵指挥，浩浩荡荡跨过南鸠江（伊洛瓦底江）向西进发，出亲敦江、翻越那加山脉至雅鲁藏布江下游拉马普特拉河谷的印度阿萨姆地区。经过几年时间，先后征服了北起罕底（缅北葡萄），南至勐色、夏里的南鸠江西岸和亲敦江流域的广阔地区。西征战争行动很快取得了胜利，勐卫萨丽国举国上下都热烈拥护加入勐卯麓川王国，三弄法在这里建立起了"阿洪王国"。

思可法即位后，很快就吞并了西南的木邦、勐养、勐密、勐莫等地，然后又转而向东北进攻，致使茫施（今芒市）、迤西（今盈江）、平缅（今陇川）、南甸（今梁河）等路甸纷纷向元朝告急。思汉法连年用兵、扩张势力的行为让元朝廷中央政府达到忍无可忍的地步，元王朝元顺帝为了抑制思汉法扩大领地的野心，于至正二年（公元1342年）派云南行省参知政事不老三珠持元帝虎符率兵第一次征讨思可法。这次征讨行动从1342年打到1346年，整整打了4年时间，但云南行省兵稀将少，粮草不足，士气低落，一战而溃，虽然元顺帝又派新任云南行省平章政事亦秃浑来替换参知政事不老三株为统帅，率兵再次征讨思汉法，但征讨战事仍然毫无进展，亦秃浑仍然兵败勐卯地。朝廷看到用军事征讨手段不灵，于是，在1346年7月由元顺帝直接下诏书招谕思汉法，企图用文的一手来感化思汉法，但思汉法根本不屑一顾。

元至正五年（公元1346年），元顺帝再派贾熙敦来征讨麓川，贾熙敦见云南行省平章政事亦秃浑征讨麓川败得几乎全军覆没，心想自己也没有多大能耐，为了明哲保身，他刚刚进入麓川地界就以"烟瘴起，不宜战"为由半路折回。元至正六年、七年（1347年和1348年），元顺帝于心不甘，再次派孛罗和塔失把都鲁来征讨麓川，也先后败北而回。1347年，元帝只好派元帅述律亲自前往麓川登门拜访招谕思汉法，思汉法仍然不予理睬。思汉法依仗麓川王国实力雄厚、兵强马壮，对元朝廷软硬不吃的做法让元顺帝恼羞成怒，他大发雷霆斥责属下无能，盛怒之下又下诏书命令云南行省平章政事亦秃浑领兵再次出兵征讨麓川，同时还下诏书给云南各地的土官责令配合亦秃浑的征讨行动，企图用分化瓦解之策孤立思汉法。但是云南各地的土官都慑于麓川王国的实力不敢得罪思汉法，不愿意发兵配合元朝廷军队征剿思汉法。而元王朝错误估计形势，认为思汉法已年老体衰，已经无力控制麓川王国的大局，正是夺回被思汉法占据各土司领地的好时机，于是责令亦秃浑率兵攻打勐卯麓川王国。当元朝廷征讨大军来到大理洱海边时，思汉法大王已迅速调集大军前往抵抗，大理城外，两军对垒，思汉法阵营的一员大将出来呼喊："你们的死期已到，赶快前来受死，最勇敢最有本事的就先出来较量，如果我们胜了，你们就得从所占据的傣族地区完全撤出去；如果你们胜了，那我们就把整个傣族地区都送给你们。"话音刚落，亦秃浑为统帅的元军阵中闪出一位据说是最英勇的骑兵将领。见思汉法大王举着大刀，便跃马扬鞭冲上前去厮杀。当人们都还没看清思汉法大王怎样应对接招，只见这位元军将领的人头已滚落在地。思汉法大王捡起敌军头颅，先去敌军阵前炫耀了一番，再转到场中绕场一周，见元朝军队中再无人敢应战，麓川军此战已告胜利，双方各自鸣金收兵回营。

思汉法大王回到帐内，便立即派出几位使臣，带着贵重丰厚的礼品来元军大营中，拜见元军统帅平章政事亦秃浑，表示压惊和致欠，并表明愿向元朝廷乞降，双方永结友好。看到已经无法用武力取得征讨控制麓川王国的胜利，元朝皇帝也只得作罢。从此以后，元王朝军队再也没有能力来征讨麓川了。这就是汉文、傣文史籍中记载的"元不能征"的史实。

元朝廷所有这些举措都毫无结果，反而引发了述律元帅与云南行省平章政事亦秃浑关于如何对待思汉法不同意见的激烈争辩，双方闹得不可开交。此时的元帝也拿不出什么主意，只得"寝而不问"干脆对此事不闻不问。

思汉法代表新兴的傣族封建领主阶级利益，以统一民族，建立民族政权为号召，在兼并各傣族地方的战争中又采取"以各甸赏有功者"的利诱政策，因此深受各地傣族首领的拥护，军队斗志旺盛，经过多次击败元朝军队后，一时军威大振，国威大显。各地原来被元朝廷册封的路、甸土官相继向思汉法表示臣服。至此，"果占璧王国"已经形成一个管辖疆域庞大、国家实力强盛的国家。正如《百夷传》所说："其地方万里"，思汉法鼎盛时期的麓川王国的疆域：东至潞江坝湾甸，与永昌相连，东南边到达景东、车里、镇远、景谷以东的礼社江（元江）西岸，隔江与今楚雄双柏县相望；东南面包括西双版纳、老挝北部的南掌地区、泰国北部的清迈地区，以及缅甸掸邦的景栋地区；西南与东胡（洞吾）、得冷（得楞）、缅人（蒲甘）三国相接，包括今缅甸掸邦的东枝（冻基）、锡箔（昔波）、勐密、实皆以至曼尼普尔河与亲敦江汇合口的嘎里（加里瓦）地区；西面包括印度阿萨姆、曼尼普尔、加等地区；北面连接西藏边缘；东北面到达今怒江泸水县的怒江西岸以及整个潞江河谷，与云龙、保山接壤。整个区域，东起礼社江，横跨澜沧江、怒江、伊洛瓦底江、亲敦江，直至雅鲁藏布江下游的布拉马普特拉河谷。

公元 13 世纪末至 14 世纪初，勐卯果占璧王国及周边的形势，已经发生了很大的变化。一是元王朝进入衰亡阶段，全国各地的农民起义已经风起云涌，如燎原大火已经难以扑灭。而元帝所派遣镇守云南行省主政的梁王又与大理国总管段氏的矛盾日趋激烈，经常相互磨擦，你争我夺，根本无力顾及云南行省边境地区的事情。金齿（保山一带）地方各部落间连年内部争斗为乱。如公元 1313 年发生的"永昌蒲蛮阿八剌为寇"之乱、1318 年南窝蒲人作乱、1319 年 11 月"木邦路之乱"、1321 年 7 月"怒谋甸入侵茫施路之乱"、1322 年"镇西路大甸伙头之乱"、1328 年"怒江甸土官入侵乐辰诸寨"之乱，等等。元朝皇帝和镇守云南的梁王也都无力制止。虽然元朝廷明知思汉法已经攻占云南怒江西岸的大片地带，梁王也已经"不能克服"而任其长期占领。为得到元王朝的正式认可，公元 1355 年，（傣历 717 年，元至正十五年）思汉法派世子莽三亲赴北京进贡，请求元王朝给予赐封。元顺帝见军事征讨和招谕安抚文武两手都不能让思可法就范，只得顺水推舟，在思可法所占的地区单另设置一个宣慰使级的机构，封授思汉法为"平缅宣慰使司宣慰使"，让他官升一级，承认了这个傣族领主政权的合法性，让他管理实际占有的土地和人民，默认了思汉法扩大领地势力的既成事实，思汉法成为了元代皇帝以中央政府名义正式赐封的第一个大土司，名正言顺地成为了滇西傣族地区最大的封建土司。思汉法见既定目标已初步实现，于是假意感恩元朝廷的皇恩浩荡，让他的儿子莽三携带勐卯地方特产物品给朝廷纳贡，双方心知肚明，此事就这样不了了之。此后麓川王国与元王朝中央政府双方和睦相处，基本上没有再发生大的战事，一直延续了许多年。思汉法建立了强大的"果占璧王国"后，勐卯思氏土司自此开始，成为了果占璧王国最强盛时期的国王。

（五）思汉法—勐卯弄果占璧王国麓川王朝最强盛时期的国王

思汉法戎马一生，以他的雄才大略和浴血奋战终于恢复和建立了另外一个强大的勐卯弄果占璧王国—麓川王朝。思汉法原本只不过是一个部落酋长，可是他胸怀大志，一夺政权便积极经营，扩展领土。首先以缔结联盟的形式，兼并附近各部落。参加联盟的各部落酋长都要以他为盟主，听从他的调度差遣；反对他的就动用武力征服，思汉法善于委任有战功贤能之人当他的幕僚辅佐他以成大事，因而很快组织起一支强大的军队。军队一经组织后，便于公元 1335 年前后发动东征。由于他在征服各地的军事行动中采取了对愿意归顺的便封授官职保持原有领地和食禄，对反抗者便加以杀戮并另封授有功之臣领食征服地的策略，因此征讨军事行动进行得十分顺利，所向无敌，一举攻克了勒宏（怒江东岸的临沧一带）地区，直达礼社江（今玉溪元江）西岸的景东、镇沅、新平、莫沙和景谷等一带地区，思汉法对这些被征服的地区都一一委派了地方官进行治理。

思汉法的治国思想与作为：思汉法登上王位后，在修身养性、治国理政的思想理念方面，有他自己独到的一套观点，这在他为最早的傣文书《番盆》所写的序言中得到了集中的体现。他为此书所评说道："我们如何才能在思想上及语言实践中做一个能够自立的傣族？我们不能沉溺于那些使人怯懦的"阿銮"故事中！"。他还特别撰写了《人生须知》的文章。提出了不同年龄段人生的具体要求。年轻人：（1）要有健壮的体魄和一定的文化知识；（2）要热爱自己所做的事业，有较高的技能和做事的办法；（3）要热爱和勇敢捍卫自己的民族和国家；（4）要崇尚和学会武功，能自己防身；（5）要学习军事知识，一旦发生战争时能进行作战。对中年人：（1）要有管理地方的能力；（2）有发展地方经济和致富的才能；（3）有管理好业务的能力。老年时期，即年龄在六十岁以上的人的具体要求是：（1）能成为管理地方事务的村老或寨老；（2）有具备当地方官的各种能力；（3）有多多的文化知识，能够担任年轻人的教师，传授文化和实用知识。

思汉法还很关注文学艺术对人的思想的影响作用，他多次号召和鼓励作家、歌唱家们要多创作一些振奋民族精神，鼓励人民勇于进取的书籍和说唱词，以激励青年男女们都起来为振兴本民族和国家的大业而努力奋斗。为了统一全国民众的思想，他还效仿当年秦始皇的做法，下令在全国范围内焚毁那些使人怯懦无为的"阿銮"故事等书籍，并规定：凡是传阅、传抄或买卖此类书籍的人，一律治罪。

思汉法还专门组织有关专家、学者，分别修订了语言文字、天文历法、纪年、纪周（星期）等科学实用技术方面的典籍。

思汉法是一个励精图治、勤勉努力的人，他虽然身为国王，但除重大庆典和禁忌日之外，他都日夜为老百姓的事而操劳。他把王城里所有青壮年都组织起来学习文化知识和进行军事训练。国王和他的大臣还亲自来教授讲课，成效非常显著。国王下令在全国所有地区和村寨，都要在农闲期间把青年组织起来学习文化知识和进行军事训练。

公元1364年，思汉法已70岁左右，但仍雄心勃勃，再次发动了对缅甸的进攻。

思汉法始终坚持爱国统一的思想，始终坚持果占璧王国的疆域是中国皇帝管辖的地区，所以一开始取得政权便派人进京朝贡，请求封授，因而元朝皇帝也于公元1330年明确授予思汉法为麓川路军民总管府总管之职，当他为恢复果占璧王国的历史疆域而攻占了礼社江以西地方的时候，他也向元王朝明确表明态度："我们要回这些地方，不是为了占领这些地方，也不是为了抢掠这里的财富，而只是想请求皇上赐给我们老祖宗原有的领地和百姓，我们始终愿意服从元朝皇帝的领导，除此以外没有别的要求。"

思汉法采取分封土地的办法，推行封建制度。他每征服一个地方就"罢土官"，即罢免元王朝原先所授封的各路、甸的官职，任命他所封授的官职；实行他的"赏有功者"政策，对归顺他的土官赏还原有的土地，对反抗者坚决杀戮，再把他原有的领地赏给军内的有战功者。对他所封授的原土官和有功者，只要这些人坚决服从他的领导，听其调用军队和每年缴纳一定的贡赋，思汉法就不会干涉他们所管辖领地内的行政事务。所以追随思可法、甘愿为他卖命的大小官员和普通士兵，即使是"立者"（卫士）、寺"（门卫），也都各自有自己的份地，随便他们在份地内收赋税和派徭役。正如明代李思聪在《百夷纪略》所记载的那样："立者（门卫），亦领人户数百，皆听其使令，食其所赋，取之无制，用之无节"。就是思汉法的一个门卫也会得到数百户的人家供他支配，听他的使唤，供给他食用，要拿多少由他自己随心所欲。正是由于有了这些受了思汉法的既得利益而死心塌地追随思汉法的部下的拥戴和支持，因此思汉法建立起了一套较完整的等级制度。他称自己为"召法"，"犹如中国称君主也"；称自己的王城为"姐南"，"犹中国称京师也"；思汉法和他的统治集团的成员们生活极其奢华，虽然一个小官也腰系钣花金的腰带，思汉法每次出入，乘骑的大象和跟随的仆从不计其数充满大街。乘骑的大象用银镜数十面连缀于象鞍座，四周钉以银钉，象鞍上有护栏如交椅状，上面铺以华丽的锦被，鞍座上面设有锦缎制作的华盖，下悬铜响铃，有一个象奴坐在象鞍后，手执长钩驱使大象行走或者停下。思汉法的王后、王妃有数十个之多，服侍他们的奴婢有百余人。凡是思汉法要到那里去的时候，佣人、仆从携带着财宝跟随而行，随从者达千余人之多。思汉法的宣慰使司王府里日日欢宴、夜夜笙歌，极其奢靡豪华，如此可见一斑。

思汉法把国民分为"召"和"哈"两大等级，"哈"者永远是奴，非"召"血统便不能为王。还规定"召勐"（大臣）以下的官员晋见他时一律要下跪参拜等礼仪制度。

公元 1364 年（元至正二十四年），思汉法大王已经 73 岁高寿，为王执政已 53 年。但大王的身体还很健康，没有什么大的疾病，思想仍然非常机敏，能照常处理国家大事。

公元 1368 年（洪武元年），朱元璋领导农民起义军推翻元朝统治，建立了明王朝，元顺帝被迫从元大都北京退出，但当时云南仍处在元朝梁王的控制之下。也许是预感到麓川王国的历史即将要改朝换代，公元 1369 年（傣历 1463 年）的一天晚上，思汉法大王正在和大臣们在大殿里商议国事，突然一只吊睛白额猛虎咬死殿外守卫的士兵，直奔思汉法大王座前猛扑而来，思汉法大吃一惊，定睛一看这只猛虎竟然是当年他和兄弟落魄时上山割草遇到的那只猛虎，思汉法一面大呼救驾，一面急忙从宝座上闪身躲开。只见大殿上参加议政的各"召勐"王们见势不妙一哄而散，纷纷四散而逃，而几个列席议政的王子们却置自己生死于不顾，一拥而上争着去抢坐他的宝座。那只猛虎在思汉法后面紧紧追赶，把他从大殿追出王宫外，思汉法被追得气喘吁吁，最后实在跑不动了，只得转身拔出随身佩带的宝剑与猛虎进行格斗，然而此时的思汉法已经不是当年的"擒虎王"了，早已身衰力弱，哪里是猛虎的对手？在搏斗中被猛虎咬得遍体鳞伤，手中的宝剑也被猛虎的尾巴扫落在地。奄奄一息的思汉法看见猛虎一跃而起直扑过来，思汉法闭紧双眼大叫一声："我昔日威震八方的擒虎王今日却要丧身虎口了！"话音未落他猛然惊醒过来，才知道原来是南柯一梦。思汉法擦了一下满头的冷汗，回想着梦中的情节，不禁浮想联翩，往事蓦然涌上心头。他想起因自己轻信谣言被他赐毒酒害死的胞弟三弄法，想到各地"召勐"王个个心怀鬼胎时时想着要和他分道扬镳，想到大殿上的王子们置自己生死于不顾争抢宝座的情形，不禁老泪纵横，忽然有一种英雄末路的感觉，顿时感到心力交瘁，知道自己的寿终之日即将到来。为了尽早交代好身后之事，他命令侍卫把儿孙们统统召集到自己身边，说了三句遗嘱："顺应天命，手足相护，维护一统"，然后就阖然离世，无疾而终。威武一时的"擒虎王"、勐卯弄果占璧王国伟大的国王、麓川平缅军民宣慰使思汉法终于走完了他的一生，享年 78 岁。

思汉法逝世后，他的儿子思并法（思恒法）按例承袭了麓川王的职位。8 年后，思并法传其子思秀法（又名台扁）。这时，思氏家族内部发生争夺王位的宫廷内乱，思并法的几个儿子之间互相杀戮,相互倾轧,思秀法刚刚承袭王位才1年,就被他的叔父、思并法的弟弟召肖法杀之。召肖法杀死思秀法篡夺王位后的第二年,又被思瓦法杀死,思瓦法执政才两年多,又被大臣杀死在野外。这场内乱自公元1369年至1382年,共历时13年。思并法的儿子们在这场内乱中全部死于非命,致使勐卯弄果占璧王国王位到了无人承袭的地步。大臣经商议后决定拥立思可法胞弟三弄法的儿子思伦法来继掌王位。

三、毁誉参伴的开明君主思伦法

思伦法,(又称思混法、色拱法),意思是"虎佑王";他是思可法胞弟三弄法的儿子。提起这个三弄法,他在思汉法登基当上麓川王后,一直忠心耿耿地辅佐思汉法王兄南征北战,征服了各地的"召勐",为麓川王国开疆拓土立下了赫赫战功,但最后却因被部下陷害死于亲哥哥之手,令人不禁感慨万端。

那是在傣历癸亥年(公元1349年),即思汉法登上果占璧王国王位的第15年,三弄法奉王兄之命出任征西大元帅,率兵西征勐卫萨丽国。三弄法在西征中身先士卒、英勇善战,消灭了雅利安人的军队,取得了征服勐卫萨丽国的胜利,勐卫萨丽国随后派出高级使团随三弄法班师回朝的大军去勐卯向思汉法称臣纳贡。在班师途中,三弄法手下的将领岛思远和岛法洛竟然当着勐卫萨丽国使臣的面肆无忌惮口无遮拦地大谈勐卫萨丽人懦弱无能之类的话语,深深刺痛了勐卫萨丽人的心。为了挽回恶劣影响,混三弄当即对岛思远和岛法二人进行了严厉的斥责,并责成二人当面向勐卫萨丽国使臣赔礼道歉。岛思远和岛法洛二人恼羞成怒,自恃有功,由怨生恨,产生了暗害三弄法的心,他俩勾结起来暗地写密信向思汉法诬告三弄法企图联合勐卫萨丽国,要率兵杀回勐卯篡夺思汉法的大权,悄悄派人快马加鞭提前将诬告密信送回王宫交给思汉法,诬告信中说:三弄法企图谋杀我等,要在勐养自立为王。思汉法听信谗言后信以为真,便派使者赐毒酒让三弄法自尽。当三弄法班师回朝的大军刚到勐养时,思汉法派人送来的御赐毒酒已经送到。三弄法百口莫辩,又不愿违抗王兄的旨意,他立即召集所率领的各位将官及随行的勐卫萨利使团人员,当众剖明自己的清白,说明自己问心无愧,愿意遵照王兄旨意服下毒酒,并请勐卫萨丽国使团就此返回,以后的三年之贡,也请勐卫萨丽国到此地请勐养地方官转送。三弄法送走勐卫萨丽国使团后,便回房饮下思汉法赐的毒酒,当即吐血而亡。三弄法死后葬于南鸠江畔,成为"莫须有"罪名的冤死鬼。

岛思远和岛法洛得知三弄法已死,派人在勐卯四处散播谣言说:"思汉法大王滥杀功臣,竟然赐毒酒毒死了他的胞弟三弄法"。谣言很快在勐卯城内扩散开来,人人都知道思汉法大王滥杀功臣已毒杀了他的胞弟三弄法，唯独思汉法一人被蒙在鼓里。思汉法王的母后召朗婉听到这一谣言后也信以为真，认为这是兄弟间争权夺利导致的手足相残，心中悲痛欲绝。为了教训儿子思汉法，吃饭前她强忍悲痛，照常例先入座，先看仆人尝遍所有送上来的饭菜，看到没有什么问题后，便命侍从将国王所用的筷子收去一只。思汉法入席吃饭时看到自己面前只有一支筷子，百思不得其解，恳求母后说明原委。召朗婉泪如下雨，断断续续地说了所听到的谣言。思汉法才如梦初醒，断定是岛思远和岛法洛二人所为。他悔恨自己对这两个忘恩负义叛将的信任，竟如此轻信谣言自己砍了自己的手足，便下令让思嘎法率领军队对岛思远和岛法洛叛军进行讨伐。

思嘎法是思汉法的大姐朗月罕公主的儿子，秉性正直善良，又能文能武，且十分忠诚于舅父思汉法的事业，是一名难得的人才。思嘎法接到舅父的命令后，便立即率兵出发。不几天便顺利包围了勐卫萨丽国。在思嘎法来到之前，岛思远和岛法洛就得知他们的阴谋已经败露，便铤而走险，公开亮出反叛勐卯果占壁王国的旗号，叫嚣"消灭思汉法，打回勐卯夺天下"，纠集他们原来所统辖的部队，打算进攻三弄法的部队。思嘎法到勐卫萨丽国后，便立即收拢三弄法的部队，统一指挥展开了对岛思远和岛法洛叛军的讨伐战。这场讨伐叛军的战争一直持续了四年之久，最后终于全歼了岛思远和岛法洛的叛军，两个叛逆被思嘎法斩首示众，为三弄法报了仇恨。至今，印度阿萨姆邦的勐卯傣族后人仍供奉着这位"平叛将军"的画像。

（一）明朝大军征服云南与思伦法主动降明

明洪武元年（公元1368年），朱元璋将元顺帝赶到了大漠以北，自己很威风地坐上了龙椅。然而让明朝开国皇帝大伤脑筋的是，云南仍然被控于梁王把匝剌瓦尔密之下。这个叫把匝剌瓦尔密的梁王凭借着边疆山高皇帝远，一直没把这大明王朝放在眼里，仍然与北部边塞的元朝残余势力遥相呼应，仍臣属于"北元"。把匝剌瓦尔密有10万军队，这当然算不了什么，云南交通落后，大军行动困难这也不是问题，让人头疼的是遍布全滇的那些土酋部落。唐代在中国历史上是一个不能小看的昌盛时代，然而，一个小小的南诏王国却让大唐王朝的军队屡次败北。解决这里的问题就不能按照常规，三国时期，诸葛亮是个前无古人、后无来者的聪明人，在对待云南夷人的办法上最后也采取的是以夷治夷的办法。

明王朝建立之初，尚无力以武力征讨地处西南边陲的云南，朱元璋经过几年的审慎思考后，便想用政治方式来统一云南，最后决定采取的方法还是"云南僻远，不宜烦兵"。故派使臣王祎、吴云先后两次来到云南招降梁王，力争以和平的方式解决边疆问题。然而，梁王错误地估计了形势，仍然自恃僻远，朝廷无奈其何，拒不归顺不说，反而将明王朝派出的使臣杀害。朱元璋的政治招降、和平统一云南的策略失败之后，只好采取最后一招，武力征讨。《明太祖实录》记录了朱元璋对大臣们所说的一段话："云南自昔为西南夷,至汉置吏,臣属中国,今元之遗孽把匝剌瓦尔密等自恃险远,桀骜梗化,遣使招谕,辄为所害,负罪隐匿,在所必讨"。

朱元璋在建立明王朝后的十几年时间里,对盘踞在云南的元蒙势力一直视为眼中钉、肉中刺。况且,当时的银矿铜矿多数皆在云南,谁也不愿意钱袋子被别人攥在手里,只苦于云南地处偏远,道路险阻,进兵困难,所以,朱元璋一直采取招抚的政策,但梁王却拒不降从。不仅不从,梁王还公然将朱元璋的使者斩首,并且还年年遣使到漠北,朝拜退守在那里的元顺帝,让朱元璋更是恨之入骨。

经过十数年的苦心经营后,明王朝国力逐渐强盛,统治逐渐稳固,具备了征服云南的实力。洪武十四年（公元1381年）9月,朱元璋亲自制订战略规划,命傅友德为征南将军,蓝玉为左副将军,沐英为右副将军,统领30万大军出征云南。征南大军出师之日,朱元璋还亲自带领满朝文武为出师将士壮行。长江之上,旌旗蔽日,鼓乐喧天,30万大军浩浩荡荡地循江而上直奔云南而来。军行之处,所向披靡,11月克普定,12月下普安,年底逼近滇东重镇——云南曲靖。梁王把匝瓦尔密获悉明军到来,急忙派遣司徒平章达里麻,率领精兵10万屯于云南曲靖北郊的战略要地——白石江以拒敌,明军则日夜兼程,迅速逼近白石江。

元朝蒙古贵族对汉族百姓层层压榨,课以繁重的苛捐杂税,云南百姓早已苦不堪言,已经忍无可忍。如今听说明军前来讨伐,人人拍手称快,就连蒙古军队中的许多汉族子弟,也纷纷临阵倒戈,蒙元军军心极度不稳,朱元璋的大军很快就逼近了昆明城。

明朝平定云南的征南大军在傅友德、蓝玉和沐英率下,按照朱元璋的战略安排,夺袭白石江防线,全歼10万元军,兵不血刃进占昆明,巧布疑阵出奇兵,攻占大理,活捉了元行省平章段世及大理宣慰段明兄弟,接着明军又分兵攻取鹤庆、丽江、石门关、车里各地,至此云南全省基本平定。

明洪武十五年（公元1382年）,即明王朝平定云南的第二个冬天,明朝征伐大军抵达金齿地区,勐卯王思伦法见大势所趋,自知麓川王国的军队实在无法抗拒明朝大军的铁骑,便审时度势顺应潮流归降了明朝政府。公元1383年春天,思伦法派遣了人数众多的使团,携带了珠宝、玉石、白象、孔雀等珍宝异兽赴南京向明朝皇帝朱元璋进贡,表示希望继续承袭管理原麓川王国领地的职权,并向明王朝廷上缴了元朝廷所授予的"麓川宣慰使司"的印信,请求明朝皇帝正式加封给印。同时还将蒙古也先忽都、元知府土官段惠和入侵金齿地俘虏的明将指挥王贞送交给明王朝。明朝皇帝朱元璋为了安抚思伦发,进一步拉拢思伦发,特别派遣专使到勐卯宣布圣旨,册封思伦法为"麓川宣慰使"。当时由于勐卯王思伦法的举动深得明朝皇帝的欢心,麓川与明王朝中央的关系比较融洽,故根据思伦法的请求,明王朝又于公元 1384 年（明洪武十七年，傣历 1478 年）晋升"勐卯麓川宣慰使司"为"麓川平缅军民宣慰使司"，册封思伦法为麓川平缅军民宣慰使。让思伦法一下子兼任了麓川和平缅两地的"宣慰使"，使他成了比其他各地傣族土司权力更大的土司，以致发展到后来思伦法公然不把明王朝放在眼里，在野心的驱使下肆无忌惮地扩疆拓土，超越了明王朝所能容忍的最低底线，继而引发了震惊中外的明朝廷"三征麓川"之战。

思伦法被明朝廷册封为"麓川宣慰使"、"麓川平缅军民宣慰使"等职后，顿时声威大振，名声远扬，统治地位巩固。可是，到了洪武十八年（公元 1385 年，傣历 1479 年），思伦法与明军驻云南军队的总兵沐英竟发生了摩擦。思伦法和谁发生矛盾都好说，但与沐英闹矛盾就非同小可了。沐英何许人也？原来沐英是明朝的开国功臣，是个著名军事将领。沐英字文英，汉族，是濠州定远（今安徽省定远县）人，沐英自幼父母双亡，8 岁时被明朝开国皇帝朱元璋收为养子。沐英自小就是在战乱、兵营、征途中度过的。从公元 1356 年（元至正十六年）起，12 岁的沐英跟随朱元璋攻伐征战，开始了军旅生涯。公元 1362 年（元至正二十二年），18 岁的沐英被授帐前都尉，参与守镇江，开始担当军事要任。公元 1376 年（明洪武九年）以副帅之职随邓愈征讨吐蕃，因军功卓著被封西平侯，赐丹书铁券。平定云南和治理云南，是沐英一生的最大功绩。洪武十四年（公元 1381）9 月，朱元璋以傅友德为征南将军，蓝玉、沐英为副将军，率 30 万大军征讨云南。朱元璋亲自安排进军路线，要求先取曲靖，出奇制胜。他说："曲靖是进入云南之咽喉，元军必定会拼死据守这个要地，以抵抗我军的进攻。因此，要审察形势，制定出奇制胜的险招，才能让敌人措手不及，先取曲靖用意正在于此。"沐英等对朱元璋的旨意言听计从，跟随傅友德等率领主力先攻曲靖。元梁王闻讯明军要进攻云南，立即派平章达里麻率 10 万元军前去曲靖防御。沐英等率兵冒着大雾悄悄前进，以"出奇制胜"的行动，迅速到达曲靖城下。明军的突然出现，让达里麻大惊。当时达里麻军列阵在白石江西岸，明军来到东岸。傅友德欲率领明军即刻就渡江，沐英表示不同意见，说敌方已经兵陈对岸，扼制着江面，这时渡江于我军极为不利。建议部队以佯装从这里渡江的样子，陈兵江边而立，另外悄悄派数 10 人组成的特遣队从下游渡口潜渡过江，到达对岸敌军的背后鸣金吹角，大造声势，让达里麻的部队阵脚开始动乱，此时我征讨大军再趁机渡江。沐英亲自率领由勇猛善泅者组成的先遣队悄悄从下游渡口向对岸游去，登岸后立即发起攻击，大破敌前锋部队。达里麻的部队顿时慌作一团全军后撤。傅友德率领的明军正面攻击部队立即趁机渡江，与达里麻的部队展开大战。沐英纵马率领一支铁骑直捣达里麻的中军大帐，激战数个回合后，达里麻帐前卫兵被杀得横七竖八，达里麻被沐英亲手生俘。沐英将达里麻部下两万多被俘士兵悉数放还，让他们各归其业。此战让明军的声威大振，梁王巴匝剌瓦尔密闻讯后自知大势已去，不愿被明军俘虏拔剑自杀。沐英、蓝玉率兵直逼昆明城，昆明城守军早已斗志全无，右丞相观音保打开昆明城门，昆明城不攻而破。自从9月上旬沐英等人率兵从京师出兵，到平定云南，仅用了百余日时间，盘踞云南的残余元朝势力就被消灭。

　　云南西部大理一带残存的段氏割据势力，盘踞大理已经数百年。大理城背靠点苍山，面临洱海，号称天险。洪武十五年（公元1382年）闰2月，沐英随蓝玉率领明军向西进攻大理。大理段氏王朝用重兵死守下关（点苍山有上、下二关，又称龙首、龙尾关，守此二关大理可确保，下关尤为重要）。沐英、蓝玉遣王弼将军进攻上关，自己率兵主攻下关，两军形成掎角之势；另派一支劲旅攀登点苍山背后而上，布下疑阵居高临下摇旗呐喊进行策应。沐英自己身先士卒，策马渡河，河水淹没马腹，将士紧随他的马后，没有一个人敢落后，就这样斩关夺隘，直向段氏下关守军阵前冲去。段氏军队被前后夹击，不知背后明军虚实，防守阵势立刻大乱，段氏兵败被沐英生俘。攻占大理后，沐英、蓝玉又分兵征伐云南其他地区，或通过下谕进行招降，或通过武力进行征讨，云南西部大部地方都先后归附了明朝。沐英、蓝玉的明军顺利取得平定云南西部的胜利。7月，沐英率师返回滇池，和傅友德合兵平定一些叛乱地区。9月，当傅友德、沐英再次领兵征服云南其他地区时，原大理段氏土官杨苴散布说明朝大军已回，纠合了元朝旧部20万人攻打昆明城。当时镇守昆明城的守将是冯诚。昆明城中缺粮少药，守城士兵进入云南后水土不服，多数人都生了病，形势十分危急。沐英闻讯后，立即率兵返回昆明，和冯诚同心合力，打败了叛乱的段军，确保了昆明城，稳住了云南大局。洪武十六年（公元1383年）3月，朱元璋皇帝诏书命令傅友德、蓝玉班师回朝，命令沐英率数万军队留守云南。明朝廷在云南设置了都指挥使司、云南布政使司，建立起统管云南的军政机构。在云南各地设置了卫、所，开辟修筑了交通驿道，形成了一套系统的行政管辖体制。后来又把云南分为52府，63州，54县，民政系统也日趋完备。沐英主政治理云南后，大搞驻军屯田制，解决了驻军的粮食自给问题。洪武十九年（公元1386年）9月，他又上疏朱元璋，说"云南地广人稀，适宜大搞屯田，令军士开荒地进行耕种，以备粮食储蓄"，朱元璋立即同意了沐英的建议。沐英命令云南驻军一面担任卫戍任务一面进行屯垦，既解决军队的吃粮问题又稳固了驻守地的安定，一举两得。沐英还上疏朱元璋同意招引云南省外的人民携家带口来云南进行屯田，朱元璋同意了沐英的意见，下诏命令外省人到云南进行屯田，一时云南屯田大兴，粮食收获也大有增加。沐英还以屯田数量的指标来考察各级官吏的政绩，赏罚负责的官员。沐英主政云南的九年时间里，屯田总数达到百万余亩，丰厚的土地资源和内地先进的农业生产相结合，有力地促进了当时云南的农业发展。

　　沐英还组织昆明城里的民工疏浚城里的河道，扩宽滇池，兴修水利；招外省商人入滇进行商业贸易活动，运进米谷帛盐，发展商业。他通过开发盐井，增加云南地方财政的财源，这是沐英治滇卓有成效的重要内容。他还整修交通道路，保护粮食运输，使云南农业商业都有很大的发展。沐英在云南增设了府、州、县学校达数十所，选择民间成功人士及土官的优秀子弟入学，每月免费提供膳食，每学期免书杂费，每年还补助发两套校服，是云南最早在教育方面实行"两免一补"政策的鼻祖。他本人也经常读书手不释卷，学而不厌，闲暇的时候还邀请许多儒生在一起讲经说史，开展学术理论研讨活动，礼贤兴学，传播中原文化，很受知识分子们的好评。在沐英主政统治云南的时期，云南社会秩序相当安定。洪武二十二年（公元 1389 年）冬，沐英入朝晋见皇帝，朱元璋特别赐宴奉天殿（皇帝办公的正殿），给予了沐英厚重的赏赐。朱元璋高兴地说："能让朕对南方局势高枕无忧者，唯有你沐英呀！"。思伦法惹上的沐英就是这样一个人，这让思伦法后来吃尽了沐英带来的无尽苦头。

（二）景东之战——思伦法与明朝廷的维权冲突

思伦法与沐英的矛盾来自对景东府的归属问题所引起的冲突。景东，傣语称为勐谷，其中心城镇称为铜城，意思是说景东城固若金汤就像铜铸城池一样。景东坝子原就是傣族居住的地区，傣语称之为勐谷，而将其土官所在的治所铜城称之为景东。元至顺二年（公元 1331 年），元朝廷在景东设置了景东府，但到至元、至正年间（公元 1335—1340 年），勐卯"麓川平缅军民宣慰使"思汉法占领了景东府，并自己设置地方机构，委派征战有功的人员任职进行治理。明洪武十五年（公元 1382 年），景东"陶勐"俄陶突然宣告脱离麓川王国，直接归顺于元朝云南行省管辖。本来，明王朝在开国之初，为顺利平定云南，不想在边境少数民族地区另生枝节，当思伦法派人前往陈说原来麓川思汉法东征时占领景东府的原由，表达希望明朝廷继续承认景东归属于麓川的愿望时，明朝廷便顺水推舟迅速接受思伦法的表示，承认其所占有之领地和所实行的礼制，反而封给思混法以比府州还大得多的宣慰之职，并立即派专使前去勐卯地方进行抚慰，以封官许愿的手段，企图达到拉拢麓川王国的目的。但是，明王朝又十分顾忌边境地区存在过于强大的地方世袭势力会引发后患，故同时又千方百计在暗地里采取措施，逐渐加以削弱。现在思伦法辖区边境的景东府陶勐俄陶直接前来请求归附，正是求之不得的事。于是，云南总兵沐英便立即把此事上奏朝廷，明朝廷迅速赐封了景东俄陶以土知府之职，并迅速派出一支明朝官兵部队进驻景东，以防麓川思伦法麓川军前来报复。思伦法对明朝中央政府把麓川王国统一于中国并无任何异议，可是他总想保住祖宗盛业，以完整的麓川王国领土统一臣属于中央，现在景东俄陶首开先例背叛自己而直接归于中央王朝，唯恐此例一开整个麓川王国就会一动百摇，难以再保住边境。因而在公元 1382 年俄陶脱离麓川之时，思伦法专门派人前往景东警告俄陶，但此举未起作用。思伦法当得知除景东外，勐卯国边境地区还有不少土官也想脱离自己的控制而直接归附于明王朝，而边境地区的逐渐瓦解，势必影响到整个麓川王国政权的稳定，问题是严重的。于是思伦法便召集众大臣就如何对待景东俄陶土官直接归附明朝之事进行了商议。在勐卯麓川王国统治集团内部对景东俄陶脱离麓川归附明朝廷一事的具体做法曾经发生过激烈的争论，以刀斯郎、刀斯养等为代表的强硬派，坚决主张对景东俄陶等反叛的土官通过讨伐手段进行严厉惩治，为此不惜与明王朝对立。主和派持与明王朝和睦相处的观点，反对轻易发动这场战争，主张向明王朝请求进行协商解决。思伦法也深知，如果麓川轻易动用武力进行征讨，则明王朝必定要出兵进行保护，双方必定会发生冲突，这既破坏了勐卯麓川王国与明朝廷刚刚建立起来的友好关系，而且从经济和军事实力较量，勐卯麓川王国也不是明朝廷的对手，勐卯麓川王国不可能取得最后的胜利。这场争论的焦点是用武力讨伐还是向明王朝请求进行协商解决。思伦法高瞻远瞩，深谋远虑，是倾向于采取向明朝廷请求协商解决的主张。但是，主张对景东俄陶坚决进行讨伐的强硬派势力十分强大，在思伦法的统治集团中，特别是在军队高级将领中，不仅有以刀斯郎、刀斯养为代表的137名各级将领坚持这一立场，还有后来把他赶出麓川的重臣刀干勐一伙人。这些人认为不进行讨伐就是卖祖求荣，是拱手把傣族地方的土地奉献给汉人，是傣族人民的叛徒。最终，公元1385年思伦法不得不做出同意派兵征讨惩治景东俄陶的决定，他唯一的想法就是，景东只是一小块地方，明朝廷会看在过去友好的关系上，对此事大事化小，小事化无。据此，公元1385年，思伦法调动了10余万人的麓川军开始了征讨景东俄陶的军事行动。俄陶虽有明朝政府云南总兵沐英派都督冯诚所率军队的助战和保护，但毕竟人数太少，与麓川王国派出的大军相比处于绝对的劣势，因此，两军交锋后，土知府俄陶率领的傣族军队虽然进行了抵抗，但根本不是麓川军的对手，沐英派遣都督冯诚保卫景东的明军将领千户王升战死。东川、芒部等地彝族土司不但不把粮草供应给明军，反而供给思伦法的麓川军"人粮、象粮、马草料"，并派部下将领阿奴亦结前往麓川军与思伦法进行联络，两家采取联合行动，对明军实行东西夹击，至此，胜败已成定局。明朝廷都督冯诚所率的官军和俄陶仅有千余人逃走。勐卯麓川大军在景东之战击败了云南总兵沐英所派都督冯诚所率军队的阻击后，附近一带原已宣告脱离勐卯麓川王国归附明朝政府的各地土官又纷纷回归了过来，并表示愿为勐卯军平定边境尽最大的力量。沐英无奈之下，只得将俄陶撤退到大理弥渡，安排在白崖川进行避难；麓川王国思氏征讨大军收复景东府后，也只留少数部队进行驻守而大军全部撤回了勐卯，思伦法没有料到的是这次他碰到的对手是沐英，这是明朝开国皇帝朱元璋的义子，后来他为此次行动付出了沉重的代价。这次交锋虽然沐英安排的冯诚所率的官军没能保护俄陶守住景东，朝廷也没有过多追究沐英的责任，但沐英却记下了思伦法的狂妄，决心一定要找机会报这一箭之仇。

（三）摩沙勒之战——沐英总兵对思伦法的第一次惩戒

景东之战后，明朝廷认真总结了景东之战的教训，认为思伦法的举动已经严重威胁了明王朝在云南的统治，必须重整旗鼓认真对付麓川王思伦法的扩张野心。于是，沐英总兵除命驻军多加提防外，还多次派人到麓川进行侦察，摸清麓川军的底细，准备再次征讨麓川。明王朝加强对麓川前线金齿、品甸（今祥云）、楚雄和澜沧江中游地区的防卫工事的修筑，从内地调动兵力到云南进行军屯，以解决军队粮草给养问题，并征调车里、元江、顺宁等地土司的傣族军队以加强明军的兵力，准备再次进讨麓川。正当明王朝调兵遣将之际，思伦法乘明王朝战备尚未就绪，发兵进攻马龙他郎甸的摩沙勒，妄图从中打通一条通往东川，芒部和广西一带的通道，让麓川王国的联盟集团能够连通一气，一举歼灭明军于滇东北。

明洪武二十年（公元 1387 年，傣历 1481 年），思伦法的军队在进驻景东所属的马龙他郎甸的摩沙勒（今新平县莫沙地）时，沐英又派另一个都督宁正率兵前往攻打摩沙勒，引发了史书中所记载的著名的"摩沙勒之战"，让思伦法初次尝到了沐英给他的苦头。

马龙他郎甸在今玉溪新平及墨江一带，马龙他郎甸的摩沙勒，即傣语的"莫沙勒"，其意为莫沙上寨。其地在礼社江（元江）西岸的镇沅与新平之间（今属新平县）。莫沙勒这一地区，是思汉法于元至元中（公元 1335—1340 年）攻占并设官吏管理的治所。威远（今景谷）、远干（今镇沅）二府，自元末以后一直为思汉法所侵占，至明洪武三十年（公元 1397 年）时仍是麓川之领地，可是，明王朝在承认麓川政权及其领地之后，又害怕这股强大的势力会成后患，于是便推行削弱麓川势力的策略，逐渐分而治之，以消除隐患，进一步稳定边疆。因此，沐英首先便进行发动和支持紧靠麓川边境地区的土官脱离麓川而直接依附于明王朝的工作。经过几年的努力，原属麓川的摩沙勒一带的不少土官，都已经直接归附而接受了官职。思伦法见景东之战后，明朝廷并没有更大的举动，于是产生了错觉，便决定发大军前往征讨摩沙勒，以求稳定边境。而在明朝廷方面，也深知思氏用武力争夺边境归附明朝土官的严重后果和恶劣影响，对如何反击思伦法的进攻做出了精心的策划。所以勐卯讨伐大军刚进入到摩沙勒，沐英便立即派出都督宁正率领的重兵前往阻击，这就发生了史书所称的"摩沙勒之战"。在这次战役中，由于明朝廷军队事先就有防备，为麓川军精心布置了伏击圈，而麓川军毫无思想准备，冷不防被明朝官军打了个伏击战，结果麓川军在摩沙勒之战中伤亡惨重，丢盔弃甲大败而回。

（四）定边之战——冷热兵器的战争较量

明洪武二十一年（公元1388年）3月，报仇心切的思伦法头脑开始发热了，他为了擒拿跑到白崖川避难的景东俄陶和报麓川军兵败摩沙勒之仇，又征调麓川及各地的大军30万人，战象百余头，前往白崖川擒拿俄陶，来到了定边（今大理州南涧县城一带）。定边即今大理的南涧县，"南涧"是傣语，因境内的河流而得名。其地在澜沧江东岸的景东县之北，是由景东、云县等地通往大理弥渡之要冲和主干道。

思伦法率领的勐卯麓川大军兵至定边，立即遭到早已严阵以待、准备充分的定边城明朝守军的顽强抵抗，勐卯麓川远征军围攻定边城长达半个多月仍久攻不下。沐英总兵得报勐卯麓川远征军已经围攻定边城的消息后，深知这场保卫战失败的严重后果。为了要巩固经过长期工作才分化出来的各土官领地，更重要的是稳定大家的人心，进一步削弱勐卯麓川王国的势力，于是便决定自己亲自挂帅指挥这场战役，他认真研究了勐卯麓川军的特点，知道象阵历来都是勐卯果占壁国傣族军的劲旅。从钱古训考察勐卯麓川王国后向朱元璋报告中了解到勐卯麓川王国的老百姓没有军民之分，聚集起来就是军队，不打仗时就分散到乡村里当农民。遇有有战事发生时，每三五个人中就要参军出征一名，选择其中体魄健壮者为正式军人，称为锡剌，锡剌只需要携带自己的兵器参战御敌就行了，专门有许多人为参战的兵士供应所需要的粮草物资，所以勐卯麓川王国对外征战时，名义上有士兵五六万人，但真正参加战斗的士兵却不满2万人，其余3万多人都是搞后勤保障的。麓川王国军队以战象为雄势，战斗时士兵把自己绑缚在战象身上，裹皮革肚兜，披铜铁制作的衣甲，用长镖和弩箭为武器，经常练习射击弓箭。征战时短兵相接，战象的威力十分突出，中原地方的士兵和马匹从来没有见到过大象，更没有训练过与大象进行作战。因此，初次作战时见到这种庞然怪兽必然会惊恐万状，溃不成军。沐英还从钱古训的报告中得知：打破象阵之术，必须首先要毙伤战象，出奇兵冲乱其象阵的阵脚。沐英认为，麓川王国军队兵力素质本来就不如明朝迁的正规军强，只是有战象助阵特象以为强，如能知晓攻破象阵之秘诀，则麓川王国的象兵就不会那么可怕了。于是沐英向皇上奏报，请求批准同意从皇上亲自指挥的神机营中精心挑选了骁勇善战的骑兵3万人，昼夜兼行增援定边。沐英的神机营3万铁骑马不停蹄疾驶15日终于赶到定边城下，以3万人敌30万人，这简直是一场军力根本不对等的战斗。明朝廷官军们以必胜的信心和勇气，发起了对勐卯麓川远征军的决战。两军对垒，看到明朝廷官军少得可怜的人马，勐卯麓川军的将士们个个傲气十足，根本不把他们放在眼里。沐英总兵不动声色先派遣都督冯诚出兵挑战麓川远征军，麓川远征军以每万人驱使30余头战象应战，大军像潮水般涌向前来挑战的明朝官兵，都督冯诚率领的明朝官兵败退回到明军阵前。这时，只见沐英总兵挥动旗帜，又派指挥张因率神机营骑兵5千人为前锋向麓川军阵营杀去。沐英之所以敢于以弱对强，就是因为手中有"神机营"这张王牌。"神机营"是明朝军队中担负着"内卫京师，外备征战"重任的特战队，主管操练火器及随驾护卫马队官兵，是皇帝直接指挥的战略机动部队。明朝军队的战争形态、战争模式和之前的历朝历代相比，都有了非常巨大的变化，其中火器的应用起到了核心作用。如果说中国的火器在战场上的应用，宋朝是萌芽阶段的话，那么到了明朝就是大发展的时代，而出现这种形势则是与朱元璋事业的发展历程息息相关的。

朱元璋在长江附近参加农民起义起家，在他发展之初，就有一个叫焦玉的人献上了他所研制的火器，于是朱元璋的起义队伍成为了江南各路起义军中唯一把火器作为军队制式装备的起义军。江南一带水网纵横，蒙古兵引以为傲的骑兵队伍发挥不了应有的威力，于是拥有火器的朱元璋很快就尝到了甜头。在与元朝大将陈友谅的一系列战斗当中，火器起到了极其重要的作用。在洪都保卫战当中，陈友谅率领60万元朝大军围攻朱元璋防守的洪都，结果洪都城的朱家军在火铳的帮助下使陈友谅大军久攻不下。而其后的鄱阳湖大战中朱元璋的军队更是发挥了火器的威力，使用了当时中国最先进的火炮、火铳、火箭、火蒺藜、大小火枪、大小将军筒、大小铁炮、神机箭等火器，开创了在水战中以"舰炮"轰击敌舰的先例，给没有装备火器的敌军以重创。

明朝建国后，火器成为了明军的制式兵器之一，通常明军的构成为"铳十，刀牌二十，弓箭三十，枪四十"，火器的比例占到了10%。而随着火器的发展明朝军队中出现了两个新的兵种，一个就是神机兵（火器兵），而另外一个则是车兵——战国时期被抛弃的战车重新焕发青春。此一战术最早就是明初名将沐英所创造的，也是沐英在长期作战中形成的最核心的战术，这一战术的运用领先于西方200余年，领先日本300余年，这就是神机营的"轮射"战术。所谓"轮射"战术，就是在战斗中为了保证神机营士兵能够长时间持续射击，通常使用"轮射"（三段击）战术，在此战术中士兵分为三排，首先由前一排手握装有实弹"神机铳"的士兵进行射击，射击完退后由处于队列第二排位置的士兵上前射击。前一排的士兵在每一次射击完成之后，马上将神机铳递回中间一排的士兵，同时从中间一排的士兵手中接过装好弹药的神机铳准备实施第三轮射击。中间一排的士兵一方面负责从前排士兵的手中接过射击之后的神机铳，向后传递给第三排的士兵装上弹药；另一方面将第三排士兵的手中接过已经装好弹药的神机铳，并向前传递给前一排的士兵。如此反复轮换，一个士兵就可以实现以一当十的作用，因此"神机营"的战斗力十分强大。这次明朝皇帝把"神机营"这种战略机动部队调配给远在京城千里之外的沐英阵前使用，可见沐英在明朝皇帝心目中的重要地位，也说明大明皇帝朱元璋对此战意义的高度重视。

麓川远征军将领骑在巨象身上勇猛杀来，当快要冲到明军阵前时，只见明军将领指挥神机营士兵手中的火铳、连发机弩神机箭，向麓川远征军的战象发起第一波的攻势，如雨点般的铅弹和箭矢射中麓川军象兵所骑大象的左膝及两肋，中枪、中箭的大象仆倒在地，把背上的士兵摔到地上，后面第二波进攻的明军步兵吼叫着蜂拥而上，一阵枪刺刀砍，麓川兵士顿时血肉横飞，被明军杀死数百人，麓川军初战失利，丢盔弃甲收兵回营。明军士兵大获全胜，还缴获了一头活的大象归来。沐英元帅高兴地说：就按这样的战术，敌人的象阵并不可怕。于是下令在第二天的决战中，部署军中神机营的火铳手、神机箭手分为三行排列在阵中，使用"轮射"战术，如果敌人的象兵进攻，前排的士兵就用火铳、神机箭射击，如果还没有打退，第二排的士兵立即上去接着继续射击，如果仍然还是没有被打退，第三排的士兵紧接着继续射击，直到把敌军的象阵打破。第二天一大早，沐英元帅就把神机营的士兵分为三支队伍：由都督冯诚率领一支部队为前锋，都督宁正率领一支部队从左冀包抄，都指挥汤召率领另一支部队从右冀包抄。安排部署停当后，沐英元帅亲自擂鼓指挥明军神机营将士向麓川军发起攻击。麓川军兵马听到战鼓声响纷纷出营列阵以待，麓川军的主帅、把事、召纲等将军都乘骑战象。战象的身上披着坚固的籐甲，背上士兵坐在战楼里，战楼里放置着长矛和短槊，以用来交战时刺杀敌人和进行自卫。两军才刚刚列好阵势后，麓川军的作战象阵突然向明军阵前冲来，大象的吼叫声、士兵的喊杀声震耳欲聋，让人心惊肉跳。明军神机营的各路官兵在沐英主帅的统一调度指挥下，镇定自若，按照原先的布置，火铳手、神机箭手顿时弹、矢俱发，喊杀声震动山谷，麓川军的战象被密集的枪弹和箭矢打得人仰象翻，大象吓得返身就往回走，麓川军跟随在战象后面的步兵被大象踩踏而死的不可胜数，顿时乱了阵脚。明军将领张因、张荣祖乘敌军慌乱之时，率兵直捣敌军营寨，纵火焚烧，麓川军的营寨顷刻间火光冲天，烟焰弥漫，麓川军将士更是胆战心惊，心无斗志。明军将领张因、张荣祖乘机率兵返回从敌军背后进行攻击，杀死杀伤麓川军甚众。麓川军统帅刀斯郎是一个身经百战的勇将，他止住了败退的士兵，稳住麓川军的阵脚后，又率领麓川军残余的人马进行死战，从左边进行突围，都督宁正率领的左冀包抄部队立马被冲破了一个口子。沐英元帅站在高处瞭望到这个情况后，立即命令部下去取主帅宁正的首级，左师主帅宁正远远看见沐英元帅身边的一个人拔刀飞马骑向自己的方向跑来，知道这是沐英元帅按照战前自己立下的军令状来取自己败军主帅的人头，恐惧之下宁正身先士卒拼死率领部下杀向敌军，督战益急。很快挽回了被动局面，大败麓川军，斩敌首 3000 级，生俘麓川军士兵万余人，生获战象 37 头，其余战象都被枪弹、箭矢射死。麓川军统帅刀斯郎身中数箭，于战象背上负伤而逃。明朝廷沐英统帅率领的神机营最后以火铳、神机箭等优于麓川军的先进武器装备，击溃了勐卯麓川大军的象阵，歼灭了麓川军的有生力量，最终使勐卯麓川王国的征讨军几乎全军覆没，思伦法也被迫败退麓川。这场以冷兵器对阵热火器、以传统战法应对近代战法的较量，结果自然可想而知。这时，已经大获全胜的沐英并没有乘胜追击，因而为麓川后来再次发动叛乱埋下祸根，这就是史书所称的"定边之战"。

（五）用对话代替对抗

"摩沙勒之战"和"定边之战"后，勐卯麓川王国思伦法政权的军队元气大伤。这一时期，勐卯麓川王国与大明王朝的关系十分紧张。思伦法的部分大臣坚决要求再次兴兵进行报仇，大举军事征讨。思伦法经过深思熟虑，审时度势地权衡利弊后，认识到低头不能算认输，因为只有低头才能看清脚下的路，他最终做出了正确的决策：以对话代替对抗，为了维持麓川与明王朝友好的臣属关系，思伦法于明洪武二十二年（公元 1388 年，傣历 765 年）派出使团到省府向云南总兵沐英进行求和。明太祖朱元璋对思伦法此举御批"同意"，并派经历杨大用亲自带着他的诏书到勐卯对思伦法进行宣谕。思伦法以诚恳的姿态承认了过去自己随意扩张领土侵占其它土司领地的错误，表示愿意赔偿在征讨其它土司时造成的经济损失，并忍痛交出心腹爱将刀斯郎及部下 137 人作为"替罪羊"。至此，明王朝中央政府与勐卯麓川王国双方的关系又才缓和下来。此后，思伦法坚持每 3 年向明朝廷进贡一回的惯例一回不缺，明朝廷也经常派遣专使到勐卯进行宣慰，双方的关系又开始日趋密切。战争给麓川也带来了危机，思伦发深知，若要再继续战乱下去，麓川也将众叛亲离，势必垮台。为转危为安，保持住自己的土司职位，狡诈的思伦发把战祸转嫁于部将刀斯郎等人身上，因此才抛出了替罪羊刀斯郎等 137 人，连同内地逃去麓川的叛乱分子自处（人名）等 2 人交给明王朝处理。进而派人向明王朝"请罪"，表示"愿输贡赋"，并以象、马、白金（银）方物等进贡王朝。明王朝于是派人发给思伦发公服、幞头、金带和象笏。这样，思伦法"舍车保帅"的目的达到了，明王朝与麓川王朝之间的矛盾也暂时得到了和缓。

（六）开明君主思伦法

勐卯的思伦法土司是一个很有作为的人，他不但能以清醒的头脑能审时度势正确地处理好中央和地方的关系，而且在治国理念、思想观念上具有时代的前瞻性和开放性。

1. 思伦法崇尚佛教和鼓励先进技艺

思伦法十分崇尚和提倡南传上座部佛教，同时也十分崇尚和提倡应用先进的科学技术。这是为国强盛为民造福具有深谋远虑的重大举措。因为他本人崇信佛教的因果之说，为了提倡佛教，他不仅给僧人封授了与大陶勐同等的地位，甚至还让他们的地位高于诸部长（陶勐）之上。可见他提倡佛教的思想之迫切与果决。勐卯一带在召武定时代就已经开始普及信仰佛教，到思伦法为王时候已经到了国中无人不喜欢佛教的程度。正因为这样，所以他对从云南来的高僧所讲授的佛祖因果报应的教义非常相信而且十分向往。只是这里的傣族不信奉戒荤吃斋、人死后要举行盛大超度仪式的大乘佛教，而是信奉戒杀生但可以吃鱼、肉，人死后只请僧人到家作简单祈祷超度的南传上座部佛教。

思伦法对待从金齿（保山）、大理等内地逃亡来到勐卯的能制造火铳、火炮的普通工匠、技师，也非常欢迎，给他们赐封了可以佩带与大陶勐们同式样金腰带的权力，而且使其重要地位高于诸陶勐（部长）之上，这是一个很不平常的举措，完全体现了思伦法高瞻远瞩、崇尚和提倡应用先进科学技术的思想。这也许与他认为战争必需使用先进的武器有关系。思氏麓川王朝的军队数十年依靠象战和长镖干弩，夺取和巩固了思氏麓川王朝的政权。可是在公元1389年却彻底败于当时较为先进的火铳、火炮之下。先进武器成了决定战争胜负的重要因素，思伦法已经看到了这一点，所以才有了这样的举措。思伦法坚持大力提倡和鼓励使用先进的科学技艺，终于结出了丰硕成果。在勐卯麓川军后来的对敌作战中，麓川军已经学会制造和使用火铳这种先进的武器了，而且在指挥作战的战术形式上也发生了很大变化。据《百夷传》的记载，思伦法的征讨大军在打定边战役时，军队骑战象的士兵使用的是短槊（即短枪），其余士兵使用长镖（即长枪）和弓弩、长牌（盾牌），战士身披用铜铁制造的盔甲，作战时先以象阵打头阵，象兵通过掷短槊进行冲杀，步兵战士则随后跟进。可是到稍后成书的《西夷风土记》则已记载道：勐卯麓川军除继续使用原来的武器和盔甲外，已经开始大量使用火铳作为武器，而且统帅指挥作战的梯队形式也逆转性地改为了"火铳兵"当前锋，"盾牌兵"次之，"长矛兵"又次之，"战象兵"已经被排到了军阵最后的进攻作战梯队。

2. 思伦法时代的政治制度

思伦法在政治上实行的是军政合一制度。行政长官同时就是军事长官，他既管行政事务，也管境内的军事事务，同时还兼管司法工作。明王朝封授他的职位是军民宣慰使，总统政事，兼领军民。他所设置的地方军政官有"陶勐""召鲁""召刚""召己"等。还有思伦法在腾冲设置的"召附"，"召禄"（管万余人的官），"召刚"（管千人的官）"召伯"（管百余人的官）、"召哈昔"（管50人之官），"召准"（10人之官）等官衔，其行政机构只有两级，即宣慰府（王府）直接统辖各地土官，但有的大土官下面还有小土官，例如：勐养、木邦、孟定、湾甸、芒市、陇川等"陶勐"直属于王府，南甸"召鲁"也直属于王府：但里麻（迈立开江流域）的"召刚"又从属于勐养"陶勐"。由于这些土官都各有自己的领地，是当地的世袭土司，因而他们也就各有自己的统治机构，"任其徭赋"。这些土官都是受封于王府的"陶勐""召鲁""召刚""召己"，听从王府的政令，服兵役，缴纳按户计征的差发银，但享有较多的自主权，王府一般也不过多地干预他们的内政事务。

宣慰司署王府中则有比较完整、严格的等级，"陶勐"是最大的官阶，一般都总统政事相当于"宰相"或"大臣"，其下是"召鲁""召刚""召己"等级别的官员；再以下就是办事员和各种勤杂服务人员，这些人也都有"吉里"（文书）、"旺宰"（侍卫）等各种名分。社会被分为"召"和"哈"两大阶级。"召"意为主人，官或王子；"哈"意为奴隶。有王族血统的贵族才能称"召"；其余的百姓都是"哈"，也就是一般所称的农奴。

3. 思伦法的干部管理制度

思氏麓川王国所辖各地方的"陶勐""召鲁""召刚""召己"等王族一般是当地的世袭土官，有着根深蒂固的势力。他们归附投降时也都只是整体归附，而不愿分解其基层组织。思伦法扩展疆土时，都按照这个规律，归附投降的就取消其原来朝廷所封授的官职而授予自己制定的官职，并使其保留原来的制度、土地和人民；对于拒不归顺进行反抗的土官，就采取铁血手腕坚决彻底杀戮，并斩草除根，另委任自己的亲族或有功之臣代替，领有当地的土地和人民。如他把为自己打江山立下汗马功劳的爱将刀算党封为威远的长官、封大闷法为镇康的地方长官，让有功勋臣成为麓川王国的"封疆大吏"。思伦法在对下属官员的管理上，尝试突破这种历史上长期形成的制度，进行官员的易地管理，如思景法是孟定人，原来是任职孟定的"召刚"，但思伦法又把他调到湾甸，并晋升为"陶勐"，属于提拔调动。汉暖是勐卯人，在征伐之中战功卓著，思伦法便封授予他为"召鲁"，任命管理食邑盂淋地方。但公元1385年时，思伦法又将其平级调动去管理食邑木邦；汉暖死后，思伦法使其子刀名杠继任管理木邦事务。后又因刀名杠在战争中杀敌有功，把他晋升为"陶勐"而让其去管理食邑勐定。

4. 思伦法的法律制度

思伦法执掌勐卯麓川军民宣慰使职权时，并没有照搬明王朝制定的繁杂的法律条文，而是参照民间习惯法制定了一套自己所规定的条文简单、操作明确的法律条文：无论奸、盗，轻罪者罚，重罪者死，而且对犯人不鞭打，一般也不捆绑。但是，由于思伦法麓川政权在执行法律时执法较严，因而其执法的效果十分显著，正如钱古训《百夷传》里所记载的那样：勐卯麓川国内"故无奸盗，道不拾遗"，社会秩序非常安定。

5. 思伦法的土地分封制度

思伦法在勐卯麓川王国管辖的范围内实行的是"大小各有地，任其徭赋"的封建土地制度。所有由他任命的"陶勐""召鲁""召刚""召己"等职官，都给他们分封了自己的领地，在他们自己的领地上任由他摊派各种劳役、田赋、租谷，宣慰司王府绝对不加以干预；思伦法的所有亲族、官员和办事人员，每人也都分封给一定的村寨作为俸禄来源，王府则不再支付另外的薪俸；就是侍奉王族的"旺宰"或守门扫地的勤杂人员，也同样分封给每人一定的村寨人户作为薪俸来源。这些制度后来一直沿用到明、清以后历代土司，只是后来的土司在供养土司署衙人员的办法，已将办事人员分给村寨人户作为薪俸的的办法改为直接支付薪俸，勤杂人员则已用徭役抵充而已。

6. 财政征收管理制度

思伦法时代勐卯麓川平缅宣慰使司的财政收入，主要是来源于向所管辖属地人户征收的赋税，即所谓的"差发银"。征收的"差发银"数额，按每户征收银1～3两计。思伦法统治时期，景东、南涧一带土官已先后归附于明王朝，印度阿萨姆一带地区的阿洪国也早已经失去了联系，因此思伦法时期的所管辖领地略比思汉法时代要小一些，但也少不了多少，人口仍在百万以上，甚至有数百万之多。按每户收银1～3两计算，所征收的差发银至少也是数十万两，数目仍然十分巨大。平缅宣慰使司府内的各种工作人员，又大多以分封土地、人户作为薪俸支付，因此军民宣慰使司王府的财政支出大为减少，因而思伦法王室的财富是比较充裕的。当然，他每年也要给明朝皇帝缴纳数量不小的贡银（差发银）。《明实录·英宗实录》中曾经这样记载，户部尚书夏元吉向皇上报告地方上缴朝廷差发银的情况汇报时说：云南麓川平缅宣慰司土官思伦法，原上缴差发银为6900两，继又增加为18000两。就是说前期每年只缴纳6900两，后期每年又增加18000两，总数已经达到24900两纹银。这在当时对于一个边疆经济不发达地区来说可是一笔不小的负担。

思伦法政权征收差发银的对象是任其自行收取徭赋的直辖土官，而不是直接针对村寨中的农户人家，平缅宣慰土司署（王府）不干预下属土官的内政，因而对每户一间房征收银1～3两的规定，只是对直辖土官计算征收数额的标准，各土官对平缅宣慰土司署（王府）来到各地的人都有无偿接待的义务，因而平缅宣慰土司署所去人员吃喝玩乐所有的花费，都完全由所接待的士官招待，而不得用上缴的差发银进行开支，更不能以抵消接待开支剩余的差发银才上缴王府，这就从根本上保证了麓川平缅宣慰司司署财政的收入。

7. 思伦法建立的巡视考察制度

思伦法统治麓川王国时期，每年都要带领人数众多的军队前往各地进行巡视考察。这实际上是思伦法一年一度对部下各地土官任职情况进行实地考察的具体措施。巡视的任务，一是催收差发银；二是了解掌握各地土官执政的情况；三是帮助各地土官解决自身难以解决的问题；四是对当地发生的反抗当地土官的暴动或其他破坏社会治安的群体事件就地实施武力镇压。这是当时思伦法在麓川平缅宣慰司署所管辖领地地域辽阔、交通条件困难的情况下，对领地进行有效管理的一种十分重要的方式和手段，因而思伦法带领人数众多的军队前往各地进行视察时，为防不测，一般都要派最信任和得力的亲信率队前往，由于路途遥远，每年巡视考察出巡的时间也不会太短，由此可见思伦法担任麓川平缅宣慰使执政期间是很勤政的。

8. 思伦法的军事制度：思伦法担任麓川平缅宣慰使时代制定的军事制度大体是：（1）军政一统，行政长官即是军事长官。在战争频繁的年代，这些长官大都长期经历战争且具有一定的军事常识和指挥才能，可以指挥战斗。（2）常规现役军队士兵人数少，预备役部队士兵人数多。平时麓川平缅宣慰司司署（王府）只设一定数量的常规军部队以执行保卫都城和王府、应付突发事件和每年一度进行巡视时的保卫工作。一旦发生大规模的战事时即向全国各地进行战争动员征兵，规定预备役士兵实行每户三丁抽一或五丁抽一的征兵办法，实际已经在勐卯麓川王国实行了一种全民皆兵的国家兵役动员体制，即所谓"聚则为军，散则为民"。思伦法十分注重提倡全民尚武精神，为鼓励民间傣族民众舞枪弄棒、练习拳术活动的开展，勐卯麓川王国每年都要举行一次全国性的操练比武大赛，对通过层层选拔，最终在全国大赛中获得优异成绩、表现突出者，由司署直接给予丰厚的物质和精神奖励，以此引导预备役人员平时自觉注重提高个体军事素养。由于预备役人员平时就练就了较高的军事素质，加之思伦法从与明王朝官军的军事较量中吸取了教训，引进了先进的火铳、火炮等武器装备，因而在思伦法指挥勐卯麓川王国军队南征北战的军事征伐行动中，勐卯麓川王国的军队都表现得骁勇善战，所向无敌，让大明朝廷也感到十分头痛。（3）勐卯麓川王国军队的后勤部队特别庞大。按照《百夷传》所说，勐卯麓川王国的军队的后勤部队人数已占到了整个军队总人数的三分之二。这或许是思伦法从勐卯麓川王国当地山高路险、交通不便、运输工具条件不好的实际出发，为保障战时军队作战的物资需要，特别制定的军队后勤保障体制。（4）思伦法特别注重信息通讯基础建设。勐卯麓川王国辖区范围内各地普遍都建立了邮传站，每站都派有士兵进行守卫，有要事发生时立即一站传一站，因而使得思伦法执掌政权时得以"公事虽远千里，禀报即在顷刻"，让思伦法能够及时掌握各地的动态，让他的统治能够及时上传下达。这种邮传站的设置，在山川阻隔、交通落后的年代，对他维护统治和保卫疆域辽阔的勐卯麓川王国领地，确实起到了极为重要和有效的作用。

（七）钱古训、李思聪《百夷传》中的麓川王朝

在思伦法执政时代，由于他的精明强干，果占璧麓川王国的经济和文化等各方面也取得了较大的发展。许多史书都已记载了这些情况，特别是公元1396年亲自到勐卯麓川王国进行调解，在勐卯麓川王国实地进行考察的钱古训、李思聪，在他们给明朝皇帝朱元璋上报的考察报告—著名的《百夷传》中，曾以较多的篇幅记载了勐卯麓川王国的经济和文化等各方面的发展情况。报告首先说明勐卯麓川王国是一个以傣族为主的多民族联合的聚居区，共有大百夷（即"傣弄"，即大傣人，指德宏及其附近的傣族）、小百夷（即"傣泐"，主要指分布于西双版纳一带，部分分布在勐卯的傣族）、漂人（即指唐代所称的"骠人"，是当时居住在保山蒲缥一带的汉族）、弩人（即今怒江州的怒族、独龙族）、哈刺（即当时广泛分布于施甸、腾冲、龙陵及德宏一带的佤族）、缅人（即今天的缅甸人，当时居住在勐卯麓川土司的统治区分布在其西南一带）；戛里人（即今钦族人，其居住地在缅西北的亲敦江流域，今称加里瓦一带，思汉法当年西征时军队曾经通过此地进军阿萨姆地区，思伦法也曾再次征讨过此地）、哈杜人、蒲蛮人（主要指当时分布在金齿管辖的昌宁、凤庆及其附近一带的汉族）、阿昌等各种少数民族。具体讲到了"百夷"居住在勐卯麓川王国境内东北边（即德宏一带），车里的百夷则称为"小百夷"，其风俗习惯是在额头上刺文身，染黑牙齿，剪光头发，样子就像头陀一样。哈刺男女都在脸上用黑色文身，男子用花布缝衣服，妇女的发髻挽在脑后，脖子上喜欢系杂色珠子项链，以娑罗披身上为衣，横系于腰为裙，用黑藤数百圈系在腰上，用青花布裹在腿上，打赤脚。蒲蛮、阿昌、古刺族男女脸色都很黑。男子的衣服装饰类似哈刺族，用白布制衣服，妇人的衣服装饰类似罗罗族（当是云南的彝族）。漂人族，男子的衣服皆类似百夷族。妇女则以白布缠头，衣服是露脐装，以红藤缠在腰上，下身着用娑罗布缝制的裙子，上短下长、男女共同耕作。缅人族，脸色黑的程度类似哈刺族，男女头上都以白布缠头，帽高四尺，穿着大袖子的白布衫，腰以下以一块布前后裹着，有钱人裹的布长二丈多，穷人则不满一丈。非常善于游泳，嗜酒如命。有作为僧侣者，则以黄布为袈裟、袒露右手，戒律行为十分严格，过了午后就不饮食。哈杜族则巢居在山林里，不穿衣服，不识农业，只以采摘野果和狩猎为生，十分善于骑射弓弩，弩人族（今怒族）眼眶稍深、脸面更为黝黑、额头及嘴巴旁边刺有十多个十字。结些族则在耳朵上用象牙柱当耳环，横贯之，以花布当头巾来裹

头，把多余的布垂在脑后，穿着半身的衣衫袒露其肩。各少数民族虽然语言和风俗习惯不同，然而大家都服从大百夷君长勐卯麓川土司的统治。

报告还详细介绍了勐卯麓川国的经济情况。

1. 物产：境内所产的珍稀物品有：琥珀、犀牛、大象、鹦鹉、孔雀、鳞蛇、龙脑、麝香、黄金、白银、琉璃之类。奇木异兽有：树木有三四株结为一棵的连理树（即独树成林的大榕树）。有大如斗之柑桔（即柚子），有鲇头鲤身之鱼，水牛头黄牛身之牛，绵羊头山羊身之羊。有生蛋的公鸡，报晓的母鸡。麓川境内的勐密地方东边生产宝石、碧玉、黄金，南边产白银、北边产铁矿、西边产催纹石；芒市也产宝石、白银；勐艮、孟连也产白银；迤西（勐养）则产琥珀、黄金、白玉、碧玉；茶山产绿玉；干崖产黑玉；车里产贝。干崖宣抚司，旧名乾崖，境内十分炎热，四季皆能养蚕，用其丝可以染出五色绵丝，用来织成土锦可以充为贡品。陇川宣抚司地方则产一种大芋头，可长一尺三寸，产孔雀、豪猪、紫胶、大药、鲜子、马鞍。芒市长官司地方所生产的甘蔗极大，也生产黄金、香橙、橄榄、香芋、篾条；木邦地方则生产响锡、胡椒。南甸地方产孔雀、叫鸡、红藤蔑。勐养地方生产琥珀、碧玉、良马和一种四足巨蟒（巨蚚）

2. 农业：勐卯麓川国地方多是平川沃土，当地民族一个坝子有数千户人家，妇人用镐锄地，从事农桑，土地优势不能充分利用，然而此地多产牛、羊、鱼、水果。其地方的气候：春夏雨季，秋冬旱季，即使腊月时节也像春天一样，昼热夜冷，早晨多雾，无霜冻。春秋季节瘴气盛烈。盆地多为平川，土地肥沃人烟繁荣，大的村寨有成百上千户人家。粮食生产只种植水稻，其他作物只有少量种植。自蛮莫（今缅甸八莫）之外，水稻种植可以一年两获，冬种春收，夏作秋成，勐密以上地方的农民已经会用犁耕栽插，勐密以下地方还是原始的耙泥撒种生产方式。他们的耕作技术十分简单，只是土地肥沃的缘故，所以收成很好，百姓过着男耕女织的田园生活，得利于土地的肥饶，所以米、谷、木棉都十分便宜，因此勐卯麓川国地方没有饥寒贫困户。傣族的家庭中男子游手好闲，妇女则是主要的劳动力，她们下田劳动，背负货物到街上进行贸易，用来养活丈夫。大盈江，又名大车江，当地的土著人已经会用水车汲水灌溉田地。

3. 道路：到勐卯麓川国，必须由金齿（保山）、蒲漂（即今保山蒲漂）渡过怒江到达其境。沿怒江东岸数十里的高黎贡山十分险峻，其山岭有一个寨子名叫养列寨子（即今腾冲龙江边的橄榄寨）。过了这个养列寨子再下坡走四十里，就可以抵达麓川境内，从此一路平顺，再没有险隘的顾虑。再由麓川经过蛮牛、莽港等路，渡勐卯江，从蒙夏等甸至麻林界（蛮牛、莽港、蒙夏、麻林等地，均在南卯江下游至伊洛瓦底江岸一带），登上伊洛瓦底江之舟，下

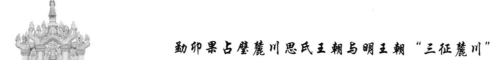

流二十里即到达缅甸蒲甘国。勐卯果占璧麓川国领地东边为麓川江（今龙江），麓川江上可通船筏。另有一条路沿怒江西往上走二天的路程，就可到达至腾冲府，再走七日许也可到达麓川境内。还有一条路是从云南县（云南县即今祥云县）白崖（即今弥渡县的红岩）经过景东（即今景东县），从木通甸（在今云县、凤庆一带，即宝通州）行至湾甸坝子（即今昌宁县之湾甸），再渡龙陵勐兴境的怒江进入芒市，约走十日路程至麓川。自怒江上流蒙来渡口至景东，这一带水流平缓，沿河大小渡口有十数处之多，主要有七个渡口，湾甸、镇康之勐菠萝河即在此汇入怒江，是古德宏与临沧之间的主要通道，从这些地方都可进入麓川境内。当时勐卯通向内地有两条主道：一是自陇川、梁河、腾冲至保山的大道；二是自遮放、芒市、龙陵勐兴、镇康、云县、景东至弥渡的大道。而通向缅甸的主要是沿伊洛瓦底江南下的水道。

4. 商业：勐卯麓川国各地都置有贸易场所，即所谓街子，凡是开展贸易必用白银，这种白银掺杂着铜，形状如半卵型，以此用来流通于各商贾间。集市交易或五日一市，或十日一市。惟有勐密地方是一日一小市，五日一大市。因为勐密地方此地多产宝石、玉石等宝藏，因此在这里商贾云集，物价非常公平。从事商品贸易的多为当地的傣族妇女，货物的交易没有升、秤、尺这些衡器，度用手比，量用以四十两为一"拽"，这里论两不论斤，故用戥而不用秤。早上则由女人上街买卖，午后则由男子上街买卖，交易主要以毛毡、布帛、食盐、茶叶进行以货易货。

5. 文化：勐卯麓川国当时没有普及中原汉文字，如有小事就刻在竹木上一个标记，有了大事才用傣文详细书写。百夷（傣族）不通汉书，只懂得使用傣文，凡是与其同胞进行交易或开展借贷等事项，就用傣文把借贷的期约、货物交易数量的多少之数刻在竹片上作为信物。如双方发生贸易或借贷的纠纷时，就把刻有相关字样的竹片呈送官府，通过既懂汉文又识傣文的傣族人翻译成汉语后，让官员了解其中的意思，然后进行审理决断。

6. 宗教：勐卯麓川国的人民普遍崇尚信奉南传上座部佛教，这里的佛塔、佛寺遍布各地的大大小小村落中。要喝酒或吃食物前，所用的酒与食物必须先祭献佛祖后才能食用。每逢战事出征或建造房屋、制作重要器物时，突然遇到发生日蚀、月蚀现象就会立即停止出征或毁掉已经建筑的房屋。平时遇到有何难以决断之事，就以卜鸡卦来决定。家人生了病，则请巫师在路边通过祭鬼来达到除病消灾的目的。

7. 礼仪：勐卯麓川王国制定有严格的贵贱尊卑等级的礼制和信奉佛教礼仪，规定在路上遇到地位高于自己的，必须停在路途边让尊贵者先走。凡是晋见尊者必须合掌而拜，像胡人那样行下跪礼。对于年纪长于自己者也必须实行跪拜礼，长者所讲的话要叩头接受之。"陶勐"

以下的官晋见果占璧麓川国王则要膝行上前，二步二拜，退下时也是如之；服侍于贵人之侧的侍者，要求整天跪着服侍也不得有疲倦的样子。从尊贵的客人面前走过时，必须弯腰鞠躬而过。举行宴会时，让最尊贵的客人坐上座，其余人按级别等次排列在下边的座位；每位贵客必须有一个仆人专门手持水瓶侧跪在侧边，要服侍贵客嗽口洗手后才进食。宴会结束后也是按如此程序，贵客起身退席后侍者才能起来。有十个贵客就要有十个侍者，每人服侍一位贵客。尊贵者授予卑贱者酒食时，卑贱者必须叩头受之，再换其他的酒具盛装尊者授予的酒食，吃完后必须向尊贵者叩头致谢后才能离去。

8. 音乐：勐卯麓川国国王举行宴会时，大家把酒杯举起来，由一人大声喊一句祝酒词后，宾客众人皆随声附和，接连要念三声，才奏响音乐，宴会音乐有三种风格：上种是由琵琶、胡琴、等笛、响盏之类乐器演奏的音乐，是效仿中原音乐形成的"大百夷乐"。第二种由笙阮、排箫、管篥、琵琶之类乐器演奏的音乐，席间客人随着音乐节拍拍手歌舞，是缅国风格的音乐。第三种是由铜饶、铜鼓、响板、大小长皮鼓为乐器，以手拊之进行演奏的打击乐，风格与僧道音乐相近似，是车里（今西双版纳）流传的音乐。而在民间乡村开展的各种庆祝活动时，则以击大鼓、吹芦笙为主要的伴舞音乐。

9. 勐卯麓川国傣族的风俗习惯：在服饰方面：男子衣服多效仿胡人的服饰，或穿宽袖长衫，不识裙裤。妇人髻发绾于脑后，不擦脂粉，贫贱的妇女喜欢穿窄袖衫，下身穿黑色土布织的统裙，白帕裹头，白布缠小腿，光脚。尊贵的妇女则穿着以锦绣织的筒裙。贵者衣服用红丝缝纫，用金花、金佃装饰在上面。无论尊贵还是贫贱都喜欢戴笋叶壳编的小帽，小帽装饰金宝于顶上，如浮图宝塔状，帽沿挂着装饰的金、玉片，插以珠翠花，披着璎珞，缀以美丽的羽毛。尊贵的人衣着十分华丽，手臂上都有文身。没有文身的人会被众人耻笑为是妇人。

饮食习惯：吃饭前先喝茶或者嚼槟榔，然后吃饭，最后再上酒馔喝酒，饭菜都是凉的而无热食，吃饭不用筷子。喜欢吃一些珍奇怪异的野味，沙鳅、鳝鱼、蛇、竹鼠、蜻蜓幼虫、蝉蛹、蚂蚱、蚂蚁卵、青蛙、土蜂之类都可以作为下酒的食物。

民居习俗：普通老百姓居住的村寨没有围墙，只用木桩竖起来立一个寨门。无论贵贱都喜欢居住草顶竹楼，冬暖夏凉。只有宣慰司署王府有砖瓦建造的楼房。

器用方面：所用的器皿多是陶器。只有宣慰司署官员们才用金、银、玻璃制作的器皿，无水桶、木甑、水盆之类的生活用具，只有用陶土烧制的器用。

婚姻习俗：勐卯麓川国的傣族"嫁娶不分宗族，不看重是否是处女。青年女子到婚嫁年纪时可以公开与男子约会，相中对象后男子可以把女子带回家中，在男子的家中居留五六天后，才把女子送回女方家中，然后男方家中请媒人到女方家中说媒，女方家中同意后就置办羊酒财帛之类的彩礼，选择良辰吉日迎娶新娘举行婚礼。重男轻女的风俗习惯很重，妇女结婚后就就会当作奴仆一样对侍，要担负耕作、纺织和服徭役之类的劳动，如果不是生病丧失劳动能力的话，即使到老，妇女也很少得休闲。土司和大臣们有妻子数十人，服侍的奴婢达数百人，庶民也有十数个妻子的，娶回的女子不分妻妾，大家互相间也不会产生妒忌。妇女生育孩子后，有钱人家在家里洗澡，贫贱的人家则到河里洗浴，生产几天后，妇女把孩子交给丈夫，就下地干活，不辞劳苦。民间傣族百姓有名无姓，妇女结婚后再与人通奸则杀之。

丧葬习俗：如果家中父母亡故后没有祭祀之礼，不用僧尼、道人以念经或做道场方式来超度死者的亡魂，而是由妇女在亡故亲人尸体前颂念祝词，远近的亲戚和邻居各家携带着酒肉来到办丧事主人家，聚集起百十名少年男子在丧事主人家饮酒作乐，大家围绕着死人的尸体歌舞达旦，称之为"娱尸"，妇人也聚集在一起进行搏采娱乐。

（八）刀干勐之乱与思伦法的去世

思伦法执政期间推行了一系列积极的利民措施：思伦法坚持保持与明王朝的友好关系和他提倡信仰南传上座部佛教、鼓励推广应用先进科技的做法和给予僧人、工匠很高地位的举措，遭到以大臣刀干勐为代表的贵族保守势力的极力反对，继而引发了"刀干勐之乱"。公元1396年李思聪、钱古训两位明朝廷派来的使臣还在勐卯时，刀干勐（岛翰勐）就早已在南卯江下游地带起兵作乱。当时，思伦法已再三向明王朝使臣请求援助，但两位使臣却找出许多理由推托，只许诺"回朝为尔申明其事"，而且事后也没有采取什么措施。直到次年即公元1397年，刀干勐自南卯江下游节节向上推进，思伦法实在无力组织抵抗，只得携带家小投奔云南总督、西平侯沐春。刀干勐轻而易举地占领勐卯王府，并发兵追杀思伦法一行直至腾冲。西平侯沐春送思伦法至南京，亲自面见朱元璋进行申诉。朱元璋命沐春、何福等带领云南卫和四川卫的军队，以兵士送思伦法回勐卯。沐春派人前往勐卯命刀干勐投降，但未被接受。公元1398年，沐春命何福带领5000军队，前往征讨。何福军先走便道，越过高黎贡山直接进攻南甸，大破其寨，杀其首领，再返回潞江坝攻击在景罕驻扎的刀干勐前卫部队，但久攻不下。于是，沐春亲自率领500骁勇将士潜至潞江坝，趁夜渡江，一举攻下景罕，并乘胜击溃驻崆峒寨的刀干勐军，刀干勐只得派人至昆明请降。沐春上报朝廷，但朝廷不太相信，仍命沐春伺机征讨。不料沐春病逝，刀干勐遂又借机反悔不投降。明王朝又命何福带兵前往征讨。何福长驱直入，一举擒获刀干勐，平定叛乱，护送思伦法回至勐卯恢复行使宣慰使的职务。

思伦法是一位很有才能的宣慰使，思伦法时代勐卯麓川王国的疆域：东方以镇康、昌宁、凤庆、云县为边沿，与施甸、保山、永平相连；南方以镇沅、者乐甸、景谷、普洱、思茅为边沿，与景东、新平、墨江相连；东南方的西双版纳于思伦法袭职后的第四年（公元1385年），脱离勐卯而直接投向明王朝，但仍由景谷"召鲁"管理着普洱、思茅等地，和孟连连成一片而与勐艮交界；西南方以勐兴威（木邦）陶勐管理的包括东枝（冻基）和锡箔（昔波）的掸邦高原而与缅甸交界；西方包括罕底（葡萄）至戛里（加里瓦）的勐养，而以那加山脉与印度阿萨姆的阿洪王国为界，北方以里麻、茶山和我国的西藏接壤；东北以茶山土司高黎贡山东麓的怒江与云龙交界，以下则为潞江土官所管辖的潞江河谷与保山为界。思伦法时代所管辖地域的幅员之广，正与《百夷传》所描述的"其地方万里"，是完全一致的。此时麓川王国所管辖的领地除车里（西双版纳一带）、元江、景东以外，所有的傣族地区均已被思伦法统一纳入麓川王国的版图，

思伦法由于坚持维护与中央王朝的统一关系，并且尊崇科学技术人才、提倡信仰佛教，在举措上搞得有些过激，触动了麓川统治集团内一些贵族的既得利益，为了诋毁思伦法的声誉，这些贵族在历史上留下一些与事实相距甚远的流言，把思伦法妖魔化，说他是一个荒淫无度、十分残暴、不学无术，依靠出卖傣族地方人民的利益以博取当朝皇帝信任的民族历史罪人。公元1398年思伦法被明皇帝派兵平息叛乱送回勐卯复职后不久，便于公元1404年，（傣历1498年），明惠帝朱允炆建文元年，在他执政麓川王22年后，终于离开了人世，由其子思行法（傣名思亨法）接任了他的职位。

四、思任法——为复兴祖业向明王朝挑战的麓川王

（一）一心想着复兴祖业的思任法

永乐十二年（公元1414年）思行法的儿子思任法承袭了父亲的职位，傣语称他为思昂法。思任法有勇有谋，善于用兵。袭职后便暗地里囤积粮草、广招兵马，日夜进行军事操练，一心想恢复先祖的伟业。经过十余年休养生息和积极备战，又开始实施了一系列收复祖先领地的土地兼并战争。他西进攻取缅北的木邦、勐养，东进攻陷孟定、湾甸，北进攻克南甸、干崖、腾越，又东渡怒江攻占永昌府，大军直逼云龙州。

一连串的坏消息雪片般传到京城，使明英宗坐立不安，随即发出御旨命右都督方政与其子方瑛率领一万人马到云南，与云南总兵沐晟的地方武装合兵一处，由沐晟统一指挥共同征讨麓川思任法。这个领兵大将沐晟不是别人，就是云南总兵沐英的次子。沐晟少年时代就受

到了明太祖朱元璋的喜爱，后来官任后军左都督。洪武二十五年（公元1392年）6月，沐晟的父亲沐英病逝于云南任上，时年仅48岁。明开国皇帝朱元璋对沐英的英年早逝感到十分痛心，诏命将沐英归葬京师，追封为黔宁王，谥号"昭靖"，配享太庙待遇。沐英去世后，由他的长子沐春承袭父职。沐春主政云南后，修改屯田奖励政策，鼓励人民新开辟良田30余万亩，他组织民工开凿铁池河，让宜良地方数万亩旱田得到良好的灌溉，使5000余户农民有了稳定的收成，宜良百姓对沐春感恩戴德，称赞不已。沐春无论文治还是武功都效法他的父亲沐英，只可惜沐春年仅36就早逝了。因沐春无子承袭职位，才由其胞弟沐晟（沐英的次子）承袭其位。沐晟性格也像他的父亲，平时喜欢读书，只是性格凝重，少言寡笑，但也深受朱元璋的喜爱。建文元年（公元1399年）因沐晟跟随父亲沐英平定云南战功卓著被封为黔国公，他久镇云南，名声远扬。在沐晟主政云南的时候，发生了勐卯麓川国大臣刀干勐赶走思伦法篡权夺位的叛乱。明惠帝朱允炆下旨，拜何福为征虏将军，率兵讨伐叛逆首犯刀干勐。沐晟奉何福征虏将军之命先期到达金齿（保山），与他的胞弟沐昂以及都督方政会师怒江边，以方政为前锋，击破了刀干勐叛军沿江修筑的营寨，在高黎贡山下粉碎了刀干勐叛军的阻击，率兵长驱直入一举攻破麓川王城，擒拿了叛逆首犯刀干勐，招降刀干孟叛军余部7万余人，把思伦法护送回到勐卯重新执掌麓川宣慰司使职位。时过境迁，当年思任法爷爷的救命恩人，如今却成了思任法父子的夺命仇敌。

正统三年（公元1438年）11月，沐晟统领明朝廷征讨大军从昆明来到金齿（保山），进兵到怒江东岸。此时的沐晟已经抱病在身，身心俱疲，迫不得已才接受朝廷要他统帅大军征讨麓川思任法的任命，当他见到怒江西岸麓川军防守严密，无懈可击，自思此时贸然出击绝无胜算把握，于是便在怒江东岸安营扎寨按兵不动达一个多月。正统四年，公元1439年（傣历1533年）正月初三，麓川军统帅思任法见明军畏缩不前，便心生一计，命麓川统兵大将缅简带兵每日到江边进行挑战，对明军百般辱骂，试图引诱明军进攻。右都督方政立功心切，自以为他率领的朝廷官军装备良好、武器先进，因而对沐晟态度十分骄横，狂妄自大地认为麓川军不过是一些山野蛮族、流贼草寇，根本不堪一击。对麓川军的辱骂挑战心中大怒，几次想渡江出击都被沐晟制止。方政愤恨难平，便于深夜四更独自率所部1万兵马孤军深入到怒江西岸思任发的麓川军阵前，与麓川大将缅简大战于大旧、景罕等寨，然后向高黎贡山进军。思任法看出沐晟、沐昂兄弟不愿出兵支援方政，便让缅简且战且退，让方政率领的1万人马的进攻作战一路顺风顺水，没有遇到什么像样的抵抗。方政与其子方瑛不知是计，孤军作战长驱直入，穷追不舍，逼近了思任法的前沿重镇一上江。殊不知自己已经中了思任法设下的诱敌深入、关门打狗之计。当孤军深入的方政官军接近思任法军营大帐时，猛然伏兵四起，杀声震天，方政和方瑛率领的明军人马被缅简将军率领的麓川军重重包围起来，陷入思任法麓川军的重围，处于焦头烂额之境。此时，方政才知大事不好，立即派出小校赶忙渡江向沐晟求救。沐晟指使云南地方军继续停留在怒江东岸按兵不动，不准兵马过江接应方政。朝廷责备沐晟此举是"纵寇养患"，沐晟却以减少无谓牺牲为由置之不理，袖手旁观，不予支持，使方政的残军失去了突围的最佳时机。方政被困的残军被压缩在一个小山坡上，四周重重包围的麓川军漫山遍野四处鼓噪，江对岸明军的旌旗、营帐遥遥可辨，只是不见有一兵一卒过江来增援。最后方政被困的残军在思任法的象阵、火铳兵、弩箭兵的轮番进攻反击下，1万人马只剩下数百人。方政知道自己进则必将战死，退则无颜见同僚，便横下心来，咬咬牙对儿子方瑛说："你撤退吧！为我们方氏门宗保留一支血脉。我今日难免一死，此乃天意也！"方瑛泪流满面，双手紧紧拽住父亲的战袍不肯撒手，要求父亲一起渡江求援。方政情急之下举起宝剑斩断战袍，正色对方瑛说："我是一军主将，受朝廷之命征讨麓川，如今出师未捷全军覆没，唯有一死以报君恩，我现在命你速速离去，尽将我的情况报告朝廷"。无奈之下，方瑛跪在地上给父亲叩了三个头，含着眼泪与父亲告别，回身杀出一条血路，登舟东渡怒江而去。

方政转身策马杀入麓川军阵中，纵横驰骋，以死相拼。这位久经沙场，曾经打过大小不下百场胜仗的大明将军在斩杀了许多麓川兵后，自己身中数箭，最后连人带马坠入沟堑，被思任法麓川军的战象活活踏死。剩下的数百个明军士兵也全部战死，无一人生还。云南总兵沐晟闻报方政私自出战全军覆没，方政本人也已经战死。又见麓川大军乘胜追击，数百条竹筏载着麓川兵如狼似虎般杀向怒江东岸而来，不禁心惊肉跳，无心再战，便匆匆命部下烧毁江边屯集的粮草，自己混在乱兵中仓皇撤军回到永昌。"潞江之战"麓川兵马让明朝廷征讨大军遭到惨败，朝廷派来的将领把失败的责任归罪于云南总兵沐晟见死不救，不愿出兵救援方政所致，而沐晟则责怪方政急燥冒进，违抗军令私自渡江孤军深入与敌军交战，破坏了整个战斗部署所造成，双方吵得不可开交。明英宗从战报中闻知方政战死，不胜感慨万分，降旨追赠方政为威远伯。对此战的失败没有追究责任，对双方从中调解，最后不了了之。

明军进剿麓川以失败而告终后，麓川王思任法乘机向麓川四周扩张领地，借此契机乘胜追击攻占了腾冲府以北的瓦甸、顺江、江东等地，并把在那里的明朝沐英主政云南时设置的"屯军"斩杀殆尽。思任法在怒江打造战船300余艘，准备渡江进攻大理、云州。同时思任发又发兵攻占景东、围困孟定，诛杀大侯知州刀奉汉千余人，攻占孟莱诸寨，迫使孟连长官司及各处土官纷纷投降。思任法麓川军的前锋随后渡过怒江、澜沧江,麓川大军的兵锋已经指向云南腹地。

为了制止勐卯麓川王国思任法的进攻势头,公元1438年(傣历1532年)秋季,明朝廷又诏令沐晟为征讨麓川的明军主帅,率兵2万人马征讨思任法父子。

当沐晟率领的明朝廷征讨军行进到潞江坝子时,立即遭到了思任法父子麓川军队的顽强抵抗,怒江之畔,双方进行了惨烈的拼死搏斗,麓川军以逸待劳,凭借怒江天险,依托高黎贡山有利地形,在远道而来的沐晟征讨军刚刚渡过怒江队形尚未展开之际,便果断给予迎头痛击。顷刻之间,怒江之畔明朝廷官军士兵被杀得血肉横飞、肢残臂断,血水染红了碧绿的怒江江水,可怜沐晟率领的两万人马全军覆没,这个当年在高黎贡山下曾经威猛神勇一战击破刀干勐叛军的沐晟将军,此次却出师不利,首战便遭到如此惨败,令沐晟感到羞辱万分,自觉愧对当今圣上的厚爱,当即拔剑自刎。

第二年,即公元1439年(傣历1533年),明英宗一直惦记着征讨麓川的事,又下旨继续征调湖广、贵州和四川官军5万余人到云南,命沐英的第三个儿子、沐晟之弟沐昂挂征南将军帅印,继承兄长的遗志,领命率兵征讨思任法。沐昂这次吸取其兄沐晟的教训,集中优势兵力,采取主动进攻的姿态,一开始就对麓川军发起了猛烈的攻势。思任法见明军来势凶猛,就指挥麓川军采取避其锋芒,能战则战,不能战则走的方针,凭借有利地形与沐昂率领的明军进行周旋,且战且退,把沐昂率领的明军引向麓川辖区的纵深地带。因此,沐昂率领的明朝廷讨伐军几乎没有遇到多少顽强的抵抗,就攻克了腾越,轻取了南甸、干崖等地,一直把麓川军追到了陇把(今陇川县陇把镇)一带。麓川王思任法见明军的战线已经被拉长,需要远距离才能运送粮草到沐昂的军中,便立即派出一支轻骑兵,绕道奔袭明军的后方,截断了明军粮道,使明军军心大乱。明军将士由于缺吃少用,人人无心恋战,无奈之下,沐昂只得率兵转赴芒市。殊不知麓川军早已抢先据险设下一支伏兵,把忍饥挨饿、疲惫不堪的沐昂明朝廷讨伐军杀得溃不成军。乱军之中,参将张荣战死,沐昂仅只保得性命狼狈逃回。思任法乘胜出兵,又相继收复了大侯、景东、孟连一带。至此,除在缅甸境外的木邦土司领地外,思任法已经把原勐卯果占璧王国时期思汉法先祖的"故地"基本都收复了。

思任法把果占璧麓川王国原先的"故地"基本收复后,就立即派出使团,携带着大象、良马、金银、珠宝等珍宝异兽贡物赴京进贡,向明朝皇帝报告"复故地"的原委,请求皇上赦罪,同时向云南总兵官沐昂报告,说明在明朝官军几次征讨行动中麓川王朝被迫还击的原委。明英宗朱祁镇对此事的处理态度是:"降敕许赦其罪",宽恕了思任法父子的任性行为,赦免了思任法父子反叛朝廷的重罪，不了了之地结束了这场是非冲突，为今后事态的进一步发酵埋下了隐患。

（二）征讨麓川—明王朝艰难的抉择

思任法管辖地盘的扩张和政治、军事实力的增强，引起了明朝廷极大的不安。就在明英宗下旨"赦麓川之罪"之后的正统五年（公元1440年，傣历1534年）11月，云南总兵官沐昂（讨伐思任法父子阵亡的明将沐晟的胞弟）奏报皇上朱祁镇，要求调动"非12万人不可"的大部队去继续征讨麓川，以此为其兄沐晟报仇雪恨。对沐昂奏报提出的请战要求，明正统皇帝朱祁镇一时拿不定主意，于是在正统六年（公元1441年，傣历1535年）春正月甲寅日，召集朝廷重要大臣对沐昂奏报的这个意见进行了廷议，要求众大臣对此意见拿出一个最后的商议结果。

各位朝廷重臣之间发生了较大的意见分歧，主战派和主抚派双方各执一词，争辩不休。以兵部尚书王骥、太师英国公张辅等为一方的主战派，主张同意沐昂的意见，调集人数有一定规模的军队前往讨伐镇压；而以刑部侍郎何文渊、大学士杨士奇、侍讲刘球等为另一方的安抚派，则主张不宜发动大规模的讨伐战争，只能采取安抚手段，恩威并举，以驻兵于边境重镇进行武力威慑，再施以德政进行感化。主战派一方提出要进行大规模军事讨伐的主要理由是：思任法父子负恩怙恶，必须从"震我威武""以昭天讨"的政治高度来对待麓川边境地方势力我行我素任意扩张领地的行为，不能表现出中央政府的软弱，用主战派首领宦官王振的话就是：麓川不灭，无以显示天朝权威。而主张采取安抚措施的一方的理由主要是：①麓川只不过是大明王朝边疆地区一块小小的"弹丸之地"，而且少数民族的性格脾气一下子不容易被驯服，边疆地势险要，瘴疬甚重，朝廷不可轻易用兵。因此要通过用舜德王政来对其进行感化教育，就会取得"不劳征伐"而达到让他们自觉自愿来俯首称臣的效果；②这些年对四川、交趾（今越南）已经连年用兵，国库空虚，江南一带水旱灾害连年发生，粮食减收，军需民用都很困难，如果再兴师动众大动干戈，恐怕会带来难以预料的困扰；③西北元朝残余势力瓦剌军队对中原虎视眈眈，时时都在企图入侵中原，朝廷军事防卫的重点应当是专注于西北的防备，而不是西南边疆地区的这一块"弹丸之地"。翰林学士刘球认为：麓川路途遥远，劳师远征，绝无好的后果。当时正统皇帝朱祁镇年仅十余岁，正是血气方刚的愤青年纪，对治国理政的经验不足，加之当时的朝政基本上都被太监王振把持。而王振又是一个喜功好利之人，想通过军事讨伐行动让边境民族地方降服，以展示自己的才能；而有同样想法的兵部尚书王骥，为了个人的一己私利而投靠他，支持他的主张。就这样，主战派的意见占了上风，加之皇帝朱祁镇也有同样的观点，故英宗对刘球的意见置之不理，决心以更大的规模兴师远征麓川。于是，对麓川进行新一轮大规模讨伐的战略行动就这样决定了，只是筹备粮草、调集军队、征调马匹等各项准备工作需要一定的时日。

1. 一征麓川之役

思任法父子在明朝廷派兵征讨麓川被击败后，见明朝大军已经返回内地，对麓川的威胁已经解除，思任法仍然施用两面派的手法，一面派其弟向明王朝求情认罪，一面又继续派兵进攻芒市，收复被明军占领的芒市土司的领地。

正统六年（公元1441年，傣历1535年）春，麓川王思任法又东渡怒江，向今洱海地区进军。蒋贵、王骥以思任法父子野心勃勃企图东山再起对抗明朝廷为由，再次奏请皇上批准立即出征讨伐麓川。正月乙卯日，正统皇帝朱祁镇正式颁布御诏，动员组织全国力量，调动各地军队，筹集征战粮饷，准备大规模的征讨麓川的重大战役。经过两年的准备工作，到了公元1443年6月，明英宗诏命蒋贵、王骥征讨麓川，王骥也信心满满地志在擒获思任法父子。明英宗正式诏命定西伯蒋贵为平蛮将军，太监曹吉祥为监军，兵部尚书王骥总督军务，率南京、湖北、四川、两广（广东、广西）等地征调的士兵15万人，转饷半天下，责令全国各地为这场讨伐战争供应后勤物资，大举征讨麓川。王骥率领的北方讨伐军到云南后，又征调了云南各地方的军队参加配合共同讨伐勐卯麓川势力，在云南各地大派运饷民夫．组织了一支数10万人的庞大后勤队伍，为征战的行动提供后勤保障。同年五月，王骥明军主力进至永昌（保山）休整，因当时正值滇西地方夏季，为避免瘴疠毒气传染士兵造成非战斗减员，王骥决定等待冬季到来时再进军征讨。在此期间，王骥抓住时机派特使软硬兼施，恩威并用，诱使景东、大候、南甸、干崖等地原思任法属下的土司脱离麓川归附明朝廷，又下令征调车里（今西双版纳）、孟连（今普洱）两地傣族土司的军队从东面插入麓川境内，与王骥大军遥相呼应，形成钳形攻势以威胁麓川思任法的阵营。

11月，滇西进入天气凉爽的初冬季节，明军从永昌（保山）出发向勐卯麓川境内推进。当思任法父子得知明朝征讨大军已经到达保山要准备进攻麓川的消息后，思任法一方面派人向明王朝请求投降，以作缓兵之计。另一方面又紧急调集各地土司兵3万人、战象80只，盘踞在大侯州（今云县）和威远州（今景谷）一带，准备与王骥的明朝廷讨伐大军决一雌雄。王骥等明军将领识破了思任法父子的诡计，也来一个将计就计，表面上接受其求降，暗地兵分三路同时进发讨伐勐卯麓川军。西路兵分为两部分，夹击思任发大军指挥部的驻地上江，在上江会师。上江位于龙川江上游东，地势险要，为思任法麓川军的屯兵要地，备有火铳、机弩和飞石等武器进行严密防守。明军围攻上江久日不下，王骥正在一筹莫展的时候，因当时正逢冬季，怒江边上突然刮起了大风，王骥大喜，立即命令部下使用火箭射向麓川军营，火借风势，风助火威，霎时间只见麓川军营顿时成了一片火海，麓川军营的围栅、军帐、军械、粮草均被大火焚烧殆尽，因明朝官兵把麓川军营围得水泄不通，麓川军士兵无法到怒江边汲水灭火，竟使大火连夜不熄，军士马匹被烧死的不计其数。王骥亲自督阵指挥明军向麓川军发起总攻，麓川军军心涣散，士气低落，已溃不成军，主力部队被王骥率领的明军歼灭，明军斩杀了麓川军的率兵主将，思任法节节败退，被迫退到沙木笼山（今陇川、梁河交界处的杉木笼山）拒守。沙木笼北接南甸、腾冲，南通陇川、瑞丽，是麓川首府姐兰的门户，为历代兵家必争之地。麓川王思任法亲自率领精兵2万人，踞险修筑连珠七营，首尾呼应，以连环七营为依托顽抗拒守。明军两路齐攻，久攻不下。后王骥派出一支精锐部队沿麓川军后山山脊攀崖而下，悄悄潜伏到麓川军营的背后，待王骥率领的明军从连珠七营的中营发起强攻时，伏兵一跃而起前后夹击，麓川军中营终于被突破。王骥破除了思任法连环七营中的中营后，又左右开弓拔除了其余六营。思任法见连环七营险阻被破，思任法父子被迫逃窜到勐卯的屏障马鞍山（今陇川江与瑞丽江合流处）关隘。思任法父子在此关隘布置了象阵进行抵抗，明讨伐大军夜里偷袭其营寨，破了思任法父子精心组织的象阵后进入勐卯，向允遮阑逼近，驻扎于麻阑山头。由于双方在前段时间的较量中伤亡都比较大，因此双方都不敢贸然行事，明军先以3000人探阵，被预伏的麓川象兵击退。就在这时，东路军以金齿指挥使胡誌为先锋的明军，由湾甸出发，经镇康到孟定，与元江、大侯、车里等地的土司武装5万余人在木邦合兵一处，组成联盟大军转而直逼麓川。王骥率领的主力部队与东路军遥相呼应，对麓川造成四面夹击之势。经过明朝廷征讨大军与思任法父子率领的麓川王国军队在麓川都城前卫重镇广贺罕（在今瑞丽棒蚌一带）开展了激烈的攻防战斗，王骥讨伐大军在付出数千将士大量伤亡的代价后，明朝廷讨伐大军终于兵临城下围困了勐卯麓川王国都城姐兰（在今缅甸南坎附近），盟军通过炮轰、火烧姐兰城烧毁麓川栅寨，最终攻破了麓川王国都城。思任法守军彻底溃败，被明朝廷军队斩首5万余级，明军最终获得大胜。思任法率子女家眷从姐兰城突围出去，渡瑞丽江逃至勐养避难。王骥破城后纵兵搜括抢掠了无数金银珠宝，缴获了思任法和各地土司的印信32枚。明军寻思任法不获后，大张旗鼓地班师回京报捷。明朝廷为此战的胜利对参战官兵进行了封官晋爵，蒋贵借助此战的功劳被晋升为侯爵，主帅王骥则荣升为伯爵，随同王骥征战有功而升官的将校还有500多人。这就是三征麓川中的第一次征战，时间从明英宗正统六年至七年（公元1441年到1442年），共历时2年时间。王骥为了缉拿"罪魁"，临回朝前竟不惜以原属麓川领地的勐养、戞里允诺划给缅甸，以其他地区划给木邦土司为条件，命令他们各处继续缉拿思任法、思机法父子。思任法战败逃入缅甸境内躲避，被缅王抓获后当做人质，向明朝廷索要土地、金银。思任法之子思机法则避居勐养，图谋再举。

2. 二征麓川之役

明正统七年（公元 1442 年，傣历 1536 年）明英宗在宦官王振的摆布下，为斩草除根，彻底消灭麓川势力，诏令王骥、蒋贵再次率领明朝廷征讨麓川大军浩浩荡荡挺进麓川。大军抵永昌（保山）后，思机法闻讯立即派麓川陶勐（大臣）刀陇周到永昌向王骥统帅请求投降免战，但王骥坚决不允许。王骥率领的主力部队发动突然袭击，围困了由思机发顽强拒守的姐兰都城。思机法指挥 2 万精兵拼死拒战，明军屡攻不下。看到王骥明军进攻姐兰的战事危急，思机法调木邦宣慰司使罕盖法派兵驰援麓川，木邦宣尉司使罕盖法派他的儿子罕贯率领木邦土司兵一万余人到勐卯后，并没有帮助思机法攻打王骥的明军，而是直接来到明军大帐要见王骥尚书；王尚书问他：你是谁，从那里来的？木邦宣尉司头目说我名叫罕贯，是木邦宣慰司土司部队的首领。王骥说：我不知道木邦宣慰司在什么地方，但你找我有什么事？罕贯回答说，我原是受麓川思机法调遣前来帮助他守城的，但木邦宣尉司使临来时专门交代我来援助王尚书进攻姐兰城。王骥大喜，如此这般对罕贯进行了一番鼓励后，设计让罕贯假借木邦援军到达要求入城共同守城为名，让姐兰守军打开城门让木邦援军进入姐兰城，与明军里应外合一举攻破姐兰城。第二天一大早，思机法率领的姐兰守军远远见一支人马杀向姐兰城下，带队将领高声大叫是木邦的援军到来，让姐兰城守军赶快开门。城楼上的思机法仔细一看果然是木邦大将罕贯，立即让兵士大开城门让木邦土司兵进入城中。让思机法始料不及的是，木邦援军刚刚进入城门，立即反戈一击杀散麓川城门的守军，让后面跟进的明军攻城部队一帆风顺地涌入姐兰城。王骥绞尽脑汁、损兵折将多日无法攻破的姐兰城，就这样被思机法引狼入室轻而易举地失陷了。早已在四面楚歌被困态势下的麓川姐兰守军已经是"风声鹤唳，草木皆兵"的一群惊弓之鸟，坚持不了多久，在明军和木邦土司兵的联合攻击行动中，姐兰城即刻失守。明军和木邦兵在姐兰城里肆无忌惮地大开杀戒，无论是麓川守军还是姐兰城的普通平民统统被斩尽杀绝，姐兰城内顿时血流成河，大火烧了三天三夜，昔日繁华热闹的姐兰都城成了一片废墟。战事平定后，木邦宣慰司头目罕贯和明军将领迎接王尚书进入姐兰城。王尚书当即任命罕贯为左兵都督，册封罕贯为木邦宣慰司的大头目，还对罕贯的部下以协助攻打姐兰城有功为名赏给牛、酒以资慰劳。

王骥率领的另外一支大军则加紧进攻勐养，在勐养展开了明朝征讨大军与麓川军的大决战，结果王骥的明军攻破勐养，大获全胜，并俘获了思机法的妻子及部分士兵，但思机法又趁乱突围逃走，退守蛮莫（今缅甸八莫）。

王骥在攻破姐兰和勐养后，征讨麓川大军驻守勐卯进行休整，他派人到缅甸通知缅方迅速把思任法解送到他的军营大帐，但缅王却坚持要王骥按照原来商定的条件，先把勐养、戛里两地划给缅甸作为交换条件，才兑现交出思任法。王骥见缅甸如此进行要挟，勃然大怒，公元1444年（明英宗正统九年）2月恰逢明朝廷调兵5万前往云南增援王骥，同时征用丁夫50万人，"转饷半天下"维持这场战争。王骥得到朝廷的增援后，命令蒋贵分兵率领军队进攻缅甸，冬11月，王骥进军缅甸，缅甸以水师迎战，蒋贵大军势如破竹，一举击沉了许多缅甸军队在伊洛瓦底江的战船。缅军虽然败溃退守瓦城，但缅王仍谴责明军主帅王骥言而无信，拒不交出思任法，挟思任法而去。蒋贵之子蒋雄立功心切，率领所部孤军深入，舍命穷追，以致战败自刎。王骥调集木邦宣慰司诸部兵联合共同进攻缅甸，缅人用船载思任法至江上悄悄侦察王骥明军的情况，王骥率领的明征讨军驻师伊洛瓦底江上，缅甸人也以重兵驻守在江对岸进行严防死守，战船穿梭往来于江中，观察明朝官军的虚实。王骥考虑到剿灭麓川已经指日可待，对缅作战虽然有困难但不在话下，于是命令总兵蒋贵等率兵悄悄潜入缅兵水寨，放火焚烧缅军舟船数百艘，致使缅水军溃不成军。王骥正要挥师直捣缅甸王城，这时，云南总兵官沐昂对王骥建议说，缅军败退理应乘胜追击，但云南因朝廷连年征讨麓川，国库财力困乏，旱涝灾害相继，粮食歉收，军队粮饷不能保证供给，当前大军不可轻举妄动，臣已经派人前往缅甸向缅王说明利害得失，让他们献出麓川贼首思任法，缅甸方面一定会言听计从的。蒋贵、王骥只得命令已归附明朝廷的麓川大头目恭项领兵镇守麓川。自己则率兵班师回朝，仍以大胜向明英宗报捷。这次征讨，明军仍未擒获思任法父子，却以大获全胜上报朝廷。王骥得加禄3百石、白金百两、彩缎10匹、钞万贯的恩赐。与此同时，朝廷革除麓川宣慰司，先后在原麓川辖地内设陇川宣抚司（今陇川）、南甸宣抚司（今梁河）、干崖宣抚司（今盈江）、芒市长官司。

明军班师回朝后，思机法在勐养重建家园，以便东山再起。为了缓和与明朝廷的紧张对立态势，思机法派遣他的胞弟招赛率领的使团到京城向明英宗进贡，并向明英宗呈报申诉奏折。在奏折中，思机法向明英宗哭诉了他任意扩张领地的原委，忏悔了与明朝廷作对的行为，恳求皇上给予宽恕谅解。明英宗看了思机法的申诉书后也认为"词甚哀"，心一下子软了下来。于是便同意接受了思机法使团呈上的贡品，下诏书"贷思机法以不死"免除了思机法反叛朝廷的逆天大罪，但却扣留了他的胞弟招赛在京作为人质。明朝廷与麓川的关系暂时有了缓和，但缅甸和木邦则以王骥已经做出承诺为由，天天派人来向明朝廷索要勐养、戛里两处的土地。由于思机法现正在勐养重建家园，自己已经答应不再追究思机法的罪责，而王骥又是自己大力宣扬的英雄，明英宗左右为难，很是头痛。

思任法、思机法的存在让宦官王振极不愉快。于是以明朝廷的名义责令云南总兵官沐昂向缅甸索取思任法，被缅王委婉地拒绝了。于是朝廷便采取妥协的办法，于正统十年（公元1445年）冬命云南千户王政携带钱币及诏书赴缅，同意划给勐养、戛里两地的部分领地，以此劝说缅王献出思任法。缅王见原先提出的条件尚未全面达到，还在犹豫不决，恰逢缅甸气候反常，接连两天阴云密布电闪雷鸣，缅甸法师为缅王解释说："这是上天预示的不祥之兆，大明朝廷就要发大兵来征讨缅甸，缅甸将会有血光之灾了。"缅王十分恐惧，认为手中向明朝廷讨价还价的筹码已经失去价值，立即派人将思任法及其妻子、属从一行共32人押解交给王政。王政在押解思任法一行回朝途中，思任法不愿意让明朝廷对他公开行刑受辱而绝食身亡。王政派人割下思任法的人头，快马加鞭飞驰北京向明英宗献上思任法的首级，明英宗大喜，把思任法的首级在京城闹市中心悬挂了10日，以炫耀明朝廷在这场征伐麓川战争中所取得的胜利。

思任法父子的麓川势力被明朝廷派兵征讨遭到严重挫折，思任法也被明朝廷斩首示众。思任法的儿子思机法一门心思要想为父亲报仇雪恨，见到明军已班师回朝，认为明朝留守麓川的守军势单力薄，正是麓川进行反攻的极好机会。于是纠集被打散的麓川旧部人马从勐养打回勐卯，夺回麓川旧都姐兰重建家园。思机法仍然施用两面派的手法，一面派其弟向明王朝求情认罪，一面又派兵进攻芒市，力图收复被明军占领后分给芒市土司的麓川领地。

3. 三征麓川之役

公元1447年黔国公沐斌怀着个人恩怨，为树立沐家的威望，向朝廷提出讨伐思机法的要求，得到明英宗批准后便组织了云南地方军队对麓川军进行了一些军事行动，结果没有取胜，明英宗朱祁镇以沐斌师出无功进行了斥责。公元1448年（明英宗正统十三年，傣历1542年）3月，王骥以思机法率领残余部队占据勐养继续称霸的野心未亡为由，提出继续讨伐麓川的奏折，得到明英宗批准后，王骥奉明英宗圣旨又调集了南京、云南、湖广、四川、贵州兵15万兵马，兴师动众地发动了明朝廷第三次征讨麓川的战役。这时蒋贵已死，皇上任命宫聚为统帅，仍以王骥为总督军务。王骥、宫聚率领的明讨伐大军到达云南后，又命令黔国公沐斌分别宣谕木邦、缅甸等宣慰司出兵配合明军协同助战，分头进击讨伐思机法。王骥率领的明各路征讨大军在腾冲会师后，立即在干崖打造舟船，明军乘船从大盈江行至南牙山附近后舍舟登岸陆行。

当王骥率领的近 20 万人的征讨大军抵达勐养、勐那等地时，思机法和勐养首领刀便满等早已撤退到伊洛瓦底江西岸的戛里一带，让王骥的征伐大军扑了一个空，一无所获。当年 10 月，王骥又在勐养当地造舟，明朝大军乘船沿伊洛瓦底江顺流而下，至管屯时，见到木邦、缅甸两宣慰司 1 万多土司兵列阵等待于沿江两岸。缅甸宣慰司已经准备下舟船 2 百余艘作为接应。两军合兵一处追击思机法的麓川军到伊洛瓦底江西岸的戛里。思机法早于已在伊洛瓦底江西岸建立了营寨以逸待劳，准备与王骥征讨大军打一场持久的防御作战。王骥命南甸、干崖土司在随同参战的傣族士兵中挑选一些擅长泅水游泳的人，口衔藤索泅过江去，再用藤索拖运竹木在伊洛瓦底江下游建造了一座浮桥，让明朝廷征讨大军迅速通过伊洛瓦底江，在思机法防守军营的后方发起攻击，一举攻破思机法麓川军的栅寨，缴获了思机法屯积的军粮 40 余万石。思机法只得率领麓川残兵退守至鬼哭山、芒崖山一带。思机法的麓川军在鬼哭山、芒崖山上依山险要之处修筑了许多防守营寨，在思机法的中军大寨两翼，又修筑 7 个小寨，防守战线连环绵亘百余里。当明军进发到鬼哭山、芒崖山等地时，遭到了思机法麓川军的顽强阻击，王骥与思机法两军大战于鬼哭山、芒崖山等地。王骥率领的明军武器装备精良，思机法麓川军阵地易守难攻，数次交锋下来，双方伤亡都很惨重。王骥部将贵州都指挥同知骆宣战死，明征讨大军被迫停滞不前。思机法见明朝征讨联军兵多将广，双方力量对比十分悬殊，于是趁夜色掩护，率麓川军悄悄逃遁。到明军第二天总攻后，却发觉只是一座座空寨子，麓川军已经不知所踪。随着伊洛瓦底江一带地方夏季的到来，明军北方士兵因为瘴气日重不服水土，军中疾病流行，士兵死亡枕藉。加之明军因战线拉得太长，近 20 万大军的后勤粮饷、草料等一应物资供应困难，明军难以在此地长久驻留，思机法的幼子思禄法又聚集旧部继续与明军打起了游击战，骚扰得王骥明军惶惶不安。王骥进退两难，只得退回伊洛瓦底江东岸。这时，缅甸方面又派人来找王骥要挟索要勐养地方，王骥竟信口开河地答应将来一定会兑现缅甸方的要求，为后来明朝与缅甸的边境领土之争埋下了祸根。

经过三次征讨麓川的战役后，王骥清楚地认识到麓川"贼不可灭"，无奈之下只好借坡下驴，同意与思机法之子思禄法缔结和约。王骥派人通知思禄法来和王骥进行协商，王骥允诺让朝廷任命思禄发为管辖勐养地方的土官，但要思禄法盟誓，承诺从此以后不再越过伊洛瓦底江东岸半步。在麓川军已经处于焦头烂额的困境之时，明朝廷征讨大军同意与麓川方面进行和谈，让思禄法犹如捞到了一把救命稻草。思禄法当即信誓旦旦地表示绝对服从王骥的要求，从此以后不再侵占伊洛瓦底江东岸的一寸土地。为了让思禄法麓川方面遵守誓言，王骥与思禄法共同见证下，在伊洛瓦底江畔一块巨石上刻上"石烂江枯，尔乃得渡"八个大字，

作为警告牌时时提醒思禄法不得再越雷池一步。盟誓刻石完毕后，王骥随即班师回朝复命，明朝廷"三征麓川"之战到此宣告结束。

经明朝廷"三征麓川"后，思机法、思禄法父子继续偏居勐养。思机法曾多次派出使臣向明朝廷进贡，请求明朝廷授予勐养一带为思氏管辖的领地，但明英宗一直不批准，而缅甸和木邦又经常派兵入侵勐养，企图占有勐养地方，令思机法的处境十分困难。明万历三十二年（公元 1604 年傣历 1698 年），缅甸兵大举进攻勐养，思机法为抵御缅甸的入侵，进行了坚决的战斗，不幸在战斗中被缅甸军俘获，被缅甸方交给木邦宣慰使罕贯，由罕贯押送思机法到北京。思机法被明朝廷斩首于北京闹市，罕贯因协助明朝廷征讨麓川有卓越战功，此战之后奉明朝廷任命管辖孟定左都督府，后罕贯又因押送思机法到北京城有功，最后得升官为孟定土司。而思氏后裔思禄法等人逃入干崖境地方寄食。至此，思氏勐卯果占璧王国麓川王朝的历史终告结束。

（三）一场导致大明王朝走向灭亡的胜利

1. 代价最昂贵的征讨作战

三征麓川之役从明正统六年（公元 1441 年）正月开始，至正统十四年（公元 1449 年）2 月王骥回京向正统帝"报捷"止，相继组织开展了三次征讨战役，历时 8 年有余，比近代中国人民进行的 8 年抗日战争的时间还要长。三次征讨麓川的战役先后动用明朝官军人数庞大：第一次征调 15 万人，第二次征调 5 万人，第三次征调 15 万，三次共计出动 35 万人次；而云南地方随明官军出征的土司兵人数更是众多：第一次至少有 20 余万（怒江以东各土司兵 10 万余，怒江以西的木邦、南甸、干崖等土司兵 10 余万），第二次也在 20 万左右（陇川、南甸、干崖、芒市等土司兵至少 10 万人，缅甸和木邦也不下 10 万），第三次则已接近 30 万（木邦、缅甸各 10 余万，德宏各土司兵也已近 10 万），三次共计 60 余万人次。按此计算，则整个三征麓川之役中，先后动用的官军和地方土司军队总计达 95 万人以上。战争规模之巨大，可想而知。明朝官军的粮饷都采用"转饷半天下"的办法供应，派用的士卒和民夫就更为巨大。据《王骥传》记载说，第二次征讨陇川战役中"调士兵 5 万人，发卒转饷 50 万人"，就是说，有一个作战士兵就要有 10 个士卒来保障后勤，出动 35 万军队就得动用 350 万个士卒、民夫开展后勤保障。纵观三征麓川战役的规模之大，涉及面之广，可想而知。这一数字还没有把为随征的地方土司兵供应粮饷的士兵和民夫计算在内。《百夷传》曾经记述傣族的军队建制说：出兵御敌时，一个作战士兵需要有三个供给士兵进行服务，在三征麓川战役中出动的 60 余万土司兵中，作战的士兵只有 20 余万，而转运粮饷的就占 40 余万。如此计算，三次征讨麓川之战先后动用作战军队官军、土司兵及为之转运粮饷的士卒和民夫合计已达 450 多万人。

参战人数规模如此巨大的麓川之役，先后动用 450 多万人，历时 8 年，最后所得到的结果是：第一，彻底瓦解了麓川政权，把昔日尾大不掉的麓川政权彻底肢解，解除了明王朝的担忧；第二，恢复和重新分封了一些分散而较小的土司，让各土司各自为政，互相牵制，实现了明王朝对云南边地土司分而治之的目的；第三，得到了一个思任法的首级在京城闹市中挂了几天，向臣民展示了明朝天子的"皇威"。但是，麓川政权"首犯"思机法等仍然没有被擒获，思氏残余势力仍然继续保存在勐养，连王骥本人都认为不可能彻底消灭。思氏王朝的势力一直延续到公元 1604 年，整整又存在了 155 年，这是正统皇帝朱祁镇和兵部尚书王骥都没有想到的；第四，明王朝为了借助缅甸、木邦的地方武装配合消灭麓川地方势力，不惜把麓川的一些领地割让给木邦和缅甸，让缅甸、木邦的实力更加强大，养虎为患，为后来历代中国中央政府解决中缅边境领土纠纷埋下了祸根。

麓川战役所付出的代价是十分惊人的。其一，参战士兵死伤惨重。明朝大臣刘球第二次上书中说：麓川连年用兵，参加征伐战争死亡的士兵达到参战人数的 70%，有战斗死亡、水土不服、传染疾病等因素，再加上詹英上书中所说的，当时讨伐大军 15 万人要求在同一天起程，仅出发时因拥挤不堪相互踩踏致死、致残的士兵就不在少数，加上每个军士要自己背负米粮六斗，跨山陟谷，劳累过度，畏难自杀而死者也很多。等等原因，死伤的人数至少也不会下数十万人。其二，刘球、沐昂后来在给皇上的报告中都揭露了当时王骥把征讨麓川的三次战役都以重大"胜利"上报，前后奏报朝廷要求给予升赏的军队和地方官员人数有成千上万名，而且许多爵赏项目都是长期开支的费用。庞大的军费开支、粮食消耗、升赏物资经费，简直是个天文数字，造成了云南及全国各地地方财力困乏，明王朝国库空虚。其三，明朝廷军队征讨麓川所经过的地区，为征调军队粮饷物资致使民穷财尽。刘球上书给皇帝说，近年来江南一带水旱灾害频繁，军需民用都很困难，沐昂也反映说云南"又值灾荒粮食欠收，市场上米价暴涨，饥饿的老百姓人数众多。就是在这样的情况下，沿途各地还要大量派夫派粮，让老百姓苦不堪言。其四，处于战争交战地区的滇中、滇南、滇西地区，由于战火连绵，数十万军队辗转往返蹂践，农民良田荒芜，百姓流离失所。再加上王骥采取"纵其兵士大掠三日"的抢劫杀戮行动，让战争地区的人民生灵涂炭，田园荒芜，几十年内都难以恢复。其五，明朝廷将麓川领地勐止、底麻等地划给木邦土司（后缅甸境内），致使大明王朝丧失了今潞西芒海、中山以南及瑞丽以西直达伊洛瓦底江的大片土地；把勐养、戛里划给缅甸，丧失了伊洛瓦底江以西包括整个亲敦江流域的广阔地带，造成永世无法弥补的缺憾。

2."一将成名万骨枯"

三征麓川之役中真正得利的只是王骥等少数人。《明史，王骥传》载：正统七年（公元1442年）五月，王骥第一次征讨麓川大军班师还京时，皇帝特别派遣户部侍郎王质代表皇帝给王骥赏赐羊、酒迎接，并赐宴于奉天门，封靖远伯王骥等每年俸禄1200石，赐蒋贵、王骥每人黄金百两、彩币十表里、钞万贯。第二次征讨麓川回来后又"加奉禄300石"。王骥等不仅得到了高官厚禄，而且在战争中到处搜刮钱财，恣意肆行，发战争财。仅在詹英上书中所列举的就有：①王骥"惟纵己欲"，仅他一个人"班师"时，装载个人财宝的行李就达二三百挑，抬轿、牵马、服侍、招呼的仆役就达五六百人，享尽了人间富贵；②用朝廷所给用于赏赐随征有功文武大臣的彩缯等物，他以赏赐给各土司为名，又从土司那里索取回报，诈骗了许多金银财宝和地方特产；③把掳掠麓川思氏王族及民间百姓的无数财物以进贡皇上为名由自己掌控，实际上都留为己用，又得了一笔巨额钱财；④王骥派马1000匹马驮运自己搜刮的财富宝物，却借口所驮物品是给皇上进贡所用，实际是用于私役；⑤恣意滥用阉割之刑惩治已经俘虏的敌方官、将，以泄私愤；⑤恣意杀戮属下部将，以"围攻不克"名义，杀死都指挥等将官，以此为自己耀武扬威。

当时河西训导詹英在三征麓川后，曾向明英宗奏本弹劾王骥、宫聚等人：苟安贪利，行李二三百，征用挑夫五六百，声势喧哄，沿途劳扰，将带紆丝绢疋，密散富豪之家，下网垂钓，狼贪渔取。土司、官弁、部将贿赂先行，所获有余，贪得无厌。行军无纪律，军15万，俱从一日起程，路滑泥深，难为士卒。运粮不设转输，每军一名，运米六斗，搬运催促，不得少停。以驮粮坐派有司1000余马，不知此马何施。坐轿、卧轿、山轿、凉轿、暖帐、雨帐，左右赞襄官吏，百端阿腴奉承，罢困下人，无所控诉。王骥、宫聚二人者，同流合污，既无运筹帷幄之才，又无克胜破敌之策，玩法怙终，损兵失利。却将来降之渔户诱捕，解作生擒。丑态遍扬于南诏，名节大坏于边方。损中国生灵，贻边夷笑，计穷事拙，只得班师。皇上深居九重，岂知此情此弊！臣不避势要威权，冒犯天颜，乞将王骥、宫聚等官拿送司法，明正其罪，上解天怒，下满士心，则滇南幸甚！所谓征伐其事实，其结果如此也。詹英对王骥、宫聚等人借征讨麓川大发战争财中饱私囊的战争结局，只看到了官场的贪腐，而没有看到麓川之役，不仅给被打败的麓川国思氏王室和麓川地方的各族人民带来了长期难以消除的灾难，也给明王朝造成了灾难性的严重后果，三征麓川的"胜利"最终导致大明王朝走向了灭亡。

3.明朝廷"饮鸩止渴"种下中缅边境领土纷争的祸殃

在"三征麓川"征战行动中，明王朝为征调缅甸、木邦等地土司地方武装共同讨伐麓川王朝，用划拨麓川土地和人民的办法换取缅甸、木邦等土司出兵，这种饮鸩止渴的结果，在西南边陲造成"减一麓川而生二麓川"的后果。刘球上书指出，若将麓川领地和人民给予木邦、缅甸，则"两夷土地人民各增其半，其势坐大，将不可制"。木邦原是麓川的辖地，思汉法和思伦法时代都只委派一个陶勐管治。但思伦法去世后，明王朝便扶持木邦成为府，不久又升为宣慰司，纵容其乘明朝廷征讨麓川致使思行法势力孱弱之际，侵吞了木邦附近的许多土地，使木邦宣慰司的势力突然大增。在明朝廷征讨麓川之役开始时，木邦已兼并了勐生威以东至萨尔温江以南至雍会的广阔地带及勐兴威以西的部分地区，势力已经十分强大。但是，王骥等却还将东边的勐止和西边的底麻等广大地区又给了木邦，使木邦的土地和人民又增加了将近一半，从而更成为不可小视的地方民族强势政权。缅甸在 11 世纪就已建立拥有中、下缅甸的蒲甘王国，元王朝在抗击蒲甘王国入侵中国的战争中将其击败后才让缅甸俯首称的。但是，王骥等人竟擅自允诺将上缅甸的勐养、戛里等广阔地带划给缅甸作为配合王骥征讨麓川、擒拿思机法的代价，使缅甸徒然增加了三分之一的土地和人民，从而更使缅甸成为后来明、清中央政府难以抗御的外国入侵势力。在麓川之役中，缅甸、木邦就曾以自己的强大势力，对明王朝施加压力，要挟索要过土地。正统十二年（公元 1447 年）明朝迁设置陇川宣抚司以继承麓川剩余的土地和人民，但王骥仍屈服于木邦的压力，而将勐止和底麻的大片地区划出去给了木邦，使陇川宣抚司的土地仅剩下今陇川、瑞丽、遮放、勐板，以及境外的捧宪、勐古和天马、汉龙关外的少量地区。而且自此次战役后，明朝与缅甸、木邦的边境领土纷争、军事摩擦连年不断，

　　隆庆五年（公元 1572 年，傣历 1666 年），金腾副使侯度持檄抚谕麓川思氏王朝最后的传承人——勐养地方长官思个抗击缅甸的入侵行动，思个大败缅兵，缅王莽瑞体十分恐惧而请求议和，思个坚决不允许。万历四年（公元 1576 年），思个又大败入侵勐养的缅兵，莽瑞体率领入侵勐养的士兵尽被思个消灭，"生还者十不一二"。万历五年，（公元 1577 年），云南巡抚陈文燧奏请明朝皇帝称：对待思个长期不承认也不是个办法，如封给他官职就可以对他进行制约，无官职则让他自己为所欲为，不如给他封一个官职，让他名正言顺地承担抵抗缅甸入侵任务。于是经明朝廷正式批准授封了思个为勐养的地方长官。

　　从思汉法时代起至思机法父子前赴后继为勐卯弄果占璧王国的复兴所进行"尽复故地"的抗争，由于明中央王朝以强大的军事和经济实力维护"分而治之"的改土归流既定政策，这是明王朝顺应社会历史发展的必然规律所决定的，是任何人都难以逆转的。思伦法及以后历代麓川政权主政者以为，只要对明王朝在礼仪尊重和按时纳贡方面与明王朝搞好关系就可

以改变朝廷的既定政策。因此他们特别注意加强与明王朝的密切联系,勤修职贡:在思伦法刚刚承袭麓川平缅宣慰使世职时,就以6头大象、百余匹良马及许多金银珠宝器物向明朝廷进贡;当木邦、勐养势力入侵麓川领地时,他又以向朝廷进贡为名,奏请明帝帮助调解领地纠纷;在他自己率兵侵占南甸土司领地后也多次向明廷进贡为名,以各种理由辩解情由和"谢罪",而且听从圣上敕谕,暂时退出了一些土地。但是明朝廷坚持不允准他"尽复故地",不惜以重兵劳师动众对麓川进行多次征讨的事实充分说明,麓川思氏王朝要想把已经被明朝廷重新分配已经达二三十年之久的土官领地重新归还给麓川是不可能的,因为这不是一个简单的土地隶属关系的变动,而是动摇新建制、恢复旧体制、阻碍改土归流根本政策的重大事件,就是思伦法再搞好与明王朝的关系,也是难以改变的。通过明王朝的三征麓川,最后将思伦法父子四人两人诱捕(思伦法、思卜法),两人(思机法与思禄法)限制在勐养,使其子孙不再思归麓川,然后尽析麓川之地,分而治之,完成了明王朝的既定意图。

明朝廷为维护国家高度统一,在边疆民族地方推行改土归流,无疑是正确的,但在以军事手段对麓川进行讨伐时,最大的失误就是将属地勐养、木邦弃置于藩属国缅甸,使两地于万历年间归属缅甸。其次,由于明朝与麓川长期因边疆领土纷争大动干戈,致使边疆地区长期战乱不止,增加了一些边地土司对中央王朝的离心力。加之明军统帅王骥在利诱木邦宣慰使、缅甸藩属国王抓捕思机法的过程中,无原则地许诺割地与缅甸和木邦,结果又没有兑现,也失信于藩属国缅甸,明王朝对缅信誉减弱,无形中制造了中缅边境地区长期动荡不安。

4. "三征麓川"——引发各地农民起义的导火索

因为发动征讨麓川之役,明王朝在全国各地横征暴敛,致使民穷财尽,人民不堪其苦,各地农民纷纷起义反抗。其中湖南、贵州的苗族起义特别突出。但明宦官权臣王振等仍然要调江南和四川各地的大量兵力参加连续8年规模巨大的征讨麓川战争,故招致农民起义,国内动荡。《明实录》也明确指出:"湖广、贵州苗贼寇扰","其祸始于频岁征伐云南,供米供役不胜其苦"。在遭受灾荒粮食歉收的情况下,几十万大军8年往返路过的蹂践掳掠,供给粮饷和转运夫役的横征暴敛,各族人民不堪其苦,自然要起义反抗。湖南、贵州的苗族起义,只是其中最突出的一例。按《明实录》记载,此次湖南、贵州的苗族起义遍及两省,范围相当广阔,而且不断发展,起义军已达10余万。平越城被围半岁,巡抚御史黄镐死守,弹尽粮绝后只得掘食草根充饥。由于湖南、贵州农民暴动持续的时间长,情况十分严峻。因此王骥第三次征伐麓川班师回朝的军队才行至武汉,明英宗就不得不命他率兵回师镇压湖南、贵州的苗族起义。

明王朝经过8年的麓川之役，造成国库空虚，军队孱弱，元王朝残余势力瓦剌部落趁机入侵，明朝军队无力抵抗，最后连皇帝都成了瓦剌首领也先的俘虏。明王朝自立国开始，便一直与北方的元王朝残余势力不断抗衡相争。永乐元年（公元1403年），鬼力赤篡位称可汗，开始废止元帝国的国号而改称鞑靼，但仍一直与明王朝抗争。永乐二十二年（公元1424年）后，蒙古族的另一部落瓦剌兴起，势力日益强大；正统四年（公元1439年），也先成为瓦剌首领后，先征服了蒙古北部，又西掠新疆哈密地区，东边进逼朝鲜，成为大明帝国北方边境的严重边患。因而在明朝廷决定发动征伐麓川之役时，大臣刘球及许多大臣都提出：应放弃征伐麓川的用兵行动而专注于备战西北瓦剌的入侵。但是，由于太监王振专权，喜功好利，明朝廷上下政治日趋腐败，竟而废弛了北方的防务，而集中全国的主要兵力和财力去征讨麓川。8年征伐麓川的战争结束后，明朝常备军队大量减员，士卒疲惫，国库空虚。农民纷纷起义，国家动荡，因而吊起了瓦剌南侵中原的野心。正统十四年（公元1449年）秋，明王朝第三次征讨麓川的战役刚刚结束，在北方窥伺已久的瓦剌便乘虚而入，瓦剌也先亲率瓦剌大军先侵犯山西大同，继而侵扰辽东、甘肃。此时王骥的远征军刚刚班师回朝到武汉时，就被朝廷调集到湖南、贵州一带去剿灭苗民起义，王振手头已无可调用之兵，他只得亲自出马担任统帅，并极力怂恿明英宗朱祁镇率50万大军御驾亲征。但因明朝廷在麓川战役中倾国之所有，劳师远征，耗费了难以计数的人力、物力和财力，弄得国库空虚，大明帝国就像一具极度疲惫的躯体，外强中干，缺乏粮草和军械的明军已经毫无战斗力，加之王振又指挥无方，明军与瓦剌军刚一交锋便一触即溃，致使明军大败，几乎全军覆没，王振也被瓦剌乱军杀死。瓦剌军在土木堡（今河北怀来东）擒获明英宗朱祁镇，酿成中国古代史上有名的"土木堡事件"，此后，大明王朝便气息奄奄地走向了衰亡之路。后来史学者总结这段历史时曾精辟地归纳为两句话："唐朝征南诏而衰，明朝征麓川而亡"。明英宗朱祁镇在土木堡事件被瓦剌军擒获的败讯传来，明王朝京师朝野引起极大震动，如惊弓之鸟的群臣纷纷商议要把大明王朝的京师向南方迁移，以躲避瓦剌大军继续南进带来的灾祸。只是后来由于兵部左侍郎于谦的坚决反对，并扶朱祁镇之弟朱祁钰为代宗皇帝，改年号为景泰（公元1450年），大明王朝国家政权的动荡局面才逐渐稳定下来。

五、麓川王国时期勐卯地区傣族向云南各地的迁徙

　　在思汉法成为麓川王国的君王后及后来历代麓川王所进行的各次扩张领地的军事征伐行动中，勐卯地区的傣族也随着这些征讨行动不断向四面八方迁徙；有的是随军征战留在被征

服的地方，有的是被勐卯国王思汉法分封到所征服地方任地方官，有的由于亲缘关系联姻，有的则是被勐卯国王思汉法当作礼品馈赠到这些地方，从而使勐卯傣族遍及今德宏州各地及云南本省的耿马、孟定、孟连、景谷、双江、景东、镇康、永德、镇沅、湾甸、景洪、勐海、勐腊等地，甚至最远的达到金沙江两岸、印度的阿萨姆邦等地。

（一）进入临沧地区的勐卯傣族

明洪武十三年（公元 1380 年，傣历 1474 年），由勐卯思氏王族后裔罕刷、罕谢父子率领罕氏族人向临沧地区开始大规模迁徙。罕氏族人沿怒江南下，经木邦地界进入阿佤山区。他们先到勐角建立村寨，留下一部分人后，其他人又继续先后迁徙到勐董、勐岛、勐省、来相、安雅、科且、嘎结等地建立村寨。傣历 1492 年 5 月 19 日（公元 1397 年），罕氏父子率领大部分臣民继续迁徙，在一匹神奇白马的引领下，终于寻觅到了理想的定居之所"勐相耿马"（傣语意为跟随白马寻获之地。）傣历 1502 年（公元 1407 年）6 月 7 日，罕刷、罕谢父子建立了允弄耿马城，成为当地的实际统治者。罕氏家族历经罕刷、罕谢、罕真、罕边、罕庆、罕荩忠 6 世，均未得到朝廷正式封授。到了明朝万历十一年（公元 1583 年），罕庆之子罕荩忠率子罕闷坎、罕闷金因跟随明朝将领邓子龙、刘綎抗击缅甸东吁（即洞吾）王朝入侵、平定罕虔岳凤之乱有功，收复了被侵占的木邦领土。明朝万历十三年（公元 1585 年）明朝廷划出孟定府的勐勐、勐省、勐角、勐董、勐撒、勐勇等村寨设置了耿马安抚司（五品），明朝万历十五年（公元 1587 年），明朝廷正式册封罕闷坎耿马安抚司安抚使官衔，颁发给罕闷坎"耿马安抚司"印信号纸，并赐红顶帽 1 顶、万民伞 1 把、珠子 1 串。耿马安抚司隶属孟定府，管辖范围包括今耿马县除孟定区以外的全部地方和沧源、双江二县的一部分地方在内，西边以三尖山、南以喳哩江（即萨尔温江）与孟定分界。明朝万历二十九年（公元 1601 年），明朝廷又改耿马安抚司为耿马宣抚司，级别由从五品升为从四品。

在今临沧孟连傣族聚居的地区迄今仍在流传着傣族老人给新郎、新娘的祝词中就说："我们的祖先是从有洁白云彩的勐卯弄来的"。而《景谷县志》则明确记载："元定宗后海迷失二年（公元 1250 年），酋长阿只步率领大量傣族人民由瑞丽迁来威远定居。元至元十四年（公元 1277 年）春，缅甸蒲甘王朝入侵德宏时，部分傣族被迫迁居威远，明洪武十七年（公元 1384 年），麓川思伦法派刀算党率勐卯傣族兵攻陷威远后，便定居威远。明正统六年（公元 1441 年），麓川思任发入侵威远被打得大败而逃，部分麓川傣族兵被俘或流落在威远当地。孟连傣族和德宏傣族同归于傣那，就是因为孟连傣族的先民是从勐卯迁徙而来的，因而在语言、文化等方面与德宏傣族有着共同的特点。勐卯是孟连傣族的根，孟连傣族与勐卯傣族同为一支，源本一家。据有关资料记载，孟连在西汉时就列入祖国的版图。唐南诏时，孟连县称"茫天连"，宋大理时才称"孟连"，元朝称"木连"，明代称"孟链"。"孟连"傣语意即"发现寻找到的地方"。南宋宝祐元年（公元1253年），勐卯果占壁国王、麓川路军民总管府总管思汉法土司逝世，其长子思根法（召麻尼罕）承袭了勐卯果占壁国王、麓川路军民总管府总管职位，次子思景法（召麻尼章）当了军事首领。由于思根法执掌朝政后不思进取，整日声色犬马，奢靡荒淫，当面对缅甸蒲甘军队入侵勐卯果占壁时又显得惊慌失措，贪生怕死，表现得十分软弱怯懦，而他的弟弟思景法在指挥抗击蒲甘王朝入侵军队的战斗中英勇善战，指挥若定，并取得了反击战争的胜利，因而受到人民的爱戴，使思景法在众部落中名声大震，威信超过了他的哥哥，拥戴思景法当了勐卯果占壁国王、麓川路军民总管府总管。思根法为此极度愤恨，带着几个亲信前去大理诬告思景法篡位夺权，酿成内乱，当时大理国王片面听信思根法的诬告，认为思景法大逆不道，立即派兵前去镇压。思根法带领的大理国士兵进入勐卯地界后沿途烧杀抢掠，百姓流离失所，苦不堪言。思景法为了避免战争给人民带来更大的祸害，便与长老（布涛）和三位召根（大臣）商量，决定带着勐卯傣族群众躲避战乱大规模向南迁移，去寻找南宏（怒江、萨尔温江）江以东的"茫天连"这个勐卯果占壁民间传说中的乐土。思景法决定把自己的名字改名为'罕罢法'（意为尊贵的开辟疆土之王），以表示自己愿意为人民开辟新天地。罕罢法王子带领勐卯傣族臣民，沿怒江流域辗转南行，进入阿佤山区西盟马散部落勐板、港色一带。当王子罕罢法的人马经过马散（今西盟县）佤族部落时，受到佤族部落首领的热情接待，佤族部落首领还把女儿叶连嫁给了王子罕罢法。婚礼上佤族部落首领宰象剽牛后互赠象牙牛角为信物，并盟誓："象牙不会枯，牛角不会烂，傣族和佤族永远是亲戚"。随后，罕罢法王子南迁的勐卯傣族又分别由名叫"兼德""兼海""兼冒"的三个召根大臣率领，分三路寻找立国安身之地，他们先后进入芒掌、帕当等地，经缅甸南冗武、邦桑，过南卡江，经过千难万险，终于在距勐卯千里之外的地方寻找到了一个美丽的河谷坝子，在这里建立村寨，伐木开垦，人们称这里为"孟连"，傣语意为"寻找到的好地方"。

勐卯傣族群众大规模南迁孟连之路极为坎坷艰难曲折。在孟连流传久远的傣族《迁徙歌》中这样描述道："山路不平坦，途中有红刺，草中有毒蛇，林中有虎豹，过河石头滑，一路走啊走，一路有死伤，死者无人埋，伤者无人管，沿途好凄惨，臭味随风飘，苍蝇爬尸骨，乌鸦呱呱叫，老人回过头，回望来时路，汪汪两泪流，可怜死难者，同情伤病人，横下心，跟上群，求活路，无奈何，只得丢骨肉，泪往心里流，迁徙苦呵，迁徙悲呵，何时才能走完这山路……"就这样，勐卯的傣族就在孟连这块美丽的地方生根开花，休养生息，成了孟连地方的世居少数民族。

（二）进入西双版纳地区的勐卯傣族

而勐卯傣族群众到今西双版纳的情况则又是一种原因。据《勐腊县志》记载："很久以前，景洪傣族召片领在一次抵御勐卯弄军队入侵景洪的战斗中，打败了召勐卯弄率领的勐卯弄军队，召勐卯弄战后讲和时，被迫赔偿给景洪傣族召片领700户有一定技术、会做汉、缅口味的勐卯弄傣族厨师，召片领把这些来自勐卯弄的傣族厨师分在曼沙、曼仑两寨，由这两寨人一直为召片领充当专职厨师。后来召片领又把一部分厨师赐给勐海、勐腊、勐仑的土司，今天的勐仑镇曼扎就是这样建立起来的。

在景洪佛寺里的傣文经书中也记述说：景洪地区的景康、景蚌、景坎被称为"允卡"，意为"奴隶城"。曼沙、曼令等寨则普遍传说，他们是西双版纳的"召片领"战胜勐卯弄入侵的军队之后，勐卯弄军队留下100个战俘作赔偿建寨而发展起来的。

西双版纳还有一种传说是，景洪召片领曾和勐卯弄首领为加强友好关系而进行联姻，景洪召片领娶了勐卯弄首领的公主。曼景兰寨据传就是勐卯弄首领随公主陪嫁给景洪召片领的厨师后代建的。

（三）进入楚雄地区的勐卯傣族

勐卯傣族还迁移到了远离勐卯数千里的楚雄彝族地区，成为楚雄彝族地区的土著民族，主要分布在永仁、大姚、武定、元谋四县的金沙江南岸热带河谷地区，总人口居全州各少数民族的第四位。本地志书记载，自明代至清初，今楚雄州各县市境内均有傣族分布，其中以元谋县为最多，所以至今元谋县坝区许多地名都是傣语的译音，全县500余个民族语地名中傣族地名就有300余个，楚雄、禄丰等县市有些村寨至今仍称"摆夷村"，还遗存有大量"摆夷坟"。这充分说明这些地方是傣族先民的原居住地，傣族是楚雄州的土著居民。

傣族来楚雄彝族自治州来源有两说。其一为德宏勐卯迁入说。这种说法的主要依据是，据一些老人说，他们的老辈子告诉他们，先祖是由德宏勐卯搬来的。楚雄彝族自治州傣族的语言属德宏方言，一些常用语和德宏傣语语音相通。从史籍《大姚县志》也有明确记载："县域傣族部分是唐代南诏时期自滇西保山迁入，东坡区、田心区有部分傣族，在明隆庆或万历年间迁入。据文献资料和民俗资料考察，今居住在楚雄州境的傣族，大部分是南诏大理国时期由景东一带北迁而来，元、明两朝元谋县的傣族土司吾氏家族即"景东府百夷人"。今楚雄州内傣族凡能背诵家谱者，都以"景东岸亢"起头。傣族把生长于热区，其叶子可以做菜食用树叶叫"景东伊"或"景东彩"。元明时期，麓川（今德宏）傣族思氏势力崛起，在向耿马、孟连、景谷、景东等地的扩展中，也向内地一些地区扩大和发展。在征服南州（今景东县）后，又攻陷威楚（今楚雄）。大量的勐卯傣族进入景东、景谷一带，而且力量危及封建政权机关。到至元五年（公元1339年）夏4月丁丑时，元朝廷云南行省招降威楚金齿（傣族）、落落（倮倮）分地域寨民三万二千三百所。可见威楚路（楚雄）当时管辖的傣族人口已经数量不少。不过，这因为景东、景谷当时属威楚路管辖。景东傣族与德宏傣族有着密切的关系，永仁一带傣族自称是从德宏勐卯迁来的。楚雄州境傣族语言多属傣那方言，说明与其迁徙路线是相符的。

威楚州元谋县的傣族也是来源于南诏时期景东府的傣族。《元谋县志》曾经记载了吾必奎的传记：吾必奎，元谋县人，傣族，世袭土司。其家族统治元谋300多年，历元、明两代；家族中有6人世袭土知县。吾氏土司，先祖名广哀，属于僰夷族（傣族），原籍景东府。公元756年，南诏与吐蕃一起攻巂州，当时景东府的傣族受南诏国统属，承担服兵役的任务，吾氏土司先祖广哀也就随着南诏、吐蕃联军来到了巂州。后来随着大唐王朝征讨南诏吐蕃战事平息后，广哀先辈就留居在了华竹（元谋）地方，广哀先辈建立了华竹部落，成为了部落酋长。后来到宋代时，华竹地方属于大理国的三十七部之一。元初期，元兵南下到云南，广哀于金马山主动归降元朝廷，元朝廷让他招谕本地人民归顺元王朝。至元十六年（公元1279年）云南行省建立了元谋县，广哀被册封为世袭土知县。广哀死后，传位于他的儿子阿吾，阿吾承袭土司职位后不久元朝被朱元璋建立的明王朝所推翻。阿吾审时度势主动投降归顺了大明王朝，被明朝廷任命继续担任旧职。阿吾死后，他的儿子吾忠承袭土知县职位，自此以后阿吾家族就以"吾"为姓。吾忠去世后，由其子吾政承袭职位；吾政之后又传承了吾起、吾超、吾隆。吾隆于明弘治十四年（公元1501年）因平定武定县安铨、凤朝文之乱有功，被授职土巡捕，吾隆的儿子吾至先、孙子吾孟才、重孙吾道南都被任命为土巡捕。吾道南的儿子吾必奎后来因参与平定迤东土司叛乱立下赫赫战功，被朝廷由土巡捕擢升为土守备，受命世袭土守备以荫庇子孙。吾氏土司统治元谋300余年，曾在元谋建立了强大的势力和政权，对周边影响极大。吾必奎的一时威风足以证明当时吾氏家族的强大及当地傣族的实力。

南明隆武元年（公元1645年）因楚雄参将李大多次勒索、侮辱吾必奎，经常侵扰元谋的各族群众，吾必奎实在忍无可忍，起兵造反，遭到云南府派遣重兵进行征讨，吾必奎的造反军最终被击溃。吾必奎俘后被杀死。吾必奎反明失败后，元谋进入一片混乱，大规模的仇杀报复活动长达4年之久，元谋县地方被蹂躏祸害十分惨烈，各地村庄的傣族老百姓基本都被杀掳殆尽。幸存的元谋傣族人民也家破人亡，被迫隐姓埋名，流落异乡，避难到山间林野，致使元谋地方田园荒芜、满目凄惨。元谋已不再是傣族的乐园，周边各县的傣族人口也急剧锐减，造成了至今仅有部分县的边远河谷地区才有傣族居住的状况。

（四）进入四川米易地区的勐卯傣族

勐卯傣族还迁徙到了四川米易地方，据四川米易县志记载，四川米易的土司姓贤，其先祖是由勐卯来到景东的僰种（傣族），洪武十六年景东归附明朝后，姓贤的傣族祖先跟随明朝官军征讨东川、芒部（今镇雄）二府的时候，因战功卓著被授世袭副千户职位，当时米易县地方统治、管辖的傣族就有 800 多户。

六、三征麓川后明朝廷析麓川地之事

思亨法自公元 1399 年承袭父职至公元 1413 年让位于其弟思昂法的 14 年间，麓川最大的事件是领地不断瓦解，也就是史学界所称的"析麓川地"之事。永乐初，麓川所属各土司脱离勐卯而直接归附明王朝的倾向进入了高潮。

麓川土司领地的瓦解，早在公元 1397 年（明洪武十年）刀干勐之乱时就已经开始。就在这一年，刀干勐叛乱篡权夺位驱逐思伦法到昆明后，湾甸（昌宁境）的"陶勐"刀景法立即就私自上昆明会见云南总兵西平候沐晟请求归附明朝廷，至公元 1400 年（建文二年）就得到明朝廷的正式批准开设湾甸长官司衙门。威远（景谷）的"召鲁"刀算党，也在平定刀干勐之乱后，思伦法回到勐卯的公元 1398 年（洪武三十一年），就跑到金齿（保山）要求归附明朝廷，云南总兵西平候沐晟竟在朝廷尚未批准之际，立即答应授予刀算党享受"威远州"知州级别的官衔，并命他立即回去开设衙门，但直到 1401 年（建文三年），明朝廷才正式补颁发以朝廷名义授予威远（景谷）州知州的任命号纸和大印，刀算党才名正言顺地正式当上了"威远州"的知州。公元 1400 年（建文二年）明朝廷正式任命刀景法为湾甸（昌宁县境）长官司长官，任命镇康的曩光为副长官。公元 1401 年（建文三年），明朝廷设置孟定（耿马境）为府，设镇沅（今镇沅）为州，设大候（云县）为长官司，景谷刀算党也自己挂起了威远州的牌子。公元 1402 年（建文四年）与勐卯相邻的木邦和勐养土官也被明朝廷批准授予知府级别的职务。永乐初，原麓川平缅宣慰司所辖的各地"召勐"脱离勐卯麓川而直接归附明朝廷的潮流进入了高潮。公元 1403 年（永乐元年），湾甸（昌宁境）长官司被升为州，景谷实授威远土知州，者乐甸（镇沅与新平之间的地方）、潞江（保山县境）和干崖（盈江）都同时被明朝廷设置为长官司。为了给这些脱离麓川平缅宣慰司归顺朝廷的州、府撑腰，防止麓川平缅宣慰司思伦法进行军事报复，公元 1403 年 9 月，明王朝做出决定，在怒江之西的腾冲府设立屯卫千户所建置，进驻明王朝政府的军队，名义是为戍边屯田，实际主要是为了用以监控和制约麓川平缅宣慰司思伦法的行动。公元1404年（永乐二年）明朝廷又将木邦和勐养升格为军民宣慰使司。麓川东北部的景颇族头目也被明朝廷授为茶山长官司长官；同时，腾冲北部的景颇族头目也被明朝廷授为瓦甸长官司长官。公元1406年（永乐四年），镇沅又被明朝廷升格为镇沅府，孟连（今孟连）也被明朝廷批准从孟定领地中划出单独建立孟连长官司。公元1408年（永乐六年），明朝廷又在怒江以东批准建立了促瓦和散金两个小地方的长官司，在西北部批准在勐养地建立里麻（缅北克钦邦迈立开江以西地区）长官司。公元1409年（永乐七年），明朝廷又批准从湾甸领地划出一块地方建立镇康州，任命原思汉法的部属大闷法之子曩光为镇康州知州。公元1411年（永乐九年）明朝又升潞江长官司为安抚使司。公元1414年（永乐十二年）明朝廷又批准建立南甸（梁河）州。至此，明朝廷对原麓川平缅宣慰司所管辖地盘的分割肢解才基本告一段落。

麓川领地瓦解的主要原因，一是麓川平缅宣慰司所封授的"陶勐""召刚""召鲁"等世袭土官的利益趋使。他们为让自己有更大的自主权而主动脱离麓川；二是明王朝在后面的操纵、鼓动和支持叛离者脱离麓川。麓川平缅宣慰司所授封的直属土官有大有小，但都是已经分封有土地和人民的世袭土官。这些世袭土官为了保存自己的既得利益，在外部出现强大势力时，他们就往往前去投靠寻找庇护，当外部势力弱小时，他们就往往积聚力量，掠夺其他土官的土地和人民，相互兼并，这完全是他们的阶级本质所决定的。思汉法趁元、缅势力衰落之际，便采取给投降归附的土官保有现有土地和人民，对拒不归顺而进行反抗的土官便采取坚决镇压彻底杀戮，没收其土地和人民重新分封给有功官、将世袭领有的策略，符合世袭土官制度的基本规律，因而很快便成了独霸一方的霸主。可是，现在形势已经起了根本变化，勐卯麓川平缅宣慰司的势力衰落了，而承接元朝统治者统治这一地区的明王朝，正处于政权已经巩固、寻求国家高度统一的时期，明朝廷对土官的策略是只改变官职名称而允许保存世袭领有土地和人民的制度。于是，许多土官便按照自己的本质需要，就直接投向明王朝。这些土官都是先向明朝廷进贡请求而得封授的，而且这些已被封授的土官，后来一直不断积极向明王朝进贡，目的就是为求得明朝廷的庇护。有的土官在归附时，除了要求保存自己原有的土地人民之外，还提出了别的条件，而明朝廷都从瓦解勐卯麓川平缅宣慰司的大局出发一一答应。如孟连土官刀派颂不愿受制于孟定土官，便提出说"同辈人难以相统率"而要求另立门户，明王朝便单独封他为孟连长官司。思伦法授予的大闷法不愿受制于湾甸管辖，明王朝便单独从湾甸划出一块地建立了镇康州，让大闷法当知州；湾甸刀景法嫌长官司的职衔过小，写书面报告提出：思汉法当麓川王时，我与孟定的刀名杠、木邦的罕的法、勐养的刀木旦都是一样级别的"陶勐"，现在他们都是宣慰司、府级别的官职，而自己却只是个长官司长官，要求最小也要当个知州。明王朝为了一碗水端平，也只得将他升为知州。镇沅土地面积本来就不宽，但明朝廷最后也得按刀平自己提出的要求，把镇沅州升为镇沅府；明朝廷同意让木邦，勐养土官升为军民宣慰司和府，也都是如此考虑的结果。第三是明三征麓川之时麓川思氏统治集团内部已经众叛亲离，早就受封于朝廷的土官、土司们纷纷脱离思氏，奉调参加作战。身为思氏亲信大头目的恭项率先归附明军，并成为此次作战的向导而立功于明朝。"勐卯王天数已微，已经回天乏术。"当他们在姐兰招兵买马的时候，就很少有人投靠，而旧日所管辖的地方，也不服从麓川管辖了。勐宛多氏第三代大头目多歪闷得知思机法再度进占姐兰的情报后，立即上奏明朝廷，明军一出兵讨伐，他就领兵协助王尚书充当急先锋；还有干崖土目刀帕便、南甸土目刀思法、木邦罕盖法也都领兵助明作战。勐宛大头目多歪闷勇猛善战，手执标枪，身先士卒，冲向麓川兵阵，一枪便击中思氏麓川军的一员大将，让他当即毙命，立下了赫赫战功。因而，王尚书奏明朝廷，皇帝非常高兴，下诏封赏各土司，陇川、干崖、南甸三土司皆被封为宣抚使。

麓川平缅宣慰司领地瓦解的另一个因素，是明王朝平定云南后就积极推行"分而治之"政策的结果。在这次"析麓川地"过程中，开始明朝廷似乎还有些迟疑，而至永乐皇帝登基之后就大刀阔斧地贯彻执行了。刀景法和刀算党早在公元1397和1398年就提出要归附明朝廷的要求，云南总兵西平候沐晟也都已答应他们的要求作了封官许愿，但奏报朝廷后一直拖了3年，朝廷才正式颁发封授号纸和大印。可是，到了永乐元年（公元1403年）之后，明朝廷就快速地封授了许多大小土官，就连直到现在都找不到具体地址的促瓦、散金等地，都还封授了长官司之职，而且在封授中，对待请求归附的世袭土官，除了答允他们保存世袭的土地制度之外，还答允了他们分割土地和升级等要求。这就进一步鼓励了要想脱离麓川平缅宣慰司控制的世袭土官们直接归附明朝廷的欲望。同时，明王朝为给归附明朝廷的土官们撑腰，乘机在怒江以西的腾冲建立屯卫千户所，派驻常备军队屯田备战。这就更进一步增强了想脱离麓川平缅宣慰司控制归附明朝廷的土官们的信心，促进了形势的变化，从而加速了明朝廷对麓川地的肢解进程。自思汉法开始经历40年的发展，至思伦法时期，勐卯麓川王国的疆域已经包括有怒江以西，至伊洛瓦底江上游一带，与印度接壤。怒江以东除车里以外之傣族居住区域。明朝建立后举兵征服云南，就已有个别麓川所属土司投降明朝廷，与麓川政权发生严重冲突。洪武二十一年定边之战后，麓川势力受到相当严重的损失，又经洪武三十年麓川发生"刀干勐之乱",思伦法被迫出逃勐卯,后来得到明朝廷派兵平乱后才重新执掌政权,而明朝廷却借此机会分割各部脱离麓川:怒江以东之孟定、湾甸、威远、孟连等处各设治所,伊洛瓦底江之西北部,归孟养统率,东南归木邦统率,麓川故地已去其大半;即使是麓川宣慰司署勐卯附近的区域,又分出干崖、南甸、潞江,各设治所,又去其领地的一半。思任法希冀恢复祖业而与明朝廷进行抗争,经明朝廷三征麓川后,思任法父子的复兴梦想终于破灭。此后明朝廷又进一步分割平缅、麓川之地,设置陇川宣抚司于平缅路,设宣抚司于麓川路之遮放,设同知于勐卯,设长官司于芒市,分裂以后的干崖又分出了盏达,后又分出户撒、腊撒、勐板,愈分愈多;从木邦中分出勐密、蛮莫,在勐养中分出勐拱。这是明王朝中央政府对边疆少数民族地方进行集权统治所实行的"分而治之"的政策,地方势力愈小,则愈易于统治。

七、麓川平缅宣慰司末期的领地

麓川平缅宣慰司实际控制的领地被明王朝分解为三府、二州、五长官司后,麓川平缅宣慰司和三府、二州、五长官司共同并存的格局至此终于确定下来。实际上明王朝此次分解麓川地所置的官府,已经有十五处之多,还有凤庆、景洪以及木邦东部、泰国、老挝北部等地方。

思伦法时代的领地,在怒江以东的北起潞江(保山市境),东至镇沅、者乐甸、景谷等地,南到孟连等广阔的户宏、勒宏地区;东北的干崖(盈江)、南甸(梁河)、腾冲、瓦甸(腾冲北部)和茶山等地区,南方的木邦,西和西北方的勐养、里麻(缅甸克饮邦迈立开江以西地区),都已脱离勐卯,直接归附明王朝而设置为不同等级的官府:景洪、掸邦东部及泰国老挝北部事实上已经失去了联系。勐卯军民宣慰使司实际上还控制的地方也仅有陇川、芒市(包括今龙陵大部地区)、遮放、瑞丽及部分边境外的地区了。

明正统八年(1443年,傣历1537年)明朝廷设置了芒市长官司(今潞西芒市坝一带),正统九年(1444年,傣历1538年)设置了陇川宣抚司(今陇川一带),同时升南甸州(今梁河一带)和干崖长官司(今盈江)为宣抚司。这些土司原来都是麓川土司"勐卯果占璧王国"的大臣,因反叛麓川思氏王朝、随明军征麓川有功而得到晋升。尔后,明朝廷又从干崖宣抚司中分出盏达(即德宏解放后一度设置的莲山县,1958年10月并入盈江县)设置宣抚司;从陇川宣抚司中分出遮放(今芒市遮放镇)设副宣抚司,升芒市长官司为安抚司等,任命当地傣族上层人士为各土司区的世袭长官,世守其土,世管其民。勐卯被设置为安抚司,只有区区860平方公里的辖区领地,勐卯安抚司使土司的势力也只相当于昔日勐卯麓川王国思氏王朝时代的一个"召勐"的权力。

八、麓川思氏王国在中国历史上的影响

勐卯弄果占璧麓川思氏王国，这个曾被明朝刑部侍郎何文渊、大学士杨士奇、侍讲刘球等大臣认为的"弹丸之地"，因思氏土司不遵守大明王朝制定的游戏规则，触动了明朝廷最高统治者的敏感神经，被大明王朝以"杀鸡用牛刀"的手段清理了门户，导致勐卯果占璧麓川王国思氏土司政权被彻底肢解。而令大明王朝没有想到的是，勐卯麓川王国思氏土司政权与大明王朝的这场军事对抗也为大明王朝的最后覆灭敲响了丧钟。

勐卯弄果占璧王国麓川王朝思氏土司政权始于南宋宝祐四年，蒙古宪宗六年（公元1256年）以芳罕被元朝廷正式任命为麓川路总管起，至明正统十四年（1449年）"三征麓川"结束，思氏末代土司思禄法兵败退守勐养，麓川政权最终灭亡，共传承了14代，时间延绵近200年。在历史的长河中，这段时间并不算长，在云雾缭绕的果占璧勐卯地方，这个政权在中国西部边陲持续跨越元、明两代，是勐卯弄果占璧王国的第二个有较大影响的傣族地方政权，其各时期所控制的领地范围直接影响着元、明两朝中央政府对西部边疆的统属，对中原王朝加强与边疆少数民族地区的联系、维护中国领土的统一、推动中国历史的发展，在中国历史上都起到了重要的作用。对明代以后的清朝、民国及以后的德宏地区乃至整个中国西部傣族区的政治、经济和文化等各方面的发展，都有很大的影响。

明朝"三征麓川"战役彻底瓦解了勐卯麓川王国思氏傣族领主的政治军事势力，使得此后明及后来的大清朝将近500年的时间里，德宏各地再也没有哪一个土司能有力量再与中央王朝对抗，再也未发生大规模军事冲突，保证了德宏边疆与内地在政治上的一统性。明朝在麓川战役之后，采取"分而治之"的手段，在德宏先后设立了7个世袭土司政权，这7个土司政权互不统属，世守其土，成为祖国西南的屏障。土司制度也从此得到巩固和完善，它顺应了当时德宏傣族地区社会生产力发展的水平，既有助于祖国的统一，又使德宏傣族地区经济文化的发展有了和平安宁的社会环境。

第四篇 勐卯衍氏土司－傣族土司世袭统治制度的代表

　　明王朝"麓川之役"后破了麓川思氏土司边地割据势力，又立了德宏十土司，顺乎历史潮流的发展，在少数民族地区的历史上有着进步性的一面。然而明王朝在历史条件尚未成熟时就破了麓川思氏王朝稳定的地方政权，致使当时已经比较巩固的国家边防毁于一旦，加之明朝廷三征麓川肢解麓川领地后，把大片原来属于麓川军民宣慰司管辖的领地划归给了缅甸军民宣慰司，从而增强了缅甸军民宣慰司辖区的土地面积和人口，让缅甸东吁王国的国力日益强盛，扩张的野心日益膨胀，终于养虎为患，引发了持续近半个世纪的明缅战争，自明末到后来的清朝所留下的后遗症，给后来德宏一带的土司带来许许多多的麻烦：边境领土纷争频发，军事冲突不断，国不安宁，民不安生，德宏进入了一个时间较长的边境冲突战乱年代，内忧外患频繁，各地土司一直在忙于应付战乱，可谓受命于危难之时，执政在多事之秋。

　　"麓川之役"发生时，德宏勐卯地区是战争的中心，由于战火连绵，数十万军队辗转往返蹂践，再加之王骥采取纵兵大掠三日的泄愤报复手段，让边地人民生灵涂炭，家园荒芜，几十年都难以恢复，"米价腾涌，饥者尤众"，人民不堪其苦。 已经划入缅甸的木邦（今缅甸腊戌一带）宣慰司和勐养（今缅甸密支那一带）宣慰司，原是麓川下属陶勐级土官，"三征麓川"后，王骥既划地又升官，让他们得到大片土地，升木邦、勐养为宣慰司，其势力日益坐大，时时试图鲸吞我边境地方。仅明朝正统十一年（公元1446年）到景泰三年（公元1452年）的6年间，木邦就4次正式向朝廷提出要管辖陇川地方。勐养也索要戛西一地，并不断进行侵扰。陇川第三代土司多歪闷申诉于云南"三司"时，朝廷对木邦、勐养土司却一再姑息让步，还将陇川所属的勐止、底麻大片土地割给木邦，把戛西一带划给勐养。因此，木邦、勐养土司经常侵掠我边地。明正统十三年（公元1448年）在各地土司的告急下，明朝廷才进兵勐养，各土司积极助战，但德宏一带人民备受战乱之苦，经历战事的地区"凡田地近人烟者十垦二三，去村寨稍远者则然皆旷土"。

　　明初，明政府在云南西部极边之地设有6个宣慰使司，即勐养军民宣慰使司（辖境相当今缅甸八莫、开泰以北，伊洛瓦底江以西，那伽山脉以东地区，治所在今缅甸勐养）、木邦军民宣慰使司（辖境相当于今缅甸掸邦东北部地区，治所在今缅甸兴威）、缅甸军民宣慰司（即阿瓦王朝，今缅甸曼德勒为中心的伊洛瓦底江中游地区）、八百大甸军民宣慰使司（其地在今缅甸掸邦东部和泰国清迈地区)、车里军民宣慰使司(辖境相当于今云南西双版纳)、老挝军民宣慰使司(其地在今老挝境内)。当时明朝中央政府授予当地上层分子以宣慰使的职衔,这些土司则接受明王朝中央政府的封号,服从云南地方三司(即都指挥司、布政使司和按察使司)的调遣。但是,由于这些地区皆在西南极边,明王朝的统治常常是鞭长莫及,当地土司有相当大的独立性。明嘉靖十年(公元1531年),缅甸莽瑞体建立的东吁王朝乘势兴起,向北侵占木邦、勐养等土司地区,扰及德宏地区的南甸、陇川、勐卯、干崖等地。

嘉靖三十四年(公元1555年),莽瑞体之子莽应龙攻占瓦城,继而侵犯明朝在怒江、伊洛瓦底江流域设置的傣(掸)族土司区,"灭八莫,攻木邦,侵勐养,占据陇川、勐卯、干崖、南甸、芒市、潞江,进而侵扰内地。由于经济、政治的发展变化,一些宣慰使司如缅甸、八百、老挝,实际上早已经成了独立国家。由于缅甸东吁王朝的侵袭,到公元1575年,木邦、蛮莫都已处于在缅甸控制之下。

万历四年(公元1576年),缅甸国王莽应龙又大举兴兵进攻勐养。面对缅军的入侵,勐养地方长官思个(原勐卯麓川王国思氏王族思禄法的后裔)一面积极准备抵抗,一面向明王朝云南省地方政权告急求援。金腾屯田副使罗汝芳得到思个的急报后,立即派人要求思个坚守待援,同时准备部署军事行动。他用重金招募往来于中缅边境的商人,派他们深入到缅军控制的地区侦察其山川道路、兵马部署及粮饷供应等情况,又传檄给邻近的各土司组织兵马增援勐养。罗汝芳在摸清缅军各方面的情况后,即发兵前往增援勐养。12月,罗汝芳率领的绿营军到达腾越(今云南腾冲)。当思个得知明朝援军即将赶到时,极为振奋,命令手下头目乌禄刺率1万多人马深入缅军后方,绝其粮道。他自己则率兵埋伏在戛撒(在今缅甸杰沙)地势险隘之处,引诱缅军孤军深入。缅军果然出兵进攻戛撒,思个派兵截断了缅军的退路,把缅兵团团包围起来,据险固守,不与之战。缅军进退不能,粮道又被截断,陷入了困境。饥不择食的缅甸士兵用金子向附近傣族民众买米吃,当用金子也买不到粮米时,就屠杀随军征战的战象和军马,后来到了只能靠剥树皮、掘草根充饥的地步,加之军中疫病暴发流行,死亡士兵堆积如山。走投无路的缅军只得向思个求和,但遭到思个的拒绝。思个派出使者,要求云南巡抚王凝派出援兵迅速赶来歼灭缅军。但是,当时的云南巡抚王凝根本不谙边情,对于抗击缅军入侵采取了消极的态度,害怕"兵兴祸速",急忙传令罗汝芳,不准他发兵增援思个。罗汝芳接到巡抚王凝的命令后十分愤恨,又不能违抗军令,只好大骂几声作罢,把派出增援的绿营兵撤回来。思个久等不见援兵到来,大为失望,又得知陷于困境的缅军已经开始准备突围溃逃,立即率兵发起进攻,极度疲惫的缅兵大败而逃,思个趁机进行追杀,缅兵生还者十人中不到两人。缅军这次进犯勐养虽然遭到惨败，但是，由于明王朝的政府军未能派兵增援思个，坐失了全歼入侵缅军的良机。尽管缅军不断入侵，已经控制了云南边境的许多地区，但是明王朝对于云南边境的军事形势却昏昏然，既没有支持边境地区积极抗击缅军进犯的土司，也没有采纳有识之士的建议对缅甸势力的入侵采取有效的防御措施。

万历五年（公元 1577 年），陈文遂出任云南巡抚，鉴于边境的严重局势，为了防止缅甸军队再次入侵，他提出了"檄诸夷，抚三宣，设将领，筑城垣"等十项计策，奏请皇上按此计划实施，但这个意见与当时万历皇帝对中缅边境冲突"息事宁人"的想法相抵触，因此陈文遂的计划就不了了之没有结果。万历六年（公元 1578 年）明王朝又派遣使臣将勐养思个所俘虏和缴获缅甸侵略军的士兵、战马、战象等统统送还给缅甸国王莽应龙，并好言慰谕之希望缅甸方面不要再挑起边境冲突。但是，缅王莽应龙却不领明朝皇帝的这番情，让他们把俘获的人马带回去时，缅王连一声感谢的话都不说。由于明王朝对缅甸东吁王朝的扩张行动采取了姑息政策，又不加强边防守备，这就使云南边境的抗缅爱国土司陷于孤立无援的不利处境，而缅军则得以卷土重来，乘虚而入。万历七年（公元 1579 年），缅军再次进攻勐养进行报复，思个因为没有明军及时援救，败走腾越，中途被其部下奴朗都等人暗算，奴朗都等人乘思个睡觉时把他捆绑起来押送到缅王莽应龙处邀功请赏，思个威武不屈遭到杀害，缅甸乘机兼并勐养领地。至此，勐密、木邦、勐养等大片土地都沦于东吁王朝莽应龙的统治之下，尽管如此，明王朝还是没有采取积极的军事反击措施，相反，万历八年（公元 1580 年），云南巡抚饶仁侃又派人去招抚缅甸，但是缅王根本不予理睬。明万历九年（公元 1581 年），缅甸国王莽应龙死去，其子莽应里继承王位。莽应里继承王位后，仍继续穷兵黩武，竭力推行向北扩张缅甸领土的既定政策。勐卯衍氏土司王族正是在这种风云变幻的边境冲突频发之际临危授命，并在为历朝历代中央政府履行戍边保民的责任与担当中，谱写了勐卯傣族地方的社会经济及文化的发展历史。

一、勐卯衍氏历任土司的执政经历

（一）勐卯衍氏土司王族一世祖思化（1573—1598）

万历初年（公元 1573 年），思化（原是勐卯麓川王国思氏王族的一个"陶勐"，因战功卓著被任命为勐密地方的头目），被明朝廷授封为蛮莫（今缅甸八莫、密支那一带，明属中国地）安抚使。

缅甸东吁王朝国王白象王莽应龙继承了一个强盛的国家，因穷兵黩武，多次对外用兵，使缅甸军事力量得到了强化。经过整整 50 年的努力，控制了大半个中南半岛，形成了缅甸史上最大的版图。公元 1581 年莽应龙去世。由他的儿子莽应里即位，莽应里 13 岁时就跟随莽应龙入侵阿瑜陀耶，此后追随父亲征战 30 余年，即位时已经 46 岁，是位成熟而有治国理政能力的君主。莽应里是他的中文名字，他的缅甸名字叫作南达勃因。早在莽应里还是王子时，陇川宣抚司土司幕僚岳凤就和他私下结交，关系颇为密切。

　　万历五年（公元 1578 年），缅王莽应里觊觎德宏各地土司领地，派人招降陇川宣抚司使多士宁，多士宁坚决不从，他的秘书岳凤则已经被缅甸莽应里收买为内奸。岳凤，江西抚州（今临县）人，经商到陇川，定居在古代滇缅交通要道上的章凤街西侧姐海，因善于经营发了财，又善于逢迎权贵，笼络人心，嘉靖年间入陇川宣抚司衙门当教读，取得宣抚使多士宁信任，被多士宁招为幕僚后，当了他的秘书，多士宁还把自己的妹妹嫁给他为妻子，岳凤还生了一个儿子叫岳曩乌。岳凤虽然名义是个幕僚，却以辅佐土司之名主持政务。岳凤对内献媚于多士宁，对外则拜缅甸国王莽应龙为干爹，木邦罕拔因承袭木邦宣慰使职没有达到目的，对明朝廷心生怨恨，莽应龙便利用木邦土舍争袭土司职一事有怨于明王朝的机会，利诱拉拢罕拔，让木邦阻止汉人过往其境，远在怒江岸边的潞江安抚使线贵也前往投靠，并提供内地军事情报，得缅甸给予的两甽地管辖权，进而主动招降陇川、干崖、南甸诸土官背叛中国。线贵与岳凤结为哥们，歃血为盟，广交三宣六慰土官，欲图背叛明朝廷共同谋反。岳凤年久坐大，在陇川坝尾开设了第二衙门，时常宾客盈门，他表面上献媚于多士宁，骨子里一心想的是篡夺权位，称霸一方。年久，他的亲友前来投靠他，有弟、侄等到达陇川。由于岳凤受傣族影响很深，自己取傣名海弄，并与芒市安抚司方氏结为姻亲。岳氏父子积极在暗中为洞吾王朝效力，企图策反多士宁叛国投缅。隆庆六年（公元 1572 年），隐藏在陇川宣抚司心脏里的内奸岳凤已经羽翼丰满，自觉篡权夺位的机会已经成熟，便撮合多士宁前往摆古应事，让莽应龙当面招降多士宁。可是多士宁威武不屈，反而大义凛然，宣扬国威，畅述中国伟大。力劝莽氏"幸勿妄动"，不要背离中国，不要与中国为敌。莽应龙在义正词严拒绝招降的多士宁面前，领略了边远地区爱国土司的威风气质，深知多士宁气节高尚，远非线贵、罕拔之辈可比，扩张野心有所收敛。岳凤见多士宁坚决不愿归降缅甸，便趁多士宁在返回陇川途经坝尾时，指使其子岳曩乌在欢迎宴会上以毒酒鸩杀多士宁。随后又杀多士宁全家，公开夺宣抚司印信投奔洞吾。莽应龙任命岳凤为陇川伪宣抚使，让其子莽应里与岳凤父子率兵 20 万驻扎陇川等地，侵占整个德宏地区。莽应龙治下之疆域，竟包括了滇西大片中国领土，陇川被侵占了 10 年有余。多士宁对缅王莽应龙可能发动的内侵早就胸有成竹。他在返回陇川的途中，在一处江浒遇见潞江安抚使线贵，即愤怒指责其背叛祖国、挑起事端的罪恶行径。进入陇川境，见到明军指挥方谧带兵若干驻守蛮哈，便向其分析内外形势说，莽应龙可能入侵的策略有二：上策结交木邦罕拔，由木邦直攻顺宁、蒙化而取永昌；下策由木邦出顺宁、蒙化之背，取姚关、施甸，进而攻取永昌、腾冲等地。并问："你这点兵力能抵抗洞吾缅甸兵的入侵吗？"问得守将默然无语。万历初年的事实证明，缅王莽应龙取下策内犯，完全不出多士宁所料。

岳凤得知多士宁拒降缅甸，便施行其罪恶毒计。当多士宁回到陇川坝尾时，岳凤便在自己的二衙门官邸假意设宴欢迎多士宁归来，暗地却指使其长子岳曩乌用毒酒将多士宁害死。多士宁死后，多士宁的儿子多忠、多孝尚幼，夫人罕怀印护印撑持衙门政务。缅甸大军入侵陇川时，罕怀印自觉不能抵挡，遂携带两个儿子、两个女儿及侄儿罕朝光（木邦土舍），悄悄潜逃跑到永昌投奔上司告急。腐朽的永昌地方长官不予救助，反而劝罕氏母子返回陇川。岳凤见罕氏向明朝廷求救不成，即勾结木邦罕拔发兵3千，夜袭陇川土司衙门。罕氏带二女逃入田野，被贼兵砍断右臂流血殆尽而死，侄儿罕朝光也被杀死，两个女儿流落缅甸不知所终。罕氏死后，由多士宁的洪氏二夫人暗中收留保护多士宁的遗子多忠、多孝。洪氏再度带领多士宁的两个儿子投奔永昌府，为多忠请得冠带继任陇川宣抚使职位，并获得由自己护印执政的合法身份。岳凤对此极为仇恨，又以重金贿赂收买洪氏的侍从用毒酒杀死了洪氏及多忠。多氏家族及陇川民众又拥立多孝，并拥护多士宁的叔母明氏夫人到司署衙门当护印。岳凤欺负多孝孤儿势单力薄，命儿子岳曩乌拥兵持刀强取由明氏所保管的宣抚司印牌后，公开投降缅甸，并献多士宁母胡氏及亲族600余人于莽应里，尽杀之。多氏宗族后代几尽灭绝。莽应里把多孝囚禁在缅甸渺颡这个地方，最后多孝亦被岳凤派人所杀客死异乡。岳凤及其子岳曩乌投奔缅甸东吁王朝后，缅王莽应龙任命岳凤为陇川伪宣抚使，让其子莽应里与岳凤父子率兵20万驻扎陇川等地，侵占整个德宏地区。由于岳凤的卖主求荣，让莽应龙治下之缅甸东吁王朝的疆域竟包括了滇西大片中国领土，陇川、干崖、勐卯被缅甸侵占了10年有余。

公元1573年冬，岳凤引缅甸兵及地方各土司，分率象兵数十万进攻雷弄（今云南盈江南）、盏达（今盈江）、干崖（盈江东北）、南甸（今云南腾冲西南）、木邦（今缅甸新维）等地，杀掠无算。继而进逼腾越（今云南腾冲）、永昌（今云南保山）、大理（今属云南）、蒙化（今云南巍山）、景东（今属云南）、镇沅（今云南景谷东北）、元江（今属云南玉溪）等地。公元1574年正月，缅甸侵略军焚掠施甸（今属云南保山），攻陷顺宁（今云南凤庆）、破盏达，岳凤又令其子岳曩乌领兵6万，攻陷勐淋寨（今云南龙陵东北）。明军指挥吴继勋、千户祁维垣等率队阻击，分别战死。

岳凤与其子夺了陇川宣传抚使司大印投靠缅甸后。到了莽应里正式即位时，岳凤自然受到器重。而原木邦土司后来归附莽应龙的罕拔，却依仗自己的地位和先前招抚陇川、干崖的功劳而变得过于狂妄。这直接导致了莽应里和岳凤的不满，尤其是陇川和木邦的领地之争，最终造成了罕拔的死亡。公元 1582 年，岳凤带兵突然攻打干崖，拘捕掌握干崖官印的罕拔土司之妹罕氏，夺得干崖地区。随后，莽应里听从岳凤的计策，引诱罕拔前往都城，将其杀死，于是岳凤带兵占领了干崖。加上此前岳凤曾为了讨好莽应里而献上原陇川宣抚司多士宁的母亲胡氏及亲族 600 余人，并将他们全部杀害，造成多氏的宗族几乎全灭，岳凤已经控制了大片土地。而此时罕拔的儿子罕进忠镇守木邦，不肯归附缅甸，有重新回归明朝的意向。莽应里派遣弟弟奇袭木邦，而罕拔的孽子罕凤和耿马土司罕虔早与岳凤等人串通，想要捉拿罕进忠献给莽应里。罕进忠被迫带着妻子儿女逃离木邦，到达明朝的控制区域寻求庇护，罕虔等人一直追到姚关，焚烧顺宁府街市后方才离开。这个事件终于直接引发了中国明朝和缅甸东吁王朝之间的正面冲突。

岳凤消灭了异己木邦土司罕拔之后，就极力劝说莽应里攻打明朝云南永昌、腾越、大理、景东等地。莽应里派遣士卒战象数十万，多路出兵攻打云南。万历十一年（公元 1583 年）正月朔，缅甸国王莽应里与陇川叛臣岳凤联合率兵数十万，另由岳凤的儿子岳曩乌领兵 6 万决定大举进攻云南纵深永昌、顺宁等地区。出征前，莽应里抓来一个孕妇以剖腹验胎儿性别决定进攻的方向：如是个男孩就进攻永昌，如果是个女孩就进攻顺宁。结果剖腹后得一女胎，于是决定攻打顺宁府。2 月，莽应里率领的缅甸兵攻破勐淋（今龙陵镇安）寨，防守的明军皆战死。当年冬季，莽应里又和大汉奸岳凤、岳凤的儿子岳曩乌、耿马土司罕虔兄弟、南甸土司刀落参、茫施土司放正堂以及莽应里的叔父猛别、弟弟阿瓦等，各率领象兵数十万攻打雷弄、盏达、干崖、南甸、木邦、勐卯、姚关、思甸各地。在进攻盏达时，副使刀思廷率兵拒敌，因势单力薄难以抵挡缅甸兵的进攻。派出使者飞驰求救，但得不到明朝的援军，不久粮尽弹绝，盏达城被攻破，缅军泄愤屠城。刀思廷的妻子、族属尽为缅甸兵所掳，而干崖刀帕庚、廖元伯、南甸刀落宪、盏达刀思定都被缅甸军掳去。这时，岳凤的女婿，明朝邓川土官知州何钰派遣使者面见岳凤，希望他能够归顺明朝，不要再协同缅甸东吁王朝的莽应里侵略中国，岳凤立刻拘捕何钰派遣来的使者交给缅王莽应里。缅军所到之处"杀掠无算"，给当地社会带来了很大的破坏。缅甸兵大肆掳掠，抢掠当地傣族妇女 800 多人，并进一步觊觎腾越、永昌、大理、蒙化、景东、镇沅、元江等地。这段时期内，车里首领糯猛、勐养首领思威、木邦首领罕凤、勐密首领思忠、蛮莫首领思化以及勐琏、八百等地的土司都在缅甸东吁王朝的威逼下，被迫归顺缅甸，并派兵支援莽应里的侵略军主力，东吁王朝军队的规模甚至超过了莽应龙的时代，达到前所未有的强大态势。

直到此时，明朝廷方才醒悟，万历十一年（公元1583年），明王朝见缅甸东吁王朝扩张野心已经越过所能容忍的底线，于是决心采取军事行动，开始调集各处将领和兵马与缅军决战。当时云南巡抚黔国公沐昌祚带兵移驻洱海奉命调南京左营中军刘綎前往腾越，调武靖参将邓子龙入永昌，云南巡抚刘世曾也率军移驻楚雄，迅速征调汉人和当地土官军队数万，命令参政赵睿镇守蒙化，副使胡心得镇守腾冲，陆通霄镇守赵州，金事杨际熙镇守永昌，委派监军副使傅宠、江忻协同参将胡大宾等人分几路迎击缅甸侵略军。经与敌军交战百余仗。当时，东路邓子龙在各路明军配合下，大败东吁兵于攀枝花，收复施甸、姚关、湾甸等地，擒斩敌官兵数万，明军声威大振。攀枝花大捷后，邓子龙发布"告各土司檄"的文告，号召各土司"与我同仇、奋身立功，慕义效忠，努力杀敌，或出兵以助战，或出钱晌以资助前方战士，为我方侦探敌方的情报，为我方指路绝敌归路"。耿马土司罕虔的儿子招罕、招色等逃往三尖山（在今耿马西），与他们的叔叔罕老一起，布置了500多名毒药弩箭手，企图凭借险要的山势负隅顽抗，伏击邓子龙进攻的明军。邓子龙从当地蒲人那儿得知了罕虔设计伏军的机密，并打探到了入山的秘密小道，便命令裨将邓勇等率领土司府的军队从背后直捣敌军老巢，又在山后设下伏兵，前后夹击，活捉了招罕、招色、罕老等30多个缅甸联军的将领，杀敌500余人。接着邓子龙的军队收复了湾甸、耿马。刘綎率领的军队长驱直入，于公元1583年12月逼近岳凤盘踞的陇川。在大军压境的情况下，岳凤知道大势已去，命令妻子及部曲先来投降。刘綎要求他献出金牌印符以及蛮莫、勐密的地盘。并以护送岳凤的妻儿回陇川为借口，派一支奇兵奔袭沙木笼山，迅速占据险要地形，而自己率兵快马进入陇川境内，指挥部队进攻缅甸军，缅甸军将领得知岳凤兵败的消息后率先逃走，只留有少量缅军部队驻守陇川。刘綎向陇川驻守缅军发起攻击，岳凤的儿子岳曩乌也投降了。刘綎于是带着岳凤父子乘胜追击攻打蛮莫。蛮莫的缅甸侵略军被打得四散而逃，蛮莫宣慰司使思顺亲自率领部下绑着缅军兵士和缴获的战象、战马来刘綎大营献俘请降。刘綎的部队顺利地占领了陇川，"夺获缅书、缅碗、缅银、缅伞、缅服、蟒牙、衣甲、刀枪、鞍马等衣物甚众"。刘綎的军队占领陇川后，岳凤知道大势已去，已无法逃脱被明军消灭的命运，于万历十二年（公元1584年）正月到刘綎军中投降，"尽献所受缅书、缅银及缅赐的伞、缅服、衣甲、刀枪、马鞍、蟒牙，并交伪关防一颗"。刘綎乘胜前进分兵三路进攻蛮莫，蛮莫土司思化兵败乞降。刘挺提出五项条件，要他在五天内作出答复：一是擒送陪臣；二是交出罕氏和干崖印信；三是献出缅王发给的印篆；四是交回被俘的居民；五是招降勐养土司。蛮莫土司思化只得接受投降条件，擒献抓获缅军将领18人，战象1头，战马5匹，并缅王所给的伪关防一颗，到刘綎军营前投献。接着，刘綎的军队又收复了勐养和孟琏（今云南孟连）。自刘綎收降岳凤后"夷缅畏綎，望风内附者踵至"，木邦罕凤、勐养思义都杀了缅甸使者投归明王朝。勐密思混也派他的弟弟前来投降，献出了大象和缅王发给的印章。蛮莫木邦等地平定后，刘綎的部队接着又打算招抚勐养已经归顺缅甸的土司，土司骑着大象向缅甸逃跑，刘綎的部队追击围歼俘虏了他们。随后刘綎又率领部队围攻孟连土司治所，活捉了孟连土司。正当刘綎踌躇满志，率领官兵、土司兵马不停蹄直逼阿瓦（瓦城），准备荡平东吁王朝时，突然接到朝廷的命令让撤军镇守蛮莫。万历十一年（公元 1583 年），刘綎特意在蛮莫威远营筑坛，组织勐养宣慰司、木邦宣慰司、勐密安抚司、陇川宣抚司的各位使官在一起盟誓立碑，刻下对边地各土司具有约束力的誓言："大明征西将军刘綎筑坛盟誓于此。誓曰："六慰开拓，三宣恢复。诸夷恪心，永远贡赋。洗甲金沙，藏刀鬼窟。不纵不擒，南人自服。"。至此，明军已收复了被缅军占领的全部领土。随后，刘綎"纠合诸夷，献血剖符，定纵连横，合营进讨，"进兵阿瓦（今缅甸曼德勒附近）。阿瓦缅军守将莽灼因为素来与缅王有仇就投降了刘綎。

缅王莽应里得知莽灼投降明朝的消息后，就发兵进攻莽灼。这时明兵已返回，莽灼力不能敌，弃城逃奔，途中病死于襄朴寨（属干崖宣抚司，在今云南盈江县境内）。缅王莽应里派他的儿子莽时据守阿瓦。万历十二年（公元 1584 年）5 月，缅军再次入侵，攻占勐密，包围五章。明军把总高国春率 500 人前去救援，击败数万缅甸军，立了一大功。

万历十一年到十二年（1583—1584）明军的自卫反击作战以胜利而告结束，东吁王朝的势力基本上被赶出了木邦、勐养、蛮莫等广大地区，叛国投缅的岳凤及其子岳襄乌被押送北京处死，边境地区的土司纷纷重新归顺明王朝。为了对付缅军的战象阵，刘綎还专门买了大象，进行"冲演兵马"训练。这些措施有力地巩固了云南边防，加强了云南绿营兵抵御缅军入侵的力量。

因平定云南之乱有功，刘綎被明朝廷提升为副总兵，允许世袭。明朝中央政府还将勐密的安抚司升格为宣抚司，增设了蛮莫、耿马二个安抚司、孟连和勐养长两个长官司；增设姚关、勐淋（今龙陵镇安）两个千户所。刘綎以副总兵的身份代理临元参将，迁到蛮莫驻扎。蛮莫设置安抚司后，因为土官思顺有功，特地把这个官职授予他。刘綎不仅要了思顺很多钱，还放纵部将谢世禄等人奸淫暴虐，征西部队回到腾冲时，穿着铠甲大声喧哗、焚烧老百姓的房屋，当地土官和百姓怨声载道，民怨沸腾，反映情况到明朝廷，万历皇帝迫不得已只好下诏解除刘綎副总兵职务，降为游击将军的身份听候调遣。

和刘綎一起反击缅甸东吁入侵的武靖参将邓子龙是江西丰城（今江西丰城）人，字武桥，号大千，别号虎冠道人。是明朝杰出的抗倭将领、军事家、民族英雄。邓子龙先于福建、广东沿海抗倭，由小校升至把总。邓子龙在长达 12 年的时间里，在云南边境指挥了多次抵御缅甸军队入侵中国边境的战斗。这次邓子龙奉命率领 5000 人马迎击缅军象兵进攻时，邓子龙身先士卒杀向敌阵，飞起一脚就踢死一只缅甸战象，让缅甸兵士大惊失色，胆战心惊，顿时阵脚大乱，邓子龙趁势率兵掩杀，以少胜多大破缅兵象阵，痛击入侵勐卯的缅甸木邦宣慰司的土司兵大获全胜，被万历皇帝升为裨将。

自从公元 1582 年 10 月到 1583 年 4 月，明军一共剿灭入侵的缅军 1 万余，取得了全面的胜利。明军平定陇川后，刘綎撤回了腾越，邓子龙撤回了姚安。明朝在这之后于边境增设了大量的关隘和官员，增加兵力防守，云南的防务一度得到了加强。

万历十三年（公元 1585 年）2 月，缅甸木邦部落又率兵侵犯云南边境地区，万历皇帝又派裨将邓子龙驻兵永昌进行防卫。当时缅甸国王莽应里勾结湾甸土知州景宗真兄弟合兵一处攻打姚关。邓子龙率领明军在一个名叫攀枝花的地方和缅甸湾甸联军进行了激烈的战斗，邓子龙率领的明军成功击退缅甸军队，杀死景宗真、罕虔，活捉景宗材，随后乘胜追击，用钱收买蒲人后了解到进攻的秘密小道，从而率兵直捣敌巢，活捉了招罕、招色、罕老以及同党 130 多人，斩首 500 多级。万历十八年和万历二十年缅甸军队又先后入侵勐养和蛮莫时都被邓子龙击退，此后邓子龙被明朝廷升任为副总兵。随后邓子龙又协助高国春击败了进犯勐密的缅甸入侵军队。邓子龙在边境屡次击败缅甸人，让缅甸侵略者不敢再越中国边境一步。使得先前依附缅甸的边境各地土司又归附了大明王朝，从而为巩固边疆、建设国防做出了重要贡献。后来，万历二十六年（公元 1598 年）时，邓子龙参加了明朝廷对朝鲜反击日本侵略者的战争，于露梁海战中壮烈殉国。

由于莽应里在发动对明朝的入侵战争中遇到了较大的挫折，紧接着内部也出现了不稳定的迹象。他的叔父阿瓦侯猛勺野心膨胀，试图串通两位王兄卑谬侯、东吁侯发动叛乱以夺取莽应里的王位。但是，阿瓦侯的夺权计划并没有得到卑谬侯和东吁侯的响应，事情败露，莽应里恼羞成怒，举兵直扑阿瓦，击败了猛勺。猛勺战败后逃往明朝境内，在路上患病而死。虽然费了不大的力气就镇压了一次叛乱，但这种暂时的稳定似乎是蒙蔽性的，对莽应里王权真正的威胁根本没有消除。

公元 1584 年，明朝副使李材派人劝说蛮莫土司思化归顺，不久勐密的土司思忠也归顺明朝。莽应里大怒，任命其子思斗镇守阿瓦，再次攻打勐养、蛮莫等地，声言要进行复仇。思忠早在公元 1560 年就已经归附缅甸，已达 24 年，莽应里军队一到来就又叛归。明朝政府任命思忠的母亲罕烘代掌司印，莽应里率军猛攻勐密，罕烘带领儿子思礼、侄子思仁逃奔勐广，于是勐密沦陷。副使李材在腾冲集结兵力，遣人援救勐养、蛮莫等地，和缅军大战于遮浪，大破莽应里的象阵，生擒 5000 余人。但是勐密方面士兵战败，莽应里的大军围困五章。明朝把总高国春率 500 人救援，居然一举消灭缅军数万人，接连摧毁缅军 6 座营垒，堪称西南战功第一，受到朝廷的大加封赏。刘綎和邓子龙也因为与其密切配合而受到嘉赏。明朝廷因为土司思化有战功，特授予他蛮莫安抚司使职。莽应里即位后的第二次缅中战争又以失败而告终，东吁王朝北部大片领土失去，也为缅甸东吁王朝后来走向衰落埋下了祸根。

从公元 1582 年到 1584 年中国明朝和缅甸东吁王朝之间的战争来看，都是缅方首先发动的侵略战争，其规模都比莽应龙时代大。莽应里东吁王朝自建立后 50 多年长期进行征伐战，穷兵黩武使得生产力得不到应有的发展，国内的局势得不到应有的稳定，下缅甸人烟稀少田地荒芜。莽应里的能力远不及其父莽应龙，而且刚即位便杀害重臣，胆敢对十分强大的大明王朝发动侵略战争，这使明朝改变了过去一直坚持的绥靖态度，明代万历皇帝前期最突出的几位名将诸如刘綎、邓子龙、李材和高国春等人都参与了这场反缅甸入侵的战争，莽应里以小国抗大国终将遭到失败，这是必然的结果。

万历十三年（公元 1585 年）冬，蛮莫安抚使思化由于对刘綎及其部将的贪贿勒索不满，又叛投缅甸东吁王朝，缅王派出大襄长等占据蛮莫。勐养安抚使思威也暗中依附了缅甸。明王朝在云南的地方官员按察使李材认为，不收复蛮莫、勐养两地就无法制止缅军入侵，于是他派人成功地招抚了蛮莫思化、勐养思威这两个地方的土司。勐养境内有密堵、送速两城（两城都在今缅甸勐养以南），这时仍为缅军占据。万历十五年（公元 1587 年），勐养土司思威想要收复这两座城市，便联络了蛮莫头目思化一起进兵，并要求明军援助。按察使李材、游击将军刘天泰派出明军前去配合作战，明军把总杜斌、李朝带兵不多，就把许多面明军的旗帜授与勐养兵，虚张声势，迷惑敌人。两军相遇于遮浪。缅军看见到处都是明军的旗帜，以为明王朝的正规军大兵来到，吓得不战自乱，一触即溃，明军与土司联军乘胜追击，杀敌千余人，斩杀缅将大襄长，收复了密堵、送速两城。另一名缅将散铎逃回阿瓦。万历十六年（公元 1588 年），明朝廷以蛮莫头目思化配合明军收复密堵、送速两城有功为由，决定封授思化为蛮莫安抚使。这个名叫思化的人，就是后来成为统治勐卯地方衍氏土司家族的先祖。

思化在动乱和急难之际被任命为蛮莫安抚使后，公元 1588 年 9 月，缅军又开始大举入侵中国边境地区。缅军入侵大军占领了勐密。万历十七年（公元 1589 年），勐养土司思威死去，明王朝任命他的儿子思远为勐养宣慰使。次年缅军又进兵勐养，攻破勐拱（今缅甸勐拱），思远和他的儿子逃入盏达（今云南盈江县境内）。11 月，缅军又攻破勐密宣抚司管辖的勐广（在今缅甸境内），勐密宣抚使罕烘等逃入陇川境内。缅军继续进攻陇川，被驻守陇川一线的明朝守军所击退。万历十九年（公元 1591 年）2 月，明王朝鉴于缅军频频入侵，"诸夷力不能敌，纷纷求救，永腾震动"，重新起用了先年破缅有功，谙熟夷情的邓子龙。当时缅军包围了蛮莫，蛮莫土司思化向明廷告急。邓子龙率兵前往，赶到罗卜思庄（在今云南梁河县以南）。由于天气酷热，大军行动不便，不能及时增援蛮莫土司思化，情急之下，邓子龙派出裨将万国春率领一支轻骑兵在夜色掩护下星夜赶到蛮莫，让士兵们在野外四处燃起火炬。缅军以为明军大部队援军人马已经赶到，就慌不择路地退走了。万历二十年（公元1592年），缅军再次入侵蛮莫，蛮莫土司思化逃到等炼山（在今云南陇川县境内），因邓子龙驻兵在等炼，缅军不敢向等练进攻，改向进攻遮放（今芒市遮放）。邓子龙率兵与缅军大战于遮放的控哈一带，杀缅兵数百首级，战斗打得异常激烈，在战斗中明军把总李朝、岳顺战死。缅军被迫退到伊洛瓦底江西岸的沙州一带。邓子龙率领的明军因为没有准备船只，无法继续向缅甸残军发动进攻。明、缅两军相持了一个月后，缅军看到明军防守严密，无懈可击，只得全军向瓦城退去。

万历二十一年（公元1593年）底，缅军再次大举入犯中国云南边境一带，这次入侵缅兵号称有大军30万人，有战象百头。缅军来势汹汹，在大军压境攻占蛮莫城后，又分兵三路，一路进攻腊撒（在今云南陇川县境内），一路进攻遮放、芒市（今云南潞西），一路进攻杉木龙（在今云南陇川县境内）。陇川土司多思顺抵挡不住，被迫退入勐卯安抚司境内。当时云南巡抚陈用宾正在勐卯一带边境地区经营加强边防。缅军大举入侵陇川时，他正在永昌驻防。为了遏制和击退缅军的进攻势头，他率兵直入陇川，命令参将王一麟夺回等炼，命中军芦承爵出雷哈，都指挥钱中选、张先声出蛮哈，守备张光吟出打线（雷哈、蛮哈、打线三地都在蛮莫安抚司境内）。明军师出顺利，立即收复了蛮莫，但由于产生了轻敌思想，明军前锋部队急于向前推进，因急燥冒进受到缅军伏击，部队损兵折将受到重大损失，前锋将领宁州（今云南华宁）目把坐骑陷入泥中被缅军杀死。前锋既失利，后两营只得退回，缅军虽然取得小胜但也无力追击。

万历二十一年癸巳（公元1593年），明朝廷晋升陈用宾为都御史巡抚云南。陈用宾，字道亨，号毓台，福建晋江人，素有雄才伟略，用兵如神。才到云南就任时人不歇息就立即骑马考察滇西山高水恶的地形地势，根据防卫需要设署了蛮哈守备。当缅甸国入侵滇西边境时，他派密使送信给暹逻国国王，让暹逻国出兵袭扰缅甸国的后方，达到牵制和阻滞敌人进攻的态势；勐卯宣抚司同知多俺勾结缅甸作乱，陈用宾又使出一计，派人送信给木邦土司，让木邦土司出兵以夷攻夷击杀多俺，多俺及其儿子后来果被木邦土司杀死。于是，滇西腾冲等许多地方得以平定。朝廷闻捷报后，即赏赐给陈用宾许多金、银以示皇恩。

陈用宾取胜后并没有松懈边防守备，鉴于缅甸侵略军经常跨江来骚扰勐卯，民众牲畜物资被抢走，百姓惊慌万状，陈用宾奏请嘉靖皇帝批准建筑了平麓城，平麓城城墙全都是用大石条砌成，城墙上筑有城墩子，有东南西北四个城门，在城墙上有成千上万个枪眼，用于防御外敌入侵。勐卯城建筑竣工后，自此避免了缅军的侵袭，让民众安居乐业。

不久，侵略成性的缅甸国王又调集大军，要想吞并蛮莫，企图迫使蛮莫宣慰使思化归顺缅甸。陈用宾对此早有准备，立即择将出兵增援蛮莫守军，大败入侵缅军于蛮莫城下，擒敌军将领 16 人，获战象 3 只，战马 36 匹。朝廷得到捷报后，除赏赐金银外，还晋升陈用宾为右副都御史。

公元 1594 年（明神宗万历二十二年），云南巡抚陈用宾为加强云南边防守备，防止缅甸入侵，奏请皇上诏准，在腾越州西北至西南德宏各土司领地中缅边境沿线设立了八个关口，设立蛮哈、陇把两个守备，拨兵守戍。"八关"关址距当时的中缅边界数十里至数百里不等，这八关就是神护关（故址在今云南腾冲县西北勐卡山上）、万仞关（故址在今云南盈江县西北布哈山上）、巨石关（故址在今云南盈江县西北昔马山上）、铜壁关（故址在今云南盈江县西北布哈山上）、铁壁关（故址在今云南陇川县西北）和虎踞关、汉龙关、天马关（清末中英勘定滇缅边界时，这三关被划属缅甸）。八关建立后，缅军数次攻打八关，都被有效地抵御了回去。在修筑"天马"和"汉龙"两关时，叛投缅甸的原勐卯同知多俺还曾"杀天马、汉龙两关工役"但也没有阻止两关的建成。陈用宾又在原麓川重镇勐卯修筑了平麓城，平麓城自此成为勐卯著名的历史古城（即今瑞丽县城）。陈用宾还在德宏边境地带大兴"兵屯"，"兵屯"即军屯，是我国古代屯田制度中的一种。明朝入滇大军在平定战乱，镇守交通要地的同时，为减轻朝廷负担，缓和军需后勤供求矛盾所采取的措施。让驻军中的部分将士就地安家，不再随军调动返回中原。这些"屯田"的兵士自此一手拿枪，一手握锄，"三分耕种七分操备"，有战打仗无战务农，以兵养兵自给自足。此法中原王朝汉代即有之，以后历代效仿，成为一种解决军队粮食供应和巩固地方防务的有效措施。陈用宾巡抚在德宏边境一线开展军屯原先的出发点主要是为了解决边地驻军粮食供应问题。当时由内地把军队所需粮食运到德宏边地，因为运输道路艰险运距漫长，致使每石米运到边地时光运价就达到十两银子，比米价本身价格还贵出许多倍。内地各州、府也都因运粮食到边地征粮食、雇佣民夫等问题感到负担十分沉重。因此巡抚陈用宾决定锐意改革边地驻军粮食供应问题，提出在边地由驻军开展军屯，然而在原麓川"三宣"的辖区领地之内的田地，都属于当地农民供应给土司署衙经费的徭赋所出的领地，因此没有更多的余田供应营兵来耕种。于是陈用宾就组织驻军士兵大规模开荒种田，以此解决了驻军的种植粮食田亩供应难题。陈用宾在边地共开展军屯 22 甸，分别取名为元远、黄裳、宇安、宙宁、洪福、荒丰、日升、月恒、盈谦、中兴、辰拱、宿明、列能、张翼、寒暄、来远、署清、往顺、秋有、功收等名称。开展军屯事项以把总沐昌祚领导，每甸皆任命有甸头管理，军屯所收获的粮食属巡抚同知经管粮食的供给支出。屯田举措为解决边地驻军粮食问题起到了重要作用，直到万历末期，德宏一带的屯政才废驰，后来寒喧、暑清、秋有、功收等4甸沦陷于木邦。自从陈用宾设八关后，有效地防止了缅甸的入侵，但由于明驻军主要驻守在八关以内地区，对八关以外地区的防守基本上是鞭长莫及无力顾及的，因此，自修筑八关以后，原南甸所属伊洛瓦底江以东至铜壁关、铁壁关之地数百里的地方，实际上已经放弃给缅甸管辖了。

陈用宾在勐卯大兴屯田、加强边防的同时，又派人联络暹罗国王，策划双方密切配合，采取联合行动、共同夹攻缅甸的军事战略。暹罗国方面口头上虽然答应了，但摄于缅甸当时实力还很强大，未敢出兵实施行动，使陈用宾的这一联合作战的军事战略方案未能如愿。

万历二十三年（公元1595年），缅军再次入侵蛮莫被击退，明军参将吴显忠斩杀缅将丙测，蛮莫安抚使思化配合明军向缅军进行反击作战成为有功之臣。从万历二十四年到二十六年（公元1596-1598）缅甸莽应里王朝的统治陷入内部危机，中缅边境一度趋于平静。由于莽应里在派兵侵犯中国的同时，从公元1584年到1593年连续五次发动侵略暹罗（泰国）的战争但都遭到了失败，公元1596年，暹罗军队开始对缅甸进行反攻作战。在此后的几年中，缅甸南部的孟族也起来反抗莽应里的残暴统治，阿瓦、东吁、卑谬、良渊等地的地方首领也纷纷宣告独立。缅甸国王莽应里的统治已经陷入内部政治危机之中，暂时无力再侵扰我云南边境，勐卯衍氏土司家族的先祖思化在蛮莫的统治处于相对平稳的时期。

（二）、勐卯衍氏土司王族二世祖思正（1599—1602）

万历二十七年（公元1599年），蛮莫土司思化去世，由思化的儿子思正接替蛮莫土司职位。刚刚当上蛮莫安抚使职位的思正，"据险抗缅"崭露头角，显示了他的文治武功才能和勇敢精神。万历三十年（公元1602年），缅军为了夺取勐密等地的宝井（开采玉石的矿井），出动十几万军队进攻蛮莫。蛮莫安抚使思正率领的土司兵势单力薄，不能抵抗缅甸大军的攻势，被迫弃城逃往云南副使漆文昌、参将孔宪卿驻守的腾越城求援。缅军追击思正的残兵来到离腾越城只有15千米地的黄连关。据守腾越城的云南副使漆文昌、参将孔宪卿看到缅军兵临城下，自思城内守军兵少将寡，无力击退敌军的进攻，于是紧闭城门，不敢出城救援思正。结果思正在腾越城下与缅军进行了拼死血战，最后宁死不降被缅兵杀死，缅军割下思正的头颅向缅王邀功请赏。当缅军进攻思正驻守的蛮莫时，勐养安抚使思轰曾兴兵救援，但是当他的军队赶到时，思正已被缅军杀害，缅军又占据了蛮莫地方。

（三）勐卯安抚司首任土司衍忠（1603—1606）

蛮莫土司思正为缅兵杀害后，思正的弟弟思忠及母亲从蛮莫潜至干崖的闷章寨（今盈江县的万象城）避祸。这一躲就是两年时间，直到公元1603年云南巡抚沐昌祚的绿营兵来到干崖后，思忠的母亲才带着思忠向沐昌祚进行哭诉，沐昌祚十分同情思正的遭遇，见思忠虽然年纪不大但十分聪明伶俐，在征求思忠母亲同意后，沐昌祚收养思忠为义子，提出改思姓为衍姓，由此思忠便改名为了衍忠，因沐昌祚要率兵到平麓城勐卯驻防，便将衍忠及母亲一起带到勐卯。待衍忠长大后，又让云南巡抚周嘉谟安排衍忠到勐卯主持安置勐卯百姓帮助明驻军开展屯田的有关事宜，同时沐昌祚又把所带的军队中的傣族兵交给思忠指挥。云南巡抚周嘉谟让衍忠到勐卯配合明军开展的"屯田"是怎么一回事呢？那要从明太祖朱元璋为巩固政权实行大规模的移民说起。

明朝初自公元1381年开始实施大规模移民，一部分是通过行政手段强制实行，或通过军事驻防的方式安置，大部分是通过官方给予优惠政策的方式引导实行的。主要有：将江南的富户和无地农民迁至今安徽凤阳一带；将各地官吏、富户、工匠、士兵等迁往南京；通过设立卫、所的方式将大批军人及其家属迁往全国各地驻防，最远的到达云南、甘肃等地；将从塞外投降或被俘的蒙古士兵和平民安置到北方各地；将山西北部和内蒙古的边民迁往凤阳；从山东、江西等地移民于凤阳；山西人口被迁往山东、河南、河北、北京等地；江西百姓迁往湖北、湖南、安徽、四川、江苏北部；湖北、湖南、安徽、江西人口迁入四川；军民移民总数达1,100万，约占当时明朝全国总人口的16%。即使只算非军事移民，总数也有约700万，超过总人口的10%，而其中的330万人都是迁移到云南的。

明洪武十四年（公元1381年），朱元璋遣傅友德、蓝玉、沐英率30万大军征云南，从南京出发的部队集中地就在柳树湾，随沐英征滇的皇家直属部队"羽林军"就驻扎在柳树湾。朱元璋的部队组成和兵源除南京应天府一地外，还有江苏、江西、安徽、湖南、湖北的。明军平定云南之后实行军屯，几代之后的人就只知道自己的祖籍是来自"南京应天府"了。还有明朝廷官员中因"有罪遣戍云南者""充军"的。还有富商和被朱元璋认为是"不放心"的人，被加上罪名强行发配到云南，往往是连家属甚至家族都被"扫地出门"。这两类人的籍贯以江苏的为最多，典型的如江苏首富沈万三。

沈万三是江苏"第一水乡"周庄的人，他的祖上以躬耕垦殖为业，算是个老实巴交的农民，但到了他这一代时，由于善于"治财"，通过做外贸生意发了大财，财产富可敌国，巨资过亿，田产遍于天下，在南京城内还置有大量房产，这就引起了朱元璋的忌妒。沈万三这个土豪还不知趣，有俩糟钱便忘乎所以，竟然高调宣扬要由自己个人出钱来帮助朝廷修筑南京都城三分之一的城墙，这还不算，更奇葩的是他大拽拽地又向朝廷请求要以他个人的名义对明朝军队开展犒劳活动，作为商人的他不过是想以此举打打广告，眩耀一下自己的财富，提升一下自己的影响力，但这就犯了朱元璋的僭越之嫌。朱元璋大怒，骂道：这个家伙要以他的名义来犒劳我统帅的军队,把我放在何处?这不是要搅乱我在老百姓心目中的地位吗?这个人我一定要杀掉他!正当朱元璋要杀沈万三的头时,收授了沈万三许多贿赂的马皇后不得不出面为之说情:皇上,我听算命的人说沈万三是个不祥之民,老天将来会代替你诛杀他的,陛下你又何必亲自动手呢?沈万三虽然后来被朱元璋释放,但死罪可免,活罪不免,于是沈万三就被充军到云南去守边防,当了一名"光荣"的边防战士,最后"献身边防"死在了云南边疆。

洪武十五年前后,沐英亲自回到了南京,在南京广招工匠,随着自己远赴云南屯田垦荒。随同沐英一同远赴云南屯田的还有那些让朝廷很不放心的官员、商贾以及那些犯了罪及被强加罪名的人,统统以屯田名义被发配充军到了云南这块不毛之地。

朱元璋在位时期还陆续发配江苏、浙江、江西、安徽、湖南、湖北等主要六个省的330万人,随同30万征讨云南的大军进入云南。从南京出发到云南要走180天,不亚于一次万里长征,路途遥远。很多人都累死在路上了,有些人途中逃跑了。到云南时,330万人只剩下120多万人了。为此,不论哪一种情况在明代来到云南的"应天府"的人,他们在云南扎根,开垦荒地,兴修水利,推广先进的生产技术,对云南生产力的发展和社会进步起到推动作用,这些功绩不可磨灭。至今云南人到南京,或见到南京人就有一种亲切感就不足为怪了。

云南平定之后,沐英主政云南。为稳定明朝廷在云南的统治,沐英又回南京带回了250万移民来到云南,后来沐英的儿子沐春又移来30万南京人到云南,加上当时征调来屯戍云南的军民,沐春移民不下50万。如果扣除这些数字中的水分,减去来云南途中的死亡流散人口,再加上充军流放到云南的人数,明初迁入云南的汉族大约为120万,而当时云南的总人口不过200多万。直到元末,云南还是一个以少数民族为主的边疆省,明初朱元璋大规模移民之后,这种情况才出现了根本变化,"屯田"成为了云南社会发展的一项重要举措。

1. "屯田"开发了云南边疆的土地资源

明初洪武年间的"兵屯"即军屯,为我国古代屯田制度中的一种。即入滇大军在平定战乱,镇守交通要地的同时,为减轻朝廷负担,缓和军需后勤供求矛盾所采取的措施。让驻军中的部分将士就地安家,不再随军调动返回中原。这些"屯田"的兵士自此一手拿枪,一手握锄,"三分耕种,七分操备",有战打仗无战务农,以兵养兵自给自足。此法中原王朝汉代即有之,以后历代效仿,明初洪武年间达"前无古人,后无来者"的最高峰,短短10年内奉命入滇屯田内地汉人竟达百万以上。通海一带交通要道,土地肥沃、物产丰富、气候宜人,为元末明初云南省率先实行屯田区域,后来这一地方的人口密度居全省县级前列。

当时军队屯田组织严密、强制性极大,参屯者"军世皆藉"。一旦从军终身为伍,世代继承,本人病故、阵亡、残废,必由其子继承。没有现在的转业退伍,定期服役年限之说。

入屯军士，哪怕其后无子无孙，远在中原万里之遥的原籍、与其有亲属关系的甥、婿等人也得补上，以确保长期延续。另外，为维护世袭为兵制度，让入滇屯田士卒安心镇守不思返乡，又建立"军户"，即屯田戍守者必须结婚成家，否则将被革除。原籍有妻室的，朝廷派专人护送入滇；无妻者可在当地择偶成婚，如当地找不到妻子者，概由其原籍老家代择配偶送入云南屯地完婚，建立军户后绝不许再返回原籍。就连兵屯者的子孙，都要听候调遣，不得以转户、入赘、寄籍等方式逃避，否则必受惩处。十分严格的"军世皆籍"制度一直延续到清朝。清朝200多年仍保留了明朝建立的绝大部分军户，直到1911年清朝灭亡，民国建立，这些历经500多年的军户们才得以完全脱离军籍，变为普通民户。他们先一人入滇，再变为"军户"，又代代相传，至今已发展到数百户，数千户，其一人之后已达数千人。

明初云南人口为200多万人，超过百万之巨的中原汉民入滇后，加上占全国军队总数1/4的军队入滇"镇守"，风调雨顺，土地肥沃，适合居住的坝区良田皆多为入滇汉民所有，由汉民族取代土著彝、白、傣等民族成为主体民族。今日云南16个地州，129个县近4000万人口中，三分之二均为汉族，通海县361个自然村30万人口中，汉族占26万以上，皆源于明初"汉民入滇"结果。

当时各种屯田，几乎遍及各省，屯种面积估计约在150万亩以上，占当时登记在册的全省总耕地面积将近一半。为促进这些地区封建地主经济的发展创造了前提，因而，屯田的开设，是具有进步意义的。

由于大量土地的开垦，许多在云南历史上有名的水利灌溉工程都在这一时期得到兴建和整修。宜良坝子的汤池渠水利工程长达36里，是15000名屯军开凿的，昆明南坝闸工程的兴建、滇池海口的疏浚工程、大理邓川的弥苴江堤、宾川鸡足山南的上仓湖等水利事业的兴修，不仅灌溉着屯田，也促进了广大云南地区生产的发展，"军民俱利"，成为谁也不能抹煞的事实。

2.ܫ"屯田"促进了云南人口的大增长

从明朝初年，云南汉族以120万人开始起家。明末之时，云南汉族已经发展到400多万人。以至于后来云南的汉族90%以上都是明朝时期进入云南移民的后代。

明朝时期汉族移民进入云南走的通京大道（由黔入滇道），此道路于云南历史，尤其是"汉民入滇"历史最为重要。它既是当年沐英率数10万明军与元朝大军争夺云南大决战之兵家必争之处，又是中国有史以来空前绝后"明洪武百万汉民大迁徙"移民入滇通行之路。因其从东至西横贯云南全境，可东达京师，西达缅印，故云南民间多称通京大道。杨升庵充军云南即行此道入滇。

通京大道全程分为水路陆路两大部分。先自南京乘船沿长江水路航行30余天，抵湖南武陵（常德），再上岸转陆路抵云南。具体路线为：先水路南京—江苏—安徽—江西—湖北武昌——湖南洞庭湖畔的武陵（常德）再上岸转陆路常德—怀化—源州（芷江）—新晃—贵州凯里—贵阳—云南富源—沾益—曲靖—云南府（昆明）—再转省内各府、州、县。

由于衍忠在帮助明军在勐卯开展屯田工作中，努力安抚当地少数民族群众，处理好各方面的矛盾，为勐卯驻军开展屯田的顺利开展立下汗马功劳。云南巡抚沐昌祚以勐卯作为麓川国旧都战略地位十分重要为由，奏请皇上专门把勐卯设立为安抚司，以对衍忠论功行赏为名，于万历三十二年（公元1604年），由明朝廷册封衍忠为勐卯安抚使。每年由明朝廷给予经费白银五百两。衍忠把勐卯安抚司司署衙门建在姐告。当时勐卯安抚司管辖的地方：其地东至遮放抵南弄湖30千米，南至木邦界抵江边5千米，西至勐密界习、天马关40千米，北至陇川界邦中山20千米。

衍忠刚刚任职勐卯安抚使才两年，万历三十四年（公元1606年），缅甸30万大军挥师北上进攻勐密和木邦。缅军在进攻勐密前，派出使臣向勐养安抚使思轰进行招降并要求他征调土司兵配合缅军对中国边境地区的进攻。思轰断然拒绝了缅方的要求，并且以逮捕缅甸来使的行动表明他对明朝廷的忠心。于是缅军首领大发雷霆，决定先进攻勐养。在缅甸大军猛烈攻势下，坐镇永昌府的陈用宾巡抚迟迟不发兵给予救援，致使勐养迅速失陷，勐养安抚使思轰兵败身死。缅甸大军兵锋所向直指木邦，明军救兵还是迟迟不至，木邦也接连失陷，缅军紧接着又向勐卯发起进攻，安抚使衍忠在率领勐卯土司兵反击缅甸兵入侵勐卯的战斗中，同样也是因为明朝廷救兵不到，孤军奋战到最后一刻，直到城破兵败，身负重伤的衍忠不幸被缅军俘获。缅甸兵把衍忠押解到阿瓦城被缅王处死于阿瓦城。陈用宾因指挥云南绿营兵反击缅甸入侵云南边境地区的战事不力被明朝廷追责，下狱被杀。因衍忠无子嗣继承土司职位，众大臣奏报朝廷册立衍忠的弟弟衍珑（又名罕伦法）承袭勐卯安抚使世职。

（四）勐卯安抚司第二任土司衍珑（罕伦法）（1607—1637）

明末1607年，因勐卯首任安抚使衍忠为国尽忠，明朝廷为勉励衍忠的壮举，下诏书册封衍忠的弟弟衍珑（傣语名称罕伦法）承袭了勐卯安抚使职。

衍珑继位3年时，勐卯突然发生了一次大地震，在他继任第13年时，又发生了一次大地震。地震发生时，只听得地下发出吓人的隆隆声，倾刻间地动山摇，姐告城里百姓的房屋几乎全部倒塌，勐秀山上山石飞滚，紧接着倾盆大雨连日不停，随后山洪暴发，瑞丽江水淹没了沿岸的许多寨子，地震造成死人无数。土司署衙内衍珑的妻小、属官和瑞丽民众惊恐万状，衍珑立即请来高僧佛爷占卜问卦，佛爷说此天像预示国家将有大厄难。不久就传来消息说万历皇帝朱翊钧驾崩，紧接着太子朱常洛（光宗）刚刚继位一年后又莫名死亡，最后由明嘉宗朱由校来当皇帝，这事发生在天启元年的公元1621年。接连两次地震，让姐告城几乎成了废墟，加之高僧佛爷也警告他说继续住在姐告不吉利，于是衍珑便作出决定将土司署衙从姐告迁到姐勒。

自万历皇帝驾崩以后，大明王朝已经走到了衰亡的尽头。明朝后期，皇帝多是荒淫无能之徒，有好道教的，有沉溺女色的，甚至有喜欢当木匠的。皇帝作为封建国家的主心骨，所谓上梁不正下梁歪，皇帝的昏聩，势必会在朝野掀起一股荒淫之风，导致朝纲败坏，国本不固。明朝自中后期开始，全国贪官横行，暴吏无数，他们媚上欺下，贪得无厌，残暴至极，搞得民不聊生，最后导致民变，这是很重要的原因之一。皇室嫡亲香火不盛，接位的多是小皇帝，这样，导致内宫宦官有机可趁，把握了朝廷大权，甚至到了"挟天子以令诸侯"的地步。这些宦官多是残暴、荒淫之辈，他们为了一己之私，杀忠臣，刮民膏，还勾结敌国，是明朝灭亡的另一重要原因。明朝自"三征麓川"后，国库空虚，无钱改善军队武器装备，军队士兵素质低、纪律差，统帅也多是无才无能之辈。到了崇祯当皇帝的时期，北旱南涝，天灾严重，农田颗粒无收，饿殍遍野，十室九空，而朝廷不闻不问，甚至变本加厉地盘剥压榨农民，导致各地农民起义风起云涌，难以对付。特别是李自成闯王的一支农民起义军，人数众多，战略得当，抚民安民，深得人心。中原地区以李自成为首的农民起义军横扫大半个中国。李自成，原名鸿基，明末农民起义领袖，陕西米脂李继迁寨人，自小给地主牧羊，后曾当过银川驿卒。公元1629年参加反明起义，成为闯王高迎祥部下的闯将，勇猛有谋略。荥阳大会战时，李自成提出分兵定向、四路攻战的方案，为农民起义军胜利扩大战果起到重要作用，因而受到各部首领的赞同。高迎祥牺牲后，他继称闯王。当时中原灾荒严重，农田颗粒无收，而各处贪官污吏变本加厉盘剥压榨农民，造成社会阶级矛盾极度尖锐，李自成及时把握社会聚焦点，采取李岩提出"均田免赋"等主张，广泛宣传极有号召力的"跟着闯王不交粮"的口号，获得了广大人民的欢迎，起义军迅速发展到百万之众，成为各路起义军中的主力军，让明朝廷焦头烂额，疲于奔命。而在大明帝国的北方，新兴的满清实力增强，对明朝形成了一个严重的威胁。公元1616年，努尔哈赤在赫图阿拉建立了后金国后，就起兵抗击明朝。公元1618年，努尔哈赤发布"七大恨"，誓师伐明。经过与明朝的萨尔浒之战后夺取了辽东70余城。公元1621年，努尔哈赤攻占辽阳、沈阳。迁都沈阳。以沈阳为后金政权的统治中心。努尔哈赤在与明军的战斗中负伤死亡后，他的儿子皇太极继位继续对明朝展开攻势，并联合了蒙古各部，使后金国势力不断扩大。公元1636年，后金国降服漠南蒙古，皇太极称帝且改国号为"大清国"，正式建立清朝。北方清兵虎视眈眈觊觎大明江山，对明王朝形成严重的威胁。为了防止清军的入侵，明朝廷把大量兵力都部署到了东北一线，这就牵制了明王朝的军事力量，导致明朝廷镇压起义军兵力不足。再加上崇祯皇帝上台后，虽有治天下之心，却无治天下之才。他生性多疑，刚愎自用，致使许多有才之人得不到重用，还杀死了许多忠臣良将，加上他的军事部署也失当，内忧外患，重疾缠身，使得明王朝的统治已陷于危机，从朱由校天启皇帝到朱由检崇祯皇帝统治的 21 年间，明朝廷再也无力收复被缅甸占领的云南边境外原属中国的广大地区。加上缅甸方面由于在万历三十三年（公元 1605 年）时良渊侯国王死去，其子阿那毕隆继位缅甸国王，在缅军侵占中国的木邦后，为巩固国内的统治，缅甸国王阿那毕隆统领 30 万大军挥戈南下进行再次统一全缅甸的战争，因此也没有更多精力窜犯中国边境地区，客观上导致中缅之间的战争基本上停止了，因而为中缅边境地区的人民带来了一段短暂的没有烽火硝烟的安宁时期。

明朝嘉靖到万历年间的中缅战争，前前后后持续了近半个世纪，这场战争虽然规模不大，但却是古代中国同邻国之间持续时间最长的一场战争。这场中缅之间的"西南极边之战"，严重破坏了当时木邦、勐养、勐密、勐卯等地社会经济的发展。明代中叶以后，当时属于中国云南西南地区的木邦、勐养、勐密等地区，由于同中国内地的交往日渐密切，社会经济有较大的发展，特别是商业和矿业日趋繁荣。"宝藏之富，生意之繁，莫如勐密"，勐密东产宝石、黄金，南产白银，北产铁矿，西产文石。勐养产琥珀、黄金。这些地方商贾云集，贸易频繁，十分繁华。勐养江头城（今缅甸八莫）外有一条"大明街"，三宣六慰地方在此经商者有数万人，来自福建、广东、浙江、江西、四川的商人、江湖艺人也有数万人之多。 当缅甸国王莽应里听到明朝军队将向南方进军进行讨伐时，唯恐大明街这些汉人成为明军的内应，就派兵把这些人赶到伊洛瓦底江边，纵火烧死，弃尸遍野，死尸把江水都堵塞了。东吁王朝发动的侵略战争，给当地居民带来了灾难，也严重地破坏了当地的经济发展。由于战争的破坏，木邦也"残破凋敝不振。"战争也给云南人民造成了沉重的苦难，首先是广大无辜的居民惨遭缅军的屠杀。除了江头城汉族居民遭遇集体屠杀的突出的例子外，万历十一年（公元 1583 年）缅军"分道入寇，伤残数郡，蹂躏一方"，所到之处只留下了一片"白骨青磷"。缅甸东吁王朝国王莽应里性格极其残忍，凡是他认为有罪的人，就把那个人埋在土中，只露头于外，以牛耙之，然后用柴草进行焚烧，他则以此观赏为乐。数年以后，当地受害者的后人回想到缅兵的暴行时仍然切齿痛恨。其次，战争也给云南民众带来了沉重的经济负担，为了抵御缅军入侵，明政府在边境地区驻扎了数万人的征讨大军，其粮饷主要靠云南内地老百姓来供应。云南高原山路崎岖，大江奔腾，当时交通条件十分恶劣，"转输米，每石运价至千金"，以致于内地各郡、邑抽调运粮饷的民夫不支，"大理、鹤庆、蒙化、姚安、楚雄五郡，邑无遗村遗户，不死而徙耳"。明朝人沈德符在谈到万历年间缅军入侵造成的危害时说："云南自此虚耗矣"！

晚明时期，由于官场腐败，已经达到"无官不贪、无吏不墨"的地步，不仅让广大人民群众感到愤怒，也让云南边地民族地方的土司感到忍无可忍。公元 1607 年陇川土司多安民因驻陇川镇守抚林子恩向他索贿贪得无厌而被激怒，杀死镇守抚林子恩后叛明归缅甸；公元 1621 年四川、贵州、云南东川沾益土司、阿迷州土司普名声、元谋土司吾必奎叛明。明末清初，西南少数民族地区爆发了两次以彝族土司为主力的土司叛乱，由于这两次土司叛乱规模巨大、持续时间长，不仅震撼了当时的西南各省，牵制了蜀、楚、黔、滇诸省的军事、经济力量，削弱了明王朝对后金的防御能力，在客观上也起到了减缓明朝廷对李自成等农民起义军的压力，使明朝廷处于三线作战腹背受敌的境地，在很大程度上动摇了明王朝的统治基础，加速了明王朝封建统治的覆亡。因此，这两次土司叛乱对明末清初西南民族社会影响较为深远，甚至也直接影响到了西南历史发展的进程。

天启元年（公元 1621 年）9 月，四川永宁宣抚使奢崇明之军队在其女婿樊龙率领下，乘明朝驻川募兵派往支援辽宁之机在重庆公开反明。占领重庆后，随即攻陷贵州遵义，围攻成都，致使"全川震动"。与奢崇明土司倚为唇齿，互通婚姻的贵州水西宣慰使安位的叔父安邦彦，利用安位当时年纪幼小不能理政之机，揽政于己，于天启二年挟安位响应奢崇明叛明起兵。随后各地土司蜂起响应，乌撒土司安效良、洪边土司宋万化等相继起事，很快攻陷毕节、安顺、平坝、龙里等地，并围贵阳达 10 余个月。12 月初七日，贵州新任巡抚王三善领兵击败水西军队。其后，安邦彦遣部下陈其愚诈降王三善，在明军从水西返回贵阳的途中计杀王三善，形势又发生了逆转，贵州的政局又出现了十分危急的局面。

（五）勐卯安抚司第三任土司衍瑾（罕静法）（1638—1650）

衍珑死后，子衍瑾继位。衍瑾又称罕静法，衍瑾承袭勐卯安抚使之际，中国历史进入了一个多事之秋，衍瑾执政之后也遭遇了两场影响中国和云南历史的政治"大地震"：一场地震是大明王朝的灭亡和大清王朝的建立。

大明王朝的灭亡始于公元 1640 年清朝与明朝在东北进行的松锦之战。松锦之战让明朝辽东防御体系完全崩溃。明朝重臣洪承畴在松山之战中被清军俘虏，明军名将祖大寿在锦州之战中被俘，两个人先后投降了清朝后，对后来大明王朝的覆灭发生了重要的影响。

洪承畴字彦演，号亨九，福建泉州南安英都（今英都镇良山村霞美）人。明神宗万历四十四年（公元 1616 年）的进士，陕西布政使参政，崇祯时官至兵部尚书。公元 1631 年（崇祯四年），洪承畴任陕西三边总督时对陕西农民起义军实行"全力清剿"，"以剿促抚，先剿后抚"方针，集中兵力进攻陕西农民起义军，亲赴前线指挥会战，使农民起义军损失惨重。

公元 1633 年（崇祯六年）冬，洪承畴以重兵包围农民起义军中心地区，实施重点进攻。在确山、朱仙镇打败高迎祥领导的农民起义军，被明朝廷以功加太子太保、兵部尚书衔，总督河南、山西、陕西、湖广、四川五省军务，成为明廷镇压农民起义的主要军事统帅。公元 1635 年（崇祯八年）洪承畴率明军主力出潼关，在河南信阳大会诸将，准备对农民起义军实行大规模的军事围剿。公元 1639 年（崇祯十二年）10 月，陕西最后一股"贼军"李自成部在流窜途中，被洪承畴令总兵马科、左光先领兵截击。李自成回师转东，洪承畴又令曹变蛟潼关设伏截击，李自成大败，仅余 18 骑走入陕南商洛山中，农民起义陷入低潮。公元 1638 年（明崇祯十一年、清崇德三年）9月，清军两路南下直逼明朝首都北京，京师危在旦夕。两面受敌的明朝廷崇祯皇帝不得不从西线把主帅洪承畴调来，担任蓟辽总督，领陕西兵东来，与山海关马科、宁远吴三桂两镇合兵。以锦州松山、杏山、塔山三城相为犄角，防守清军入侵。清朝大军攻锦州及宁远时，为挽救辽东危局，明廷派遣洪承畴率宣府总兵杨国柱、大同总兵王朴、密云总兵唐通、蓟州总兵白广恩、玉田总兵曹变蛟、山海关总兵马科、前屯卫总兵王廷臣、宁远总兵吴三桂等所谓八总兵的部队总共有明军精锐 13 万人、马 4 万匹来增援。明大军集结于宁远，与清兵进行会战。3 月，皇太极率领的满清军采取长期围困锦州的方针，势在必克。洪承畴主张徐徐逼近锦州，步步立营，且战且守，勿轻浪战，但崇祯皇帝却要求速战速决。皇太极亲率清朝大军从盛京赶来赴援攻打锦州外城，截断松山、杏山间明军的联系，切断明军粮道，断绝了洪承畴后路。洪承畴主张决一死战，而各部总兵官主张南撤，最后明军放弃决战从塔山突围，十数万人的明军土崩瓦解，主帅洪承畴战败后被清朝俘虏，后接受清朝的劝降成了帮助清朝颠覆明王朝的重要降将。明军主帅洪承畴被俘后，镇守锦州的明军大将祖大寿陷入了绝望之中。 祖大寿，在明末清初，可以说是如雷贯耳的明朝著名将领。袁崇焕威震辽东之时，祖大寿是袁崇焕手下最得力的大将，在宁远保卫战、宁锦大捷、北京保卫战中都立下了汗马功劳。皇太极兵临北京城下，崇祯皇帝却在这时认为袁崇焕通敌谋反，逮捕下狱。祖大寿愤怒之下带着部队返回辽东，置危险中的北京城和皇帝不顾。袁崇焕在狱中，修书给祖大寿，劝他带兵回来保卫京城。祖大寿看到袁督师的信后号啕大哭，全军亦痛哭。尽管最后他还是率部回北京了，但崇祯皇帝还是把袁崇焕千刀万剐了。之后祖大寿率领袁崇焕旧部这支大明最精锐的部队，驻守宁远、锦州、大凌河等要塞，抵御清兵的入侵。崇祯四年时，祖大寿奉孙承宗之命守大凌河城，8 月，城防工事才修了一半，皇太极以倾国之师，把大凌河城团团包围住。祖大寿突围不得，只能闭城坚守。皇太极不断地送信劝他投降，他都不予理睬。坚守了 3 个月，城里粮食吃完了，开始杀马吃。马杀完了，开始吃平民百姓，平民百姓吃光了，开始吃军中的老弱病残，军中的老弱病残也吃光了，接下去就该是健壮将士们互相残杀了。眼看明朝廷派来

增援的洪承畴的部队又被清军打败，无论如何，城是没法再守下去了，所有的将领，除了副将何可纲，都认为只剩下投降一条路了。祖太寿于是长叹一声，命人将副将何可纲抓了起来，并将他拉出城外，斩杀于后金诸将之前。可怜的何可纲刚刚含笑而死，饿急了眼的锦州城里人，赶紧跑来抢食何可纲之肉来充饥。

杀了誓死不从的何可纲后，祖大寿与皇太极在城外设坛盟誓，让皇太极对天发誓不杀城中的将吏兵民之后，他与副将张存仁等39人打开城门向后金军正式投降了。皇太极赏赐他自己用的狐皮帽子、貂皮袍子、金玲珑皮腰带、白马、雕鞍等等。然后祖大寿向皇太极献策说他愿意带一支兵马去锦州，在城里当内应，皇太极满心欢喜。但祖大寿进锦州城后就抵抗清军。皇太极恼羞成怒，两次御驾亲征攻打锦州、宁远，都无功而返。即便如此，皇太极仍旧为了收服祖大寿而继续努力，他先派人搜捕居住在永平三十里村的祖大寿的族人软禁起来，但待遇相当优厚。起用祖大寿的旧部担任汉人"承政"（尚书），其中包括祖大寿的儿子祖泽洪，过房侄儿祖泽润、养子祖可法等等（他们是在大凌河城投降之后，未随祖大寿逃到锦州的明臣、明将）。祖大寿又为明朝守了10年的城，直到崇祯十四年四月，清兵再次倾国而来包围锦州城。这一次整整围了一年，洪承畴的14万援军在松山被击溃，洪承畴投降；祖大寿粮尽援绝，城中又开始人吃人。时局的颓废、皇帝的不信任、主帅的无辜被杀、援军的覆灭、族人的被擒、城内的弹尽粮绝，让骁勇善战、铁骨铮铮的祖大寿只好再次向清军投降。

松锦之战后，明朝在辽东的防御体系完全崩溃，在山海关外明朝势力只剩下宁远一座孤城，明朝廷再也无法阻挡清军进攻大明王朝的攻势了。公元1644年，李自成率领的大顺军攻陷北京，明朝皇帝崇祯皇帝在煤山上吊自杀以身殉国，明朝大势已去，此时辽东总兵吴三桂还在孤守山海关。吴三桂是明清之际高邮人，字长白，武举出身，被明朝廷封为平伯候。当时吴三桂作为宁远总兵驻守山海关外抵御清兵，由于李自成的农民军迫近北京，吴三桂受命前去支援。吴三桂携宁远50万兵民进入关内，未到北京就得到北京已被攻陷的消息，于是吴三桂又回防山海关。李自成入京后即派降将唐通给吴三桂送去白银5万两和吴三桂父亲吴襄的一封书信，前去山海关招降吴三桂。两面受敌的吴三桂，对内不敌李自成的农民起义军，对外难挡清朝皇帝多尔衮的满族八旗兵。爱妾陈圆圆和父母一家人又都成了李自成的人质。历史给吴三桂出了一道千古难题，这时吴三桂面临政治上的选择，或者继续为明朝的残余势力服务，或者投降李自成，或者投降清朝，或者干脆自立为王。由于吴三桂处于联系中原和关外东北的中间位置，他既是李自成的威胁势力，又是清朝南下的必除对手，因此第一和第四种选择将使他面临同时与两强为敌的不利局面他别无选择，最终交出了一份遭万世唾骂的答卷。为保全家人性命和自己在北京的财产和地位，吴曾打算归顺李闯王。他答应与李自成议和，为防李自成有诈，又私下以黄河南北分治为条件向清朝皇帝多尔衮求助。吴三桂自以为万无一失，殊不知，多尔衮也不是省油的灯，他将计就计，趁吴三桂与李自成谈判之机，突然向李自成发动攻击。这个举措，让吴三桂大呼上了多尔衮的当。李自成也以为自己上了吴三桂的当，他认定吴三桂"引狼入室"，于是在北京城内杀了吴三桂的全家。当吴三桂得知李自成已经杀死他全家人，家产被查抄，爱妾陈圆圆也被起义军首领纳为姬妾的消息后，吴三桂为报杀父夺妻之仇，便杀了大顺使者，致书清睿亲王多尔衮，选择归降他多年与之交战的清朝，致书清睿亲王多尔衮，邀请清兵进入关内与他共同对抗李自成，放清军入关追剿李自成的部队。

李自成得到吴三桂拒绝降抚的信息后，亲率农民起义大军和吴三桂大军战于山海关附近一片石地区。突然 2 万清军骑兵从右翼袭击李自成的农民军，农民军难以招架吴三桂和清军的两面夹击而溃败。战后，清军全部入关，李自成返回北京。6 月，李自成农民起义军放弃北京。吴三桂打着为"君父报仇"旗号，引清军进入北京，最终李自成失败了。吴三桂成了清朝的先锋之一，为清朝逐步征服了全中国，成了清朝问鼎中原的功臣。

衍瑾执政之后遇到的第二场政治"地震"是发生于公元 1645 年影响云南的"沙普之乱"。

所谓"沙普之乱"是这么一回事：沙定洲是蒙自州土舍，他的父亲名叫沙源，曾经与阿迷州的普名声一同被调遣征讨水西的土司叛乱，沙源把自己的女儿嫁给了普名声做妻子，却没能为普家生下子嗣。江西商人万氏，有个女儿叫万倡，普名声很宠爱她，就娶了她，之后生下了普祚远。明末清初爆发了滇南的一系列土司叛乱。阿迷州（今云南开远）土司普名声于崇祯四年（公元 1631 年）发动叛乱被镇压，普名声死后，万倡和普祚远母子投奔沙家，后来万倡嫁给了沙定洲。沙定洲与普祚远的年纪相仿，却又宠爱万氏，沙定洲以此手段成为蒙自、阿迷两州之主。两土司合而为一，势力大增，他由此占据了蒙自、阿迷两州，诬陷当地的诸土司侵略他，而当黔国公沐天波和贵州巡抚等官员没有满足他的要求后，沙定洲便率兵向南拓展，一直拓展至交关，兵力十分强大，所以根本不把沐天波放在眼里。他与临安府生员汤嘉宾（万氏的妹夫）合谋，暗中筹划利用沐王府同云南巡抚和三司官之间的矛盾、各土司的向背不一，发动一场夺取执掌云南权力的政变。

崇祯二年，发生于四川、贵州的"奢安之乱"，引发了贵州、四川、云南、广东、湖广等省各土司叛乱，不仅给黔、川各族人民带来了沉重的灾难，对云南影响也极其深远。顺治二年（公元 1645 年）9 月，元谋土司吾必奎也起兵反明，吾必奎土司，先祖名广哀，属于焚夷族（傣族），原籍景东府。因参与平定迤东土司叛乱立下赫赫战功，被朝廷擢升为华竹（元谋）土守备，受命世袭土守备以荫庇子孙。吾氏土司统治元谋 300 余年，曾在元谋建立了强大的势力和政权，对周边影响极大。

南明隆武元年（公元 1645 年）因楚雄参将李大多次勒索、侮辱吾必奎，经常侵扰元谋的各族群众，吾必奎实在忍无可忍，公元 1645 年 9 月，武定土司吾必奎趁机发动叛乱，声言朱皇帝都没了，哪还有什么沐国公。吾必奎叛军连续攻克了武定、禄劝、定远（牟定）、大姚、姚安等地，一度直逼到楚雄府，全滇震动，楚雄府官员向云南省总督告急。顺治二年（公元 1645 年）9 月，云南府沐天波等人急忙下令调集石屏土司龙在田、嶍峨土司王扬祖、蒙自土司沙定洲、宁州土司禄永命、景东土司刁勋、勐卯土司衍珑、南甸土司、干崖土司、芒市土司、潞江土司在内的云南各地土司兵与明驻云南的军队组成联军征讨吾必奎率领的造反军，吾必奎的造反军势单力薄，最终被击溃。吾必奎浴血拼搏不敌被俘，后被张毓秀杀死。虽然朝廷最后查明导致吾必奎反明的事因后，没有降罪吾必奎的儿子，对他的儿子进行了招抚并让他承袭土守备职位，但自此以后元谋吾氏土司的势力已经势衰力薄，不能复振，权职尽失。吾氏土司统治元谋的局面至此完全结束。

沐天波下令调集各地土司共同讨伐吾必奎叛军时，传檄各地土司要求征调兵马两千人，而沙定洲则派出五千人参战。可等他的军队到了之后，得知吾必奎的军队早已被其他各地土司联军诛灭殆尽，这令他十分失望，因为吾必奎的反叛，事前是沙定洲跟他约好的，所以他才打定主意起兵造反。沙定洲屯兵昆明城外而久久不撤军。长期以来，沐氏通过剥削积累了大量财富，有的官吏对此眼红妒嫉，有的还欠着沐府的债，这就加剧了沐氏与一些地方官的矛盾。沙定洲到昆明后，便有人不断向他夸赞沐府的豪富，沙为之心动，决心将沐氏财富劫夺过来。云南人于锡朋和饶锡之都是沐天波的门下，知道沐国公府里的财宝很多，他们私下里也曾中饱私囊贪污了许多，因此他们害怕沐国公将他们治罪，就去见了沙定洲，一五一十地把沐家有些什么样的宝贝都告诉了沙定洲，以此来勾起沙定洲的贪欲。沐府 200 多年积累的财富果然使沙定洲垂涎欲滴，沙暗中勾结了都司阮韵嘉、张国用、袁士宏为内应，约定里应外合占领沐王府夺取沐王府的财富。沙定洲夫妇统率的土司军在吾必奎叛乱已经平息后仍滞留于省会昆明的举动并没有引起沐天波的怀疑。沐天波因沙定洲之父沙源一贯对朝廷十分忠贞，不疑沙定洲有其他目的，还在黔国公府内多次设宴招待沙定洲，丝毫没有防备，还上表奏请皇上提升沙定洲为参将，并给了他十分丰厚的犒赏，要他撤兵返回原驻地阿密州。沙定洲一口答应马上就返回阿密州，以此来麻痹沐天波。由于当时昆明守备力量十分单薄，汉族统治集团内部的摩擦更使沙定洲感到有可乘之机。12 月 1 日，沙定洲部署已定，以告辞为名，亲自率领士卒假借要到沐王府向沐天波道谢进入昆明城，当时正好沐天波去城外祭祖，没有在沐王府。沙定洲率兵进入昆明城后，就在都司阮韵嘉、参将袁士弘、张国用等内应指引下，带领叛军在城中四处纵火抢掠。沐天波得知消息后，由于变生意外太突然来不及组织有效的抵抗，只得在几名心腹卫士保护下带着官印、世袭铁券等物逃往西城。沐天波的母亲陈氏和夫人焦氏等从北门出逃不及，仓卒中逃入尼姑庵躲避。太夫人陈氏说，我们是沐国公府里的夫人，绝不能被反贼污辱，于是举家自焚而死。沐天波的弟弟沐天泽和沐天润也都先后遇害。部将禄永命领兵与叛军交战，掩护沐天波等人从昆明逃往楚雄府。途中遇到龙在田、禄永命两位将军率兵来援，保护沐天波来到楚雄，这里有金沧兵备道杨畏知镇守楚雄城，沐天波一行才暂时安顿了下来。

沙定洲占据了昆明城后，轻而易举地攫得了沐府累世蓄积的财富。沐氏家族世镇云南，对云南的发展作出了重要贡献，但对云南人民也刮了不少油水，沐府内宝藏堆积如山，有佛顶石、青箭头、丹砂、落红、琥珀、马蹄金、赤金等等价值连城的珍宝，都装在一个个箱子里，每个箱子都有百斤左右，藏在专门建盖的仓库里面，每个仓库有 50 个箱子，沐府内共有 250 余个仓库，可见这笔珍宝真是不可胜数。沙定洲光是把这些宝藏运送到自己的老家，连续用了几个月的时间都没运完。沙定洲虽然发了这么一大笔横财，但他并不满足于此，取代黔国公世代镇守云南的合法地位才是他的主要目的。因此，沙定洲在策略上尽量争取明朝廷任命的云南官员和在籍的汉族官绅，他发布命令凡是愿意接受自己指挥的各府县汉族流官一律留任，而且胁迫云南巡抚吴兆元、在籍东阁大学士、礼部、兵部尚书督师、禄丰人王锡衮给隆武朝廷上疏，在给朝廷的上疏中说沐氏无道，引发云南各地土司叛乱，全亏了沙定洲才得以平定叛乱，要朝廷加封沙定洲为云贵总督以代替沐天波世代镇守云贵。沙定洲又到禄丰抓了前大学士王锡衮，要他在贡院为自己宣传。第二年丙戌，沙定洲为了追杀沐天波，带兵进攻楚雄。楚雄镇守副使杨畏知、推官王运开坚守楚雄城阻击沙定洲叛军的进攻，好让沐天波去永昌组织军队平息叛乱。沙定洲叛军一直追到下关，命令他的部将李日芳和王朔分别攻陷了蒙化和大理，两城都被屠了城。杨畏知趁着贼兵西去之机，加紧修筑楚雄城防工事，筹集守城粮草，动员城中百姓参与协同守城。当沙定洲叛军又来攻打楚雄时，由于准备充分，从春季攻至夏季，沙定洲叛军也没能攻下楚雄城，只得灰溜溜地撤兵进攻宁州。沙定洲叛军在宁州杀死了禄永命，西方已平定后，就向东进军，又来围攻楚雄，于是沐天波得以平安地待在永昌，传檄各地土司、土官起兵讨贼，滇西、滇西南各地土司都纷纷响应。勐卯土司衎瑾和德宏各地土司都派出土司兵参与了沐天波的平叛军队，准备参与平叛行动。

清军入关崇祯皇帝死后，在南方一些有民族气节的明朝官吏打着"复明抗清"的旗帜作最后的抵抗，先后在南京、绍兴、福州等地拥立明王室后裔福王朱由崧、鲁王朱以海、唐王朱聿键建立南明小朝廷，但在清军摧枯拉朽的打击下，短期内即告失败。公元 1646 年 11 月，瞿式耜等又拥立桂王朱由榔于肇庆建立南明朝廷，次年以永历为年号，是为永历帝。

公元 1647 年初（顺治三年底），张献忠在西充县境不幸牺牲。大西军急速南撤，面临着严峻的考验。大西军余部在孙可望、李定国、刘文秀、艾能奇的领导下，一举击破据守重庆的南明总兵曾英部，曾英落水淹死，部众溃逃。大西军渡过长江天险，打开了南进的通途，为实现由黔入滇的战略转移奠定了基础。

张献忠牺牲以后，他的妻子和亲信宰相汪兆龄仍然主张继续推行张献忠在世时滥杀无辜的过激政策。领导大西军的孙可望等人认识到政策上的改弦易辙已经成为大西军生死存亡的关键，必须采取果断措施改变张献忠滥杀无辜的过火行动。因此，孙可望、李定国、刘文秀、艾能奇一致决定把"皇后"和汪兆龄处死，公元 1647 年 4 人形成 4 将军领导的体制，把大西军余部集中于四川綦江，收集溃散残军，重整队伍，接着，率领经过整顿的部队进入遵义，由于大西军"秋毫无犯"，"所过民皆安"，于是顺利地占领了贵州省会贵阳。

大西军进入贵州以后，把贵州作为基地，休整兵马，建立政权。当他们得知云南发生了沙定洲叛乱的消息后，立即决策挥师南下，直取云南。孙可望等大西军领导人选择云南作为自己的进军目标，是有历史背景的。孙可望、李定国、刘文秀、艾能奇等大西军高级将领同云南土司龙在田等人是老相识，在交往中对云南各方面的情况有较多的了解。当他们获悉云南被沙定洲叛军占领的消息后，接受了龙在田的建议立即决定进军云南。

孙可望等率部入滇时，为了减少进军的阻力，事先派出间谍前往云南，利用汉族官绅、部分土司对沙定洲的不满情绪和黔国公沐天波在云南长期享有的威望，散布消息说行将入滇的大西军是沐天波妻子焦氏家族的武装，来云南是为沐氏复仇的。这一策略果然收到明显效果，云贵官民深信，大西军所到之处，悉数打开城门迎接。大西军长驱而入，全无梗阻。公元 1647 年（永历元年），大西军先后攻克平彝（今富源县）、交水、曲靖，歼灭沙定洲所设守军 500 名，俘获明云南巡按御史罗国。为了迷惑沙定洲，孙可望等占领曲靖后不是向西直接进攻省会昆明，而是南下直趋阿迷州（今开远），在蛇花口歼灭沙定洲援军 1000 多名。沙定洲见兵力不敌，就在 4 月 18 日主动放弃昆明，逃回蒙自故里佴革龙。当留在昆明城内的明朝巡抚吴兆元等人看到入滇的并不是什么焦家的救兵，而是大西军时，无奈他们手头无兵，只有听任绅民投降大西军。4 月下旬，大西军经宜良顺利地进入昆明城。大西军进入昆明以后，秋毫无犯，赢得了云南民众的欢迎。经营云南面临许多复杂情况，孙可望在 8 月间亲自领兵经禄丰进攻杨畏知、沐天波据守的楚雄、大理等滇西地区。杨畏知的军队在禄丰县城东面的狮子口被大西军击溃，他本人也被活捉，孙可望考虑到他在云南官绅中是反对沙定洲叛乱的代表人物，再三劝他投降。经过谈判，双方达成妥协：一，不用大西年号；二，不妄杀人；

三，不焚庐舍、不奸淫妇女。孙可望等大西军领导人接受了杨畏知的意见，为后来联明抗清铺平了道路。9月，刘文秀带领兵马进抵永昌府（今云南保山市），以"共扶明帝，恢复江山"为条件同沐天波谈判。沐天波亲身遭到沙定洲叛乱的荼毒，弄得家破人亡，自己的兵力又只有永昌的少数绿营兵及滇西各地土司的地方武装，力量非常有限，决定借大西军复仇，双方很快达成合作协议。沐天波不仅派自己的儿子先行前往大西军营中纳款，还发出檄文责成永昌府推官署金腾道印王运开、通判署府印刘廷栋向大西军缴印投降，派人说服永昌府绅民不得抵抗。

由于沐氏家族自明初以来世镇云南，佩征南将军印，在军卫、土司中享有很高的威信，孙可望等入滇后收缴了明朝颁发的文武各官印信，只有沐天波所佩世代相传的"征南将军印"仍予保留，让他行文招抚各土司。于是，滇西一带不战而下，各地土司相继归顺大西军。到公元1647年10月，云南全省只剩下阿迷州、蒙自地区仍在沙定洲控制之下。为了彻底铲除沙定洲的残余势力，由李定国、刘文秀领兵南征阿迷、蒙自。由于云南人民的大力支持，李定国、刘文秀兵马迅速攻克阿迷、蒙自，把沙定洲残兵围困在其老寨佴革龙。佴革龙地势险要，却缺乏水源，沙军每天乘夜间下山取水。李定国等下令于水源处立寨，分兵把守。沙定洲军饥渴难耐，被迫投降。李定国、刘文秀除了把沙定洲、万氏和少数首犯押解昆明外，对所有参加沙定洲叛乱的普通老百姓一律不追究，让他们返家各安农事。这一政策一公布实施，各地沙定洲的残兵纷纷主动投降，李定国对这些人都给予了抚慰和奖赏，颁布命令不许部下进行掳掠，违者立斩。至此滇南地区迅速平定。10月，沙定洲、万氏、汤嘉宾等在昆明被处死，在孙可望的部署下，经过一年多时间的东征西讨，平定了云南全省的叛乱。大西军在云南实行了许多打击地主阶级和有利于农民、商业和手工业者发展生产的政策措施，得到了各族人民的拥戴。因此，社会秩序安定，生产得到恢复和发展。彝、白、壮、傣、哈尼、苗、瑶等各民族青年踊跃参军，军队里还增添了由勐卯土司派出的战象队，大西军扩大到20余万。为了联合全国各地抗清势力，壮大农民军的革命力量，大西军宽大对待那些拥护抗清而投降过来的明朝官吏和拥护大西政权的少数民族土司土官，仍使其继续任职。当时六部的主要首脑人物大半是明朝旧官吏。这些人多数能恪尽职守。

（六）勐卯安抚司第四任土司衍珍（罕镇法）（1651—1658）

衍瑾死后，由他的儿子衍珍继位。

公元1655年2月孙可望与李定国一起把永历帝护送到昆明。永历帝封勤王有功的孙可望为"秦王"、李定国为晋王、刘文秀为蜀王、白文选为巩国公。公元1656年6月，李定国促使永历帝派白文选、张虎一行到贵州劝说孙可望重新联合，遭到拒绝。李定国拥永历回云南后，对永历帝备极恭顺，改铸铜币为"永历通宝"，以"扶明"为斗争口号，得到了包括勐卯土司衍珍在内的滇西各土司的鼎力相助，表现了各地土司对明朝廷的忠心。仅勐宛、勐卯两家土司为云南的南明小朝廷提供送去的大米，就足足有18万斤之多。

永历帝入滇后，清朝廷也调整了对西南征战的策略，派出有军事经验和镇压农民军经验的洪承畴统领湖广、广东、广西、云南、贵州等处地方，总督军务兼理粮饷，坐镇长沙指挥镇压西南抗清斗争。在这严重关头，在贵州的孙可望仍迷途不悟，急于当皇帝。他一方面派出刘镇国、关有才带兵到柳州一线防堵李定国回师云南，另一方面逼永历帝退位，让自己取而代之。南明永历政权是无能、腐败的，但是，他是西南各阶层联合抗清的一面象征性的旗帜，而且有联系各种抗清力量的作用，因此孙可望逼宫是不得人心的。永历帝不堪孙可望淫威，写成血诏派人密送李定国，要他赶来"救驾"。李定国接到诏书后，表示要"先为陛下除逆臣，后议恢复"。孙可望知道送血诏的事后，以盗用玉玺和假称勤王之罪，将永历小朝廷的宰相吴贞毓等18人杀死。

公元1656年，在清军的压办下，李定国从广西撤退，因孙可望同室操戈发动内战，公元1657年8月，孙可望率14万大西军将士向云南进发，遭到大西军大多数将士的反对，部将马进忠、马宝、马惟兴、关有才等将领都倒戈投到李定国旗帜下，李定国顺利西撤。这时，孙可望派白文选到安龙接永历帝到贵阳。白文选也投入李定国阵营，李、白二人共同护送永历帝入滇。留守云南坐镇曲靖的刘文秀欢迎李定国一行，并一起将永历帝送至昆明。永历帝封李定国为晋王，封刘文秀为蜀王，封白文选为巩国公，昆明成为永历政权的首府——"滇都"。

孙可望被大西军打得大败，逃到贵阳，自知大势已去，带着妻子跑到长沙，投降了洪承畴。孙可望降清之后，泄露了大西军的全部军事机密，并且呈献了滇黔地图，还无耻地请求清军进攻大西军。清政权封孙可望为"义王"，统领跟随他的百余人队伍，隶属于汉军正白旗。后来洪承畴在射猎时将他射死，对外则称是系错射误杀。

（七）勐卯安抚司第五任土司衍瑄（罕宪法）（1660—1698）

公元1660年衍珍因病亡故，死后由他的儿子衍瑄继位，成为勐卯衍氏第五任土司。衍瑄刚刚接任安抚使时，清军已经兵分三路开始进攻云南，吴三桂自遵义经七星关、水西一线入滇，多尼率中路军经关岭入滇，卓布泰取道安龙、黄草坝（今兴义）和罗平入滇，罗托与洪承畴驻守贵阳，指挥全局。正在滇西的李定国，得知前线紧急的消息后，立即急忙回师，与白文选分兵迎敌。白文选守七星关倚险设防，打算伺机收复遵义牵制吴三桂。吴三桂军出遵义，趋天生桥，由水西西溪河绕出七星关，白文选败走沾益。李定国率全军守遮炎河，卓布泰率军到后两军展开了激战。李定国身先士卒，亲冒矢石，从早晨酣战至中午，最后大西军的象阵为清军所攻破，李定国军全线大败。紧接着两军再战于罗炎、凉水井，大西军连战皆北，全线崩溃，李定国的妻儿俱散失，诸将窜走不相顾。兵民死难者不下三四十万人，大西军10多年百战养成的精锐部队在此战中损失殆尽，李定国被迫逃回昆明，清军三路大军会师于曲靖准备向昆明发起进攻，从而引发了一系列中国历史上有一定影响的事件。

1. 永历帝西逃

大西军战败的消息传来后，昆明城内一片混乱，永历南明小朝廷内人心惶惶，不知所措；李定国率败兵回昆明后，开始讨论战守之策。有人主张固守昆明，但又苦于内乏兵饷，外无救兵，坐困孤城，最后必然失败。守既不能守，只能出走，对于走向何方当时有三种意见。原刘文秀部将陈建献上刘文秀遗表，遗表上请永历帝"入蜀以就13家之兵，臣有窖金16万两，可以充饷。然后出营陕洛，转败为攻。沐天波认为应走滇西，因为一旦事急可以退入缅甸的阿瓦或太公诸城。李定国则认为应"南走，缓出粤西，急入交趾。"议论未定，败报传来，沾益、马龙已失陷，清军正在进逼宜良、嵩明。永历帝急急忙忙下决定采纳了沐天波的意见；公元1659年1月7日，永历君臣匆匆自昆明西逃，跟随永历帝一起逃跑的士兵和百姓男女老少骑马的走路的多达百余万人。清军兵分三路攻入昆明城后，永历帝逃向滇西，清军在后紧迫不舍，李定国命大将靳统武护送永历帝至腾越，自己则率军在磨盘山拦击清军。3月，洪承畴到达昆明，立即上疏请赈济屡经战火的灾民。顺治帝命户部发银30万两，以一半供军需，一半赈灾民。由于采取了上述措施后，昆明一带才安定了下来。

顺治帝考虑到吴三桂屡立战功，加之考虑八旗兵力不足，决定以吴三桂镇守云南。这样，吴三桂就更加积极地为清王朝效劳。大西军余部，由于连战连败，士气十分低落，吴三桂乘胜攻破玉龙关，白文选战败后逃往缅甸木邦等地，清军继续向西追击，攻占永昌。

2. 磨盘山之战

公元1659年正月，清军兵不血刃地进入昆明。2月，吴三桂率领清军向滇西进兵。李定国派兵保护永历帝从永昌渡潞江（怒江）向滇西方向撤入缅甸。在永历帝一行刚刚渡怒江的第二天，吴三桂率领的清军大队人马也追到了怒江边。李定国派兵掩护永历帝先撤，然后亲自率领精兵担任后卫，于20日渡潞江（怒江）。怒江不甚宽，但水势汹涌，每年清明至霜降期间有"青草瘴"，连当地土人也畏惧。好在这个季节还没到来，不会危及人身健康。过江10千米，有一座磨盘山（腾冲与龙陵之间），是高黎贡山的南段，位于怒江西岸，是此地的一座穹岭。李定国举目四望，但见"鸟道窄箐屈曲，仅通一骑"。不由计上心来。他被清兵穷追不舍，已到了无立足之地，回想短短一两个月，累遭失败，痛恨不已。他估计吴三桂等进入云南后一路攻城拔寨无往不胜，已成骄兵之势，对自己已经不存戒备之心，此时如能利用这里的地形设计打个伏击战，一定会给吴三桂的追兵以重创。磨盘山距腾越很近，为防备万一，他请永历帝及大本营不要停留，继续后撤到边界之外，而他决心在此阻击清军，一洗前耻。

顺治十六年（公元1659年）2月21日晨，也就是李定国刚刚渡过怒江的第二天，吴三桂率领的清军大队人马也渡过了怒江，当部队进至磨盘山下时，他环视四周，只见群峰丛峙、林木茂密，惟见磨盘山高矗其间，除了一条崎岖小路外，别无路径可寻。经仔细观察，不见明军一兵一卒，只有鸟雀飞来飞去，偶尔发出几声欢声打破一片寂静。地形如此险要，但凡领兵将帅遇到这种情况时，总会格外留心以防遭到伏兵。但此时的吴三桂却毫不在意，他自昆明出师一路追剿，把白文选撵过澜沧江，率部编筏而渡，再渡怒江，军行数百里，如入无人之境。他认定李定国早已只顾亡命逃窜，那里还会考虑伏兵阻击，因此，吴三桂和率领追击南明军的各路清军将领也都不再存有戒心，队伍散乱不整他们也不以为然，便放心大胆进兵，下令军队继续前进，欲越过磨盘山向西追击。

李定国这次设伏之计考虑得既巧妙，又严似铁桶。他充分利用磨盘山险峻的山势地形特点，设立了栅围数重，埋伏下三道伏兵：命泰安伯窦民望将军在第一伏击点；命广昌侯高文贵将军在第二伏击点，命总兵王玺将军守候在第三伏击点，每一道伏击点上设伏兵2000人，李定国在这次伏击战中总计安排了伏兵6000人。这6000伏兵称得上个个都是以一当十的精兵健卒！李定国与各位领兵将军约定，当清军过了山顶，进入第三伏击点后，由李定国亲自发号炮为令，三个伏击点的人马同时发动攻击，首尾并击，务必不让吴三桂一骑逃脱。三道伏兵设于前，李定国的中军大帐则屯于磨盘山后20千米处的橄榄坡，李定国还严令炊事用火也小心隐蔽，不得让吴三桂的人马见到烟火提高警觉。李定国如此这般安排，可谓设计缜密、考虑周到，严丝和缝，稳操胜券。

吴三桂的部队进入山间小道后，军队由于地形限制，只能摆成一字长蛇鱼贯而行。行过一段路后开始登山，当上山的士兵已有12000余人，仍看不出明军有伏兵的任何迹象。突然，有一明将装束打扮的人，不知从何处跑出来，慌慌张张地赶到吴三桂军前高声喊降，说有要情向吴大帅报告。此人名叫卢桂生，时任南明永历政权大理寺卿。吴三桂把他叫到面前问有何要情？ 卢桂生当即向吴三桂泄露了李定国的伏兵之计，指出清兵已经进入了埋伏圈。吴三桂一听顿时大惊失色，紧急传令追兵马上停止前进，让部队迅速后撤，并令骑兵下马，舍骑步行，在道路两边搜索明军伏兵。同时，命炮兵对准沿路两边明军伏兵的树丛中发射炮弹，弓箭手用连机弓弩急速用箭矢进行猛射，刹那间两旁树丛中的明军伏兵被从天而降的弹雨箭簇打得人仰马翻，而伏兵听不到李定国将军的号令又不敢出战，只得听任清军枪弹与箭矢袭击，倒毙在林沟中。隐蔽在第一道埋伏点的窦民望将军知道伏兵之计已被清军识破，迫不得已只得发出号炮让伏兵迎战，第二伏击点的明兵也向清兵发起炮击进行支援。于是，双方在山上短兵相接展开了肉搏战，只见刀光剑影、血肉横飞，霎时间，双方战死的将士尸横遍野、血流成河，惨烈之状不堪目睹。

前面伏兵战斗打响时，李定国正坐在山顶上，一听号炮失序而响，十分惊异，还没等弄清情况，一炮弹落在他面前不远之处，炮弹爆炸激起的尘土飞溅了他一脸。由于卢桂生投降清军告密，打乱了李定国的原定战役部署，他也无法统一指挥，南明伏兵被迫仓皇应战，战斗序列被打乱，只能人自为战。但李定国仍临危不乱，据险督战。激战从卯时一直持续到午时，双方人马伤亡都很惨重，山上山下，到处都布满了士兵的尸体。

激战进行了很长时间后，征南将军卓布泰部、多尼率领的后续部队才姗姗赶到，增援了吴三桂的部队，才让清军转危为安。而明军损失殆尽，孤立无援，虽然将士们个个奋力拼杀，不畏生死，但终究寡不敌众势成败局。李定国悲愤至极，于当天趁夜暗掩护匆匆率领残部撤出战场，去追寻永历帝一行。

磨盘山血战打击了清军的士气，该战之后，清统兵将领多罗信郡王多尼被清朝廷罚银5000两，多罗平郡王罗可铎被罚银4000两，多罗贝勒杜兰被罚银2000两，都统济席哈革被降级，副都统莽古图、傅喀、克星格也受到处分，征南将军卓布泰被革职为民，只有吴三桂因南明军叛徒告密后，果断组织反击减少了清军损失而没有追究损兵折将的责任。南明军方面，由于战前出现叛徒导致军事机密泄露，李定国精心设计的伏歼战被迫打成了阻击战，南明军最后的精锐部队在这场血战中几乎伤亡殆尽，李定国也无力再组织发动大规模的战役。综合各方面记载，这次战斗酷烈空前，明军伤亡最大。两军尚未交锋，南明伏兵就已经被清军枪炮与箭矢击中，死于树丛中的兵士就有三分之一，后来双方在短兵相接激战中死于战场的也有三分之一，这就是说，伏兵6000已失去三分之二。组织伏击作战的南明将领窦民望、王玺等统统战死。

清军方面损失也相当惨重，吴三桂所属部下自都统以下，固山额真沙里布、祖泽润等18名将官及辅国公干图、扎喀纳等战死，凡已进入山间小路南明军伏击圈内的清军无一人生还，精锐部队伤亡近万人。清官方在吴三桂的报捷书中，对清军的损失却只字不提。

磨盘山战役中，李定国设伏了三道关卡，可谓天衣无缝，永昌境内的磨盘山"内箐深崎岖，仅容单马行"，吴三桂统领的清军如全部进入三个伏击点的包围圈的话，明军只要从路两边进行"首尾横击之"，定会杀得清军片甲不留。但天算不如人算，因叛徒泄密而使之功败垂成，经此战失利后，南明的军队再也无力组织对抗吴三桂的大军。但李定国卓越的指挥才能和顽强果敢的斗志，使清军再不敢骄横穷追。南明遗民刘彬曾作诗称赞李定国："凛凛孤忠志独坚，手持一木欲撑天，磨盘战地人犹识，磷火常同日色鲜。"

3. 征虏将军绥迎候刀镇国喋血记

由于李定国断后组织磨盘山战役迟滞了吴三桂清军的追击速度，永历帝与随从护驾队伍才得以从容地离开腾越继续南行，又行两日后到达了南甸土司地，南甸宣抚使刀呈祥迎永历帝到土司署治所九保住跸。半夜时分，住地大榕树上鸟巢里的几只小鸟叫起来，已经是惊弓之鸟的永历帝与随从们顿时骚乱起来，以为吴三桂的追兵已经赶到，匆匆忙忙起程又逃。由于永历帝与随从护驾队伍被清兵紧紧追赶，他们不敢过多停留在国内，只得连夜赶路继续西行。此时永历帝的随从护驾队伍人心更加涣散，各营兵士沿途不少人逃散。暗夜中，大队又迷路于山谷，群臣妻子各不相顾，永历帝护驾队伍中的乱兵则乘机劫掠官员、王族的财物，放火烧了驻扎地的营帐，只见火光冲天，大家惊扰奔窜。等到天亮时大家才发现还在原地，而永历帝的贵妃、宫娥已失散多半。永历帝看到将官士兵纷纷叛离，自思国内已无路可走，决意投向缅甸，以求暂时安身。28日，永历一行从南甸赶到中缅边境的干崖（今盈江），干崖宣抚使刀镇国派出其兄刀乐保率领土司署衙傣族士兵迎接永历帝一行的到来并随行护驾至干崖，干崖宣抚使刀镇国隆重迎驾永历帝的到来，竭尽所能热情接待，永历帝大为感动，敕封刀镇国为"征虏将军绥迎候"，并赐他尚方宝剑一把，让他奉旨堵截清兵追击。后永历帝继续从干崖向缅甸出逃路程中，他的护驾随从将领孙崇雅又率兵叛变，大肆劫掠永历君臣所携带的行李辎重而去。永历帝在将要出关进入缅甸时，护驾随从大将靳统武也放弃了对永历的保护，率其部属出走。永历帝无法约束他们，任其去留、离叛，率余众进入缅境内，经蛮莫（今缅甸八莫），沿江到达阿瓦城（今缅甸曼德勒）。干崖土司刀镇国则率领人数有限、武器简陋的土司署傣族兵与随后追击永历帝的吴三桂清廷大军进行抵抗，在兵多将广、武器精良、士气高昂的清军精锐之师攻击下，犹如螳臂当车，当即全军覆没，刀镇国战死。

4. 苟且偷乐的南明流亡小朝廷

在干崖土司刀镇国率领土司兵阻击吴三桂追兵进行血战时，沐天波护送永历皇帝朱由榔终于进入了缅甸境内，到了曩本河时，缅甸人听到黔国公沐天波来了，受昔日的威望和影响所致，缅甸人纷纷下马参拜沐天波。到蛮漠（八莫）后，沐天波与国舅王维恭、典玺李崇贵等商量："皇上入缅，我们应该保着少主进入茶山，这样既可以调度诸营，而且可以使缅人有所忌惮，何况这对我们而言也是很重要的。"而皇后不同意这个意见，最终也没能实行。到了景艮，缅使传话说："神宗皇帝圣旨上的玉玺已经不全了。"沐天波于是拿出自己的官印和圣旨比较，这才使缅使服从。因为缅甸在万历二十二年时发生了内乱，请求明朝出兵相救，当时的明朝皇帝没有出兵相救，之后缅甸再没向明朝进贡。永历帝一行在景艮住了一个多月，沐天波与蒲缨王启隆在树下商议说："缅甸对我们的态度越来越不好，不如趁现在去陇川户、腊二撒，离开勐养，以图生路。"然而此建议被国舅马吉翔阻止。白文选率领的大西军护驾卫队赶到时，又被马吉翔赶走。又到了赭硈，已经到了只能在茅草屋中居住的地步了。缅甸有个风俗，中秋节时，要求属国都要来朝贺。缅方强迫沐天波去朝贺，而且要以大臣的礼节进见缅甸国君，缅甸好以此来向其他蛮邦炫耀。沐天波回来后对跟从他前往朝贺的官员们说："在景艮时，他们不听我的良言，才会有今日的耻辱，如果我不屈从于缅方，皇上必然无法保全。究竟是谁让我落得如此地步呢？"于是悲痛的大哭了一场。次年己丑7月，缅甸又来请沐天波，沐天波坚决拒绝。缅使说："这次同上次不一样，这次我国会以对待客人之礼来对国公。"其实是因为李定国等人又领兵到了这里救驾，所以缅方才装出恭敬的样子。沐天波知道后，更加气愤难平。

永历帝朱由榔和他的随从人员在进入缅甸，在缅都阿瓦城郊居住下来以后，同国内（包括边境地区）的抗清实力之间已经很难保持联系，所谓"朝廷"不过虚有其名。缅甸当局虽然允许他们入境避难，却始终没有给予正式的官方接待。尽管缅甸国王住在阿瓦城中，流亡入缅的永历帝君臣住于阿瓦城外，隔河相望，近在咫尺，各种文献却表明，两人从来没有见过面。

开初，缅甸当局还给予一些物资帮助，即所谓"进贡颇厚"。永历帝也还携带了一点积储，有意回赠一分厚礼，用明朝习惯的说法是居高临下的"赏赐"。缅甸官员表示："未得王命不敢行礼"，意思是不愿对明朝皇帝行藩臣礼。朱由榔既无实力，也只好听其自然。

永历朝廷暂时得到安置，多数文武官员毫无失国忧君之念，继续过着苟且偷安，苦中作乐的生活。据记载，当地的缅甸居民纷纷来到永历君臣住地进行商品贸易，这本无可非议，许多南明官员却不顾国体，"短衣跣足，混入缅妇，席地坐笑"。就连一些缅甸人士也十分鄙夷南明遗臣们的这种丑陋行径，私下说道："天朝大臣如此嬉戏无度，天下安得不亡？"一位通事也说："我看这几位老爷越发不像个兴王图霸的人。"永历帝为了维护小朝廷的安全和体统，决定派官员轮流巡夜，奉派官员即乘机"张灯高饮，彻夜歌号"。这年8月间，朱由榔左脚患病，昼夜呻吟。马吉翔、李国泰于中秋节晚上会饮于皇亲王维恭家内，王维恭家有广东女戏子黎应祥，马吉翔、李国泰命她唱歌曲以助酒兴，黎应祥流着眼泪说："皇上的宫禁即在咫尺，皇上玉体违和，在这种时候，你们还要行乐？应祥我虽只是个戏子，也决不敢应命。"王维恭听到此话后非但不惭愧，竟然拿起棍子毒打黎应祥。朱由榔听到哄闹哭泣之声后，派人传旨道："皇亲呀你们即使目中无朕，亦当念母死新丧，不宜闻乐？"王维恭等人才暂时有所收敛。此外，绥宁伯蒲缨、太监杨国明等大开赌场，日夜幺五喝六，一片喧哗。永历帝大怒，命锦衣卫士前往拆毁赌场，诸臣赌兴正浓，那管什么皇帝圣旨，换个地方重开赌场，喧啸如故。

8月13日，缅甸国王派人来请黔国公沐天波过江参加15日的缅历年节。沐天波携带永历帝原拟赠送的礼品过江后，缅甸君臣不准他穿戴明朝衣冠，强迫他换上缅族服装同缅属小邦使者一道以臣礼至缅王金殿前朝见。按明朝二百多年的惯例，镇守云南的黔国公沐氏代表明帝国管辖云南土司并处理周边藩属国家的往来事务，体统非常尊贵。这时却倒了过来，要光着脚身穿缅族服装向缅王称臣，心中苦恼可想而知。礼毕回来后，沐天波对朝廷诸臣说："三月在景艮时不用吾言，以至今日进退维谷。我若不屈，则君驾已在虎穴。嗟乎，嗟呼，谁使我至此耶？"说完大哭起来。礼部侍郎杨在、行人任国玺还上疏刻奏沐天波失体辱国，永历帝只好留中不报。

面对洪水猛兽般的清朝廷征讨大军的到来，德宏各土司看到干崖土司对抗清军的结局，纷纷主动归附清朝。勐卯安抚司使衍碹也顺应历史潮流，主动向清廷投诚，并献出明朝廷所授予的勐卯安抚司大印，请求清朝廷让他继续承袭勐卯安抚司土司职事。清政府由顺治皇帝派遣昆明的大臣张立亲自带着印信来，仍授其安抚使世职，并颁发印信号纸（委任状）。

此时，被迫退入缅甸后的永历朝廷军力尽失，人心萎靡，缅甸当局的态度也逐步变坏。朱由榔带领随从刚进入缅甸时，他们对南明朝廷多少持有善意。后来看到清朝的统治已经基本稳定，不愿因为收留南明流亡政权开罪于中国的实际统治者。李定国、白文选一再进兵缅甸救主，弄成双方兵戎相见，缅甸当局从维护本国利益出发，决定转而配合清兵，消灭残明势力，以便保境安民。公元1661年（顺治十八年）正月初六日，缅甸国王莽达喇派遣使者来到云南，提出以交出永历帝为条件请清军合攻李定国、白文选部明军。吴三桂认为"虽机会甚佳，而时序已过"，不便出动大军，玩弄策略，只命永昌、大理守边士兵至境上"大张旗鼓，号作先锋"，虚张声势借以牵制缅甸当局不要把永历帝送交李定国、白文选军。

5. "咒水之难"

顺治十八年（公元1661年）5月23日，缅甸国王的弟弟莽应时在廷臣支持下发动宫廷政变，处死老国王，自立为王。新王派使者来向永历帝索取贺礼，这时永历朝廷飘泊异邦已经一年多了，坐吃山空，经费已陷入窘境，拿不出多少像样的贺礼。但是缅甸当局的意图显然不是为了得到财物，而是借仅仅具有象征意义的明朝皇帝致贺来增强自己在政治上的地位。永历君臣"以其事不正，遂不遣贺"。南明流亡政府的这种僵硬态度使原已不佳的与缅方关系更加恶化。

顺治十八年七月十八日（公元1661年8月12日），莽白给逃到缅甸境内的朱由榔捎来口信，让跟随永历帝的官员次日都要过河同饮咒水盟誓，以结友好。朱由榔及一些大臣皆看出其中有诈，但寄人篱下，又不敢不去，只好命大学士马吉翔、大臣沐天波等部分文武官员前去赴约。七月十九日（8月13日）黎明，马吉翔等聚集大小官员渡河前往者梗之睹波焰塔准备饮咒水盟誓，仅留内官13人和跛足总兵邓凯看守"行宫"。上午，文武官员到达塔下即被缅兵3000人团团围定。缅人以20人捉1人，明朝官员无一逃脱。缅方指挥官员命人将沐天波拖出包围圈，沐天波借机，夺取卫士的刀奋起反抗，总兵魏豹、王升、王启隆也抓起柴棒还击，终因寡不敌众，自马吉翔以下文武官员共42人，只有沐天波1人用流星锤击杀10多个缅甸兵，最终因寡不敌众而被残杀，其他被骗来吃咒水的官员全部遇难。与沐天波同时遇难的还有他带在身边的小儿子沐忠亮。

南明护驾大臣李定国与清将吴三桂作战失利后，率军由怒江向南退入缅甸之东北部。听说缅王看守永历帝于距城五日程之荒凉地方，住以草屋待遇极薄，且令其从臣皆侍奉缅甸王等情形，李定国听闻此情况后大怒，当即命令白文选率兵由木邦进攻瓦城，并分兵各部取孟定、耿马、勐缅、勐艮等土司地以据之。继后李定国又率兵与白文选合力攻打瓦城，希望以此举把永历帝救出来。瓦城中缅王请葡萄牙人用西洋枪炮帮助缅军防守瓦城，李定国因此不能攻克而撤退。后来由于缅甸皇室发生政变，缅王的弟弟莽应时杀缅王而自立为缅甸国王，莽应时更加虐待永历帝君臣。清顺治十七年（公元1660年），李定国派遣马九功约会古白（在缅甸之南今仰光北古白城）、暹罗二国共出勤王之兵，共同夹击缅甸。秘密商定事成后双方共同平分缅甸国土地。然而当时吴三桂急于要为满清国建立其不世之功，向清帝请命率兵进入缅甸缉拿永历帝及李定国，以平息边患。顺治十八年（公元1661年），吴三桂与清廷大臣爱新阿兵分两路进军缅北，击溃白文选部而迫使白文选投降清朝。然后吴三桂与清廷大臣爱新阿合兵一处直逼阿瓦城下，缅甸国王莽应时见势不妙，只得乖乖地把明永历帝、马太后、皇后及以下明朝君臣一并献于清军，以投降满清。李定国因古白、暹罗二国军队正在出兵途中，突然听到缅甸已经投降清朝，永历帝已经被吴三桂抓走，立即组织拦截行动，但拦截行动未获成功。古白、暹罗二国之军失望而还。

公元1662年，吴三桂亲自押解明永历皇帝回到昆明，随即奏请清帝批准将永历帝及其子绞死在昆明金蝉寺（在今华山西路利昆巷），就这样结束了南明最后一个王朝。

吴三桂将永历皇帝绞死后，又率兵追逼大西军领袖李定国至边境勐腊（今缅甸腊戌一带）。李定国知道明朝永历皇帝已经被吴三桂绞死，忧愤而死。其部属因割据缅甸数部地，自称桂王军，缅人后呼称为桂家，清人则称之为贵家，后人成为桂家土司。

由于吴三桂死心塌地帮助清朝消灭明朝势力，清顺治帝福临封吴三桂为平西王，与吴三桂同时叛明降清，以镇压农民军而得封王爵号的还有平南王尚可喜，封于广东；靖南王耿继茂封于福建（继茂死，子耿精忠袭爵）。吴、尚、耿合称"三藩"，"三藩"中以吴三桂最为显赫，继而后来又被清朝廷封为亲王。

6. 清王朝平定"三藩之乱"

顺治十七年（公元1660年）时吴三桂向清王朝提出"请准土司世袭，悉给印扎"，然后借此勒索土司的金银财货。他利用其封王的权势，把地方经济完全控制在手中，又操纵钱币制造。吴三桂为了发动分裂战争以达到做皇帝的目的，他扩充军队到10镇，每镇10营，每营1200人，总兵力在10万人以上。他向清王朝中央强索军饷，至使清王朝发给他的军费最高达一年900余万两白银，占清王朝全年财政支出三分之一以上。清王朝中央要他裁减兵员五分之二，他又以"边境未靖"为由，反对裁兵，甚至假报敌情，挟边防以自重。他秘密屯积硫磺、硝石，制造武器，同时与西藏达赖喇嘛五世勾结，从西藏购入大量西番、蒙古军马，在水陆要冲均安置心腹，造成武装割据的形势。

在政治上，吴三桂表现出更大的野心。他的军队分驻滇黔广大地区，他以亲王的特权，自行选用文武官员，中央吏部兵部都不得干涉，其经费开支户部也无法节制。他甚至可以向各省选拔输送官吏，称做"西府选举"。如他将部将王辅臣擢升陕西提督，李本深为贵州提督，吴之茂为四川总兵，马宝为云南总兵，广植党羽于全国各地。他还与清王朝中央擅权大臣鳌拜相勾结，儿子吴应熊又是清王室的驸马，京师朝廷无论大小事，都向他飞骑报闻。他还凭借权势，在云南推行极其残暴的统治。

随着清王朝对全国统治的加强，统一的清朝廷中央集权与"三藩"，特别象吴三桂这样的割据势力之间的矛盾日益激化。康熙担忧"三藩"辖地分布半天下，已成尾大不掉之势，将演变成唐代藩镇割据之局面，非久安之计，必须采取削藩措施，并认为"三藩"撤也反，不撤也反，不若先发制人，于是断然下令撤除"三藩"封号，并要"藩王"所属官兵家口俱行撤移到山海关外。8月，康熙派遣专使到云南督促吴三桂撤藩。吴三桂悍然于公元1673年11月21日发动叛乱，囚禁清廷专使，杀死云南巡抚朱国治，自称"天下都招讨兵马大元帅"，设局铸"利用"钱以补军用，命令云南各土司率领士兵赶赴吴三桂军前听候号令，他高喊"伐暴救民"，责骂清朝夺了明朝的皇帝宝座，改了明朝的衣冠，下令恢复汉族服装发式，积极发动反叛分裂行动。

吴三桂一开始便四面出击：派马宝率兵东攻贵州，王屏藩北攻四川，又派人到各省联络，并写信给平南、靖南二藩及贵州、四川、湖广、陕西的文武将吏，要他们响应，拉拢了贵州巡抚和云南提督。吴三桂的东路军很快就占领了贵州，进入湖南，阴历除夕占领沅州（今湖南芷江），公元1674年二三月间，先后攻陷长沙、常德、岳州（今岳阳）。四川巡抚罗森、提督郑蛟麟、总兵谭洪、吴之茂等纷纷叛清投吴，吴三桂顺利地占领了四川。这时襄阳总兵杨来喜、孙延龄，提督马雄倒戈，吴三桂又控制了广西和湖北的一部分。不久，耿精忠也宣告叛清复明，与吴三桂联合攻占了江西30余城。在不到1年的时间，吴三桂集团的军事实力就控制了云南、贵州、四川、湖南、广西、福建等省以及甘肃、陕西、湖北、江西、浙江等省的部分地区，让清朝廷大为震惊。公元1675年平南王尚之信也公开叛清投到吴三桂的旗下，吴三桂又取得广东。吴三桂下令所属部队不得越过长江，企图与清王朝分庭抗礼"划长江而国"。

吴三桂军事上的得势仅保持了1年多时间，到公元1676年，清王朝与"三藩"叛军双方的战争出现了相持不下的局面。康熙皇帝严斥了达赖五世"裂土罢兵"的主张，杀了吴三桂的儿子吴应熊以示削平三藩的决心，又暂停闽、粤撤藩，以此举孤立吴三桂。清军出师迫使耿精忠、王辅臣、尚之信及孙延龄等先后倒戈投降，收复了福建、陕西、甘肃、广东、广西。清军集结大军于华北和中原，以江南为人力物力基地，并重用汉族军官充任将、帅，使平叛战争在公元1677年开始取得明显优势，迫使吴三桂叛军收缩困守于湖南。吴三桂的财政来源日益匮乏，又屡屡被清军击败，完全陷入困境。

公元1678年3月，吴三桂已走投无路，匆忙在湖南衡州（今衡阳）登位称帝，国号"周"，年号"昭武"。但仅仅5个月后，就于8月暴病而死，其孙吴世璠继位。公元1679年，吴世璠叛军主力14万人马先后被清军歼灭于长沙、岳阳、衡阳等地，部分被逐出广西，次年退出四川。同年10月，清军占领贵阳，吴世璠逃回云南。公元1681年春，清军围攻云南，吴世璠挣扎拒守。11月，清军攻占昆明，吴世璠自杀。吴三桂发动的分裂割据战争，打了8年，最后以彻底失败告终。

（八）勐卯安抚司第六任土司衍秘（罕并法）（1699—1725）

康熙三十八年（公元1699年）6月丙辰。勐卯安抚司土司衍瑄死后，由其子衍秘袭职。衍瑄承袭勐卯安抚司土司职后，德宏一带的土司制度开始悄悄地发生了变化：第一个变化是在行政管理体制方面，德宏地区各土司归附清朝廷后，清朝廷中央政府沿袭明朝建置，在德宏地区设置了南甸、干崖、陇川三个宣抚司，盏达、遮放两个副宣抚司，勐卯、芒市两个安抚司。后来又增设了腊撒、户撒两个长官司和勐板土千总，形成德宏十土司管辖地区的格局。清王朝为了加强对云南边境地区各土司的控制，朝廷专门设置了云南腾越厅，负责直接管辖德宏边地的各土司。

这 10 个土司除了勐卯安抚司外，其余 9 个土司分别是：

1. 陇川宣抚司。明王朝在三征麓川后，因思任法部属大头目恭项归顺明军并任明军向导，为打败思氏立下大功，在明朝正统九年（公元 1444 年）析麓川地设置陇川宣抚司时，恭项被授予陇川宣抚使职，经恭项推举，明王朝"授陇川宣抚司头目多歪孟为本司同知"。后因恭项在宣抚使任上未能处理好内政引起内乱，于正统十二年（公元 1447 年）被云南总兵黔国公沐斌奏其"暴杀无辜，刻虐夷人"被发遣到曲靖府卫安置。明中央政府因沐斌保奏"同知多歪孟，为夷民信服"，即提升多歪勐为陇川宣抚使，并得以世代相袭。多氏任陇川宣抚使自多歪勐开始。

2. 南甸宣抚司。南甸宣抚司在德宏地区南甸（今梁河县）。南甸，傣语名勐底，西汉时属益州不韦县，东汉属永昌府郡哀牢县，元置南甸路军民总管府，成为独立政区。明洪武十五年（公元 1382 年），明军征滇，南甸部落首领刀贡勐首先归附明朝政府，并在平定麓川思氏部属刀干勐叛乱中立下战功，被明朝封为百夫长，其弟刀贡蛮在永乐十二年（公元 1414 年）明朝政府设置南甸土知州时，任命刀贡蛮为知州。明正统九年（公元 1444 年）明朝中央政府升南甸知州为南甸宣抚司时，刀贡罕之子刀乐硬得以任南甸安抚使。

3. 干崖宣抚司。干崖宣抚司位于今盈江县。干崖，旧名"干赖赕"。西汉属益州乘象国"滇越"部，东汉时属永昌郡哀牢县，唐隶属腾越软化府，宋（大理）时期属腾越府乞兰部。元中统初归附中央政府，至元十三年（公元 1276 年）设金齿六路时，置其地为镇西路军民总管府，明军平定云南后，于洪武十五年（公元 1382 年）改镇西路为镇西府，为云南布政司所属 52 府之一。明永乐元年（公元 1403 年）改镇西府为干崖长官司，明正统九年（公元 1444 年）因干崖副长官刀怕硬屡立战功，由总督王骥奏请朝廷升干崖长官司为宣抚司，以刀怕硬为副宣抚使，刘英为同知。干崖宣抚司首任土司为郗忠国，又名曩欢，因洪武年间从征有功被朝廷授为长官司长官，病故后其子曩恋继任，并被赐姓"刀"。

4. 芒市安抚司。 芒市古称"怒谋"，又名"大枯赕"、"小枯赕"。唐称"茫施蛮"。元朝初期归附元朝中央政府，至元十三年（公元 1276 年）元朝政府设茫施路军民总管府，明朝洪武十五年（公元 1382 年）设置茫施府，芒市长官司设置于明朝正统八年（公元 1443 年）四月丁亥，以陶勐刀放革为长官，隶金齿军民指挥使司。

5. 盏达副宣抚司。盏达原为干崖宣抚司的属地，范围相当于今盈江县平原、莲花山、太平、昔马、勐弄、卡场等乡镇地界。时为干崖宣抚司陶勐（大头领）的刀思忠升任宣抚司副使，居盏达。后来刀思韬授副宣抚司印敕，清朝平滇后，刀思韬主动投诚，仍授世职。

6. 遮放副宣抚司。遮放在唐（南诏）时期称为盐井，原为明麓川思氏领地，明正统年间明朝廷"三征麓川"后，为加强明中央政府对边地的统治，废除麓川平缅宣慰司，析原麓川属地置陇川宣抚司，多怀们因跟随王骥明朝大军征讨麓川有功，被明朝朝廷任命为陇川宣抚司副使，居地遮放。至明万历年间，多怀们之孙多思坦从朝廷官军征讨缅甸入侵军有功，受到朝廷嘉奖，立为遮放副宣抚司使，晋升四品，世袭供职。

7. 户撒长官司。户撒、腊撒历史上统称为"勐撒"，原属勐卯果占壁（麓川平缅宣慰司）统辖区，明朝廷"三征麓川"废除麓川平缅宣慰司后，划勐撒归陇川宣抚司管辖，赖氏为勐撒坝子上段头目，始称户撒。明朝万历年为云南总兵沐昌祚勋庄，清设户撒长官司。

8. 腊撒长官司。户撒、腊撒原为勐果占壁（麓川平缅宣慰司）统辖领地"勐撒"。明朝政府"三征麓川"打败麓川政权后，置陇川宣抚司，把勐撒分为上、下两段设头目进行管辖。万历十三年（公元 1585 年），云南总兵沐昌祚把勐撒纳入勋庄后，设一甲为户撒，二甲为腊撒。因盖裕征战干崖、陇川有功，被升授腊撒长官司，管辖面积约 800 平方千米。清初由盖朝选任长官司长官。

9. 勐板土千总。勐板（原为今芒市中山乡及勐嘎镇、风平镇之一部分，　以及缅甸捧线地之全部），面积东西横长 100 余千米、南北纵宽 40 余千米，自明朝中央平定麓川平缅宣慰司以后，到明万历十一年（公元 1583 年）又发生陇川宣抚司岳凤与缅寇勾结进犯中国的战乱，波及德宏、保山、临沧等地。明朝廷派兵进行讨伐，勐板地方首领蒋思孝资助明军平乱有功，云南巡抚陈用宾为巩固边防，奏请朝廷升任蒋思孝为千夫长，世守勐板地方。

第二个变化是内地的地主经济开始冲击边疆地区的封建领主经济基础，这第二个变化是从 1699 年清廷变卖在陇川被吴三桂作为勋庄的土地开始的。因原户撒、腊撒的土地是吴三桂的"勋庄"，现在吴三桂是大逆不道的逆犯，没收他的土地自然在情理之中，原来户撒、腊撒的土司只能以土著人的资格，悉数承买了当地"勋庄"的土地后才能保留长官司的职位，相当于用钱又买回原来的官职。这种把土地当商品进行买卖的交易行为开始动摇了土司领主经济制度的基础，走得最快的是盈江干崖土司，他们将其境内管辖的一批土地卖与腾冲汉人富商。此后不久，莲山、梁河等处也发生了土司利用管辖的土地进行买卖的行为。干崖土司刀秉忠的两个弟弟刀秉柱、刀秉兴更是胡作非为，私自收取官租、官税、乱卖官租，直至将土司大印也偷出去做为商品抵押品当给陇川，干崖土司用官印做为商品抵押品进行当租从此始。

雍正二年（公元 1724 年），清朝廷开始尝试在德宏土司中推行改土归流的措施，先是以奉旨撤裁腊撒长官司土官职，归腾越州管辖。自此开始腊撒长官司长官在腊撒的子孙就与普通劳动者没有不同。随后，清朝廷开始采取改土归流的第二步：划土司行政管理区。清朝廷把南甸、干崖、盏达、陇川、勐卯、户撒、腊撒等土司地的行政管理权划归腾越厅管辖，把芒市、遮放的行政管理权划归龙陵地方管辖。由于公然撤裁土司官职仅有腊撒长官司一家，划归行政管辖权也没有实质性的限制，因此德宏各地土司好像还没有反映过来，也没有明显的抵制行动。紧接着，清朝廷又以原畹町管辖的4甸屯田被明廷送给缅甸木邦境内，命令在境内勐卯土司领地中进行增加补充屯田数量。驻勐卯的清军将领武弁在土司所属村寨强占民田，又立9屯，共27屯甸。由于屯田的数量还不够，便大量无偿征用土司司田作为屯田，并规定土司司署只能管理屯田土地的民政征调，而不得收取租赋。为了加强对屯田的管理工作，永昌府内专门设立了管理屯租的行政机构，规定每箩田交屯租银一钱，勐卯、畹町一带共有屯田2500亩，计收银250两，均全部送交给永昌府，衍珌作为勐卯安抚司的土司官，对此也毫无办法。

衍珌刚刚袭任勐卯安抚司土司不久，可能是他经常虔诚拜佛得到了佛祖的保佑，一年内他的两个夫人竟然为他生了两个儿子，但长子衍滇是庶民出身的小妾所生，而次子衍志则是正印夫人所生。两个儿子自小都聪明伶俐，勤奋好学，长大后都自以为有足够的智慧与才能承袭土司官职，都把对方做为竞争对手，只是当着衍珌的面这种矛盾没有显露出来。傣历壬辰年（公元1724年），当衍珌去世后，他的两个儿子就为继承官职开始勾心斗角，闹得沸沸扬扬，甚至于各自拉起队伍大打出手，搅得勐卯地方不安宁。事情报到了云南省总督处，云南省总督按照清朝廷制定的土司承袭制度的规定，决定委任其弟为勐卯掌印，认为其弟衍志虽然出世比较晚，但却是正统的掌印夫人所生，是嫡长子，应继承土司官职；其兄虽然出世早但却是庶子，不能承袭土司官。于是正式任命衍志承袭勐卯土司职位。可是衍滇要当土司官的野心像火一样燃烧，为了达到目的，他不惜出境投靠缅甸木邦土司，并带出了一大帮他的亲信，在木邦那里秘密组织军队进行训练，打算伺机回来攻打勐卯夺取土司权位。

（九）勐卯安抚司第七任土司衍志（罕举法）（1726—1740）

雍正四年（公元1726年）9月辛丑，云南巡抚、云贵总督鄂尔泰题奏清朝廷称："勐卯安抚司衍珌因故，奏请以其子衍志承袭"。朝廷批准了鄂尔泰的奏折，批准让衍秘的儿子衍志继位承袭勐卯安抚司职，朝廷向衍志颁发了号纸和委任状。可是衍志的哥哥衍滇为了得到勐卯安抚司土司官职，竟然率领他在木邦秘密组织训练的亲信军队回来攻打勐卯，企图以武力夺取土司权位。勐卯袭职土司衍志也毫不示弱，立即组织军队严阵以待，做好了充分的迎敌准备。当衍滇率领的亲信队伍向勐卯进攻时，立即遭到了迎头痛击，衍志的司署武装连连击退了入侵者。由于双方的队伍势均力敌，致使勐卯地方权力纷争连绵不断，兄弟之间因争权内乱遗祸百姓的情况报到了云南总督鄂尔泰那里后，鄂尔泰立即派军队帮助衍志打败了衍滇率领的亲信队伍，并捕获了衍滇带到大理作了囚禁安置，才让勐卯又得到了太平。

就在衍志、衍滇两兄弟为土司职位争得你死我活，闹腾了整整14年的时间里，奉大清皇帝雍正旨意的云贵总督、云南巡抚鄂尔泰，开始大张旗鼓地推行他向朝提出的"改土归流"的举措。

鄂尔泰，西林觉罗氏，字毅庵，是满洲镶蓝旗人，康熙朝的举人。曾任内务府员外郎，与田文镜、李卫并为雍正皇帝心腹。康熙十九年（公元1680年）鄂尔泰出生。他的先人早期投归清太祖努尔哈赤，被册封为世袭佐领。祖父图彦突官至户部郎中，父亲鄂拜曾官任国子监祭酒，所以鄂尔泰算得上是个"官三代"。 但鄂尔泰这个"官三代"却是具有真才实学，满腹皆是治国安邦经纶，且又脚踏实地的青年才俊。康熙二十五年（公元1686年），鄂尔泰6岁入学，攻读四书五经，8岁开始作文，练习书法，16岁应童子试，次年中秀才，19岁补廪生，20岁中举，即进入仕途。21岁承袭佐领世职，充任侍卫，37岁出任内务府员外郎。雍正元年（公元1723年）正月，他被任命为云南乡试副主考，5月，被越级提升为江苏布政使，成为地方大员。

雍正三年（公元1725年），朝廷又晋升鄂尔泰为广西巡抚。在赴任途中，雍正皇帝觉得他仍可大用，又改封为云南巡抚，兼管云南、贵州、广西三省。而名义上的云贵总督杨名时却只管理云南巡抚的事务。所以，鄂尔泰在西南所任的官职虽为巡抚，而实际上行使着总督的职权。

清朝以来一直沿袭明代对云南、贵州、广西、四川及湖南，湖北等地少数民族地方实行土司制度。各处的大小土司如地方的皇帝，土地、山林、水源，包括土著居民人身全被土司占有，土司对其"子民"任意处置，任意占有、转让、出卖；吃酒游乐时，常以射杀土著居民为戏；祭祖敬神，也把土著居民杀死作为牲祭。稍不如意，便用割耳、断指、抽筋、剥皮、宫阉等酷刑。至于夺其财物、勒交赋税更是随心所欲了。土司都拥有军队，林立的大小土司，如同大小王国，对中央形成威胁；临近的官兵略加过问，马上刀兵相见。土司制度妨碍国家统一，阻碍地方经济、文化的进步，自元、明数百年来，也曾有过治理行为，但都没有成功过。

雍正帝即位后，朝廷发生了关于"改土归流"的争议。西南各省地方官纷纷上奏，要求解决这一重大问题。众臣认为，解决问题唯一办法是"改土归流"，即取消土司制度，改为一律由中央政府派官的流官制度。雍正帝任命鄂尔泰为云贵总督、封正南为都统，目的就是让他去解决土司之患。鄂尔泰所部军队刚刚扎营，便遭土司兵的骚扰，营房也被焚烧。经过调查研究，他感到发兵出击只能解决暂时的问题，若从长远计议，必须彻底根除土司统治制度，坚决实施"改土归流"方针大计。他在奏折中阐述"改土归流"的原则：以用兵为前锋治其标，以根本改制治其本。对敢于反抗的土司，剿抚并用，顽抗到底者坚决剿灭；只要悔改，对抗过官兵的土司也一律宽免。重点策略是促土司投献，投献者给以安抚，表现好的可任其为政府的流官，尽量减少敌对情绪，减轻"改土归流"的阻力。鄂尔泰的奏疏使雍正对实行"改土归流"下定了决心。雍正四年（公元 1726 年）10 月，鄂尔泰获得总督实职，加兵部尚书衔。鄂尔泰对向官兵挑衅的广顺长寨土司用兵，土司负隅顽抗，遭到毁灭性的打击。长寨土司被摧毁，鄂尔泰奏准派流官治理，在此设长寨厅（即今长顺县）。这是鄂尔泰进行大规模"改土归流"的胜利开端。长寨事定，雍正帝在批复派遣长寨厅的第一个流官的同时，破格升任鄂尔泰为云南、贵州、广西三省总督。因为这三省改流的任务最重，由鄂尔泰受命后，立即全面了解三省特点及三省土司情况，进一步制定了改流和用兵的计划。他对土司用兵，政策性极强，轻重缓急，把握得当。长寨地区改土之时，各处土司态度都很凶横，官兵所到，土司皆挟众反抗。鄂尔泰命总兵挥师挺进，攻陷一个个寨垒，坚决镇压敢于反抗的大小土司，很快便征服了永宁、永安、安顺等 1398 寨，广顺、定番、镇宁等 680 余寨，战果辉煌。

为了强力推行"改土归流"的新政，鄂尔泰坚持采取强硬的铁血镇压手段与安抚民众相结合的两手，让他的"改土归流"新政推行得十分顺利。镇沅地区土司刀瀚、沾益土司安于蕃，是明朝时被任命的土知府和土知州，他们以朝廷命官身份招募军队，既扩充了他们的势力，又毁坏了官府的形象。鄂尔泰发兵进击，活捉了刀瀚、安于蕃。把他的领地分设为镇沅州（今镇沅县）、沾益州（今沾益县），以流官取代了土司。随后，鄂尔泰致函劝乌蒙、镇雄二地土知府向官兵自动投降。两地土司禄万钟、陇庆侯不仅不降，反而联合起来对抗官兵，不待官兵行动即攻掠东川府清军营盘，气焰十分嚣张。鄂尔泰命游击哈元生率兵进行征讨，并派文川军协助进剿，一举击败了禄万钟、陇庆侯土司的联军，接着又对二土司地进行改土归流，设了乌蒙府（后改称昭通府）和镇雄州（今镇雄县）。在鄂尔泰的努力下，"改土归流"得以大张旗鼓地展开，广西梧州、柳州、庆远等地的各民族广大群众，积极拥护"改土归流"，主动向鄂尔泰献粮贡秣，组织自卫力量，配合官军打击劣顽土司，有力地推动了广西地区"改土归流"的开展。

黔东苗岭山、清江、都江地区是贵州省著名的"苗疆"，周围 1500 多千米，土寨 1600 余处，为抵制"改土归流",贵州各地的土司和其武装鼓动土著居民叛乱,攻占已归流的古州、台拱、黄平,包围都匀府的丹江、凯里等地。雍正帝调遣广西、四川军队配合鄂尔泰镇压叛军,又派"抚苗大臣"张照自京师前来"会剿"。才使此地流官制度得以落实。

为了进一步巩固西南数省"改土归流"的成果,鄂尔泰还进行了一系列的开发工作。首先是处理"改土归流"之后善后工作。"改土归流"之后云贵数省边疆各民族习俗差别极大,一下子改派满汉流官,难以适应这里的复杂局面,对土官打击面也太大。鄂尔泰始终坚持设置的流官中能用土官的仍然用之。那些自动缴印,主动要求改流的,鄂尔泰上奏保举他们任守备、千总、把总等流官,并让其世袭不替。表现突出的,还奏表褒奖。对那些不习惯做流官,态度又好的土司,则奏请发给国库银两,为之安排善后生活,拨给田产,建造房屋,彻底消除他们的反抗情绪。对那些罪大恶极、血债累累的土司,改流过程中又一直抵抗或反对者,则严厉打击,从重治罪。如对平日罪行昭著、民愤极大的云南镇沅土知府刀瀚、贵州康佐长官司长官薛世乾,改流后便把他们处死或终身监禁,当地居民无不拍手称快。

对流官的派遣,鄂尔泰上奏必须派去有能力、肯吃苦、清正廉明者。他认真挑选州县长官,派去的第一批流官都很称职,对安定改流地区起到了积极作用。鄂尔泰为让改流地区人民休养生息,一律实行地丁钱粮制度;困难多、收成少的地方,减轻、减免赋税或给予救济,使这些地区尽快地恢复生产。鄂尔泰在改流地区还重新调配了土地,并实行鼓励垦荒政策。土司霸占的农民土地,按土地清单让原主认领;荒芜无主的土地,招农民耕种;未开垦的土地,号召农民开垦,官府发给农具、种子,对新垦的土地,水田 6 年后征税,旱地 10 年后才征税。鄂尔泰还号召官员、富户捐助困难土著居民,他本人带头捐银 3000 两、买牛 100 头、盖房 600 间,让十分困难的土著居民安居乐业。于此同时,鄂尔泰在改流区大力兴修水利,仅云南昭通就兴修水利 10 项,可以灌溉土地 2 万多亩。云南全省改流后兴修水利工程 70 多项。为保护这些水利工程,鄂尔泰还奏设水利专官,专管这些水利项目,从而保证了水利事业的长久发展。

改流区的交通开发也是一项突出的事业。鄂尔泰修浚了 600 千米的清江,150 余千米的都江,使之修竣后"邮递往返",有"水道康庄"之美称。他还修筑了上起土黄,下至广西百色全长 350 余千米的河道,使"两粤、楚湘为之沟通"。

鄂尔泰把内地的耕种、纺织、冶铁、烧窑、采矿等生产技术,命人在改流地区传播,使这些刀耕火种的穷山僻谷得到开发。

过去那些改流地方少数民族没有读书的机会,更无权参加科举。改流后,鄂尔泰普遍开设学堂,设教官,让儿童免费入学。云南一省就开设义学 463 所,贵州开设义学 24 所。鄂尔

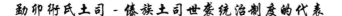

泰还在改流区推行革除陋习的活动，原来在改流区土司间仇杀械斗十分严重，蓄奴延为通习，近亲通婚普遍。改流后，他严禁仇杀，发现挑斗者严惩不贷。鄂尔泰执行雍正的"割贱为良"政策，解放了奴隶。云贵地区的"骨种之习"，即姑之女必嫁舅之子，是典型的近亲通婚。鄂尔泰认识到这种陋习的弊害，令其改之。云南是茶叶的故乡，但是在清朝之前的很长一段时间内，云南普洱茶以远销西藏和边贸为主，主要作为明朝用来控制边疆和邻国地区游牧民族的主要贸易品之一，不为内陆所知。鄂尔泰调任云贵总督期间，在滇设立茶叶局，统管云南茶叶贸易。鄂尔泰勒令云南各茶山茶园顶级的普洱茶由国家统一收购，并亲自督办，在茶饼上印"鄂尔泰"并以马帮驮茶，上贡朝廷。云南这种用马帮驮茶到西藏、边关销售、驮茶到京城的模式，称为茶马贸易，而曾经的马帮走过的道路今天称为茶马古道。普洱茶于雍正十年（公元1732年）正式列入清宫《贡茶按册》。故宫地宫里储存的云南茶叶上均有鄂尔泰的印鉴，证明乃是鄂尔泰亲自督办上贡京城的，以此凸显鄂尔泰对雍正皇帝的尽忠职守。其余等级的茶叶才准许各茶庄贴上商号商标，进入大众消费市场。鄂尔泰设立的茶叶局在鄂尔泰调任它职后，仍旧为云南茶叶贸易的发展，发挥着积极的促进作用。此后的数十年间，云南茶叶贸易逐渐兴盛，大量外地百姓迁入茶山，形成家家有茶树，村村有茶山的繁荣景象；每年马帮驮茶进京的盛况更是带动了云南到北京沿途地区的百姓对云南的兴趣，繁荣景象直到清末才结束。

但作为云南边境的勐卯土司和德宏其他土司，因为地处"边徼"、"化外"、"瘴疠"之区，交通闭塞，文化经济落后，土司制度根深蒂固，历代封建王朝鞭长莫及，政治、军事难以渗透，明代大规模的改土归流都未受到冲击，相反土司制度更加完善巩固，鄂尔泰进行了认真的调查与慎重考虑后，这个把"改土归流"视为"治国之本"的鄂尔泰一改雷厉风行的行事风格，于雍正四年（公元1726年）春奏请雍正帝"将云南澜沧江以外土司保留"让"改土归流"在德宏各土司地区都没有丝毫影响和触动。勐卯土司衍志在胞兄衍滇被带到大理囚禁后的当年也撒手人寰，只当了14年的勐卯土司官。

（十）勐卯安抚司第八任土司衍玥（罕萌法）（1741—1769）

衍志死后，由他的儿子衍玥继位。清乾隆十六年（公元1751年）10月，新任云南巡抚爱必达为了进一步深入了解云南以及德宏边地土司管辖区的少数民族情况，加强语言文字方面的勾通，专门派人到芒市、遮放、南甸、干崖、盏达、勐卯等傣族地区采集"番"字（指傣文）分汇成书，分别汇总编纂成书114本进呈朝廷。云南巡抚爱必达还专门向朝廷上奏进行了说明："采集番字，镇远府之焚夷，普洱府、车里，东川府之倮罗，顺宁府之勐甸、勐麻，永昌府之耿马、镇康、潞江、芒市、勐卯、遮放、干崖、南甸、盏达、陇川、孟连、湾甸、勐孟等18种少数民族文字。内遮放与勐卯、盏达、陇川、南甸、勐麻字体相同，分汇成书114本进呈"。傣族文字第一次正式为中央王朝政府所关注。

衍玥承袭勐卯安抚使的公元1754年（清乾隆十九年）年间，时值缅甸发生宫廷内乱，缅甸东吁王朝国王达喇被大臣敏得楞所驱逐。缅国王子色亢瑞冻出逃。木疏头目雍藉牙起兵驱逐敏得楞，收复阿瓦城，赶走敏得楞，随后由木疏徙居到阿瓦建立阿瓦王朝。原东吁王朝所属各地土司有不服从者，就发兵进行讨伐，最终完成了对缅甸的统一。色亢瑞冻王子携带妻子、族属、男妇80余人来至勐卯，衍玥安抚使率领文武官员迎接色亢瑞冻王子一行进入勐卯平麓城内。但云南总督爱必达、巡抚郭一裕知道此事后，为了避免与雍藉牙新建立的缅甸阿瓦王朝发生矛盾，立即发出通知书，让勐卯土司衍玥把色亢瑞冻王子一行驱出勐卯境内。

1. 清朝廷重颁勐卯安抚司官印

乾隆三十年（公元1765年），清朝廷设置永昌府，永昌府下辖2个州、3个土府，5个宣抚司，3个安抚司。具体是：腾越州、保山县、永平县；孟定、镇康、湾甸3个土府；南甸、干崖、陇川、盏达、遮放5个宣抚司；勐卯、潞江、芒市3个安抚司。朝廷重新颁发了各土司大印。其中颁发给勐卯安抚司的官印，是清乾隆二十七年（公元1763年）12月由大清朝廷监督制造的，官印为铜质，正方形，边长8厘米，厚1.7厘米。印文为刻字，印面右侧汉文：勐卯安抚司印，悬针篆体，阳文，直书两行，印迹清晰，线条匀称流畅；左面用满文篆体（即清篆），阳文直书两行，线条较汉文细密。印背左右两侧有铭文，右侧汉文：礼部造，勐卯安抚司印，刻字楷书；左侧满文意与右同。印体右侧铭文：乾隆二十七年十二月；左侧铭文：乾字一万二千六百九十九号。均为刻字，阴文楷书。

缅甸贡榜王朝建立后，凭着其军力强大，迅速压服中缅边境上的诸多土司。在对原缅属各掸族土司确立统治后，开始派出小股部队配合这些掸族土司的部队以军事威胁向中国管辖的内地土司强制要求征收传统的"花马礼"（即贡赋钱粮，处于中缅两国边境上的各掸族土司在历史上为谋求自身安全曾向两国都缴纳这项贡赋）。这些内地土司有些屈服于缅甸的兵威，有些并不屈服。这些不屈服的土司派人向云南地方官府请求军事支援。但当时乾隆皇帝忙于平定准噶尔，无暇南顾，不愿与周边国家发生军事冲突，因此云南地方官府对此事一直是奉行偏向绥靖政策。而当乾隆皇帝从平定新疆这一事脱身后，决定对缅甸这种压迫我国边疆少数民族和挑衅中国国威的行为采取强硬态度，中缅边境局势开始逐渐紧张起来。

清乾隆二十七年（公元1762年）冬，缅甸木邦土司率领自己的部队以及贡榜王朝的军队约 2000 人侵入中国孟定和耿马两地土司的管辖区域，劫持了孟定的土司，焚烧了耿马土司的衙署和一些当地的民居。当时清朝在当地驻扎的军事力量主要有三种：一为云南地方官府派驻的绿营兵，二为各地土司自己掌控的土练，三为边境一些矿场为保自我安全建立的场练。

耿马土司逃出后，立即率领土练和场练反击追杀缅兵，于滚弄江畔击败缅兵，先后斩杀缅兵约 200 人。但为了息事宁人，耿马土司随后还是通过木邦土司向贡榜王朝缴纳了"花马礼"。虽然那时云南地方官府沿滚弄江一带有布防，但仍偏向于绥靖，不想多事。所以在第二年，边境一矿场场长带兵过江擒杀缅兵，却被认为是"杀良冒功"而处死。

然而缅甸方面却没有收敛的意思。孟定和耿马两内地土司稍微平静些时，但车里土司（今西双版纳）管辖地带却依旧不平静。乾隆二十七到二十九年（公元 1762 － 1764 年），缅属勐艮土司带领自己的部队和贡榜王朝的军队连年入界骚扰。特别是乾隆三十年（公元 1765 年），骚扰规模骤然升级，缅兵进入车里土司多处地方勒索钱粮和掳掠民众。其原因在于，当时缅甸正和其历史上的死敌暹罗交战，制定了沿清迈、万象一线进攻暹罗的方针，而车里正处于其进军路线的旁侧，需要大量的钱粮以及劳力为军队的进军做后勤保障。

2. 云贵总督刘藻率兵出征讨缅甸——中缅第一次战事

新任云贵总督刘藻到任后，一方面清楚边境形势危急，一方面又明白乾隆皇帝对云南边事不愿再绥靖，于是紧急派兵追剿，但除擒获 5 人外，别无战果。到了 7 月份，缅兵饱掠后自动撤退。而刘藻竟以"缅人望风遁走，清兵大捷"上奏。但缅兵丝毫不给刘藻面子，于 10 月份再次以数千人的军队规模入侵车里，占领了车里土司衙署所在的橄榄坝，其兵锋甚至深入内地思茅，发文中国，宣布车里（西双版纳）为缅甸领土。当地的土练一触即溃，刘藻急忙命 3 千绿营兵围剿，缅兵游动作战，清兵虽然陆续收复橄榄坝等多处地方，但是这些地方一般都是缅兵主动撤退的，清兵并无多大战果。相反，一路大约 600 人的清兵在援救猛阿途中，陷入缅兵埋伏，被击溃，死伤十余人。乾隆皇帝闻奏大怒，将刘藻革职。曾经点过翰林的刘藻因善于揣摩上意而屡次升职，因未能实现乾隆皇帝战前要求的"穷力追擒，捣其巢穴"的目标，使得乾隆皇帝暴怒，又因谎报军情降补湖北巡抚，心理压力过大而自刎身亡。

3. 云贵总督杨应琚率兵出征讨缅甸——中缅第二次战事

清军第一次出击失败后，公元 1766 年乾隆皇帝派出的他器重的边疆大吏杨应琚（汉军八旗出身，时担任大学士，由陕甘总督移任云贵总督）到达云南。

此时，杨应琚率清兵趁缅兵撤退之际，出边攻入缅甸。到 4 月，缅属整欠和勐艮两土司管辖地区均被清兵占领。但由于缅兵一路上坚壁清野，清兵并无多大战果。最后，清兵任命一些掸族土官治理这些地方，留下约 800 人驻防后退回。

云南诸多地方官员被表面的军事顺利所蒙蔽，主战热情高涨，鼓动杨应琚继续对缅作战。虽然内部也有不少反对的声音，认为缅甸军事实力强大，不宜擅开边衅。但杨应琚对缅甸局势茫然无知，认为缅甸不过是莽匪和木匪两部分组成，内部分裂涣散，不足为惧。在杨应琚的支持下，主战派发布檄文号称"发兵五十万，大炮千樽"对缅甸大举进军，以震慑缅甸，同时多方招抚缅属土司。

6 月，乾隆皇帝还想着把占领地区驻扎的军队召回，不想对缅甸大举用兵。但因为杨应琚的坚持，同时据说乾隆皇帝临时翻阅了《明史·云南土司传》，对缅甸产生蔑视。所以到了 7 月，乾隆皇帝态度转变，正式表态，认为"缅甸明朝时尚在版图之内，并非不可臣服之境"，但要求杨应琚尽量少花钱和少用兵就把此事办妥。

对于缅甸当时的内部局势、兵力情况和与暹罗交战情况，清朝朝野上下一无所知，只幻想凭借云南地方的万余绿营兵即可征服缅甸。热心于获取军功的云南地方文武官员，不等乾隆皇帝圣谕，立即先动手起来。

7 月，缅甸蛮莫土司去缅都阿瓦（今缅甸曼德勒）没回来，他的母亲、妻子和弟弟在清朝的震慑招抚下，奉上蛮莫领地版图归降。腾越副将赵宏榜率兵约 500 人出铁壁关，轻取蛮莫土司管辖地区重镇新街（今缅甸八莫）。而蛮暮土司自阿瓦回来后，也向清军投降。木邦土司不久也宣布内附。9 月，杨应琚开始调集约 14000 名士兵准备向缅甸进攻，并先派遣 3300 名士兵进驻木邦土司附近的内地遮放土司地区，本人也进抵永昌查看军情。

缅兵主力虽然在暹罗陷入泥潭，但留守部队加各地土司部队数量依然不少。在清兵发动攻势后，留守阿瓦的缅王孟驳并未惊慌失措，一面严令征暹罗缅兵继续围攻大城，一面派遣将领莽聂渺遮率缅兵 1 万，沿阿瓦溯伊洛瓦底江而上与清兵对抗，并令落卓土司攻击木邦土司。9 月初，木邦土司抵挡不住，退往清兵驻扎的遮放土司地区。新街因扼水陆之要冲，从水路顺流而下，四五日就可到达缅都阿瓦，此时已成为中缅双方必争之地。这时该地的周边形势已经十分危急，但杨应琚依然只派永顺镇都司刘天佑和腾越镇都司马拱垣率 400 余兵士支援赵宏榜，援兵 9 月 7 日到达新街，清兵总数依然不足千人。9 月 24 日，3 千缅兵乘船抵达新街，随即对清兵发动攻击。双方兵力悬殊，清兵坚持两日一夜，宣告不支，刘天佑战死，赵宏榜率残军由小道突围退入铁壁关，蛮暮土司也率其部众退入云南。

杨应琚紧急调集各镇绿营兵赴援，命东路永顺镇总兵乌尔登额带兵至宛顶（今云南畹町），打算进攻木邦土司管辖地区。西路永北镇总兵朱仑带兵进驻铁壁关，打算进攻蛮莫土司管辖

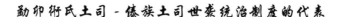

地区以收复新街。缅兵部署却出乎清兵意料，缅兵在新街分兵两路，主力沿东北方进入中国
境内，在铁壁关外楞木驻扎。另一部，2000 余人继续沿伊落瓦底江北上，抵达嘎鸠后，东向
攻入中国境内，再南下截断铁壁关清兵后路。

清兵对此丝毫不知情，云南提督李时升于 11 月 15 日抵达铁壁关，第二日，命朱仑率
3000 余兵出关攻击。17 日，朱仑抵达楞木，在高处扎营。18 日，缅兵主动发动攻势。缅兵
部分装备的是燧发枪（来自英、法在印度的东印度公司，或通过购买，或通过俘获），射速
火力强、对环境的适应性都远胜清兵。结果双方交战 4 日，清兵伤亡较大，首先感觉挺不住，
急忙求援。提督李时升拨畹町兵 700 名赴援。但清兵战况依然不利，缅兵建立营栅，逐渐逼
近清兵大营。23 日起，清兵坚壁不出。双方暂时休战。楞木缅兵全数也不到 6000，但朱仑却
以杀敌 6000，取得"楞木大捷"上报。

11 月 20 日，缅兵绕道嘎鸠的北路兵 2000 余人，由万仞关、巨石关间攻入守备薄弱的腾
越境内，仅仅 10 天时间，先后攻占盏达、铜壁关，清兵死伤数十人，游击班第战死，战火蔓
延至户撒、腊撒地带，严重威胁铁壁关后路。得知缅兵由万仞关攻入后，清兵开始手忙脚乱。
提督李时升命游击马成龙带兵 900 名由户撒前进，又令驻南甸的临沅镇总兵刘德成率所部
2100 名士兵自后夹击。但刘德成到达干崖后，停滞不前。马成龙率部徒涉渡江时，水深没及腰，
火药皆湿。缅兵伏兵突然发起冲杀，马成龙阵亡，除未及渡江的 70 余人，800 余士兵死伤殆尽。
12 月，北路缅兵渡江进入户撒地带，李时升先后调 2800 名士兵至户撒抵御，双方交战不多。
因为缅兵看清兵越来越多，干脆脱离接触，退往铜壁关。绿营又以"大捷"上报。

缅兵虽然屡战屡胜，但也很清楚本国军队主力远在暹罗，无法长期与清朝抗衡，压力颇
重。所以，其作战目标很明确，就是以战逼和。于是，在楞木前线，缅将莽聂渺遮请求议和，
但清兵要求缅甸递交降表称臣，谈判破裂。不久，楞木及铁壁关清兵被北路缅兵严重威胁后路，
清兵狼狈撤至陇川，缅军主力 4000 余人攻入铁壁关，进军陇川。

在陇川，两军再次爆发大战。12 月 16 日，缅兵先锋进军时，被大队清兵围困。第二日，
缅军主力增援，双方交兵后，缅兵骑兵突然于丛林冲出，而被围的缅兵先锋也趁机突围，清
兵战线崩溃，一路溃逃而回，兵员虽然丧失不多，但军械枪炮丢弃很多，而总督杨应琚仍以
克捷奏闻。云南提督还想调兵三面围攻，但实在力不从心，无法有效组织反攻了。杨应琚也
由之前的雄心勃勃转为胆战心惊，赶紧派人到陇川命令朱仑与缅兵议和。缅兵 12 月 26 日提
出谈判的时候，朱仑派参将哈国兴接受对方条件，双方停战，蛮莫、新街等地仍归缅甸。28 日，
缅兵主力开始撤兵，打算取道勐卯转回木邦。北路缅兵由铜壁关取道铁壁关，转回新街。

乾隆三十二年（公元 1767 年）正月初四日朱仑派已升为副将的哈国兴率 2000 余兵进驻勐卯。缅兵正在勐卯附近扎筏渡江，看到清兵大举进驻勐卯，以为清朝撕毁协议。于是举兵在初 7 日开始围攻勐卯城，哈国兴受伤，一把总阵亡。11 日，2000 名清兵来援。缅兵撤退，清兵追击，遭到缅兵反击，损失颇大，各有一名游击、都司、守备阵亡。缅兵虽然也有伤亡，但清兵却上报杀敌 4000，过于离谱。杨应琚继续调兵万余，进到木邦土司地区与缅军对峙。

杨应琚一味按照前线清兵虚构的奏报上报给乾隆皇帝，至今已经屡获大捷，前后杀敌至万人。乾隆皇帝不是傻子，查看地图，发现交战地方几乎都在内地，"如果是清兵屡屡获胜怎么缅兵反倒越打越进来了？而回想平定新疆时，大小百余战，杀敌也不到万人，云南仅仅几次战斗就杀敌超过万人？决不可能！"派往云南的侍卫福灵安查实将真实情况报告回来后，乾隆皇帝十分震怒，于公元 1767 年 2 月将李时升、朱仑逮捕进京处死，3 月，又将杨应琚逮捕进京赐死。

4. 云贵总督明瑞率兵征讨缅甸——中缅第三次战事

广东将军杨宁接任云南提督后，3 月到达木邦土司地区前线。这个时候，缅属勐艮土司已经分别夺回勐艮、整欠等地，并进犯内地孟连地带，威胁木邦清兵后路。木邦地区的缅兵也不与清兵正面交战，而是在清兵后面出没攻击后勤粮队，基本断了清兵粮道。4 月，木邦清兵后勤断绝，战力崩溃，撤回内地。乾隆皇帝狠下决心，派满洲人新秀明瑞接任云贵总督，继续主持对缅战事。而这时，缅甸大军已经攻占暹罗大城，准备撤兵回国了。

清朝云南地方绿营兵几乎没怎么上过战场，武器装备又不精良，战力薄弱；带兵将领多能力不强，不体恤士兵，不懂地势，不知战术；云南地方大帅云贵总督又是文人出身，丝毫不懂军事。所以，中缅第二次战事，虽然士兵总数上清兵多过缅兵，但依然屡战屡败。

云南绿营兵共 3 万余，能用之兵只有 2 万余。中缅第二次战事，云贵总督杨应琚上报兵部共调兵 15000 人。战争中，死、伤、病官兵不下 3000 人（其中战死 1500 人，病故 1500 人），木邦地区之战失败就有游击以下 200 余人被俘。在木邦地区溃败后，贡榜王朝 400 余士兵和缅属各地土司部队共 2000 兵于 7 月进攻车里，清兵虽有两个总兵坐镇，但只是略为抵挡后即闻风溃逃，缅兵劫掠一番后很快退回勐艮。至此，宣告了单靠云南绿营兵已经完成不了对缅战争的任务。

但乾隆皇帝、军机处以及新任云贵总督明瑞，都对缅甸仍旧抱着极其轻视态度，他们向来看不起绿营兵，认为绿营兵战败不等于缅兵战力强大，又分析缅兵主力不过万人，只需要调集二三万生力军就可征服缅甸。明瑞为什么看不起绿营兵？原来清前期清军主要分为八旗兵和绿营兵二种。八旗兵又分为满洲八旗、蒙古八旗、汉军八旗。旗设都统（固山额真），由中央八朴诩统衙门掌握，地方督抚无权征调。绿营兵主要是清军入关后收编明朝降军和各省改编的队伍，用绿色军旗，故称绿旗兵或绿营兵。兵种有骑兵、步兵和水师。在各省的绿营兵，由本省总督、巡抚、提督、总兵等所统辖。

乾隆皇帝还早早地考虑征服缅甸后如何统治，同时命令两广总督行文暹罗，如果缅王战败逃往暹罗，务必尽力追擒，而浑然不知暹罗已经被缅甸所灭。朝中有人还提出请暹罗出兵夹攻，乾隆皇帝一口否决，说我大清正当全盛之时，灭缅甸不过是轻而易举。如果请藩属出兵帮忙，即使打胜了，也会被属国看不起。

明瑞为外戚亲贵，在平定新疆中，也立过不少军功，调任前为伊犁将军，是员悍将。乾隆三十二年（公元1767年）4月明瑞到任后，在盲目乐观的情绪支配下，筹备各项对缅作战事宜。乾隆皇帝调满洲兵3000人，四川绿旗兵8000人，贵州绿旗兵10000人（其中1000人驻守普洱，并未参加远征），外加云南绿旗兵5000人，合计25000名士兵，分两路进军。明瑞亲率17000名士兵（内有满洲兵2000余人）为南路军，出畹町由木邦经锡箔直捣阿瓦；参赞大臣额尔景额率8000名士兵（内有满洲兵900余人）为北路兵，出铁壁关经新街进取勐密，再南下与明瑞会合共同进攻阿瓦。每个士兵带足两个月的粮食，征马、驴、牛8万余为作战后勤保障役用。明瑞认为如果直捣阿瓦，缅甸将自顾不暇，加上立功心切，几乎把所有的精兵强将都带在自己身边。

9月24日，清兵从永昌出发。11月2日，明瑞率南路兵出畹町进入缅境，10日，占领木邦城（今缅甸兴威）。自畹町至木邦城600多里，因为屡经兵火，人烟断绝。缅兵也一路坚壁清野，不与清兵交战。明瑞留参赞大臣珠鲁讷率兵5000人留守木邦城，自率12000名精兵继续前进。

北路兵11月16日抵达老官屯（新街附近），与早已在此夹江树栅防守的数千缅军对峙。清兵连日攻击，伤亡甚重。12月，额尔景额得病身亡，乾隆令其弟额尔登额接任北路统帅。

明瑞出木邦后，攻克旧小，渡大叠江，经锡箔、大山等土司管辖地区，在蒲卡处杀敌数十，擒获数名缅兵，侦知有9000名缅兵屯驻蛮结（今缅甸南渡河以东），便于11月29日率部直逼蛮结。蛮结缅兵在各险要处分扎16营固守。第二日，明瑞分兵三路，自率中路，领队大臣扎拉丰阿、总兵李全率部占住东部山梁，参赞大臣观音保、总兵长青率部占住西部山梁，逼近缅兵营外列队驻守。下午，缅兵自西部营寨出兵攻击观音保部，观音保率所部奋力冲杀，明瑞中路也出兵接应，缅兵败退，被杀200余名。缅兵兵器以火器和镖子为主，无甲胄、弓矢，平地决战不是有骑兵强势的清兵对手。缅人也说，交战时候，最怕的是清军彩甲骑兵（即满洲八旗兵）。缅兵受挫后坚守不出。

明瑞屡次挑战不遂后，下决心直接攻营，并判断主动出击的西部缅兵为强兵所在，强兵被破，其他营寨不难攻破，遂决定集中兵力攻击此处。12月2日清晨，除留2000名士兵留守大营，以10000名士兵分12队冲击缅兵营寨。缅兵善守，营内木栅为深埋地下的湿木，露出地面仍高二丈，内外均有深沟，沟旁又埋锐利竹木，缅兵有木栅保护，枪炮难伤，而从木栅隙处以火枪射击，则命中率高。清兵自缅营附近山梁冲击而下，第一座营寨临近山梁，很快被清兵攻破。在攻第二座时，比较困难，有一名贵州藤牌兵王连看到木栅附近一处有些木料，容易攀登，从该处攀栅而过，一人在数百名缅军中冲杀，后续十余名清兵跟着攀登而进，在此掩护下，王连杀敌十余名后又拔开木栅，清兵蜂拥攻入，再次夺得一座营寨。所得两营地势较高，明瑞又分兵配合其他各路攻下两营。缅兵连续反击至晚上二更，见反攻无望，纷纷撤退，清兵全力追杀，直到第二日黎明时分才收兵。此战即蛮结之役，清兵杀敌2000余、俘34名，缴获枪炮粮食牛马甚多。乾隆皇帝闻讯大喜，封明瑞为一等公，贵州兵王连也直接升为游击将军。

蛮结之战后，明瑞更加轻敌，继续率兵深入，绕过天险天生桥，12月13日抵宋赛（今缅甸送速），17日到邦亥，前锋18日至象孔（今缅甸辛古），距离阿瓦仅70里。但在缅甸兵的坚壁清野下，清兵粮尽、马疲、人乏，已经无力攻城。19日，明瑞无奈，只得下令退兵到勐笼处（今缅甸勐隆）就食。缅兵侦知清军撤兵后，大举反击，对明瑞大军只是派军隔着十几里路远远跟着，时不时进行骚扰作战，但不正面作战。主要还是将主力用在木邦方向，到乾隆三十三年（公元1768年）正月初二，缅兵先后将天生桥、蛮结、蒲卡、锡箔等处的清兵台站攻占，清兵损失800余人，只有百余人退回木邦。明瑞军后勤、军情线路被断绝。正月初八，缅兵包围木邦，珠鲁讷坚守10日后不支，自杀，清兵溃不成军，总兵胡大猷、胡邦佑等战死，道府衔杨重英以下多人被俘，但清兵大部分还是逃回云南。缅兵不善打歼灭战，清兵逃跑能力也不错，同时云南巡抚派出的900名援兵也溃败而回。

这时，北路军已经败退。乾隆三十二年12月，北路清兵攻击老官屯不下，伤亡500余人，总兵王玉柱阵亡。同时，染病官兵也不少。缅兵又逐次增兵，清兵被迫退至20千米外的旱塔。正月初十左右，因锡箔台站被断，乾隆皇帝数次令额尔登额率兵转至木邦，接应明瑞。额尔登额听闻中途勐卯有缅兵出没，就退入铁壁关内，转从陇川入木邦，额尔登额畏敌迁延不前，走走停停，数日路程走了20多日，直到2月4日才到边境畹町。此时木邦早已失陷，而明瑞也已陷入缅兵重重包围中，但额尔登额自知战力脆弱，依然不敢出边救援。

12月21日，明瑞军到勐笼，得粮2万余石，暂时缓解了缺粮窘境，明瑞在此休息10多日，过完春节后，再次出发，打算经大山回木邦，途中听闻木邦被围，于正月初十改向畹町撤退。正月十四日，明瑞军在蛮化向尾追不止的缅兵突然反击，歼敌千余人，总算把尾追之敌打痛，不再追得那么紧，清兵伤亡虽不大，但总兵李全中枪身亡。缅兵攻占木邦和击退北路清军后，几乎全部主力都在赶赴明瑞军处，数万缅兵于2月7日，将万余清兵围困在小勐育处，此处距离畹町仅100千米。明瑞军在此休息了3日，明瑞命令各军分七营筑垒防守，以等待畹町方面额尔登额的援军。但等了数日始终不见额尔登额的援军到来，而军中已经弹尽粮绝。明瑞在绝望中告诉部下说，从此向北去200里就可以到达至畹町粮台，乘机突出就可以直达。他命令诸将率兵分部于10日夜，沿探明的小路乘夜色掩护突围出去，而自己则率领队大臣、侍卫及数百满洲兵为大军断后。及早晨，明瑞率众亲兵血战于重重敌人的围攻中，领队大臣扎拉丰阿中枪阵亡，观音保将军以身上携带的最后一支箭刺喉而自杀，将军明瑞身负重伤数处，不愿意落入敌手，乃策马急行10千米后，割下自己的头发让亲兵带回去给自己的家人，然后自缢于树下，他的侍卫用树叶掩盖了他的尸体后离去。

明瑞将军素来与士卒同甘共苦深得将士们爱戴，因此无论环境如何艰难困苦，军中上下都毫无怨言。他之所以要选择战死沙场，一方面是因攻打阿瓦城任务未完成，害怕回去无法交待，另一方面是不忍让跟随自己征战的将士们随他而殉国于异国它乡，因此让他们突围而自己断后与敌鏖战而死。清兵突围中共有千余官兵战死。到14日，总兵哈国兴、常青率领部下万余官兵突围回到畹町，其中许多伤病官兵及体弱文官都得以生还。乾隆皇帝听闻明瑞征缅大军大溃败、主帅身亡的消息后，龙颜大怒，愤恨无比。当查明事情的原因是北路军指挥额尔登额拥重兵不进取以负明瑞将军之约，退回关内后接到明瑞将军连续7封紧急求援信拒不派兵救援，当领队大臣海兰察自己请命前往救援小勐育的明瑞将军时，他又不允许出兵；而由中国境内运饷至畹町本来几天就可到达，他又故意绕道长达半月以上，屯兵畹町后又畏敌如虎，迟疑观望不敢进行救援，以致于明瑞南征之师溃败退归境内，明瑞将军也死于敌手，这些都是因额尔登额惧敌所致。乾隆皇帝下令将额尔登额逮捕进京，处以磔刑（五马分尸的酷刑），同时北路军的云南提督谭三格也被处死。明瑞的灵柩归京后，乾隆皇帝亲临吊唁，赐谥号果烈王。

中缅第三次战事，缅甸一方战略战术对头，北路坚守要隘，南路坚壁清野、诱敌深入，终于将清兵击败、驱逐出境，但也暴露出了缅兵不擅长平野决战、不善打歼灭战的弱点。清兵从最高统治者到前线指挥，都不明敌情，盲目轻敌，纯粹自取其败。但清兵在作战中也给缅兵沉重打击，迫使缅甸在今后作战不大敢进行野战，而是选择以守为攻。

5. 经略傅恒率兵征讨缅甸—中缅第四次战事

明瑞征缅军大败后，乾隆皇帝也逐渐知道缅甸内部并非分崩离析，而是新兴强权，暹罗国也被其所灭等等。乾隆皇帝开始对缅甸的国力、军力有了相当程度的了解，但必雪丧师辱国之耻。乾隆皇帝于是很愤怒地不理缅甸陆续发来的求和文书，开始调集精兵强将，准备发动更大规模的进攻。任命重臣傅恒为经略，阿里衮、阿桂为副将军，舒赫德为参赞大臣，鄂宁为云贵总督。原来跟随明瑞出征的满洲兵调回，增调1500名满洲兵以及3000名贵州兵入滇，后来又加派3000名满洲兵、2000名福建水师。同时，也放下天朝面子开始考虑联系暹罗等国共同出兵，当得知暹罗国破的消息后才死心。

乾隆皇帝还在斗志昂扬中，手下却有人开始嘀咕缅事难办了。乾隆三十三年（公元1768年）4月，先期到滇的舒赫德及鄂宁联合上奏，说征缅有五难。一是办马难，按满兵1万、汉兵3万出兵规模算，战马、驭马需10万匹，急切难办。二是办粮难，按4万兵、10万马算，单10个月就需粮42万石，云南全省仓粮也不过35万石，缺口很大。三是行军难，从内地永昌到边境路难走，边外地形更差。四是转运难，单从永昌运粮到边境，按三夫运米一石算，就需百余万人次，而如果到了边外，内地人不愿意出边，人烟稀少，雇民夫几乎不可能。五是气候难，水土不适，历次战事病故或因病失去战斗力者比战场死伤还多。两人最后结论就是，对缅甸战事胜算不大，不如设法招降缅甸投诚算了。应该说，这两人总结教训还算总结得不错，可惜不对乾隆皇帝胃口。虽然对缅战事连续失利，乾隆皇帝依然感觉良好，认为"我大清势当全盛，认真起来，将缅甸打得屁滚尿流还不是轻轻松松的事？"听到舒赫德及鄂宁这些话后暴跳如雷，痛骂两人"乖谬无耻"，很快将两人降职调任。

大军远征，特别是出征境外，后勤向来是大难题。明瑞全军共征用马驴牛8万余，其中马万余，驭畜多为牛只，牛只半路还被宰杀当粮，即时如此，一半粮食还是要从缅甸当地取得。20年后，乾隆皇帝出兵越南，只是1万兵打到河内，就动用了七八万民夫，也才勉强保持供给。因此，乾隆皇帝要再次大举征缅，准备时间还是比较仓促，以马骡为例，从贵州、四川、湖广、河南等地只搜括了2万余匹马、6000匹骡，只能规定满洲兵有马，绿营兵不给马。

乾隆三十四年（公元1769年）2月，傅恒率兵出征。临行时，乾隆皇帝还亲自在太和殿授之敕印，并把自己用的甲胄赠给傅恒，以表示对他的信任和期望。4月，经略傅恒到达永昌，清兵将领们大约也吸取了以往多次被缅甸断后路的教训，经多次商议后，决定进攻方向选定中缅边界北段，即一路从伊洛瓦底江（清朝时称之为大金沙江）上游嘎鸠经勐拱（今缅甸密支那之西）、勐养（今缅甸密支那），另一路由蛮莫地区、老官屯取勐密，再配以水师，全军水陆并进，顺伊洛瓦底江而下，直取木梳、阿瓦。南段与缅甸接壤的畹町、普洱处，只保留少量兵力牵制。因为伊洛瓦底江在云南境内支流大盈江不能行船，要到蛮莫地区附近才能通航，所以清兵在5月就派数千兵马及数百工匠到蛮莫上游野牛坝打造战船。

7月20日，清兵誓师出征。8月2日，傅恒率8000余士兵自嘎鸠渡大金沙江，深入缅属勐拱、勐养土司地带，缅兵原驻数千兵都退至新街附近的老官屯，并未在此设防，所以傅恒行程2000多里，兵不刃血，唯一成果是招降勐拱土司，而因为气候道路问题，傅恒迟迟未到蛮莫附近，"惟途间忽雨忽晴，山高泥滑，一马倒地则所负粮帐尽失，军士或枵腹露宿于上淋下湿之中，以致多疾病"。而此时阿里衮、阿桂早已经率清军15000余人，造好战船，水陆并进，于9月由野牛坝出蛮莫，9月18日在两江交会处甘立寨与缅甸兵发生激战，清兵以火炮击沉缅兵13艘战船，击退了拦截的缅甸水师，水师由大盈江出至伊洛瓦底江，陆上兵马也到达新街附近，并派数千兵渡江到西岸哈坎扎营，打通水路，控制两岸。然后由哈坎派兵2000人接应傅恒南下。9月29日，傅恒才到达哈坎。此时，傅恒已经知道西岸难行，被迫改变原先指挥西路军沿西岸攻占木疏（今缅甸甘布鲁），由陆路直取阿瓦的计划，而是指挥东路军与新街、老官屯缅兵主力决战。10月2日，傅恒过江东清兵主营指挥作战。

清兵大举进攻的消息已经传了一年，缅兵这时也打探清楚清兵进攻方向，几乎调集齐主力在新街、老官屯一带夹江与清兵对峙。清兵此次出征，名义上动用满汉兵50000人，但因为后勤限制，实际前线只有28300人，扣除畹町驻兵1500人以及普洱驻兵3500人，出关只有23300人，再扣除沿路台站驻兵4400人，新街、老官屯前线清兵只有18900人（其中水师2000人）。日趋加重的瘴气，使清军大量减员。缅兵全军不下3万人，而以前与法国交战俘虏的数百名法国兵也在缅兵中服役。所以，这次清缅主力对比，依然是缅甸兵力占优，但因为双方野战能力有一定差距，整个战役过程，还是清兵长期保持攻势，而缅兵基本保持守势。

10月10日，双方在新街发生激战，先是双方水师发生战斗，缅兵不利，退到稍南一沙洲处据守，清军水师及部分陆军一起水陆攻击，击败缅兵水师，杀敌2000余人，夺得战船6艘。西岸阿里衮率正白旗满洲马甲900人破缅兵3个营寨，杀敌1500余人。此战后，缅兵退守数十里外的老官屯，清军占据新街。10月20日，清兵进至老官屯。缅军在老官屯早已扎下两座坚固大营，主力在江东大寨，数千缅军在西岸扎营，营栅伸入江中，缅军水师停泊在两营之间江面，左右策应。东岸缅兵见清兵刚来，便出营攻击，被清兵击退，双方都没有大的战果，只是不时以火炮互轰。战斗结束，清兵便在两岸分别扎营与缅兵对峙。而缅兵两营之间水面湍急，且有沙洲，清兵水师暂时无法前进。第二日东岸清兵派偏师到缅兵南面扎营，准备断其水路。

缅兵在营内挖了不少深及三尺的土坑，兵员在其间既可躲避炮火，又可隐藏目标。10月22日，清兵斥候侦察兵在大树高处观察，误判断营中敌兵甚少。清兵于是发动大规模进攻，傅恒、阿里衮等人还抵达栅外数十步处指挥。缅兵营寨外有深壕，木栅坚固无比，外加枪炮火力极猛，清兵一日内连续多次攻势都被击退，总兵德福也中枪阵亡。清兵将领杀得兴起，还打算乘夜肉搏，后被制止。同日，两军水师在江上也有交锋，清兵击沉缅军20艘战船。接连3日，清兵进攻势头没那么猛，试着以火攻、大炮等方式摧毁木栅，结果均告失败。26日，清兵水师发力，乘夜攻占两营间近西岸沙洲，夺战船2只，俘虏11人，缅兵水师退守东岸，东岸缅兵水路运输被断，清兵士气大振，但陆上对缅兵的火攻再次失败。29日，清兵以地道爆破、数百丈长藤拉倒等方式破栅，结果还是失败。11月1日，西岸有大股缅兵来援，猛攻西岸清兵，并以火炮轰击清兵水师，幸得3000名满洲兵殊死掩护杀敌，使得清军步兵和水师及时后撤。缅兵水路继续畅通，西岸到东岸的补给源源不断。当时，傅恒若以小部兵力继续围困老官屯，而以大部兵力从伊洛瓦底江西岸直攻阿瓦，还有扭转不利战局的可能，但傅恒坚持要先攻下老官屯，使得清兵陷入战局僵持的局面。

至此，双方已经打得精疲力尽，都有厌战情绪。期间，除了零星小战，双方事实上已经停战。9日，缅兵来信要求停战。傅恒想打，但副将军阿桂以下绝大部分将领都不想打了，于是10日傅恒回信缅兵，同意停战。而且上奏乾隆"奈因本年瘴疠过甚，交冬未减。"说前线31000名士兵，主要因为染病，现在仅存13000余人。实际前线清兵不到17000人，为了把情况说严重些，故意夸大前线兵员伤病数。清兵损失虽小，但病死病倒的比战场死伤还多，如总兵吴士胜、副将军阿里衮、水师提督叶相德先后病死，傅恒本人亦染病卧床。缅兵损失虽然略大，但战场形势略优，缅兵统帅诺尔塔（即大城征服者摩诃梯诃都罗）明白缅甸无力支撑与中国的长期战争。因此，双方前线将领都在未取得最高统治者同意的情况下，自行决定议和停战。几经交涉后，双方于11月16日正式议和，缅军14名将领与清军12名将领为双方代表，经过一番讨价还价的谈判，双方终于达成休战撤兵协议。谈判定议画押，互赠礼物，正式停战。18日清兵沉炮焚舟，缅甸人大概觉得船烧得太可惜，跟清兵索要，自然没要到。同年12月，傅恒上奏，说缅甸方面答应清方提出的十年一贡的条件，请求乾隆帝批准协议。此时高宗乾隆也意识到，缅甸瘴深路远，水土恶劣，不易进兵，长此消耗下去，于清王朝不利，且在取得阶段性胜利后，可以体面撤军，乾隆帝本来就已下令暂行撤兵，现在缅方又答应向清朝进贡，于是传旨同意议和。乾隆三十四（公元 1769 年）年 12 月，中缅双方代表在老官屯签订了停战和约，12 月 21 日，老官屯清兵全部撤退至八关之内。这场延续多年、花费清朝 911 万两白银的战争终于落下帷幕宣告结束。

在傅恒征缅战事时隔 18 年后，即乾隆五十三年（公元 1788 年）4 月，缅甸国王孟云为应付周边暹罗等国的压力，主动改善对华关系，派出使节奉表纳贡，此事才圆满结束。换句话来说，中缅关系又被重新纳入了东亚朝贡体系，中国得了面子，缅甸得了实惠。

6. 乾隆皇帝"十全武功"的败笔之战

十八世纪发生的中缅战争，总体而言，是中国败了。自称十全老人的乾隆皇帝在晚年也承认，"五十多年八桩战事，就征缅这桩不算成功。"但此战造成东南亚一大变局，暹罗因此而复国；到了缅王孟云继位 7 年之后，清缅之间的关系开始发生变化。导致这种变化出现的原因，主要有四个方面：首先，是清王朝对缅甸方面的经济封锁与军事威慑。中缅战事刚刚结束，乾隆皇帝即传谕给傅恒等人："如缅甸愿为臣仆，纳贡输诚，则缅地皆我版籍，贸易无妨相通，倘止求撤兵，未请纳贡，通商断不可行。"其后，乾隆帝又反复强调，"定议闭关禁市，绝其资生之路，原属制缅要策。"其次，强调了"中暹连横以制缅"的战略。自乾隆三十二年（公元 1767 年）缅甸灭亡暹罗阿瑜陀耶王朝后，清王朝方面全面负责对缅战事的云贵总督杨应琚即提出帮助暹罗复国，并联合其势力以侧面夹击缅甸的建议。尤其是清廷封郑华为暹罗国王后，暹罗国对缅甸的威胁日益严重。 第三是缅甸内部的政治经济压力。从雍籍牙初期到缅王孟云时代，缅甸一直处于对外战争之中，这种连绵不断的对外战争对缅甸经济影响巨大。在清缅战争中后期，缅甸方面就已切实的感受到了由于中缅贸易的中断，对缅甸国内经济造成的不利影响。"缅自中国闭关市以来，土产象牙、苏木、翡翠、碧玉，铜厂恃云南官商采买者，皆壅滞，且频年用兵暹罗，国用日绌"。"自禁止通商以后，边民生计艰难。"到了 18 世纪末期，缅甸方面由于战事的旷日持久，更是"城镇毁弃，杂草丛生，所能得见者，唯凄凉荒漠与死亡而已。"这种严峻的国内经济困境，使得缅甸政府不得不改变自雍籍牙王朝建立以来就始终坚持的对外强硬政策。缅甸也重新认识到中国的力量，由此建立了与中国绵延 200 多年的睦邻关系，这又是当事者所始料不及的。

虽然清缅战争以缅甸入侵中国为开端，但却是一场双方以争夺地区利益与霸权为目的的战争，战争以中缅议和、缅甸名义上对中国称臣为结局，两个国家都没能达到自己的期望，清朝在这场战争中损失了大量兵员，耗费大量白银，最终也没能征服缅甸，而当时在东南亚称霸一方的缅甸也因为这场战争元气大伤，整个国家的路线发生了变化，对泰国的吞并战争也因为清帝国的强大军事压力由接近完成最终化为泡影，而这也是清帝国对缅战争对东南亚产生的深远影响之一。对缅战争没能为清帝国自身带来直接和眼前的利益，可是给东南亚地区带来的一系列连锁反应，造成中南半岛上的重大政局变动：清缅战争爆发时候，缅甸正和它历史上的死敌暹罗交战，刚灭了暹罗就遇上清朝军队进攻。国内空虚的缅甸被迫只留下9000兵力驻扎暹罗，全军归国抵御清朝进攻。暹罗的郑信由此得死灰复燃以击败国内其他割据势力，击退缅兵，重建暹罗。当然清朝政府很长时间都不知道是它造成中南半岛上这一大变局，既削弱了缅甸，又挽救了暹罗，缅甸战后10年主动求贡，重新被纳入东亚朝贡体系。

一些参加过清缅战争的将领，目睹了部分缅兵所持火器威力之大，有感自身的火器技术落后。返回后曾上书乾隆皇帝，提议向西方购置先进的枪支，雇佣西方军事技术人员，仿制枪支，增强自身国力。但乾隆皇帝受"骑射乃建州之本"祖训的影响，认为发展火器将会导致本来入关后因腐化导致骑射和冷兵器作战技艺松弛的八旗军依赖火器，其该方面技艺进一步松弛，所以未予以重视。

清缅战争，亦称中缅战争，是18世纪末清朝和缅甸两国围绕边境地区的领土和资源控制权发生的一场战争。这场战争以公元1762年冬缅甸入侵我国云南普洱地区，中国自卫反击为开端，以公元1769年11月16日双方签订停战合约收场。历时7年，国力强盛的清王朝虽然取得了缅甸名义上的臣服，但是并未能获得战争的真正胜利且损失惨重，在乾隆皇帝的"十全武功"中，对缅战争是其中唯一存在较多争议的一件，乾隆皇帝也一直耿耿于怀在全盛时期无法打服"南荒小夷"。

（十二）勐卯安抚司第九任土司衍初（罕软法）（1770—1786）

乾隆三十五年（公元1770年），衍玥死后，由衍玥的儿子衍初承袭了土司职位。这一年，清缅战事刚刚平息，傅恒征缅战事后，清军当时虽然略占优势，但因"瘴疠过甚，交冬未减"，清军病亡严重，现在缅方既然提出议和，清朝也有乘机休战之意。清军提出三项条件，即缅甸要定期呈表入贡，归还明缅交战中俘虏的清朝官兵，永远不犯边境。此视为清朝正式与缅甸建立宗藩关系的标志。但这个和约在当时并未获得缅王孟驳的批准。他甚至狂言："缅军完全有力量打到中国去，占领全中国"。清王朝单方面期待缅甸加入其宗藩体系的愿望因缅甸方面的拒绝履行和议而遭到打击，双方议和的条款很快便烟消云散化为乌有。清朝廷见军事手段难以征服缅甸，便打出经济牌，乾隆皇帝"以缅酋孟驳贡表不至，严禁中缅两国通商互市。"从公元1770年开始，中缅两国之间就断绝了所有的边境贸易活动，由于大清政府对边境贸易活动管理十分严格，勐卯一带中缅边境地区民间的边民贸易活动也被彻底堵死。

清乾隆四十三年（公元 1778 年），德宏傣族史学家卞章嘎根据勐卯历代王朝的宫廷档案及大量傣文史料、历史传记，写成傣文编年体史籍《嘿勐沽勐》，意为"勐卯古代诸王史"，成为后人研究德宏历史的珍贵史料。

（十三）勐卯第十任土司衍衿（罕金法）（1787—1813）

衍初死后，因无儿子承袭勐卯安抚使职，因而由其胞弟衍衿（又称罕金法）承职。这一年，中缅关系发生了重大的改变。

自公元 1770 年大清朝廷断绝中缅贸易的经济牌打出去后，缅甸方面不久就切实的感受到了由于中缅贸易中断对缅甸国内经济带来的不利影响。经过大清王朝持续 17 年禁关中断中缅通商贸易闭关市以后，严重影响了缅甸国内经济"缅甸土产、象牙、苏木、翡翠、碧玉，铜厂恃云南官商采买者，皆壅滞，且频年用兵暹罗，国用日绌"。缅甸边民生计艰难，旷日持久的中缅战事，更是让缅甸"城镇毁弃，杂草丛生，所能得见者，唯凄凉荒漠与死亡而已。"这种严峻的国内经济困境，使得缅甸政府不得不改变自雍籍牙王朝建立以来一直坚持的对外扩张政策。缅甸由于国内的政治变动与忙于对暹罗国的战事等，也无力再次挑起边境衅端。缅甸世仇暹罗国同大清王朝的频繁接触，特别是清朝廷封郑华为暹罗国王后，恢复重建的暹罗国对缅甸的威胁日益严重。暹罗国王乘机提出与清王朝联合夹击缅甸的主张，给缅甸带来不小的震动。在上述情况之下，缅王不得不重新审视清缅之间的关系问题。

乾隆五十二年（公元 1787 年），缅国王孟云派遣大头目叶渺瑞洞、细哈觉控、委卢撒亚 3 名，率小头人从役百馀人，携带金叶表文，金塔及驯象 8 只、宝石、金箔、檀香、大呢、象牙、漆盒诸物，绒氈、洋布 4 种，向清乾隆皇帝恳求进贡。第二年 9 月，缅王的贡使到达北京，住在西城会同四译馆。乾隆五十四年（公元 1789 年），孟云又派遣使臣以祝贺乾隆皇帝 80 大寿为契机，要求清朝廷正式给予缅甸国王赐封，并请求开关禁以通中缅商旅。乾隆五十五年（公元 1790 年）乾隆皇帝诏准册封缅甸王，同意中缅开关通商，并御赐诗一章，敕谕一道，并珍珠手串、荷包等物。诏令云南粮储道永慧、广南营参将百福、知州屠述濂一起往赴缅曼德勒宣旨册封事宜，孟云差目阿渺大万，并其三王子应也赴老官屯一带迎候；沿途送鱼盐食米，接待极为恭顺，永慧等人到达瓦城时，缅甸国王孟云亲自出阿瓦城四站之远的九钮城恭迎御赐。7 月 10 日，永慧等达阿瓦城宣读乾隆皇帝的册封圣旨时，孟云遵照清朝廷的礼仪规定，行三跪九叩之礼接受到册封，并将敕书、御赐诗章、珍珠手串、荷包等物跪接，敬谨收存。永慧等于 13 日离开瓦城时，孟云又亲自出城欢送，并派遣头目赍金叶表文，驯象 2 只，贡物各色，随同永慧等赴京谢恩，情愿世守藩隅，十年一贡，达到了乾隆让缅甸称臣纳贡的要求。至此，清缅之间的宗藩关系最终确立。尽管缅甸是较晚加入清朝宗藩体系的东南亚国家，但清缅之间的宗藩关系一旦确立，很快就进入了良性的发展轨道。清缅两国从乾隆五十五年（公元 1790 年）一直到道光年间近半个世纪时间中，中缅两国基本保持了相安无事的状态。缅甸国坚持向清王朝派遣使节向皇帝朝贡的惯例，清朝廷也对缅甸派遣使臣进贡给予了热情的回报。尽管后来历经中英鸦片战争和缅甸国内的宫廷政变，中缅当局都在努力维系着两国之间的宗藩关系。

中缅之间边民互市贸易活动解禁开关后，勐卯边境通商口岸又一度兴旺发达起来，多年战争受到破坏的经济基础也得到了恢复。衍衿看到遭受战乱被打得几成废墟的勐卯土司署姐勒王城感到心中一片凄凉，于是决定把司署衙门迁移到平麓城，明朝万历十四年（公元1596年）建的平麓城，尽管含有明初平定和撤销麓川慰使司政区之义，但主要为防御缅甸东吁王朝的不断袭扰而建筑用来设防的，城池依山拒水，易守难攻，是勐卯历代土司署衙治所最理想的选择。从公元 1787 年开始，衍衿组织人力重新恢复建设平麓城，经过近 10 年的努力，终于完成了平麓城的建设，让这个座落在瑞丽勐卯镇西侧小山丘上的明代古城又焕发了新的生机。整个平麓城绿荫覆盖，鲜花常开，流水潺潺，榕树撑天。在城内用大石块铺砌成整齐街道，土司署衙门座落在城东北。平麓城格局为正南北向，南北长 884 米，东西长 503 米，全城面积约 0.47 平方千米。开有东南西北四门。门洞深 17 米，宽 6.3 米。城墙用粘土夯压而成，属于土城，墙基由鹅卵石砌成。城墙高 5 米，底座厚 10 米，顶宽 1 米。瑞丽江由城南流过，衍衿土司将城内居民分为东西南北四个片，分别任命四个族官分区管辖治理，平麓城为"允汗"，又称下城，是与地处瑞丽坝头被称为上城的姐勒相对而言。

（十四）勐卯安抚司第十一任土司衍莲（1814—1862）

清嘉庆十九年（公元 1814 年，傣历 1177 年），衍衿死，传位于儿子衍莲（又称罕亮法）。随着中缅边境地区形势驱于缓和，清朝廷外患威胁解除后，又加紧了对德宏边地土司在行政方面的管理，于公元 1820 年设腾越厅，治所在腾冲。"腾冲"一名始于《旧唐书》，自西汉起几经更迭。汉属乘象国"滇越"，三国属盘越国，隋唐属腾越国，南诏时属腾越国，为南诏属国，在永昌节度辖下。宋时，大理国初期，沿袭南诏建制。至高相国专权时期，将永昌节度所辖地域分为两片，在怒江以东设立永昌府，在怒江以西设立腾冲府，由高泰贤、高泰运分别治理。元朝时在腾越大地上分别设立过腾越州、腾越县、腾越府。明时，腾冲军民指挥使司管到西双版纳、老挝。清初设立腾越卫、腾越州、腾越厅。清朝初期，置腾越卫；康熙二十六年（公元 1687 年）改腾越卫为腾越州；嘉庆二十五年（公元 1820 年）升为直隶厅（设腾越直隶同知，属迤西道）；道光二年（公元 1822 年）降为厅（腾越厅）。腾越厅领导德宏边地九土司，即南甸、干崖、盏达、陇川、勐卯、户撒、腊撒、芒市、遮放

到了清宣宗道光三年（公元 1823 年），腾越厅署同知胡放荣为防范边地土夷滋扰，奏请朝廷款银 2 万买置练田，设立练谷屯仓，每屯用屯长、仓书一二人经理，按季摺报，由厅署给谕发放，以供各卡练丁粮食。在盏西勐乃等地设立石土结构碉堡 24 座、石、木结构各碉 33 座，屯仓 4 座，共设置鸟、机炮位 50 个，配备鸟枪 400 杆。共有练田 3449 亩，其中有乡绅士民捐出的田 290 亩，每年收入租谷 6000 余石。招募屯练兵丁 624 名，分驻在各处的碉堡。议定每练一名每年给粗粮谷 10 石，并劝谕士民捐输山场供其垦种，以养家室，免其差役，优其赏恤。其屯田近碉堡者给屯练承耕，远碉堡者招佃征租，按月支给屯练承领。从此，永远屯耕给谷，即永远持戈守隘。衍莲担任勐卯第十一任土司期间，发生了两件影响重大的历史事件。

1. 公元 1824 年，英军第一次侵缅战争

公元 1824 年 5 月 11 日，英军登陆仰光，被缅甸爱国将领班都拉统帅指挥的缅军打败，英军伤亡惨重，300 门大炮失去 240 门。英军不甘失败，又于公元 1825 年 3 月再次发动了对缅甸的进攻。战斗中，缅甸统帅班都拉中弹牺牲，缅甸守军全军溃败；4 月，英军占领卑谬。1826 年 2 月，英军继续进攻缅甸首都蒲甘。缅甸王室被迫与英国签订了《杨瑞波条约》，割让阿腊干、阿萨密等地给英国，并赔偿战争赔款卢比 1000 万盾，并同意让英国在缅甸派驻公使。

2. 公元 1856 年云南杜文秀回民起义

随着清朝廷加紧对云南少数民族地区的剥削和压迫，各族人民生活异常困苦。清政府每年向云南征收的赋税高达白银 404200 两以上，各级地方政府的费用和官吏的"养廉"金以及各种巧立名目的苛捐杂税，随征随派。鸦片战争失败后朝廷答应给英国殖民者的赔款也分摊到云南各族人民头上，使人民的负担越来越重。

清王朝为镇压人民的反抗，在云南驻有绿营兵近 40000 人，每年所需军饷及军械弹药、抚恤奖赏等费用数额甚巨，其中半数以上由地丁银中支取，其余不足之数才由江南各省的协饷银补给。太平天国起义后，江南各省自顾不暇，断绝了协饷银的来源，于是云南地方当局进一步横征暴敛。"军费不足则加赋税；赋税不足则抽厘金；厘金不足则逼捐输"。各地团练更是"任意科敛，弊窦丛生"。云南各族人民遭受残酷的压迫剥削，被迫奋起反抗，以致"聚众抗粮"、"闭门拒赋"的现象时有发生。

为转移云南各族人民的反抗斗争目标，统治阶级不断挑起民族矛盾和民族纠纷。云南是多民族的省份之一，有汉、回、彝、白、哈尼、壮、傣、苗、景颇等几十个民族。除汉、回两族外，清统治者对其他民族统称之为"夷"。当时回族人数约占全省人口的十分之二。由于统治阶级的挑拨，回族和汉族人民之间不断发生纠纷，开始发生仇杀。道光朝以后，回汉之间的矛盾越来越大，械斗和仇杀的次数越来越多，并愈演愈烈。这种情况，使得云南的阶级矛盾和民族矛盾错综复杂地交织在一起。

公元 1855 年（咸丰五年）冬，云南临安府（今建水）的汉族地主恶霸和楚雄府（今楚雄）回民为了争夺楚雄府南安州（今楚雄南）石羊厂银矿，发生纠纷。楚雄府知府崔治中等地方官吏乘机施展"暗中挑拨，意在两伤，借邀功利"的伎俩，见临安府汉人势力强，则召临安府汉人杀回人；见回族人势力强，又唆使回族人以杀汉人，导致事态扩大，矛盾激化，从争吵发展到回汉两个民族间的械斗。

公元 1856 年春，临安汉族恶霸煽动汉人入南安州和楚雄府城捕杀回民，男女老少无一幸免。楚雄府的汉族官绅也残暴地屠杀回民。临安汉族恶霸等在广通（今禄丰县广通镇）、罗川（今禄丰县境）、禄丰等地逞凶之后，拟前往省城昆明屠杀回民，回族民众奋起进行自卫还击。新兴（今玉溪）回民首领马凌汉率回族民众千余人，在距昆明 10 千米的小板桥，将临安汉族恶霸率领的暴徒打败。这本来是正当的自卫行动，却被统治阶级污蔑为"纠众谋逆"、"阴谋作乱"。云南巡抚舒兴阿和团练大臣黄琮竟"饬各府厅州县聚团杀回"，布政使清盛也下达了对昆明回民"格杀勿论"的命令。统治阶级策划的对云南回民的野蛮屠杀，终于迫使回民群众走上武装起义的道路。同年 6 月，姚州（今姚安）府回民首先起事，7 月即攻占姚州城。各地回民相继响应。在滇西，杜文秀领导的回民起义于蒙化（今巍山），蔡发春起义于顺宁（今凤庆），杨荣、虎应龙起义于鹤庆、丽江；在滇南，马德新（字复初）起义于新兴，马如龙起义于临安北面的曲江，马凌汉、杨振鹏起义于昆阳（今晋宁），徐元吉起义于澂江（今澄江）；在滇东，马联升起义于曲靖，马荣起义于寻甸。回民起义的烽火很快就遍及云南全境。与此同时，受清朝政府压迫剥削的汉族和彝、哈尼、白、壮等兄弟民族也纷纷响应起义。哀牢山区李文学领导的彝族人民起义队伍，一开始就同杜文秀领导的回民起义军并肩战斗。其他起义队伍也或者单独作战，或者与回民起义军彼此支援，相互配合，有的则直接参加了回民起义的行列。这时，虽然民族仇杀事件在不少地区仍不同程度地存在着，但是以杜文秀为代表的各族人民群众，通过斗争实践，逐步认识到封建官吏和地主武装团练才是回汉仇杀的真正罪魁祸首，是各族人民共同的敌人，从而摒弃民族相仇的偏见，走上了共同反对清朝封建统治者的武装斗争道路。

回族为主的云南各族人民起义，震撼了清朝统治当局，清廷急令云贵总督恒春"痛加剿洗"。由于兵力不敷派遣，恒春无能为力，始终顾此失彼。起义军乘机发展力量，声威日壮，并逐渐形成两大集团：一是以马德新、马如龙为首的滇东、滇南回民起义军；一是以杜文秀为首的滇西回民起义军。滇东、滇南起义军曾西克楚雄，三攻昆明，造成过轰轰烈烈的形势。但马德新、马如龙均为回族上层分子，意志不坚，在清廷高官厚禄诱惑下，于1862年3月降清，从而葬送了滇东、滇南的大好革命形势。滇西回民起义军则于公元1856年10月公推有宏图大志、忠直廉洁的杜文秀为总统兵马大元帅，建立了大理政权，并宣布追随太平天国。滇西回民起义军在杜文秀的领导下，不断地发展壮大。

杜文秀（公元1828年生，字云焕，号百香，云南永昌府保山县金鸡村人）。公元1845年（道光二十五年），永昌府汉族地主团练组织"香把会"，在官府的支持和纵容下，大肆残杀回民。杜文秀以家属被杀，未婚妻被掳的原由，于公元1847年上京控诉，但冤仇始终不能得伸。失望之余，他逐渐认识了清王朝的腐败，激发起反抗清王朝民族压迫的革命思想。回到云南之后，便在云州（今云县）、蒙化等地暗中组织回民，酝酿起义。

公元1856年8月，杜文秀乘云南提督文祥率兵离大理赴楚雄的有利时机，在蒙化率众起义。9月7日，杜万荣、蓝金喜在大理府城起义。杜文秀闻讯，立即率起义军前往大理，与当地回民会合，大败清军，击毙迤西道林廷禧、太和（今大理）知县毛玉成等。9月16日，大理知府唐惇培败逃宾川（今宾川南），起义军胜利占领大理城。夺据大理的胜利，使一部分起义军首领昏昏然，他们不去组织力量防御清军的进攻，却自恃有功，争权夺利。有的起义军首领抱有传统的民族偏见，任由部众抢掠汉族人民群众，引起汉族群众的不满。这时，杜文秀挺身而出，组织指挥部众粉碎了鹤丽镇千总张正泰对大理的进攻，并且明确提出："欲做大事，必须收拾人心，不宜专尚威力。且汉众回寡，尤须重用汉人。"杜文秀的正确主张，得到大家的赞同。由于他"精力强壮，忠直廉洁，素为众人所敬仰"，遂被推举为总统兵马大元帅。10月23日，滇西回民起义军齐集大理军校场，筑坛拜帅。杜文秀以原提督署为大元帅府，组织大理革命政权。授蔡发春为扬威大都督，总各路军事，其他文武官员也各有职称。宣布"遥奉太平天国南京之召号，革命满清"，并通令"改正朔，蓄全发，易衣冠"，以示推翻清朝反动统治的决心。

为了巩固新生的革命政权，杜文秀领导下的大理政权制定各种法律法令，实行了一系列有利于发展革命事业的方针政策，主要是：

第一，对各族人民一视同仁，平等对待，改善民族关系。还在起义之初，杜文秀就提出了"重用汉人"的正确主张，大理政权建立以后，即实行"不分汉回，一体保护"的方针，对其他民族，也采取同样的政策。杜文秀制定的《管理军政条例》规定："族分三教，各有根本，各行其是。既同营干事，均宜一视同仁，不准互相凌虐。"这种"无分汉回夷，一以公平处之"的民族政策，改善了大理政权控制地区各民族之间的关系，得到了他们的拥护和欢迎。

第二，减轻人民负担，努力发展生产。大理政权规定废除丁银（人口税）和其它苛捐杂税，田赋只征粮米；"地方税课，旧有例者，方准抽收。不得私加名目，妄自征收"，以减轻人民负担。同时，大力发展生产。农业方面，发放耕牛、农具，招民垦荒，奖励农耕。对工商业，采取保护和促进的政策，严禁文武官员"以官压市，轻价估买"，积极发展纺织、采矿、制盐等工业生产。随着生产的发展，不但人民生活有了一定程度的改善，而且使起义军有充足的军饷，保证了革命战争的进行。

第三，制定军事制度，严格组织纪律。起义初期，凡属回民青壮年都要当兵。大理政权建立后，规定回族三丁抽一，五丁抽二；对汉族和其他民族，则分派一定的数额，由其各自出兵。起义军的编制，以十人为什，百人为棚，什有什长，棚有参军或参谋，三五棚有一统领或都统率领，十棚以上有将军或都督统率，将军、都督以上则有大司、大将军、大都督和元帅。一切军机事宜，须集体商酌，最后由元帅裁决。遇有大的军事行动，派出统带官作为元帅代表统率部队，带兵军官不论何职，都要服从统带官的指挥。起义军中有严格的军纪和赏罚制度，鼓励将士服从命令，英勇作战。杜文秀还特别强调群众纪律，规定起义军不得"无故下乡，滋扰良民"，或"故意纵放牲畜，践踏田禾"，严禁"毁拆庙宇，扰害民房"，不准"强买估卖"等等。以上规定和军纪，保证了起义军的兵源，统一了帅府的军事指挥，取得了人民的信任和支持，提高了起义军的战斗力。

为巩固政权，杜文秀统一军制，严明纪律，实行一系列有利民族团结和发展生产的政策，不仅击退清军多次进攻，而且扩大了控制地区。在杜文秀的指挥下，滇西起义军迅速扫清了大姚、姚州等地的残余清军，各将领乘胜向滇西各地清军发起进攻。蔡德春到楚雄与已参加了滇西起义军的李芳园会合后，于11月率军攻占了禄丰县和安宁州城。与此同时，陈义、杨德明、马金保、张遇泰等率部攻占了鹤庆、剑川和丽江城；虎应龙、桂春亮率部进攻永北厅（今永胜）；蔡发春则率部返回云州、顺宁，转攻永昌府（今保山）。公元1861年3月，蔡发春、陈义率部由南北两路包围了永昌府城，经数月围攻，于7月底攻克。8月，杨荣、张遇泰克云龙州城（今云龙），姚得胜、保文明、虎应龙克永北厅城。9月，马成克龙陵厅城。10月，蔡发春、马国玺攻腾越厅城（今腾冲）。在此期间，滇西起义军还粉碎了署理云南的提督申有谋进攻大理的阴谋，夺回了被清军一度占领的广通、禄丰等城。申有谋狼狈不堪，率残兵不足千人逃回省城。至此，西达龙陵、腾越、云龙、永昌，东至楚雄、广通、元谋、禄丰，南至缅宁、顺宁、云州，北抵剑川、鹤庆、丽江、永北，滇西20余厅州县都在大理回族起义军政权的控制之下。

（十五）勐卯安抚司第十二任土司衍如凤（1863—1877）

就在回族起义军正在与清军进行血腥的拼死斗争之际，清同治二年（公元1863年，萨嘎历1226年），勐卯土司衍莲病死，其子衍如凤继位。

衍如凤（又称罕算法）继位之初，也洽逢云贵总督云南巡抚徐之铭刚刚上任。迫于原先用军事手段一时难以攻破回族起义军阵营的形势，徐之铭改变了过去一意主剿的态度，一面准备向起义军发动军事进攻，一面派提督林自清和澂江知府岑毓英到起义军中"议和"，用高官厚禄引诱他们投降。回民起义军中的投机分子马如龙认为机会难得，立即拜倒在敌人面前，声言自己"世受皇恩，志在报效，历年汉回仇杀，不得已铤而走险，非敢叛逆，今愿率众投诚"。公元1862年3月，马如龙、马德新、杨振鹏等人正式向敌人投降。为了表示对清朝的"忠顺"，马如龙等亲自到各地说降，胁迫起义军将士解散或撤退，将起义军占据的昆明四周的昆阳、新兴、晋宁、呈贡、嵩明、罗次、易门、富民等城拱手献给清军。他们的叛变行径受到了统治阶级的赏识，清廷授予马如龙"署理总兵"的官职，授予马德新以"二品伯克"之衔。杜文秀领导的滇西回民起义军则多次拒绝了清军的"招抚"伎俩。公元1867年，杜文秀在击退叛徒马如龙率领的近万名清军进攻之后，调集10万大军东征昆明。公元1868年3月，起义军包围昆明，清廷震惊。然而，兵力占绝对优势的起义军并未乘胜向昆明城发动猛攻，却利用附城寺庙、堡寨、筑墙掘壕，企图凭借坚固工事长期围困，结果坐失良机，使清军得以调整力量，调派援军反扑。起义军围攻昆明一年有余，由于远离根据地，后勤保障困难，特别是顿兵坚城，久攻不克，士气日益低落。从公元1869年6月起，战局急转直下，昆明外围阵地先后被清军攻破。同年12月，东征终于失败，起义军精锐部队所剩无几，而进攻的清军则逾10万人，双方力量对比发生了根本性变化。在此情况下，云南巡抚岑毓英决定进军滇西。公元1869年10月，清军兵分三路，向滇西大举进攻。清军既解省城之围，遂分三路向滇西大举进攻。回民起义军节节抗击，与清军逐城争夺，但因东征失败，元气大损，只能取守势。到公元1870年10月，北路清军占领了丽江、永北（今永胜）诸城；南路清军夺取了景东、缅宁（今临沧）、威远（今景谷）；杨玉科、李维述率领的中路清军主力攻占了楚雄、姚州等城。此后两年，回民起义军在大理附近各城据险以守，与清军频繁作战，起义军虽浴血奋战，但终因兵力不足，相继失去姚州、镇南（今南华）、永昌（今保山）等军事要点，使清军得以逼近大理。公元1872年11月初，清军包围了大理城。杜文秀决心在大理与清军决一死战。公元1872年5月，弥渡、云南（今祥云）相继失守，6月，清军攻占大理咽喉赵州（今下关东），大理南北门户下关、上关随之陷落，蒙化守将举城降清，大理失去屏障。11月，清军包围大理城，回民军屡次出战不胜。时大理城内尚有回民军6万人左右，弹粮亦足，杜文秀认为，若背城一战，即不胜亦可守城数年。为防清军逼近城根，回民军挖地道至城壕，上立木笼营数十座，施放大炮。清军遂引苍山水，尽淹木笼营，乘势逾壕，逼近城根，并筑炮台数十座，高出城墙，变仰攻为俯击。12月中旬，清军挖地道轰塌城垣，攻入城内。回民军与清军各据半城，展开激烈战斗，终因寡不敌众，回民起义军中的部分将领暗中投敌，大理陷落。公元1873年3～5月，回民军仅存之顺宁、云州（今云县）、腾越（今腾冲）三城接连失守，随着形势的不断恶化，内部危机加深，多数部将降清。杜文秀终于绝望，于12月27日服毒后出城伏诛。清军诱杀起义军首领后，血洗大理城。公元1873年5月，起义军据守的最后一座城市腾越陷落，坚持18年之久的云南回民起义最后失败。

杜文秀发动回民起义后，公元1857年（清文宗咸丰七年）驻守南甸杉木笼隘的马三喜等200余名守隘回族练丁，在南甸杉木笼响应起义，回腾冲马家村参加起义军，当年起义军攻克南甸，6月攻克保山，9月攻克腾越府。白焕如据盏西，马二据干崖，马四、马七侯据勐科村等地。干崖土司刀如意带土司兵到勐宋抵抗，但回民起义军势如破竹，占领了干崖，盏达的许多地方，抓了刀如意的许多人，杀了土司的几个亲信和住干崖的清廷官员李国珍大人全家。咸丰六年，杜文秀攻占大理后，第二年，进攻南甸。同治五年（公元1866年）年，杜文秀部将李国纶到南甸，进攻干崖，称白旗军。与清将李国珍（号红旗军）相持于南甸地方。

杜文秀领导的回民起义大军快到龙陵、南甸、干崖时，芒市土司署众属官都主张投降回族起义军，芒市土司放庆禄和印太罕夫人效忠清室，召集1000多兵马，第一路到龙陵、镇安，第二路到象达、平嘎等地进行阻击。回族起义军一到，芒市土司派出的两路人马都败下阵来。罕夫人只得带着清廷敕封的大印逃到陇川，土司放庆禄则逃到遮放，回民起义军蔡都督率兵到龙陵后，给芒市放庆禄发出最后通牒，放庆禄召集属官经商议后，决定投降回族起义军。蔡都督带17000人的回民起义军队伍驻扎到芒市，把只有500多户人口的芒市城挤得满满当当的。回民起义军的士兵十分爱护当地各族老百姓，从来不乱高声骂过一句老百姓，蔡都督对放庆禄说：现在你们已被回族所管辖，应废除满清皇帝颁给的大印，换了一个长方形官防大印给放庆禄，并升放庆禄为回族起义军的大都督，让他永远镇守芒市。

公元 1872 年（清穆宗同治十三年）清朝廷发十万兵来镇压回民起义军，云南总督岑毓英带兵来腾越镇压回民起义，于同治十三年率清兵攻下腾冲。腾冲一个姓李的乡绅集结了一些地方武装，从陇川来到芒市，聚合芒市、遮放、潞江的土司兵共同围攻驻守龙陵的回民起义军。围了八九个月还没攻下，这期间军队的粮食都是由芒市土司负担，龙陵攻下后，放庆雍奉命追击溃败的回民起义军一直到镇康一带。回民起义军被残酷镇压平定后，干崖土司的长子刀献廷昼夜防守剿匪父子积劳成疾病故，盏达土司思相吉等人在回民起义时都纷纷带领练兵围剿回民起义，捐助粮食银饷资助清绿营兵镇压回民起义，被朝廷赏赐三品花翎，户撒土司赖天福赏二品顶带花翎。腊撒土司盖定远赏戴四品篮翎。清朝廷赏赐放庆雍三品花翎和一枚将军大印。南甸土司刀守忠袭职于咸丰六年，回案发生时捐助粮饷支持朝廷镇压回民起义，被朝廷赏赐三品花翎。陇川土司多慈祥，因咸丰年间回案时捐助粮饷支持朝廷镇压回民起义，被朝廷赏赐三品花翎。勐卯土司衎如凤，也因回案时捐助粮饷支持朝廷镇压回民起义，被朝廷赏赐了三品顶戴花翎。

清同治六年（公元 1867 年，萨嘎历 1229 年）2 月 20 日，中缅边界发生战争。到了清同治九年（公元 1870 年）正月 15 日，缅甸军队又集结于南坎镇，于 2 月 8 日由缅军将领召奔萍率领的军队入侵勐卯芒艾寨，勐卯驻防守军与入侵缅军双方激战至 2 月 9 日，缅军才被打退离去。

为防止缅甸军再次入侵，公元 1874 年，云南总督岑毓英为勐卯平麓城守军配备了铜炮，炮身重约 250 千克，系清同治年间驻防德宏一带的清军使用的火炮。该炮系由紫铜铸成，通长 100 厘米，炮口外径 19.5 厘米，内径 12.5 厘米，炮口外围周圈铸有一道宽 2 厘米的铜箍，以加固炮口；炮身略靠中段的两侧铸有长 7.5 厘米，直径 7.5 厘米圆柱形耳轴各一，便于炮体支架在炮架之上，同时也利于炮口高度的升降；炮尾周长 70 厘米，顶端一周铸有一道宽 2 厘米的铜箍，上方开有一引线口，尾端中央铸有一略近球状的突出物，似为便于控制、操作炮体的把手。炮身上部铸有铭文：头品顶戴兵部侍郎云南巡抚部院提督军务岑督令，同治辛未夏月制。行文直书，均系楷书。

公元 19 世纪初，统治中国的清王朝已日益腐朽，西方列强企图以商品来打开中国的门户，英国在 19 世纪初侵入缅甸后，即计划开辟印度、缅甸到云南的交通，以便于侵略我国西南和长江流域。

清同治十三年（公元 1874 年），英国驻印度总督派柏郎上校率 193 名英军勘测队，到云南绘制地图，同时，英国驻华公使派翻译官马嘉理自上海到云南，前往中缅边境迎接。这一情况立即被严密关注英军动态的爱国人士所得知，公元1874年10月5日，腾越乡绅和群众立即向清军腾越镇分驻南甸左营都司李国珍进行密报，说得知英国派钦差三员由缅入滇，并由北京派翻译官马嘉理赴缅甸边界迎接，不日即到腾城，认为这些人到此来断无好意，为了不让马嘉理和英军入侵我国的阴谋伎俩不能得逞，要求官府出面解决，让英国人远遁中国边境，打消窥伺我国疆土之意，以报200余年水土之恩。

李国珍立即致信腾越绅众说，我自接到诸公来信后，立即将有关情况向德宏中缅边境地区各地的土司进行了通报，并在腊撒、陇川、章凤街三处传信聚集各族群众，要求大家组织起来对英军进行阻击。李国珍还以牛、马、银钱等按人头数发给大家，聚集的各族群众都很喜欢，各地头人立即组织人马于各要隘之地进行堵截。李国珍腊月二十四日就行抵勐卯土司署，因为此前据勐卯方面报称：英军有数十人已经到达勐卯土司地勐卯坝尾的境外驻扎，打算雇驮脚运送各种器材，从勐卯直由陇川前进。李国珍到勐卯土司署后，即刻差遣早腊山官赵波派人进行打探，并令景颇山官约会各路民众努力截杀入侵英国人。原先打算从勐卯向陇川入侵的英军的货驮也被当地景颇族群众抢去数驮，又听闻李国珍已经带兵驻扎到了勐卯，于是留驻在勐卯坝尾境外的英军十分畏惧，不敢继续前进，又折回了新街，还是按原计划仍由八莫入侵盈江。于是李国珍又急忙赶到盈江芒允，下令雪列山官蔺小红组织各路景颇族及各族群众对英军进行堵截，坚决不让英人逃脱。

马嘉理沿途秘密刺探情报，在腾冲公开测绘军事防卫形势地图时，便遭到腾冲人民的反对和谴责。腾冲地方官为避免外事纠纷，只得派兵将马嘉理护送出境。英军入侵中国和马嘉理刺探军事情报的行径让云南军民大为震怒。以云贵总督岑毓英为首的一些云南地方官吏，对边疆各族人民的抗英行动也暗中给予支持。腾越厅（今腾冲县）的文武官员，立即派出腾越镇左营都司李国珍到今盈江芒允街对英军动静进行监视，几天内汇集了景颇、汉、傣、回、傈僳、阿昌等各族勇士2000余人，严阵以待，"其慨赴义之心，不分夷汉"。马嘉理带着沿途收集的情报，于公元1875年元月到境外八莫与柏朗会晤，2月初引导柏郎一行向大盈江上游进发，2月21日，马嘉理率领一部分先头队伍由盈江西南的蛮允、雪列侵入我国境时，行至芒允街户宋河边，受到守候已久的腊都、儿通瓦等景颇，傣、汉等少数民族200余人包围，腊都、儿通瓦等景颇勇士勒令其退出境外，但骄横的马嘉理不但不听忠告，反而开枪杀死我边民。腊都、儿通瓦等忍无可忍，义愤填膺将马嘉理歼灭讨回了血债。次日早，柏朗得意洋洋率领英军武装如入无人之境，此时参加阻击英军的各族群众已经达2000余人，乘势将柏郎所率的英军包围在班西山下，愤怒的各族群众们并没有立即用复仇子弹迎接敌人，而是以严正的态度奉劝侵略者赶快退出中国国境外，侵略者的回答则是以子弹代替嘴巴，迫使我方各族群众进行自卫反击，柏郎害怕了，深知若中了一枝见血封喉的弩箭，上帝也无法挽救，又从对他们进行阻击的勇士口中得知马嘉理已为他作出了榜样，柏郎惶恐万分，为了掩护他们进行撤退，他派兵四处纵放野火，趁风大火烈、烟雾迷漫之际，英军威风扫地灰溜溜地逃回缅境。这一段我边疆各族人民反抗外国武装者入侵的爱国主义行动，在清代档案上被称"马嘉理事件"或"滇案"。

马嘉理事件发生之时，正值俄国进攻伊犁、日本进攻台湾，中国西北和东南边疆受到威胁的时候。腐败无能的清政府惊慌失措，于公元1876年9月13日，让李鸿章、威妥玛在烟台签订《烟台条约》。条约的第一部分是了结滇案的办法，要求杀死所谓"凶犯"各族群众23人，"赔偿"白银15万两，逼迫中国在沿海、沿江、沿湖开放口岸，如大孤山（在辽宁）、岳州、宜昌、芜湖、温州、北海等。清政府最后只得签订了这个丧权辱国的条约。一向被洋人吓破胆的清廷，为消除英国人的怒气，最后还是把腊都、儿通瓦等23位抗英英雄统统斩首，将积极备战的爱国官员革职或下狱，形成中国近代史上反帝斗争的最大冤案。后来此次事件中涉及到的清廷官员清军腾越镇分驻南甸左营都司李国珍、腾越总兵蒋宗汉、腾越同知吴放亮一齐被革职处理。

（十六）勐卯安抚司第十三任土司衍定邦（1878—1892）

光绪四年（公元1878年）勐卯安抚使衍如凤死后，衍如凤的儿子衍定邦（又称罕印法）承袭勐卯安抚使职。为了弘扬佛法，衍定邦决定组织力量重新修缮姐勒金塔。全勐卯广大信众纷纷捐资出力，经过四年的精心修缮，到了光绪七年（公元1881年），姐勒金塔加冠盖顶完毕，焕然一新。

在姐勒金塔落成典礼时，衍定邦在姐勒组织举行了规模盛大的"摆广母"，傣语意即朝拜佛塔的盛会。佛塔，在普遍信奉南传上座部佛教的傣族信众心目中代表着佛和法的尊严。傣族对佛塔的称谓源于巴利语的"吉地"，源于缅语的"广母"，也有合称为"吉地广母"、"塔吉广母"的。德宏几乎每个坝子都有富丽堂皇、典雅庄重、结构精美、气势恢宏、具有东南亚造型艺术风格的佛塔。佛塔分群塔和独塔两类，色彩上有金塔和白塔两种。"摆广母"又被称为"摆勐"，即地方全民性的重大佛会。时间一般选在傣历的4月14日～15日（农历春节月中）。届时，除听经拜塔外，还有歌舞、傣剧、拳术等表演活动。摆广母期间，朝拜者除德宏信徒外，还有来自缅甸、泰国等地的朝拜者。

光绪十一年10月（公元1885年），趁中法战争法国与清王朝都无力过问缅甸问题的时候，英国印度总督向缅王锡袍发出通牒：缅对外关系由英方管制。英国随即发动第三次侵缅战争，锡袍宣布御驾亲征。11月28日，英军打败缅军擒获锡袍国王，送至仰光后，流放于孟买海滨之拉德乃奇黎岛（锡袍国王卒于公元1916年12月20日）。英军将整个缅甸占领为其殖民属地，缅甸雍籍牙王朝正式灭亡。公元1886年1月英总督宣告："奉圣谕：锡袍王治下之疆土，此后列入本朝版图，不再由该王统治，而由印度总督所委派，经钦准之官员治理之。特此布告周知。杜佛林（签字）。从此，缅甸亡于英。清政府朝廷从云南巡抚张凯嵩的奏报中得知缅甸亡国的消息后。对于英国强行灭缅的做法，清方表现出强烈的愤慨。曾纪泽曾就此事同英国外交部交涉，并"责其未与华议，蓦灭缅甸为食言。"提出抗议。缅甸沦为英国殖民地后，缅甸国王嫡长孙莽达喇疆括逃奔中国，云南总督准其寓居南甸。光绪十二年（公元1886年），中英双方换约成功，清缅宗藩关系正式结束。其后，关于英属缅甸十年一贡的具体条款，中英之间虽然发生过一些争执，但是，随着晚清王朝内忧外患的加剧，此事终不了了之，清朝与英国关于缅甸问题的交涉完全付诸东流。

光绪十七年（公元1891）就在这一年，英帝国主义入侵了干崖的铁壁关地区（今属缅甸）。年仅19岁的刀安仁承袭了盈江干崖土司职，眼见国土沦丧，征调四500名士兵，到铁壁关大青树营盘安营扎寨，采用"七里蜂护窝"战术，痛击入侵军，取得重大战果。公元1893年为落实汉龙关遗址，刀安仁随父刀盈廷不辞艰辛，奔走150多千米，终于查证了汉龙关在勐卯正南，为公元1894年中英续议滇缅条款提供了强有力的证据。公元1898年，英帝国主义加紧策划侵占我国领土，大举入侵我铁壁关、虎踞关地区，刀安仁依托大青树营盘，给予入侵军坚决打击。可是就在这一年，在中英进行滇缅边界会勘中，清朝政府昏庸无能的官员刘万胜，竟听任洋人摆布，将铁壁、虎踞、天马、汉龙四关割让。此事遭下级官吏、群众的强烈谴责，但腐败无能的清朝政府却屈膝投降，刀安仁浴血奋战8年的成果，竟被刘万胜毁于一旦。他悲愤至极，仰天长叹："小民尚知守土，朝廷却忍辱求荣，如斯沉沦，国将不国！"

清光绪十八年（公元1892年，萨嘎历1255年），这一年，勐卯安抚使衎定邦仙逝，同时南坎土司司官混统和姐兰土司司官混相也相继离世。更奇怪的是，在这一年允哈奘房的佛爷、贺盖奘房的佛爷和芒艾奘房的佛爷也同时相随圆寂。三位司官、三位佛爷相邀仙逝的事引得勐卯民众议论纷纷，人们惊恐不安，揣测会有什么灾难要降临勐卯。

（十七）勐卯安抚司第十四任土司衎国藩（1893—1926）

光绪十八年（公元1892年），勐卯安抚使第十三任土司衎定邦得病死后，传子于衎国藩（又称罕盖法），衍国藩继位后不久，瑞丽就发生了全日蚀，一时间整个瑞丽坝子天昏地暗，百姓们惊慌失措，加之三位司官、三位佛爷几乎同时相邀仙逝的事情，更是让民众人心惶惶，惴惴不安，担心有更大的灾难要降临人间。为了消除民众的这种焦虑情绪，光绪十九年（公元 1893 年），衍国藩在姐勒金塔举行了佛陀大摆，请来境内外高僧为勐卯民众颂佛念经，为瑞丽民众祈祷祝福。衍国藩自小尝尽辛酸，具有坚韧的性格。他选址重建司衙，盖了砖木结构瓦顶屋面衙门，有一、二、三、四堂。他强兵练武，重整父业，教民从善，笃信佛教。勐卯自此五谷丰登，人民安宁，集市商贾云集，欣欣向荣。衍国藩也是衍氏历代土司中治理地方最有成效的杰出人物之一。衍国藩执掌勐卯司署政权期间，在外没有发生过战争，在内没有发生过内乱，全勐卯地方傣族百姓安居乐业。金塔闪光，象脚鼓声高吭，各村寨佛寺纸火兴旺，香烟缭绕，书声琅琅。

1. 重新修缮姐勒金熊塔

为了顺应勐卯百姓的民意，衍国藩决定对姐勒金塔继续进行修缮。瑞丽姐勒金塔又叫金熊佛塔，傣语称为"广母贺卯"，意即"瑞丽坝头的佛塔"或"城北之塔"。相传姐勒大金塔是纪年前 15 世纪勐卯国果占璧王召武定建的。后来经过多次重建，到第七次修缮时才取名"拱母咪罕"，译为金熊塔。是根据民间传说：释迦牟尼转世为金熊后来到姐勒，涅槃后舍利灵光布满虚空，群众十分惊奇。不知过了多少时间，在旧姐勒塔遗址挖出金熊灵骨，思南王思汉法便决意建筑了金熊塔。乾隆年间，约在公元 1756 年时修建过一次，后因地震、风暴或因兵灾受损，分别于嘉庆七年（公元 1803 年）、咸丰十年（公元 1860 年）进行过不同程度修缮。姐勒金塔还有个佛名叫瑞敏汶金塔。通过这次对姐勒金塔进行修缮后，姐勒金塔焕然一新，金塔通身金光灿烂，塔身呈圆锥形，愈往上愈细，顶端戴金光罩，流苏垂着铜铃。塔座分六层，由下到上逐层收小，饰以各种浮雕，塔身由千瓣金莲托举入云。下面的塔圆形，塔的四周用石栏围护，周边置有缅式狮象和钟鼓。该塔占地 3850 平方米，建筑面积 706.5 平方米，系缅式大型群塔式建筑，为实心砖砌。塔基圆形，直径 30 米，周长 94.2 米，高 1.5 米。塔群共 16 座小塔，分三层依次缩小环列主塔周围。主塔底座有 6 层。塔身为重叠钟鼓状，表面镶贴金色瓷砖。通高 36 米，加上塔冠高度，总高为 39.5 米。石栏四角有亭，外以高墙相围，四下有门方便出入，中心塔形成与主塔近似。所有塔冠均系有若干大小不等的铜铃。全部塔身呈金色。整个姐勒金塔宏伟轩昂，塔修缮完毕后，有文人观塔后为姐勒金塔的恢弘气势所震慑，专门作了一首《姐勒金塔歌》："变幻不殊金世界，玲珑空慕蕊珠宫。十色五光纷缭绕，天工鬼斧难拟巧。"概括出了瑞丽姐勒金塔的精华。它是德宏佛塔建筑之冠，在南亚、东南亚享有盛誉。

　　衍国藩修缮完姐勒金熊塔后，为庆祝金塔修缮工程的圆满成功，在当年的泼水节（浴佛节）举行了隆重的浴佛大摆活动"摆广母"（即赕塔佛会）。泼水节是傣族、德昂族最盛大的传统节日，又称"浴佛节"或"佛诞节"。傣语称"摆爽南"，又称"摆赏建"。它是佛教节日，是从印度的"酒红节"和到圣林沐浴的习俗衍变而来。在巴利语系佛教文化圈，它是一年中最盛大的节日。

　　每年在傣历6月份（傣历六月为首），即公历4月中旬举行3～5天的节日活动（以农历清明节后第七天计），头一天为送旧，后一天为迎新。泼水节的第一天，各村寨均在佛寺或广场上竖"赏建"（傣语又称"屯南"）。家家户户打扫完内外清洁卫生，穿上节日盛装，敲起象脚鼓和铓锣，结队进山采摘鲜花，打扮龙亭，把水注入水龙浴佛。第二天，中老年人进奘寺听经，用净水为菩萨洗浴。请佛爷在泼水亭前念经，举行祷告仪式，之后就互相泼水祝福。只见摆场上彩旗招展，人头攒动，水花飞溅，笑语连天，一片欢腾，因此被称为"东方狂欢节"。傣族是个爱水的民族，他们认为水是圣洁的，不但能冲刷污秽，驱妖除魔，还能消灾去难，给人以吉祥。向老年人泼水表示尊重，祝福四季平安；男女青年则通过泼水表示爱慕，互相传播友情。节日里，傣族男女老少身着盛装进行赕佛。举行赶摆、丢包、嘎秧、武术、象脚鼓表演，晚上人们放孔明灯、唱傣戏、表演舞蹈，祈求新的一年里消灾灭祸，身体健康，人畜兴旺。

　　在广母贺卯摆场上，衍国藩以一个普通傣族小卜冒（小伙子）的身份参与了摆场开展的"丢包"活动。丢包傣话叫"端管"，是傣族青年男女的传统节日活动，是青年人谈恋爱的一种方式。丢包用的彩包，是巧手姑娘们用一种装满棉籽的菱形布包精心绣制的爱情信物，凝聚着她们对爱情的憧憬和对幸福的向往。按傣族的传统习惯，丢包一般是泼水节第3天开始，一般要丢7天，参加丢包的男青年，身上都带一些糖果之类的东西。女青年身带手镯、金戒指、金耳环和鲜花。丢包时，男女分为两方，各站一排面对面，相距20米左右，互相丢掷彩包。男方向自己爱慕的对象掷去，若女方不喜欢男方就不接，如果双方都是意中人，就互相丢包传情。若一方接不着就表示输了，就要拿出信物给对方。两人互丢后，就借故离开走人，找个幽静的地方互吐爱慕之情。相处一段时间后，如不中意，可以分手，但一定要把信物退还给对方。通过几天的丢包活动，许多男女青年产生了纯洁的爱情，成为终身伴侣。在丢包活动中，衍国藩遇见了景罕寨来赶摆的帕乐姑娘，帕乐姑娘身材苗条，容貌姣好，让衍国藩一见钟情，随后他写了许多绿叶情诗向帕乐姑娘求爱。绿叶情诗是傣族男女书信往来的一种独特的情书。

衍国藩是一个写情诗的高手，他在写给勐焕土司小姐的一封情书中这样写道："爱情比天上最远的星星还高多少层，爱情比地球要宽大得不知多少倍！""你若像喷香的檀香花一样，被人紧紧地用篾笆围困在中央，我也将不顾我生命的一切，举刀砍尽钢柱铁刺飞到你身旁。""我对你的爱稳如勐秀山，无论狂风吹刮永不摇晃。""鹦鹉啊鹦鹉，请你带去我无限的爱，请你带回她纯真的情！"这些诗句曾经让那位勐焕土司小姐看到后，激动得眼泪汪汪，当即就决定把自己的终身托付给这个"情诗王子"，后来她就成为了衍国藩的正印夫人。在这次丢包活动中，帕乐姑娘第一眼就为聪明帅气的衍国藩所倾倒，后来她看到了衍国藩写来的情真意切的诗句，立马陷入了衍国藩的情诗陷阱，成了衍国藩的爱情俘虏，俩人由相识、相恋到相爱的浪漫爱情之旅，后来却引发了一段关系勐卯土司权位承袭的刀兵之争。

在衍国藩执掌勐卯土司职权期间，发生了一件关系国家领土的大事—英国殖民主义者以"永租"的名义割据了勐卯三角地。勐卯三角地是瑞丽江及支流南宛河交界处一个富饶的坝子，处中缅交通要道上，从缅甸入云南，必须由南坎渡瑞丽江。勐卯三角地面积约 250 平方千米，土地肥沃，出产富饶，今缅北最大产米区即在此，因此南坎中缅商贾云集，为滇西南及缅北一相当繁荣的商业小都市。勐卯三角地主权原来属于中国，但在公元 1894 年前（即第一次中（英）缅边界划分），英国人就已经强行修筑了从八莫到南坎的公路。南坎是勐卯三角地尖端处一个城市，堪称是第二个香港，其形势犹如九龙之于新界。垂涎南坎的英国要求清政府割让，被李鸿章所拒绝，但在清光绪二十三年（公元 1897 年），清政府在英国的压力下，在中英两国再次签订有关中缅边界"中英续议缅甸条约"时，以"永租"的名义让英国取得了对勐卯三角地的管辖权。清光绪二十五年（公元 1899 年，萨夏历 1261 年）大理提督军门兼界务大臣刘万胜奉命至边划界时，英方拟修缅北公路，正式将天马、汉龙二关之勐卯三角地租与英人，租期 25 年，至民国 14 年止，每年租金印洋 2000 盾，一半上交腾越厅，一半留勐卯土司。英国承认南坎为中国地，但由中国永久租予英国管辖。

清光绪三十一年（公元 1906 年），傣历 5 月，瑞丽景颇人因与陇川景颇人之间为争地界"拉事"发生械斗，瑞丽的景颇族放火烧了陇川章凤街，陇川司署怪罪于勐卯，全陇川的民众对瑞丽人愤怒诅咒，并由此发生了瑞丽勐秀与陇川章凤交界地之间的战事，在战斗中瑞丽户育有 5 个景颇人在芒约山岗上饮弹身亡。后来由勐卯土司衍国藩经调查核实有关情况后，与陇川土司进行协商做了两边景颇山官的工作后，才按照景颇族的风俗习惯妥善解决了这一矛盾。

萨嘎历 1274 年（清宣统三年，公元 1911 年），勐卯发生大地震。震后，瑞丽街子稻米价格高涨，每箩要银半开 6 两 2 钱，历时达半月之久。

2. 衍国藩与瑞丽傣戏

瑞丽傣戏演出活动始于公元 1890 年，当时治理地方的土司衍国藩，就是傣戏的组织倡导者和推动者，他使傣戏在瑞丽得以兴旺和发展。据傣族萨嘎历 1253 年，罕盖法（衍国藩）组织丰整傣（傣戏团）在姐勒金塔的摆场上演出。演戏服装鲜艳精致，十分吸引观众。这就是瑞丽地方开始演傣戏的首次公开演出。傣戏的产生可以追溯到明朝洪武年间，当时朝廷对麓川多次用兵，大批汉族将士进入盈江地区屯田戍边。进入盈江的内地汉族军民，不仅带来了先进的生产技术，同时还带来了戏剧活动。戏剧随后逐渐傣化了（剧目在表演过程中，不仅台词改为傣语，同时，音乐上吸收了傣族民间的巫婆调、古山歌调等曲调进行演唱，在表演上吸收了傣族祭祀歌舞"跳柳神"的舞蹈动作。）傣剧最早的剧目，源于流传于盈江县的《爷爷犁田·奶奶送饭》和《十二马》。开演时一段念白中提到："从南京应天府过锡董、昔戛（都是与盈江县支那乡相邻的缅甸地名），才来到支那。《十二马》是明朝洪武年间由一族人从南京带来的。"在后期干崖司署写的史籍《干崖地方史》中有吴三桂军队追杀明永历帝至干崖时，赶跑了表演《十二马》的小伙子的记载。至清道光、咸丰年间，傣戏大体形成。光绪年间开始在其他傣族居住区传播，首先从干崖传到盏达、弄璋、芒允等地，然后通过宗教集会、商业交往、串亲访友、土司之间的联姻及民间艺人的传艺等多种渠道，使傣戏遍及德宏全境傣族聚居区。清光绪六年（公元 1880 年），干崖宣抚使刀盈廷命傣族知识分子将京剧、川剧、滇剧剧本翻译成傣文，运用傣族传统表演形式搬上戏台，初步形成了德宏傣戏的雏形。后经刀盈廷之子刀安仁大力推广和改良，刀安仁于清光绪十四年（公元 1888 年）成立了男子傣戏班和女子傣戏班，并派人到腾越（现保山腾冲县）请来"玉林""罗猴子"两个滇戏班子的师爷传艺，使傣戏有了生、旦、净、丑等行当。在演唱上增加了一些调子和唱腔，化装上采用了滇戏的部分脸谱，采用滇戏道白和锣鼓节拍，刀安仁还派人到昆明买回整套戏装、道具和乐器，男女戏班合并演出傣戏，在干崖轰动一时，并迅速传播到德宏各傣族地区。在干崖、芒市等地涌现出一批身怀绝技的傣戏表演大师。至今傣戏仍是傣族群众喜闻乐见的艺术形式，也是国内为数不多的少数民族戏种之一。傣戏源于干崖（今盈江），植根于傣族民间文学。开始为汉戏译傣文，后经历了由民间文学、经书、叙事长诗以至傣戏唱本的发展过程。

傣戏的音乐、服饰和表演技巧都有自己独特的民族元素，是一个逐步成熟和独立的剧种，已成为我国三大民族剧种之一。傣戏是"文戏"和"武戏"的完美结合。傣族民间业余傣剧队传统的表演形式，每个剧目只有一种唱腔，无伴奏，以锣、鼓、镲为间奏，无道白，不分场次。

由"摩整"提词，主唱演员在锣鼓烘托下，向前走三步演唱，唱毕转身退三步，再次听"摩整"提词，如此反复。演员根据自己对唱词的理解，即兴表演，自由发挥。歌词既有傣族民歌口语化的通俗，又有傣族叙事诗的流畅优美。尤其是对汉族戏剧、文学作品的翻译，按照傣族的审美观进行了傣族化的处理，剧中人物的心理变化、感情色彩与傣族的民族性格都有独特的表现。

在土司衍国藩的倡导和支持下，瑞丽傣戏界成立了许多戏班子，培养了许多傣戏戏迷，首当其冲的就数土司衍国藩。

公元 1894 年衍国藩亲自组建了瑞丽的第一个傣戏班，即司署傣戏班，他筹资购置戏装，亲自审查剧本，并带头登台演出。当之无愧是勐卯傣戏的创始人，自他开始后，让瑞丽傣戏兴旺发展延续至今，并涌现出许多傣戏的知名编剧、导演和名角。

召兼勐系勐卯土司衍国藩赏赐的官位，意为辅佐土司有功之最高官职，仅次于土司。此职只在勐卯有效，召兼勐在陇川由于不能承袭土司职位，在少年时就常随母亲到勐卯司署串亲访友。他与衍国藩年岁相近，两人交往甚密。随着年岁增长，他对勐卯也就产生了深厚的感情。加之他又钻研好学，青年时期已对傣戏文学有了很深的造诣。衍国藩承袭勐卯土司职后，爱慕召兼勐的才华，便邀请他为之辅佐参事，名正言顺地赐予官职。召兼勐有深厚的笔力功底，文笔极佳，文采风流。剧本《马乾龙走国》就是召兼勐译写的作品。他毕生致力发展傣族文学及傣戏，是瑞丽傣戏界第一位著名编剧和导演，颇有影响。

相晃喊，遮放东相人。公元 1931 年因东相遭水灾，被迫迁居勐卯姐勒寨，相晃喊酷爱傣戏，到姐勒安置好家后，很快就在姐勒寨里访家串户，认亲结友，熟悉寨情。在他的积极倡议下组织了傣戏班子，他被推举为戏班主。因他每次登台演出，都要饰演戏中的元帅角色。他因集中精力用于创作、排练、演出。哪怕家中饭桌上摆的是清汤米饭，也全不在意。为了姐勒傣戏的兴盛，他家的围墙因年久失修而倒塌，他都满不在乎。自此，人们称他为"元帅尚干"（意为倒了围墙的元帅）。"元帅尚干"虽然生活浪漫，但他对傣戏的要求却极为认真严肃。每每都是他亲授唱法，对吐字的轻重、表演手势、眼神、身段等都很有讲究。在"元帅尚干"的严教之下，姐勒傣戏班子进步极快，也逐步在外界有了很好的声誉。

满印，是勐卯城西门人，属原勐卯司署傣戏班子的第三批成员。他刻苦学习傣文、傣戏。特别对召兼勐的剧本作品，篇篇都背得滚瓜烂熟。司署傣戏班子每年春季巡回演出，他几乎成了司署傣戏班子的当红演员，经常担任戏中的主角。生、旦各种角色都能演，如薛丁山、樊梨花等都是他常演的角色，但他主要专长生角。他在戏上表演专注，音色甜美，唱腔极佳。

每当他一出场时，总会引起观众的轰动效应，颇受广大傣族观众的喜爱。他的表演身段、优美唱词时时会引起姑娘们的爱慕之情。他还可以丢开剧本，随机应变地自编唱词，是唱"点戏"的演员之一。

随着商业经济的发展，内地戏班、流浪艺人经常到德宏。逢年过节、赶摆及秋收时节，都有从内地来的艺人耍猴、演杂技、演皮影戏、滇戏、川戏、京戏，极大地促进了傣戏的发展，早期演员们不着戏服，演唱时由男女演员数人面对面执扇而坐，间或做一些耍扇、甩袖等简单动作。后来，傣戏逐渐被搬上舞台，演员开始穿戴各种不同的戏装，演出时使用锣、鼓、钹等乐器伴奏。演出的内容有傣族民间故事、佛教故事和一些汉族文学故事，如"三国演义"、"西厢记"等。

衍国藩不仅对瑞丽地方的治理卓有成效，他自己也是一个傣戏铁杆"票友"，他的傣戏演得很好，经常在傣戏班子演出时自己也串演一个角色。当时勐卯老城里有一个棒嘎民间傣戏班，戏头是布坦满，服装道具锣鼓家什都是从内地购来的。衍国藩看了棒嘎傣戏班演出后，心热起来，便召集司署人员组成一个傣戏班子，混南生（方一龙），因衍国藩的新祖太是他的姑母，时常到勐卯住，衍国藩便让他担任司署戏班的戏头，他领着大家买布自己做戏服、戏帽，费用以土司官之名到财库报领。他亲自担任编剧，改编了一些表演汉族历史故事的傣戏，当时演出的剧目有《薛仁贵征东》等。

3. 段文逵编撰勐卯地方志

公元 1923 年春，适逢云南省省长唐继尧决心大力兴修云南省各地的地方志书编纂工作，并表示要以督促编修好云南地志为己任，并组织有关专家对编纂地方志分门别类制定了编纂细目，命令下属各行政区地方官吏，按所拟定之编纂细目，搜集整理资料，以供省编修省志之用。为此成立了云南省公署特设的"云南省志书编辑处"，以汇总全省各地编纂地方志书的资料编著云南志书系列。段文逵奉调出任勐卯行政区行政委员，段文逵到任后，欣然着手进行收集勐卯地志的工作。在限期紧促、地僻民夷、设治方新、语言隔阂、资料奇缺的困难条件下，首对民国初年勐卯的历史情况，进行了比较全面系统的调查，最后成了资料初稿上报省府。现保存下来的一份是当时呈报到省的副本，原件存省图书馆。为研究民国初年勐卯从自然到社会，从经济到文化等各方面的历史，提供了难得的珍贵资料，具有一定的历史价值。勐卯行政区的地志资料分为"兴学记""树艺筑堤记""勐卯行政区沿革草表""勐卯腊撒江河行势表""云南勐卯行政区学校调查表""云南勐卯行政区农产表""云南勐卯行政区商品表""云南勐卯行政区官"等，这份地志资料包括名义、略图、沿革、位置、面积、疆界、地质、地势、山脉、河湖和矿泉、气候土产、政绩、产业、政治、古迹、交通、方志等 18 个条目。它不仅材料全面系统，而且在治理方法，兴利除弊等方面，提出了一些可供借鉴的见解，就是在如何修地方志书的方法和体例上，也有某些可取之处。衍国藩平时对勐卯行政区行政委员的工作从来都是不予合作的，但此次编纂勐卯地方志书一事衍国藩司官却表现得异常热心，因为他知道编纂勐卯地方志是造福子孙流芳百世的好事，他对段文逵礼遇有加，在安排人员、拨付经费、责令各畹、寨积极配合方面都大力支持，让勐卯地方志书的资料收集、内容编纂等工作进展顺利，按时按质完成了省要求的任务。

（十八）勐卯安抚司第十五任土司衍盈丰（1927—1929）

民国十六年（公元 1927 年），勐卯第十四任土司衍国藩逝世，由勐卯地方行政委员上报云南省政府委任衍国藩儿子衍盈丰（又称罕按法）继位。衍盈丰的叔叔衍国镇盘踞在姐勒，得知云南省政府委任衍盈丰承袭勐卯土司职位的消息后，立即向云南省政府报告要求撤销衍盈丰的任职资格，并组织人马进攻勐卯司署，要想夺取勐卯土司职位，理由就是衍盈丰不是傣族贵族土司血统后裔，而是一个普通民女所生的，身份可疑、来历不明的儿子，没有资格承袭土司职位。原来衍国藩承袭勐卯土司职位后，所娶的勐焕属官之女方桂珍印太夫人不生育，让衍国藩十分烦恼。在庆贺姐勒金塔修缮工程圆满完工的摆场上，衍国藩在"丢包"游戏中遇见了景罕寨来赶摆的帕乐姑娘，两人一见钟情结为恋人，帕乐还怀上了衍国藩的孩子。当方桂珍得知此事后，便派人散布谣言诬蔑帕乐是一个"琵琶鬼"，让寨子里的人将已经身怀六甲的帕乐姑娘赶走。帕乐姑娘漂泊到缅甸的勐固后，被一农家青年岩补所同情，明知帕乐身怀有孕仍愿与姑娘相结合。帕乐嫁给了岩补后不久就生下了衍盈丰，当衍国藩得知帕乐生下了自己的骨肉小混相衍盈丰后，立即请人四处打听，每年派人看望小混相，并请岩补一家帮忙抚养小混相衍盈丰。民国十三年（公元 1924 年），小混相衍盈丰年满 20 岁时，衍国藩得知自己已经病入膏肓时日不多，便派遣俸勐千里迢迢把小混相衍盈丰迎回勐卯司衙，准备让衍盈丰在他归天后继承土司职位。后来云南省政府经过调查核实后，驳回了衍国镇的无理要求，继续承认衍盈丰继承土司职位的资格。民国十八年（公元 1929 年）初，云南省政府正式颁文委任衍盈丰为勐卯土司，但委任令还没有发到勐卯时衍盈丰就不幸病亡了。衍国镇得知衍盈丰病故勐卯土司官一职空缺，便抓住时机三番五次对勐卯司署进行骚扰和破坏，造成勐卯社会动荡不安，民众不能安心生产的恶果。

公元 1928 年 11 月，勐卯行政委员曹庆安写报告呈省禁烟局，要求减免上解勐卯烟款。理由就是因勐卯衍国镇盘踞姐勒，烧抢村寨，致使十室九空，百姓四处逃亡，需抚恤难民，故本届烟亩罚金征收困难，路途险远，结报稽迟，现弱者流离，强者防堵，田园荒芜，尚需济赈，请豁免。

（十九）勐卯安抚司末代土司衔景泰（1944—1986）

民国十八年（公元 1929 年，傣历 2024 年）初，民国云南省政府正式颁文委任衔盈丰为勐卯安抚司土司，但委任令还没有发到勐卯时，衔盈丰便逝世了，按照惯例，勐卯安抚使职应传子衔景泰承袭。但此时衔景泰才年仅 3 岁，不能理政，而司署内只有昭准（衔景泰之母）和昭祖告、昭祖冒（土司衔景泰的新老祖母）3 个女人代掌政务；衔国藩的堂弟衔国镇认为衔盈丰仅属衔国藩的庶民私生子，不是衔氏贵族正统，想趁机篡夺土司职权，便率兵攻打勐卯城子。情况十分危急，衔景泰的母亲昭准请干崖土司刀京版（刀保图，衔景泰之舅）来勐卯代办，行使土司职权；刀京版经禀报国民政府批准，率一班文武官员到勐卯代办，并击败了衔国镇的武装，衔国镇出走缅甸。

民国三十一年（公元 1940 年），衔景泰的叔叔方克胜，通过重金贿赂龙云父子，当上了勐卯土司代办，刀京版只好退位，由方克胜接任勐卯代办，代衔景泰行使土司职权。

公元 1942 年 5 月，日本帝国主义侵占勐卯及滇西领土，方克胜逃跑到陇川避难。在此期间勐卯曾确定过衔景泰土司的几个叔父为代办，但后来都因能力太低不能胜任，刀京版只好叫二弟刀保围到勐卯协助衔景泰代理过一段土司署的司务，直到公元 1945 年 1 月本侵略军溃败后刀保围才回干崖，已经年满 24 岁的衔景泰才真正地执掌了勐卯土司大权，但不幸的是衔景泰却成了勐卯安抚司的末代土司。

二、勐卯衔氏傣族土司——中国土司制度的代表

土司制度是中国历代中原王朝对边疆及民族地区实施的一种特殊的民族统治制度，是在继承汉代的羁縻政策之后对边疆及少数民族地区的赐封。勐卯土司制度溯源，可以源自 10 世纪的勐卯四部落大酋长、果占璧土酋，开始于元代至正十五年（公元 1355 年）置"麓川路军民总管府"时，发展于明代十四世纪中叶的"麓川平缅军民宣慰使司"，完善于明末至清朝"勐卯安抚使司"时期，到清朝结束已经历时 550 多年。仅从明朝万历三十二年（公元 1604 年）衔忠首任勐卯安抚使后勐卯衔氏土司家族对勐卯地区的统治也有 300 余年时间，勐卯土司经历了中国土司制度从模式推行、规则制定、实践纠偏到制度完善的全过程，成为了中国土司制度的典型代表。

明朝政权在南方一些少数民族地区设置不同于中原内地州、县建制的宣慰司、宣抚司、

安抚司、长官司等地方政权机构，委派当地民族头人担任这些机构的长官，称之为土司。土司制度是明朝廷总结前代"羁縻之治"的经验，在元代土司制度的基础上发展健全起来的，委任民族上层为土官（土司，土官），对少数民族地区进行统治的这种制度广泛地推行于湘、川、黔、滇、桂、粤等地的少数民族地区。

土官和土司都是世袭的，不同的是，有的在任职之时已注明是世袭的，一些则最初注明不世袭而实际上世袭了；不论是哪一种，在父死子继之时，都必须上报明朝中央政府，由朝廷认可。从行政系统上说，土官的委任属吏部，土司的委任属兵部。一般来说土司不调离原地，土官则在调动之例。明朝廷对于不守法度的土官、土司，有权罢免。天顺（公元1457—1464年）以前，袭职时还必须由土司本人亲自入京受职，土司的冠带与流官一样有品序之分。土官和土司的武装必须服从明朝廷和云南都指挥使司的调动：明政权常常调遣土司的土兵参加镇压人民的反抗或平定叛乱。土官、土司定期朝贡，最初一年一次，后改为三年一贡，贡品有象、马、金、银、犀角、琥珀、珍珠、玉石、银器皿及地方土特产等，还必须按年交纳定额赋税，称为"差发银"。土官之间若发生争执，必须服从明朝廷的调处或仲裁。

清朝建立初期，清顺治皇帝沿袭明朝廷对少数民族地区实行"以夷制夷"的政策，在云南、贵州、广西、四川、湖南、湖北、甘肃等省边远少数民族地区设立土司，分为宣慰司、宣抚司、招讨司、安抚司和长官司，与土知府、土知州、土知县同级别。土司的长官以当地各族头人充任，可以世袭，由朝廷或地方官府颁给印信，归所在地方之督抚、驻扎大臣管辖。宣慰等司的长官隶属于兵部，土知府、土知州等长官隶属于吏部。

云南傣族土司共分土府、宣慰使司、宣抚使司、副宣抚使司、安抚使司、长官司、土知州、土把总、土巡检等级别。历史上云南土司最多，其中以傣族又最多，共有傣族土司83家。有的仅袭职一代，到清朝末年，云南仅保留有22家土司，其中中国境内就有傣族土司14家。这14家傣族土司有土府3家：即景东府，镇沅府（此二府在今普洱市的景东县和镇沅县），还有在今玉溪市元江县的元江府；有车里军民宣慰使司（今西双版纳）1个。有5个宣抚使司：即陇川、南甸（今梁河县）、干崖（今盈江县）、耿马、孟连。有2个副宣抚使司：即遮放（今属芒市）、盏达（今盈江县）。有3个安抚使司：即潞江（今隆阳区）、芒市、勐卯（今瑞丽）。

元明清历代在勐卯设置的土司等级中，最大的是元至正十五年（公元1355年）设置的平缅宣慰司和明洪武十七年（公元1384年）设置的平缅军民宣慰使司。洪武二十一年（公元1388年）设置的麓川宣慰使司、麓川平缅宣慰使司，司官称为宣慰使，官从三品。次为正统九年（公元1444年年）在麓川境设置的陇川宣抚司，宣抚使从四品，司官称为宣抚使。再次为万历三十二年（公元 1604 年）设置的勐卯安抚司，安抚使官从五品，司官称安抚使。土司因掌握军政大权，因此要由吏部和兵部会同委任。勐卯土司政治制度，从麓川思氏土司到勐卯衎氏土司，在"世袭其职，世守其土，世长其民" 近 500 年的历史发展变革过程中，形成了一整套完整、严密的政治、经济、军事、司法制度。土司治下的行政，由于数百年习惯相传，形成一个很严密的组织系统。相当于专职帝政时代的小朝廷缩影：土司衙门有如朝廷，司衙所在城子便是京城；各畹、寨、村落，即等于行省、州、县；土司自然可比皇帝，是绝对的政治独裁者；土司的亲属便是亲王、大臣；被派管理村寨的人，便是封疆大臣。更有一个特殊点：那便是朝中大员尽皆是土司一家的亲贵，非亲族中人不能作政治上的要员。

（一）勐卯土司的政治制度

1. 历代朝廷对土司世袭传承的管理制度

从元、明至清朝，历代土司都是实行世袭传承制度，历代朝廷虽然规定土司可以"世领其地、世长其民"的世袭制。但如何承袭却有一套严格的规定，以避免土司妻妾子女的纷争、仇杀。土司亡故或者年老有疾不能理政时：实行长子继承制。长子夭折，次子继承，依次类推。土司死后如无子嗣则可由其弟袭职，土司如无子，不可过继别人之子为后裔。"准以嫡子嫡孙继承；无嫡子嫡孙，则以庶子庶孙继承；无子孙，则以弟或其族人继承；其土官之妻及婿，为土民所服者，亦准承袭。""必分嫡次长庶，不得以亲爱过继为嗣。承袭之人，有宗派不清、顶冒、凌夺各弊，查出革职。"严格规定了土司继承的顺序。一般父死子继，嫡子继承。先由土司家族内商定，十土司联名"状诰"子嗣，也就是让临近各地土司为其写证明书，以防有假冒混袭顶替的情况发生，以示情况属实，然后由朝廷颁发新的任命"诏书"。即使继承土司王位的人选因年龄幼小不能职事时，族官内护印、或者护理可以代为行使管理土司事务，称为代办。《大清会典》里也有明确规定："如有子儿年幼者，或其族或其母能扶孤治世，由督抚捷委，将土官印信事务，令本族土舍护理，至其子年及十五再令承袭。"

2. 历代朝廷对土司进行奖赏、升迁和处罚的规定

朝廷对土司在其行使职权时，对于做到守土有责，保民平安，戍守边疆，忠于朝廷，积极纳贡者，每三五年都会受到朝廷奖赏和升迁。如勐卯第 17 世安抚使衎如凤在道光咸丰年间，因平叛回民起义事件中积极捐助粮饷，维护边疆民族团结，发展地方经济做出了重要贡献。被朝廷赐封为军都督三品官员。

朝廷对边地土司最大的忌讳就是土司对朝廷的不忠和反叛，至于其他如对地方的贡献、纳贡与否都视为小事。对土司的惩治处罚有派兵讨伐、斩首、革职、降职、迁移到其他地方

监管居住等，有的让其交纳罚金以赎罪。但也与对待内地汉族官员要宽松的多。有的土司向朝廷认罪后又重新得到任用的也很多。如万历年间的湾甸土司、陇川土司与缅甸一起反叛朝廷起兵，后被朝廷平息，这些土司向朝廷表示不再谋反，最后朝廷还得任用地方民族头人，恢复土司职位

3.勐卯土司统治集团成员构成：

勐卯土司署行政权力机构职官等级制度森严，具体职官制度分为：

（1）正印土司：世袭正印土司傣语称"召法"，意为天下土地和百姓的主人，统治者，辖区领地的土地山川河流和百姓都属于他的，有着至高无上的权利，为辖区的政治、经济、司法、军事的最高统帅、宗教上的领袖，其身份恰如帝制时代的君王。掌握辖区内民众生杀予夺大权，是"神格化"的君主。土司是其辖区内最高长官，有政治、军事、经济的绝对独裁权，也是百姓最受尊敬和爱戴的人。在百姓心目中土司乃"真命天子"，就是王者之意，百姓见到土司就是见到国王一样，是一种荣幸，要行双手合十于胸前的跪拜之礼。

（2）印太：土司夫人（土司的元配夫人），有如百姓心目中的"王后"，掌管朝廷所赐封的五宝大印，称"印太"傣语称"召准"，意为掌印夫人，权力仅次于土司。朝廷所赐封的"大印"就象征着土司的权利。土司可以三妻四妾，但印太必须明媒正娶，门当户对，必须是另一家正印土司的"公主"，有一定的文化素质和修养，美丽得体，可以辅助土司执政，掌管司署内部的财务。印太负有保管司署"五宝大印"的职责，年初由印太启用印章，年尾封印，入箱封存，启封都要举行仪式。由于土司妻印太掌握土司大印，土司死后，有子则由其妻印太辅政，或由土司弟弟担任土司代办。如土司死后无子，土司弟弟便娶其嫂为妻，从而承袭土司职权，同样受到人们的尊敬和爱戴。百姓见到印太同样如见到土司（召法）一样要行双手合十跪拜之礼。

（3）同知：按明代边地官员设置制度，凡是各地土司官任正职，必设流官（即汉官）为同知以监视钳制土司。自明正德五年（公元1510年）发生了南甸司署同知刘汉阴谋篡夺土司职位，杀死第八代土司刀乐碟的事件，平息事件后刘汉被正法，此后明朝廷在德宏傣族地区土司政权机构职官中就不再设立同知一职，清朝也延续了明代的体制，而以设立"护印"一职来代替同知。

（4）护印：为正印土司同胞兄弟中年纪最长之一人，一般是土司的二弟担任，名义是协助正印土司办理政事，实际多半位尊而无实权。护印别建有一所官署，通称二衙门。协助司署处理一般事务，在小衙门办公，位尊而无实权，就如同皇室里的亲王。土司出缺时可升

为代办、代为执政。

（5）代办： 因正印土司出缺或年幼（不满15岁）不能理事时，可在族内推举一人（一般是嫡亲叔父或舅父）出来代为总揽政权代为摄政，但须经朝廷同意认可才能代理土司职权、行使土司权利、管理地方事务，也有的家族内的确没有合适的人选，可在十土司内共推一人来协助土司代办一职。代办土司在摄政期间一切权力和享受完全与正印土司相同。等到正印土司达到法定承袭年龄正式袭职时便将政权交还给小土司。从历史上看，凡代办土司都很有作为，因为代办是凭借自身才干手腕而取得代办身份的，不比土司只是因嫡长子就注定可以袭职。

（6）护理：傣语称"召护理"， 无正印土司而由代办摄政期间，就不设"护印"而设"护理"，护理由土司同胞兄弟中年纪最大的出任此职，一般由土司二弟担任，协助土司处理司务，并分管军事、日常政务和内务，职权与护印相同。一般位尊而无实权，有些地方的护印有自己的官署，称为二衙门，护理任职也必须得到朝廷的同意和认可，身份类似封建朝廷的亲王。

（7）属官：又称"族官"、"族目"，是土司集团的重要组成部分，勐卯土司内部实行严格的等级制，等级依照土司亲属的远近关系来确定，由土司随意变动，土司亲属统属贵族等级。属官一般由土司或代办的嫡系亲属中有办事能力的男性担任，得到土司或代办信任的族属，均可选任为"属官"；而属官又根据其年龄资望及血缘远近，分为"勐"、"准"和"印"三种爵位或等级，族官中亦分三个阶级，正如五等爵中之三等爵位。在司署或村寨中掌管各项具体工作，土司在行使政治、经济、军事等权力时，即在"勐"、"准"、"印"三个等级中任命一些贵族为各级行政官吏，使这些贵族成为土司政权中的成员。族官的职权，约有以下数项：①处理土司署中临时发生之事。②审问或调解案件。③出差往各村寨办理公事。④陪土司或外客闲谈。⑤为土司或代办之咨议员。

如将土司比作大诸侯，那属官便是大诸侯下的小诸侯，也便是君主朝廷中的公、侯、伯爵爷，具体等级如下：

①勐：勐卯土司署属官中爵位或等级最高的一种。土司嫡系亲属中年龄在40岁以上者，资望最高并与土司血缘较近的封为"召勐"（傣语有"大臣"之意），要由土司亲自加封。"勐"级属官担任司署中的高级职务，在司署内轮流值班、充任土司咨询、管理财务、处理日常事务、审问或调解案件，陪伴土司或外来宾客。拥有土司封给的薪俸田，免除一切负担。土司视其所好，可加封若干个勐。

②准：勐卯土司署属官中地位次于"勐"级的一种。是土司嫡系亲属中年龄在40岁以下者，

资望一般的被封为"召准"。 召准是有封号的亲属，是土司任命各种行政、财务、军事等方面行政长官的主要对象。召准必须轮流到司署内当值，一般掌管司署内书房、门房工作，也有的被土司派到各村寨办理土司指定的事项，或当土司的临时咨议员。拥有土司封给的薪俸田，免除一切负担。

③印：地位又低于准的土司属官。年龄较轻，资望尚浅的初封属官封为"召印"。是贵族中的最低级，一般由勐、准两级推荐给土司批准即可。土司在行使政治、经济、军事等权力时，在勐、准、印三个等级中任命一些贵族为各级官吏，使这些贵族成为土司政权中的成员。这些属官在任期内可终身享受土司给予的俸禄，凡具有与土司或代办最近的亲缘关系，且有办事能力，又得到土司或代办信任的贵族都能成为族官，也称为属官。无论大小族官，有事无事每天都要到司署的三堂内静候，当土司及其亲信商量问题、研究要事、审理案件时便让其坐于两边旁听，只得旁听事理，但无权提问和建议，只有那些受土司信任又有能力的族官，才能被土司任命担任司署的高级职务，土司凡遇重要事项，均听取他们的意见。在司署任职的族官，需轮流到司署值班，以处理临时发生的事，或出差到各村寨办理土司指定的事项，审理或调解案件，或陪伴土司会见外来宾客，

在这三级属官中，土司的亲信，还可兼任农村的波朗（管爷），从所管理的村寨收取管粮和让百姓无偿服劳役。

④百姓：是土司最低层的子民，百姓无等级之分，每一个村寨，可由波朗任命一个幸（寨长），也可由百姓推举。

⑤奴隶：仅限于在土司家内从事家务劳动，服侍土司及内眷的生活起居，或作为土司小姐陪嫁，他们不能成为百姓，其子女仍为奴隶。

行政机构：司署衙门是全勐卯的最高行政机关，土司是最高行政长官，衙门里设大堂、二堂、三堂、四堂，百姓及景颇山官只能进入大堂，二堂、三堂为族官们议事的场所，四堂属土司专用，除土司传唤外，其余的人员不得随便进入。

4. 土司署机关职官的设置：

（1）总理、秘书：总理由勐级中最受土司信任的族官担任，秘书由足智多谋并具有较高文化知识的汉族担任，他们属同级，是土司办理政务的左右手，他们可以在四堂与土司一道商议一切大小事务，并有权决定对农村的摊派项目和数量，对准以下族官有任免权。

（2）总管：是司署最重要的官职，负责管理司署财粮、全衙门及土司家属的财政收支情况，实际上是土司的财政部长。在土司衙署中，总管的权力最大，土司往往任命"勐"级属官中

最受土司信任并有威望的人担任此职，任期不定，没有薪俸，但在所经管的职务上有利可图。

（3）朗勐：傣族地区土司署大祭师的名称，在土司及属官每年敬献色勐（全勐最大的灵魂思可法）时，由其领头司仪祷告，是祭色勐时地位最尊贵的的主祭人。

（4）捧勐：被封为捧勐的多是杂姓官员或百姓，职位比三级属官低，只有到老时才可升为布胜，但都不是正式属官。

（5）滚贺：勐卯土司署中管理土司署驻地勐卯城内各城门的负责人，也不是属官，其职权仅只是在城内各门代土司传达命令或收租派款。

（6）望宰：是专门侍候土司的仆人，土司外出拜佛、念经，请客时，帮助土司整理行装和挑东西。属于司署里的通讯员，专门送信、催人，多由穷苦百姓担任。

（7）伕马：勐卯土司署中负责管理征调应差的伕役和马匹的职官。由土司从可信任的属官中任命。任期不定，也没有薪俸，但在所经管的职务活动中有利可图。

（8）司爷（文案）：负责管理司署及土司私人的一切对外文件，土司对外发文概用汉文，故土司署衙内文案一职皆由土司聘请足智多谋并具有较高文化知识的内地汉人来担任。司爷是土司的左右手，参与土司决策，是司署中的重要人物。司爷（文案）一职每年薪饷可得银圆200至400元不等，除管理文件、将司署的账目记载入册外，还要兼任负责招待接送往来汉官的职责。

（9）夷书办：土司署中负责土司对民间发布文告、命令及各土司间信函往来的职官名。土司发布广告、命令皆用傣文，故土司署衙内均设有夷书办数人，由傣族担任，此职只要求通晓傣文，不限定要贵族阶层中的人，因而傣族平民子弟中凡通晓傣文化者都希望能当上夷书办，这是傣族平民进入宦途的唯一途径。夷书办每年可得若干谷子作为薪俸。

（10）教读：土司署中负责教授土司子弟学习汉语文的老师。德宏沿边的各土司均要求会认汉文，能讲汉语，方可以与朝廷官吏往来。相沿至今，故每一土司署内必聘请汉人担任教读，负责教育土司子弟讲汉语、习汉字。教读年薪可得银圆200～300元。

5. 勐卯土司司署办事机构

土司司署具体办事机构设置为三班六房，由土司司署内所设的三班六房来负责司署的日常事务、官税下派和征收、行政管理、武器装备保管以及外交等工作。三班分别为亲兵班（站班）、属官班（三堂班）和吼班。六房为书房、门房、军装房、帐房、茶房、差房。

（1）三班人员构成和职责：

①亲兵班：也称卫士班，由土司的亲兵组成，主要职责是负责土司及及司署内的安全保

卫和土司的安全警卫及通信联络工作。每一班十余人。土司在家，负责服侍土司，早晚摆饭，倒茶水，打扫室内清洁卫生。土司外出，亲兵配备武器担任护卫任务。土司亲自审案，亲兵则站班侍立。亲兵薪资由被摊派服兵役村寨负责，每年收谷 100 箩或银圆 150 元。

②属官班：由 12 个召朗或波朗以及被土司提为土司司署职员（他们不是属官）的办事人员所组成。12 家波朗，包括其他官员，要轮流到司署中值班，值班波朗或官员要搬住司署的三堂，早晚陪土司开饭，遇有民事诉讼以及其他事务，则由值班属官（波朗）处理，然后上报土司审查批准。若是土司坐堂审案，值班人员则陪坐审讯。

③吼班：由堂官、巡长和差役若干人组成负责上传下达和引见土司，如有人需拜见土司，需通过门爷带领才能见到土司。土司升堂审案，堂官、巡长、差役等人都到大堂前面吼喝"请大人升堂"，然后站立大堂两旁，听候土司使唤，对犯人施加刑具。堂官每年薪俸谷为 100 箩。

三班值班 5 天，以一个街期为限，共有 3 班，22 人；每班值班 1 个月。土司兵班分两个班，轮流值班；大堂、土司司署的司鼓处和司炮处，天黑、睡觉和天亮要鸣鼓放炮。其中司鼓 3 人，每个人值班 1 个月，天黑打报点鼓，睡觉打睡觉鼓，五更打天亮鼓。放炮亦有规定，天黑点灯放铁炮一响，天亮放天亮铁炮一响，中午放铁炮五响。土司的仪仗亦存放在大堂；进门为差房值班地点。

（2）六房的人员构成和职责：

①书房：由秘书、师爷、誊录员组成。书房负责管理司署的财政收支，安排司署生活、书写文件、文件保管，设有专职的汉文文书和傣文文书。汉文文书主要负责对外行文，与汉族官员打交道和办理外交事务。傣文文书主要负责本民族内部事务，土司间的联系，对傣族百姓发布通告等。书房的组成人员都叫师爷，傣语叫"磨"，可译为先生之意。师爷有两个级别，即红笔师爷和黑笔师爷。红笔师爷也称刑名师爷，有的称幕僚，可以参与政务，下发布告、命令，公审大案时执红笔监斩，有的师爷成为土司衙门的主谋。黑笔师爷也叫书记员，主要任务是抄写公文，对土司的子女传授文化知识，成绩突出者可升为红笔师爷。秘书的地位较高，常为土司出谋划策，整理诉讼卷宗、管理文稿和各项收租票据，起草和书写同各土司的往来信件、公文，起草和誊写给设治局、汉官往来信件和公文，包括书写临时便条。土司外出办事，秘书亦同行。土司若不愿外出，秘书可代理土司外出代办。秘书可与土司同桌吃饭。每人每年年俸银圆 1000 元，司爷、誊录员每人年薪谷子 100 箩到 200 箩。每逢办理诉讼案件或写收租票，可收零星用费，每人一年可收入银圆百元上下。

②军装房：由一个有军事常识的人独管，主要负责采购、保管武器弹药及装备，并代修

理枪。此人年薪 150 箩谷，每月分给大米 4 斗。

③门房：由波朗家的青壮年组成。所属人员轮流到司署门房值班，每班 3 至 4 人，1 至 2 月。门房值班职责为收发信件、文件、收租票、传达通报和迎接宾客。门房人员按规定收、管烟，每天供饭两顿。

④茶房：茶房由 2 至 4 人担任，负责烧开水，为土司和宾客沏茶倒水、打洗脸水、洗脚水、巡更兼放土炮、打扫司署内的环境卫生等事务。

⑤差房：负责抓捕、拘押、传讯、提审、看守监狱、传递书信和杂物等差事。是一个集行政、司法为一体的重要部门。一般案件由差房的管爷负责办理，重大案件才有土司亲自审理，审讯时由差房安排陪同审理，需用刑时由差房执行，差房设有刑具十余种。差房还负责司署内人员起床、吃饭、睡觉时的吹号，遇有婚丧嫁娶和重大节庆，要敲锣打鼓，燃放鞭炮。土司出门视察、赶摆等要在前面鸣鼓开道。

⑥账房：账房，由主管 1 人和副员 2 人组成。主要负责土司司署的财政和财粮收支、兵器、办公设施、车马等的管理。每季经收的大烟、谷子折价款，地租银息以及昢款、官肉等杂项，并负责购买经办司署所需的日用品。库房由印太和总管直接负责管理，粮仓为账房中的附设机构，设专人管理，负责收粮放粮。账房的主管和副员在每月底支付月薪。

6. 勐卯土司的农村基层职官设置

波朗（召朗）：勐卯土司署中管理农村村寨事务的司署职官。由属官担任，负责管理土司辖区村寨的事务，主要是代土司收缴地租、赋税。百姓有事要到土司衙门解决，须先经过波朗，由波朗同意后引入衙门。波朗大则管理一两个"昢"（土司辖区行政建制单位，相当于现在的乡、镇，一般由数个或数十个自然村寨组成），小昢则只管理一个或几个寨。波朗通过任命布幸（寨长），或由百姓推举一个布幸来管理村寨中事务。在司署和土司所管辖的农村任职的属官，主要分为勐、准、印三级，勐、准两级直接由土司任命加封，印级则世袭或为推选。勐卯土司署共有弄勐、龚府勐、弄盖勐、恩平勐、法光勐、法各勐、保盖勐，法算勐、法酸勐、牙贺勐、弄荒勐和法盖勐等十二勐。准级有江准、贵准、法体准和瓦准等，其中江准管司署民政。印一级头人，在司署多半管司署的财粮、仓库、总管和催收封建地租。其中，洛印任司管。勐、准、印三级头人又多兼任农村波朗，大者管数寨小者管一寨。他们除有职田外，还享受一定数量的实物俸禄。

昢头：昢是土司衙门下设的农村基层组织，是土司在乡下设的基层行政单位，一般以数寨及数十寨为一昢，为司署直辖，管理昢的职官称为"布昢"。一般以数寨或数十寨合为一昳，由土司任命昳内有钱有势有办事能力的人担任，由司署直辖，任期三五年不等。每昳设昳头（相当于乡保长），总揽全昳各村寨的行政及经济大权，负责征收钱粮赋税杂派等解交土司署、调解及裁判民事纠纷案、管理辖区内土地分配和更动事宜、调派民伕到司署当值、采办供应土司署内应用的各项物品、向民众传达土司的命令、文告等，直接为土司服务，昳头是昳级组织机构的行政长官，昳头不交官租杂税，其薪俸由本昳内付给，或由薪俸田拨给，并在收缴钱粮赋税中抽取十分之一的份额。

金勐：勐卯土司在农村基层单位"昳头"的助手，或称二昳，即副昳头，职责协助昳头办理诸事。金勐占有职田，职田免除租税。

布幸：又称老幸：是昳头下的寨长（相当于现今的村长）。布幸由昳头指派或由百姓推选，主要职责是秉承昳头命令，办理该寨中的一切行政事务，征收钱粮赋税解交给昳头，调解和裁判本寨内不严重的民事纠纷，指派人员到司署服差役。

头人：即一村之长，实际便是老幸的助手，直接向民间行使职权的人。职务与老幸相同，惟仅限于一村。村中头人兼有一种特殊任务，凡司署人员即汉、夷官过往该村时，由头人负责接待。故每一村的头人家，同时也便是汉、夷官员的食宿站。

吉利芒；也叫"小催"，类似于乡镇机关的文书，是布幸的助手。其职责主要是为昳头、布幸记账、书写文案，是昳头、布幸传达命令的执行者。

7. 勐卯土司司署出入制度

勐卯安抚司司署衙门办公机关制度森严：土司署衙门格局具体分为大堂（即一堂）、二堂、三堂和四堂，等级十分森严，各级属官、头人按等级进入司署衙门大门。聚居在山区的景颇等族山官、头人，一般只能到司署的一、二堂公干；傣族属官（族官），按官阶级分别在二、三堂值班和办公；第四堂，是土司官的住处，办公处，非司官亲信和职位较高、颇具威信的大属官不能入内。

（二）勐卯土司的经济制度

与土司政治制度相适应的经济基础是封建领主土地所有制。在解放前的 700 年间，瑞丽为思氏和衎氏土司的中心地域，其经济上一直保持着封建领主经济的形态。土司是最高的土地所有者，其下属大小头目，均各有分封的领地，并收取赋税及派各种徭役。"房屋一间大者征银一两、三两，小者一两而止。"到了衎氏土司统治时期，领主经济进一步得到巩固和发展，衎氏土司是勐卯唯一的土地所有者，辖境内的土地完全归于土司个人直接所有，土司有绝对的支配土地的权力，农民没有土地所有权，仅能向土司领地耕种，并向土司交官租贡赋，同时承担土司的各种杂派，从事无偿劳役。

1. 土地制度

（1）领地：领地也称领田。农民使用村社的土地，就得每年向土司交纳一定数量的官租，原劳动者如缺乏劳动力可以转租，因欠债可短期典当或者租与他人耕种，但必须得到土司的同意，官租不能少。领田（及官田）所有权属土司。农民从土司手中领得土地，但仅有使用权，领田数量占全境耕地的 70% 左右，领田可世袭使用，但不得买卖、典当、出租。

（2）门户田：即土司按照门户人口派种的田地，是傣族地区主要的土地使用形式。也是土司衙门和百姓的主要生活收入来源。由农户世代继承耕种，有出租、转让、典当的权利。农户根据自己所种的面积每年按收成交 15% 左右的官租，交 10% 的公粮作为储备粮，若遇自然灾害、战争，这部分储备粮就无偿的提供给老百姓。如没有自然灾害或者其他战事，收来的这部分粮食可以变卖或者换取其他物资。

（3）薪俸田：是土司给旽头、金勐、布幸头人及土司兵的俸禄田，可不交官租，不负担一切杂派，但所有权仍属于土司，受薪俸田者死亡或因其他原因而取消俸禄后，田即由土司收回。土司给各村寨头人和衙门服兵役的薪俸田后，土司不再开给他们劳务费。如头人和士兵空缺，由土司直接收回管理使用或者另外租与他人耕种。

（4）私田（封赐田）：土司封赐给亲属、族官终身世袭的田地，名义上属土司所有，实际上已归受封者所拥有，不收官租，可出租他人耕种，土地所有者可自由买卖、出租。其所收的地租往往高于官租，出售的价也较高。

（5）公田：土司给每个村寨拨一定数量的田地，其收入作为村寨宗教活动及其他活动使用的开支，公田由每户农民平摊劳力耕种。原系土司府留给村寨头人和士兵的报酬田，但村寨头人或者士兵退役后没有上报，被隐瞒下来，或者是寨子的村民移出他寨，全家死亡遗留下来的田地，作为村寨共有的田地，租给农民耕种，所收田租归本村寨公共支出。

（6）私庄田：土司属官或者勐及上的贵族掌握的那份田地，只能由印太祖、太后、印太、护印、及护理来支配。这类土地一类可以世袭，一类只能本人享用不能世袭，本人去世后，由土司府收回。

（7）抽放田：这是根据土司府司署的需要确定的机动田，也可以收回来做门户田，此类田地有三种类型：有属官贵族的份俸禄田；有在司署内工作的一般职员、办事员和勤杂人员的薪俸田，有供司署开销的公用田。

（8）开荒田：在土司许可下开垦的荒地，可 1～2 年不交官租，但所有权属土司，占用者仅有使用权。

（9）牧场：每个村寨都留了未加垦殖的部分荒地，作为全寨的公共牧场。

2. 官租：农民除受地主的牛租、高利贷、雇工剥削外，要向土司交纳官租，官租是土司经济的主要来源，是农民最重的经济负担，勐卯的官租，一般占水田总产量的 30%，荒田不荒租，官租收谷子、大米，又收银圆和卢币，也有少量以劳役代替官租的。据解放初期统计，勐卯土司计收官租 10 万箩以上（折合 175 万千克）。明清以来，人民纳租的办法是以村寨为单位计算，土司根据占有土地的多少规定纳租的数量。然后寨子头人向全村人户摊派。清末，为收取更多的地租，改为按播种面积交纳，每耕种一箩面积（约 6 亩）水田，交官租 10 箩稻谷（每箩约 12.5 千克），官租的 70% 归司署，30% 给波朗、布幸和畹头，这种官租形式一直沿袭到 1950 年瑞丽解放。公元 1912 年后，勐卯土司衎定邦、衎国藩两任安抚使曾一度将实物地租改为货币地租，以畹为征收单位，大畹征收 250～300 盾卢币，小畹征收 200 盾卢币，每征收 100 盾卢币，畹头抽 10 盾，布幸抽 1 盾作为土司发的薪俸。至民国 22 年（公元 1933 年），又恢复征收实物地租。此外，土司对属官还分给他们 1 寨、几寨。几个寨或 1～2 个畹的管理权（傣语称禄芒）。他们从中收取管爷租（"毫波朗"），农民每年要向其他的属官交纳 1～2 箩谷子，有田户 2 箩，无田户 1 箩。

3. 杂派：是土司定期和不定期向百姓征收的各种钱物，名目繁多、数量很大，大小不下 30 种。计有：门户捐（恩印谢）每年每户 1 文，每年上交一次，由各畹波朗代收，90% 归司署，10% 分给畹头和布幸。明清时期，土司每年由门户捐中抽出若干朝贡中央政府，年上交差发银千两。民国时期在勐卯设的弹压委员、行政委员、设治局的行政费也从每年的门户捐中抽出 2500 盾卢币开支。上贡钱（恩拜法）农民给土司、波朗上贡、1 年 3 次（1、9、1 2 月），钱数不一，贺南毛每户每年交给土司 7.5 文，1 次 2.5 文，交给波朗 3 次，1 次 1 文，做摆钱（恩摆）土司做摆收的钱，1 年 3 次，摆冷西恩摆掌（象摆钱），1 年 1 次，1 户 1 文，伙食钱（恩嘎办）土司家 20 余口人的伙食，由各畹分摊，1 畹办 1 月，钱由各畹百姓出。嫁娶钱（恩歇霞），为土司子女婚嫁款，城里每户 1 文，农村有田户 1 箩种田 1 文，无田户 1 文。生育钱（恩汉腊混麦）土司生子，城里每户 1 文，农村每户 1.5 文，多的 3 文。土司生女，城里每户 0.5 文。满月满岁钱（恩足冷、恩足比），土司生儿子满月每户交 1 文，生女儿满月，每户交 0.5 文。土司儿子满岁每户交 1 文，女儿满岁每户交 0.5 文。丧葬钱（恩召法暖苤）土司家死人，境内百姓要出丧葬费，由布幸代办，以户计征。读书钱（恩敖来）土司家娃娃念书，有田户交 2 文，无田户交 1.5 文。年头月头月底钱（恩贺比、贺冷、汉冷）由农村交，

1次1户1文。地基钱（恩王很）外来户要地基盖房，需向土司交费，1次最少5文。修建费（恩嘎埋嘎哈）土司盖房买竹木草片的钱，草片派贺南毛、勐秀、广等察，竹子派城内百姓，农村有田户交3文，无田户1.5文。头巾钱（恩哈告朗麦）土司讨老婆买头巾，农村每户交2.5文。染料钱（恩嘎黄）给土司染衣服买染料，每年农村有田户交1文，无田户交0.5文，城里不交。出门钱（恩召摆当）土司出门摊派的走路钱（恩摆当）又名差脚钱，每月1次，城里每户交半文，农村交多少不清。

司兵钱（恩练）：土司自卫武装的膳食、行装、购枪支弹药等费用，以户计征。公元1947年，土司要群众每5户、7户、15户出1支枪钱，最少的1户派5文。小车钱（恩思莫夏），公元1947年，土司要买小汽车，要百姓每户最少出5文，多的交30文。飞机钱（恩腊塔命）土司借口要百姓出钱为他买飞机，每户有田的交2.5文，无田的交1.5文。开会钱。凡土司召开头人会议，由各畹轮流承办，所需费用，由全畹百姓分摊。见面钱，土司给内地来的大官的送礼钱，城子出人，农村种田户好田每箩交10文，中等田交5文，下等田交3.5文。告状钱（恩拜堂）。在寨子交7.5文，到衙门交30文。洗寨钱（恩咩芒），给土司洗寨子的钱。保释钱（恩嘎焕），保人出狱要交费。守犯人钱（恩黄朗），土司派人守犯人的工钱。公元1949年，贺南毛全寨13户，出谷5箩。献鬼钱（恩咪勐），每年1次，城子每户0.5文，农村1文。拜佛钱（恩当担、恩双弄），"恩当担"，傣历7月按人头交，1人1文卢币。"恩双弄"，每年3次，进洼（傣历9月）、出洼（12月），每次交1～3文。承职费。土司袭职。需向上级衙门送礼说情，向朝廷上贡的各项费用，全由境内百姓分摊，数量不一。街捐。每逢街天，凡是摆摊者交纳街税，以摊计算，有钱交钱，无钱则以所卖实物以抵税款。派白饭，土司出巡及族官、自卫队、司署官员下到各地，由所到村寨百姓轮流招待，其费用由当地农民分摊。

4. 劳役：农民世代须为土司服各种劳役，劳役的形式主要有两种：出白工：土司和大属官对居住在城里的百姓，采取按门户轮流摊派的办法，一般1年1户被派出白工达30、50、70天之多。固定劳役：土司对居住地附近的百姓，采取按寨子分工为土司服固定劳役，如守坟、割马草、刮马屎、吹喇叭、放冲天炮等等。修理土司衙门，打扫清洁卫生、切笋子、腌腊腌菜、漂染布匹、修坟墓、烧菜做饭、砍柴，割草、抬死人由城子各寨轮流派工完成。保姆、牵马抬轿、服侍土司吸大烟由各畹头派工完成。修路、运粮、架桥、运枪支弹药由各畹头以抽丁办法在各寨临时派工完成。由芒喊寨负责守墓，由张壁寨负责奏乐，由允当寨负责放冲天炮，由贺南毛寨负责割马草等等。

（三）勐卯土司的军事制度

麓川王国思氏王朝时期，由于思氏土司不断用兵向四周扩张领地，兼并土地，故在军事方面已开始了从百姓中征集兵丁的制度，组成亦兵亦民的武装力量，以适应战争的需要。所辖百姓无军民之分，聚则为军，散则为民，遇有战争发生时，每户男丁3人或5人中出兵员1名，择其健壮者为正军，称为："锡剌"。到了清代、民国时期，已一改明代全民皆兵的传统，逐步向常备化、专业化发展，土司衙门设立了自己的常备武装自卫大队。

历代土司都懂得军事武装是维护自己的利益，巩固其统治地位的重要工具。元朝时期的勐卯土司思汉法执掌麓川路的统治权后，之所以能够把元朝在西南边疆建置的百夷土司管辖区领地大部分都吞并了，而且还跨过怒江，侵扰内地，使麓川路的统治区域逐渐扩大。除了他的个人野心外，更主要的是他有一支强大的武装力量。思汉法势力甚至强大到元朝廷不能制服的地步。进入明代后，麓川思氏土司强大的势力对明朝统治者也是最大的威胁，这就使明朝统治者不得不正视这一地区。思汉法如此，思汉法之孙思机法更是如此。所以，历代麓川思氏土司都仿效他们祖先的做法，致力于建立和发展自己强大的武装力量，以维护和巩固其统治地位。勐卯的麓川土司时期，由于不断用兵向四境扩张，兼并其他土司的领地，因此在军事方面实行全民皆兵的制度，以适应战争的需要。据明钱古训《百夷传》考察，当时麓川思氏土司治下的百姓："无军民之分，聚则为军，散则为民。遇战争，每三人或五人出军一名，择其壮者为正军，呼为锡剌，锡剌带兵御敌，余人荷所供，故行军五六万，战者不满万"。这种全民皆兵的国防体制，平时不设更多的常备兵，但在土司辖区各地都设有"召刚"、"召八"、"召哈昔"、"召准"等领兵官员，使他们各有份地，相当于拿国家工资的地方武装部干部。这些人平时为民，在所在地区耕田种地，战时为军队骨干。战斗编队时在三至五人中选一人作为战斗兵，其余都作"后勤兵"，"故行军五六万，战者不满二万。"勐卯安抚司时期的军事，在沿袭明制的基础上已有所发展。土司拥有自己独立的武装力量，土司为最高的军事首领，是一支维护地方稳定和安全，抗击外敌侵犯的重要力量。守土有责是其最高职责，外敌入侵时服从朝廷征调。和平时期勐卯土司一般只拥有100人左右的自卫队，除负责土司府衙门的安全外，还驻守在各交通要道、桥梁、关隘。只有遇到战争时才会动员更多的男子参军。

1. 土司武装力量构成

勐卯安抚司衙门很早就蓄养差役作为土司署衙门的警卫部队，逐步演变为统称的"土司兵"，也叫做"练"。脱产的土司兵各有俸禄田，土司兵农村的家庭不负担门户、官租和杂派，没有硬性的服役期限，少数人可传子继承袭职。中央王朝推行大民族主义政策，为了加强统治，在少数民族中设立宣抚等土职，同时对少数民族地方武装采取削弱的措施，在推行"以夷攻夷"策略，有时加以征调为其出力卖命，又从未给任何补助，连宣抚使本人也都是"有官无俸"。明清两代王朝在勐卯都驻有重兵，有守备、屯垦驻军，驻兵千名以上的时间很长。清改设汛地，脱离土司管辖，指挥官军衔高达千总之职；章风及以下地段设过护路千总，铁壁、虎踞两关设护关把总，均由清朝廷或云南省总督府直接委任和领导，土司只有协同守卫之责，无权任免调动。清代至民国时期，中央政府对土司的政制、军制逐步采取自上而下的变革。土司袭职的批准权限从中央下放到省总督府，地方行政管理隶属于腾越厅和后来的腾冲县。宣抚使衔头之上冠厅县，实行团练制时期，由省总督府给土司加委团总衔头，但团保局设在衙门内部，成为土司体系的一个部门，职能大体与原来的差班相同，团练实权操于土司手中。民国初年，团总正职由流官行政委员挂名，官方无从插手土司武装。土司武装发展到300多人的武装，三班六房外，还有武装组织团总，团总设团总1人、正副队长各1人、教练1人。下设常住土司衙门土兵数十人。团总负责保卫衙门、维持"治安"、镇压人民反抗、防御外来侵犯。团总后来改为常备队和自卫队。

2. 勐卯土司的军事领导机构

土司为最高军事首领，司官嫡亲为副首领。明代时期的麓川思氏土司军事指挥官分为贺闷、贺幸、贺罢、贺西等级，若有战事，由其招兵率军出征。清代，取消了贺闷，其余未变。民国时期，设自卫大队，自卫大队下设中队，中队下设小队。正副大队长和中队正副队长，由土司及其嫡亲、心腹担任。小队长可由下级向土司推荐，一般由印级属官担任，勐卯土司武装的编制为1个自卫大队，下辖3个中队，中队下辖3个小队，每个小队16～18人，3个中队分驻城子、姐勒、弄岛三地，共150～170人。

土司自卫武装的装备多为火药枪、长刀、长矛，只有少量马仔步枪、毛瑟步枪、短铜炮枪。到近代以后土司武装的装备也有了改善，抗日战争时期，仅勐卯土司的自卫队就有各种枪支470多支，其中土司、属官就有大、小枪100支，自卫队有小炮1门，重机枪2挺，冲锋枪10支，手枪2支，马步枪150余支，农村自卫队的武器有步枪188支，手枪8支。

3. 勐卯土司的兵源动员制度

勐卯全境除属官外，所有百姓都有服兵役的义务。有的农民因欠官租又无力交租，为偿还欠租而送子去当兵抵租的，当一年兵抵一年官租，什么时候抵清欠租，什么时候回家。但普遍的士兵来源主要是以村寨为单位由布幸向所辖村寨进行摊派，每寨抽1～2名壮丁，定期和不定期的进行轮换，如果本人愿意也可以终身或世袭当兵成为职业兵。各村寨所抽壮丁可由村寨从公田中拨出若干亩田作为给士兵家属的报酬，当几年兵可种几年，同时可免交官租。一些村寨无公田而寨中又有当兵的名额，也可由村寨出面雇人当兵，每户平摊若干箩谷子给受雇者作为报酬。土司武装兵的来源，清末至 1950 年解放前夕，主要有几种：一是为抵官租而当兵；二是无田无地的群众为得到一份耕地而当兵；三是部分村寨招的雇佣兵；四是按照"三丁抽一"、"五丁抽二"办法强制抓来的壮丁。抗日战争时期，瑞丽沦陷后，土司兵普遍采取抽壮丁的办法以补充兵源。

4. 勐卯土司自卫队的职责和任务

勐卯土司自卫大队共有三个中队，一个中队驻守城子负责守卫司署衙门，以保护土司及其家属、属官们的安全。同时负责管理监狱、审讯犯人、行刑和抓人；一个中队驻防勐卯坝头姐勒，一个中队驻防勐卯坝尾弄岛，守土护边，防止刑事案件发生，协助各畹催收官租。若遇外部敌人侵犯，则集中一致对外。平时自卫队的每个小队都要在司署值勤半个月，期满后进行轮换，不当值的小队可自行回家从事农业生产劳动。

5. 勐卯土司自卫队的待遇

勐卯土司自卫队的供给待遇包括膳食、行装、买枪购弹的费用，全部由百姓负担，以户计征；而土司每年则给大、中、小队长一定的实物作为薪俸。土兵每年发制服 1～2 套，所在村寨划出 3 箩种田（每箩种田约 6 亩）或相当于 3 箩种田面积的谷子给士兵作薪水。土司兵所配备的武器，由百姓按户出钱购买。

6. 勐卯土司自卫队的训练制度

勐卯土司武装自卫队的兵士旧时又被称为团丁或团练、团兵。团练兵制仍沿袭旧制，以民间壮丁为基础，"聚则为军，散则为民"，在无战事的年份，霜降操兵每年开展一次，集中部分自卫队的兵士进行打靶，集训。

衎景泰担任勐卯土司时，民国云南省政府当局为积极加强地方武装实力，三令五申要求各地土司司署团兵实现固定化，做到定员定编，并改称团练为"常备队"或"常备保卫队"、"常备自卫队"。后来民国云南省府对各地土司自卫队的定员办法是，每畹定员团兵若干，在每个村寨的壮丁中指定为常备队员。每个队员给俸谷 200 箩，由本村寨负担，另有专门向各畹征收的自卫队款项按时上解司署衙门。平时自卫队员一般都在家中劳动听候征召；有时应召到县城住街团保局与差班一样百无聊地等待派差下乡催收苛捐杂税，或向头人讨些草鞋费、吃几餐好饭。民国云南省政府给各地土司加的一些军职桂冠，什么"团总"、大队长、支队长等等；同时又发布许多实际上不起作用的官样文件，什么训令、指令、办法等等。具体些的措施就是设置"行政委员"时期先后要土司两次派员到大理受训，令受训人员回来后担任教练；民国二十六年（公元1937年）起，云南省府先后派多名职业军人到各地土司衙门充任土司手下的军职，意在直接参与指挥土司武装力量。但是，由于经济上完全依附土司，土司的军权从来未曾旁落。平时轮流集训，每期集训6个月。勐卯土司自卫队实际上又兼任教导队的作用。在民间按地区划分为若干小队，经过集训的队员返回本村寨，名额编入按地区划分的各个自卫小队，不脱产，听候调用。

霜降操兵是清朝军队沿袭的军队操练制度，勐卯宣抚使是武职，因此把霜降操兵当作一个隆重的节日盛典来举办，其原意大约是武官主肃杀，以秋霜为重，以9月霜降为隆重节日。

每年9月初，土司衙门便发布告示，通知下属官员、头目和百姓做准备。霜降节日前数日，傣族布甿、布幸，景颇族山官、寨头，汉族山寨头目汇集城子，同时在校场搭盖草棚，作为操兵时休息、饮食之用。小商小贩也踊跃到校场边摆摊设点，开汤锅，卖烟酒及各种零食。专门负责为土司打扫卫生的特定寨子的男女劳动力，也把衙门内部及四周打扫得干干净净。平麓城内从街道到校场坝，人群熙熙攘攘。霜降之日，土司衙门官员、地方头目齐集大堂，整装、议事，议定日程和组成执事、仪仗队。土司乘八抬大轿由两名属官为先导，一名背着用黄绸裹着的大印、号纸、名书"奉品"二字；另一名充当"顶马"，两人骑高头大马在大轿前行进。大小官员40多人全部穿上花缎长衫马褂，各骑马一匹跟随在土司大轿后。土司大轿的两边是卫队，紧贴着大轿，全着新装，一队傣族土司兵身着黄裳、短裤；一队景颇兵全身着黑衣，戴臂章。队伍前是擎旗、敲锣、举伞盖的仪仗队和象脚鼓队，仪仗队手执一些古兵器以及飞龙、飞虎旗等等。时辰一到，土司传令鸣炮出衙。此时，一向紧闭的司署衙门的中门大开，炮声、号声、锣鼓声震撼四野，大队人马浩浩荡荡涌出大门，拜过关帝庙之后，队伍走出平麓城东门。队伍先朝拜事先搭设在东门外的一棵大青树下的"屯洪焕召王"神坛。这个神坛连同大青树，傣语叫做"屯洪焕召王"，据说它是包括中央王朝的皇上和多衍氏始祖的象征。队伍到达神坛前，依次下轿下马，土司首先向东跪拜，然后众官员跪拜，又是一阵炮声锣鼓声，意在表示忠于皇朝和祖先。拜毕回到操兵中心，在一个临时帐篷台正中摆有一张八仙桌，放上带去的印信号纸，土司正中坐定，接受众官员的拜礼。众官员一拜印信，口念"敬拜顶在头上的金霜降"；二拜司官，口念"拜最高的、顶在头上的祖官"，土司则答以"费心了"。接着全体办事人员拜属官，念道"拜众位老官"，属官也答以"费心了"，土司兵也同时吹军号、敬军礼。仪式结束，由土司和甿头向司衙职员发红包，司官赠每人卢比200元或100元不等，布畹赠每人卢比 200 元，以资上街零用。早饭后土司自卫队员集合，由土司点名后打靶开始。靶子设于三四十米之外，枪弹由土司发给，士兵每人打三枪，中靶者得奖卢比一盾，其余人等参加打靶也有奖励。不参加打靶的官员人等，或逛街，或去抽大烟过瘾。打靶和自由活动持续到下午五时许，指挥中心传令收兵，并按出发时的阵容回衙，再次炫耀土司的"至高无上"。队伍来到大门外，全体乘马官员下马，步行随土司官乘坐的大轿到大堂前迎接土司官下轿，又是一阵锣鼓声、号声、炮声。司官上台阶时，堂官跪拜喊话："请大人高升公堂！"土司在大堂坐下后，土司署的杂役们进行跪拜，拜毕散去。堂官再次下跪喊话："请大人入内阁！"众官员随土司之后步入正堂坐定，衍姓勐级官员先跪拜之后，排坐两旁。他姓勐级官员后拜，先拜土司官，再拜土司属官，最后由各位畹头入拜。凡跪拜的人均念同样的颂词、答词。礼拜仪式结束，司官率全体官员到奘相寺朝拜先祖灵位。

操练的日子也是土司向各地村寨索贡的日子，事先土司就对各村寨上缴霜降款及例规礼品制定了标准。据记录。全司十个畹，有交卢比 1000 元的 8 个畹，交 800 元的两个畹；礼品每畹交鲜鱼 75 千克。另外向土司的妻妾赠礼，每人 40～50 元，子女每人 20～30 元。

（四）勐卯土司的司法制度

历代土司为维护其自身利益，巩固其统治地位，都有一套基本完备的司法制度。明代土司有"刑名无律，不知鞭挞，轻罪则罚，重罪则死"的刑法规制。在土司制度建立之时，就拥有独立的司法权，拥有法庭、监狱，可进行独立的审判，对作恶多端的人员可关押收监，进行体罚、经济处罚、没收其土地、开除其村籍。对重犯可按照自己的法律处于死刑，对处死刑者可先斩后奏，也可斩后都不上报。到民国时期，已发展到设有监狱、法庭、刑具、刑法，并配备有警察、法警、牢役等，较明、清两代有所完善，从而更加巩固了土司统治的封建领土制度。土司衙门内设有监狱、法庭、刑法，以构成土司的司法制度。土司衙门内设有土墙木门无窗的监牢，土司的监牢主要用于关押已经土司判决有罪的犯人，犯人被戴上长达 2 尺余的铁链式脚镣或木制脚架，直至服刑期满。对犯人的守卫、监管、押解、逮捕等事宜，都由自卫队负责，到犯人刑满释放时，监管人员要向犯人家属要解链子钱，谁解链子谁得，如犯人家属不送解链子钱，也不能解链子。犯轻罪的人，可由其家属及村寨头人出面，交一定数量的保释金就被释放出狱。土司刑法极其残酷，历代相袭"轻罪则罚、重罪则杀"的刑律。自元、明土司制度确立以来，勐卯土司没有制定过一部法律法典，也没有法令和标准刑名依据，要罚要杀，全凭土司的喜、怒、好、恶和有无钱财为标准，罚可以变成不罚，甚至是既不杀、也不罚。若土司高兴时，犯案者又出得起钱，大案就可以变成小案，小案可以变无案；若土司不高兴，犯案者又出不起钱，则小案变大案，大案变杀头。

土司衙门内也设有法庭，主审法官2人，由地位较高的勐准级属官充任，法警由在司署值班的自卫队员充任，原告人需向波朗交卢币7文半，得到波朗许可方能到司署衙门告状，再交30文卢币的受理费才能立案，之后看原告和被告出钱的多少来审判案件，判谁有理无理，审讯时，出钱多的可重罪轻判，轻罪变为无罪，反之则轻罪重判，无罪变有罪。在解决民事纠纷，民事诉讼案件时，当事人要向法官、刑警交手续费、催办费，手续费交土司和调解人各1份。催办费则催办1次交1次，直至案件解决。法官在审讯时，公开要钱，而看守犯人的狱卒则在暗地里要钱。犯案者脚戴铁镣，脖拴绳索，狱卒见到犯人无钱物可出，则将绳子升到房梁高，若犯案者答应给一点钱，绳子就松一节，犯案者若钱财出的多的话，狱卒就把人放到地上，把绳子解开，甚至串通法官宣布把犯人无罪释放。因此，一些杀人纵火、抢劫民财、胡作非为的歹人，本应法办严惩，但由于他们出得起钱财而逍遥法外，而那些平民百姓却常常因犯一点小事出不起钱，受罚坐牢，甚至杀头。土司对于判死罪者，对不同的民族也有不同对待，若死刑犯是汉人，那就要在勐卯城西土司专门杀人的地方（杀人场）公开进行处决，并砍下人头悬于大榕树上示众3天。若处决的人犯系傣族的话，则将犯人押到他（她）所在的村寨去处决。土司处决人犯的方式，主要有刀砍、剑戳、象踩、活埋、投水、用绳子缢死等。其中"活埋"行刑方式最为残酷，行刑者将犯人埋在土里，只露出头来，尔后再用牛耙去耙犯人的头或者用枪打犯人的头，场面非常恐怖。对于犯轻罪者，一般都是以罚钱"洗寨子"来结案，那是一种个人犯法而牵涉亲属和同寨人共同受罚的"连坐处罚"法，罚款出多少要视案情轻重而定。如此这般，就是土司时代的司法制度。

（五）勐卯土司衙门的办公管理制度

勐卯土司司署的建筑都是宫殿式，其建筑格局形式多仿清代藩台、臬台衙门，都是采取四进的形式。所谓四进，即入大门的第一进为大堂，在大堂两侧置鼓和磬，供升堂报时用。凡安抚使以上的土司，有权在大堂的中门两侧排有銮驾。銮驾包括金爪形的锤一对，执笔的手一对，底朝天的马镫一对，握环的手一对，书有"肃静"、"回避"的高脚牌两块，另有万民伞一具，锦旗四面，上有青龙、白虎、朱雀、玄武，象征封建领主土司的尊严。正印土司、代办、护印、护理等，通常都住宿在土司衙署中，但也有另建住宅居住的，但依惯例必须到司署中用膳。土司署的建筑规模完全仿照内地的府院官衙，有东西辕门，有大照壁，门上高悬着刻有"勐卯安抚司"字样的金字匾，二堂以后，进至内堂，有金碧辉煌、精雕细刻的内厅。在防卫森严的内衙，有暖阁、戏台，有曲栏流水的花厅。衙署以外的土司私人官邸，更多的是西式或缅式建筑，玲珑精致，花木幽雅，又别有一番雅静风味。勐卯安抚司司署衙门办公机关也制度森严：土司署衙门大堂（即一堂）、二堂、三堂和四堂，等级十分森严，各级属官、头人按等级进入司署衙门大门。在山区的景颇族山官、头人，一般只能到司署的一二堂进行公干；傣族属官（族官），按官阶级别分别在二三堂值班和办公；第四堂则是土司官的住处兼办公处，非司官亲信和职位较高、颇具威信的大属官不能入内。

（六）勐卯司署治所城市管理制度

勐卯土司衙门所在的勐卯城区，具体划分为东、西、南、北四片，每片都有一个勐级或者准级的"召法"任总管。东门片由法国勐任总管，西门片由法算勐任总管，南门片由法围准任总管，北门片由法保勐为总管。四片中以东门片最大，下设有五个滚贺（即头人）和万索（工作人员），西门片和南门片各设四个滚贺和万索，北门最小，只设三个滚贺和万索。四个城门都有大门，大门昼夜按时开关，以敲锣为号，有专职敲锣人员"腮"具体负责。勐卯安抚司衍氏家族除直接奴役居住在城内的百姓外，还占有芒喊、弄相、贺拉毛、帕色、姐岗村寨。芒喊、弄相两寨专门为土司守墓地、修缮房屋。贺拉毛、帕色、姐岗寨专门为土司家割马草。勐卯安抚司把农村划分为法破、贺弄、贺派、弄罕、屯洪、姐东、姐相、蛮艾、贺腮、雷允等10畎。各畎由土司委派波朗或召朗掌管，委派的波朗或召朗均为衍姓的属官担任。民国时期，法破畎的波朗为法国勐，贺弄畎的波朗为法保勐，贺派畎的波朗为法保勐，雷允畎的波朗为召混寿等等。担任波朗的属官，除与畎头共同处理政务外，还要轮流到土司署值班，并向土司汇报所管辖畎内的有关情况。

（七）勐卯土司等级制度在服饰着装方面的规定

为了严格体现封建领主等级制度的森严性，勐卯土司规定：男性土司贵族身着长袍马褂，头戴礼帽；男性百姓上穿斜襟短衫，下着窄筒裤。至于妇女服饰等级标志更为明显。土司贵族妇女穿团龙团凤绸缎衣裙，衣裙绣花边，普通百姓妇女则禁止穿着此服装。贵族妇女衣服上使用镀金纽扣，普通百姓妇女仅能用银纽扣。妇女腰带也用颜色来区别等级，土司、属官家的女眷可系深黄、淡黄色的腰带，而普通老百姓家的妇女仅能系桃红或绿色腰带。已婚的贵族妇女在额前以高包头和留丝绸辫子为装饰，普通老百姓民家妇女则严禁用此装饰。

（八）土司贵族的等级婚姻制度

为了共同维护整个土司贵族集团的共同利益，土司实行严格的等级婚姻制度，正印土司必须娶另外一个正印土司的女儿为妻子，这位妻子才能成为门当户对正统的"第一夫人"。因此土司之间的联姻实际上已经成了政治上的联姻，以此加强和巩固土司在政治上的联盟。

如南甸第27代土司龚绶有5个女儿分别嫁给陇川、勐卯、芒市、遮放、干崖的土司，从而让她们都取得了所嫁土司的"印太"身份。龚绶俨然以"十司领袖"自居，联络或控制上述各土司，因此他也被人戏称为"德宏边地土司总丈人"。干崖土司女儿出嫁的情况亦如此。第22代土司刀安仁的一个妹妹嫁给了勐卯衎盈丰土司，刀安仁另一个妹妹嫁给了盏达土司，刀安仁的女儿则嫁给了南甸土司龚绶。第23代干崖土司刀京版的大女儿嫁给耿马土司，二女儿嫁给芒市土司方御龙，如此复杂的联姻关系，让政治上互不相属的各地土司用亲戚关系形成了密不可分的利益共同体。

等级和血统是土司间缔结婚姻的基本原则，通过联姻，巩固其统治，维护他们的共同利益，因此土司之间通婚并不注重辈分，具体表现为通婚者辈分高低不一，例如干崖第21代土司刀盈廷的妹妹嫁给盏达的思土司，盏达土司之侄思洪深却娶了刀盈廷的孙女为妻。土司的女儿出嫁，过去要陪嫁土地，如盏达土司的女儿嫁给干崖土司曾陪嫁了7个村寨，称下7寨，直到解放前仍为干崖土司印太的私有村寨，即私庄。干崖土司的女儿嫁给户撒土司也陪嫁了4个村寨。土司女儿出嫁还要陪嫁使唤丫头。这些陪嫁的使唤丫头来源有二：一种是交不起地租的农民女儿，被出卖给土司司署；一种是土司收留的无父母的孤儿。

土司制度是以家庭为核心，以封建领主的联姻关系为纽带，以血缘远近区分嫡庶亲疏的一种严格的等级制度。这种制度巩固了统治阶级的世袭地位，使得它在封建领主制度社会中得以长期保持，为封建领主服务。承袭数百年的土司之间的联姻关系，是当权者保持统治地位代代承袭的需要。

土司为了世袭传宗接代，在土司的婚配上实行土司家族内的严格的等级内婚制，从而保证其家族血统的纯正。由于土司婚配实行严格的等级内婚制，必然造成婚配范围极为狭窄，只得在各不同地区的土司间寻求联姻。从德宏地区各土司之间的联姻关系来看，各土司之间很自然地形成一个盘根错节、相互交织的庞大的网络式联姻关系。因为有了联姻又使得各土司有千丝万缕的血缘关系，其结果又很自然地形成密切的政治关系与军事联盟。土司之间联姻为维护土司制度起到了一定的作用，也成为封建领主的一种统治方式。德宏地区各土司间的联姻情况：

1. 南甸第28代土司龚绶的第一夫人，傣语称"召准"，是干崖宣抚司第24任土司刀安仁的公主。婚后不久病故，后龚绶又到芒市提亲，娶了芒市土司属官方家小姐为妻，续封为"召准"。

2. 干崖宣抚司第24任土司刀安仁的第一夫人，是芒市安抚司之女。第25任土司刀京版娶了缅甸"勐密"土司公主为妻。

3. 勐卯安抚司第 17 代土司衍盈丰娶了干崖土司刀安仁之女为妻，第 18 代土司衍景泰娶了南甸土司龚绶六女儿为妻。

4. 芒市第 21 代土司放泽重，娶了勐卯安抚司衍如凤之女为妻。婚后净生女儿，放泽重因怕无子接嗣，心中十分焦虑，后连续到各地共娶了 10 个偏房，都未能了却心愿。最后又娶了勐养护印之女，才生育了儿子，名放承恩。放承恩承袭芒市第 22 代土司后，娶了耿马宣抚司土司之女为第一夫人。放承恩之女又许配给遮放土司多外法为妻。第 24 代土司放庆禄，娶陇川宣抚司多洪法之女为第一夫人。而放庆禄的大妹则许配给了耿马宣抚司土司为第一夫人，后病故。耿马土司再行求婚，让放庆禄再将其四妹顶替其姐为妻。第 25 代土司放正德娶南甸宣抚司刀化南之妹为第一夫人。芒市第 26 代土司方克明娶干崖宣抚司之女（放正德姐之女）为第一夫人。第 27 代土司方云龙娶了潞江线氏安抚司公主为第一夫人。芒市第 28 代土司方御龙娶干崖宣抚司刀京版之次女为第一夫人。

5. 陇川第 24 代土司多永安娶南甸第 28 代土司龚绶的大女儿为第一夫人。

6. 遮放第 20 代土司多英培娶南甸第 28 代土司龚绶二女儿为第一夫人。

7. 干崖土司刀京版大女儿，嫁给耿马第 24 代土司罕贵民为第一夫人。

从德宏及周边地区各土司之间的错综复杂而又性质单一的联姻关系网看，土司之间的婚配已经失去了男女之间的爱情基础，只表现了极严格的等级婚配和传宗接代的政治需要。

土司的婚姻不仅体现了严格的等级规定，而且在婚礼仪式上也表现出等级的突出。为了眩耀门当户对的各自实力，婚礼上相互攀比，极尽奢侈铺张之能事。芒市方氏家谱中对 21 代土司放泽重娶勐卯安抚司衍如凤之女的婚事作了如下记载：

在向勐卯安抚司衍如凤提亲前，芒市土司家四处张罗筹备重礼，选能说会道的人出使勐卯进行提亲，衍如凤高兴地接受重礼后当即就答应了这门婚事。傣历癸巳年（公元 1858 年）8 月，芒市司署发出命令，要求各乡寨头目、绅练等跟随司官到勐卯迎接第一夫人。迎亲队伍在开道金锣和大号声中，一面面绣旗、一队队武装依次而行，上书"肃静"、"回避"字样的几方大旗迎风招展，侍卫腰挎银刀雄壮地簇拥在两乘绿呢大轿两旁，一排排属官、执事们骑马依次出发。接着又是乡中头目、绅练，迎亲属官太太们分乘滑竿紧跟于后。整个大队在礼炮声中，直往勐卯举行求婚大典。以芒市土司署衙的大小文书先生为前导的求婚礼仪队伍，抬着求婚重礼，直奔勐卯司署衙门，在礼炮声和大号声中送交重礼。司署衙门中正堂坐满了衍氏各位宗族，大小文书恭敬地将重礼一一清点后，朗诵了土司放泽重的求婚词，勐卯土司官衍莲听后十分高兴，衍氏宗族答应了求婚请求。随后选择了吉日，勐卯司署张灯结彩，宾客纷纷来祝贺迎亲大典。迎亲的、送亲的大队人马，在礼炮声中起程。芒市司署一方的大门，重重大门张灯结彩，处处陈设华丽。多少属官、执事分别张罗宴席，川流不息。迎亲大队到了芒市后，两乘绿呢大轿直进司署第三重门落轿，两边挤满了迎亲的官家亲人，在鼓乐声中将轿帘掀开，这边扶出新娘子，那边扶出新郎倌，新婚夫妇参拜天地和父母。放氏家族长辈坐满高堂，道喜贺庆，赠送礼品。婚礼庆贺长达数日，期间大摆酒宴，赴宴的人群川流不息，彰显着放氏土司的富贵气派。这样豪华奢靡的婚礼所花费的巨额钱财，均由芒市整个坝子的老百姓来分摊。

公元1947年1月，芒市第28代土司方御龙与干崖土司刀京版千金刀碧鸾的婚礼大典在芒市土司府大衙门举行。各种喜对横幅挂满堂屋，绫罗绸缎、毛呢、木刻、奇石瓷器等贵重的礼品摆满司署的亭榭楼台。各司的司官，龙陵、保山、腾冲，远至昆明、缅甸的宾客纷至沓来，芒市各村寨百姓也来贺喜。人群中有一个人显得异常特殊，他就是国民党第26军军长余程万，他先是派一个营长带着100多人为小土司的婚礼保驾护航，之后又专程从大理赶来参加婚宴，还带了一只32人组成的军乐队，他们个个身穿整洁的白色军官服，抬着闪亮的大铜号、大洋鼓，指挥手一比，军乐奏起来，为婚礼增色不少。由于客人们到达日期不统一，婚宴被拉长至1月有余，整天鞭炮声不断，笙箫锣鼓喧天，还有电影放映，文艺演出队也轮番上阵，此时的芒市变成了一个不夜城。方御龙的婚礼一共举行了37天。据管家统计，婚礼期间共用了猪肉16000多公斤，这还不连鸡鸭鱼鹅。米酒用了多少谁也无法估算，只知道米酒像水一样直接舀来喝，外地来的客人口渴想舀点冷水解渴，可到处舀的都是米酒。关于方御龙土司的婚礼，当时有记者曾在昆明出版的《朝报》上发表了一篇详细的新闻报道，竟然将他的婚礼场面拿来跟英国女王伊丽莎白的婚礼相比（因伊丽莎白女王也在同年结婚），写文章的人在报上说，芒市小土司的婚礼"盛况空前，其豪华铺张场面甚至超过英国女王伊丽莎白的婚礼"。

三、戍边保民——勐卯历代土司的担当与职守

"守土有责，保民平安，戍守边疆，忠于朝廷，积极纳贡"这是历朝历代封建王朝中央政府对边疆地区土司进行册封时的圣旨玉律，也是各地土司履职时要向朝廷宣誓就职表示必须坚守的信条，在实际中，德宏边疆地方的土司可以说都是始终没有忘记这一担当的，在抵御外来侵略者入侵中国领土，保护境内各族百姓生产生活秩序的斗争中，勐卯及各地土司都是恪尽职守的。

自缅甸东吁王朝建立后，缅甸东吁王朝国王莽瑞体继位后强力推行武力扩张政策，穷兵黩武不断袭扰德宏边境，勐卯首当其冲，遭受了重大的损失，勐卯历任土司也率领傣族军民

与清朝守军一起为抵抗外来侵略、保卫国家和家乡做出了重要的贡献。

公元 1584 年刘铤反击东吁王朝入侵勐卯 缅甸洞吾贵族莽瑞体继位后，洞吾王朝到处发展势力，进而发动对云南边境的侵略。洞吾王朝侵略的地方有勐养、八百、老挝、陇川、干崖、南甸、勐卯、木邦、勐密、永昌、蛮莫（今缅甸）、嘎撒、腾越、雷弄、盏达、施甸、顺宁（今凤庆）、勐淋寨、大理、蒙化（今巍山）、景东、镇源、勐定、勐连等地，勐卯及各地土司率领傣族土司兵、民众，参与明朝廷驻防军队进行了大小战役共 17 次，傣族士兵和民众死伤无数。

万历三十九年（公元 1611 年）缅军入关侵袭德宏边境地区，干崖第 11 代土司刀定边重整旗鼓，屡建平叛功劳，朝廷加了三品官服。

乾隆十六年、傣历乙丑年（ 公元 1751），缅甸国王瓮藉牙去世，其子继位，国势更加强大，西方的疆土已扩展到大海边，许多小国都已来称臣纳贡。这时，他为让南宏江上游的勐耿、勐连和勐俸等一带的土司向他称臣进贡，于公元 1764 年 率兵分数路进犯中国边境去攻占这些地方，乾隆皇帝敕令边境各傣族土司出兵迎战。勐卯土司衍玥和盏达、干崖、勐底及勐宛的军队，到勐密、曼莫的南鸠江岸驻扎防守，参与副将哈国兴组织的明军对缅军的反击作战，杀得缅兵横尸遍野，仓惶溃退到景玉。勐卯境外八土司地的百姓在此次缅兵入侵时均曾遭到了缅兵的蹂躏，经历了残酷的战争后，都纷纷要求投靠中国，带着兵马和象队来向清皇帝进贡。

清乾隆三十一年（公元 1766 年）缅甸木梳王朝攻克木邦后入侵勐卯，云南巡抚杨应琚在永昌调集兵将 14000 名，令总兵乌尔登额驻宛丁（今畹町），进攻木邦；总兵朱仑由铜壁关进驻新街，提督李时升驻杉木笼调度。双方交战四昼夜，木梳兵假意求和，暗中调兵偷渡神护、万仞两关又窜入勐卯大肆抢掠，副将哈国兴率兵 2500 人往勐卯救援，与勐卯土司衍玥合力坚守平麓城，木梳军用火枪攻城，双方伤亡较大，哈国兴被火枪伤面，堕 11 齿，后清军援兵赶到，两面夹击，木梳兵方才从勐卯退出八莫。

公元 1767 年，缅甸木疏国王瓮藉牙率兵又对我边境地区发动了大规模的侵略：南部一路袭击我西双版纳，一路扰孟连；西部则窜入我德宏地区的神护、万仞两关，袭扰盏达、干崖、南甸、陇川、户撒、勐卯、遮放、芒市各地。人民在战火中大批死亡，地方经济遭惨重破坏。正月乙亥，缅甸兵于正月初窜入勐卯，由底麻渡江，宛顶（即畹町）官兵未能截杀，勐卯土司衍玥率领傣族土司兵和民众进行了积极的抵抗，后在云南巡抚杨应琚派兵增援后才打退了缅军的进攻。

清光绪十一年（公元 1885 年），英人灭缅后，清王朝驻英大臣应英国"以伊洛瓦底江为公用之江"。光绪十二年（公元 1886 年）英兵占领八莫，继而沿江北侵，悍然侵占德宏边地，寻衅骚扰杀掠，抢占我领地。为此，光绪十六年（公元 1890 后）陇川司奉命查界，由总办祥等前赴洗帕河查明原址，并勒石立界碑。可是英殖民主义者于次年公然入侵我铜壁关地区。光绪十七年（公元 1891 年）干崖土司刀安仁毅然组织民众，翻山越岭开赴现场，在吕良板凳山营盘扎寨痛击入侵者。朝廷却不派一兵一卒，只有陇川土司派出壮丁、民众参加，与英军浴血奋战，取得重大战果，威震八方，爱国主义精神受到后人的称颂。

光绪十九年（公元 1893 年）为落实汉龙关遗址，刀安仁随父刀盈廷不辞艰辛，奔走数百里山路，终于查证了汉龙关在勐卯正南，为光绪二十年（公元 1894 年）中英继议滇缅条款提供了强有力的证据。当年英军大规模进攻我虎踞关抚夷驻地盆干寨，遭土司和民众激烈抵抗，英军伤亡惨重。同期，英国殖民者对腐朽的清政府进行讹诈，施加压力，签订了多项有关滇西界务的条约。光绪二十三年（公元 1897 年）正式划定滇缅边界，勘定陇川边界时，英方欲把界桩立到陇川腹地景坎，妄图占领大半个陇川坝，而界务总办刘万胜奴颜婢膝，不仅盲从英方，还多次勒令陇川土司"不准滋事"，并不顾各族人民的反抗，一再压制民众。土司怒火中烧，便差人传讯给下属王子树景颇族山官早乐东，于是早乐东发动各族群众，开展顽强不屈的抗英斗争，把英国侵略者逼到雷姐山脚定界，在德宏历史上谱写了反帝斗争的光辉篇章。

光绪二十四年（公元 1898 年），英帝国主义贼心不死，又大举入侵我铜壁关、虎踞关地区。驻守的干崖刀安仁又给入侵者以坚决打击。是就在这一年，在中英进行滇西边界会勘中，清政府的庸官刘万胜，竟受洋人摆布，将铁壁、虎踞、天马、汉龙四关割让给缅甸。此事遭到下级官兵、民众的强烈谴责。

公元 1886 年 1 月 1 日，英驻印度总督杜佛林正式宣布缅甸王国灭亡，将缅甸国土纳入英国的版图，划归印度总督管辖。1890 年，英帝又制定了打通自缅甸至我长江流域走廊的计划，随即派出了两支探测队随同军队进入我境边区，沿途测绘地形，记录道路、物产、人情，挑拨离间我边民，进行分裂我祖国的活动。公元 1891 年英军到铁壁关地区入侵骚扰时，干崖宣抚使刀安仁即出兵驻守领地，建立大青树营盘进行抗击，一直坚持了 8 年之久，直至刘万胜划界出卖领土才被迫撤军。公元 1893 年英军大举入侵虎踞关时，在虎踞关遗址的盆干寨，遭到了景颇族人民的英勇顽强抵抗，歼灭殖民军千余人；该村的壮丁千余人"亦死亡大半"，但仍坚持不屈服。在勘查下四关遗址中，当地的各族人民都积极投入了查寻工作。在查铁壁关遗址时，该关的抚夷赛文和景颇族副抚夷排贵等带领群众全力投入，在章凤西北洗帕河边的勐董寨，找到了"铁壁英雄"的石碑，并拓了多张拓本；早若东也前往参加并收藏了该碑的碑文拓本。在查汉龙关时，干崖宣抚使刀盈廷、其子刀安仁及许多景颇人参加，从我国畹町到勐尾的 300 平方里的范围内查找了一个多月，终于在龙川江（瑞丽江）以南、今南坎南方的碘卯山上，找到了该关的遗址。我方的查界委员彭继志和英方的马体宜也前往查看，但马体宜硬说此遗址是景颇族的古寨遗址，不是汉龙关。双方正在争议时，刀安仁和几个景颇族人突然在乱石堆中挖出"龙关"各半字的残石匾一段；勘查结果： 该关在勐卯正南，英谓在勐卯西南，后与巴参赞同至勐卯以罗盘考正，中国盘在正南末度，英罗盘则在西南首度"。此次同时查明：虎踞关在我陇川章凤以南，虎踞抚夷居住盆干寨西侧的邦杭山上，关址尚存，关门坐东向西，石垒高一丈余，宽二丈余。天马关在今南坎、龙川江（瑞丽江）西岸的邦欠山上，关址犹存。

光绪二十四年（公元 1898 年），中英勘定中缅界线中，英协迫划到内地六七十里，各族义愤。陇川王子树山官早乐东，拿出虎踞，铁壁二关碑文拓本，英人无言可答，乃进兵章凤一带。群起抗击。早乐东把英侵略军头子粤氏从马上拉下来，因粤氏求饶而放回。此役，各族人民共牺牲 50 多人。

四、改土归流—勐卯土司与历代中央王朝的权力之争

（一）改土归流的来龙去脉

"改土归流"，又称"改土设流"，即封建王朝废除土官、土司，改设流官来管理少数民族地方，这就意味着中央集权要战胜地方政权，地主经济要冲破土司割据的藩篱而获得发展；意味着封建文化要渗进闭塞落后的死角。从这个意义上讲，历史上的"改土归流"是一场变革，是对落后地区加速封建化的有力推动，是顺乎历史潮流的措施，是具有进步意义的。正如清人魏源所说的："小变则小革，大变则大革；小革则小治，大革则大治"。但从土司制度初期设置的出发点来看，有效地代替朝廷管辖边疆少数民族子民，担当起戍边保民的作用，是有进步作用的。但在历史发展不断进步的过程中，由于土司的统治制度不改变原有的经济体系和社会状况，从而让土司管辖区的社会长期停滞不前，生产发展极其缓慢，人民处于水深火热之中。"一年四小派，三年一大派"的经济压迫，和"土司一娶媳妇，则百姓三载不敢结婚，未经土司允许，膏腴四百无人敢垦"。从历史发展的眼光来看，不进行改土归流，社会就难以进步。但封建统治者进行"改土归流"的目的，主观上并没有从社会进步着眼，而仅仅是为了加强中央朝廷对地方的封建集权统治。

（二）明代在云南实行的改土归流措施

土司，是明政权在南方一些少数民族地区设置不同于内地府、州、县的宣慰司、宣抚司、安抚司、长官司等地方政权机构，委派当地民族头人担任这些机构的长官，称之为土司。土

司制度，是明朝廷总结前代"羁縻之治"的经验，在元代土司制度的基础上发展健全起来的。

明朝取得征服云南的胜利后，在云南大部分地区建立起了府、州、县等各级行政机构，特别是在边远少数民族地区，建立从上至下由中央王朝直接控制的行政机构以进行统治。明王朝继承了历代封建王朝"以夷治夷"的"羁縻"政策和元代的土官制度，并进一步加以发展。朱元璋改变了原来规定要各部落酋长入朝受封的办法，承认元朝授予各族首领的宣慰使、宣抚使、安抚使、招讨使、长官等官职，对于元朝在各族聚居的府、州、县所设的土官，也多以原官职授职。以宣慰使、宣抚使、安抚使等官隶兵部。土知府、土知县等官隶吏部，皆世袭其职，给予符印，并确立了承袭、等级、考核、贡赋、征发等等制度。土司除对中央政权负担规定的贡赋和征发以外，在辖区内依然保存传统的统治机构和权力。明代土司制度是封建王朝中央在部分少数民族地区分封各族首领世袭官职，以统治当地人民的一种制度。这种制度及其残余在少数民族地区保留下来，就促使每一个土司辖区成为一个独立王国。土司世袭数代，闭关自守，割据称王，拥兵自重自行设官征收商品税，不仅明王朝派去的官吏不得进入，甚至连皇帝的诏令也难以推行。

随着明王朝统治力量的加强，便逐步在云南推行废除土司制度，实行流官统治的"改土设流"政治措施；流官，即由中央王朝直接委派的官员，有一定的任职期限。在推进"改土归流"的实施步骤上则采取"三江之外宜土不宜流，三江之内宜流不宜土"的方针，同时在一些地区实行"土流兼治"办法。经过洪武、永乐两朝的几度调整，云南曲靖、澄江、临安、大理、永昌六个府，全设流官；楚雄、姚安、广南三府，以流官任知府，以土官为辅任同知、通判；寻甸、武定、广南、元江、景东、蒙化、顺宁、鹤庆、丽江等13个府以土官为主，流官为辅，边远地区则设置宣慰司、宣抚司、招讨司、长官司等，或称御夷府州，全由土司管辖。全设流官和土流兼治的地区，一般都是由土司管辖的地区，宣慰、招讨等土官，有迁调和罢免的权力。九品以上土司的承袭必须先由行省勘合，然后要亲自进京朝贡，最后才能得到朝廷的批准。

随着明代云南地方经济、文化的发展，特别是屯田、移民和商业贸易深入边疆，封建地主经济在越来越多的地区发展起来，土司所代表的旧的生产关系逐步衰败。随着社会生产力的不断发展，土官制度越来越不适应社会的需要。广大人民不断的反抗斗争又动摇了土官制度的统治。与此同时，土官又日益与封建王朝闹对立，反对封建王朝对它的管辖。这种有损于封建王朝国家统一的行为，明王朝自然是不能容忍的。土司统治下的人民也以告状、逃徙、直至起义的斗争方式冲决土司的束缚，这就给明王朝的"改土设流"（也称"改土易流"）准备了必要的条件，于是"改土归流"势在必行的强力推行了。明朝廷对麓川思氏土司强大地方势力进行的"三征麓川"征讨行动，就是为推动"改土归流"扫清障碍。明朝廷"三征麓川"后，果然瓦解了麓川思氏土司的势力，把一个大土司的地盘变成了十个互不相关的小土司领地，为进一步深入推行"改土归流"打好基础。

但到了明代后期，严重的官场腐败造成明王朝政治统治势微，出现了难以控制的局面；公元1526年，因改土归流各地土司相继反叛，攻陷镇雄府城、鸟蒙、东川、成都、重庆、贵阳、昆明等地．明王朝为了要调集各地土司武装力量参与平叛，又重新恢复任命已经被革除的土司，明王朝对云南等地的"改土归流"实际上已经失败，对德宏各地土司进行"改土归流"的行动也就此停步。

（三）清代初期的改土归流

清代建立初期的"改土归流"是明代"改土设流"基本思路的继续和发展。清兵初入云南时期，曾遭到元江等地区一些土司土官的抵抗，清朝廷在镇压反抗土司的同时即将那些地区的土司土官废除而设置流官。公元1659年（顺治十六年）对元江的"改土归流"，因吴三桂借口边防需要以拥兵自重，继续维护土司制度，加之清廷也顾及到初期大清国的稳定，因而没有继续以武力强制推行这一政策。

以勐卯土司为代表的西南少数民族地区，已经形成了独立的政治制度、经济体系和文化圈，有中央王朝封设的土司掌管着这些地区。但是，随着封建社会的发展，中央王朝的高度集中，封建统治者是不允许地方政权强大的。康熙平定"三藩"以后，便开始在西南各省民族地区逐步实行"改土归流"。这时，云南各地的经济经过一段时间的恢复，已有发展，特别是康熙时期采取的一些积极鼓励发展生产措施产生了积极的作用。康熙二十四年（公元1685年）清廷批准云贵总督蔡毓荣取消了明代遗留下来的庄田制，废除屯田制度，把大量私庄田、军屯田变为私田，鼓励农民出钱购买。云南大部分地区已有了和内地相同的经济制度，生产恢复，土地私有和地主经济不断发展，商业发展，从而进一步动摇了土司政权的经济基础。

康熙四年，康熙皇帝责成云南总督在云南开始试行"改土归流"措施，在滇南废除了教化三部长官司和王弄山长官司，设开化府（今文山），同年又废除宁州（今华宁）、昭蛾（今峨山）、蒙自等地的土司官，改为流官。公元1683年废除剑川州土千户长和鹤庆土千户长，公元1696年废除阿迷州（今开远）土官，改设流官。康熙时代试行的"改土归流"行动理所当然地遭到了被改制土司的强烈反抗，但因涉及地方少，没有引起更大的阻力。

（四）清朝中后期实施的改土归流行动

雍正皇帝登基后继承了康熙时期的"改土归流"政策并采取了更加果断的措施。当丽江纳西族人民控诉土司木钟的罪恶后，朝廷立即把木钟的土司职位予以裁撤，改设流官知府，任木钟为通判。雍正一、二、三年在丽江、姚安、威远改流，这时，雍正命各省督抚悉数筹划这项政策的推行。当时四川的乌蒙以及云南车里等地的土司相继叛乱。云贵总督鄂尔泰开始时采取"议抚"的办法，未能生效，于是继而主张以坚决的措施废除土官。他向清廷雍正皇帝上《改土归流疏》，提出"翦除夷官，清查田土，以增赋税，以靖地方"的方针和"计擒为上，兵剿次之，令其自首为上，勒献次之"的"改流之法"。鄂尔泰的建议得到了力图加强中央集权统治的雍正皇帝的赏识和支持，雍正皇帝提升鄂尔泰为三省（广西、云南、贵州）总督，将东川，乌蒙、镇雄划归云南，让他放手大刀阔斧地推动"改土归流"运动。雍正四年至九年（公元1726-1731年），鄂尔泰在西南数省掀起"改土归流"的高潮，在四川、贵州、广西、云南等地废除了许多土司，丽江木府就是在那时候废除的。随着清中央朝廷对边疆民族地方政权统一的加强，为防止土司势力的不断加强对朝廷和社会稳定造成不良的影响，逐步对土司的权利加以制约和限制。清朝廷采取的主要方式有重新划分各土司的势力范围，将土司的管辖范围加以限制，不让其发展壮大；使其离开本地调任它处升迁，使土司离开他的百姓和土地；限制土司权利，对少数抗拒"改土归流"行动的土司以种种理由以兵讨之等措施。

对于以勐卯土司为代表的西南边疆少数民族地区的"改土归流"行动如何实施，清朝廷也全面分析了当时的情况。时任云南、贵州、广西的总督鄂尔泰认为：勐卯等滇西各土司区地处"边徼"、"化外"、"瘴疠"之区，交通闭塞，文化经济落后，土司制度根深蒂固，中央朝廷鞭长莫及，政治、军事难以渗透，故"改土归流"不能操之过急。鄂尔泰认为边疆地区的"改土归流"政策应与内地区别对待，提出继续贯彻明朝廷"江外宜土不宜流，江内宜流不宜土"的方针，以澜沧江以内的地区全部改为流官，而澜沧江以外的地区如木邦、车里、孟连、潞江、芒市、勐卯、陇川、盈江、梁河等地仍然继续实行土司制度。鄂尔泰于雍正四年（1726年）春奏请雍正帝"将云南澜沧江以外土司保留"建议，得到了雍正帝的批准，从而让以勐卯为代表的这些傣族土司管辖的地方，成为历史上受封最早，结束得最晚，持续时间最长的土司地区。经过一个多世纪后，1820年清朝廷在云南滇西腾冲设腾越厅，让腾越厅统一领导德宏境内的南甸、干崖、盏达、陇川、勐卯、户撒、腊撒等地的土司，试图通过实施这种"土流并存"的举措以逐步推动"改土归流"的实施，但仍然没有触动到以勐卯土司为代表的德宏各土司的权力根基，从而让这种土、流之间的改存之争一直待续到了民国时期。

第五篇 末代土司衍景泰和勐卯衍氏土司世袭统治的谢幕

一、刀光剑影中袭职的幼儿土司衍景泰

衍景泰，乳名永福，公元1925年阴历3月3日出生于勐卯土司署，为世袭勐卯安抚司第17代安抚使衍盈丰的长子，其先祖就是大名鼎鼎的麓川王国的思南王—思汉法。民国18年（公元1929年），时值衍景泰的爷爷衍国藩逝世后，云南省政府正式行文颁发委任状决定委任衍景泰的爸爸衍盈丰为勐卯土司，衍盈丰突发重病，在委任令还未到达勐卯时不治身亡。事情来得很突然，按照土司世袭制度，应由年仅2岁的衍景泰承袭安抚使职。但当时衍景泰年幼无法履行职责，让勐卯安抚使职位一时处于空缺状态。衍盈丰的叔父衍国镇阴谋争夺土司职位，乘机欺负孤儿寡母，邀约邻近土司相助，唆使亲族、私家武装数百人，率领衍先、衍满两个儿子带兵杀向勐卯城，妄图通过武力争战夺取安抚使官职。

衍盈丰的叔父衍国镇为什么会公开用武力来夺权呢？这要从衍景泰的父亲衍盈丰的身世之争说起。在清咸丰年间，衍景泰的祖爷爷—勐卯土司官衍定邦（傣名罕印法）励精图治，使得勐卯地方太平，人民安居乐业，被清朝廷授予四品官衔。而衍定邦的胞弟罕先作为护印官，并兼任负责军队的主将，在作战时冲锋陷阵，也是劳苦功高，当他见到兄长衍定邦高升为四品，自己却一无所得，心中闷闷不乐，但又无发泄之处，整日与手下亲信舞拳弄棍，暗中谋划夺取司官权位。

衍定邦娶了遮放土司之女为印太夫人，生有一儿一女，儿子取名为衍国藩。衍定邦病故后，应袭其安抚使职位的小混相衍国藩年仅5岁，无法行使安抚使权力，使勐卯一时没有司官主政，急坏了印太夫人和棒勐（傣族属官）们。这时一向沉默寡言的护印官罕先却异常兴奋，看准这个时机实施了他的夺权计划，他以"保护"衍国藩为借口，以威胁手段强娶新嫂为妻，然后自己宣布自己当土司代办，夺取了统管全勐卯地区的权力。

罕先自从窃取了勐卯司官宝座后，终日沾沾自喜，花天酒地，对土司署衙的属官们恩威兼施，强迫他们要归顺自己，但属官们总在暗地里反对他，尤其是全勐卯布辛、布畈们，表面上表示顺从他，实际上都不愿意服从他的管辖，但这些人既无能力又没有办法赶走他，对

他无可奈何。

罕先知道，自己始终没有可能得到朝廷的册封，要想长期占据司官的宝座，对他威胁最大的莫过于小混相衍国藩（混相：傣语意为"宝石王子"，是对承袭土司职位的土司之子的专称），衍国藩长大后自然要承袭土司职位，只要小混相衍国藩存在一天，他的司官宝座就难以保住，印太夫人虽然已经被自己强娶为妻，但总归是同床异梦，终难得到印太的真心相爱，有朝一日她也会向自己报仇的。他日思夜想，惶惶不可终日，难以了却心上的这一块疙瘩，

一年后，小混相衍国藩已经6岁，欢蹦乱跳地在司衙内玩耍，罕先视为眼中钉，肉中刺，觉得不除掉小混相衍国藩誓不甘心。有一天他终于决定要对衍国藩下毒手了。得知罕先要对小混相衍国藩下毒手的消息后，印太夫人带着"小混相"衍国藩及"小朗相"（傣语对司官女儿的称呼）悄悄逃出衙门，在俸勐和忠实奴仆的护送下，匆匆逃出勐卯城，消失在夜色之中。

印太夫人和小混相逃出勐卯后，跌跌撞撞，日夜兼程逃到娘家遮放土司衙门向父母哭诉，遮放土司官暂将她母子三人安置在靠山边的一个傣族寨子里寄养起来，以便再从长计议。

罕先得知印太携带儿女已经逃出了他的掌心，十分震怒，立即派手下之人到处寻找打听，并致函遮放土司问讯情况。遮放土司官修书告诉他说未见过印太夫人，还假意责问印太夫人因何原因不在勐卯司衙？这一问让罕先有口难辩，可他并不死心，遂暗中派出心腹化装潜入遮放司衙附近进行观察，始终未能探得结果。

斗转星移，转眼间时光又过了4年，眼看小混相衍国藩年至9岁了，遮放土司考虑到这样让他长期身藏村落离弃勐卯，飘落他乡也非长久之计，只恐今后勐卯不再承认他们的小混相衍国藩了。于是遮放司官通过遮放的景颇族山官到勐卯山区的景颇族中去了解，谁家山官的势力最大、最忠于勐卯司官衍定邦？

遮放土司官之所以要与勐卯的景颇山官进行联系，安排收留土司继承人衍国藩一事，要从土司制度与山官制度的渊源说起。

瑞丽景颇山区的山官制度早在明末清初景颇族南迁进入瑞丽之前就已形成，已有300多年历史。瑞丽的景颇族山官辖区分布在户育、勐秀两座山梁和等嘎、勐力等地。景颇地区的世袭首领山官，在不同程度上，受勐卯傣族土司的统治，他们出生在世袭的官种阶层，管辖着1个或多个村寨，他们是辖区内的最高政治首领，在领导群众生产、主持重大祭典、分配土地、调解群众纠纷等方面，均享有一定特权。

景颇语称山官为"独瓦"，意为村寨的主人；载瓦语称"崩早"，意为山上的官。山官有大小之分，辖区有大小之别，但山官只有"官种"才能当，景颇族群众中流传着"南瓜不是肉，百姓不是官"的说法，奴隶不许有姓，他们生下来的子女也是奴隶，户育山区有16家

山官，都姓"勒排"。他们手中握有神权，最大的天鬼、地鬼，只有排姓山官才能供奉，供这种鬼就享有权力，可以收牛腿、兽腿和派官工，寨子所共同供奉的"官庙"中，除供天鬼、山神之类外，还供官家的人魂。在自己的辖区内，山官拥有广泛的职能和权力。具体职能是：1．带领景颇族群众进行生产活动。春耕时节，由山官主持"董萨"念鬼祭官庙，由山官象征性地在自己所指定的土地上破土播种，然后各家各户才得开始播种。2．管理土地，景颇族聚居地方土地的占有、分配、调整都需经过山官的同意，并由要求调整的农户向山官送一定数量的烟酒等礼物。迁出户、绝裔户的田地要交回村寨，并由山官代为保管，统一抽补调整。新迁入户要给山官送礼，方可要求土地的使用权。3．调解民事纠纷。景颇山官辖区内百姓之间发生纠纷，山官有权召集当事人询问，倾听双方陈述，然后加以调解。一时难以解决的矛盾，由山官提供食宿，进一步进行调解，直至矛盾解决为止。对民事纠纷，山官一般按习惯法解决处理，对难以辨清是非和无力解决的纠纷，则请"董萨"占卜打卦进行"神判"。4．保护百姓。山官有责任保护辖区内百姓的权益，如果本区百姓受到侵犯，他负有代表本辖区对外交涉的义务，若经谈判不能解决，山官便动员和组织群众进行自卫和还击，有时为了自身利益，山官也动员群众侵犯别的辖区。山官还负有保护辖区内百姓生命财产安全的责任，阻止外来力量对辖区百姓的侵扰。5．解忧排难。若辖区内的百姓遭遇天灾人祸，或因拉事、械斗、战争受到洗劫，山官有责任帮助受难百姓解除疾苦、重建家园、医治创伤、抚恤死难者家属。

山官也和土司一样实行世袭制，但不同的是，傣族土司的职位一般由嫡长子承袭，而景颇族山官的职位，一般则以幼子承袭。幼子称为"乌玛"，地位比诸子高，有财产继承权，年长的儿子因不能承袭官位，则不断离开老家向外分散，带着部分人到新的地方另建新寨，成立辖区。新立的辖区和老辖区并无隶属关系，但同为一姓、同出一源，这种山官辖区愈增加，支系也就愈复杂。

瑞丽的景颇山官，名义上都归勐卯土司管，形式上由土司给山官封官，称兄道弟认朋友，以挟制山官。勐卯土司曾专门安排曹班管山区事务，广宋山官下属的几个"波勐"，由山官报告后由土司直接委派。尹山山官早纠，从境外搞到一挺机枪送给勐卯土司，土司就封给他"早印"的官名。土司衙门的曹班到户育时，户育山官婆木然盖还为其亲自割马草。山官每年都要向百姓催收棉花、芝麻、干竹笋、干木耳、香菌之类的土产送给土司。但山官服土司的"管"但不服土司的"调"，保持着一定的独立性，景颇族群众只承认山官为其首领，土司不得直接插手和管理景颇族群众的事务。山官没有常备军队，一旦发生战争，战斗人员都是临时凑合的，管辖区内的景颇族青壮年男子都有遵从山官召唤指挥，为保卫自己的亲属、邻里和村寨的土地而战的义务。而战斗成果则由山官领导层和参战人员共同分享。是否进行战争，山官要和头人、董萨及参战人员共同商量决定，如有较大的军事行动本辖区力量有限时，还要向别的山官辖区的山官散发带毛牛肉，由别的山官派出人员支援，组成暂时的联盟。战争前，先由董萨杀牛祭鬼，并咬破舌头看血卦，以此占卜，判断战事吉凶，预测战争顺逆，确定出征日期。出征前需将牛肉连皮一起分送给亲友和友好邻近的山官（即送带毛牛肉），请收到毛牛肉的人助一臂之力。带毛牛肉上加上竹签、火炭、辣椒等物为记号，表示行动时间和地点及紧急程度，接到带毛牛肉的景颇人，届时一定要前来助战。

出征前，由寨中青壮年男子及邻近亲友组成若干战斗队，由头人分别率领，每队约10～30人不等，并在队中选一名勇士在前开路。董萨随军前往，充当军师的角色，随时出主意，决定开战、停战、进攻、退却的时间和鼓舞战士士气，战斗中选一名足智多谋的人压阵，随时与董萨商量对策。战争结束后，战利品由山官头人统一分配，缴获的牛马赶回本寨，祭献鬼魂后给全寨分食，如战斗中有战士阵亡，要杀一条牛祭祀家堂鬼，另杀一条牛洗寨子，以保家宅和寨子的平安。

遮放土司官派到勐卯了解情况的遮放景颇族山官回来报告说，户育排姓山官的势力最大，也最忠于勐卯司官衎定邦。遮放司官立即给户育排山官写了一封密信，告知勐卯小混相衎国藩的情况。户育山官接到遮放土司密信后，惊喜异常，知道隐姓埋名的小混相终于有了着落，他当即向遮放司官发誓：小混相是我们的"召"（指土司），勐卯不能无主，保护自己的召是我户育山官的天职。

一个月黑风高的夜晚，兽已回窝，鸟已归巢，在人不知鬼不觉的时刻，遮放土司官派出的护卫队护送着印太夫人及一对儿女悄悄来到户育山官的家里，在户育山官的护卫下，印太母子三人终于回到勐卯，只是还不能下坝，就这样隐秘的生活着又过了6年，小混相衎国藩长至15岁，已经成了一个英俊的少年，在印太辛勤的教诲下，他知书达理，精通傣文，会讲景颇话，并由户育山官传授练就了高超的武功，户育山官认为小混相衎国藩的羽毛已丰满，能够展翅飞翔了，经过占卜师看了鸡卦选定了一个日子，下令杀了一头黄牛，分割成连皮带毛和肉的几十块"牛毛肉信"，用芭蕉叶裹着，用竹篾捆好后，派人分送给勐卯的各位大小山官。山官们见到毛牛肉信后，就知户育山官有万分紧急之事，就不约而同地迅速赶到户育山官的家中。户育山官对大家讲明了事情的原委后，说："我们的召现已长大成人，是需要我们为他尽忠效力的时候了，今天请大伙来商量如何讨伐罕先，把勐卯司官的权力归还给衎国藩。山官们纷纷表示要拥戴衎国藩，愿意派出自己的兵力，大家一致推举户育山官为行动总指挥，愿意一切听从户育山官的安排和调遣，并订下联络信号，各自回家进行准备。

户育山官经过反复地琢磨，认为要把事情办得万无一失，必须里外结合才能一举成功，他当即写密信向勐卯各地的布幸、布盷们宣布："我们勐卯的召主小混相衎国藩，经我户育山官6年的保护，已十有五岁，能掌管我们勐卯的大事了，傣族、景颇族应联合起来，赶走篡夺权位的罕先，扶我召主回到土司衙门，盼望各位布幸、布盷尽职尽忠，匡扶正义。布幸、布盷接信后，当即商议决定，同意里应外合，并托来人回复。同治十三年（公元1874年）冬夜，各山寨的景颇族勇士们，头裹红巾，手持刀枪，犹如猛虎下山，冒着雾雨穿林越涧，一股股箭一般地直扑勐卯城。五更时分，勐卯城东、西、南、北四门顿时枪声骤响，火光四起，驱逐罕先的战斗打响了。勐卯司衙的属官、司兵，见对方强悍勇猛，锐不可挡，先自着了慌，胡乱放枪，罕先从龙床上惊醒后，慌乱中只得携带着家人在贴身护卫掩护下仓促逃离勐卯城，远走他乡，一直逃到缅甸的勐干隐居。

勐卯百姓、属官选择吉日，迎小混相衎国藩回司署为召，司官傣族名为罕盖法，取汉名为衎国藩。衎国藩上任后，因户育山官（早炯之父）护召有功，衎国藩土司将户育山脚的3个傣族寨子（岗勐、回喊、麻图）约70户人家归户育山官管辖，同时贺腮盷的12寨每年每户向户育山官交1箩谷，另外临近户育的顿洪喊等4个傣族寨也要向户育山官交保头税，每年每户交谷1箩，缅币1盾。

衎国藩是一位很有才能的召，自幼尝尽人间辛酸，具有坚韧不拔的性格，他选址重建勐卯土司衙门，盖了砖木结构的瓦顶屋面，共有一、二、三、四堂，显示了新衙门的魅力。与此同时他还强兵练武，重振父业，教民从善，笃信佛教。勐卯自此五谷丰登，人民安宁，集市商贾云集，欣欣向荣。衎国藩眼看勐卯地方日新月异，蒸蒸日上，但仍想到罕先将会复仇，只有消灭罕先才能保住这太平盛世。既然罕先已成了这太平世界的祸害，那么，为民除害便是衎国藩的神圣职责。如何消灭得想个万全之策，成败在此一举，促使他终日谋略，不敢怠惰，时间一久，计策终于有了。他想把这一重任安排给一个叫岩吞的心腹来完成。让岩吞以谋杀衎国藩为名，从勐卯到缅甸跑到罕先之处，投靠罕先。罕先问他："岩吞你为何投奔我？"岩吞跪拜答道："我的罕先召啊！那罕盖法（即衎国藩）罪恶多端，欺压百姓，我岩吞眼看不下，劝说无效，恨之入骨，我找了一个机会乘他不备之时，举刀向他砍去，哪知他有一身武艺，躲过了要命的一刀，我只好来投奔你了。"罕先虽收下岩吞，心中还是有些怀疑，便暗派人返回勐卯打探，探子才踏上勐卯地方，就看到满大街都贴着衎国藩捕捉岩吞归案的告示。便返回勐干向罕先如实禀报说，全勐卯悬赏捉拿岩吞属实。罕先觉得岩吞人才难能可贵，且有一身武艺，诚心投靠自己，理应重用。从此，岩吞成了罕先的贴身保镖，岩吞手脚勤快，颇得罕先的信任。

转眼岩吞当罕先的贴身护卫已3年，罕先对岩吞已无半点怀疑之处。一天，罕先午睡醒来，倍觉爽快，便叫岩吞找把剃刀来，帮他剃个头。岩吞高高兴兴提凳端水到后院梨树下开始为罕先剃头。岩吞一剃刀砍中罕先的脖子，割下头来装进包里，提起腰刀就奔回勐卯，一路晓行夜宿，日夜兼程，奔回勐卯就直入司署衙门，将布包随即丢在地上，跪地呈报："罕盖法召，请你验证罕先的头颅吧！"衎国藩命人解开包袱查验，见到一个肥头大耳的人头，耳朵下还有一颗黑痣。正是罕先的头颅无疑！罕盖法说："岩吞，你受委屈了。"说完一面令人把罕先的人头挂在东门城外路旁的大青树上示众；一面通知各布幸、布皖、山官等前来观看。

罕先突然被杀，吓得他的两个儿子连忙逃离勐干，远走勐养，隐姓埋名，成家立业。后来罕先的长子衎国镇得势，带领他的儿子前来抢权报仇，由此挑起战争，数年期间从未间断。

民国17年（公元1928年），衎国藩因病去世，在这之前，老土司深居简出，除养子族官及高僧外一概不见他人，甚至临近土司及边务行政长官求见，他也推病不肯接见，不久衎国藩便离开人世，衎盈丰继承父位，但需经省府正式委任方为合法。

民国18年（公元1929年）初，云南省政府正式颁文委任衎盈丰为勐卯土司，但委令还没有发到勐卯时，衎盈丰就不幸病亡了。衎国镇得知衎盈丰病故勐卯土司官一职空缺，便抓住时机，招募兵丁，练得兵强马壮，倾巢出动，并到德宏各土司家活动请求支援。干崖司官抵制，勐焕（芒市）司官不理。只有勐底（南甸）土司、勐宛（陇川）土司、遮放土司表了态。勐底土司愿为罕先的儿孙混罕见、混合向上呈报说情，勐焕和遮放的土司愿出人出钱。混罕见、混合、混旱能辩善讲，有个好口才，凭他善辩的口才笼络了一批人。他说得勐宛弄莫寨的布幸援助一囤箩银洋。遮勐布雷曾与人讲：混旱太会讲话了，他第一次来劝布雷支援，布雷看在初次见面的礼份上，数给他3000银洋，混旱说等事业成功后就让布雷当法破的布皖，让布雷永辈收租，布雷给3000银洋后，前思后想，总觉得混旱他们成不了大气候，决定不再理他们了。混旱第二次又来了，布雷躲入宿舍装睡午觉不接见，混旱对布雷的老伴讲，请布雷老爷放宽心，目前我们刚刚着手准备，万事开头难，现兵力已足，只是枪支欠缺一点，要是凑足枪支，训练一段时期，兵强马壮，攻下勐卯司衙如囊中取物，易如反掌，布雷听听心又热起来，立刻从宿舍走出来，又数了3000银给混旱，这样一而再，再而三，一囤银洋都数光了。混旱得利了，助长了衎国镇的复仇气焰，这次衎国镇在三司的支持下，自任主帅引兵向勐卯司衙进攻，就是历史遗留下来的问题的继续。

二、用铁腕争来的勐卯土司代办刀京版

衔国镇阴谋争夺土司职位未遂，于心不甘，率领衔先、衔满两个儿子及亲族、私家武装数百人杀向勐卯城，妄图通过武力以争战夺取安抚司职。勐卯安抚司武装卫队与对方多次交锋失利，危在旦夕。衔景泰的母亲是刀京版的亲堂妹，刀安信之女刀宝萍毫无办法。司署早有规定：土司如早逝，儿子未达到承袭年龄的，便在本司或关系亲密的邻司推荐一人作为"代办"，代理小土司管理司署，权力与土司一样大。因为代办是凭能力应聘的，德宏历史上的土司代办多是文武全才，代办期间也多有建树。此时衔景泰的母亲印太夫人马上就想到了干崖司署的哥哥刀京版，他既有满腹韬略，又是至亲骨肉。衔景泰的小祖母及司署里的高级属官也一致认为刀京版是最佳人选。于是勐卯司署邀请衔景泰的舅父刀京版出任勐卯代办，并请他火速出兵勐卯救援，以保住世袭大权。

说起刀京版，他的名字实际叫刀保图，京版是他的字，由于当地少数民族上层人士等都习惯称呼他的字，时间一久，很多人就只知他叫刀京版，很少知道他的名叫刀保图。

（一）民族英雄刀京版

公元 1899 年，刀京版降生于干崖宣抚司署，司署衙门就坐落在凤凰城（即新城），刀京版便是干崖第 23 代宣抚使刀安仁的长子。孩童时的刀京版严格遵照司署传统规矩，7 岁就进入司署学馆读书，司署学馆是当时干崖地区惟一的学馆，穷人家的孩儿只能望而止步，只有属官、族官的孩子才能至此陪读。黄柱臣先生是刀京版的启蒙老师，受司署应聘至此教书，他饱读诗书，精通中原文化，文化造诣很高，也很有一套教学方法。入学后的刀京版头脑聪慧，机灵活泼，在司署学馆读书时认真刻苦，在黄先生的循循善诱中，遵从师教，学有所成，很快就熟读了《四书》《五经》《论语》等孔孟之道经典，不但能写一手好字，而且还能吟诗作赋。刀京版不但喜欢习文，而且还喜欢习武，在大教习的指点下，在学习知识的同时兼习武艺，认真领悟尊师教诲，每日早早就闻鸡起舞，苦练不止，然后才入学馆习文，常年如此，锻炼自己成为文武双全的人才。

少年时代的刀京版深受父亲刀安仁爱国爱乡、誓死捍卫祖国疆土的思想所影响，时时牢记父亲在极其艰苦的环境里，奋不顾身地率领边疆各族民众，舍生忘死，忍饥挨饿，寸土不让，寸土必争，血战侵略者，一次次将侵略者赶出境外，使敌人闻风丧胆的英勇事迹。

那是在清光绪十一年（公元 1885 年）间的事，英人灭缅后，清王朝驻英大臣应英国"以伊洛瓦底江为公用之江"。光绪十二年（公元 1886 年）英兵占领八莫，继而沿江北侵，悍然

侵占德宏边地，寻衅骚扰杀掠，抢占中国领地。为此，光绪十六年（公元1890后）陇川土司奉命查界，赴洗帕河查明原址，并勒石立界碑。可是英殖民主义者于次年公然入侵中国铜壁关地区。光绪十七年（公元1891年）干崖土司刀安仁毅然组织民众，翻山越岭开赴现场，在吕良板凳山安营扎寨痛击入侵者。朝廷却不派一兵一卒，只有陇川土司派出壮丁、民众参加，与英军浴血奋战，取得重大战果，威震八方，后人传为佳话。光绪十九年（公元1893年）为落实汉龙关遗址，刀安仁随父刀盈廷不辞艰辛，奔走数百里山路，终于查证了汉龙关在勐卯正南，为光绪二十年（公元1894年）中英继议滇缅条款提供了强有力的证据。当年英军大规模进攻我虎踞关抚夷驻地盆干寨，遭土司和民众激烈抵抗，英军伤亡惨重。同期，英国殖民者对腐朽的清政府进行讹诈，施加压力，签订了多项有关滇西界务的条约。光绪二十三年（公元1897年）正式划定滇缅边界，勘定陇川边界时，英方欲把界桩立到陇川腹地景坎，妄图占领大半个陇川坝，而界务总办刘万胜奴颜婢膝，不仅盲从英方，还多次勒令陇川土司"不准滋事"，并不顾各族人民的反抗，一再压制民众。土司怒火中烧，便差人传讯给下属王子树景颇族山官早乐东，于是早乐东发动各族群众，开展顽强不屈的抗英斗争，把英国侵略者逼到雷姐山脚定界，在德宏历史上谱写了反帝斗争的光辉篇章。

光绪二十四年（公元1898年），英帝国主义贼心不死，又大举入侵入我铜壁关、虎踞关地区。驻守的刀安仁又给入侵者以坚决打击。刀安仁率领边疆各族儿女与英国殖民主义者浴血奋战之时，经历了艰苦卓绝的八年多抗英战斗，击退了敌人无数次的进攻，才把英国殖民主义者阻止于边关之外，但腐败无能的清王朝，崇洋媚外，惧怕洋人，强行下令撤退，悲痛欲绝的刀安仁撤回司署，怀着极其愤怒的心情写完了《抗英记》。就是就在这一年，在中英进行滇西边界会勘中，清政府的庸官刘万胜，竟受洋人摆布，将铁壁、虎踞、天马、汉龙四关割让。此事遭到下级官兵、群众的强烈谴责。但腐朽无能的清朝政府却屈膝投降，刀安仁浴血奋战八年的成果竟被刘万胜毁于一旦。他悲愤至极，仰天长叹"小民尚知守土，朝廷却忍辱求荣，如斯沉沦，国将不国！"继而寻找救国富民良策，光绪三十一年（公元1905年）刀刀安仁毅然出国考察，接受了推翻帝制的革命思想，决心组织滇西起义。革命党人秦力山发现刀安仁胸怀宏图大略，于是支持他东渡日本留学。光绪三十二年（公元1906年），经吕志伊介绍，孙中山主盟，刀安仁加入了中国同盟会。两年后刀安仁回到干崖，在中国同盟会仰光分会的支持下，建立了同盟会干崖支部，继后，刀安仁与腾越革命志士张文光、刘辅国建立同盟会外围组织腾越自治会，刀安仁任组长。同时组织敢死队赴永昌组织起义被人泄漏军机，起义失败。为寻求实业救国的道路，刀安仁不但投身革命，而且还大搞实业救国，引种橡胶，开办银庄，引进外资和机械设备，请来日本的专家和技师，开办了工厂生产出产品，这在贫穷落后的边疆成了轰动边疆地区的特大新闻，但因各种原因，刀安仁的实业救国道路在清政府的压迫下不幸失败，其中火柴厂的机械卖到腾冲后，由腾冲商人生产的火柴仍以白象为商标，其质量居全滇之首，深受人们的喜爱。

正当革命蓬勃发展之时，刀安仁遭人暗算，在南京被捕。经过孙中山、黄兴、宋教仁合力营救出狱，但身心遭受严重摧残，从此卧病不起，于民国二年（公元1913年）病逝于北京。噩讯传来，孙中山深表痛惜，致挽云："中华精英，边塞伟男！"北京政府追谥他上将军衔。父亲刀安仁的事迹深深地蕴藏在刀京版幼小的心灵中，感人肺腑，催人奋进，成了刀京版后来走上爱国爱乡道路的精神支柱。

刀京版所处的时代，时值十九世纪末叶的中国，还处在满清王室的统治之下，民不聊生，苦不堪言。这时中国历史上最杰出的资产阶级民主主义革命家，中华民族的优秀代表孙中山为带领灾难深重的中国人民冲出苦海，拯救国家，革命热情日益高涨，使得满清王朝的统治摇摇欲坠，惶惶不可终日。武昌起义的一声炮响，彻底动摇和破坏了清王朝的统治。由于帝国主义列强正在酝酿第一次世界大战，不可能用更多的兵力用来干涉中国革命，同时也希望用西方的民主改变中国，于是打出"中立"的幌子，从政治、经济、军事等方面压迫革命政府向反动势力妥协，加紧寻找新的走狗来替代清王朝，袁世凯便是他们选中的一条走狗。为骗取革命成果，他采用一切卑鄙的手段，利用中国资产阶级在革命中懦弱的特点，竭力怂恿袁世凯以软硬兼施的方法逼迫临时国民政府把权利让给袁世凯。当袁世凯窃取了辛亥革命成果后，他的反革命狰狞面目便暴露无遗，一场反袁护法的武装斗争暴风骤雨似地席卷全国大地。

宣统三年（公元1911年），孙中山黄兴领导的广州起义失败后，干崖宣抚使、从日本留学回国的刀安仁得知仰光分会又集中力量致力于滇西起义，计划将前线指挥部设在干崖，夺取腾冲，攻下永昌，然后再兵分东南两路向大理、昆明进发，以获全省胜利。7月在干崖土司衙门召开会议，会议由刀安仁主持，张文光、刘辅国和仰光分会代表参加。会议决定：腾越起义时间为9月9日。9月5日，刀安仁组织的滇西国民军由傣、景颇、阿昌、傈僳、崩龙（德昂）、汉等各族组成的800多人的队伍，编为5个营，还有后备队全司9个畹每畹编一营共1200余人，刀安仁派出的先遣队于6日晚8时赶到腾越，9时腾越起义爆发。刀安仁、刘辅国率领的军队于7日凌晨抵达腾越，随即投入未攻下的地区和打扫战场。清腾越总兵张嘉钰自杀，迤西道宋联奎和腾越厅丞温良奕逃跑。各署、局次第攻下，结束了清朝在腾越的统治。7日上午战斗结束，并召开与军、商、学各界人士见面会，刀、张二人发表演讲。此次起义是按照中国同盟会的《革命方略》精神进行的，同时成立滇西革命军都督府，刀安仁和张文光分别担任第一、二都督。9月9日昆明举行起义成功，历史上称为"重九"起义，时间晚于腾越起义 3 天。刀京版也有幸参加了这场斗争，这为他后来成为爱国国志士奠定了基础。辛亥 9 月，艳阳高照，秋高气爽，金秋满地。一场震惊全滇的起义轰轰烈烈地在腾越地区爆发。在赶往腾越县城的路上，一个 20 岁出头的刀京版骑着战马，行进在攻打腾越都督府的边胞队列中，他催马扬鞭，带领队伍马不停蹄地赶到腾越，参加轰轰烈烈的腾越起义战斗，整个腾越城笼罩在烟雾弥漫的枪林弹雨之中，枪声、炮声、喊声此起彼伏混合在一起，回响在腾冲上空，传向四面八方。

边疆同胞们不顾疲劳，不顾饥饿，在刀京版的率领下勇敢地参加到起义队伍的行列中，在战火纷飞的大街小巷里奋勇前进，如入无人之境，拼命冲杀，刀京版更是一马当先冲在最前面，时而举枪射击，忽而猛追敌兵，由于歼敌心切，只顾拼命追赶，没想到敌人正在作垂死的挣扎，突然反扑还击，刀京版来不及防备，被敌人的子弹射中肩部，从马上摔了下来，部下赶快将他救起，刚一醒过来就挣脱了部下的手，摇晃着受伤的身体，艰难地继续向前进，一直坚持到起义战斗取得最后胜利。

举义成功的腾越城，街道早已除旧布新，秩序井然，商贾云集，兴旺繁荣，入城后的刀京版除了继续组织民团做边疆同胞的工作外，便是武装巡逻和保卫滇西都督府的防卫工作。一天恰遇来凤书院的学生放学，刀京版看到许多少年学生在欢蹦乱跳、阵阵笑语声中离开书院的情景，顿时萌生了想要继续读书的心思。从腾冲回到干崖后便向父亲刀安仁提出要到腾冲求学的愿望，刀安仁不假思索就同意了儿子要求继续读书的要求，并派人帮他办理了到腾冲来凤书院读书的入学手续。腾冲来凤书院是赵瑞礼先生创办的。赵瑞礼，字用甫（1842 —1909），号会楼，腾冲洞山人，他饱读诗书，先后考取过秀才、举人，后辞官在腾冲经营来凤书院，为家乡发展教育事业呕心沥血 15 年之久。他创办的来凤书院治学有方，使中原文化最先在这里得以发扬光大、远近闻名，这在极边之地算得上是最高学府了。这里人才济济，许多有识之士都就读于此，后来都成为了国家的栋梁之材。入学后的刀京版，勤奋好学，在知识的宝库中徜徉，为视野的开阔打开了新的世界，使他正遵循着方法加勤奋等于成功之路奋进，不断进步。

刀安仁逝世后，由嫡长子刀京版承袭干崖宣抚使职位，但此时刀京版年仅 11 岁，按干崖宣抚司署实行的世袭制惯例：土司出缺或年幼不能署理政事时，可由直系亲族中的叔父或舅父中的一人来代行政务，或可由其母或祖母、祖父暂时摄政。刀京版承袭父亲宣抚使职时，情况正属上述之例，因而不能执掌政务，是可理解的。可是到了刀京版已经 20 岁成婚以后，理当授予正式署处理土司政务实权时，他的母亲只是取消了原代办，而又重新立了新的代办，掌握司署命运的思勤穆之所以揽着权不放，是有意要袒护其子刀完松，好让刀完松掌握干崖土司署的实权，素来对母亲十分孝顺的刀京版也只能听命是从。

民国四年（公元 1915 年）12 月 12 日，袁世凯宣布实行帝制，公然当起中国的皇帝来了，12 月 31 日，袁又命令取消"民国"，改用"洪宪"年号。由此激起了全国人民大规模的反袁斗争，并形成了空前壮观的反袁联合阵线，其中包含着孙中山为首的中华革命同盟会，以黄兴为首的国民党人和欧事研究会，以梁启超为代表的进步党，以唐继尧为代表的西南地方实力派，以蔡锷为代表的各界人士，以白浪为代表的广大农民群众，以冯玉祥为代表的北洋军阀内部的反对派，以及海外侨胞等。

袁世凯复辟称帝之时，云南都督蔡锷将军响应孙中山大总统的号召，开展护法讨袁运动，闲居在干崖的刀京版被护国军蔡松波将军委任为边民志愿军总队长，约请他共同参加讨袁斗争。刀京版欣然从命，不负众望，响应号召，亲自与属官、眈头深入到各村各寨中，广泛向民众宣传护国运动的意义。

护法讨袁运动首先发端于云南，曾受辛亥革命影响的滇军决定对政治态度摇摆不定、曾效忠于袁的云南将军唐继尧采取措施：要求唐氏表明态度。由于全国反袁运动形势高涨，滇军官兵情绪低落，唐继尧最终被迫挤进了反袁阵营。

刀京版开展护法讨袁运动的宣传在民众中产生了积极的效果，民众纷纷报名参加护法讨袁自愿军，一时之间报名人员达到 2000 余名，经过审核筛选后得到精壮人员 1000 余名，遂组成了边民志愿军总队，这支队伍大部分是刀安仁创建的军国民学校的学生。军国民学校是1904 年刀安仁为了寻求救国救民的道路，出国到印度、缅甸等国考察，在缅甸在革命党人士庄银安，徐赞周的指点下参加革命，表示"愿意以举兵滇边为己任"，决心回到干崖组织滇西起义。在同盟会员秦力山的帮助下，招收了大量本地青年办起了军国民学校。这些人曾经参加过腾越起义，他们个个身体强壮，精明能干，骁勇善战，枪法精准，训练有素。稍加休整，待刀京版筹粮筹款，购置武器完备后，不几日就出发了。刀京版亲自率领边民志愿军昼行夜宿，经过长途跋涉十数天，终于到达昆明，受到护国军的热烈欢迎，他们顾不得休整，就加入到护国军行列中，壮大了护国军的力量。

民国五年（1916 年）1 月 20 日，护国军向川南挺进，刀京版与边民志愿军也在其中，他们一个个能征善战，勇猛无比，置生死于不顾，拼命杀敌，战斗进展顺利，一度占领宜宾、纳溪，进逼泸州。1 月 27 日，贵州响应讨袁，宣布独立，推刘世显为都督。2 月 2 日，川军第二师长刘存厚在纳溪响应护国军，宣告独立。2 月 15 日，在梁启超等人策划下，广西宣布讨袁独立，陆荣廷以广西都督名义兼两广护国军总司令。

袁世凯北洋军前线失利，北洋派分崩离析，帝国主义各国逐渐改变了对袁的支持态度，在众叛亲离的形势下，袁世凯不得不于同年3月22日下令撤销帝制，83天的皇帝梦遂成泡影。袁世凯当不成皇帝，仍占着大总统的位置不放，护国军坚决不同意，要求袁世凯下台。到5月25日，全国讨袁势力已成定局，风雨飘摇中的袁世凯一病不起，于6月6日结束了可耻的一生。护国军的胜利，在全国声威大震，刀京版也在此轰轰烈烈的讨袁护法运动取得胜利后，带领边民志愿军光荣地凯旋干崖，仍然继续充当着他有名无实的宣抚使职，

（二）平息衍氏家族夺权内乱

某天，刀京版刚刚从勐卯三角地与英方"会界"归来，宿居在陇川章凤，第二天就要返回干崖时。突然接到勐卯司署掌印夫人（刀京版亲堂妹）请求刀京版带兵援助平息叛乱并请他出任勐卯司署代办的来函，刀京版看到紧急书函后，认定勐卯土司承袭之事应由其妹已故土司正印夫人的嫡子衍景泰接替，衍国镇率领两个儿子衍先、衍满出兵实属干预内政的不义之战，认为出兵勐卯助剿实属正义之举。他虽做出了正确的决定，但并未草率行事，考虑要通过正当的途径程序，必须呈报腾越道伊方能定夺。情况紧急，迫在眉睫，容不得他有半点含糊，需果断决策，方能解决。于是他先派人连夜乘快马到腾越报告，后派人至干崖呈报其母思氏；从腾越道尹处获得批准后，刀京版立即发函通知九土司出兵助剿，并提供部分武器装备，快马派人送到干崖。思氏勤穆立即决定派干崖土司兵出援，刀京版率领嫡系兵丁共300余人，骑着一匹大洋骡子，由护卫簇拥着星夜驰援勐卯。随行的有军事助理刀良生、刀安靖、思必能、思德帮等人。

当刀京版率领的干崖土司援兵还在途中的时候，被围困在芒林奘房固守待援的衍国镇，眼看身陷绝境，即将全军覆没，无计可施，无法可想，急得顿足捶胸，这时有一个黑大汉，系当地土著崩龙（德昂族）的后代，此人从头到脚全身刺有花纹，仅肚脐一处没有。他说："召罕见别怕，待到天亮时我们一起冲出去。到天蒙蒙亮时，被围困的司兵从奘房大门一涌而出，由黑大汉领头，见人便砍，突然杀出进行反攻。勐卯土司兵被叛军的突然袭击吓得大吃一惊，造成阵脚混乱，一时伤亡惨重，消耗了大部分兵力，被对方一鼓作气猛冲出来。原因是勐卯司兵因激战整夜已劳累至极，满以为眼下就要胜利在望，竟然忘乎所以，掉以轻心，失于戒备，于是出现打瞌睡的打瞌睡，毫无防备，当见到敌人突围时，慌忙应战，连子弹也来不及推上膛，一时拦挡不住，只有招架之功，却无还手之力，被迫节节败退。在这千钧一发的关键时刻，刀京版带领的干崖援军已驰援进勐卯城，刀京版见形势危急，滚鞍下马，来不及休息片刻，便进入前沿阵地视察敌情，他一面视察，一面冷静地分析目前的敌我态势，果断做出决策，急速派兵与败退下来的勐卯土司司兵合兵一处杀向敌阵，敌人始料不及，纷纷败退，又被赶回至芒林奘房。

刀京版率领干崖的土司兵和勐卯的土司兵合兵一处，团团围住了奘房，待摸清敌人的虚实后，便迅速配合勐卯土司兵，用绝对优势的兵力以逸待劳，设了数道防线，占领了有利地势，截断对方后勤补给线，把对方围困得水泄不通，敌兵惊恐万状，趁着司兵人困马乏、夜深人静之机狗急跳墙似的突围逃走了。

衍国镇以武力企图夺取勐卯土司位职的阴谋最后以失败而告终，经省府裁决："刀京版出任勐卯代办"。自此，勐卯衍氏家族争夺土司职位的叛乱活动终告结束。公元1928年11月，勐卯行政委员曹庆安在刀京版土司代办的要求下，写报告呈省禁烟局，要求减解勐卯烟款。理由是因为勐卯衍国镇盘踞姐勒期间，烧抢村寨，十室九空，百姓四处逃亡，需抚恤难民，请省禁烟局给予豁免烟亩罚金，省禁烟局最终给予了豁免。

刀京版出任勐卯代办后，任职初期间无论大事小事，他都要向顶头上司腾越厅和其母请教，批准后方才实施，由于他带兵平叛了勐卯军，保住了勐卯司署，在后来的多次平叛中都取得了胜利。这一番作为使他赢得了在勐卯安抚司属官和百姓心目中的威望。刀京版在履行勐卯土司代办职务时，把代办的事业真正当作自己的事业，他把眷属和原干崖司署里最得力的属官及一帮人马带到勐卯安抚使司署里作为自己的幕僚，这些人对他治理勐卯的政治、经济、文化、教育等方面都发挥了重要的作用。

由于刀京版善于团结内外，知人善任，重视民情，力求平安，事事得心应手，时时得风得雨，把多年积累的施政才能全面施展了出来，只短短几年工夫，就把勐卯地方治理得井井有条，秩序稳定，天下太平，商路畅通，集市繁荣，引进外资，扩大贸易，让勐卯司署焕然一新，勐卯城呈现出兴旺发达的景象。这成为刀京版有生之年的一大亮点，同时也是刀京版大显身手把治理地方才能发挥出来的体现。

（三）刀京版开展勐卯司署行政机构改革

刀京版正式走马上任勐卯司署代办后，虽然知道各土司署机构、官员设置大致相同，但各土司之间没有统属关系，各司署衙门俨然是一个独立小朝廷。上任伊始，刀京版为了尽职尽责履行好勐卯司署代办职责，立即就对勐卯司署的机构、官员、经济制度等逐一进行了深入、全面的了解，从而在心中对勐卯司署的整个情况有了较清楚的认识。

通过对司署各方面情况的了解，使刀京版胸有成竹，于是在接任勐卯安抚使代办之日时，将从干崖携带的眷属、亲信及干崖衙门部分文、武职属官和兵丁200余人，在勐卯司署重新组建起一套新的机构班子，任用了原干崖司署的刀和廷、刀弼安、寸罕印、刀安良、刀安清、刀安锦，刀护廷、刀秀安、管就勐等为基础骨干力量，对原勐卯司署行政机构、经济制度、军事制度、司法制度进行了调整改革，重起炉灶，调整了以下机构的人事安排：总理由傣族弄卫勐担任，秘书由汉族沈海楼担任。任命的勐级族官有：弄好勐、法管勐、弄卫勐、法过勐、法保勐、法喊勐，法算勐、法酸勐、稚货勐、弄晃勐、法绍勐、法瓦勐等共16人。任命的准级族官有：法兼准（衎国安）、法体准（衎国祥）、法贵准、法瓦准、法多准等。任命的印级族官大都是司署中催收地租及办理事务的人员。总管，由印级族官线有福（糯印）所任。总管下设的旺宰由金担此任。旺军下设的茶房一职由艾峰担任。

刀京版重新明确规定了勐卯安抚使司署内的职务等级，依次为：土司和代办为司署最高领导，印太（土司正妻）和护印位列其次，再其次为总理（傣族）和秘书（汉族），再以下为师爷（傣族1人、汉族1人）和朗勐。下面依次为族官一总管一茶房一哈摘。如此形成了勐卯土司衙门森严的等级制度。

刀京版在勐卯司署内重新设置的行政机关有：军事科：勐卯常备兵由勐卯法结为团总；秘书科：汉傣文秘书由刀弼安、刀和廷担任，并培植勐卯罕盈等为助手。文教科：由刀锦安任科长，刀护廷协助。总务处，行政、民事、刑事均由芒艾畎头及原司署职官署理。

勐卯安抚使司署新的权力机构形成后，刀京版即着手料理勐卯军政事务。首先建立了勐卯土司常备队，以干崖土司兵为骨干训练民团，捍卫疆土，以杜边患。继而振兴汉学，重点开办汉文学堂，以培养造就人才，首批将罕盈录、线永福等输送到腾冲就学；再就是创建"傣戏"班子，并聘请老艺人专事培植，首先于勐卯城、姐勒等地试唱，然后再展开，加速发展地方文化。

执掌勐卯土司代办期间，也是刀京版大展宏图之时，他由于经营有方，在较短的时间里，勐卯司署内外未出现大的祸乱，地方宁静，政治、文化、经济诸事业也渐次复兴，他又趁此挖掘潜力，利用人才大力发挥聪明智慧，勤耕苦作，又利用勐卯地处中缅边境通商口岸的有利条件，改变昔日只有几条客旅、马帮的商道等不利于边贸经济发展的状况，组织征调夫役修筑通缅境的弄马公路，架设了勐卯与南坎之间的竹桥，以疏通中缅边境，使境内境外边民往来便利，物资交流日增，客流不断，商贾云集，勐卯城内街道店铺林立，各族人民安居乐业，勤建家园，让古老的勐卯城焕发出从未有过的青春。山朝水朝不如人来朝，由于基础条件的改善，旧貌换新颜，由境外、内地及附近各司迁入勐卯新增居民达数百户，至此全区达到1180户，促使农业生产健康稳步发展，与此同时带动了畜牧业、交通运输业、商旅贸易业等不断向前发展。在发展生产方面，刀京版鼓励农民在勐卯开始试种了双季稻，生长颇佳；试种棉花，多为离子木棉和连子木棉，各地生长状况良好，唯一不足的是落蕾多，红棉蛉虫猖獗，为他处少见，每株每次可得裂铃30～40枚。勐卯栽种甘蔗较普遍，但产量不高；烟草栽培可达到自给，花生、黄豆种的不多，菠萝栽培生长较好，香蕉种植普遍，蔬菜见于园地者有萝卜、青菜、南瓜、葫芦、甘兰数种；水果有柑橘、香瓜、梨、柚子、芒果等；蔬菜在勐卯境内适宜栽种，约占水田面积的 8%，生长颇佳。蚕豆多栽种在菜园内，仅充菜用。牧业方面，勐卯黄牛增加，坝子适宜饲养黄牛，多数在本地繁殖，外来者也有之。水牛不适宜，自缅甸输入有之。马极少，多为缅北输入，猪足用，山羊极少。交通运输方便，商业贸易兴旺，由畹町至瑞丽江进入勐卯，到达弄岛附近的雷允公路，桥涵、渡口、车船等齐备，由勐卯经弄岛、贺蚌至新街（八莫）的商道上，来往商贾不绝，成为边民赴缅进行贸易的重要通道。弄岛、勐卯、姐相等集市进出口贸易兴旺，除对缅甸进出口以外还从保山、下关等地运进工业品及牛、马、豆麦、面粉、火腿等到勐卯市场交易，多用半开现金及印度、缅甸银圆及纸卢币，国币反而少用。度量衡器，布匹以码（2 尺 5）为度，谷米以箩（每箩约重 10 千克）为量，极重之物以石为衡量，黄金、白银以旧两为衡。公元 1930 刀京版还委派老阿、老方、法体 3 人为主，在勐卯组织了屠宰、酿酒、赌博、收街捐税等四个公司，其中以赌博公司效益最好，此公司每年收入达 13000 盾缅币。刀京版让誉称佛教圣地的勐卯一时竟变成了个贸易商场，商品丰富多彩，店铺柜台货物琳琅满目，令人目不暇接。勐卯之所以能有今日，是与刀京版爱才、用才和大胆使用人才分不开的，这些人才不负众望，在不同的岗位上尽其才智，充分发挥各自优势、兢兢业业、克己奉公、无私奉献，涌现了一大批显著的人才，刀和廷就是其中之一。他随刀京版从干崖至勐卯后，因德高望重，知识渊博，做事有主见，深受人们的爱戴，被刀京版授予顾问之职，与刀京版朝夕相处，共理政事，帮助刀京版能够顺利执政。

民国十九年（公元 1930 年），刀和廷认为勐卯之所以落后是教育落后所致，积极鼓动刀京版在勐卯开办学馆，用以培养人才。刀京版毕竟从小就是受父亲刀安仁的影响，思想开放，观念先进，当即拍板任命司官刀和廷、刀安锦等人担任教书先生，专门招收土司和属官的子弟读书，在司署内始办西院学馆，待成功后又在姐相、弄岛等地普遍开设学馆，让读书的学生范围进一步扩大到山官头人子弟，布畹、布幸的子女。为使学生坚持上学和学好汉文和傣文，勐卯司署还发零用钱以资鼓励。刀和廷除负责学馆全面管理工作外，还亲自兼任地理和历史课程的授课，深得学生的爱戴和尊敬，大家都尊称他为"磨弄"（傣语：好老师），刀和廷亲自教过的学生有衍景泰、衍景柱、衍贵准、衍默准、衍云春、赖保印、府印等。刀护廷自从跟随刀京版到勐卯后，任秘书兼教师，一面为土司衙门办理汉文公务，一面在西院学馆任教，他严以律己，言传身教，把少年时就读干崖私塾和到腾冲和顺中学勤奋好学的精神用在教学中，并总结了在干崖新城、旧城等地的教学经验贯穿到勐卯的教学实践中。因此，他执教别具一格，治学严谨，教育有方，做到诲人不倦，百问不厌，他所教授的国文、傣文课，颇受学生欢迎。由于他虚心好学，生活俭朴，为人活泼，热情好客，爱好广泛，有空就练习书法，写得一手好字，时常吟诗作赋，生前写了不少诗作和傣族民歌。他不但善于写，而且还会唱傣族民歌。他把所有这些都贯穿于教学之中，使其学生能有广泛爱好，全面发展的欲望，他培养了像衍景泰、衍盈禄、线有福、景开文等一大批优秀学生，使他们在后来的人生广阔的天地里，在所从事的各自岗位上发光发热，贡献社会。刀安锦随刀京版从干崖到勐卯后，任司署西院学馆教员，由于他自幼聪明能干，在旧城私塾读书时，牢记贡爷张其任先生的教诲，勤奋好学，品学兼优，与学友相处其笃，交往密切，学到了丰富的知识，并运用于教学中，由于认真执教，谦虚好学，深得刀京版司官的器重。民国二十五年（公元1936年），他经刀京版授命，单身徒步到腾冲物色教员，并到腾冲师范刘德老师门下补习国文、数学、英语等知识，数月后带领所聘任教员返回勐卯，回勐卯司衙后刀安锦经刀京版委任，负责勐卯、弄岛、姐相等学馆的筹建事务。他不辞劳苦，常奔波于各地学馆之间，召集村寨头人，商量解决校舍、师资、招生、老师待遇及教学用品等问题。他还深入到班上，了解学生的学习情况，找出差距，肯定成绩，扬长避短，发挥才能，还同教员共同研究教学计划，提出自己的一些看法，不断加以引导，为教员解决疑难问题和后顾之忧，所聘任的教员不但安心教学工作，而且还卓有成效地做出了相应的贡献。这些都体现了他忠于职守、任劳任怨、艰苦奋斗、精心管理的才能，使各学馆师生逐年增多，办学规模不断扩大，教书育人，执教有成，给后人留下了难于遗忘的好印象。由于刀京版履职勐卯土司代办期间大兴教育之风，在边地勐卯杰出人才如雨后春笋，为勐卯地区各项事业的发展做出了积极的贡献。

正当刀京版把瑞丽搞得像模像样，各方面都有了发展时，自己利用手头掌握的司署经济大权开始享受美好人生了，毕竟他是一个刚刚进入30岁年纪的青年人，对各方面都很感兴趣，他托人到仰光通过各地商人买来了法国的钢琴、日本八灯收音机、德国莱卡照相机、美国福特牌越野汽车、英国猎枪、成天西装革履开着小车从勐卯过竹桥到缅甸南坎逛各种各样的商店，到咖啡店喝咖啡，到大烟馆吸大烟，或是到缅甸八莫、仰光游览、照相，或是穿着英国猎装到勐卯城郊外打猎，或是在乡下别墅弹钢琴，总之这一时期可谓是刀京版的幸福时光。就在这时，然而发生了一件震惊中外的重大事件——"9•18事变"。

公元1931年6月，一直觊觎中国东北的日本陆军部制定了《解决满洲问题大纲》，决定要"采取军事行动"占领东北三省，7、8月间，日本关东军参谋本部通过派遣间谍到东北各地刺探军事情报做好了各方面的准备。9月18日夜，日本关东军岛东大队川岛中队自行炸毁南满柳条湖一段铁路，嫁祸中国军队，并以此为借口，突然袭击中国驻军，同时炮轰沈阳城，制造了震惊中外的"9•18事变"。由于当时以蒋介石为首的国民党政府采取对日不抵抗政策，日本军队猖狂地于9月份占领辽宁、吉林，公元1932年2月占领哈尔滨，在短短4个月时间内整个东北100多万平方千米的大好河山全部沦为日本人的占领区，当刀京版和衍景泰通过刀京版的八灯收音机收听到英国 BBC 电台传来的消息后，虽然觉得非常激愤，但总感觉中国东北毕竟远离勐卯万里之遥，他们都没有想到的是在 10 年以后，这一事件与勐卯息息相关，甚至于改变了他们两人的命运。

三、文武兼优的少年土司衍景泰

衍景泰自打 6 岁时就开始读书学习，先是由他母亲教他读书识字，接受启蒙教育，后来又参加了刀京版开办的土司署衙属官子弟学馆，由刀京版从盈江带来的属官刀和廷（刀良生之父）、刀安锦、思殿章当老师，教授汉文化课。印太夫人专门为衍景泰安排了伴读，陪衍景泰一起读书一起玩耍。当时到学馆读书的学生共有 40 余人，多为土司署衙的属官子弟。老师教得很认真，也很尽力，每天教学生识汉字、背课文、写字、背书，写不对背不得的，轻则罚站，重则打手心。此外，还教学习傣文。刀安锦是衍景泰最喜欢的老师，他渊博的知识，循循善诱的开导方法，深受衍景泰的尊敬，衍景泰与他终日形影不离，朝夕相陪，认真听他的教诲，几乎天天陪他在红桌（即红漆桌子，是司署摆设最高标准的伙食）一起就餐，结下了深厚的友谊。衍景泰的母亲刀氏印太夫人既识汉文也识傣文，对儿子的学习督促得很紧，每天晚上都要监督他温习功课，诵习《陋室铭》《桃花源记》等古汉文。并指定让他读一些课外读物，如《三国演义》《西游记》以及西班牙的《斗牛记》等中外文学书籍，这为后来衍景泰扩大知识面，增强文化功底起到了潜移默化的作用。除了学习文化知识外，为了让他得到全面发展，刀京版还专门为衍景泰请来了武术教师，教他学习武术。衍景泰的武术教师名叫博劲，个头高大，性格豪爽，他除会讲本民族傣语外，还会讲缅语、英语、景颇语。他的医术也很高明，还会念咒语，上门求医的人络绎不绝，就连衍景泰母亲印太夫人的病也是他治好的。博劲的武术功夫很深，枪打得很准，据说他还有刀枪不入的功夫和本事，所以深受衍景泰、衍景柱土司两兄弟的礼顶摹拜，视他为世外高人，两人读书之余都是跟着博劲在练习傣族武术。说起这傣族武术，在中国武术史上也算得上源远流长。早在汉代，傣族武术就已见雏形。到了唐朝，唐南诏政权统治管辖了傣族地区，由傣族组成的"白衣没命军"已是南诏最精锐的作战军队。《马可波罗游记》中对当时的傣族是这样描写的：男子尽武士，除战争游猎养马外，不作它事，男女勇健，走险如飞。由此可知，傣族人民早已形成了自己独特的武术，具备了一定训练手段。在不断的战争中，为适应战争需要，傣族武术得到了充分的发展，并促其向军事战斗技能方向发展。在傣族地区寺庙里发现了部分壁画中，有练刀的，也有练剑的。从丰富的壁画内容中，可见到傣族练习武术的风俗。傣族武术节奏变化较大，突快突慢，动作柔中有刚，刚中有柔，刚柔相兼，方法简单、实用。练习时，注重基本训练，要求手步敏捷，判断准确，有兔子般的听力，鹰一般的眼力。器械除了棍术、刀术、剑术外，还有链械、勾镰、铁细（铁铣）、铁尺、铁齿、铁锤，还有对踢对练、链夹对打等。套路约100多套。对练有：单刀对棍、双刀对棍、四门拳对练、双人对棍、徒手对双刀、链夹对练等。

傣族的拳术有单练、对练和集体演练。拳类有：三坑式、四坑式、五坑式、六坑式、十二坑式。四门拳、破四门拳、四门转身拳、跳拳、合拳、对口拳，花把拳、小钻子拳、三动拳（木桩上练）、美人拳等。其中象形拳有：白象舞拳、孔雀拳、喜鹊拳、卧虎翻桩拳、花鹰搓脚拳、抓灰拳、金鸡拳、马鹿拳、鸭形拳、跳蚤拳、虎拳、猫拳、打狗拳等，傣族拳术有固定的形式。据不完全统计，傣族拳术约有50多个套路。在徒手拳术基础上演进为器械武术套路，有剑术，包括傣族单剑、双剑等。刀术、包括单刀、朴刀、斩马刀、傣拳刀、象牙刀、傣族大刀、傣族短刀、练米绕（大刀对练）等。棍术，包括四门反卷、双门棍、傣棍、二人合棍、四门反唐棍、傣族花棍、参花棍等。

后来衍景泰兄弟还向博劲师父学习打枪，并练就了一手百步穿杨的枪法，衍景泰、衍景柱还拜博劲当干爹。博劲后来被土司代办刀京版任命为司署常备队的中队长，专门驻守在姐勒一线。博劲当中队长期间，他挑选的土司兵要大胆、勇敢的人，胆小怕死的不要。凡属姐勒畹辖区，规定有钱人家一家买一支或两支枪，困难些的家庭每二三户人家或七八户人家合买2支枪，称为桄纳蛮（保寨枪）。枪由购置者使用，如遇有战争发生时，都要充当土司兵出征，这种征兵办法，原来只局限在姐勒畹实行，刀京版认为很有作用，就在全勐卯普遍推行了这一做法。

公元1933年云南省政府推行"改土归流"引发的一场风波，让衍景泰初步了解到了官场斗争的尖锐与复杂。

辛亥革命成功后，民国政府曾一度在滇西边区推行过"改土归流"政策，未获得任何成果，后又改行"土流并存"政策，在勐卯等土司区设立弹压委员、行政委员和设治局，与土司政权并存。民国元年（公元1912年）3月，云南省军政部长参议院长、国民革命军第二师师长李根源命令梁河县和迤西道尹赵藩领兵深入滇西边陲重镇腾冲，改原腾越厅为腾冲县（勐卯安抚司原属腾越厅辖），并增设腾冲府管理腾龙边区各土司地，在芒遮板、干崖、盏达、陇川、勐卯，分别设立了5个弹压委员会，南甸设立8撮县，实行改土归流的尝试。在勐卯土司境设立遮（放）、（勐）卯弹压委员，专门管辖遮放、勐卯土司，但弹压"无政可行、无事可做"，实为土司附属，丝毫未触动土司制度。

民国五年（公元1916年）3月，李根源又改弹压委员设行政委员，其中勐卯和腊撒土司地置一个行政区,第一行政委员是习丹书,但一切权力仍归土司把持,行政委员形同虚设。为此,历任行政委员不断上书呈告实情,以争取其政治经济实权,而流官委员则像走马灯似地频繁更换。公元1917年(民国六年)6个弹压委员会改设为:芒遮板、南甸、干崖(户撒)、盏达、陇川、勐卯(腊撒)等6个行政委员会。当年又取消行政委员会,改设芒遮板、勐(卯)、腊(撒)、干(崖)、户(撒)、陇川、盏达5行政区及8撮县,属腾越道,其时勐卯安抚司隶属于腾冲府。接着,在民国十一年(公元1922年,萨夏历1284年)3月,李根源与赵藩统兵至腾冲,旋即召集边地土司会议,商议改土设县事宜,各土司强烈反对要求暂缓改土归流,为此,李根源与云南军政府蔡锷电议,决定"不遽设县治,改行土流"。于是将腾冲府所辖德宏各土司地仍置行政区,将勐卯、遮放合为遮勐行政区,又以习丹书为行政委员,行政费用由土司署支拨,实权在土司手里。

民国十九年(公元1930年)12月,云南省改腾冲府设云南第一殖办署于腾冲,兼管腾越关和腾龙边区各土司。勐卯土司属第一殖边督办署管辖。民国二十一年(公元1932年)5月至8月,云南省改行政区为设治局,改德宏境内的5行政区为6设治局,并实行保甲制度。民国政府在勐卯土司境内建立瑞丽设治局后,正式在这里形成了"土流并存"的面,但各行其是,相互倾轧,彼此争权夺利。设治局在瑞丽推行乡、保、甲制度,而土司仍然沿袭其�头编制,形成土流政权并存的两套机构。民国二十二年(公元1933年),廖彬出任瑞丽设治局第二任局长,并于第二年上书云南省主席龙云,请求省府下令效仿英国政府对待殖民地缅甸区各土司"养护"的做法,以使土司名存实亡,对土司实优待赡养,使土司不能干预设治局的司法、行政、财政,摊派门户款,将门户捐收归设治局以作地方财政之用。对此,勐卯土司代办刀京版亦上书陈述,历数设治局在边地实无益而有害,边地之事仍需土官管理。彼此斗争十分激烈,云南省府遂下令将勐卯土司的门户捐收入的30%划归设治局作为行政费用,才了结了此事。但土司署与设治局仍然各自为政,各行其是,土流并存的局面并未得到改变,却给勐卯百姓带来了更加沉重的负担。他们在应付土司衙门繁的各种苛捐杂税、无偿劳役的同时,又要负担设治局的各摊派杂役,双重负担使各族群众苦不堪言,边民外流,田园荒芜,人口锐减。

民国二十二年(公元1933年),由民国政府地方实力派在腾冲开办了一期"五属自治训练班",组织德宏各地土司参加训练班学习,刀京版作为勐卯土司代办也被指名道姓地要求参加了培训班。训练班目的在于对少数民族首领进行"王化"教育,在土司传统的忠君、守土观念的基础上,进一步提高爱国守土责任。又因时逢"9.18"事变之后,国民政府对云南边地各土司进行的爱国主义教育内容更为具体。这让刀京版隐隐地感觉到时局正在发生变化，原来觉得万里之遥的"9.18事变"已经和他有了关系。

刀京版从刀安锦处了解到小土司衍景泰的汉文学习已经有了一定基础，但从小受到父亲刀安仁崇尚知识观念影响极深的刀京版，从自身读书求学的经历感到，衍景泰现在所学的那点知识毕竟只是几个懂汉文的属官半路出家教师所教的内容，与正规学校全面教育还是有差距的，离一个将来要担任治理一方的土司司官所需要的知识层面还远远不够。于是他与缅甸仰光的朋友联系，征得堂妹印太夫人的同意，决定把衍景泰送到缅甸仰光华人海风华侨中学读书，系统学习汉语、缅文、英语等课程，为今后担当勐卯土司重任打好扎实的知识基础。刀京版选择让衍景泰到缅甸海风华侨中学学习是有他的道理的，这个海风华侨中学创办于公元1919年，是由当时缅甸华侨教育总会会长杨子贞同华商张永福、邱瑞轩、曾上苑等人倡议筹建的，龙山堂负担该校20年经费的半数，同年12月在仰光成立筹办处。公元1920年7月，缅甸华侨曾广庇捐赠了别墅一座、园地11英亩，以充当校舍校园。

海风华侨中学于公元1921年2月正式开学，成为中国"五四新文化运动"影响下建立的第一所缅甸华文中等学校。曾任校长的尚中及各科教员，均由时任北京大学校长蔡元培推荐聘任来缅甸海风华侨中学执教，都是名望很高、资深望重的教师，教学质量由此可见一斑，校长、学监和教员敬业精神都很强，因而学校的良好信誉在缅甸的影响很广泛。办校之初为初级中学附设小学性质的学校，设有高小班，初中班，初级师范班，招收的学生除在缅华侨子弟外，还有当地缅甸官员的子弟。公元1922年7月，因教员意见分歧闹学潮暂时停办，公元1924年2月又恢复办学，学校教学设备、师资力量也得到了加强。这个学校直至公元1942年日本占领仰光时才停办，这是后话。

公元1934年初春，刚满10岁的衍景泰告别了母亲和舅舅，由勐卯经南坎到八莫，再乘船沿伊洛瓦底江到达仰光，开始了他历时3年的中学留学学习生涯。在这里，他因为已经奠定了扎实的汉文基础，加上他在母亲的严厉教诲及武术教练博劲的严格训练所养成的习惯，使他在缅甸海风华侨中学学习十分刻苦，很快掌握了缅语、英语的学习规律，加之缅甸华人不多，环境因素逼迫他必须每天与周围的人打交道，因此不到1年时间，他就能讲一口熟练的缅甸话，能与老师以流利的英语相互交流，受到任课老师的称赞。刀京版和他母亲印太夫人也时常派人到仰光给衍景泰送钱、送衣服食物等，也知道衍景泰在学校刻苦学习的情况，感到十分高兴。

正当德宏边地众土司在为抵制"改土归流"闹得沸沸扬扬的时候，刀京版对土司制度存在的问题也作了一些思索，要想采取一些改良措施，以减轻民众的负担，以巩固勐卯司署的统治地位，进一步繁荣勐卯社会经济时，又发生了一件事，而让他的计划落了空。

公元 1935 年秋，刀京版邀请美国记者斯诺到干崖游访，两人刚刚依依不舍辞别后，突然接到勐卯司署的告急文书，知道勐卯司署出了大事，他也顾不了许多，只好与其母其弟匆匆告辞，又嘱咐了儿子刀承钺一番话，迅速组织人员马不停蹄地直奔勐卯城。刀京版刚进入司署衙门，属官就告诉他说，衎国镇带领他两个儿子衎先和衎满，又率兵丁来攻打勐卯。衎国镇父子来势汹汹，驻防姐勒的司署士兵难以抵挡，现叛军已进占姐勒烧抢村寨，不少村寨已十室九空，百姓四处逃亡，田园荒芜，苦不堪言。叛军还向姐勒各寨子的百姓强迫摊派款项，宣称不必向勐卯司署交款纳粮，说衎国镇就是当今的"召"，由于有遮放等地土司的支持，衎国镇父子又从缅甸购得了一些枪支，因此这次前来攻打勐卯司官政权的气焰极为嚣张。刀京版得知有关情况后，立即派出一支前锋部队前往迎敌，刀京版安排完毕，觉得衎先、衎满血性方刚，这次有备而来必有重兵在后，他们熟知勐卯司署内部的兵力情况，决不能等闲视之掉以轻心，必须加强防备，采取以逸待劳的战法，用消耗战术来拖垮叛军，等待有利时机一举出击，才能彻底歼灭叛逆之军，不让他们的阴谋得逞。想到这里，刀京版未等派去的前锋部队返回报告实情，就着手把各畹作为预备队的士兵都紧急召集起来，他向士兵们进行了战前动员，号召大家为保卫勐卯家园而誓死拼搏。前锋部队摸清敌情后，立即派人给刀京版报告敌情，说敌人来势凶猛，前锋部队难以抵挡。刀京版听后催促士兵加速前进，当叛军与前锋部队打得正激烈时，刀京版率领的援军突然赶到，叛军见援军从天而降，个个吓得胆战心惊，见到刀京版率领的援军到来，有力地鼓舞了前锋部队的士气，大家一起勇猛地向叛军进行反击，刀京版身先士卒带头杀入敌阵，叛军腹背受敌，顿时阵脚大乱，遭此一击后死伤十分惨重，衎先、衎满本想击败勐卯司兵，乘势夺取司署，以报先前之仇，那里料到刀京版有如此的神机妙算而又火速赶到增援，眼看取胜无望，还有被围歼之险。一时间叛军节节败退，勐卯土司兵越战越勇，叛军眼看大势已去，遂合兵一处带领残兵败将冲出重围，投奔遮放土司而去。此次大败叛军后，勐卯城外街子边有一棵大青树，树枝上挂满了叛军人头，此后人称"挂人头的大青树"。

刀京版率众兵乘胜追赶，直至把叛军逐出境外方才收兵。勐卯土司兵虽大获全胜，但因未获叛军首领终觉遗憾，使刀京版仍然闷闷不乐，时时要提防叛军再来侵扰。

第二年，衎国镇父子叛军又来侵犯，再次占领姐勒，盘踞在姐勒金塔的围墙内。勐卯司署代办刀京版使用炮班进行攻击，炮班共有 16 人，波罕满也在其中，出发的当天清晨，勐卯还是一片雾海，8 人抬炮筒，8 人抬炮架，沿路过弄安、双卯、等目、章壁、贺费、贺闷至棒蚌，把炮支放在棒蚌寨后广贺罕的半山上，用锄头挖土块垒起高埂，安放好炮身炮架，放了 10 斤火药，10 颗炮弹。点火放炮后，只听一声巨响，如雷贯耳，只见黑烟如柱冲上天，过后才见炮弹在离姐勒金塔一半距离的水田中陆续掉下，却没有打中目标，衍国镇的士兵也爬上了围墙头来观看，他们也搬出3架铜皮炮对射，炮弹也仅落在水田中。双方只是对吼对骂，衍国镇的士兵见司署炮兵只发了一炮就失去了威力，气焰更加嚣张。叛军吸取了上次聚众攻击易被对方包围的教训，这次采用了分兵速战的战术。刀京版摸清了叛军虚实及时了解情况后，果断安排一支人马，在敌人尚未知晓之时，绕到敌人后面埋伏起来，以截断敌人的归路。战斗打响后，数路叛军均被击破，正当敌人溃不成军纷纷败退而逃时，伏军突然一跃而起，杀了败下阵来的士卒，衍先、衍满已知失算，乘勐卯土司兵防卫的空隙，调集火力猛攻，终于逃脱。刀京版得胜班师回衙，时局又平静下来，勐卯司署又得于重整旗鼓，随时做好应战的准备，既发展勐卯经济，改善人民生活，同时又扩建充了土司兵的队伍，还从境外缅甸购买了部分枪支弹药，以加强土司兵的战斗力。

民国二十四年（公元1935年）9月初，衍国镇又带领他的两个儿子率众向勐卯城杀来，这次改变了从坝区入侵的方式，战前衍国镇曾对部卒许下诺言：所到之处任其抢掠财物，因此他们先后在陇川坝尾四处抢劫，壮大声威，准备4路进军勐卯城，用3天时间围攻勐卯城，于9月8日攻破勐秀，占领该地。消息传来，群众人心惶惶，这一招的确够绝的了，确实出乎刀京版的意料之外。他只注重加强了坝区的防范，忽略了对山区的防范，再说勐卯土司兵又不熟悉山地，况且山高林深，山路崎岖，崖陡壁险，实难施展士卒的本领，勐卯司署虽然四处派兵前往各要隘增补预防，但还是无济于事。初一交战，由于敌人占据制高点，勐卯土司兵一下子就败下阵来，几次冲锋仍然失利。敌人占领了勐秀全境，勐秀一失，勐卯城危在旦夕，局势越来越紧迫，使刀京版不得不日夜思考破敌计策，他一面请驻勐卯常备队思鸿仁恳请云南第一殖边督办李曰垓将严重情况转呈云南省府，责令陇川、潞西等设治局及所属土司迅速派兵协助勐卯司进行会剿，以剪除罪魁，一面把属官头人都召集起来，共同商量对策。会议上大家一致认为，我们仍有制胜的把握，虽然我方不熟悉山地战，但熟悉坝区地形，有擅长作战的特点，待敌人下山后，我们就能击败他们，刀京版统一了大家意见，人人都信心十足，摩拳擦掌，不约而同地期待着与敌人进行作战。

衍满带领的叛军从勐秀顺坡而下，大旗在离城不远的雷轰勐坡上飘扬，叛军的叫骂声传入城里，显得十分嚣张。于是勐卯土司兵和干崖土司兵分头进击，共同攻打雷轰勐山的制高点，进攻的一方与防守的一方打得难分难解，老百姓倾城而出，到北门外观看战斗，只见山顶及山脚朵朵烟火炸开，枪声时疏时密，不时有土司兵伤员抬入城中，第二天拂晓，双方都擦亮枪膛，备足子弹，吃饱了饭，还携带了干粮，做好了作战准备。天亮后，双方又开始了互相对射，一时枪声大作。神枪手瓦相独自一人以灌木林作掩护，弯腰悄悄往上蹿，蹿到山腰，在接近叛军山后隐藏起来，耐心地等待着。到太阳偏西时刻，才发现黑大汉擎着一杆三角旗从战壕里直起身子来，明显显地出现战壕旁边，只见他把旗子插在坡地上以后，左手叉着腰，右手指山下高声叫骂，土司兵的射手一齐瞄准黑大汉放枪，由于距离太远，有的子弹未射到，有两颗子弹碰到身上后掉落于地。黑大汉狂笑道："老子刀枪不入"。神枪手瓦相离黑大汉却很近，他不慌不忙地举起枪，瞄准黑大汉的肚脐，手指轻轻一扳，狞笑中的黑大汉应声而倒，叛军的队伍顿时大乱，士兵们纷纷跳出战壕往勐秀方向逃跑，像麂子一样满山乱窜，土司兵乘胜追击，叛军再次败走，被一直追赶到勐秀边界，刀京版才收兵凯旋，满城百姓喜气洋洋地出来迎接。

刀京版平息了衔国镇父子的第 3 次叛乱，勐卯城终于又恢复了平日的宁静。公元 1935 年冬，云南大学历史系教授、中国著名的少数民族历史学家方国瑜先生为搜集记述麓川思氏家的傣文本《麓川思氏谱牒》的珍贵资料，不远千里走访了该书的收藏者孟定土司罕定国。公元 1936 年春，方国瑜至澜沧暮乃厂时，罕定国携书至，并为之口译，方先生用汉文逐句录之，成为第一个汉译本，而得流传于世。该书详述了思汉法得位以前和思机法失败的史事，之后经过方国瑜将搜集到的这份珍贵傣文史料和有关的各种史籍相互参证，作了认真的比较和研究，编撰了《麓川思氏谱牒》。为研究勐卯的民族历史和元明麓川王朝的兴起和衰亡，提供了极为重要的线索。方国瑜是丽江人，公元 1923 年就读于北京，公元 1924 年考入北京师范大学预科。公元 1933 年毕业于北京大学研究所，后又回丽江故乡学习纳西族象形文字，学成回京不久，又到南京学习语言学，编写《纳西象形文学谱》，并在国立图书馆用心辑录云南地方史料。是时，有中、英会勘滇缅未定界之议，痛感清廷外交丧权辱国，方国瑜发表了多篇文章进行议论，发表于报刊。不久参与界务交涉，于公元 1935 年 9 月亲履边地，赴滇西边区考察，游历傣族、拉祜族、佤族地区，亲临勐卯、镇康、澜沧、西盟、沧源一带边境，作过大量的实地调查。《麓川思氏谱牒》就是方国瑜在这一年搜集到的。《麓川思氏谱牒》是他生前留给勐卯的一份十分珍贵的史学遗产。在勐卯调查期间，刀京版为方先生的调查活动给予了大力支持和资助。

不久，突如其来发生的一件惊天动地的大事又搅乱了大家的心境。刀京版和勐卯司署的幕僚们从收音机里听到，公元 1937 年 7 月 7 日，日本侵略军发动了"七.七"事变，中国的全面抗战暴发，大家议论纷纷，不知这个事变让平静的勐卯发生了一系列影响中国历史的重大事件。时局的变化使刀京版十分震惊，国家安危已迫在旦夕，他不得不对时局做更认真的考虑。

四、风云际会年代的勐卯土司代办刀京版

公元 1936 年 11 月 25 日以希特勒为首的法西斯德国为实现侵略扩张、瓜分世界的野心，与日本、意大利签订了《反共产国际协定》，结成侵略同盟"轴心国"的法西斯阵营，妄图东西配合称霸世界。

公元 1937 年 7 月 7 日，日本帝国主义驻北京丰台的驻屯兵第一联队第 3 大队的第 8 中队，以部队演习时 1 名士兵失踪为借口，要求进入宛平城搜查，遭到中国军队的拒绝后，便以优势兵力向宛平城大举进攻。中国驻军第 29 路军的爱国将士冒着猛烈的炮火英勇奋战，打退了日军的猖狂进攻，歼灭了卢沟桥附近的一小队日军，打击了日本侵略军的嚣张气焰。卢沟桥事变后，日本侵略军调集关东军、朝鲜军、航空兵团组成重兵，三路进犯华北，进军入关，先于 7 月 29 日后攻陷天津，又于 8 月 8 日占领北平。北平、天津沦陷后，日军兵分 3 路，大举向华北腹地和黄河以南地区进攻，先后占领山西太原、河北石家庄、陕西西安、山东济南等地，华北地区大片国土沦陷。日本侵略者在进攻我国北方领土的同时，又把战火烧到长江以南地区，于公元 1937 年 8 月 13 日海、陆、空三军一齐出动，发起对上海的进攻，11 月 12 日占领上海，13 日攻陷南京，继后又先后占领浙江杭州、江西南昌、安徽合肥、广东广州、湖北武汉、海南岛、香港，使大半个中国国土成为日本的占领区。日本帝国主义在侵略中国的过程中，始终以极其野蛮的残酷手段屠杀中国人民，仅公元 1937 年至 1940 年间就制造了震惊中外的南京大屠杀、平顶山惨案等 500 多起百人以上的集体大屠杀，给中国人民带来惨绝人寰的大灾难。

当中华民族到了最危险的时候，每个人被迫发出最后的吼声。在"七·七"事变发生的第二天，7 月 8 日，中共中央就通电全国拥护 29 军抗战，主张发动全民族立即对日抗战。7 月 15 日又发表了《中国共产党为公布国共合作宣言》，按照建立抗日统一战线的要求，把工农红军改编为八路军和新四军，迅速开赴抗日前线投入打击日本侵略者的战斗。蒋介石在全国人民抗击侵略、保卫国家强烈呼声的推动下，发表谈话表示："关头一到，我们只有牺牲到底，抗战到底，便只有拼全民族的生命以求国家生存。"决心在华北同日本侵略者决战，中国的抗日战争从此全面暴发。北平、上海、武汉、重庆、昆明各地民众纷纷上街示威游行，掀起轰轰烈烈的抗日救亡运动。远离勐卯上千公里的仰光华侨中学，由于教书的老师纷纷回国参加抗战，学校教学活动无法正常运转，于是学校贴出告示：暂时解散关闭学校。还有 3 个月就即将初中毕业的衎景泰怀着深深的遗憾和眷恋，离开了学习和生活了 3 年多的校园，

返回了勐卯。

衔景泰刚一回到勐卯，就被家乡父老乡亲们的爱国热情所感动。"七·七事变"的消息传到德宏后，在祖国西南边疆素有反帝爱国传统的德宏各族人民，在国难当头的危急关头，表现了极大的爱国热情，公元1938年1月3日瑞丽的各族群众纷纷走上街头举行声势浩大的抗日救亡示威游行，群情激奋的各族群众高呼"坚决拥护抗日！""打倒日本侵略者！"等口号，围观的各族群众也纷纷加入到游行队伍中，体现了中华民族同仇敌忾的爱国精神。弄岛华侨侨民学校的师生也走上街头，向各族群众进行宣传抗日救亡的演讲、文艺演出，赤子之心感人肺腑。在轰轰烈烈的抗日救亡运动中，抵制日货是表达各族群众抗日义愤的重要举动，畹町海关在边境口岸设立了关卡查禁日货，不许日货进入国内。爱国商人把经营的日货全部堆到街头公开进行烧毁，以表示爱国抗日的行动。刀京版、司署属官等民族上层爱国人士和各族边民为了支持全国的抗战，主动在街头进行抗日募捐活动，购买抗日救国公债，已经年满12岁的衔景泰虽然也投入了这些活动之中，心目中初步有了爱国抗日的观念，但13年后在他真正投入抗日战争的实际行动时，他才真正懂得其中的含意。

抗日战争全面暴发后，日本侵略军很快占领了我国华北、华东及东南沿海广大地区，截断了中国海上的国际交通，对中国实施全面封锁，企图以此窒息抗日力量，达到鲸吞中国的野心。在此严重的形势下，国民政府极力想开辟一条新的国际通道，以保障当时偏居重庆的国民政府不致成为战时的"孤岛"，而通过缅甸仰光港口获取抗日物资无疑是最好的抉择。于是，在中国抗日战争最艰难时期的重要"生命线"—滇缅公路就与勐卯紧紧联系了起来。

（一）德宏各族人民修筑抗战生命线—滇缅公路

就在衔景泰刚刚从仰光华侨中学回到勐卯后的公元1937年8月15日，蒋介石到南京北极阁宋子文家里看望云南省政府主席龙云。在讨论抗日军事形势时，龙云说："日本既大举进攻上海，它的南进政策必付诸实行，南方战区可能扩大，那时香港和滇越铁路就有了问题。"蒋介石问："那么，你的意见怎样呢？"龙云说："我的意见是国际交通应当预作准备，即刻着手同时修筑滇缅铁路和滇缅公路，可以直达印度洋。公路由地方负责，中央补助；铁路则由中央负责，云南地方政府可以协助修筑。"蒋介石听后高兴地说："好得很，好得很！我告诉铁道部和交通部照此办理，叫他们和你商量，早日动手。"11月2日，蒋介石在南京总统府召开的国防会议上，正式批准了云南省主席龙云关于修筑滇缅公路和滇缅铁路的建议，决定由民国中央政府出钱，由云南省地方政府出修筑公路的人员，立即抢修滇缅公路，限期要在公元1938年3月底竣工。滇缅公路从中国昆明至缅甸腊戍，全长1146千米，中国境内路段947.8千米，由中方修筑；缅甸境内187千米，由英、缅两国修筑。当时昆明至下关已通公路，这 400 千米长的公路，当时整整修了 11 年。而下关至畹町要修筑的路段里程为 547.8 千米，途经险峻的横断山脉，要跨越澜沧江、怒江两大峡谷，还有几十条河流，如果按过去的筑路进度，工期至少要 10 年以上。

公元 1937 年 11 月初，国民政府行政院拨款 200 万元限期一年修通滇缅公路。西段由下关至缅甸道路的走向有三线之争：一为"腾永线"，经保山、腾冲、古永至密支那；二为"顺镇线"，由弥渡经顺宁、镇康、滚弄至腊戌；三为"保芒线"，经保山、龙陵、芒市、畹町至腊戌。龙云派缪云台（省政府委员兼富滇银行行长）赴缅甸与缅英政府协商，缅甸政府同意经畹町到腊戌的"保芒线"方案，因此路线较短，省工省时，于是决定采用保芒线方案。

1937 年 11 月由民国政府云南省公路局开始测量，12 月全线动工。东段有部分路基、路面、桥涵工程需要继续完成。龙云主席领命而归后，立即通令云南沿路有关各县和设治局务必于 1937 年 12 月份以前组织民工投入施工，限期 1938 年 3 月底前完成土路，并强调此事关系国防军事及抗战前途，各县官吏必须亲临工地督促抢修，按期完成，否则按军法论处。云南省公路总工程处对东段昆明至下关段进行扩改建，对西段下关至畹町段进行新建。西段修筑的路段要翻越西南三大峡谷，横跨漾濞江、澜沧江、怒江，由于山高、坡陡、水急，加上雨水连绵，瘴疠肆虐，筑路任务十分艰巨。为保证按期完工，云南省政府要求西段每天要投工 14 万人以上，东段每天投工 6 万人以上。云南省政府通令沿线各县、设治局（相当于县）：1937 年 11 月开始征调民工筑路，限令 12 月正式投入施工，并强调：事关国防军事及抗战前途的大事，各县县长、设治局长必须亲临所划定路段督修。滇黔绥靖公署也指派官员到各县督催民工上路。同时规定由下关至畹町沿途各县、每天应出的民工人数：凤仪（今属大理市）4000 人，大理县 5000 人，蒙化县（今魏山）8000 人，漾濞县 6000 人，顺宁县（今凤庆）5000 人，昌宁县 7000 人，永平县 8000 人，云龙县 10000 人，保山 28000 人，龙陵县 7000 人，腾冲县 8000 人，镇康县 5000 人，潞西设治局 8000 人，梁河 3000 人，盈江 1000 人，陇川 1000 人，瑞丽 1000 人。总共 12 个县，5 个设治局，总计要出民工 11.5 万人。17 个县、局当时总人口不足 180 万，征调的民工占总人口数的 6% 还多。工程上马后实际出工人数大大超过了以上数字。西段每天上路人数约 140000 人，加上东段，当时每天有 20 万各族人民参加赶修滇缅公路。

原先指定修筑龙陵到畹町路段主要靠芒市、遮放两司派民工修路，芒市土司代办方克光和遮放土司多英培在接到通令后感到责任重大，非常着急，一方面积极动员本辖区民工，一方面上书第一殖边督办专员李曰垓，陈述路段修筑工程浩大，时间紧迫，如果仅靠芒市、遮放两司派工修路，那么就是将两辖区所有的青壮年都派去也难于完成任务，建议由德宏边疆十土司共同协助抽调民工。李曰垓立即同意两位土司的请求，乃定：芒市土司辖区由干崖（盈江）、南甸（梁河）、盏达（莲山）、户撒等土司负责修筑连接龙陵县南天门路段以下的工程，其中梁河修 10 千米，每天应出工 1000 人，坝区由芒市负责，每天应出工 8000 人，遮放土司负责遮放坝区段，黑山门段由勐卯土司、勐板土司、遮放土司负责，每天应出工各 1000 人。

公元 1937 年底到 1938 年，云南省政府来信催促勐卯司署要摊派民工参加修滇缅公路。勐卯土司代办刀京版接到布置的修路任务后，立即将任务分配到瑞丽各村寨，各村寨又采用"一家一丁"的办法抽调民工组成筑路队。勐卯有 9 个畹，每畹要出民工 15 天。全畹百姓除了孤寡之外，1 户出 1 个，各家带米，伙食自理。几经催促，才整队出发前往遮放坝托后山施工。上工地的民工筑路队先从法坡开始，顺序为芒满、姐勒、贺腮、姐东、姐相、弄贺、芒艾、雷允等各畹依次轮换。民工们在工地上受冻挨饿生病极其艰难。寨子里老百姓听说又要修路，虽然个个叫苦不迭，但当他们知道修路是为了抗日救国，不当亡国奴，个个二话不说，默默地收拾行囊，立即投入筑路队伍中。

由于各级政府下了死命令："田可荒，地可荒，筑路工程不能荒。"到 1938 年 1 月，滇缅公路沿线 28 个县设治局组织的十几万民工陆续到达各自的筑路工段施工现场，全线同时开工。芒市至畹町的路段虽然公元 1928 年由芒市和遮放土司联合修筑了毛路，但因年久失修，路况极差。又因路线改动较大，三台山和黑山门山高坡陡，所以工程量很大。德宏各土司负责修筑的龙潞、芒畹段道路地势险恶，更加上气候恶劣，历来就是令人谈虎色变的"瘴疠区"，民工的生命时时受到威胁。就是在这样境况下，公元 1938 年 1 月，德宏各族人民走出家门来到筑路工地，他们自带粮食和工具，施工地点没有现成的住房，他们只能住在临时搭就的窝棚或山洞，一张席子一堆草就是他们的床，吃的是山茅野菜、粗茶淡饭，干的是高强度的体力劳动，每天从早干到晚，吃饭休息时间仅有两三个小时。德宏各族民工在极其恶劣的环境中，使用最简陋的工具，吃的是干粮，喝的是雨水，住的是山草树枝搭成的窝棚，要经受烈日、暴雨、山洪、塌方、滚石、毒蛇、猛兽、疾病的侵袭，来自汉、白、彝、傣、回、景颇、阿昌、德昂、苗、傈僳、布朗等 10 多个民族的民工，不分男女老少，哪管贫苦孤寡老弱强壮，不论妇孺与姑娘，有的祖孙三代都在工地，民工自带口粮、工具，自带极简单的行李住窝棚，住洞穴，民工每天微不足道的补贴 0.2 元，而且还不能完全到手，只得自带粮食、小菜出工。但他们筑路的热情很高，他们都认为，为了救亡图存，打通出国生命线，前方流血，后方流汗是义不容辞的，有的路段上，民工们高唱着《滇缅公路歌》："修公路，大建树，凿山坡，就坦途……胜利必须武器强，还要交通畅，努力打开生命线，出海通达印度洋。"他们顶寒冒暑，轮班昼夜抢修。没有水泥，他们自烧石灰，各以粘土作水泥；没有火药，就地用土法制造火药；

没有压路机，他们造石滚压路；火药供应不上，就采用两千年前修"僰道"的火烧法，先用柴火烧岩石，再用冷水激水崩石。想尽千方百计，克服千难万苦，凭着一腔报国热情，日夜奋战在筑路工地上。刀京版、龚绶、方克光，多英培等各地土司也对修筑滇缅公路倾注了大量心血，他们纷纷走出衙门，"一切要政，暂缓办理"。面临这场筑路大决战，刀京版同其他司官一道亲临工地督促检查工程进度，他们把这项工作当作重中之重，上下配合，想办法，出主意，尽力为民工排忧解难，在勐卯司署库银空虚时，竟毫不吝啬地拿出3000银圆及时补助衣食困难和生病无法就医的民工，为修筑公路敞开了绿灯。发动民众（当时德宏地区只有十多万人口），先后投入5万余民工，几乎挖掘了该地区所有人力资源，组成的筑路大军积极响应抗日救亡的号召，他们节衣缩食，自带伙食、工具，发扬爱国主义思想，以吃大苦、耐大劳的精神，不分昼夜地凭着简陋的工具，锄挖锹铲，肩挑人背，攀岩凿壁，开山炸石头，在荒郊野岭中奋战不息。

云南省政府初限公元1938年3月底通车，尽管路段工程技术人员和筑路民工竭尽全力，以惊人的毅力日夜苦干，由于工程量太大仍未能按期完工。后延期到5月底，但时至6月底，亦未能通车。省政府因国难当头，修路心切，遂以公路局督责不力，各段工程人员"恶习太深，敷衍成性，任意拖延"进行了从严惩处，7月1日下令各段工程人员记大过一次，罚月薪十分之三，对部分地方官绅也作了惩处，其中龙陵、潞西、莲山的县长或设治局长各记过一次，腾冲县长、瑞丽、陇川的设治局长各记大过一次，盈江设治局长未遵令及时修好规定路段，工程拖欠特多，予以撤职。

7月份后进入夏季，德宏雨季来临，工程施工难度更大，省政府不得不再次延期到7月底完成。干崖土司承担龙潞段双坡以下10千米的地段，因死者、病者多，加之粮食缺乏，民工全部逃散，后由潞西代雇工2000人赶修。8月，暴雨猛降，修成的路面因塌方而致严重损毁。潞畹段中有两座木桥被冲毁，山坡、路面多处塌方，但艰难困苦没有吓倒工程技术人员和民工们，他们风里来，雨里去，清除坍塌土石方，排险导流，奋力抢险。

修筑滇缅公路时，老百姓出白工，口粮、刀锄等工具由民工自带，政府只提供一些大锤、小锤、炮杆之类的工具和一些大米；工程指挥部的一部汽车，只象征性地用过几天。在四五个月的筑路期间，身为勐卯土司代办的刀京版，虽然不可能与民工同吃同住同劳动，但是在急如星火的军令政令之下，他几次陪同有关官员视察工地，并派司署重要官员驻扎工地督工。当民工因经费不到位影响施工进度时，刀京版利用土司代办掌握实权的条件，从勐卯司署拨款3000银元解决民工生活，又"借助"干崖民工施工经费5000银圆，终于使得勐卯与干崖两地负责的筑路任务没有拖"8月底全线通车"的后腿，没有重大尾欠工程。

通过云南各族人民万众一心，百万民工8个多月的苦战，终于在公元1938年8月31日修通了一条长达547.8千米的交通干线滇缅公路。全线完成土石方2185万立方米；大中型桥梁7座（如惠通桥、功果桥、漾濞桥、果朗河桥等），小桥522座；涵洞1443道；铺路面800多千米。公元1938年8月31日，昆明至畹町终于全线通车，全长1183.366千米的滇缅公路至此畅通，这条蜿蜒曲折盘旋在滇西高原的公路，是滇西各族人民鲜血与生命的凝结。在筑路过程中，因工伤事故和疾病夺走生命牺牲的男女民工约有3000多人，因瘴疟而病倒的不下万人，其中工程技术人员也有不少殉职的。光是盈江负责修筑的白花洼至新桥河10公里地段就死亡男民工156人、女民工23人，平均每公里就有18人死亡，滇缅公路是名副其实的用血肉筑成的"血线"。

人们不会忘记，当时没有凿岩机、推土机、翻斗车等机械；石方用人锤、钢钎打、用黑色炸药炸，土方用十字镐、锄头挖，用扁担、粪箕运。因此，滇缅公路通车的消息一经传出，不仅举国欢庆，而且还引起了世界的震惊。美国总统罗斯福特命其驻华大使詹森取道仰光经畹町到昆明实地考察滇缅公路。詹森到重庆后向美国政府报告了所见实况，发表了谈话："滇缅公路工程浩大，沿途风景极佳，此次中国政府能于短期完成此项艰巨工程，此种毅力与精神，实令人钦佩，且修筑滇缅路，物质条件异常缺乏，既没有机器，全赖沿途人民的艰苦耐劳精神，这种精神是全世界任何民族所不及的。"詹森认为滇缅路的修筑可同巴拿马运河相媲美。美国政府决定美国的援华物资由此路输入中国。英国《泰晤士报》连续发表文章和照片，报道滇缅公路的修筑情况，文章说：只有中国人民才能在这样短短的时间内做得到。国内各报纸对滇缅公路通车也都有详尽的报导。如《云南日报》发表的《伟大的滇缅公路》《滇缅路竣工通车》《新华日报》发表的《从腊戌到昆明》《滇缅路上》《从滇缅公路谈到云南的夷族同胞》等。

公元1938年8月31日，滇缅路初步通车后。但由于雨季塌方甚多，路面狭窄，有些地方甚至没有铺筑路面，部份桥涵还是便桥，因此又苦战了3个月，至12月1日载重卡车车队才顺利地从腊戌浩浩荡荡驶向昆明。通车后，运输的物资是苏联援华军火武器，在滇缅公路未修通前，苏联援华物资多由西伯利亚铁道运至阿拉木图，然后再用汽车运人新疆，经甘肃、陕西到四川，行程约10000多千米，其中铁路约6000千米，公路4000余千米。公路耗油大，运一卡车物资耗汽油2.5吨左右，因此后来改由海道运输。1938年5月，英国轮船"斯坦浩"号由苏联黑海奥德赛港运援华物资6000吨准备在越南海港卸货，经滇越铁路运来中国，法国殖民地当局屈服于日本帝国主义的压力，不准卸货，英国船只有转道仰光。11月，苏联援助的6000吨军火武器在仰光卸货，然后用火车经仰光、曼德勒、腊戌铁路运到腊戌后运入我国畹町，这一批物资于公元1938年12月运到昆明分发到全国各地的抗日战场，开创了滇缅公路运输国外援华军用物资的先河。从此滇缅公路正式成为中国的国际交通线，此后，美国援华物资也从滇缅公路运入中国，进入中国内地的各个抗日战场。据统计，在整个抗战时期，由滇缅公路和中印公路运入我国的战略物资共49万余吨，汽车1万多辆（其中有陈嘉庚先生发动南洋华侨捐献的1000余辆道奇卡车和云南华侨梁金山先生捐献的60辆大卡车）。在运输的物资中，汽油、机油等油类有20余万吨，兵工武器、弹药、通信器材、汽车配件、轮胎、医药等有20余万吨，棉花、纱、布匹等约80000吨。同时，还出口了精锡28427吨、钨砂14435吨、铜434吨、桐油6600吨，以及生丝、绸缎、皮革、猪鬃、肠衣、铝锭、锑、铅锌等传统出口物资，还运出了一些黄金、银元以换外汇。滇缅公路成了名副其实的"抗战输血管"或"中国战时的命脉"。最确切的说法是"滇缅公路是中国抗战时期唯一的国际交通线"。当时，陈嘉庚先生在南洋募捐捐献到延安的医药品，其中一部分就是从滇缅公路输入的。

当时承担滇缅公路运输任务的是：（1）西南运输处，（后称中缅运输处），有21个汽车运输大队，内有归国华侨组成的"华侨先锋队（即南洋华侨机工）两个大队，共有汽车3500辆，其中2000辆是仰光接来的各式"道奇"、"福特"及"雪弗兰"新车。（2）汽车兵团。当时全国27个汽车兵团，在滇缅路上跑运输的就有14个汽车兵团，拥有2000多辆"美式"吉姆西"和"司蒂蓓克"卡车。（3）军委后勤部汽车团及第五军车队，约有1000多辆卡车。（4）商营汽车队2200多辆，多为"福特"和"雪弗兰"卡车。以上车队，共计7800多辆车。连同教练车、救援车、生活车等，卡车总数在万辆以上。如此众多的汽车昼夜不停地奔驰穿梭在滇缅公路上，日平均通过车流量达600辆，一般日通过量为350至750辆。

在滇缅公路即将通车前夕，云南省公路管理处命遮放土司多英培带30名土司兵（由多立周带队）到畹町做警卫工作。畹町是中国的大门，当时属遮放土司管辖，这里与缅甸仅一河之隔，当时的畹町灌木丛生，茅草高过人，只居住着五六户人家，其中两家专门烧酒。由于负责警卫的地方太宽，30个土司兵忙不过来，刀京版知道后，主动向芒市公路管理处要求协助警卫，被批准后，他从勐卯派出30余名土司兵，亲自任命自己的军事顾问思德邦作为领队。两地土司兵共同负责警卫工作，不久，英方也派来了高炮兵驻九谷，两国武装隔河相望，后来，保山又派来一个宪兵连，一个交警分队驻畹町，保证了通车以后的安全，两地土司兵才撤走。

日军对滇缅公路的修通恨之入骨，公元1940年10月18日至1941年2月止累计出动飞机400架次，对功果桥、惠通桥等重要桥梁进行狂轰滥炸，功果桥先后被炸16次，惠通桥被炸6次，钢索吊杆被炸断、炸坏，桥面下修路工人被炸死、炸伤数十人，但英勇的护路工人不畏艰险，不分昼夜，随炸随修，一面用船搭成浮桥作临时通道，保证了抗战物资的运输不

由于滇缅公路成为我国接受外援物资的唯一国际通道，世界各国和海外华侨支援我国抗日的军需物资全部依靠这条公路运入。滇缅公路迂回于崇山峻岭中，十分险峻，为完成艰巨运输任务，需要大量技术娴熟的汽车驾驶员和修理员，而当时国内这类熟练的人员大都已开往前线参战，无力西顾。为此，国民党政府吁请陈嘉庚先生在南洋代为招募华侨司机和修理工，陈嘉庚和他领导的南洋华侨筹赈会急祖国之所急，热烈响应，很快就发出了《征募汽车机修、驶机人员回国服务》的通告，陈嘉庚等华侨领袖还亲自到各地演讲动员。这项通告发出后，迅即在南洋引起震动，华侨青年怀着"国家兴亡，匹夫有责"的高度民族责任感纷纷报名，掀起了一个个高潮。公元1939年2月至8月，南侨筹赈总会和所属支部，从众多的志愿报名者中选拔了3192名南侨机工，他们分别来自马来亚、新加坡、北婆罗洲、荷属东印度群岛（印尼）、仰光、泰国、缅甸、菲律宾等地，先后分为九批经安南（越南）、仰光、香港3条路线回国，服务于中国国民政府军事委员会西南进出口物资运输总经理处。从公元1939年4月至1942年5月，南侨机工主要从事于滇缅公路上的军运工作，为完成繁重的任务，不分昼夜，不惧寒暑，把战备物资源源不断地从缅甸腊戌等地运回国内，再像接力赛跑一样，一段段运到昆明，转往贵阳、重庆和抗日前线。

公元1940年夏，当英国迫于日本的压力要封闭滇缅公路时，华侨机工便全力以赴投入抢运军用物资的战斗，他们早上从腊戌装车出发，晚上到我国芒市卸车，当夜又赶回腊戌，昼不休、夜不息，几乎把3个月被日军封锁的运货量提前抢运了回来。公元1942年2月，当日军已逼近曼德勒，腊戌也危在旦夕时，华侨机工先锋一大队二中队奉命赶到瑞丽雷允机场，装运高射机枪子弹、通信器材和药品到腊戌。当车队进入缅甸境内不远，就遇到溃退的英缅军和远征军，还有逃难的老百姓，知道距日军已不远。但为了前线的需要，华侨机工不顾个人安危，冒着极大的危险，继续驱车前进，直到完成任务。华侨机工们对祖国的贡献是巨大的，据史料统计，在他们参加滇缅公路运输前的1939年1至5月，通过滇缅路运入我国的武器和其他军用物资每月仅1000多吨，自从大批华侨机工参加军运后，每月运量猛增，从公元1939年11月至1940年6月，每月运量至1万吨左右，为中国抗战的胜利，发挥了关键作用。为此，他们也付出了沉重的代价，"翻车丧生，或因敌机轰炸扫射，饥寒交迫，瘴气患病而为国殉难者不计其数"。在畹町、龙陵、腾冲等地沦陷后，华侨机工千方百计重返前线配合远征军杀敌，如谢川周、刘南昌等人潜渡怒江回到昆明，又随远征军前往印度作战，有的参加抗日游击队与敌人周旋于怒江西岸的滇西各地，有的到了延安参加抗日游击队。公元1944年滇西反攻时，许多南侨机工又积极参加了军运支前战斗。除参与滇缅公路运输外，南侨机工还在其他地方辛勤工作：到广西、贵州、重庆、越南等地抢运物资；帮助印度的盟军运送军火，支援反攻；受盟军情报部门派遣，返回东南亚从事敌情侦察工作；在昆明、陆良机场接运军事物资，协助美空军战斗；为参战部队修理大炮。抗战期间，牺牲的华侨机工占机工总数的1/3，在1000人以上。

（三）中美双方合建的飞机制造厂落户勐卯雷允

公元1938年12月，为了占领滇缅公路沿线的制空权，民国政府在芒市风平修建了一个军用飞机场，该机场占地2800亩，跑道长1050米，建成后用来起降246型战斗机参与对日作战。同时计划在瑞丽雷允修建一座中国最大的飞机制造厂，生产国产飞机与日军进行空中较量。

说起由中美双方组建的雷允飞机制造厂，这是一个充满传奇、曲折和悲壮历程的历史丰碑。公元1937年8月13日，淞沪抗战一开始，杭州笕桥中央飞机制造厂就遭到日寇侵略军空袭轰炸，被逼内迁，先迁武汉，后又迁至昆明，最后决定在云南瑞丽雷允建厂。之所以选择雷允设厂，是因为它位于滇缅公路的末端，既可以和内地相通，又位于缅甸边境，是中缅交界地，只隔一条南宛河，跨过河就是缅境的方面坎镇，镇上有陆路从方面坎沿公路经腊戍、曼德勒，再从曼德勒乘火车直达仰光，有较好的水陆两路的交通条件，可以从缅甸仰光直接进口器材。其次，当时这里处于抗战的大后方，自然地理位置十分理想，条件十分优越，是建设飞机制造厂的最佳地点。

滇缅公路的建成，让刀京版与边疆各族民众打心眼里高兴，忽然又传来喜讯，说要在本地的雷允建立飞机制造厂，他以满腔热忱准备迎接飞机在勐卯坝子起起落落的时刻到来。公元1938年，秋雨刚刚停息，晨雾却已蒙蒙笼罩。田里的早稻呈现一片金黄色，突然，天空中从东南的山巅上发出震耳的"轰隆！轰隆！"声，惊得人们慌不择路，四散躲避。胆大的男人在大声喊叫："谁家蒸饭的甑子会这么响？是否锅里的水干了？"而大多数的人们却都在双手合十念："撒吐！撒吐！"最先迎来一架飞机越空飞来，在弄岛、雷允、广罕等地低空盘旋一圈后按原路线返回。第二天，又有两架飞机按昨日那架飞机来的线路飞来，低空盘旋了两圈后又返回。飞机的出现使得刀京版和勐卯各族民众又惊又喜，因为在此之前，刀京版就曾委派属官到各畹、各寨宣传勐卯要办一件大好事，要求每家每户出为他买飞机的"恩腊塔命"钱，每户有田的交2.5文，无田的交1.5文。过了1月有余，芒艾寨布畹家就来了几个洋人，他们与刀京版一道查看了广罕、雷允等地，刀京版与这几个洋人同住在芒艾寨里，几次召集两寨的居民、乡亲当众宣布："广罕全寨和居住在贺卯附近雷允寨的居民，必须在3个月内全部迁出，新迁出地址这一带需要建立飞机制造厂，此事实为抗战需要，望各位父老乡亲体谅。"让世世代代居住在此的百姓搬离故土非常不易，除非遇到重大自然灾害不能再居住，否则谁愿意忍痛离开呢？但民众们知道"国家有难，匹夫有责"的道理，家家户户听了动员后都积极响应，不到3个月时间各家各户就如期全部搬迁了。随之而来是大批的汉族工程师、工人等迁入这两寨腾出的地界，他们铲草平地，披荆斩棘，砍竹子搭盖了简易住房。紧接着中美员工大批开赴雷允，原从武汉派往成都和衡阳的工作人员也同期抵达，随即着手组建，厂长麦肯锡领导工程技术人员忙碌地工作着，当厂方急需人力物力的时候，刀京版得知后，竭尽全力给予支持，热情接待，受到厂方的赞扬。刀京版并被委任为雷允飞机修配厂主任，由于重任在身，刀京版不得不放弃一些司署的工作到雷允飞机制造厂工作。

1. 雷允飞机制造厂的建设过程

雷允飞机制造厂的建设工程分为三个阶段，第一阶段修筑进出厂区公路，架设由中国勐卯雷允横跨南宛河联通缅甸的临时桥梁，搭盖工人临时房屋，铺设临时水电设施，以及开挖厂基等；第二阶段建造厂房，开辟临时飞机跑道，修建水电站，铺设正式的水电线路等；第三阶段安装生产设备，搭造永久性桥梁，修建飞机跑道，以及建造各种办公用房和员工住宅等。

建厂期间，刀京版被聘为参议，人称刀参议，一时之间小有名气，成了飞机制造厂的常客。由此他经常深入工地，了解情况，尽其所能为工地建设方出主意献计策，积极帮助排忧解难。当工厂建设人手不够需要大批劳力时，他就从各畹各寨抽调当地傣族群众全力支援。只要刀京版能做到的，他决不推辞，并把它当做司署的大事尽力去完成，从而使工程建设得以顺利进行，有的工程还得以提前完工。

雷允飞机制造厂建厂初期，使邢契辛监理和王巍总干事（上校军衔）感到十分棘手的事，既要修公路，又要修两个飞机场，同时还要新建几百幢职工宿舍，盖厂房，到哪里去找人？找内地汉族，他们说边疆有瘴气，视为畏途，不敢来。刀京版得知建厂缺少人手的实际困难后，深感日寇呈凶，国难当头，身为中华男儿岂能熟视无睹。于是他把几个属官、头人找来，让他们回去对百姓宣传抗日道理，有钱出钱，有力出力，叫百姓带上粮食、锄头前来帮助修筑公路、修飞机厂。修飞机厂招收的许多临时民工基本都是勐卯当地的傣族群众。

修筑畹町至雷允较长的公路由西南公路局负责；开辟从雷允至南宛河边这一条较短的公路以及跨越南宛河用的临时竹桥，由刀京版委派一承包商负责承包建设。后来由德国3个工程师负责设计正式建成雷允铁索大吊桥，桥长200米，宽10米，桥面可容两部汽车并排而过，大桥横跨南宛河下游江上，是缅北南坎至瑞丽雷允之间的交通孔道（后因日军由缅甸向瑞丽推进时炸毁。）钢结构厂房以及跨越南宛河的正式钢架桥梁由仰光一家金属结构厂承包；所有木结构房屋均由仰光来的广东木工承包；所有竹结构房屋则由刀京版委派当地少数民族工匠搭建。除此之外，各就各位后，劳力还是明显不足，刀京版又及时抽调附近村寨的傣族群众前来援助，并动员傣族群众把本村本寨的凤尾竹、埋卡竹、埋桑竹整车整车的奉献出来，为飞机制造厂早日能制造出飞机消灭日寇做着他们力所能及的贡献，傣族群众得知这一情况后纷纷表示愿尽绵帛之力以表达他们坚决抗战到底的赤诚之心，数天之内就砍伐了大量竹子送到飞机厂工地。他们在工地上，尽力做着各种活计，尤其是抢架南宛河便桥时，年轻力壮的傣族青年不怕水深浪急，袒胸裸背，穿着裤衩，在烈日下汗流浃背地筑基打桩，支砌连接好油桶，一层又一层，直至在油桶上面铺好木板、汽车能行驶为止。有好几个当地傣族群众还当上了飞机厂快速培训的汽车司机，弄满寨的小伙子干相心灵手巧，经缅甸司机貌吞静的介绍，由上海师傅教练，很快就成了一名汽车司机，这些临时快速培训出来的新司机为工地建设发挥了积极的作用。

2. 雷允飞机制造厂建成投产后的重要贡献

民国二十八年（公元 1939 年）8 月，正是由于汇集了许许多多的施工力量，经工人们昼夜不停地赶工建设，使这个在当时相当于近代化的工厂，只花了半年多时间，（公元 1938 年 12 月至 1939 年 7 月初）就在雷允这块偏僻荒野上建立起来并开始投产。随后工程技术人员逐步增加，由开始的几百员工增加到 2900 多名员工，新增的技术人员约有 100 多人，大部分来自西南联大和西北联大几届的新毕业生。其他有来自航委会的其他机构，有来自美国的美籍爱国华侨和从国外回来的留学生，同时新增管理人员及各种专业人员，如医生、老师、体育教练员、农业和养牛技师，邮电、海关人员等有 200 多人；工人和学徒人数增加得最多，约 500 人以上；新增人员包括国民党 1 个军事警卫大队在内，约有 300 余人；职工医院有职工 100 余人、服务人数 6000 余人。使昔日荒凉的雷允顿时成为一个人烟稠密繁华热闹的小市镇。

经过多方努力，雷允飞机制造厂建厂工程大功告成（公元 1939 年 7 月建成），这座具有当时世界水平的、有先进技术装备的飞机制造厂正式投入生产；厂区的生产设施，生活设施配套齐全。主要交通运输通道，一靠滇缅公路，从昆明至雷允；另一条是海外通道，海运至缅甸仰光转八莫，这一年多的时间里，生产鹰式一Ⅲ型战斗机 30 架，菲莉特教练机和莱因教练机各数架。新建的工厂有职工 200 多人，技工 1000 多人，普工约 2000 人，专业人员 100 余名。飞机制造厂布局精细，有两座各长 150 米的主厂房，厂房和飞机跑道建在一块平地上，主厂房两端为生产车间和生产管理部门，中间东西两头各有一座小厂房，为汽车修理车间和材料工具库，沿东西向是飞机跑道，在北边是油库，储藏室。另有监理处、经理处、供应站、员工住宅、子弟学校、电影院、医院等，设施完善。除修理装配发动机的三个专业车间外，还增设了水电、铸造、维修和汽修等车间。厂里实行严格的生产管理，对质量要求很高，各部门都有质验员。雷允飞机制造厂生产的飞机经验收合格，便投入了飞机的正式生产。投产后的雷允飞机制造厂，里里外外面貌焕然一新，其厂房建筑规模比在杭州时还大，设备比在杭州时还完善，生活条件和工作环境都比以前好，是中杭厂最兴旺的黄金时期。

民国二十八年（公元1939年），正投产的雷允厂不得不加速了飞机的组装生产。刚投产的飞机制造厂首先组装制造了霍克式-3型双翼蒙布式战斗机3架；制造霍克75式单翼全金属战斗机30架；制造莱因单翼全金属教练机30架；组装CW-21型单翼金属截击机5架，改装兰卡双翼蒙布式教练机8架；组装P-40单翼全金属战斗机29架；组装DC-3运输机3架；改装比奇克拉夫特单翼全金属海岸巡逻机4架；大修蒋介石的专机西科尔斯基水陆两用座机一架（是意大利墨索里尼送的，能乘16人），所生产出来的飞机是中国空军和美国十四航空队的主要机种之一，在抗日战争中，发挥过它应有的重要作用。

当雷允飞机制造厂正式竣工和投产后，厂方举行了飞机试飞表演仪式，厂方特别邀刀京版亲自登机试飞，成为了德宏本土第一个坐飞机的人。跟随刀京版一同到飞机厂看飞机试飞的衍景泰见刀京版被邀登机试飞十分羡慕，吵着闹着也要上飞机，终因年纪太小被厂方劝阻。但当衍景泰和现场围观的勐卯各族人民破天荒地看到飞机制造厂生产的飞机一跃而起飞向蓝天，大家欢呼雀跃大饱眼福，许多曾参与过飞机厂建设的傣族群众都以自己为飞机制造厂的建设出过力而感到无比自豪和喜悦。此时的刀京版比谁都兴奋，比谁都高兴，他能在飞机上领略到常人难以领略到的穿云破雾的快感，飞在蓝天白云间，上下自由翻飞、升降，整个勐卯城及中缅边境的城乡都尽收眼底，让刀京版留下了难以忘怀的美好印象。

到1940年时，飞机厂组装霍克Ⅱ式战斗机50架，p40战斗机20架，莱茵式教练机30架，pc-3运输机3架，这些飞机在抗战中发挥了很大的作用。

公元1939年10月26日，日军飞机对雷允飞机制造厂进行了第一次轰炸。这天是一个星期日，当时大家正在午休，机场上有几架莱因式教练机正在准备起飞，有一架已升空；跑道上还停放了当时蒋委员长的专机西科尔司基水陆两用双引擎飞机。突然听到敌机的轰鸣声由远而近，紧接着厂里的汽笛发出了紧急警报，短促连续的"呜呀"声只响了三下，由广西北海起飞的日军36架轰炸机以品字形从西向东飞到雷允上空时炸弹就落地了，由于事情太突然，大家一时来不及逃远，敌机投弹百余枚，多数投在雷允街上，机房被毁。厂区出入口处落下1弹，房屋被炸一角，2名警卫受伤，家属和群众10余人受伤，部分炸弹就落在西边工人住宅后面荒野里。由于敌机飞得很高，三排一列，一阵狂轰猛炸后，新山工人家属宿舍区一片火海，后来据人们猜测：可能是敌机见到下面机场飞机跑道上有飞机在起飞，以为是来迎战的，因此，临时偏转去轰炸，赶快扔完炸弹逃命要紧。这样一来，炸弹就落得远了一些、偏了一些，加之厂房屋顶进行了伪装，否则全厂房和住宅将难幸免，在住房外面空地上的员工和家属也不知要死伤多少人。而即使这样，人员死亡总数也有一二百人，其中最惨的是职员住宅房一处防空洞内被活埋8个人，内有一位年轻母亲抱一对新生双胞胎婴儿也被活埋；工人住宅后面有两个防空洞活埋两名工人；水电车间工程师梁天基星期天值班，在水电车间门口被炸死。雷允飞机制造厂遭到日军轰炸的消息传来后，当时担任雷允飞机制造厂警卫负责人的刀京版驱车前往探视时，14岁的衔景泰也一同前往，当他在现场看到日军飞机轰炸雷允飞机制造厂造成的一片惨不忍睹的景象时，让衔景泰切身感受到了战争的残酷和血腥。

公元1940年10月26日，日军飞机又对雷允飞机制造厂进行了一次大规模轰炸。日本空军27架大型轰炸机以品字型编队突然飞临雷允飞机制造厂上空，对厂区进行轰炸，投下炸弹110枚，死伤员工家属百余人，住宅区房屋、跑道旁的竹房被炸毁，跑道上的2架新制莱茵教练机被炸起火，一架康德运输机和停在南山飞机场进行大修的蒋介石西科尔斯基水陆两用座机被炸伤。后来由贵州调来一个高射炮防空排，加强厂区防空保卫。日军飞机再来进行轰炸投弹时，因慑于防空炮火，轰炸的次数和密度有所减少。

到了公元1941年1月间，日军轰炸造成的恐慌心情渐渐消失，人心渐趋安定。领导才决定在厂区外围较安全的地方临时恢复生产。于是在这地区分散搭起许多活动房屋，把一些较轻便的设备安装在内，便于各车间的临时生产。装配车间需要靠近机场，则安排在离机场较近的地方。约在2月间，各车间陆续恢复生产，各部门也恢复工作，当时员工疏散在外，不敢回厂区住宿，为解决员工上下班问题，住在附近不远的每天用汽车接送，居住在缅甸南坎的每星期送一次。美国人这时大都回到他们原来住处，因为那里离厂较远。

公元1941年12月8日，日军偷袭珍珠港，随后美国对日宣战。消息传来，顿时使中机厂几月来呈现出的好转现象和乐观情绪化为乌有。这样一来，工厂的合同期将不得不终止，以后的合同订货以及器材进口也将中断，大家都预感到中杭厂前途更加暗淡。大约过了一个多星期，中美双方正式命令到达，决定将中杭厂移交中国，归中国所有，先办理移交手续，再办理合同的后结算。航委会命令指派钱昌祚代表中方接收，并任命曾桐为正经理，接替瓦尔西总管全厂。美方总经理鲍雷从美国来电派瓦尔西代表美方移交。消息公布后，全厂职工早已料及，并不震惊，相反对收回自管感到振奋。不过，中美人员共事多年，相当融洽，今将别离，许多人颇有惜别之感。中美双方移交手续很快办完，一个由美国人负责经营管理有8年之久的中杭厂到此完全结束。美国人员随即纷纷离开雷允，其中大部分回国，一部分车间工长临别转往印度加尔各答，那里也有一座由美国联洲公司投资的飞机制造厂。所有美国人员离开雷允时都未及欢送。

生产方面，这时在仰光的员工仍继续装配P-40战斗机，这批飞机总共约100架，除太平洋战争爆发前已完成三四十架以外，还有六七十架。这是当前最重要的任务。由于局势紧张，那里的员工更加奋力抓紧组装。在八莫的人员仍继续修理和装配一些留下的未完成任务。雷允人员仍然十分清闲。

3. 陈纳德"飞虎队"亮相勐卯雷允

民国三十一年（公元1942年）1月，太平洋战争爆发以后，雷允飞机制造厂又开始呈现出一片活跃景象，因为这时中美英三国已联合对日作战，驻云南的陈纳德将军率领的"飞虎队"也来到了雷允，让衎景泰见到了久负盛名的陈纳德"飞虎队"。

"飞虎队"是公元1941年夏季在美国总统罗斯福的批准下成立的，当时美日尚未宣战，因此决定，"飞虎队"由一个名叫中央飞机制造公司（即中央飞机制造厂）的非官方机构出面组建，队员们秘密抵达中国战区后，以中国国民党政府雇佣的志愿兵的名义参加战斗，由当时的中央飞机制造厂出面组建。来华助战的美志愿队共有P-40型驱逐机100架，太平洋爆发战争之前就已秘密来华，美公开对日宣战后，基地就发展至雷允南山机场及昆明巫家坝机场。飞虎队的正式名称是中国空军美国志愿援华航空队，是第二次世界大战期间在中国成立，由美国飞行人员组成的空军，在中国、缅甸对抗日本。中国空军美国志愿援华航空队主要由美国退休飞行教官陈纳德所创立。陈纳德于公元1937年到中国，获委任为顾问，协助发展中国空军及训练飞行员。公元1940年，苏联与日本关系出现缓和，原本在中国作战的"苏联志愿航空队"撤走。陈纳德受蒋介石所托，成立以美国飞行员组成的美国志愿航空队。陈纳德到美国宣传中国的抗战，并且取得罗斯福总统的支持。在公元1940年底至1941年透过租借法案为中国购入100架寇缔斯P-40战斗机，又获批准让美国退役及备役军人到中国作战。陈纳德在美国招募约100名飞行员，当中40名来自陆军航空军、60名来自海军及海军陆战队，多数为后备役军官；另外还招募了约200名地勤人员。飞行员名义上为"中国中央飞机制造厂"雇员，飞行员月薪600美元，小队长月薪650美元，中队长月薪700美元。另外击落1架日机有500美元奖金。原来计划的志愿航空队分三个分队，包括两个战机队及一个轰炸机队，但至偷袭珍珠港时只成立了一个战机队。公元1941年秋夏之间，志愿航空队的飞行员开始抵达缅甸编队训练。陈纳德被飞行员亲切地称为"老头子"，飞行员则学习以P-40与日机作战的技巧，包括以团队作战攻击日机。

志愿航空队建立之初面对的问题并不少，部分招募的飞行员作战经验不多，也有人因担心日军飞机的空中优势而借故离队。由于运输困难，各种设备及战机很迟才到达前线。志愿航空队最多时只有约62架战机及飞行员处于作战状态。在陈纳德的指挥下，将能力较低的飞行员转至文职，并使其中一至两个中队处在备战状态。但志愿航空队的士气亦一直甚高，飞虎队分为三个中队：第一中队称为"阿当与夏娃"；第二中队称为"熊猫"；第三中队称为"地狱天使"。公元1941年12月美国正式参战时，飞虎队已经有82名飞行员及79架飞机，当中一、二两个中队驻扎在云南昆明，第三中队则驻扎在缅甸仰光附近。

陈纳德组建的中国空军美国志愿援华航空队之所以被中国人民称之为"飞虎队"，其中还有一段故事。最初，中国空军美国志愿援华航空队队员中有人提出，要在飞机头部画上鲨鱼头，用以吓唬日本人。公元1941年12月，航空队在昆明上空第一次作战取得胜利。由于中国老百姓从未见过鲨鱼，于是将这些飞机称作"飞老虎"。第二天昆明出版的一家报纸上便使用"飞老虎"一词来形容志愿队的飞机。航空队里的中国翻译见到后，将这个名字告诉给陈纳德，陈纳德和队员们都觉得很好，于是将航空队命名为"飞虎队"。后来，中国代表团向好莱坞的著名动画片制造商沃尔特·迪士尼公司的艺术家们请求设计一个队标，沃尔特·迪斯尼亲自动手，设计出一只张着翅膀的老虎跃起扑向目标，老虎的尾巴高高竖起，与身体共同构成了象征胜利的"V'形的图案。

飞虎队首次作战是在公元1941年12月20日。日本的10架轰炸机由越南起飞空袭昆明，被飞虎队击落9架。第三中队则在日本对英美宣战后，保卫缅甸仰光，在12月23日至25日的日本轰炸中，声称击落约90架轰炸机。之后至公元1942年3月，各中队轮流驻守仰光，直至仰光陷落后撤回中国。志愿航空队在改编前的官方战绩为击毁敌机297架。但据战后的数据，真实数字可能约为115架左右，当中包括在地面击毁的敌机。飞虎队的损失为21名飞行员战死、被俘及失踪。

在美国正式对日宣战后，陈纳德获恢复美国陆军现役上校军衔，之后又荣升为准将及中将，指挥第14航空军。公元1942年7月14日，志愿援华航空队由美国第14航空军之下的第23战斗机大队取代。但原来的志愿空军中只有5名飞行员接受任命转往新的单位，多数人转为担任运输机师，或加入军队到其他地方作战。原来的志愿空军解散后，第23战斗机大队沿用"飞虎队"的名称。

飞虎队来华后连战告捷，威震滇缅上空，日寇自然是不甘心的。日军空袭雷允飞机制造厂，目的就是妄图毁灭飞虎队的基地。雷允上空所发生的数次空战，敌机均以失败而告终。当时工厂的任务就是对P-40型驱逐机的检修与养护，保证随时出击。P-40型驱逐机就是飞虎队驾驶的俗称野马式战斗机，大修的飞机都在雷允厂进行，这些待修飞机，是用汽车牵引穿越弄岛往返于南山与雷允之间。

美国志愿飞虎队与缅甸的英国皇家空军的数十架战斗机常常飞来雷允加油或维修，雷允成为美、英飞行员后方的重要基地。公元1942年2月，美国空军志愿队到雷武南山飞机场

105人，战斗机50余架，同日机在滇缅边界上空激战，击落击伤日机10余架。陈纳德飞虎队的飞机和缅甸英国皇家空军的飞机常常飞来雷允加油或小修，飞行员也常常在雷允美国人留下的俱乐部或宿舍休息，或暂住几天。以后因为这里修理条件好，住宿条件也好，索性把雷允机场作为他们后方的重要基地，飞机来往更加频繁。这样不仅给雷允厂增添不少生气，还给雷允厂带来了不少飞机检修任务。当时检修的飞机大部分是陈纳德飞虎队的P-40战斗机，英国皇家空军的飞机也有，但比较少，雷允厂承担"飞虎队"P-40型歼击机的检修养护，保证了飞虎队"来华助战打击日寇"。中杭厂自移交中国后到雷允最后撤退的半年时间内，除在仰光的人员继续装配了50架P-40战斗机外，雷允人员为陈纳德飞虎队检修了20架P-40战斗机。只有康德运输机和蒋介石的西科尔斯基座机仍在继续修理，因为它们损伤较重，有许多特殊部件没有备品，需要研究代用或设计，所以进度非常缓慢。这两架飞机直到后来雷允撤退时还未完全修好，但当时不得不飞离雷允厂，康德运输机安全飞抵昆明，蒋介石的西科尔斯基飞机却在飞行途中撞山坠毁。

公元1942年2月间，雷允上空发生一次空战。中午左右，两架日军侦察机在几架战斗机护卫下飞到雷允上空侦察。当时住在雷允俱乐部的三名飞虎队P-40飞行员闻讯后立即驾机迎击，结果两架日机被击落。

4. 慷慨悲歌—中美雷允飞机制造厂的解散

公元1942年3月间，日本侵略军相继占领香港和海防之后，又轻而易举地攻占了英国新加坡海军要塞，矛头指向缅甸仰光，仰光已处于紧张状态。不久，紧急消息接踵而至，厂领导是最后一批仰光驻厂人员，包括美国工程师萨金提在内，从仰光撤退下来，诉说沿途的混乱以及日军已过腊戍的消息。接着厂领导也从军方得知日军正向边境逼近的确切消息，这才着急起来，于是集中一切车辆赶紧撤退，暂时不管器材，幸而这时有车辆陆续从保山返回，本准备继续装运器材，临时改运撤退人员，但车辆仍然不足，不得已只好先撤退家属。为了多撤退一些人，限定家属只许带随身衣服，不许带行李，同时命令司机昼夜兼程，到后火速返回。在无可奈何之下，厂领导仍寄希望于守卫在边境上的我军能固守一些时日，以便有较多时间继续撤退其他人员和器材。正在这时，紧跟着传来最后消息：日军即将侵入畹町，我军也在撤退。大家一听这个可怕消息，顿时秩序大乱，无法控制。在一片人声和哭声中，大家纷纷抢先上车逃命，已上车的人催着司机立即开车，乘不上车的也不顾一切步行向畹町逃去，纷乱中印度司机都不肯开车，怕回不来，故改由会开车的员工开走。片刻之间人员和车辆全都逃空，只剩下几位领导和警卫人员了。当时监理钱昌祚和经理曾桐眼看着这般凄凉状况以及满地丢失的衣物行李无能为力。最后，别无他法，只有迅速离开雷允。于是由钱昌祚命令

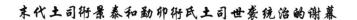

蒋大队长火速派警卫队员分头将所有设备和堆在机场的设备器材用炸药炸毁，将所有房屋放火烧毁，他们是最后离开雷允的一批人员。5月，在昆明设立中杭厂办事处收容从雷允厂撤退回昆的员工，还不到所有员工总数的一半。6月10日，中杭厂监理钱昌祚从重庆回昆明，带回航委会解散中杭厂的决定，中杭雷允飞机制厂虽然时间短，但对抗日战争却做出了卓越的贡献，其光荣历史载入史册，它孕育和培养了一批航空专业人才，这对发展新中国的航空事业有着重要的地位和价值，同时在瑞丽历史上写下了极其光辉灿烂的篇章。

五、用金钱买来的勐卯土司代办方克胜

公元 1941 年春，刀京版临危受命到勐卯任代办，转眼就已经有 12 年了，他凭借自己的治国理政能力，解除了衔氏内部争权夺利的危机，使纷争不断的勐卯百姓安居乐业，尽管日军飞机对瑞丽进行过一些轰炸，但大家总感到战争离我们还远，瑞丽仍然显得那么太平，刀京版也逐逐变得专横起来，他从干崖带来的小兵丁也狗仗人势趾高气扬起来，经常横行乡里，欺负百姓，闹得勐卯司署属官和勐卯的老百姓怨声载道。一次，德高望重的属官衔国华因一点小错就被刀京版当众捆了起来，后衔国华向刀京版苦苦哀求，叩头认错后才得到获释。有一次连印太夫人也被她的代办哥哥气哭了，事情的原委是这样：刀京版为他的儿子买了一辆小卧车，衔景泰和他的弟弟好奇地用手去摸了一下，立即受到了刀京版的斥责。印太夫人知道后十分生气，说："用我们勐卯的钱买的车，我儿子去摸一下都不得，我这个哥哥也太不近人情了。"当时眼泪哗哗地就哭了起来。衔景泰的小祖母是芒市方家的小姐，回芒市娘家探亲时向亲戚讲了印太夫人不满刀京版的事。说者无心，听者有意，衔景泰的四叔方克胜暗地向衔景泰的小祖母表示他早就不愿在芒市屈为护理，打算到勐卯代替刀京版当勐卯土司代办，衔景泰的小祖母也表示她很欣赏方克胜的能力，愿意帮他这个忙。正在此时，方克胜得知龙绳武要到勐卯与英政府进行三年一届的边缅"会案"路过芒市的消息，这个龙绳武是云南省主席龙云的儿子，官任腾龙区督办、腾龙边区行政监督专员，公署在腾冲城内，他坐镇腾冲已有多年，腾冲、龙陵两县县长都听命于他，因为他是龙云的儿子，他手下的军队有护路营第三营、梁河特务大队第二营、县自卫队，掌握军政大权，是个炙手可热的人物。龙绳武刚到芒市司署，原土司方克明的胞弟方克光、方克胜争相前来迎接待候，两人都对他极尽阿谀奉承之能事，实际上都在暗地里斗劲。方克光、方克胜之间的矛盾一事要从民国二十年（公元 1931 年）说起，当年芒市土司方克明不幸病故，因其嫡长子方御龙尚年幼，不能承袭芒市土司职务，需要在他的叔叔中物色一位当土司代办。方御龙的三叔方克光、四叔方克胜立即

为承袭土司代办职务一事展开了明争暗斗。方御龙的三叔和四叔都是方家氏族的人中龙凤，为争夺代办一职两人相互倾轧闹得水火不容。三叔方克光圆滑老道，善于巧取，被家族称为"小诸葛"；四叔方克胜才华横溢，锋芒毕露，对金钱和权力具有强烈欲望。方克光的老谋深算从一件事上可以说明：公元1937年方克光当芒市土司"代办"时。一次由李根群率领的"清丈队"匆匆到达芒市后就下田丈量土地，方克光此前就已料定，这伙人是以丈量土地之名行敲诈勒索之实，于是，交代各乡寨头目，若"清丈队"到达后一定找借口回避。李根群一行到达芒市后举步维艰，于是怀恨在心，纠集一批打手闯入了方克光家中，所幸衙门团练及时派兵赶到才化解了危机。受到惊扰的方克光内心充斥着愤怒，但他立马冷静下来，"要么不做，要做就要做彻底"，他想出一条妙计，立马写信一封与李根群说道："若能免除丈量土地你要多少钱？"收到信的李根群顿时来了精神，毫不迟疑地回信道："若你们不愿丈量，交出10万银圆即可。"方克光将回信拍成照片，附上备文呈报省府。当天，李根群从陇川转至龙陵厅时，当即就被龙陵厅逮捕，后来因贪赃枉法证据确凿而被枪决，"清丈队"也不宣而散。方克光平时在司署为人处事也十分圆滑世故，经常在亲贵族目间施予些小恩小惠，故而多被众人所拥戴。而方克胜则禀性粗鲁，不善伪装而又偏听偏信。因此，芒市安抚使司代办之职最终归方克光所得。方克光任芒市安抚使司代办一职后，方克胜快快不乐，但又不肯示弱，千方百计总想找个机会把方克光撵下台，致使弟兄之间矛盾日趋尖锐。

龙绳武早知方氏兄弟不和，现在见到两人前来巴结自己，心想何不趁此机会敲他弟兄一杠子？龙绳武便假意提出要二代办方克光向华侨大商人为他"借"10万银圆急用，方克光正为款项数目太大而在含糊其词时，在一旁的方克胜却抢先答应说："龙爷，你放心，这事就包在我身上了！"一句话让龙绳武听得喜笑颜开。当晚方克胜不知从那里凑来了10万银圆给送到了龙绳武处，龙绳武当即表态：一定让龙云老爸帮他的忙。龙绳武看着这10万银圆，让他美得晚上做梦都在笑。

龙绳武得了方克胜的重金贿赂后，"会案"结束回到腾冲便仔细想着如何回报方克胜，但一直想不出什么办法来，心想总不能让人家老等着吧？碰巧师爷刘绍尧路过他房前，他马上把他招来进行商量，他原先总想打干崖司署的主意，但又无法行得通。刘绍尧忽然想起刀京版来，高兴地说："既然干崖司署整不了，何不在勐卯司署作一下文章？"一句话提醒了龙绳武，反正勐卯代办任职时间可长可短，可以另选人替代，龙、刘二人商议后，当即就让刘绍尧帮他写了一封信给龙云，让龙云以省政府名义任命方克胜为勐卯土司代办，同时又把这个意思转告了方克胜。方克胜为让勐卯"代办"一职尽快落实，除了向龙绳武重金行贿外，紧接着又不惜血本花了10余公斤黄金买了两辆崭新的林肯轿车，开到昆明送给当时的云南省主席龙云。俗话说"有钱能使鬼推磨",不久方克胜就如愿以偿得到了云南省府颁发的勐卯土司"代办"的委任状。方克胜得到委任状以后,方氏兄弟都各自乐在其中。方克胜荣升为勐卯土司代办实现了自己的目的,方克胜荣升又从根本上解除了方克光背后的隐患,方克光借此卖给方克胜一个人情,将芒市土司署卫队借与方克胜,催促他择个良辰吉日护送他前往勐卯上任。

民国三十年(公元1941年)秋末,方克胜选择了黄道吉日,欣喜若狂地在其兄方克光卫队前呼后拥中满面春风赶赴勐卯司署继任代办。霸气外露的方克胜到勐卯后立即翻脸不认人,把护送他的芒市土司署护卫队员的武器装备扣下,让护卫队员回去转告方克光说是对他当勐卯土司代办的"贺礼"。

方克胜由于用重金行贿龙家父子已让自己的财政状况捉襟见肘,他到勐卯后立即写信给方克光,要方克光把自己在芒市应得的一万箩谷子的收益折成银圆给他。由于此前方克胜刚刚才扣下了芒市司署护卫队的枪械装备,方克光还余火未消,现在又接到方克胜的来信要谷子,方克光把信丢到一旁置之不理。因久不见回音,无奈之下方克胜只得亲自回到芒市来与三哥会晤交涉。方克光面带笑容地说:"你既然已代办勐卯了,又何必再计较这点谷子,就算留给地方上办些公益事吧。"方克胜被拒后怒气冲冲返回勐卯,马上写信对方克光说:"要是三哥真的不拨给我的一万箩谷子,我只有向上控诉,如控诉不成,那只有两颗子弹,你一颗我一颗。"这封信送到了芒市后,在方家内部引起震动,一位名叫方克茂的族官担心事情闹大,往返于芒市和勐卯两边经过反复劝解,才使这件事情渐渐平息下来,方克胜才压抑下自己的冲动接任刀京版执掌勐卯土司代办的事务。

当腾龙边区督办龙绳武到勐卯与英政府履行三年一次的边界"会案"时,在勐卯司署举行的盛大欢迎宴会上,龙督办当着部分土司的面假惺惺地称赞刀京版在勐卯"治理地方,甚有建树",鼓励了刀京版几句劳苦功高、成就不凡等话语后,紧接着就以接省电谕为名,宣布了云南省府决定由芒市方克胜接任勐卯代办一职的委任令。刀京版明知是龙绳武在公报私仇,但他大权在握,自己只得忍气吞声,哑巴吃黄连,在方克胜来到勐卯司署正式办公前便离开了勐卯。方克胜刚刚继任土司代办时,为人处事十分谨慎,事无巨细都与印太夫人和衔景泰的小祖母及高级属官们商量,大厅里铺着红缎子的太师椅也由原来的一把变成两把,每当有什么事情需要处理时,他都与小土司衔景泰并排坐在一起进行决断,表面上是共同做出的决定,实际上都是方克胜个人的主意,但表面文章却做得十分到位,让衔景泰和他的小祖母、印太及司署上上下下感到新代办为人谦和,办事民主,都让他感到亲切。加之衔景泰在缅甸仰光海天华侨中学读书时,他的叔叔方克胜当时也在缅甸华侨中学读书,只是叔侄两人在不同的学校而已。共同的经历让衍景泰对他的叔叔进一步增加了好感。

（一）第二次世界大战爆发

公元 1941 年，衍景泰刚满 16 岁，正当他以能与叔叔方克胜共同执掌勐卯土司大权，感觉十分良好的时候，国际风云突变，发生了第二次世界大战爆发、日本侵略军进攻缅甸继而威胁到勐卯等一系列重大事件，立即给他的良好感觉浇了一盆冰水，以至于此后让他的人生经历了一次终生难忘的血与火的洗礼。

公元 1938 年 3 月法西斯德国出动 3 个机械化陆军和空军悍然入侵奥地利，吞并了这个有 700 万人的国家，随后又以"闪电战"相继侵占了捷克斯洛伐克、波兰、法国，芬兰、荷兰等西欧国家，并向苏联发动了猖狂的进攻。德国入侵西欧得手后，又企图强渡英吉利海峡入侵英国，英国、法国、荷兰在东南亚的殖民统治受到削弱，日本认为南进的时机已经到来，企图趁机夺取英属新加坡、法属印度支那和荷属东印度的亚洲殖民地，建立以日本为核心，日、满、华为基础，包括东南亚和西南太平洋广大地区在内的"大东亚共荣圈"。为排除美国的"干扰"，日本军国主义悍然于公元 1941 年 12 月 7 日发动了由山本五十六海军上将指挥，由南云忠一海军上将率领 6 艘航空母舰和 20 多艘军舰、400 架飞机组成的袭击队，偷袭了美国的珍珠港，使美国太平洋舰队在珍珠港的 20 多艘军舰遭到重创。12 月 7 日，日本天皇发出对美国的宣战诏书，被日军偷袭珍珠港的炸弹爆炸声惊醒的美国总统罗斯福，终于改变了自二战爆发以来隔岸观火的态度，于 12 月 8 日在国会宣布了对日的宣战书，同日，英国也宣布对日宣战，12 月 9 日，中国国民党政府也在中日战争进行 4 年以后，正式对日宣战，同时对德、意宣战。接着，加拿大、澳大利亚、荷兰、新西兰等 20 多个国家也相继对日宣战，第二次世界大战由此演变成一场全球性的大规模战争。随后，美国、苏联、中国、英国等 26 个国家在华盛顿签署了《联合国宣言》正式形成国际反法西斯同盟。公元 1942 年 1 月 3 日，根据美国总统罗斯福的建议，成立了包括中国、泰国、越南在内的中国战区，由蒋介石担任最高统帅，中国的抗日战争从组织上成为了世界反法西斯战线的组成部分。

（二）中国远征军入缅参战

太平洋战争暴发后，日本侵略者为了切断连接中国与英美盟国唯一的陆地交通运输线——滇缅公路，实施了名为"段"的战略作战行动，在短短几个月时间里就以闪电般的速度占领了南亚和太平洋地区 156 万平方公里的土地，菲律宾、马来亚、新加坡、泰国等地相继沦陷，美国、英国、法国、荷兰四国过去 100 多年取得的殖民地利益全部被日本夺取。公元 1942 年 1 月，日本侵略军又以日军第 15 军司令饭田祥二率领的四个师团约 9.5 万人，在 250 架作战飞机支援下，从泰国出发分三路进攻缅甸，其战略企图是占领缅甸后，切断当时盟国支援中国的唯一陆地交通运输线——滇缅公路，继而占领云南大后方，迫使中国国民政府屈服投降。

日军进攻缅甸，对英国来说是雪上加霜，英国在欧洲战场上连连失利，英国政府一改不愿意中国军队进入缅甸的顾虑，希望借助中国的军事力量支援缅甸、印度，遏制日军的进攻势头，同意中国出兵缅甸。中国国民政府为保持滇缅公路畅通，急需得到盟国物资援助以维持中的抗日战争，从战略上保滇缅公路的畅通，对于中国取得抗日战争的胜利无疑是十分重要的，在这样的情况下，中英两国政府签订了《中英共同防御滇缅公路协定》，公元 1942 年 1 月 2 日，泰国和缅甸北部的"同盟国中国战区"成立，由蒋介石任战区总司令，史迪威将军任参谋长。12 月，中国军事委员会主席蒋介石命令以第 5 军、第 6 军、第 66 军的四个师共 10 万人，组建成中国远征军，以卫立煌为战区司令官（后改罗卓英），杜聿明为副司令长官，由同盟国中国战区的美国将军史迪威为参谋长和远征军司令罗卓英共同指挥，在缅甸仰光即将陷落之前入缅支援英军作战。英国一方面急迫需要中国出兵援救，同时又对中国军队进入缅甸存有戒心，一度拒绝中国远征军及时入缅。当日军侵入缅甸后，英国英缅总司令蒙巴顿无奈之际才向中国致电求援告急，蒋介石命令中国远征军第一路军于公元 1942 年 3 月 12 日进入缅甸，杜聿明以副司令长代理司令长官率部作战。10 万中国远征军抗日健儿沿着滇缅公路畹町桥开赴缅甸战场。这是中国在第二次世界大战期间，唯一的一次派遣远征军作战，也是中国自中日甲午战争后第一次援助他国作战。远征军入缅抗日时，勐卯土司署征集了许多粮食，以供军需所用。德宏各族人民箪食壶浆欢送远征军入缅参战，热烈场面十分感人，缅甸人民热烈欢迎中国远征军入缅参战，九谷、南坎等地华侨纷纷向远征军献花献旗表示欢迎和支持。以戴安澜师长率领的中国远征军 200 师作为这次入缅作战的先锋部队，兵员素质高武器好，自然给人们以极大的鼓舞。提起这个戴安澜，他是蒋介石的一员虎将：戴安澜，字海鸥，是安徽省芜为县仁泉乡风和村人。原名戴衍功，6 岁取名炳阳，数年后到桐城求学，拜著名人士周绍峰为师，由于学习用功，聪明过人，以后又考入南京白下的安徽公学读书。辛亥革命失败后，社会动荡不安，民不聊生，便立志救国。公元 1924 年戴安澜到广东参加民主革命，投报黄埔军校，主动要求到革命军中当士兵，在基层连队当了一年的二等兵后，翌年加入黄埔军校第三期学习，公元 1926 年毕业。在北伐军司令部任副官连长，公元 1933 年春，戴在第 17 军 25 师 145 团任团长，后担任 73 旅旅长，又升任 200 师师长。这次入缅参战后，中国远征军 200 师官兵在戴安澜师长的率领下，一马当先率军进到勃固省东吁市（即东瓜，又称同古），与英军换防后，随即开展了阻止日军进攻势头的战斗。公元 1942 年 3 月 2 日，最高统帅部在腊戌开会，蒋介石在腊戌亲自部署了远征军在缅甸对日作战计划，蒋介石在腊成连续 3 次召见戴安澜，亲自面授入缅作战机宜，要求他注意研究丛林战法。3 月 16 日由于当时其余部队进展较慢，200 师形成孤军深入之势。为阻滞日军前进，策应英军作战，掩护第五军及其他部队主力集中，200 师只能与敌人决一死战。戴安澜将军在部署已定后，即立下遗嘱"为国战死，事极光荣"，要求各级长官依此办理。在师长的带动下，全师官兵作战士气高涨，3 月 19 日当日军 55 师团向 200 师发起进攻时，受到 200 师官兵的重创，后来日军虽然多次派遣部队进行增援，并用飞机掩护、装甲车开道，进攻的兵力超过 200 师数倍，但在 200 师官兵的英勇抗击下，所坚守的阵地仍然岿然不动。日军在东瓜正面久攻不下的情况下，由敌探带路从小路窜到东瓜北面，使 200 师三面受敌，日军飞机轮番轰炸、施放毒气，200 师全体将士英勇抵抗，仍然坚守住了阵地，直到完成阻击任务才奉命退守平满纳，只留给了日军一座空城。在这场战斗中，200 师消灭日军 5000 多人，取得巨大的战绩获得战斗的胜利。消息传来，大振了中国的国威和军威，世界反法西斯阵线也为之感到振奋。与此同时，中国远征军第 66 军新编 38 师在缅甸仁安羌向围困英军的日军发起猛烈攻击，经过 3 天苦战，击溃日军主力，歼敌 1200 多人，终于把被日军围多日、弹尽粮绝、水源断绝的英军司令亚历山大和他指挥的英军第一师及战车营 7000 多人解救出来，取得了中国远征军入缅参战的第二个重大胜利"仁安羌大捷"。200 师官兵完成阻击任务后，激战突围，4 月 4 日奉命退守平满纳。4 月中旬，日军在东线受挫折后改变进攻战略，秘密由泰国的清迈横渡萨尔温江，以突袭行动插到腊戍一线，切断了中国远征军的后路。戴安澜 200 师攻克棠吉后，罗卓英下令奖 200 师缅币拾万盾（国币 150 万元）。棠吉一战虽胜，但已输掉时间，战机已丧失。日军绕过棠吉，快速向腊戍推进，于 4 月 29 日占领腊戍，5 月 1 日，200 师归路断绝，为从日军重兵包围圈突围回到祖国，经历了艰苦卓绝的历程，沿途无向导，森林之大，前进道路日军事先又进行了设伏，沿途又无给养保证，断粮 3 天，全靠掘草根树皮充饥。5 月 10 日在渡南图河时，遇100 多日军在飞机掩护下狙击我军北上，经激战打退敌人的狙击部队后，200 师将士继续北进。至抹谷又遭敌人的狙击，在激战中 599 团和 600 团团副阵亡，戴安澜将军左腰部被敌人机枪射中，伤势十分严重，但他强忍伤痛，沉着、冷静地指挥部队突围，并叮嘱卫兵和来抢救的军医不准走漏风声，以免动摇军心，突围中戴安澜昏迷后只得乘担架，600 团和 599 团各仅剩一营兵力。5 月，戴安澜率官兵抵达缅北克钦山寨的茅邦村，下午 5 时 40 分戴安澜将星陨落，殉职时年仅 38 岁。陇川因远离滇缅公路，日本侵略军未能迅速进入。远征军第 200 师师长戴安澜将军在勐密阵亡后，部下辗转护送灵柩于 5 月 22 日到达章风。陇川土司多永安闻讯即派人前往接待，供应米、肉、蔬菜，并派出向导将护送灵柩的部队送过户撒。使之绕道盈江、腾北转往内地。戴安澜遗体送回国后，10 月 16 日，重庆国民政府追赠戴安澜为陆军中将。10 月，

美罗斯福总统给戴安澜颁发军团队功勋章及荣誉奖状。公元 1942 年 12 月 3 1 日，国民政府明令戴安澜灵位一体入祀首都忠烈祠。入祀各省市县忠烈祠，给他的遗属颁发了 20 万法币的特恤金。中国远征军入缅参战之所以失败，归结起来主要原因是由于英军司令一再拖延中国远征军入缅布防的时间，远征军仓促入缅应战，加之英、美、中三方统帅指挥上的矛盾，致使中国远征军第一次入缅作战失利，损失惨重，戴安澜师长战死沙场，10 万远征军将士只有4 万人回到国内和印度兰伽姆，6 万远征军将士英勇捐躯，把忠骨埋在异国抗日战场，留下了一段荡气回肠悲壮的抗战史话。

（三）滇西沦陷后日军犯下的滔天罪行

公元 1942 年 5 月 3 日，日本侵略者的铁蹄踏进国门畹町，迅速占领芒市，4 日占龙陵，5 日到达惠通桥西岸，10 日占领腾冲，今德宏全境等怒江西岸 3 万平方千米国土沦陷。2 年零 8 个月，沦陷区各族人民的美好家园惨遭践踏，狼烟四起；数十万各族人民在日军的奴役下，生活在水深火热之中。日军在沦陷区烧杀抢掠，奸淫妇女，犯下滔天罪行；残害我抗日军民，手段之残忍，骇人听闻，世所罕见，日军的各种罪行罄竹难书，

公元 1942 年 4 月 28 日，日军占领缅甸腊戍，得知美国飞机轰炸日本东京的消息后，当即将 50 多个被俘的中国远征军战士砸成了肉酱。日军就是带着这种惨无人道的急欲发泄的兽性踏进畹町国门。进入德宏后，日军像发狂的疯牛，到处乱窜，到处杀人，抓人。衔景泰亲眼看到有一次日军在雷允飞机场附近逮捕了两个傣族青年，借口他俩偷了汽油，将他俩捆在架子上，旁边架起柴火，烧起火来，慢慢烧烤，烤了几天几夜，活活将人烤成人肉干巴。

公元 1943 年 5 月 4 日，日军侵占囊宋、马茂，滥杀无辜，段生广勇士实在看不下去，奋勇持刀杀敌，被日军抓住后，凶残的日军用刺刀璇出他肛门的大肠头，接着日本兵尽力拉出肚内的肠子而惨死。在滇西沦陷期间，日军惯用此残暴的手段迫害敢于反抗的军民。有的拉下一根大竹尖，用绳子一头拴在竹尖上，一头捆住被害人璇下的大肠头，然后放开竹子，大小肠全被拉出挂在竹梢上。日军抓住抗日游击队员后，惨无人道用铁丝穿住锁骨，活活吊死在树上。日本侵略者在滇西迫害抗日军民的残暴手段主要有灌开水、油炸、水煮、锯解、打气等。一次，抓来 5 个英国兵，在盈江先是严刑吊打，然后用开水灌进口里把人活活烫死。日寇抓住刀京版留下的远征军士兵徐从志后，就把他吊在街面，用开水灌进他的嘴里，活活烫死示众，日寇把这虐杀手段叫作"示众的刑法"，企图借此吓唬抗日群众。在腾冲，日本兵还用锯子把捆在树上的中央国远征军士兵有的从头顶锯开，有的锯到脖子，脑浆四溢，一半脑袋耷拉在肩膀上；有的锯到肚子，五脏六腑耷拉着，半个身子耷拉下来，见者无不心惊肉跳。日军还把抗日游击战士放到装满冷水的锅里、油桶里慢慢烧火，直至把人煮得皮开肉绽、

骨肉分离。

公元 1942 年 8 月 15 日，日寇江藤部由八莫到腾冲，路经盈江旧城街，刚进街口就一枪打死手无寸铁的平民何品芳，后又打伤张德兴的背部脖颈。当天，日军把因病留居旧城卧床不起的第五军的几个士兵拖到街头用刺刀戳死。

驻芒市、遮放的日本宪兵队队长板口，是个杀人不眨眼的刽子手，公元 1943 年割谷子季节在遮放的一次大屠杀中，刽子手板口在宪兵队喝了 3 碗酒后，脱下军衣光着上身，手提军刀走向滇缅公路边一个鱼塘旁边的刑场。50 多个傣族同胞被五花大绑排成一行，荷枪实弹的日本兵四周警戒。板口走到一个傣族同胞身后，举起明晃晃的军刀猛地劈下，同时大喊一声"哈！"这样一刀一个，一口气杀了 50 个傣族同胞。其中有一个昡头，被杀时只觉得脖后梗上挨了一下，脊背心被狠狠地蹬了一脚，便跌在死人堆里昏死过去，晚上醒来逃回家中后从此被吓成疯人。

日本侵略军由腾冲出发进犯梁河时，受到预备 2 师 1 营的阻击，日军在大坟头用重机枪向为预备 2 师官兵准备饭食的李常忠家射击，打死尹安发及儿媳惠果连同背上婴儿，儿子尹学广、尹学忠都受了伤。还打死了李常孝、李发映、李发枝、陈世莲。可怜陈世莲被打死时，手里还握着刚刚杀死的鸡。

日寇进攻梁河河东街时，用刺刀戳死了来不及躲避的一个染布的杨师傅和孙天合、老肖 3 个老人。进平地村时，又用刺刀戳死了来不及躲避的 70 岁老人徐大金。日军占领芒市期间，强迫各族群众在芒市东北雷牙让山筑工事，修防空洞。工程完工后日军立即把 40 名傣、景颇、汉等族民工全部集中起来，突然从四面开枪进行扫射，只有 1 人侥幸逃脱。

日寇占领畹町后，在法坡村放置了一些汽油。被日军拉去做苦力的傣族青年帅罕毛等 4 人回家时路过日军堆放的汽油桶旁，日军怀疑他们要想偷汽油，就将他们抓起来进行吊打，还残忍地砍了四人的手、脚，最后砍下头，将身子斩为两段。

杀光烧光抢光是日军在德宏等滇西区犯下的又一滔天罪行。公元 1942 年 8 月，日本侵略者第一次进盈江太平街。不少值钱的东西被日军抢走，然后一把火把全街 250 户老百姓的房屋化为一片灰烬。一座热闹的街市转眼变成一片废墟，户户冒白烟，无家不戴孝，多少人无家可归。日寇掠夺群众钱财无数，抢后又烧，实行杀光烧光抢光的"三光政策"。

据公元 1946 年德宏境内各地设治局不完全统计，德宏沦陷期间日军烧毁的房屋：潞西 535 间，梁河 889 间，盈江（含莲山）1098 间，陇川 1500 间，瑞丽 843 间。整个滇西共 28798 间。财产损失：潞西：牛 255 头、马 245 匹、猪 171 头、鸡鸭未统计；梁河折合为 7186 万元关金币；盈江牛 2135 头、马 1344 匹、猪 6174 头、鸡鸭 20200 只；莲山牛 1 140 头、马 471 匹、猪 7908 头、鸡鸭 17101 只；陇川牛 1322 头、马 225 匹、猪 3000 头、鸡鸭 9500 只；瑞丽牛 120 头、马 5020 匹、猪 6564 头、鸡鸭未统计。

日寇占领滇西期间，所到之处任意奸淫妇女，是"杀光、烧光、抢光"之外的又一大罪恶。公元 1942 年 8 月 15 日，日军由缅甸八莫进犯腾冲，经盈江旧城时在旧城驻扎了两夜，当夜日军 30 多人就轮奸了年已花甲、孤苦寡妇姜老妈妈，姜老妈妈被日寇残害得奄奄一息、人事不知而死亡。日寇无恶不作，在菜园里把一家人的新媳妇轮奸至死。日本军官更是衣冠禽兽，到土司官员家作客，竟然要奸淫东道主的妻女。在盈江，日军在新城设有一个和平队，抓来一伙妇女专供日军军官玩乐。他们还把日军妓院设在赶街的大路旁，遇到农村来新城赶街的青年妇女，就拉去奸淫。如梁河翁冷寨的青年妇女数人均被日寇糟蹋。日军还在芒市驻军司令部（今芒市一小）设立"慰安所"强迫当地妇女充当"慰安妇"，为日军提供性服务。

日本人占领畹町后，每天都来寨子里搜抢东西和奸淫妇女，回龙村有个 50 多岁的瞎子邢大妈，无儿无女一个人走不了，竟然被日本兵拉去轮奸。村里有个叫赵老仲的，他家有两个儿媳和三个女儿，日本人进村的第二天下午突然有 10 多个日本兵闯进他家，1 个日本用刺刀顶在赵老仲的胸口上，其他的日本兵就野蛮地轮奸他的儿媳和女儿。最小的女儿才 10 岁，正在灶房烧火，也被 3 个日本兵残忍地轮奸。有一对景颇族夫妇躲在山洞里，被搜山的日本人发现后，男的被捆在树干上，妇女被日军当着丈夫的面进行轮奸。然后日军用藤条把两人捆在一起，泼上汽油活活烧死，惨无人道的日本兵则在一旁哈哈大笑。日本兵占领芒市后，经常到附近的风平、芒波、项允、那目、芒里等寨子里奸淫傣族妇女。受奸污的妇女受辱后或变疯、或自杀，一次，10 多个日本士兵窜到芒市允门寨挨家逐户抓妇女，拖到一家人的牛厩楼上进行轮奸，被残害的妇女惨叫声不绝于耳。

日军入侵德宏期间强奸妇女的兽行令人发指，在梁河被污辱的妇女因羞愧自杀者时有所闻。公元 1942 年 9 月日军在弄行村驻了一夜，奸淫老少妇女，连 60 岁的老妇也不放过。禽兽不如的日军奸淫妇女不分职业、场合，竟然在供奉神灵的寺庙里奸淫尼姑、道姑；被抓进慰安所充当慰安妇的当地青年妇女，更是过着非人的生活，身心受到严重摧残；丧失天良的日军竟然强迫父亲强奸自己的亲女儿，将妇女绑在热闹的街上，威逼过路男子行奸。

日军占领盈江期间，到芒胆、芒环、飞勐等寨子进行扫荡，把老百姓积存大米的囤箩打开，把装在囤箩里的大米倒在地上在大米上解大小便，日寇把吃剩的饭一锅一锅地倒进厕所。日军败退前夕，竟用能起火的枪弹射击谷堆，看着一堆一堆谷堆被烧毁，日本兵幸灾乐祸地乱跳狂舞。日军溃败时，芒市坝、盈江坝田里的谷堆多被日军烧毁，而被烧的每一个谷堆都是一户一户百姓全年赖以度日的粮食。日军所到之处，不仅敲狗抓鸡搜蛋杀猪宰牛，大吃大喝，吃饱撑饱，还丧心病狂地在老百姓的水缸、铁锅、饭甑、腌菜罐里撒尿屙屎，所到的大多村寨，上至景颇山寨，下至坝子里的傣家寨子，以及汉族村子都难以幸免，都留下了禽兽般日军世所罕见的"杰作"。

日军在德宏等沦陷区，还实施了惨无人道的细菌战，日军长官命久垣兵长去缅甸水源地水中投放细菌毒剂，在保山日军让汉奸化装成乞丐到集镇、村寨的井中进行投毒。龙陵松山的一个据点日军曾在这里解剖过用作细菌试验的尸体。日军在滇西战场上使用细菌武器时间最长是公元 1942 年。

据不完全统计，日军侵入瑞丽时期，公房被毁 41 间，私房 802 间，死亡 44 人，伤 15 人，损失水牛 27 头，黄牛 93 头，猪 6564 头，马 5020 匹，森林受损折合国币 110 万元，合计损失国币 3.7 亿元。

六、守土抗战——德宏土司的整体行动

哪里有压迫，哪里就有反抗，在全面抗战暴发后，作为守土一方的德宏土司们始终没有忘记中华民族炎黄子孙的爱国情结，在共同抵御日本侵略者的大是大非问题上，表现了积极的态度。日本侵略者的倒行逆施激起了素有爱国主义优良传统的德宏边疆各族人民的强烈义愤，也让各地土司为履行"保境安民"职责义无反顾地投入了反抗日本侵略者的斗争行列。随着国内抗日战争的斗争愈演愈烈，日军入侵云南滇西边陲已是"山雨欲来风满楼"之时，国民政府军委会和援华美军正在勐卯一带实施战略性布防。他们对刀京版修筑滇缅公路和雷允飞机制造厂时给予的合作表示非常满意，十分赞赏他的精明强干。由于日军飞机两次轰炸雷允飞机制造厂，他不得不整日在雷允飞机制造厂忙碌地工作着。当日军把战火引向仰光后，中国抗日远征军也看中了这个在勐卯地方颇有影响力的民族领袖刀京版代办，他既通缅语，又熟悉缅方情况，汉、傣文化兼备，机修技术和车辆驾驶无不精通，于是成了驻勐卯远征军将领们所依靠的人物。

作为勐卯土司代办的刀京版，在中国远征军第一次入缅参战时就随同第 5 军军长杜聿明前往缅甸同古一带作战，杜聿明亲眼看到刀京版的爱国热情以及他与缅甸木邦等各地土司关系熟悉，了解缅甸情况，办事也干练，本想把他留在身边，但又考虑到如果让刀京版回到中国云南边境地方组织民众进行抗日游击斗争，会发挥更大的作用，经再三考虑、权衡后，便委任他为国民党高级少将参谋，派他与两名远征军军官一同去创建地方民族抗日武装力量以便以后支持配合国军共同开展抗日斗争。因此时刀京版已经辞去了土司代办职务，于是便接受了杜聿明委任的警卫团团长职务，负责雷允飞机制造厂的保卫及开展创建地方民族抗日武

装力量的工作。

公元 1942 年 5 月初，中国远征军入缅参战遭到失利，侵缅日军以闪击作战行动截断了中国远征军后路，首先侵占了畹町，继而占领芒市、龙陵、腾冲，滇西全境沦陷。5 月 2 日，腾龙边区沦陷，外交专员尹明德代表 11 集团军总司令宋希濂、云贵监察使李根源到各土司区向土司宣传守土抗战，在腾冲县勐连会见勐卯土司代表时积极鼓励组织民众进行抗战。为了组织滇西边境沦陷区的各族民众开展抗日斗争，经昆明行营批准，设腾龙、云宁守备区。腾龙守备区又分为三个军事区：第一军事区为腾冲、龙陵两县；第二、第三军事区为德宏土司区域。各军事区设立保卫营、自卫队。守备区指挥地方武装，组织民众，袭击敌人，负守备之责。民国元老、云贵监察使李根源老先生发布《告滇西父老书》，并分别给各土司写信，号召土司上层及滇西各族人民要"抱定更大牺牲的决心，保住滇西过去历史的光荣，在云南抗战史中占最光辉的一页"。8 月 7 日，正值滇西处在抗日最艰苦的时刻，11 集团军总司令宋希濂转国民政府主席蒋介石致滇西各土司电文，号召各土司协助国军，努力作战："深盼各司官共体斯意，愈加奋发，统率边民，偕行杀敌，保世守之封疆，驱压境之强寇，与国家共休戚，与疆土共存亡，协助国军，努力抗战。"德宏 10 土司接到李根源书函及蒋介石电文后，纷纷致电李监察使和宋总司令，表示了竭诚效力，抗战卫国，杀敌御侮的决心。

时任勐卯土司代办的刀京版受中国远征军副司令长官兼第 5 军军长杜聿明的命令，与远征军的两个军官连忙赶到勐卯后方，四处筹措经费，以土司署土司兵为基本骨干力量，迅速组织开展了招募中缅边民组成抗日武装队伍的工作，短短时间内，"滇西边区义勇军"招募的人数已达 500 多人。刀京版一边继续组织招募人员，一边分别写信给干崖司署和陇川、盏达、户撒、腊撒等地的土司，号召他们说"国难当头，情势逼人，大家守土有责，应该为国分忧。大敌当前，目前最重要的就是要迅速组织抗日义勇军准备迎敌。"各地土司接到刀京版的信后一致赞同刀京版的倡议，纷纷表示："为抗淫虐，保桑梓，应该成立自卫队，将来等国军到达时，我们也好消灭日寇。"刀京版则率领刚刚组织起来的这支武装队伍，立即深入到中缅边境线上开始了沦陷区敌后的抗日游击斗争。他凭借着熟悉中缅边境地区各交通孔道的山川地形，勘察了日军必然要经过的道路，从雷允飞机制造厂取来工程建设留下的炸药、雷管、引线等爆破器材，指导大家用土办法将雷管埋入炸药中，再接上引线，经过包装，便成了消灭日寇的土制地雷，经过实地检验土制地雷的威力，极大地鼓舞了抗日武装人员杀敌的信心和决心。大伙纷纷将这些地雷按刀京版的指挥分别埋到滇缅公路日寇必经的各个要道，埋了地雷后，刀京版又带领抗日武装队伍再次深入到缅甸境内，折断了雷允跨南宛河入缅甸南坎的桥，挖断了通往畹町的公路，拆断连接腊戌的桥，沿途砍倒了许多大树横在公路上，破坏了由木姐渡江入瑞丽的渡口……至日寇侵入勐卯时，刀京版仍继续带领抗日武装入员在缅甸境内开展拆桥破路阻敌行动。刀京版和中缅抗日游击队伍的行动，在一定程度上破坏敌人的交通，牵制了敌军入侵中国的速度。

经过广泛宣传动员辖区的各族群众，号召大家为保家卫国与日寇开展斗争，各族群众纷纷响应，踊跃参军参战，一时在滇西沦陷区掀起了抗日救亡的热潮。各地土司都分别组织招募了一支义勇军，大家一致推刀京版为司令，部队名称"中缅抗日义勇军"（后改为第一路军），下辖各司支队。5月底6月初，中国远征军第5军200师和补充团从缅甸战场败退后过干崖时，刀京版又收留了一部分留在他部下的远征军官兵，象张奋东等有为的抗日军官，还倾尽资产购置了一批枪支弹药，充实了抗日义勇军队伍的力量。继刀京版之后滇西沦陷区各地组织起来的抗日武装力量有遮放土司属地畹町警察局巡官杨思敬于公元1942年6月组织的潞西抗日救亡团；有国民党军事委员会批准的由龙陵朱家锡组织于公元1942年6月1日成立的龙（陵）潞（西）游击支队；有由前腾保团管司令、腾冲县务临时委员赵保贤其弟赵保忠（梁河县九保人）于6月在梁河河西、九保等12乡镇组织的抗敌大队150余人；有梁河设治局长封维德于8月在有义、大厂、永安三乡组织的民兵中队和乡便衣侦察队。这些民众抗日武装在沦陷区开展了轰轰烈烈的抗日游击战斗，成为德宏人民抗日斗争的先锋。

公元1942年5月12日，即日军占领腾冲县城的第3天，中国远征军71军预备2师师长顾保裕，率部渡过怒江，进驻腾冲北部地区，副师长洪行率该师第4、5两团进驻南甸、干崖、盏达等土司地区组织开展敌后游击战争时，由于各土司精诚团结与预2师合作，接受其节制指挥，有声有色地开展了滇西沦陷区的抗日游击战斗。公元1942年8月，国民党军预备第2师第2团在腾冲和南甸一带建立以芒东为中心的抗日根据地，争取和团结各土司抗日。日军侵占滇西后，刀京版部改为"滇西边区自卫军"，辖4个大队。刀京版被国民政府第11集团军委任为少将参议、滇西抗日游击队第1路军司令。南甸土司龚绶被任命为滇西抗日第2路军司令。陇川土司多永安、盏达土司思鸿升、盏西土目孟守义、勐卯土司方克光（代办）等，都积极拥护政府抗战，并参加抗日游击战。在龙潞地区游击军和远征军第9师27团进至南甸大厂和莲山昔马等地时，莲山独立支队即与龙潞游击队和第27团等部相配合，继续在莲山、南甸、陇川、户撒、腊撒等地进行游击战，打击敌人，取得了振奋人心的战绩。从李监察使《报告抚慰滇西土司情形》中即可得到证明。李根源在信中称赞道："有干崖宣抚使刀保图、南甸宣抚使龚绶、陇川宣抚使多永安、潞江安抚使线光天、盏达副宣抚使思鸿升、户撒长官赖奉先、腊撒长官司盖炳铨，均表示忠诚，服从抗战。芒市安抚使代办方克光、遮放副宣抚使多英培、勐卯安抚使代办方克胜、勐板土千总蒋广发，深陷敌中，据勐板蒋广发亲戚来信称：

蒋广发守义不屈，曾与敌人数次作战，歼敌不少，至今敌人尚不能入其境界；勐卯土司代办方克胜近日消息已通，与洪副师长有信，输诚请战；芒市方克光亦密约朱嘉锡会面，请嘉锡往救。三人者虽为敌困，不能自拔，而其不肯昧义从逆之心，已属昭然。其中，干崖刀京版尤为难得，首先组织义军，拒绝敌寇；潞江线光天自惠通桥即密具形势，募通过江，请国军西渡，已则奋勇固守新城，至新城陷落；退至大塘子，组织临时办事处，协助作战，其义勇亦可嘉。此腾、永、龙11家土司之情状也。"

为了统一组织指挥沦陷区各地土司抗日游击武装力量，根据德宏各地土司的实际协同开展抗日斗争，打击日本侵略军的需要，由国民政府军委会和第11集团军分别委任了10土司的职务：刀京版任滇西边区第一路司令，辖干崖刀威伯（刀京版的儿子）刀保固（刀京版的三弟，土司护印）两个大队和盏达思鸿升、陇川多永安（多永清胞弟、护印），组织1个支队，下辖4个大队，由早永明、多永寿、周永廷为大队长，各大队人数多寡不一，中队长由各属选定，组成人员有傣、汉、景颇、傈僳、崩龙等民族。户撒、腊撒盖炳铨等土司支队，以及昔马寸时全，太平刘金生，芒允许本和，亦各组成1个大队，合并为莲山独立支队，明增让（腾越人）任司令。盏西孟守义、神护关支那隘、勐豹隘的抚夷李祖科、杨成秀、戈定邦也各组成1个中队，合并为盏西独立游击大队，由预备二师参谋长吴祖白任大队长。有刀京版招编的刀良生的青年自卫队、线永茂的常备队及黄福臣指挥的第5军留下的官兵队等。南甸土司龚绶任第2路军司令，辖龚统政（其子）、尚自贵（邦角景颇族大山官）等大队。赵宝贤任第3路军司令，辖赵宝忠，杨育榜两个大队。

公元1942年5月，滇西沦陷时，腾龙边区德宏土司地实际上是一个土流并存的体制，各司地虽设乡镇，乡镇长由土司后裔任职，归设治局管辖，但各扔拥有数十乃至数百名武装，为充分发挥这些武装开展敌后抗日游击战，入境进行游击抗日的国民党预备2师先后派专人分别与南甸、干崖、潞江、盏达、勐卯、户腊撒、陇川、芒市、遮放联络疏通关系，后经预备二师顾保裕师长联名电请宋希濂司令、李根源监察使核准，由昆明行营决定，视各土司人力及时有枪械数目多寡，编为一、二、三路滇西地区自卫军，每路军下辖2个支队或3个支队，每支队下分2个大队至4个大队，每大队又分3个中队，每中队人数约80至120人，各路军约相当于1个旅兵力。3路军授命任职情况为：刀京版任第1路军司令，其自卫队下设4个大队，第1大队是青年自卫队，100多人，由刀良生指挥；第2大队是土司的常备队，由线永茂指挥；第3大队是第5军留下来的官兵，300多人；第4大队是地方士兵，有500人，由刀完松指挥，另辖昔马寸时金、太平刘金生、芒允许本和、盏西孟守义和盏达思鸿升、陇川多永清与户撒赖奉先、腊撒盖炳铨等大队。龚授为第2路军司令，辖龚统政大队、陈正德、尚自贵等。赵宝贤为第3路军司令，赵宝忠、杨育榜大队，在梁河境内组织了三眼井、曩宋河、河东等地战斗和陇川县章凤镇对面的缅甸精弄袭击战。

刀京版自日军入侵缅甸后，就自发组织中缅义勇军，收留中国远征军散落官兵少将参谋刘公敏、张奋东等人组建"滇西边区自卫军"，8月接受第11集团军总司令部委任为自卫军第1路军司令后，调整编制，在原滇西边区自卫军500多人的基础上，增辖昔马寸时金、太平刘金生、芒允许本和、盏西孟守义和陇川支队等抗日游击队，号召边民开展敌后抗日游击战，打击日本侵略者，曾配合预备2师和其他游击队进行围攻、伏击日军的浑水沟、西山杨家寨、昔马等战斗。所属寸时金、许本和各部与日军多次激战。日军进占盈江后，刀京版率部转移到五台山、杨家寨开辟抗日根据地，坚持与日军对抗两年多，在此期间，组织"团部哨"，捉拿惩治敌特汉奸。建立情报网，为预备2师和36师提供军事情报，联络各土司，互相配合，统一行动，打击日军。

在全面抗战暴发时，作为守士一方的德宏少数民族领袖的土司们，始终没有忘记作为中华民族炎黄子孙的爱国爱乡情结，在各族民众抗日救亡运动中，土司都表现了积极的态度，一致拥挤全民抗战。

日军公元1942年占领畹町、芒市、龙陵、腾冲等地后，多数土司地区日军势力尚未到达，为收买民心，日军派人员劝告土司上层投降，采取允许种鸦片、赠送礼品等手段进行拉拢利诱。德宏各地土司由于无兵力抵抗，有的躲避不见，有的迫于形势，虚与委蛇应付日军，以保辖区民众的平安，同时又在暗中组织民族自卫武装，打探日军情报提供给抗日军队，伺机阻击日军。在德宏沦陷期间，绝大多数土司都是真心抗日，抵御外侮的，他们自始至终没有附日投降，极少数出面充当维持会长，也是权宜之计。作为少数民族地方领袖的德宏各地土司在滇西抗战中保家卫国的思想和表现是值得肯定的，民族上层中的优秀分子在日军占领期间，组织民众与日军开展各种形式的游击战斗，是值得称颂的。滇西抗日战争所取得的胜利，有德宏爱国民族上层领袖积极的贡献。

公元1942年5月，滇缅边区抗日义勇军成立，司令盈江土司刀京版致函多永安，商讨抗日大计，多永安及胞弟护印多永清积极响应，立即召开秘密会议组建抗日武装。7月5日，多永安与陇川设治局长杨烈、勐卯土司代办方克胜联名致书李根源，反映情况请求抗日。同时在土司兵的基础上组建起一个支队的抗日武装，初称"义勇军"，后改称"滇西抗日自卫军"，第1路军由干崖土司刀京版任司令，陇川为其下属第2支队，支队长多永清。支队下设4个大队，大队长在原7个中队的土司兵中队长中选用，中队长由各大队自选适当人员任用。这支武装分别活动在王子树、清平、城子、章凤等乡镇的山坝区村寨。以在分散隐蔽中配合其他抗日武装对敌进行骚扰、破坏、伏击、阻击为主，并抓住有利机会发动围攻、进攻，先后进行了进攻城子、清平反扫荡、围攻洋人街、再战三户单等战斗，使敌人在2年多的占领时间里不得安宁，遭到相当的损失，最后于公元1944年底被逐出陇川。

日本侵略军于公元1942年8月2日入侵陇川。9月，日军700余人，在金冈司令率领下自畹町出发，过弄坎，循捷径进入陇川进行扫荡，多永安和勐卯代办方克胜、户撒土司赖奉先被抓捕，并带到盈江地界，因遇战斗得脱逃。公元1943年2月，日军500余人借口陇川有抗日便衣队，再次进行扫荡，从此留驻陇川警备军100余人，宪兵1个小队和行政班常驻城子、章凤，多永安也被抓回土司衙门。

七、勐卯沦陷时期的傀儡土司衍景泰

（一）衍景泰避难南管寨

公元1942年5月4日，从缅甸木姐传来日军隆隆的炮声，震撼勐卯坝，勐卯沦陷已成定局，衍景泰土司全家老小和主要属官、武装卫队、勤杂人等共200余人仓皇逃离勐卯司署，到偏僻的勐秀山南管景颇山寨躲避。那个花重金刚刚坐上勐卯土司代办交椅才1年的勐卯土司代办方克胜则带领一队人马，由勐秀转入南管寨密林中，两日后骑马到陇川土司处避难。不久，小股日军从木姐渡江，顺大路进入勐卯城。日本驻军为了利用衍景泰，指使留守在勐卯土司衙门的属官连续送4封信给衍景泰，要求他返回司署。日军来信的大意为：皇军只杀汉人，不杀傣族、景颇族人。皇军欢迎土司全家回到瑞丽县城来，共同维持地方秩序等。来信扬言，若不依从，将另行委任勐卯新土司，皇军不需重兵，只要一个小队就足以消灭勐卯的土司武装。怎么办？当时谁也没有主意，又无法与躲避在陇川的土代办方克胜取得联系。衍景泰全家急得数日茶饭不思，权衡再三，新祖太方桂珍决然说："我去，我是老太婆了，日本人应该奈何我不得。我先去应付他们，认真观察一段时间再说。"新祖太方桂珍回到衙门后，最先接触的是芒市土司方厚龙，因为方是她的侄儿，两人关系非常密切。方厚龙在他姑母面前帮助日本人讲了许多日军的好话，新祖太因此对日本侵略军有了好的印象。就派人到山上叫衍景泰一行人回到城里来。衍景泰在南管山上躲避了40多天，最终还是回到了已被日军占领的勐卯城。回城后，衍景泰才知道方厚龙是个不折不扣的汉奸，是死心塌地帮日本侵略军做事的，但已经来不及了，衍景泰和全家人已经被日本人控制了起来。

（二）被迫当日军帮凶的傀儡土司衍景泰

日军通过方厚龙做新祖太和衍景泰的工作，让衍景泰以傀儡土司的身份替日军维持地方秩序，向百姓摊派日军所需的生活用品和伏马，衍景泰虽然名为土司，但也被日军强迫着向日本教官学习日语、日本礼仪。迫于当时的形势和日军的花言巧语，衍景泰和日军的交往日益增多，开初他被日军做的一些表面上不欺负老百姓的一些假象所迷惑，被迫为日军做了一些向群众派粮派款的事。在日军占领瑞丽期间，公元1943年夏，衍景泰奉日军之命招收120名壮丁补到军营，提供日军训练为"兵补"（即日军的常备队），以协助日军的对华作战。衍景泰将任务分配到各畹，最后共召集了600多名当地傣族青年，日军从中挑选了60名兵补，集中到土司衙门进行军事训练。军训教官为三原衣夫和温达偿，那些在学校被迫学日语的学生也被强制参加接受军训20天。日军教官温达偿十分残暴，动作稍不合标准就是一记响耳光，叫卧倒时稍不合要求就拖着脚猛甩，甚至用穿着大皮靴的脚乱踢，还不准被踢的人哼一声。衍景泰的胞弟衍景柱也被迫参加了军训，同样也受到了残暴的对待。

衍景泰虽然被迫帮日本占领军办了一些事情，但是他对直接杀害中国人的事坚决不干。日军对衍景泰命令：皇军专打汉族军队（指国民党军队）。若你们发现有汉人到瑞丽，你们只管报来，皇军会去抓捕。当时，中国远征军被日军打散的流散人员和到瑞丽行商谋生的汉族很多。衍景泰便暗地向大家布置说，不许任何人向日本人举报这些人员。就这样，中国远征军被日军打散流落到瑞丽的人员除少数迅速逃往内地外，多数人就地在勐卯找傣族人家以上门或认当儿子等方式，改穿傣族服装，下功夫学习傣语，就这样被隐藏和保护了下来。全勐卯的傣族老百姓，谁也没有向日本人进行过举报。

日军占领瑞丽期间，除派粮食、蔬菜、稻草外，还要强迫司署向日军提供"花姑娘"，衍景泰土司接到日军的通知后，认为这是丧尽天良的缺德事，始终坚持没有给日本人操办此事，他也不允许勐卯司署里的其他属官这样做。自瑞丽沦陷后，衍景泰表面上以土司身份帮助日本人维持地方秩序，暗地里也做了许多爱国抗日的事情，如悄悄保护国民党派往瑞丽边境地区刺探日军情报的侦察员，保护国军谍报人员的秘密电台，让司署人员借帮日军办事接触日军时，刺探日军的驻军地点及人员情况等军事情报，在瑞丽各地设立递步哨，将日军的动态及时传送到中国远征军驻腾冲的总部，使我方"飞虎队"的空军能够准确地对日军驻地或军事目标进行轰炸和扫射等等。

（三）1943年衍景泰到木邦订婚

公元1943年秋，新祖太方氏带领衍景泰主仆20多人去缅甸木邦土司家为衍景泰定亲。一大清早，衍景泰主仆一行人就从城子出发，衍景泰、新祖太方氏骑马在前，随从步行在后，经姐勒、芒良、芒令渡船到到芒撒、混板、法坡寨，当晚就在法坡老畹家吃住。法坡老畹专门杀鸡、杀猪进行款待，大家吃饱喝足后，占领畹町的日军为了讨好与日军"合作"的勐卯土司衍景泰，还专门请新祖太方氏和衍景泰主仆一行人看电影，这是衍景泰第一次看到日本电影，因此感到十分新奇。第二天新祖太方氏和衍景泰一行从法坡来到畹町，衍景泰和新祖太方氏到九谷日军宪兵司令部拜见了金岗司令后，又继续往缅甸木邦方向前行，日军宪兵司令部还专门派了大小汽车和武装官兵护送新祖太方氏和衍景泰的随从人员。当时，为了躲避美军"飞虎队"战斗机的空袭，新祖太方氏和衍景泰一行人只敢在晚上行路，白天只能休息，经南岛、105码，到南帕夏时天已大亮，后又经贵概才辗转到达木邦。经新祖太多方牵线搭桥，由木邦土司具体安排，衍景泰与刀京版的二小姐见了面，两人订了婚。

（四）经历生死磨难的勐卯土司代办方克胜

勐卯土司代办方克胜逃匿到陇川后，由于日军暂时还没有进驻陇川，在陇川土司的热情招呼下，方克胜品尝了陇川户撒阿昌族名小吃"过手米线"。过手米线的制作方法是取鲜精猪肉剁成泥状，配以熟猪脑，豌豆粉，佐以各种调料，加入红米米线，反复搅拌均匀后用。吃时，先洗净双手，用筷子将拌好的米线挟入手中，再用手或筷子送入口中，此种吃法民族风味独特。陇川土司还招待方克胜品尝了景颇族的竹筒菜，有竹筒烧牛肉、竹筒焖鸡、竹筒烤鱼。竹筒菜的制作方法大同小异，基本程序是先选好配料，选好竹筒，备配以多种佐料。主配料备好后，搅拌均匀，放入竹筒内烧10数分钟后即可食用。陇川土司的招待让方克胜感到衣食无忧，有了一些安全感。开初他成天吃饭睡觉抽大烟，又没有什么事情要办，倒也落得个清闲自在。忽然有一天从芒市传来一封信，说正印夫人龚氏（方克明之母，也称太夫人）在芒市病故，方克胜闻此噩耗后，顾不得其它想法，就从陇川赶到芒市进行奔丧。此时芒市早已被日军占领，日军得知方克胜回来，怀疑其从瑞丽到陇川是为了联络国民党游击队抗拒皇军，就将他抓了起来。日军知道方克胜是芒市土司的四叔，在芒市一带的傣族群众中很有威望，又有办事能力，便采取各种手段威胁引诱他，想要收买方克胜。日军对他采取感化手段，一个日本军官恭敬地将没收他的烟枪还给方克胜，皮笑肉不笑地对他说："你的，要归顺皇军的，要让所有的游击队的，统统地投降皇军。"日军要方克胜写信规劝其他参加抗日游击队的土司前来投降，企图利用他的威望来帮助日军消灭抗日远征军。经过几次三番的劝说，均被他直接或间接地拒绝了。日军恼羞成怒，就把他关押在芒市裕丰园监狱，并戴上了脚镣以防止他逃走。入狱后，日军又多次威胁他说："帮不帮皇军，要大大的三思而后行，不然就死啦死啦的！"。关押期间的某一天，方克胜正靠在牢房的铺上吸鸦片，忽然只听到隔壁一阵锁链声响，他往外偷看，只见风雨中日军从监狱中押出一人来，用白布紧蒙着眼睛押出监狱外面，半个钟头后日军回来后，押走的人不见了，估计是被日军活埋了。方克胜不由心里紧张起来，不知道什么时候就会轮到自己。就在他惴惴不安时，一个看守监狱的傣族狱警趁日军不备之机对他说：四老爷不好了，明天早上日军就要枪毙你了"。他一听顿时感到五雷轰顶，但很快又镇定下来，心想为了国家与民族，我宁可死也不愿当汉奸。于是他把中午送的饭菜全部吃了，又抽了几口大烟，心想：明天就要被处死了，总是觉得心有不甘，万念俱灰之下，他只好祷告佛祖乞求佛祖保佑。方克胜被投进大牢后，陪伴他的只有那杆伴他闯荡江湖多年的老烟枪，此时，他无意识将烧烟泡的烟钎戳进手铐锁眼，用力一拨，只听"咔嗒"的一声，手铐竟被打开了！方克胜心中顿时燃起了希望，全身就像打了鸡血针一样，他想这可能是自己刚才向佛祖的祷告起了作用，佛祖现在显灵了。他急忙从门缝偷看了一下门外面看守的卫兵，见到还是那个傣族狱警在看守。他就用傣语悄悄对他说："我的手铐打开了，希望你能帮助我逃出去，以后我一会重谢你的"傣族狱警赶忙对他说"放你走容易，只是我如何向日军交待？"方克胜对他说："你干脆跟我一起走吧！"卫兵说："好吧，四老爷，不过现在不行，要等到晚上9点换班时才有机会，你等着好了。"方克胜压制住内心的狂喜，一直气定神闲地等着天黑。到了晚上9点时，天上突降大雨，一时电闪雷鸣，守卫的日军全部都忙乱着到监狱后院去查看惊慌失措的马匹。方克胜知道机会来了，他立刻从脚上除掉脚镣 把烟枪别在身上。当换班的傣族狱警轻轻打开狱门叫方克胜快跟他走时。他们立刻从后门逃出，专门走僻静的小道，在细雨朦胧的夜色掩护下跌跌撞撞跑到芒市大河边。过了河对岸到寨子中借得傣族老百姓两匹马，急急忙忙星夜赶奔山区，拂晓时赶到了轩岗坝的轩蚌寨，遇到一个正在割马草的傣族农民，方克胜向他表明自己的身份和处境后，要傣族农民带着去找抗日的中央军，这个傣族农民二话不说，丢下马草箩筐就带着他俩躲避了日伪的追捕，投奔到中国远征军第11集团军董仲池副总指挥的部队驻地。后来，方克胜在董副总指挥的领导下，积极协助抗日远征军开展抗日斗争，做出了许多有益的贡献：如为抗日远征军解决粮食供应问题，到日军难以监视的轩岗坝边远山村对村民宣传抗日的重要性，得到了村民的大力支持，村民们冒着被日军杀头的危险偷偷运送粮草、肉类等食物供应抗日远征军部队。公元1943年的"中秋节"时，经过方克胜的努力，动员傣族群众挑着肉、菜、水果等慰劳抗日远征军部队，让在敌后坚持抗日斗争的国军士兵们吃到了平时很难吃上的鸡、猪、牛肉，还有菠萝等新鲜水果。在聚餐桌上，官兵们纷纷表示："我们一定不惜流血牺牲，早日驱逐日军，以答谢抗日民众对我们的大力支持"。在收集军事情报方面，方克胜为敌后部队收集日军情报做出了积极的贡献。如方克胜从三哥方克光处打听到日军要偷袭象滚塘地母寺的抗日游击队的消息后，立即利用傣族群众向远征军进行通报，让远征军和游击队及早作好防备设下埋伏击溃企图偷袭地母寺的日军，光复了象滚塘。方克胜利用傣族群众广泛收集传送敌军情报，为远征军和游击队开展消灭日寇的斗争发挥了积极的作用。由于方克胜在敌后开展抗日斗争有功劳，被远征军第11集团军总司令宋希濂委任为"龙潞游击区支队长"。方克胜担任龙潞游击区支队长后，在芒市到处建立傣族地下抗日组织，组织抗日民众袭击日军和汉奸卖国贼。如那目老帕焦有义、芒赛的孟老帕、轩岗的"罢牙马"等等都是被方克胜组织游击队员打死的。抗日战争胜利后，方克胜还主持公审大会严惩了担任日军"维持会"在芒市作恶多端的汉奸卖国贼芒乖傣族项德明。

八、从日军帮凶到死敌的土司抗日游击队长衍景泰

（一）毅然决然脱离日军控制

日本侵略军占领勐卯后，到处搜刮民脂民膏，经常把刀架在衍景泰的脖子上，逼迫衍景泰干这样干那样。日本侵略军经常借口下乡去"买鸡"和"买鸡蛋"，到了寨子后就烧杀抢掠，强奸妇女。北门有个傣族妇女被1个日军士兵强奸，这个妇女的丈夫去土司衙门找新祖太哭诉，新祖太也很气愤。去找日军头目交涉，日军头目表面应付，结果却不了了之。

在勐卯的日军加紧向老百姓派粮、派款、派夫等。户育山景颇族、汉族配合游击队袭击侵略军。日军就穷凶极恶地进行疯狂报复，见外地人到城子里就怀疑是游击队，立即抓去施酷刑，惨叫声日夜不停。好几个无辜的群众，被日军杀死在勐卯城西门外。一次衍景泰被日军逼着到雷允附近寨子进行征粮，他亲眼看到有几个日军在雷允飞机场附近逮捕了两个傣族青年，借口这两个傣族青年偷了汽油，就将他俩捆在架子上，旁边堆起柴禾烧起火来，慢慢对他们进行烧烤，一直烤了几天几夜，最后活活将两人烤成了人肉干巴。日军的暴行让衍景泰土司感到十分害怕，新祖太也感到十分惊慌，他们商量着一定要早日逃脱日军的魔爪。

公元1944年6月，19岁的衍景泰收到了身为滇西抗日游击队第1路司令，一直坚持在野外打游击的舅舅刀京版的一封来信。刀京版在来信中说，日军目前已成了秋后蚂蚱，网中之鱼，劝他要悬崖勒马当机立断脱离日军参加抗日斗争，警告他说，如果再俯首听命于日本人，为日本人做事，当日本人的帮凶，则将沦为国家、民族的罪人。衍景泰读完舅舅的信后受到了极大震动，经与母亲及司署亲信密商后，趁日军忙于应付各地民众的抗日游击队放松看守之机，衍景泰与家眷、司署高级属官、土司卫队及随从秘密逃出勐卯司署，摆脱了日军的束缚，再次避难至南管寨。衍景泰以勐卯土司卫队和日军帮助训练出来的那批"兵补"为骨干，在南管寨成立了一支抗日游击队，他率领游击队转移到陇川一带山区开展抗日游击战，他率领游击队和陇川司署游击武装联合行动，先后与日军打过两次小战，还俘虏过1名日军士兵。衍景泰为了加强游击队的武器装备和提高战斗力，还派人到缅北与英美盟军的联络官进行联系，得到了英美盟军部分枪支弹药的支持，让他提高了坚持抗日斗争的信心。户瓦寨景颇族

群众自发组织卫寨队保卫寨子。当日军1个中队包围户瓦寨后，春雷干、梅干组织村民在寨边插竹签，持铜炮枪、长刀在丛林里伏击日军，衍景泰闻讯后，立即率领他的游击队和户瓦寨景颇族卫寨队群众一起向日军发起攻击，最终击毙了日军中队长，击伤日军数人。

公元1944年秋，中国远征军收复腾冲城；198师师长金奎邀请腾龙地区各土司在南甸聚会，衍景泰也以勐卯土司兼游击队长身份应邀前往参加会议。到了南甸后，衍景泰看到了阔别3年多的舅舅刀京版和自从在瑞丽分手后两年多没见面的叔叔方克胜。刀京版是以"滇西抗日游击队第1路军司令"身份，方克胜是以"龙潞游击区支队长"身份参加会议的。听了舅舅讲了他在干崖一带如何与日军周旋，在枪林弹雨中消灭日寇的经历，又听了方克胜讲他如何从日军监狱死里逃生的劫难，衍景泰又悲又喜，也向舅舅和叔叔讲述了他在勐卯所看到日寇的残暴及听从舅舅的教诲如何逃离日军的魔爪走上抗日道路的经过。刀京版看到这个昔日只知道吃喝玩乐的纨绔子弟，能听从他的劝告成了一名抗日游击战士，用自己的实际行动洗刷了过去为日本人干事的耻辱，心里感到十分欣慰。刀京版和方克胜这对过去相互争权夺利结怨颇深的对手，也在共同抗击日本侵略者的斗争中抛弃前嫌双手紧紧握在了一起。各地土司大家在一起共同商讨如何配合中国远征军进行滇西反攻作战的军机大事，听金奎师长讲国军即将要组织中国远征军对滇西日军进行大反攻作战的消息后，两年来滇西沦陷区百姓遭受日寇残害的惨景、自己被日军威逼欺凌的情况一幕幕再现到衍景泰的眼前，想到不久就要为此报仇雪恨了，衍景泰不由得急切地盼望这一天早日到来。

（二）积极参加滇西抗日大反攻作战

1943年11月，为了协调对日作战，美国总统罗斯福、英国首相丘吉尔、中国政府军事委员会委员长蒋介石在埃及首都开罗召开国际会议，商讨对日作战战略，会后发表了著名的《开罗宣言》。宣言重申，三国坚持共同对日作战，直到日本投降。具体到滇缅战场，三国一致决定，共同反击侵缅日军。反击计划为：兵分两路，一路以此前撤往印度北部雷多的中国远征军向缅甸东南挺进，反击缅北日军。该路军以美国将军史迪威为总指挥，中国将军郑洞国为副总指挥，下辖孙立人新1军、廖耀湘新编第1军。另一路则在云南重组中国远征军，自东向西攻击前进，收复滇西失地后，出师缅北，与中美联军合兵一处，再自北向南，与英印、英缅军队共同收复缅甸。

公元1944年4月14日，中国军政部长兼中国军队参谋总长何应钦正式签署"怒江攻势命令"，中国远征军在盟军的配合下，在滇西沦陷区各地土司和各族人民的支持下，展开了收复失地、驱逐日寇的滇西大反攻作战行动。

民国三十三年（公元1944年）仲秋，中国驻印远征军和美、英盟军组成了强大的反击力量，发起了对缅北日军第2、第18师团的反攻，国民政府重庆军委会调遣第11、第20两个集团军主力重新组成的中国远征军向盘踞在滇西龙陵、腾冲的日军第56师团发起猛烈攻击。为了抵抗中国军队的反攻作战，日本天皇曾在东京发出电令，严令滇西及印缅所有日军只能人人战死，不许战败生还，因此滇缅反击日军的殊死决战显得异常残酷和惨烈。

5月11日，中国远征军两个师为配合缅北的攻势，以卫立煌总指挥坐镇保山，由宋希濂、霍揆彰为总司令率16万雄师先后强渡怒江，越过高黎贡山，为中国抗日战争史上著名的滇西反攻作战拉开了序幕。

公元1944年5月11日晚，在朦胧夜色的掩护下，首批反攻勇士2万多人在北起栗柴坝、南至三江口的150多公里长的怒江东岸12个渡口开始强渡怒江，渡江工具为美国提供的橡皮艇，方便易使，由于渡江准备周全，行动秘密，因此较为顺利，只1夜工夫，2万多人就安全抵达江对岸。6至9月间，中国远征军部队强攻占领了日本设防最坚固的松山阵地，民国三十三年（公元1944年）仲秋，中国驻印远征军和美、英盟军发起对缅北日军第2、第18师团的反攻，国民政府重庆军委会调遣第11、第20两个集团军主力重新组成的中国远征军向盘踞在滇西龙陵、芒市的日军第56师团发起猛烈攻击。于11月3日收复龙陵，11月20日收复芒市。1945年1月10日，中国远征军发起了攻克畹町黑山门收复畹町的最后一战。

畹町黑山门三面环山，滇缅公路经黑山门垭口达畹町，地理位置十分重要，谌称一夫当关，万夫莫开。日军从芒市撤退时就将驻芒市主力148联队预备队、146联队共2000多人集结于黑山门、回龙山一带，并构筑坚固工事，摆开与我军决一死战的阵势。远征军为将日军全歼于国境内，对攻打黑山门的兵力作了周密部署：第6军和第71军由正面进攻；第53军攻克腾冲后，由腾冲经陇川至瑞丽再绕出畹町西南，截断滇缅公路，断敌后路，为右翼部队；第2军由勐嘎进入缅甸勐古一带，进攻黑勐龙和畹町一带，为左翼部队。1月10日，中国远征军调来飞机大炮助战，先是30架飞机猛烈轰炸，之后，百余发炮弹一股脑地倾泻到敌军阵地，下午2时，远征军两团兵力一齐猛攻，5点攻克了回龙山，次日又接连攻克大吉山。1月19日，6营1团突破并占领了敌警戒阵地。至20日，第2军第9师攻至畹町南岸九谷附近，71军占领了回龙山，200师则攻占了党幸山及其附近日军据点，预备2师已攻占了大黑山的大部分，53军已沿陇川江到达瑞丽，日军处于三面包围中，总攻黑山门的时机已到。7点，集团军司令部发出总攻令，第5团进攻东山，第4团第3营进攻西山，第4团团长方诚亲率1营和战炮营进攻黑山门，一时间，枪炮齐发，黑山门顿时成为一片火海，敌军凭借坚固工事仍顽抗到底，5团团长张鉴之指挥山炮营猛轰敌碉堡群，率领战士冲入敌阵，进行短兵厮杀。至10点半，黑山门被攻克。同时，3营攻克西山东部并继续向西追击，敌军开始全线崩溃，向畹町逃窜，我军一路追击，一举收复了畹町，第9师也攻克了缅甸九谷，三路军队于1月20日会师于畹町，至此，沦陷于日寇铁蹄下两年多的滇西全部光复。

公元1945年1月20日，中国远征军欢呼、跳跃着向畹町国门冲杀而去，用刺刀挑落了大日本帝国的太阳旗。88师经过与盘踞在回环阵地的日军进行了殊死血战，消灭了残敌，胜利进入畹町。沦陷了2年零8个月的滇西大地至此全部收复。这是自公元1840年以来中华民族在反抗外来侵略者的斗争中取得的第一次辉煌胜利，也是中国的抗日战争首开把日本侵略者赶出国门之先例。这一天的12时40分，中国滇西远征军和驻印度远征军在畹町举行了会师典礼和庄严、隆重的升旗仪式。青天白日满地红国旗和美国的星条旗在隆隆的礼炮声中徐徐升起。从腥风血雨战场上生还的将士们热泪纵横，各族民众纷纷向青天白日国旗行礼。参加升旗仪式的国民政府军政大员和远征军的将领们，自然都很激动。国民政府军政部长兼参谋总长何应钦之所以要冒着生命危险到敌炮火射程内的畹町来主持升旗仪式，完全是出于一种洗涤耻辱的心境，他签署的那个出卖华北的《何梅协定》早在国人的唾骂声中载入了中国的屈辱史。中国人虽没有将他与秦桧、吴三桂一样视为丧权辱国的千古罪人，他自己也有难言之苦，如果没有国民政府领袖蒋介石的"攘外必先安内"，"宁亡于日，不亡于共"的密令，他也不敢冒天下之大不韪去签订《何梅协定》，但这笔丧权辱国的历史已记在了他的头上。他之所以要选定滇西远征军收复国门之际赶来这里主持升旗，也许就是为了向国人表示：他也是一个有骨气的中国人。卫立煌上将司令官也站在升旗仪式前，在畹町举行的升旗仪式是十分隆重的，刀京版、衍景泰、方克胜等人也带领部分游击队员赶来参加了升旗仪式。

就在中国远征军一路追击日军，收复滇西失地的同时，中国驻印远征军与盟军共同在缅北进行的战斗也捷报频传，于公元1944年12月15日攻克八莫，公元1945年1月15日攻克南坎。中国驻印远征军越过南坎后，与滇西中国远征军相约会师于缅甸木姐，正在此时，由八莫、畹町两路退却的日军向腊戍方面逃窜，两支远征军部队又两路进行追击，因此直至27日，中国驻印远征军和滇西远征军才在缅甸芒友会师。至此，中国远征军组织实施的滇西大反攻及缅北反攻日军战役大获全胜。完成了打通中印公路、中缅公路的艰巨任务。从此大批国际援华物资由此源源不断进入国内，为中国抗日战争的最后胜利创造了有利条件。

滇西抗日反攻作战从公元1944年5月11日至1945年1月27日，历时8个月16天，沦陷两年有余的8.3万平方千米滇西锦绣河山始告光复。据有关方面的统计资料，这次滇西反攻作战中国军队共投入兵力16万多人，日军兵力6万多人。为了抵抗中国军队的滇缅反攻作战，战前日本天皇曾在东京发出电令，严令滇西及印缅所有日军只能人人战死，不许战败生还，因此滇缅反击日军的殊死决战显得异常残酷和惨烈。战斗中中方阵亡26697人，伤亡及失踪 35541 人，日军伤亡和被俘 21057 人，中国远征军与日军伤亡人数之比为 3.2:1，其悲惨壮烈由此可见一斑。

中国远征军开展滇西反攻作战时正值雨季，加上滇西地势险恶，交通不便，后勤保障尤其不易，战斗中，全依赖滇西民众不畏艰辛，全力支持，无论是供给粮草，还是帮助远征军作战，都涌现出了许多可歌可泣的事迹。德宏各民族在滇西反攻战役中同仇敌忾，共赴国难，为支援远征军对日作战，数万名群众为抢修"中印公路"，毅然走进了异国他乡的原始森林；为保证远征军的军粮供应，当地百姓忍饥挨饿，及时把粮秣运到远征军手中，滇西各族人民直接参与作战和支援反攻作战后勤保障的民众达 20 多万人次。有近万人在支前行动中牺牲，共供给远征军军用粮秣 9125 吨、马料 6500 吨、弹药 3347 吨、食盐、副食品及装备器材 878 吨，总计达 2 万吨之多。抗战期间，不足 20 万人的德宏，依靠人民节衣缩食和多年的积蓄，保障和承担了境内抗日大军数 10 万人的供给军需及部分物资等。日军溃败后，德宏各族民众又纷纷自发组织起来消灭日军的溃兵，体现了对法西斯侵略者的刻骨仇恨和强烈的爱国主义，为把日本侵略者赶出中国领土，德宏土司和各族人民为取得滇西抗日反击作战的胜利做出了重要的贡献。

在中国远征军开展滇西反攻作战期间，一股日军途经勐卯岗垒寨，遭到勐卯三户单景颇族游击队的打击。在景颇族青年岩里的指挥下，游击队事先挖好战壕，削了竹签埋在日军必经路口，自卫队员利用地形分散隐蔽，当日军进入伏击圈时，首先打死 1 名骑在马上的日本指挥官，再诱敌用各种武器向自卫队埋伏的山头轰击，日军击中山头自卫队挂在阵地树梢上的野蜂窝，挂蜂成群结队地向有烟雾、有枪声的敌群疯狂地扑去乱叮狂蜇，日军大乱，钻入尽是刺麻的山地，被刺得乱叫，惊惶失措，草木皆兵，游击队员则趁机零敲碎打地消灭四散而逃的日军士兵，使日军胆战心惊。

在中国驻印远征军开展清除畹町境外日军的作战行动时，驻缅甸的新 1 军、第 5、6 军以及独立师 38 师，负责消灭八莫、南坎、木邦至九谷一带的日军。当时缅甸方面老百姓大批逃难到瑞丽境内山上，中国远征军后勤工作无法得到缅方当地群众的协助，瑞丽勐卯司署衍景泰土司便组织傣族、景颇族民众 400 多人作为后方运输大队，为中国远征军消灭中缅边境日军的作战行动提供后勤保障。当时龙陵、芒市、遮放、陇川一带带尚未收复，38 师所需战备物资由美国空军空投至缅甸后，再由衍景泰组织的瑞丽各族群众组成民夫运输队运送至八莫、木邦一带。弹药空投在后方，由民夫运往前线，再将前线的伤兵送至后方。勐卯司署组织的抗日支前运输民夫队伍，在支前行动中因气候炎热，瘴毒流行，加上缺乏医药，死亡了 20 多人，战后衍景泰以司署名义对死亡民夫家属进行了抚恤。公元 1944 年缅北地区及腾龙（腾冲、龙陵）德宏地区光复后，20 集团军总司令霍揆彰在腾冲总部开庆祝大会，衍景泰和各地土司都派人参加了会议。总司令对收复缅北起重大作用的勐卯司署土司衍景泰进行了表彰，并奖励衍景泰领导的游击队 400 支"三八式"步枪、2 挺轻机枪、1 挺重机枪，300 枚美造手榴弹、木柄手榴弹以及 10 架火箭筒及若干炮弹。

中国远征军开展的滇西反攻作战，"创全歼守敌之范例，开收复国土之先河"，不仅打通中印、中缅公路，有力地支援了国内的抗战，同时，也揭开了中国抗日战争战略大反攻的序幕。在国内正面战场上国民党抗日军队胜利发起中日湘西会战、柳桂战役，新四军发起了宿南战役，八路军发起了平禹战役，为加速中国抗日战争的全面胜利做出了积极的贡献。

公元 1942 日军攻占缅甸后，南坎先被日军占领，南坎城为中缅交通要冲，日军入侵缅北后屯重兵于此。公元 1944 年 12 月 3 日，中国驻印军新编第 30 师沿中印公路向南坎急进，与自南坎向八莫增援的日军第 18 师团、第 49 师团展开激战，当时英印军第 14 军主力正与日军缅甸派遣军在曼德勒附近作战。乘此有利时机，新编第 38 师一部于 12 月 22 日越过南王河，进抵拉康；其一部攻占南开。27 日，新编第 38 师另一部攻占南坎以北的劳文及其附近机场，28 日，再占般康，第 30 师各团相继攻占瑞丽江北岸各要地。鉴于南坎为日军主力驻守，且北侧工事坚固，驻印军采取正面佯攻，主力迂回侧背打击日军的战法。1945 年 1 月 5 日，新编第 38 师一部向南坎南郊攻击，另一部向南坎西南郊攻击，对南坎形成包围，其余各部向南坎正面攻击。7 日，各部冒着暴雨、山洪，开始行动。到 14 日，所有包围部队均已进抵南坎西南侧之古木蔽天的森林地带，日军尚未发觉。15 日，各部在空军支援下，发动猛烈攻击。据守南坎外围据点及城内日军虽拼死抵抗，终未阻止驻印军之攻击。新编第 30 师第 90 团一个连首先攻入南坎城，其余部队陆续突入市区，经过激烈巷战，完全攻占南坎。日军向南坎东北及东南溃退。中国驻印军共击毙日军 1700 余人，俘虏 12 人，缴获大批武器和军用物资。公元 1945 年 1 月 7 日，新 1 军完成对缅甸南坎的包围后，于 1 月 15 日突入南坎市区，继后全部占领南坎，毙日军 1700 多人。与此同时，中国远征军第 50 师也扫清了瑞丽江沿岸之敌，这样整个南坎地区（包括勐卯三角地）全部为新 1 军占领。瑞丽设治局派政警收复勐卯三角地，设治局长杨光寰前往被收复了的勐卯三角地，组建成立了"光复乡"。但不久英人提出抗议，国民党政府在英国的迫使下，电令中国军警撤退出勐卯三角地，将"光复乡"撤销，光复乡政府仅存在了 40 余天，勐卯三角地仍由英国占领。勐卯三角地的归属问题，实际上又悬了起来。

滇西抗日反击作战结束后，公元 1945 年 3 月，衍景泰又回到勐卯城，不到半年后日本天皇就宣布了投降诏书，中国抗日战争取得了全面胜利。此时年纪已达 20 岁的衍景泰多次向第六区行政督察专员公署及云南省民政厅呈请正式承袭勐卯土司职位的任命，均未得到允许。

为了维持勐卯土司署对外的影响力，刀京版曾让刀保围到瑞丽协理过一段时间的勐卯土司政务，但刀保围的理政水平实在太差，让衍景泰实在不敢恭维，于是公元1946年9月衍景泰又再次致电省民政厅，请求颁发土司司署编制，省民政厅转报省政府，省政府主席卢汉批示云："衍景泰呈请颁发土司编制，碍难照准。"所以衍景泰在形式上一直未经呈准继袭勐卯土司职位，但在事实上却以他的才学、历练和丰富的人生经历控制着勐卯地方的政治、经济、军事，执掌着土司署对内对外的大权，他也不管国民政府批不批了，自己在行文中自称"勐卯司官"，地方百姓对他唯命是从，云南省府、腾冲殖边督办、瑞丽设治局等政府机构、国民党机关也好像对此也视而不见，任由他以勐卯土司名义发布通告、文件。衍景泰早年向刀京版学会了开摩托车、汽车的技术，也继承了刀京版喜欢打猎的爱好，衍景泰在小时候就向博劲武术教师学习过射击，后来在游击队打日本人时由于经常练习射击，因而他的枪法比较准，命中率较高。但他也和其他土司一样，十分嗜好烟酒，并大量吸食鸦片烟。他出门时前呼后拥，成群的土司兵持枪保镖。勐卯的老百姓见到他时下跪叩拜，好不威风，俨然是勐卯的一个土皇帝。他自己封自己为统治900多平方千米的第18代勐卯安抚使，视瑞丽的傣族、景颇族、德昂族等人民为他的臣民。

（四）勐卯青年土司衍景泰的大婚之礼

1946年春，衍景泰已经21岁了，按惯例应该娶勐卯土司印太了，原来准备娶的印太是干崖土司刀京版之女，公元1943年衍景泰曾到缅甸木邦土司处定过亲，只是因为战乱一直没有提亲。没想到正式提亲时干崖司衍的老祖太就传话说："衍景泰的母亲一代还欠着干崖的债，儿子又要以结亲来要赖？"因此勐卯衍家土司与干崖壁刀家土司结亲的事就成了一大难题。后经过李根源的从中点拨，衍景泰才转而向南甸土司龚绶的女儿进行提亲。原订亲时说好是娶龚绶的五小姐，只因五小姐不幸夭折，才决定娶六小姐龚襄政为正印夫人。

公元1946年秋，衍景泰亲自带队率领浩浩荡荡的迎亲队伍到南甸迎娶南甸土司龚绶的六小姐龚襄政。衍景泰迎亲的队伍刚一进入遮岛镇后，迎亲队的乐队班子立即吹吹打打地奏起喜乐来，沿途街道早已垫土洒水，张灯结彩，迎亲队伍到南甸司署衙门前的石牌坊时，噼噼叭叭的鞭炮燃放起来，一时引得街道上观众纷纷跑来看热闹。司署衙门旁，南甸土司的亲属早已迎候在门前，让迎亲的队伍进入司署衙门。

衍景泰初进南甸土司衙门时，立即就为南甸宣抚司署衙门的宏伟气势所震撼，南甸宣抚司署衙门建于明正统九年（公元1444年），万历十一年（公元1583年），南甸土司因平定岳凤叛乱有功，受到朝廷嘉奖，处于鼎盛时期，其领地包括伊洛瓦底江东岸之地界。南甸土司府衙门又称南甸宣抚司署，位于云南省梁河县遮岛镇。清咸丰元年建成，占地10652平方米，建筑面积 7360 平方米，为古代宫殿式建筑 ，按汉室衙署形式布局，由一进四堂五院和南北厢房构成。四堂即按土司衙门等级分为大堂、二堂、三堂、正堂。周围由 24 间耳房和多处花园、佛堂、戏楼、胭脂楼、小姐楼、佣人房、厨房、粮库、马房、军械库以及监狱等共 47 幢、149 间房组成。可谓"层层院进八方通，幢幢殿阁殿中殿"。南甸土司府房屋规划整齐，主次分明，木质结构，粗梁大柱，青龙屋顶、雕梁画栋，尤以第四堂用料考究。根据历史记载，南甸土司府先后经历了 3 代人才建造完成，从公元 1851 年到 1935 年间，用了整整 84 年，如此宏大的建筑规模在全国的土司府中都属罕见，被人们称为傣族的"小故宫"。

衍景泰身穿长衫马褂，头戴礼帽，上面缀有金花，在南甸土司属官的指引下进入了大堂。衍景泰在远征军长官洪师长召集各土司配合滇西反攻作战的联席会时，到过南甸土司署衙门开会，也正是在那次开会时，龚绶向他提起要把六小姐许配给他当印太的，因当时战事紧迫，衍景泰没有时间仔细参观看过南甸司署衙门，今天只见土司署衙建筑已经粉刷一新。大堂是土司升堂办案的地方，南甸土司署衙门的公堂小而别致 站在远处就能看见堂上悬挂的牌匾——"南极冠冕"、"卫我边陲"。右边放着一面"喊冤鼓"，鼓声一响，定有冤案，土司老爷才现身断案，如迟迟未见土司官升堂，抑或击鼓人冤屈较大，可以连续击鼓，大喊"冤枉"，直到土司官正襟危坐之后，口喊"升堂，威武"为止。审案的公堂格外威严，上方是雕龙画凤的穹顶，土司审案的桌子也铺上了龙纹绸缎，左右排列的仪仗据说是公元 1444 年大明永乐皇帝赐封给龚绶之先祖土司的"半副銮架"，顺序依次是肃静、回避、龙头朝前，关刀随后，金爪、钺斧、朝天蹬、安民、除毒、一手掌乾坤。"半副銮架"是官品和威仪的象征，如遇龚绶土司外出抑或迎接上司时，家丁们就要按顺序执掌出衙。土司审案时，堂官、巡长和差役、亲兵也会站立两旁，当土司上堂时，土司"吼班"就会齐吼："请大人升堂"，待土司入座后，又发出"带犯人，跪"等助威声。

衍景泰一行穿越大堂之后到了二堂，二堂的正上方悬挂着"十司领袖"、"南天一柱"两块牌匾，彰显出南甸土司在整个土司界的权威和盘踞一方的霸气，正中的 3 间是客厅，两边的房间为男女宾客住宿，属官引着衍景泰从中间的圆门走过，衍景泰知道，这中间的圆门除遇重大节日或钦差大臣到此时才可通行，其余普通人员是不能通行的。显然这是老丈人对他格外的礼遇。衍景泰看到二堂客厅的墙壁上挂满了山水名画，地面上置放着精雕的矮八仙桌，门前立着两个足有一人高的大瓷花瓶，让整个厅堂显得古朴雅致，也说明了主人的文化品位。

衍景泰一行进入三堂后，只见厅堂正中挂着"守镇边陲"匾额，据说三堂是 27 代土司刀化南时建盖的，这里是土司属官审理一般案件和接待上司的议事厅。厅堂前后置活动木格门，如果平时无人击鼓喊冤时，土司办公就到此为止，如遇重大事务，便召集相关人员在此理政，龚绶也经常在此召集其他土司属官头人在此会盟、议事。

三堂一侧的厢楼是专供土司和眷属们看戏的水晶楼戏楼，戏台宽 4.5 米、进深 4 米，左右设男女化妆室，台前两边有雕刻的金瓜吊柱，吊柱底部为飞龙抬柱，檐口有两层封檐板并着色彩画。屋檐四角为翘金式建筑，具有宫殿式色彩。戏台坐南向北，土司等级观念森严，老幼男女、主仆平民都划分得比较严格。戏楼的正面为土司、印太夫人的专座，左座为儿子们的，右座为小姐们的，侧边厢楼的檐廊则是土司属官和接待要员的观看区，戏楼下有 43 平方米的天井，且供衙役、士兵等人的观戏区，天井空地与戏楼相隔。这是典型的滇西风格戏楼布局，虽不十分精湛，却很有特色。每年司署都会选派五六个村寨的确傣戏班子登台演出。

穿过议事厅后，衍景泰一行被迎到了第四堂。四堂也称为正堂，这里是南甸宣抚司署建筑群最为华丽的篇章。四堂前檐柱前有 6 个"金爪吊葫芦"雕件，在方寸之间雕有水浒 108 将的形象，更奇的是在风动的时候，还会像走马灯一样随风转动。四堂的用料格外讲究，正堂用的是栗木，左厢房用椿木，右厢房用楸木。这 3 种树木，都是梁河县最优质的木材，南甸土司把它们有意取材组合，以每种树名的名头相连，使之成为"正立（栗）春（椿）秋（楸）"的谐音，寓有万世基业永存之意，以此祈望江山永固。为表示先祖来自南京应天府上元县十二蹬石坎，故四堂石阶为十二级，含不忘原籍和祭奠先祖之意。正堂中的 8 扇屏风更有其深厚的古韵，分别雕刻了王羲之爱鹅、陶渊明爱菊、周子爱莲、叶公好龙、和靖爱梅、明皇爱月、伯乐爱马、隐公爱鱼等八爱图。

四堂是第 28 代土司龚绶亲自监督下于民国二十四年建成的，中堂是家堂，两边是土司夫妇的寝宫和子女的卧室。中堂内挂有天地牌位，牌位之下是香案桌，供有官衔牌和光绪皇帝、刀定国以及两位末代土司的画像，裱于镜框之内。四周墙壁上挂有名人字画和缎面刺绣的对联，堂内设有三叠水的桌子和八仙桌，一旁整齐排有 8 条太师椅。据说这里只允许老祖太和贴身丫环出入，并且要脱鞋、浴手焚香才能进入。通过参观了老丈人的司署衙门后，衍景泰为勐卯司署衙门的残破和局促而感到有些惭愧。

衍景泰进入四堂后，终于见到了被奉为德宏"十司领袖"的老丈人龚绶，只见龚绶身穿长袍马褂，一副清朝遗老的派头，手拈长及过胸的美髯，笑容可掬地和印太夫人端坐在正堂中央的太师椅上，接受了衍景泰这个乘龙快婿的跪拜请安后，龚绶让衍景泰在旁边的太师椅上坐下，并请出了六小姐龚襄政出来与衍景泰见了面。

衍景泰看着这个即将成为自己老丈人的南甸 28 代土司龚绶，想起了人们送给他的外号"德宏土司总丈人"，不觉心中暗笑。龚绶之所以被人起了个"德宏土司总丈人"的外号，原因是龚绶的女儿们几乎全部都嫁给了德宏各地的土司：他的大小姐嫁给了陇川土司多永安，二小姐嫁给了遮放土司多英培，四小姐嫁给了户撒土司赖思琳。而今天衍景泰要迎娶的就是这个六小姐——未来的勐卯土司印太夫人。（原来衍景泰要娶的五小姐不幸生病逝世，龚绶才把这个六小姐许配给他）。衍景泰让随从把彩礼送上来让岳父岳母大人一一过目，一阵寒暄过后，商定了迎亲队返回勐卯的时间和有关事宜后，龚绶便拉着衍景泰的手到司署专门为他洗尘接风准备的土司宴。在入席的间隙，龚绶对衍景泰说："永福呀，你大婚之后要独挑大梁了，老朽有几句话贤婿可以听一下。"衍景泰急忙称是，不知这个老丈人有什么吩咐。只听龚绶讲："当今世道江湖水深，官场险恶，身为地方傣族司官要与设治局常打交道，要做到你有千方百计，我有一定之规，当服软时需示软，当强硬时要真硬，万事皆好办了。"衍景泰一时对这些颇有哲理的话还揣摩不透，只是口里唯唯诺诺地答应着。没想到的是，龚绶的这些话，后来确实对衍景泰起到了重要的指导作用。衍景泰一行进入的四堂右侧的饭厅，这是专门供土司家人用膳的地方，不是特别重要的客人一般是不能到此用膳的，踏着咯咯作响的木地板进入右侧的饭厅，只见房间镶有彩色的玻璃，这些玻璃都是从缅甸进口的英国货，包括钉子、压条样样都颇具艺术气息。饭厅里早已摆下了一桌热气腾腾的土司宴。

龚绶为衍景泰安排的"南甸土司宴"十分丰盛，菜谱中有牛撒撇、撒达鲁、巴撒、饨梁河小花鱼、火烧乳猪、包烧"鸡枞"等十多样精美时鲜特色风味菜肴。让衍景泰津津乐道的牛撒撇是取新鲜精黄牛肉为主料食材，切碎捣为肉泥，配烤牛肚、连贴（牛脾脏），佐以煮沸过滤的牛苦肠水，调配多种佐料，然后米线搅拌食之。食牛撒撇口感清爽，还可清热解毒。撒达鲁则是取新鲜精猪肉切碎捣成泥状，配以火烧猪皮，莴笋片、番木瓜丝或莲花白菜片，将熬制的腌菜水倒入肉泥碗中，佐以精选调料，即可蘸食之。"撒达鲁"酸甜清脆，口感极佳，是衍景泰特别喜爱的一味菜。"巴撒"则是取鲤鱼的脊肉捣成泥状，配以猪肉撒相同的配料，即可蘸食之。巴撒香嫩可口，有清热解暑、增进食欲的作用。火烧猪用当地特有的"小耳朵"猪，除去内脏后，在旺火中边烤边用竹扦刺戳，使体内的油往外流出，待各部位表皮烤成煳状后，用火灰与水调成稀泥状敷上，再用微火烘烤熟，切成肉片后用鱼腥草根、野芫荽、生辣椒调拌而成的蘸水蘸吃。席间，翁婿俩频频举杯，开怀畅饮，尽欢而散。

衍景泰把六小姐龚襄政迎回勐卯后，他们的婚事整整大办了7天，各方宾客才相继散去。衍景泰娶了第一夫人龚襄政后，龚襄政成了掌印的正夫人，后来他又娶了第二夫人龚玉辉，瑞丽傣族老百姓称她为朗白，是瑞丽司署属官龚家的女儿，到后来他又娶了第三夫人衍玉兰，是勐卯司署衍家属官的女儿。

衍景泰大婚后，立即全身心地投入到了恢复重建勐卯的各项工作之中。

抗战胜利后，由于日军占领期间的严重破坏，瑞丽百废待举，各方面都要恢复重建，自小受到舅舅刀京版重视教育思想观念的影响,衔景泰把兴办教育作为培养人才的基础建设来抓。1946年衔景泰通过向省教育厅申请建立了勐卯城子、弄岛、姐勒、姐线等几个省立小学;教员、校长均由省教育厅派来,由设治局考核监督。省府对教育事业也十分关注,经常三令五申,要求德宏土司地方一定要将教育事业办好,并把此项任务的落实列为设治局长的年终考核问题;省教育厅派来的校长和教员不仅文化学历高,而且涵养、品德都好,每月各校校长都要到设治局集中开会,汇报各个学校的办学情况。学生学习用的书籍、笔墨、纸张均由教育厅发来。不够的部分,由勐卯司署拨出专款派专人到保山购买,学生家长不出一分钱。尽管如此,但除城子外,象弄岛、姐勒、姐线等地农村的学生,还是一天比一天有所减少,老师经常到局里来反映,设治局里的工作人员每月都要去动员说服家长,学生又才来复学。学校老师也积极鼓励学生不要缺课。经衔景泰司官同意后,凡是到学校读书的学生,每月由司署衙门拨给稻谷五斗,一年以10个月计算共给稻谷5箩,以此奖励措施解决家长不愿让子女读书的习惯。学校校长、教师的工资,统统由省教育厅直接发给。由于当时瑞丽边境地区不使用中国法币,只使用缅甸流通的卢比,于是便由司署派人托畹町实业银行进行兑换。每月司署还专门由司署财政经费补助每位校长生活费20卢比,补助每位教师15卢比,使校长和教师都能安心在边疆教书育人。

当时瑞丽每个奘房都有小和尚出家学习傣文、念经,瑞丽南门奘房比较大而且宽敞,小和尚在此出家念书的也比较多,因此上学读汉文书的小学生自然有所减少。瑞丽设治局也曾给奘房里的老佛爷做过规定:少年儿童年龄在7至11岁的,必须等读了四五年汉文后才允许招收到奘房学习傣文,小和尚也可以随时还俗,在生活上每家每户视经济收入情况供给,司署有时也支持一点。后来,在公元1948年6月18日具有开放意识的勐卯土司衔景泰向专署李国清专员呈报代求招聘人才函称:勐卯地处边邑,种族复杂,文化落后,百姓大部以农为业、垦殖为生,所以教育不倡、知识浅陋、政治废弛,财困民贫,力求整顿,奈人才缺乏,无法进展,请专座悯念,祈代聘品学兼优,人才素著者以借鼎力,破除积习,纠正险恶,使地方安静,面貌焕然一新,人民得享安乐。由于当时国共两党战争日益激烈,云南省各级政府已经顾及不了这些问题,衔景泰的报告犹如石沉大海。但由于瑞丽教育的事业的发展,还是给瑞丽经济的发展培养了一些人才。

无独有偶,曾经当过勐卯土司代办的衔景泰的叔叔方克胜对发展教育及培育人才也很重视。自公元1942年日军占领德宏地区芒市沦陷后,原先潞西所有的学校均被迫停办。到公元1945年底滇西光复后,方克胜代替他的哥哥方克光当了芒市土司代办,为了发展潞西的教育事业,提高民族的文化素质,他被云南省政府任命为勐焕土司代办后做出的第一个决定就是恢复办学。他得知一些傣族群众之所以不愿意送孩子进学校学汉语、汉文，思想原因主要有两方面：一方面是认为读汉语汉文无用，当不了司署的官，因为土司官都是世袭的；另一方面认为读了汉语、汉文就会被拉去当兵。当时办学经费没钱是个问题，办了学校没人进也是个问题。针对这些问题，方克胜采取按保、甲户口摊派任务的办法，并严令完不成学生入校任务的保甲长要给予惩罚措施。芒市城里学生上学的学校以中正小学（今芒市一小）为主，并在法帕、风平、芒赛、那目、芒核、轩岗等地设立了分校。学生入学后的一切费用（包括衣、食、零花钱）均由各保、甲、村寨负担，师资由司署官家财政支付（每个老师每年得谷子400～450箩），学校对教师实行聘用制，若素质差不能胜任教学的教师则随时给予更换。为此，作为当时的任教者来说，绝大多数老师都是有真才实学、兢兢业业的教师。由于采取了以上措施，仅芒市坝区就增加了7所小学，学生人数达到600余人，突破了以往芒市坝子小学生入学读书的历史最高纪录。

九、改流之争中斗智斗狠的挂名土司衎景泰

由于民国云南省政府意在继续推行"改土归流"，因此借故迟迟不愿意发给衎景泰正式的勐卯土司承袭职位的任命书，因此衎景泰只能算是一个"挂名土司"。就在衎景泰正要全面推动勐卯恢复重建工作的时候，勐卯司署衙门与国民党瑞丽设治局权力之争的矛盾也开始加剧了。公元1945年9月，滇西土司沦陷区收复后，云南省第六区行政督察专员杨茂实（治所驻腾冲）向云南省政府上报了《废除土司意见书》，动议要废除滇西各地的土司制度。他认为：土司制度实系"国家之毒瘤，割之愈迟，溃伤愈大"。呈请省政府要以一团的兵力进驻腾越边境地区，武力解除土司的武装，设县治以代替各土司衙门。省政府指示称："查土司制度在现行法令中已不复存在，即应渐次废除，以符合现制。"对杨茂实的意见给予了肯定，到第二年8月8日，云南省政府核定，经云南省主席卢汉指示：以国军一营进驻瑞丽、陇川，一营进驻盈江、莲山，不再他调，以资震慑土司之潜伏势力。勐卯土司衎景泰以及腾龙地区的各土司，多次联名上书向云南省府抗议废除土司制度，声称土司"世受国恩，守此疆土，已愈百余年；历代相承"，要求保留土司制度。为此，国民政府深感废除土司制度阻力太大，转为采取"怀柔"政策尽力拉拢土司，认为在"戡乱时期"，为争取内部团结，由土司暂行分层统治，较设县（设治局）的统治更为有力，因此宣布"暂不废除土司制度"。但是，为了"羁縻"土司，又采取委任某些土司为参议会区党部书记长、自卫大队长、设治局局长，

选举土司为国民党国民代表大会代表等手段，约束各土司，并在土司集团内部成员中发展国民党员，选送土司子女到南京等内地"深造"、"特训"，以培植年轻的土司后代为国民党效力。这是国民党当局拉拢、利用土司上层一面。

民国三十四年（公元 1945 年，萨戛历 1307 年）云南省府制定各设治局改县方案，拟将瑞丽、陇川两局合并设为一县，县治拟设于陇川之章风街，至于县名就其山川历史论，即拟用"瑞川"二字，后来因为同时遭到勐卯和陇川两地土司的强烈反对，此方案一直没有实施。当时瑞丽面积 2528 平方公里，人口 13551 人，年产稻米 20 万公石，是一个物产富庶的好地方。改县方案没有实现，为了限制和分散勐卯土司的权力，经民国云南省政府民政厅批准，将勐卯行政区改为瑞丽设治局，局址设在弄岛与勐卯土司并存。云南省政府批复瑞丽设治局所拟报鼎新、西屏、瑞丽三个名称中，认为"瑞丽"一名系取于瑞丽江，含祥瑞美丽之意，有根有据，名称好听，在全国县名中，没有重复名称的，因此拟请改用此名代替勐卯的名称。按省府规定，土司所收官租 20% 交设治局为公粮，用于行政开支。同年，弄岛建立设治局后，瑞丽设治局长马树藩，呈报关于整顿勐卯边防的报告，改设县治、筹建公署、发展交通、派队屯兵、安设电报、检定幕僚、培养师资、实边保界，实行土流并存局面，相互争权夺利。设治局在勐卯推行乡、保、甲制度，廖彬出任设治局长后，上书云南省主席龙云，请求省下令仿效英缅对待沿边各土司以使土司名存实亡的办法，通过对土司优待使土司不得干预设治局的司法行政和财政，不得摊派门户捐，将门户捐收归设治局作为地方财政之用。云南省第六区行政督察专员李国清也上书云南省主席龙云请求废除土司制度，称"土司制早应废除"，并提出土司制度系封建产物、无国家观念、多剥削民众、拥有非法武装、暗中支持种植鸦片、强派苛捐杂税、阻碍社会进步、互相争权夺利等理由，请政府当机立断废除土司制度。由于土司制度世代承袭，关乎土司统治阶级及其子孙后代的切身利益，自然遭遇到众土司的坚决反对，南甸土司龚统政、干崖土司刀承钺、陇川土司多永安、遮放土司多英培、芒市土司方御龙、勐卯土司衍景泰、户撒土司赖思琳、腊撒土司盖炳铨、潞江土司线光天、勐板土司蒋家杰为了维护土司的既得利益，联名盖章上书卢汉省长，反对废除土司制度。云南省政府鉴于边地土司纷纷抵制"改土归流"的情况，虽然知道土司封建制度妨害民众，阻碍政令，应根本铲除。唯因此事困难重重，难以实行，于是做出了暂不废除土司制度的决定，"改土归流"就这样停了下来，但却进一步加深了土司与各地设治局之间的矛盾。

在抵制"改土归流"的激烈对抗中，以勐卯土司衍景泰与国民党设治局的矛盾最为突出。

（一）衎景泰与设治局的明争暗斗

抗日战争结束后，在弄岛的瑞丽设治局国民党党部，重建了乡、镇政权，推行保甲制度及组建了100多人的警备队。瑞丽设治局下属的乡镇保公所基层政权，多被国民党流落军人及兵痞把持操纵。辛亥革命后，勐卯安抚司直接归腾越督办署（即云南第一殖边督办）管辖，由督办颁发委任状。以后，又由云南省第十二区行政督察专员公署管辖。民国初年，除土司政权外，又在勐卯设立弹压委员、行政委员。民国二十一年（公元1932年）改设国民党瑞丽设治局，在弄岛办公，与勐卯土司并存。行政区划除原有的畹组织外，又划分乡、镇、保的组织。具体分为勐卯、弄岛二镇，姐勒、芒艾、姐相三乡，每乡分为三保，镇长、乡长由土司委任，副职由设治局委派，乡、保都拥有武装，乡为乡丁，保为保丁。他们推行反动的民族歧视及阶级压迫政策，对各族人民进行残酷压迫和剥削，从而加深了当地的民族矛盾和阶级矛盾。土司衙门和设治局两套政权都向瑞丽各族人民收租派款，相互之间争权夺利，甚至发展到真枪实弹的厮杀。公元1945年，瑞丽设治局长杨光寰派手下队长黄仁借口勐卯土司反对政府，以搜查司署为名，查扣收缴勐卯土司司署自卫队大、小枪20余支，勒索瑞丽每户群众出卢币一、二百不等，老属官衎国斌被瑞丽设治局用绳勒大姆指，前后被吊8次，激起了勐卯土司衎景泰与瑞丽设治局的尖锐矛盾，以至引起冲突械斗。一天晚上，弄岛设治局警备队去达马寨子收粮款，土司署衎景泰便派了波岩所为首的自卫队前去围剿，双方战斗打得十分激烈，弄岛设治局警备队只有1个警备队员逃脱，其余都被勐卯司署自卫队打死。弄岛设治局也不示弱，公开绑架了勐卯司署属官衎国斌、衎国华，将他们两人投入弄岛设治局监狱，并将司署职员黄中贤、杜景星拉去活埋，将属官衎国华及司署王能拉去枪毙。后来经过衎景泰多方营救，花了许多钱财，衎国斌才被释放，衎国华则已经被打死。自此双方积怨愈来愈深，发展到针锋相对、剑拔弩张的地步。设治局到处挖战壕，修碉堡，甚至把碉堡修到了勐卯土司衙门的土墙外边。

（二）斗智斗狠皆占上风

衎景泰此时虽然才有20岁，但已经有一套与国民党官场进行斗争的经验了。这时他才深深领悟了老丈人龚绶在他到南甸迎亲时向他说的那些意味深长的教诲，他立即于公元1945年6月致电腾越殖边总署专员李国清称："今天早上瑞丽设治局无故派兵包围勐卯司署，我看情况不妙立即从司署跑到外面，司署主要职员杜锦新、衎国斌、衎国华、黄中贤等四员被捕拘押，并留下警备队1个班，禁止内外往来，职司内人员四散而逃，以致无法办公。设治局还拒绝我动用所收应得官租款项，严禁民众与我接触，视勐卯司署如大敌，无端生有，加祸陷害"，先告了瑞丽设治局局长杨光寰一状。

为了缓和与国民党设治局的关系，衎景泰又把自己装成一个胆小怕事的人首先"示软"，7月2日，衎景泰专门给瑞丽设治局局长杨光寰致函进行解释说："我自主持勐卯司署工作近一年，因本身幼稚，学能浅薄，事事均委以杜锦星、衎国宾等人负责，所有从前司署所做的工作如有触犯政府法令，如此次煽动山头袭击志舟乡公所事件，我一概不知，此事属于我用人之不适，被下属蒙蔽，才导致事件的发生。恳请钧座姑念我年幼无知，准于改过自新，其它被捕人员也系边疆无知之辈，恳请你老人家法外施恩给予从宽处理。"用词恳切，完全是一副蒙冤受屈、低三下四的腔调，以此作为缓兵之计。

转过身来，衎景泰又立即向云南省主席龙云发申诉报告告设治局局长杨光寰的状，在申诉报告中称："勐卯瑞丽设治局局长杨光寰莅任迄今年余，不闻秋毫政绩之修明，唯见民穷财尽逃亡之飘零，置夷民为鱼肉，以勐卯为刀俎，较敌数年之蹂躏有过之而无不及。乡镇保甲组成后，各级副职皆为设治局委派，直接受命于设治局，概系散游亡命，设治局不察善恶，尽情收容，委以直接与我夷民发生关系之要职，为虎作伥，蛊惑民众。而该辈素以乡镇保甲为美差，视为求利、发财之良机，每当粮款征派，便从中牟利，变本加厉，以一报十，层层渔利，极尽剥削之能事。甚至盗卖公粮，吞蚀公款，席卷远遁，为官一日，立获万世无穷之财富。伊遁彼来，依然如故，复又横征暴敛，徒增夷民之负担。独擅其利者，散游亡命及设治局身居要职不良之徒也。以有穷之财力满无厌之贪求，殆矣。设治局不加干究，何异开门揖盗、引狼入室？我夷民区镇保长，稍有不遂其志，即私自扣押，严刑相加，竟至宣告失踪，索重金免严刑之苦及生命之保障；营私舞弊，敲索诈骗，极尽残酷不仁之能事。以副令正，亦属罕闻。非法擅立法庭，不顾政府法令，独行于边区之民众。设治局全年之征收宜有预算，局长到达瑞丽后，屡征巨款田谷及苛派杂税，并私吞暴捐。其数目之巨，骇人听闻。夷民倾家荡产，不足抵出派，为勐卯有史以来所未有，政府代局长杨煌亦然，变卖本年租谷，在此新谷未熟、青黄不接之期，不念民困，严令迫行36年税赋。勐卯之丰，人民之富，不亚其他各司，一年农忙，可供数年之用，只因设治局聚敛之苛，农民破产，饿殍载道，死亡相继万千，夷民不堪设治局之荼毒，则倾家相率弃祖宗之遗业、置田园屋于不顾，纷纷逃亡英属，村舍十室九空，萧然四壁，遍野陇亩荒芜，蔓草寒烟而已。勐卯全境逃英属者已达四百余户，势将相演成风，不利后代，政府委派杨光寰充任局长，杨以军人身份而负行政工作，拟以治军之整齐划一，而谋瑞丽行政之发展，而杨局长原在新一军工作，瑞丽又为新一军驻防地，上下阶层多为长官旧部，大多乐为辅助，有所恃而无不恐。到任之初，先以武力进攻弄岛（即设治局所在地），而后节节推进，击溃一方，即调查户口，成立乡保公所，勐卯人民多为夷族，不但不识文字，且语言不通，推行政令，举足无措，故以本地人为正，而以流亡军人随同收复地区在事出力者副之，此乃因时因地制宜，非有他司与设治局隔阂益深，时思报复，副乡保长曾被暗杀者多人"。列数了杨光寰的各种恶行，云南省府主席龙云无奈，毕竟强龙压不过地头蛇，最后龙云只得把杨光寰调走，派了一个名叫舒自天的代替杨光寰当瑞丽设治局的局长。这个舒自天来到瑞丽后，更是变本加厉地搜刮民财，捞钱的手段比杨光寰有过之而无不及，引起勐卯各族民众怨声载道，与勐卯司署的矛盾更加激烈，于是，在舒自天代替杨光寰当瑞丽设治局的局长不到两年，衎景泰又发动了"倒舒"行动。

衎景泰发动的"倒舒"行动搞得很策略，他先是于公元1947年12月，暗中组织几个地方乡绅，以"瑞丽民意代表"身份联名向云南省府龙云主席控告瑞丽设治局长舒自天。控告信中说：瑞丽设治局长舒自天，自到任以来，苛征暴敛，鱼肉人民，无法无天，为所欲为，为图囊刮以自用，置人民于水火，边民等不堪其苦，迫于无奈，故特将该局长贪污枉法、为祸地方事实列举如下：1. 苛捐暴敛，迫民迁缅。瑞丽区民众受舒自天暴敛凌辱，苛捐杂派，其痛苦之状，罄笔难书。自该局长接任以来，视民众为鱼肉，任其刀俎，置天理国法于不顾，剥削民脂以肥私囊，以致民不聊生，民众因不堪其苦，相继迁往缅境，以避其锋者，不下千余户。该局长身为边官，为民父母，逼民众迁入异境，行同卖国，实令人言之痛心酸鼻。舒局长时藉经费不敷为名，擅向民众借款，该局以新谷借，但不以新谷偿还，必待谷价高涨时，方行归借，且以高价折抵。如每箩谷子市价四盾，彼则5盾折充，藉以渔利，民众损失颇巨，惨痛事实，目不忍睹。实"苛政猛于虎"也。2. 贪污不法，假公济私。按政府明令规定：县局长养廉金法币90万元，舒局长竟自定为卢比900盾，连同薪俸325盾，计月入1225盾（合法币1800余万元）。如此丰厚，实骇人听闻。3. 擅自增派自卫捐税。舒局长利用政府鞭长无及、无暇顾及边区之优势，实行其天高皇帝远，擅自增派自卫捐。每户摊派卢比2钱，计月入3000余盾，又借购买枪支为名向民众征派，以中饱私囊，我边民八年抗战，虎口余生，又负此无名之担负，实证明舒局长伤天害理，无不用其极也。4. 包赌抽头，阳奉阴违。按包赌抽头为国法所不容。而舒局长私自在瑞区聚赌抽头，包赌捐月人3000余盾，以逞私欲。5. 相与狼狈为奸，造成个人系统。瑞区各乡镇保副职，均由局长遴派，以摆夷为正职做傀儡，故上下一心，通同作弊，以人民为鱼肉，为所欲为，稍一不慎，则加以凌辱、殴打，我民众均不敢言，含泪偷生，最后则弃家逃往缅境，从商为活。尤有甚者，志舟乡第四保副保长范金和操纵参议会，强奸民意，蒙蔽上峰。假借民意，自颂盛德。假借民意，于8月20日在《民意日报》登载该局长歌功颂德启事，启事底稿出自舒氏之手，不顾民情，居心残忍。三十五年，瑞丽区因瑞丽江泛滥，沿江民田尽成泽国，灾情奇重，所受灾区域之租谷，已蒙省府批准或免或减。而该局长竟竟不顾民情，勒令全部缴纳，农民因受冻馁，为数不少，用心残忍，实所罕见。6. 提高屠税，以饱私囊。擅自提高屠宰税，每牛征收 29 盾，合法币 40 余万元，每猪 15 盾，合法币 20 万元。以图私利，无形中物价亦随之高涨，而商场因而冷落。7. 放纵部属，为非作歹。放纵部属，通同作弊，渔利民众，如各副乡镇保长，擅向民众借款，相继席卷潜逃。而该局长毫不向民众负责，反借名另加摊派，潜逃者即或被执，稍予贿赂，亦听自然，逍遥法外。滥施职权，搜刮民粮。每年纳用勐卯司署全部租谷百分之四十五，约计年入 4 万余箩，每箩以最低市价 3 盾计算，约值 12 万盾（合法币 17 亿 5 千万元）。该局长在本年 4 月份，省府财厅来之冯督导员濮，整理财政会议记录中，谨呈报年入租谷 5000 箩，以多报少，蒙蔽上级，实令人痛心。8. 以做寿为名义，刮民脂以自肥。以做寿为名，收罗大批款项，各副乡镇保长借机谄媚阿谀，颇丰，有中山乡副乡长张溢中，除送礼品款项外，并送乘马 1 匹，送礼的费用向民众摊派 1800 盾。9. 盗卖公物，以充私囊。擅卖南山机场盟军留下之飞机材料（金属品）5000 公斤，买主为南贾，售 3500 盾。该局长偷卖国家兵工物资，实丧心病狂已极。10. 任用私人从中舞弊，剥削民众，以图自肥。如教建科长舒自武，为其胞弟，志舟乡副乡长舒汝厚，为其堂弟，政警队队副周光盛，为其外甥。11、假借民义，骗取民财。征派民众医药费 2000 余盾，交该局卫生院长杨景成，仅以少数钱款购买一部分药品，而民众前往就诊者，奎宁每针收费 15 盾，奎宁丸每粒收费 5 盾，余款均被席卷私吞。续征民众医药费，继而成立卫生院，以救济署发下之药品应酬了事，所派各款，均入了个人私囊。

衔景泰还十分善于利用新闻媒体进行舆论宣传，作为与瑞丽设治局斗争的武器。他想：既然你姓舒的能利用《民意日报》为自己涂脂抹粉歌功颂德，我也要利用报纸让你的德行暴露在光天化日之下。他在鼓动乡绅以"瑞丽民意代表"向云南省府告状的同时，又通过关系找来《复兴晚报》的记者，在热情款待、给予好处之后，让记者在公元 1948 年 1 月 10 日的《复兴晚报》头版头条位置刊载了瑞丽民众代表控告设治局长杨光寰、舒自天的 18 条罪状的文章，文章历数了杨光寰、舒自天两位设治局长履职后"不闻秋毫政绩，唯见民穷财尽，逃亡飘零，置夷民为鱼肉"的情形，一时间社会舆论哗然，让云南省主席龙云十分恼火，专门来电斥责杨光寰、舒自天两位设治局长。

杨光寰、舒自天这两位设治局长皆是丘八出身，平时不学无术，只会一味搜刮民财，依靠上面有人撑腰而目中无人、横行乡里，在与衔景泰这个当时只有 23 岁的"毛头小子"斗法中，却步步被动，让他们对衍景泰恨得咬牙切齿，却又拿他无可奈何，双方矛盾势若水火。

民国三十五年（公元 1946 年），国民党瑞丽设治局在弄贤山区建立保公所，国民党官吏向景颇族人民进行勒索摊派，穷苦的景颇族人民不堪其苦，包围了保公所，纵火烧毁了保公所房屋，国民党官吏怆惶逃遁，随即调动大批军队上山烧杀，更激起景颇族人民的反抗和憎恨。

公元 1947 年，勐卯土司衍景泰利用景族妇女背鸦片烟到贺瓦街卖，被设治局派兵抓获质押送到弄岛设治署进行审讯（因当时正值"禁烟"期间）一事，唆使景颇族山官用发"毛牛肉信"的方式，聚集景颇群众，围攻弄岛设治局政警队并包围设治局衙门。省政府大为震惊，派员来调查，最后也不了了之。这种斗争，一波未平一波又起，自设治局设立以来，勐卯各地经常发生土司授意傣族、景颇族民众围攻设治局署和杀死设治所人员的事件。勐卯地方的统治权实际上完全掌握在衍景泰的手中，设治局形同虚设。

（三）抗铲风波

公元 1947 年 12 月 15 日，瑞丽设治局局长舒自天与禁烟督导员杨履中勾结，派政警队到户育、勐秀、等夏、班岭一带借禁烟铲鸦片烟苗为名趁机敲诈钱财，敲诈当地景颇族民众缴纳捐款卢币 3 万盾（折合国币 9 万元），已交 2 千盾，余数仍继续逼迫群众缴纳。同时派出中正镇副镇长黄廷坚为首的督查铲烟苗队，进入户育山区，借口查铲烟苗，向群众勒索 5 千卢币。在山区 1 个月的时间里，查铲队士兵为非作歹，不但向群众敲榨勒索，强抢豪夺，并在村寨里胡作非为，整天花天酒地，甚至公开奸污景颇族妇女。他们的劣迹引起了景颇山广大景颇族民众的极大愤怒。户育、勐秀一带的 2000 多名景颇族群众，在班岭山官带领下，发动了武装反抗瑞丽设治局武装警备队的行动。行动前班岭山官派人向衍景泰求援问计，衍景泰认为这是要体现"该硬要硬"的时候了。衍景泰异常兴奋地对班岭山官派来的人说："打！你们去狠狠地打！我不好亲自出面，但你们所需要的枪支弹药我供给你们，粮食我也供给你们，如果有什么紧急情况需要我帮助的话，我会把司署的自卫队派到渡口去支援你们的。"在他的怂恿和默许下，班岭山官出面向各地景颇族散发"毛牛肉信"，各寨群众接到报急信号后，纷纷来到班岭集结，组成一支浩浩荡荡的群众队伍。12 月 26 日，景颇族民众击毙政警队士兵陈自修，缴获冲锋枪 1 支。12 月 29 日，班岭山官亲自率领班岭、户育一带景颇族民众 2000 多人的队伍，不分男女老少，手持长刀、猎枪、木棍包围了作恶多端的设治局政警队，群情激愤的景颇族群众将麻科山区联保办公室焚毁。在勐卯土司衍景泰部属黄某率领的土司署自卫队 200 余人和陇川景颇族 300 余人的共同支援下，愤怒的景颇族民众焚烧了班岭乡公所。攻打设治局政警队的景颇族群众队伍总共约有 1000 余人，配有轻、重机枪及迫击炮等武器。

一经交火就打死了政警队警察 30 多人，设治局警备队幸存的警察纷纷抱头鼠窜，景颇族群众一直追到山下，大家高喊"攻入中兴镇（弄岛），消灭设治局"的口号，于 12 月 30 日夜晚，包围了弄岛设治局，双方激战一个多小时后形成对峙状态。景颇族民众把弄岛设治局包围了整整 7 天 7 夜。有天晚上，设治局长舒自天派勐卯镇艾镇长来土司衙门进行谈判，被新祖太痛骂了一顿，然后将艾镇长扣押了起来。第二天，勐卯司署的自卫队攻打勐卯镇公所，自卫队把一挺美式重机枪架在东门城上，设治局警备队伤亡惨重。公元 1948 年 1 月 4 日晨，群众队伍由弄岛北上，转攻姐相街中山乡公所。正午，同时烧毁了弄岛设治局和中山乡公所房屋、公文、财物。9 日，瑞丽境内的乡镇保公所全部被焚，设治局保警队无法抵挡声势浩大的群众队伍，设治局长舒自天率领的残余人员弹尽粮绝后，拼死突出包围，偷偷夜渡瑞丽江绕道缅甸狼狈出逃畹町，衍景泰亲自率领守候在渡口的司署自卫队人马一直追到畹町法坡寨（勐卯司地边界）才按兵不动。舒自天等人龟缩于畹町，设治局职员则逃至缅境南坎避难，舒自天打求救电话给腾越地区专员，说此次事件属于山民聚众武力抗拒铲烟的暴动行为，指责勐卯土司衍景泰是暗中支持者，要求上峰进行严厉查处，并电告上司派兵支援。国民党当局出动第 93 旅 277 团一个营兵力向群众开炮轰击，群众伤亡惨重，但仍聚于法坡寨不撤，国民党军队在团长吕维英带领下开进畹町以稳定局势。群众声势浩大的斗争行动迫使云南省府电令第六行政专员杨茂实派秘书李乐山、保山警务处长赵靖东，国防部驻保山保密组长何铸为代表与群众代表进行谈判，又令潞西、遮放，陇川等地的土司到畹町进行调处。最后经过斗争，国民党方面代表被迫答应群众的要求，同意撤销舒自天、杨履中职务，并保证今后保警队不再进山。

事情越闹越大，事件震动了云南全省以至全国。公元 1948 年 1 月 8 日，云南省主席卢汉致电衍景泰说："禁烟系国家要政，务必恪遵。乃闻瑞丽边民不明大义聚众要求抗铲，殊属违法。希台端出面妥为开导，善宣政府德意，解散归田，铲除烟苗，安分务农，余爱惜民，必宽大处置，免予深究。台端明达，必不负余所托。尚希裁复为盼。"

衍景泰接到卢汉电报后立即复电卢汉进行了辩解，说：肃清烟毒，国家早已经三申五令在案，且禁烟系国家之首政，我何敢违抗法纪。经调查此次发生事变的情况，并非有抗铲暴动的情由。关于瑞丽区奉命铲烟，已去年 12 月 15 日派司署秘书衍盈瑞协同设治局前往山区一带，查实确已铲除尽净。而司署秘书于 12 月 29 日早就返回司署，唯有设治局政警队的人员无故逗留山区，终日举酒作乐而不复返，而且酒后强奸山民妇女，无所不为，并以鸣枪威胁百姓，以致激起山民的公愤，在忍无可忍情况下才引起此次激变。若有抗铲等情节，烟苗何能铲尽？（所铲除之烟苗若干，悉数都已经由设治局派人挑回去了）设治局诬告"抗铲"二字，只是一面之词。同时又举报了前不久省府救济署发下布匹等物品，设治局除少量发给全瑞丽辖区学童外，其余大量的布匹现在存积何处，竟不得而知。衍景泰在电报中最后报告了调查结论：瑞丽设治局局长舒自天为人自私自利，不理公事，与云南省府禁烟督导处瑞丽督导分处指导员杨履中勾结，借铲烟毒为名大肆敲诈，逼迫该地区山头缴纳卢比3万盾，经缴1000盾后，余款尽由该局政警队征收。该政警队乃狐假虎威，在山头族（景颇族）所在之各地奸淫掳掠，无所不为。该山头人不堪其苦，才发生过激行为，以至于焚毁弄岛、姐勒、姐东等村寨。

后来由云南警备总司令部派出到瑞丽进行弹压的国军第93旅第277团第1营长官，经衍景泰出面说明情况后，带兵的营长同意电请警备总司令部以政治方法解决此次暴乱事件，以安抚边境地区的土民，并要求对贪赃枉法的设治局局长舒自天予以撤职查办。在电报中这个营长还大大表扬了勐卯土司景泰，说该土司谨遵德意，听从调处，已经做了大量调解工作，现在各处的山头人已解散回到各自山区，特报请保山专署李专员要对勐卯土司衍景泰给予嘉奖勉励。

公元1948年1月中旬，国军第93旅第277团1个副团长率两个正规连队来到瑞丽，把衍景泰叫到腾冲去进行调解。省府主席卢汉随后下令对舒自天进行撤职调查，交省高级法院审理，并决定对勐卯乡镇中凡由舒自天、杨履中指派的副职人员一律裁撤，设治局行政经费由原来抽司署30%的田租，改为只抽10%～15%。后来，第12区专员公署以瑞丽前设治局长舒自天禁烟惹祸，发文撤职查办，换了一个叫陆文明的新局长来代替舒自天任瑞丽设治局局长，瑞丽设治局治所也从弄岛迁到土司衙门内来办公，衍景泰答应保证设治局的一切工作业务开支、人员薪俸全部都由司署衙门提供，但前提是从此设治局不再派警备队直接去寨子里派粮派款。景颇族群众反对国民党设治局的斗争，终于取得胜利，其胜利果实，最后落入了土司官衍景泰之手。事后，保山专署派赵静侯来土司衙门担任秘书，由他来专门负责勾通和协调瑞丽设治局与勐卯土司署的关系，双方矛盾才暂时趋于平静。

公元1948年3月，国民党在南京召开"国代会"，勐卯土司衍景泰（时年23岁）此前经保山第6行政区组织的国民党代表大会代表"选举"中，以4757票最高票当选为"国大代表"。为了去南京参加"国代会"，他还向勐卯各界征收了两笔派款，并指定司署属官衍盈良和随从龚敬贤和他一同远行到南京参加"国代会"。但当他到了芒市一打听，才知道"国代会"已开会结束了，方克胜等人已经在从南京回到芒市的归途中，衍景泰的南京之行才就此泡汤。由于当时国共两党战争形势日趋紧张，国民党云南省党部要求强化地方武装力量，还成立了龙（陵）潞（西）瑞（丽）联合军事指挥部，委任方克胜任少将总指挥，委任衍景泰任上校副总指挥，勐卯司署秘书赵静侯为中校参谋长。瑞丽成立1个大队，下设3个中队，由衍景泰任大队长，大队部就设在土司衙门内。

当衍景泰勐卯司署"防共"自卫大队成立后，在德宏解放前的1949年6月，"共革盟"进犯德宏境，打到龙陵，扬言打倒德宏八土司区。专员公署命令各设治局进行堵截，德宏八土司经协商后及时调兵联合进行了阻击。瑞丽设治局也派兵参与攻打龙陵"共革盟"的行动。勐卯土司衍景泰任命他的武术教练博劲为阻击队队长，任命满应为副队长，带领数百名司署自卫队士兵作为勐卯地方军队与芒市、遮放、梁河等土司兵联合抗击"共革盟"。在龙陵一战中，各土司兵为保卫家乡，配合得当，加之博劲指挥有方，他端枪身先士卒，打得"共革盟"大败，"共革盟"不支，败退保山。博劲打了胜仗回勐卯时，衍景泰土司还专门组织了隆重的欢迎仪式，小学生高唱欢迎的歌迎接博劲的队伍胜利归来。

十、关键时刻投向光明的开明土司衍景泰

（一）云南和平起义时的德宏边疆

1949年的中国，国共两党的角逐已基本显出胜负，人民解放军向国民党军发起的辽沈战役、淮海战役、平津战役已取得了决定性胜利。面对解放军摧枯拉朽的军事攻势，蒋介石一方面发出了求和的声明，另一方面又在加紧准备继续内战。4月20日，国民党代表拒绝在国共两党和谈代表议定的和平协定上签字，蒋的"和平"阴谋被完全揭穿了。4月21日，毛泽东主席和朱德总司令向中国人民解放军发布进军命令："奋勇前进，坚决、彻底、干净、全部地歼灭中国境内一切敢于抵抗的国民党反动派，解放全国人民，保卫中国领土的独立和完整。"人民解放军接到命令，"百万雄师过大江"，摧毁了国民党军固若金汤的长江防线，23日解放了南京。这时，中共中央一面筹备新中国的成立，一面指示第一、二、三、四野战军于公元1949年下半年继续向西北、西南、东南、华南进军，全部歼灭中国大陆上的国民党残余军队。毛泽东在指挥华南和西南的歼灭战中，曾多次指示不能让白崇禧集团和胡宗南集团退入云南，否则，残敌不仅易于逃向国外，并且由于云南特殊的地理形势，歼敌就要拖延时间。解放军第二野战军和第四野战军坚决执行了这一指示，使国民党的白崇禧、胡宗南两大集团未能退入云南，为云南顺利解放创造了条件。

此时的云南，中国人民解放军滇桂黔边区纵队（简称"边纵"），从公元 1947 年以来，开创了滇东南、滇西、滇东北、滇南等广大根据地和游击区，控制了云南的广大地区。同时地下党在各大城市广泛发动群众，开展反对国民党发动的内战的斗争，配合边纵，准备迎接云南的解放。

当时云南省主席卢汉眼看蒋介石的江山实在保不住了，便打主意谋求新的政治出路。蒋介石对卢汉排挤压制，又加重了卢汉对国民党政权的离心倾向，正在卢汉举棋不定之时，中国共产党果断地向他伸出了争取的手，对他进行了大量的工作，使他知道中国共产党争取他的诚意，认清了形势。于是他派人从香港到北京和中共中央取得联系，表示愿意接受中国共产党的领导，在适当时机举行起义，卢汉的这一态度当即得到中共中央的欢迎和鼓励。在中国共产党的帮助和人民解放军的直接支援下，卢汉加紧进行起义的准备工作，他推病请假两周，闭门谢客，经过周密筹划以后，于公元 1949 年 12 月 9 日宣布云南起义。当时下午 5 时，蒋介石派张群第 4 次飞抵昆明，打算与卢汉商谈在云南建立反共基地的事情。卢汉派人到机场迎接，张群被接到卢汉的新公馆中，并立即以张群的名义通知，邀请国民党当局驻滇的军政首脑开紧急会议，共商应付时局的办法。被通知参加开会的有国民党第 8 军军长李弥、26 军军长余程万、师长石补天、空军副司令沈廷世、宪兵司令李楚藩、军统滇站站长沈醉。开会时间通知的是晚上 9 时，地点在卢汉的老公馆。晚上 9 点，开会时间已到，到 9 点半还不见卢汉到会，与会人员都不断看看手表，又看看门。石补天等得不耐烦，跑到外面，但见警卫森严，空气非常紧张，当即企图溜走，却被警卫阻止。9 点 50 分，卢汉驱车上五华山。警卫营长龙云青接卢汉指示，以 1 排人把李弥等人的副官、卫士、司机全部缴械扣留，又带 1 班人走进会客室向来开会者发出严厉的命令："奉命检查"，"举起手来！不许动！"，在十几支手枪的威逼下，这些来开会的国民党政府驻滇军政头目，尽管有的是杀人不眨眼的大特务，有的是身经百战的大军官，此时都成了瓮中之鳖，被分批押上汽车，押解到五华山光复楼扣押。与此同时，卢汉新公馆内的张群也被警察搜查缴械。为控制第 8 军和 26 军围攻昆明，卢汉放走了张群、李弥等人。10 点正，卢汉致电中共中央和全省军民，宣布云南起义，拥护共产党的领导。

（二）见风使舵的原勐卯土司代办方克胜

公元 1948 年 3 月，衎景泰的叔叔方克胜以"国大代表"的身份到南京参加了所谓的"行宪国大"后回到芒市，按照封建土司制度规定，芒市小土司方御龙完婚后，方克胜就应该还政给芒市末代土司方御龙。但方克胜没有这样做，他一直拖延着不肯放权，他从南京回到昆明后就大肆活动，让云南省府委派他为潞西设治局局长，并于公元 1948 年 9 月到设在勐戛的设治局任职。公元 1949 年 3 月，云南省府又推行"改土归流"潞西奉令改县，方克胜带头拥护把潞西改为县治，自己理所当然地又当上了县长，他把县政府迁到芒市，县政府办公地点就设在方克胜住的"洋楼"上办公。

公元 1949 年 11 月，中共中央军委命令滇桂黔边区纵队副司令员朱家壁率一支队杨守笃部挺进滇西，截断滇缅公路，以防止国民党第 26 军、第 8 军的机械化部队逃窜缅甸。"边纵"到达龙陵时，杨茂实电令方克胜率部到龙潞边界阻击。方克胜率部到达龙陵城郊关坡时，天已黄昏，"边纵"没有开枪，朱家壁派其堂弟朱家品前来与方克胜谈判（朱家壁系龙陵象达人，历史上与土司家有关系）；朱家品当众说："'边纵'是中国共产党领导的革命队伍，根据党的政策，不会与少数民族发生冲突，而且我们没有到芒市的任务，希望大家放心。"朱家品随后又与方克胜单独进行了会谈，朱家品走后，方克胜即下令让部下全部撤回芒市。事后方克胜曾说过，"'边纵'是共产党领导的队伍，又不是'共革盟'，人家又不打我们，我们何必自找麻烦。"当杨茂实来电查问此事时，方克胜叫张光汉（秘书）拟了一封回电，大意是："职率部到达龙陵城后，'边纵'，已不知去向，故才撤回芒市，守我芒市。"

公元 1949 年 12 月 9 日晚，在方克胜"洋楼"上的一间大会客里，许多宾客陪着他在吸食鸦片，有土司衙门的属官，还有县政府的职员。客厅摆放着一台大型真空管直流电收音机，收音机里突然传来："我是沈醉，我是沈醉，请在云南省所有的保密局、公秘单位的全体同事们注意：云南省主席卢汉将军接受了中国人民解放军刘伯承、邓小平俩将军的八项条件，宣布云南和平起义。我同意卢主席对时局的看法，接受卢主席的指挥，希望所有在云南公秘单位的人员都要服从卢主席的命令，立即停止一切活动，并交出武器、电台等，自动出面到指定地点办理登记手续，听候另派工作。"方克胜叹了一口气说："我在南京开会时就知道国民党经常打败仗，已经不行了！但想着多少还会维持个两三年，现在才一年多共产党就打过来了。"心中只觉得自己命运多舛，公元 1941 年花重金买个勐卯土司代办才 1 年就来了日本人，让自己进了大牢。今年刚刚当上县长不到 1 年又来了共产党，不知又有什么倒霉事？这是潞西旧政府第一次听到云南和平解放时的情况。过了两天后，杨茂实由腾冲转来了卢汉发布的宣布云南和平起义的电令。大意是："蒋介石依靠美帝国主义发动内战，祸国殃民，天怒人怨，现在已遭受全面失败。云南人民只有接受中国共产党的领导，才有出路。现云南省政府已接受了中国人民解放军第二野战军刘伯承、邓小平两将军的八项条件，宣布云南和平起义。"接到卢汉电令的当天，方克胜即让下属降下了县政府内国民党青天白日满地红的旗子，赶制了一面"五星红旗"。第二天一早，方克胜换了一件朴素的蓝布长衫（他平时穿毛呢西服或军便服），率领旧政府全体职员在县政府的旗杆上升起了五星红旗。原先县政府门口挂的标牌是"潞西县政府"，方克胜觉得不妥，在"潞西县"下面加上了"人民"两字，于是县政府大门口挂起了"潞西县人民政府"的牌子。

公元1950年4月初，朱家祥与方克胜联系，说明黄专员到芒市来与他会晤，方表示欢迎。于是，黄专员、王副专员、王县长乘吉普车，龙陵公安队（武工队）及宣传人员乘大卡车前往芒市，方克胜在其住宅门口欢迎。第二天进行了会谈，当晚还在土司衙门前举行了营火晚会，龙陵来的青年男女跳舞、唱歌、跳秧歌，方克胜率县政府及芒市司署人员参加。第三天，又在土司衙门正堂召开了大会，参加会议的有坝区各畹的老畹、布幸、土司署属官、县政府职员、小学教员、街民代表等100多人。会场中挂有毛泽东主席的木刻画像（这是芒市首次出现毛泽东主席像），小学教员周运新当傣话翻译。会上，方克胜首先介绍了王、朱三人，然后请黄知廉专员讲话。黄讲话的内容主要是介绍中央人民政府成立的情况，宣传党对少数民族的政策，希望各族人民相信党的政策，安心生产，不要听信谣言。接着，王之祥县长讲话，着重讲了蒋介石800万军队遭受彻底失败的主要经过。

（三）举棋不定的勐卯土司衔景泰

云南和平解放前前夕，衔景泰也十分紧张，只要有省府的紧急电报发到，都会认真关注阅读。当时云南全省共有131个县、局，省府一般的命令、训令、代电等，按照131份下发，瑞丽也有一份。每天由收发室交来后，才通知司署及各乡镇公所；大部分文件都批了知照、存查等封存于木柜。有时省府或专署来的电报，全部是密码须由秘书室进行翻译，设治局长在时交给局长，如局长外出则由秘书代为处理。当有紧急的电报时，就会立即派出专人送给勐卯土司衔景泰。衔景泰十分尽职尽责，每当省府的紧急电报一发到，他就会刻不容缓地立即召集众属官对电报的指示精神进行磋商，可以说是做到有文必应。自12月9日卢汉主席宣布云南和平起义后，来的文件就很少了，即使来电也是密电居多，有时夜间都有电报来，头一份没有译完第二份又到了。都是些关系和平解放有关事宜的，每个电报都非常重要，都是些保护人民生命财产的安全、防止歹徒趁机破坏、防止国民党残余的攻击、防止敌机降落、节节堵截蒋军残余队伍等内容的电报，让衔景泰莫衷一是，设治局人心惶惶，职员也只顾四散而逃，让衔景泰不知如何执行这些电报。

公元1950年3月底，中国人民解放军即将进驻德宏边疆，国民党潞西县长方克胜、芒市土司方御龙，潞江土司线光天以及国民党特务李兆辉等带着二三百名武装人员，仓皇来到勐卯土司署，李兆辉奉国民党总统府和国防部之命，负责联络腾龙边区各土司与解放军对抗，便趁机煽动衎景泰外出缅甸、伺机反攻，衎景泰不愿出境，嘴上却应付说，他已派了一个中队的兵力去防守江边渡口，必要时三脚两步即可跨出国境线。随后李兆辉拉拢了一些傣族土司，拼凑了一支武装部队，草草组成"陇潞瑞江防指挥部"，衎景泰被任命为"第一支队上校队长"之职。公元 1950 年 5 月初，解放军已经进驻了畹町，消息传来，勐卯司署一片惊慌，方克胜、线光天相继外逃缅甸。衎景泰和其他封建统治者一样，最初不了解共产党，害怕共产党。衎景泰惶惶不可终日，害怕解放军进入瑞丽。他曾说过，国民党八百万正规军都被灭了，他这支区区几百人的土司兵算不得什么。但出于他的本质，他还是派出一个中队的土司兵到瑞丽江边勐戛渡口堵击解放军，企图做垂死挣扎。自己则带领一部分武装及其亲属亲信二三百人离开勐卯，逃往深山老林，躲到户育山区南管山寨躲避，以观察动态。国民党特务李兆辉见衎景泰还留在中国国内，心有不甘，又来到南管山寨反复劝说怂恿衎景泰出境到缅甸，被衎景泰婉言拒绝。李兆辉便挟持着芒市小土司方御龙外出缅境。衎景泰全家及高级属官在户育山区住了一段时间后，觉得有危险，又迁到更隐蔽的南姑村。当国民党潞西县伪县长方克胜、潞江土司线光天挟持芒市小土司方御龙外出缅甸，打算投靠国民党残余部队又时来叫衎景泰，衎景泰并没有和他们一起出去，原因一是想催收官租杂派，借机再捞一把，二是瑞丽紧靠缅甸，几步路就可外出了，必要时再走也不迟。所以他没有听从国民党特务的策动，跟芒市、潞江等土司一起外逃。他派出好几伙人去催缴新官租，又派人到畹町了解解放军进驻畹町后的情况，得知解放军进入畹町后对老百姓秋毫无犯、群众仍然安居乐业等情况之后，不几天，解放军神兵天将没有从勐嘎渡口渡江，而是不知什么时候神秘地从别的江段过江直接进驻了勐卯城子。解放军进驻勐卯后，解放军边纵 7 支队首长、41 师首长、121 团首长都分别到勐卯司署做留守属官的工作，并亲自写信给衎景泰，晓以大义，交代政策，指明出路，动员其下山来。并阐明，只要下山来，解放军保护其生命财产安全，本人仍旧任勐卯土司。住在城子衙门的新祖太，派人送来了她的亲笔信，随信还附上了驻瑞丽中国人民解放军首长的信。大意是：跟着国民党没有出路，欢迎衎司官回司署来与共产党合作，共产党绝对保障他的生命财产安全。新祖太的信中也说，根据她的观察，新来的汉人和汉兵还没有做坏事，不妨先回衙门看看。衎景泰半信半疑，再加上李兆辉的挑唆，他仍然举棋不定，难以下最后的决心。当解放军抵达陇川县城的消息传来时，衎景泰心情更加紧张，手足无措，忧虑重重，成天靠吸食鸦片解闷。为防止解放军突然而至，衎景泰与随从迁到了离国境线很近的等嘎寨，以便有条退路。同时，派人与缅甸方面交涉出境事宜。缅方提出，务须交出所有武器方可入缅，但衎景泰不愿放弃武装，以至于与缅方的商谈陷入僵局。衍景泰及随从又迁至国境线附近的屯洪喊寨，不几天，衍景泰的一位亲戚陪着一名解放军代表亲自前来商谈，解放军代表向衍景泰诚恳地欢迎他返回勐卯城子，继续担任勐卯土司，协助边疆和平解放，并希望他能卖些粮食给解放军。衍景泰即与亲属、属官商议，有的提出入缅，有的提出疏散，有的则主张拖延，衍景泰顾虑重重，举棋不定，就在这时，他的小祖母从勐卯城带来口信，说解放军很好，对她们关怀备至。尽可放心回去，望勿再疑虑重重。经过激烈的思想斗争后，衍景泰终于做出了最后的选择，决定下山回司署同解放军见面。行前，他作了几手准备，指派他的二弟衍景柱、卫队分队长思成章到缅甸去，与境外的蒋军残部适当保持联系，将大部分武装力量移到广允寨，潜伏在勐卯城周围以备不测，万一情况有变化，以便武力保护司官。

（四）关键时刻衍景泰的光明抉择

驻瑞丽解放军代表通过开展一系列工作后，衍景泰经过反复考虑，衡量了利弊，终于没有外出，怀着忐忑不安的心情带领 20 余名卫队径直返回到勐卯县城，当即受到解放军的热情款待，并保留其勐卯土司原有的政治、经济、军事地位。衍景泰在关键时刻，迈出了关键的一步，表示愿和共产党合作共事，从此开始了他新的人生历程。在边疆解放初期这一关键时刻，他没有外出附敌，没有与人民作对，对于这一点，在以后的岁月里，他常常引以为自豪。说他是爱国的，是跟共产党走的。

公元 1950 年 5 月瑞丽和平解放后，为保持边疆稳定，维持勐卯土司统治，党在瑞丽仍保留原勐卯土司旧的行政区划，保留畹未设区乡。 随着衍景泰对共产党、解放军逐渐加深了认识，凭着他在勐卯群众中的威望和特殊号召力，积极与共产党、解放军合作，做过不少有益的事。公元 1950 年 6 月，为了培养边疆地区少数民族干部，保山专署派往瑞丽的工作人员前去动员当地少数民族青年到保山民干班（后改民干校）学习，但由于语言障碍和民族隔阂，群众一见到汉族干部便纷纷躲开，工作人员便请衍景泰出面去做群众工作，马上便动员了七八名少数民族青年，当这几个青年登上到保山民族干部班学习的车子时，衍景泰还对大家进行了一番鼓励。

公元 1950 年 11 月 6～7 日 瑞丽召开首次各族各界代表会，协商成立瑞丽各民族行政委员会，衍景泰任行政委员会主任委员，委员多为属官。行政委员会作出"加强对敌斗争"、"团结生产"两项决定，行政委员会为县级最高权力机构，下设法制、民政、财粮、建设、文教等科室。

1951 年 4 月 3 日，中共保山地委在芒市召集芒市、遮放、勐板、瑞丽、陇川等地的土司开会，地委书记郑刚作形势报告，动员进一步开展剿匪斗争，宣布暂不废除土司制度，并提出贸易、教育、救灾、卫生、生产五大任务。会上，各土司对剿匪斗争成果持积极态度，对暂时保留土司制度感到满意。会议结束时，到会各土司还联名向毛泽东主席、朱德总司令发了致敬电。

十一、走下神坛的平民土司衎景泰

参加新生政权的衎景泰尽管担任了领导职务，也是个官员，但与他过去当土司时出门前呼后拥，有成群的土司兵为他持枪保镖，勐卯老百姓见到他时必须下跪叩拜的土皇帝派头相比，衎景泰可以说现在已经成了一名走下神坛的平民土司。

（一）1951年衎景泰参加国庆观礼

1951年7月，中央人民政府决定从分散居住在祖国各地的各兄弟民族中选派代表团赴京参加国庆盛典观礼活动。8月，西南局西南军政委员会领导人邓小平、刘伯承、贺龙指示，由西南军政委员会副主席兼西南民族事务委员会主任王维舟负责西南地区国庆观礼代表团的筹组事宜。他们强调，选派代表要突出西南地区少数民族的广泛性和人员的代表性，要以少数民族上层为主，各界人士均有代表的原则组建代表团。1951年8月中旬，中共云南省委、省军政委员会向德宏工委发来通知，要动员刀京版、衎景泰等少数民族上层领袖人物到北京参加中华人民共和国成立三周年国庆观礼活动，并要求动员更多的人去。团长朱家品接到通知后亲自动员和作刀京版等人的工作，刀京版一听此次国庆观礼是中央政府经过仔细考虑后做出的，是让大家到北京去做客的，是毛主席邀请的，既可以去感受一下社会主义建设的伟大成就，同时也可以饱览祖国的大好河山，这是一个非常好的机会，他想，到北京是去做客的，毛主席邀请的客，可马虎不得，总不能空着手去呀！想到这，刀京版不得不认真地思索起来，一定得带点礼物，到底带什么礼物才能显得既体面又大方，他思来想去，决定到缅甸买一头大象，并把最好的软米和紫红豆献上。软米是德宏的特产，"芒市谷子遮放米"远近闻名，这次带上的软米都是由人工挑选的，个个颗粒饱满、晶莹圆润，共装成6袋，紫红豆也是捡最好的装了六袋，合起来就是六六大顺，国家顺民心顺；至于献大象，则具有非同寻常的意义，傣族把象当做吉祥之物的象征，历代土司多以象作为进贡朝廷之物。刀京版则要送一份具有特别意义的礼物，他决定到缅甸买一辆福特轿车，把他珍藏的"新城银庄"的银票1000两和一个傣族筒帕作为礼物献上，银票数量虽少，但具有千里送鹅毛，礼轻人意重的意义。说起这银票可是来之不易，是从日本彩印而来。公元1908年春，刀京版的先父刀安仁为开展实业救国，振兴家乡，含辛茹苦留学日本归来，请来日本专家、教员，购进机械，筹备在干崖（盈江）兴办实业，开展实业救国的抱负，为筹措资金，开设了"新城银庄"，第一次在云南边疆地区发行了通用银票，这银票凝结着先父救国救民的心血，至于轿车，这是他最喜爱之物，福特牌子的轿车性能好、质量优，他想：现在新中国处在初建时期，急需各种物资，将轿车用为礼物，是他自觉自愿为党为国分忧的一点意思。

1951年9月中旬，刀京版接到保山地委通知赴京参加国庆和出席中央民族事务委员会扩大会议，他和莲山县民族行政委员会主任思鸿升一道从盈江骑马到瑞丽，又从瑞丽乘车前往保山，一同去的人还有瑞丽代表衎景泰，陇川代表多永安等，大象和轿车也一起运走。到保山后，他们又与保山专区赴京代表一起共同乘车奔赴昆明。此时昆明早已集聚了全省160余县来的各民族代表，由于代表过多，时间又紧迫，大象和轿车礼物太笨重，无法同时带走，只能暂留省城，随后再运去。所有国庆观礼代表由省政府组织于9月30日从昆明乘专机飞往北京。

建国初期，整个西南地区交通状况都还很困难，为了这次组织各民族代表赴京国庆观礼，省政府专门为他们准备了专机，飞机是大客机，可以载客几十人，坐着既平稳又舒适，机上服务员十分热情周到，端茶送水，大家感到十分亲切。到了北京刚下飞机，中央首长早已恭候在机场迎接，与代表团成员一一亲切地握手问候之后，便派车将代表们送入北京京西宾馆，当晚，代表们就参加了政务院总理周恩来在北京饭店举行的宴会，中央人民政府副主席朱德、刘少奇、宋庆龄、张澜、李济深和政务院副总理陈云、郭沫若、黄炎培出席。参加宴会的还有来自全国各地的各民族代表团、各民主党派代表、战斗英雄、劳动模范等800多人。

10月1日，这是令人难忘之日，因为它是新中国诞辰的第3个国庆日，举国上下普天同庆，首都的庆祝活动更是格外隆重。早上云南代表团的人员就被人喊醒，让代表团成员赶快洗漱后，就去餐厅吃早餐。餐后一人带上两个馒头和两个梨（当饮水用），就集合上车到天安门左右两侧的观礼台就坐。西南代表团的座位安排在天安门东侧的观礼台，那里设有从低到高的许多台阶。他们入场后，看到天安门对面的广场上，已站满手挚鲜花的少先队员。

上午10点，党和国家领导人毛泽东、朱德、刘少奇、周恩来登上了天安门城楼，毛主席站在城楼的中央，向广场上的人们挥手致意。大会正式开始，首先举行阅兵式，中国人民解放军朱德总司令乘坐敞篷轿车，检阅了陆、海、空三军和公安部队。接着进行部队分列式检阅，步兵、炮兵、装甲兵、骑兵、战斗摩托化队、空军、公安部队，排着整齐的方队，喊着口号，迈着正步依次由东向西走过天安门广场，接受党和国家领导人检阅。一架架军用飞机以5架为一组,排列整齐地从天安门广场上空飞过,接受毛主席、党中央和全国人民的检阅。

阅兵式结束后,盛大的群众游行开始。

庆祝仪式结束后,毛主席神采奕奕地与党和国家领导人一起从天安门城楼走下来,迈着稳健的步伐步入西南代表团的观礼台,顿时全场沸腾,雷鸣般的掌声此起彼伏,毛主席挥手致意,向坐在前排的代表一一握手告别。刀京版也坐在前排,他的心情格外激动,时任政务院秘书长、中央招待委员会主任的李维汉同志拉着刀京版向毛主席介绍说:"毛主席,这位是来自云南保山地区的傣族代表刀京版同志。"毛主席用他那温暖的大手紧紧握着刀京版的手,用浓重的湖南口音说:"刀京版同志,你好,你是云南的傣族,好、好,云南是个好地方呀!你们在边疆,一定要把边疆建设好呀!这次来北京,还好吧?回去要代我向云南的父老乡亲们、向傣族人民问个好呀!"刀京版激动地说"敬爱的毛主席,见到您是我的福气,我一定不辜负您的期望,扎扎实实地把边疆建设好,我们傣族人民盼望着您能到边疆做客,我们一定把家乡建设好,等着您。"刀京版紧紧地握着毛主席的手,用颤抖的话语喃喃地说。

10月4日晚7时半,毛泽东、朱德、刘少奇、周恩来、宋庆龄、李济深、张澜、高岗、董必武、陈云、郭沫若、黄炎培等中央领导同志在怀仁堂接见各民族代表团,并接受大家敬献的礼物。当中央人民政府秘书长林伯渠宣布献礼开始时,毛泽东主席面带微笑,在庄严的军乐声中出现在会场东面的门前,全场立刻响起暴风雨般的掌声,西藏代表团排着整齐的队伍,首先走上主席台向毛主席献礼,并把洁白的哈达挂在毛主席脖子上;紧接着,其他代表团也排着队,走上主席台,把自己民族最珍贵的礼物献给毛主席,轮到西南代表团献礼时,刀京版把崭新的银票及傣族筒帕一起献给毛主席,毛主席手捻银票赞叹不已,旁边的服务人员补充说,他还献了一辆美国轿车,只因一时无法带来,至今还留在昆明。毛主席久久握住刀京版的手,笑眯眯地看着他。献礼结束后,西南、西北、内蒙古代表团中的文工团表演了丰富多彩的民族歌舞。在北京,刀京版、衔景泰及观礼代表团的同志一起参观了北京地区的工厂、农村、商店、部队、学校,也浏览了故宫、天坛、颐和园、八达岭长城、明十三陵等名胜古迹,开阔了眼界,增长了见识,所到之处都受到了首都各界人士的热烈欢迎和亲切的接待。衔景泰到北京受到毛主席的接见,从内地参观归来后,受到巨大鼓舞,在政治上表现很进步。1951年12月23～27日,第四次各族各界代表大会召开,选举产生瑞丽各族各界联合政府,衔景泰任联合政府主席,瑞丽政协同时建立,纳排堵任政协主席。当了人民政府领导的衔景泰当即以勐卯土司身份向全县人民宣布:免交"管爷粮"、减交"门户捐"。1952年,瑞丽经中央政务院批准设瑞丽县,衔景泰又当了第一任瑞丽县长。

（二）积极配合参与剿匪斗争

1952年，当时党在德宏边疆工作的中心任务是：在完成军事占领、清剿匪徒之后，通过进一步团结稳定民族上层，疏通民族关系，开展对敌斗争，做好事、交朋友，培养积极分子，开展团结生产。省委扩大会议继续贯彻了中央关于"慎重稳进"的边疆民族工作总方针。省委明确指出：团结好民族上层，是贯彻"慎重稳进"总方针的重要标志，在瑞丽是否团结好衍景泰就成了稳定上层、稳定群众、稳定边疆，顺利开展各项工作的关键。因此，县委十分重视做好衍景泰及其他民族上层的团结工作。瑞丽县地理位置特殊。全县处于一线地区，三面靠国外，与缅甸村寨相连，犬牙交错，同一民族跨境而居，交往密切。瑞丽当时是比较完整的封建领主制，加之民族隔阂较深，对敌斗争尖锐复杂，敌我矛盾、民族矛盾、阶级矛盾交织在一起。在这种情况下，做好民族上层的稳定、团结工作就显得十分重要，十分艰巨。

中国的解放，为边疆地区做好团结民族上层的工作创造了前提条件；衍景泰作为剥削阶级的封建领主，从思想上转到人民方面不可能是一帆风顺的，是要经过长期的、反复的甚至是痛苦的思想斗争。正如他本人1984年5月在州五届政协第五次常委习会上说的："对共产党的认识，我是经过由害怕，怀疑、担心到完全放心这么个过程的。"

1952年8月，活动于境外的国民党93师逃窜境外的国民党残余部队占领缅北九谷、木姐一带后扬言要强渡瑞丽江，占领瑞丽城，袭扰我地方政权。当时这股残匪武装自称兵力雄厚，并沿瑞丽江扎竹筏，摆开要进攻瑞丽的架势。由于我方开辟工作时间不长，解放军部队分散驻防军事作战力量不足，驻军部队除了认真做好战备外，迅速和地方党委一起研究防御敌人进攻的对策。瑞丽县工委领导及驻军首长经研究后，除采取相应防备措施外，又与衍景泰商量，希望他动用土司武装配合解放军共同对敌斗争，加强城区防备。经过做了大量工作后，地方党委与衍景泰达成协议，共同对敌，他爽快地表示同意，立即命令少量土司常备队守卫土司署，其余100多名土司兵配备有轻、重机枪和迫击炮，交由解放军驻军司令部统一指挥。衍景泰派出的土司兵100多人在驻军部队首长的统一指挥下，和解放军战士一起挖战壕，布防于瑞丽城子南门外。由于衍景泰态度鲜明地表示愿与解放军积极合作共同对敌，加之我方戒备森严、众志成城，这对当时要想入侵瑞丽的敌人打击很大，这股国民党残匪最终未敢轻举妄动。在当时情况下，衍景泰的这一举动对于稳定边疆各族群众，也起到了很好的作用。对于他的表现和进步，瑞丽地方党组织和人民给予了高度评价。数年后当衍景泰谈起这件事时，他很高兴地说，这件事他是做对了。

1953年3、4月间，境外敌特又加紧拉拢衍景泰，并委任他为反共救国军副司令。衍景泰始终没有接受这一委任。这说明他能认清形势、分清敌友，没有跟敌人走，没有干坏事，这对于他、对边疆人民都是有好处的。

（三）参与德宏自治州建政筹备工作

1953 年 4 月，保山地区专员公署按照中共云南省委的指示，召开民族工作扩大会议，吸收刀京版、雷春国、衍景泰等进步的民族上层人士参加，充分听取了各民族、各阶层人士的意见。经反复协商，最后统一了思想，取得了共识，草拟了一个方案，决定在德宏建立专区一级的自治区，其管辖范围包括潞西、瑞丽、陇川、盈江、莲山、梁河 6 县及畹町一镇，自治区首府设在芒市。这次会议还通过了自治区筹备委员会委员名单，选举了主任和副主任，主任刀京版，副主任由龚绥、多永安、衍景泰、雷春国、排启仁担任，会议并做了具体人事安排。

这个方案立即受到了边疆各民族的热烈拥护，体现出各民族真正当家作主人，自己管理民族内部事务。经过各级干部、民族工作队和医疗队、防疫队的宣传，不仅大会、小会上讲，在竹楼火塘边，田间地头讲，而且还利用民族节日（泼水节、目瑙纵歌节等）进行宣传。使党的民族区域自治政策深入人心，做到家喻户晓。筹备委员会在筹备过程中，也受到了不少的阻力，盘踞在境外的蒋军残部活动猖獗，他们多方面进行造谣和破坏活动威胁各民族代表和民族上层人士，扬言"谁去参加自治区成立大会就杀谁"，妄图阻止和破坏自治区的成立；有些解放前夕逃到国外的部分民族上层，也写信给国内的亲朋好友道："自治区成立以后，共产党就要开始整人了。成立自治区是个骗局，自治区成立之后，共产党就要开始没收土司、头人的财产，斗争土司、头人了，赶快出来吧，缅甸这边很安全，要是你们不赶快走就来不及了！"衍景泰也收到了恐吓信，信中叫他不要跟共产党跟得太紧，有的信骂他是"傣族的叛徒"，警告他要"悬崖勒马，对于这些威胁衍景泰完全置之脑后，始终坚定不移地站在人民一边，他和筹委会成员一道带领各族人民一举粉碎了敌人的造谣、破坏，让敌人的阴谋再一次遭到破产。筹委会始终遵循民族区域自治工作的基本指导思想：稳定民族上层，启发群众提高政治觉悟，扩大对外影响，进一步加强爱国统一战线，为今后团结群众，发展生产，开展工作打下了良好的基础。

筹委会还加深了对实行民族区域自治的认识，注重解决民族上层的政治地位、职务、薪俸等问题，其中根据土司和大山官的社会地位和代表性，做到充分的照顾和安排，并对中小头人、宗教上层及工商、文教界知名人士也作了应有的照顾和安排，并通过了建区的要领。7 月 18 日，全区各族各界代表 400 多人汇集芒市，召开了自治区首届各族各界人民代表大会，代表中有傣、景颇、傈僳、德昂、阿昌、回、汉等民族，为自治区的成立奠定了基础。

（四）就任德宏傣族景颇族自治州副州长

1953 年 7 月 23 日，这是令德宏各族各界人民难忘的日子，这一天，黎明的边陲之城芒市处处张灯结彩、歌声激荡、彩旗飘扬，呈现一派喜气洋洋的景象。这一天清晨，当茫茫的大雾还笼罩着芒市的竹楼和田野时，人民群众就从四面八方汇集到芒市中心广场上，参加在芒市举行的庆祝德宏傣族景颇族自治区成立大会。城镇的居民、乡下的农民，人人身着节日盛装，欢天喜地的来参加庆祝大会，各乡村联防队员背着钢枪、步伐整齐，在铓锣和象脚鼓汇织的鼓乐声中进入会场。

会场的东面搭起一个可容纳 50 多人入座的主席台，台上张灯结彩，横布标上贴着用傣、景颇、汉三种文字写的《庆祝德宏傣族景颇族自治区成立大会》16 个大字在东升的旭日中闪耀着金色的光芒。自治区主席、副主席、省委、省政府的代表和一部分来宾在主席台上就座。

上午 9 时，庆祝大会在庄严的国歌声中正式开始，穿着傣族服装的刀京版坐在保山地委书记郑刚旁，省人民政府主席郭影秋给予热烈祝贺。紧接着，郑刚用洪亮高昂的声音宣布："德宏傣族、景颇族自治区今天成立了！"顿时会场一片欢腾，鞭炮齐鸣，景颇族人民按照他们欢庆集会时的习惯，鸣放了铜炮枪，各族各界群众身着节日的盛装，喜笑颜开地手持鲜花，伴随着铓锣、象脚鼓声翩翩起舞，人们的欢呼声此起彼伏，不绝于耳的欢呼声、歌声、炮声响彻芒市上空。

成立大会在隆重的仪式中开幕，云南省省长郭影秋和中共云南省边疆工作委员会副书记王连芳莅临大会，郭省长代表云南省人民政府致贺词，中共保山地委书记郑刚作了《三年来的民族工作和今后大力发展和平的任务，特别要努力完成当前生产救灾的紧急任务》的报告。报告以求真务实的精神，回顾了德宏自解放以来，军民的团结，各民族之间的团结，大家一致对外，打击匪特的破坏活动，人心安定，生产发展，迎来了旧貌换新颜的喜人景象。

大会还通过了《当前边疆民族区域发展生产的十五项团结生产政策》，其内容是：1. 保护私有财产和农民田地的使用权，不准夺佃。2. 发动与帮助农民开荒；3. 3～5 年以内各种租额不得超过总产量的 10%；4. 帮助农民解决生产生活困难；5. 学习外地经验，提高耕作技术；6. 兴修水利，维持水费，合理用水；7. 提倡种植油料和小麦作物；8. 帮助群众抗灾自救；9. 发展副业、手工业；10. 保护私营人商业，加强国营贸易工作，发展交通运输；11. 奖励生产模范；12. 加强反敌特和一贯道的斗争；13. 开展医疗卫生工作；14. 调解民族纠纷，疏通民族关系；15. 加强对外贸易。会议一致通过了施政纲领、人代会和政府组织条例、团结爱国公约，确定芒市为自治区首府，选举产生了自治区政府和协商委员会主席、副主席和委员。刀京版当选为自治区人民政府主席，龚绥、多永安、衍景泰、雷春国、排启仁等当选为副主席。

当大会主持人宣布自治区主席、副主席和政府委员们宣誓就职时，遵照傣族的传统习惯，举行了最隆重的"拴线"仪式，到会的群众将无数条洁白的棉线拴在由自己选举出来的刀京版、衎景泰等自治区领导的手腕上和挂在肩膀上，祝愿他们就职以后，把自己的灵魂和心拴在建设德宏的事业上。佛教界的僧侣们为新当选的自治区领导和政府委员们举行了念诵祝福经和"滴水"仪式，祝愿他们带领全区各族人民创造美好的未来。

拴线仪式结束，刀京版带头在大会上举行了庄重的就职宣誓仪式，衎景泰与其他副主席和委员们与刀京版一道举起了右手，刀京版念一句，大家跟着读一句，既诚恳而又真挚，誓词的大意是：坚决拥护中国共产党，听党的话，忠于职守，尽职尽责，坚定不移地沿着社会主义的大道前进，发展生产，改善生活，保护集体，巩固成果，无论今后的道路再坎坷，再曲折，困难再大，我们一定与人民一道下定决心，排除万难，不惜一切代价扫除拦路虎，做到兢兢业业，克勤克俭，诚心诚意地为人民服务，做人民的公仆，急人民之所急，想人民之所想，决不做损公肥私、害国害民的事，时时严格要求，经常开展批评与自我批评，自觉改正错误，认真学习，改造思想，擦亮眼睛，分清敌友，明辨是非，识别真伪，提高觉悟，积极开展阶级斗争和对敌斗争，用实际行动捍卫社会主义成果，巩固无产阶级专政，决不辜负党和人民对我们的殷切希望，不骄不躁，虚心接受人民的监督，让党和人民考验我们吧！

宣誓完毕，全场掌声雷动，经久不息，无数双眼睛向他们投来，对于他们寄予了深情的厚望，如此激动人心的大会，使与会者都激动万分。

1954年2月20日，云南省人民政府以陈庚主席名义发文，颁发德宏傣族景颇族自治区印章，行文如下：兹颁发你府汉、傣、景颇文的镶银木质方印一颗暂用，文字为："云南省德宏傣族景颇族自治区人民政府印"；牛角质条章一颗永久用，文字为"云南省德宏傣族景颇族自治区人民政府"。经于2月22日在本府举行授印仪式，将上项印信面授刀京版主席携回。希即启用，将启用日期及拓具印模一式二份报府，以便转报西南行政委员会颁发铜质方印。希遵照。

十二、亲手埋葬封建领主制度的末代土司衎景泰

（一）被动宣布结束封建领主经济剥削制度

1953年，随着边疆工作的开展，群众逐步发动起来。党在瑞丽农村培养了400多名积极分子，一些村寨的农民开始抗交官租。土司武装由120多人减少到60多人，许多人不愿再当土司兵，自动跑回家去了。衎景泰的抵触情绪明显地表露出来，县委通知他开会，他不来，

有时来了，也是快散会了才来，来了也不发言。衍景泰之所以抵触，是因为他怀疑党的政策是不是变了。他认为群众不交官租，青年不愿当兵，都是政府工作队在下面煽动起来的。他说："现在政府虽然不反官租，但是有人就是不交官租。不交官租，我司署这些人吃什么？"我们对他说："党和政府团结民族上层的政策不变，将来也不变。你应该相信党的政策。群众中出现的问题，可以通过协商解决。就是将来群众都不交官租了，民族上层的生活问题也一定会妥善解决的。"县委领导通报了土司兵到芒林乡芒林寨子威胁群众交官租的事件，希望衍景泰出面帮助做工作，以免事态扩大。衍景泰板着脸说："我要查查，如果真有此事，那就不应该了。"1954年春，瑞丽坝子到处出现了农民抗交官租的浪潮，群众与民族上层的矛盾越来越突出，以姐东乡畈头为首的村寨头人到县城向衍景泰告农民的状，说农民不交官租是县里工作队发动的。姐东乡（县委的工作点）有20多名农村积极分子也要进城逼衍景泰，要他废除官租和一切杂派。他们说："如果衍景泰不愿放弃官租，我们就住在他家，吃他家的粮，杀他家的猪。他什么时候答应我们的要求，我们什么时候回家。县委得知这一情况后，立即让工作队说服群众不要进城。至于群众的要求，政府答应可以和衍景泰协商解决。农民积极分子虽然没有进城，但这事对衍景泰震动很大。他主动来找县委，感谢县委和工作队帮他做了群众的工作，并说："看来农民是不会交官租了，今后我衍景泰也不准备收官租了"。对于衍景泰支持群众要求的表态，县委给予充分的肯定，并由县政协召开常委扩大会议进行了表扬。

1954年初，瑞丽傣族农民群众的觉悟已普遍提高，要求取消封建领主剥削的呼声愈来愈强烈，部分傣族群众开始对土司署拒交官租，土司衙门则对拒交官租的群众施加压力，甚至派出武装自卫队强行收缴官租，瑞丽县工委针对此情况，及时向衍景泰做思想政治工作，指出土司应为本民族大多数人的利益着想，要适应潮流，顺乎民心，但衍景泰思想波动，先说官租可以减少，又说不能全部废除，当看到封建领主制度的崩溃已成为无可挽回的趋势时，在万般无奈的情况下，于同年4月在一次大会上当众宣布放弃官租剥削，接着多达40余种名目繁多的苛捐杂税也相继被废除，在瑞丽延续了数千年的封建领主经济剥削制度终于宣告彻底结束。事后，衍景泰曾对瑞丽工委的领导同志说："我虽然是封建领主，但我也是个青年人，曾在缅甸受过教育，能顺应历史潮流，并不顽固，也愿意跟共产党走，但又觉得伤心。"他说："传承了18代的勐卯安抚司，就在我这一代完结了，想到这里就难过，真舍不得呀！"

（二）主动投入和平协商土地改革运动

1954年底，地委在芒市召开民族上层和宗教人士会议，宣布了党参照内地对民族资本家实行的"赎买"政策，对民族上层也实行赎买政策，在政治给予安排地位，土地改革后不剥夺公民权，废除"官租"后对土司、属官及家属给予经济补助，不让大家在经济上降低生活水平，对其家属，子女也作妥善安排，民族上层子女入学免费。会议对土改的具体做法也进行了协商。这次会议给土司、民族上层吃了一粒"定心丸"。由于党和人民对衎景泰在政治地位上给予了妥善的安排，生活上给予照顾，使他消除了后顾之忧。

　　1955 年 5 月，县委召开土改协商会议，主要目的是：通过和平协商土改政策、措施和具体做法，进一步解除民族上层的思想顾虑，面对面地与民族上层协商土改。会议的开法和解决的问题县委事先都与衎景泰协商过，他仍然担心积极分子会不会对他有什么过不去。会议开得很好，重申了土改政策，解除上层思想的顾虑，也满足了农民的土地要求，大家一致表示，要坚决执行土改政策，不轻信谣言，防止敌人的造谣破坏。会上也出了一点问题：有几个农民积极分子指名道姓地对衎景泰提出了尖锐的批评，批评他派土司兵到寨子威胁群众交官租，有的属官还造谣。衎景泰一再表示要支持农民的土地要求，废除官租和一切杂派。会后，衎景泰说："群众能面对面给我衎景泰提批评，是我有生以来第一次，对我教育很大。"不久县里召开各族各界人士代表会议，布置即将在全县展开的土改，衎景泰在会上说："土改要尽快进行，我们傣族地区必须进行土地改革，废除封建领主制度，才能过渡到社会主义。"在土改问题上，衎景泰的思想转变又迈出了一大步。党和政府给了他很高的政治荣誉和优厚的生活待遇，他终于想通了。瑞丽的其他民族上层也没有一个在和平协商土改过程中外出缅甸的。

　　1955 年 8 月至 10 月，瑞丽县在傣族地区实行和平协商土地改革前，县委领导同志就向以衎景泰为主的民族上层说明交代了长期团结上层及改革中将执行的赎买政策。不久，对民族上层又逐个从政治上进行了妥善安排，生活上包括其原有仆役都按月发给生活补助费。"和改"中，各级领导十分注重做团结民族上层的工作；保山地委派常委段华民同志驻瑞丽协助指导工作。"和改"每走一步，都要向衎景泰为主的民族上层打招呼，交代政策，做政治思想工作，例如"和改"的第一步是揭发控诉（背靠背）封建领主制度的罪恶，开始时先向民族上层打招呼，说明为什么要这样进行。进行后，还将揭发控诉的问题适当集中后转告，帮助封建领主上层人员集团认识封建领主制度的罪恶。对于衎景泰的思想转变，先后由地委委员段华民、县委书记杨侃直接做衎景泰的思想工作。

　　"和改"中期，由县委主持召开了一个阶级成分协商会。会议的一方是应划地主阶级成分的土司、属官，另一方是由每个乡选派的二三名农民代表。会议一开始，由农民代表控诉封建领主制度的罪行。按划阶级成分的政策应划为地主成分的属官们，都严肃认真地听取农民意见，而属官衎盈禄却无所谓地歪着身子跷着二郎腿，对农民代表的控诉还据"理"力争，有意破坏会场秩序。农民代表集中批评了他的态度，衍景泰则一直低头不语，叫他表态时才说："我是封建领主，阶级成分应划大地主。封建领主制度落后，只有废除了，我们民族才能前进。"两个月的和平协商土地改革运动中，全瑞丽县傣族地区没有发生重大的破坏行为，和平协商土地改革运动顺利完成。在这场用自己的手摧毁封建土司制度的革命中，衍景泰没有倒行逆施，顺应了历史潮流，同时也战胜了自己，这是他的可贵之处。德宏傣族地区和平土改结束后不久，衍景泰就迁居自治区首府芒市，出任德宏傣族景颇族自治区副主席，并兼任省民族事务委员会委员。

1956 年 6 月，担任省佛教参观团副团长的勐卯南门奘寺佛爷乌阿匹，在赴北京参观回归途中病故于杭州，衍景泰专程前往悼唁，周恩来总理发了唁电。

衍景泰护送乌阿匹灵柩返回瑞丽后，为佛爷举行了隆重的"摆拉罗"。"拉罗"系傣语，即拉车之意，俗称"拖棺"。德高望重的佛教长老或住持圆寂后，皆须举行特殊而又隆重的"拉罗"葬礼。将灵柩固定在特制的大青树材质长方形木架上，两边的边柱上各安装 3 个轮，车头饰有龙头，灵柩盖上罩着高大而华丽的"圣梯"（即冥房），形似佛寺建筑群，为 7 层，高约七八米。木架两端拴有数根长绳，长老生前管辖的信徒为一方，其他佛教徒为另一方，手持拉棺绳拉来拉去，边拉边有人擂鼓助威、鸣枪示敬。仪式结束后即在原地火葬。随后将骨灰装入陶罐安葬于死者生前所在佛寺的空地上，并在其上建一座高约 2～3 米的白塔。

1956 年 12 月，德宏人民迎来了一件大喜事——中缅两国总理出席在芒市举行的中缅边民联欢大会。1956 年 12 月 14～17 日，中缅两国边境人民联欢会在芒市举行，国务院总理周恩来、副总理贺龙等在对缅甸的访问中，专程陪同缅甸联邦总理吴巴瑞、副总理兼外交部长藻昆卓、副总理吴觉迎、财政部长波庆貌格礼、政府军总司令吴奈温等 400 多名缅甸贵宾抵达芒市，中国外交部部长助理乔冠华、公安部副部长于桑、驻缅大使姚仲民、国家民委副主任刘春、中共云南省委第一书记谢富治、云南省代省长刘明辉、昆明军区副司令员鲁瑞林、云南省军区副司令员周政宜、中共德宏地委书记郑刚、赵善卿、副书记康长征、德宏州州长刀京版、副州长雷春国及云南省与缅甸接壤边境村寨的各族群众代表 15000 多人参加联欢大会。周恩来总理、吴巴瑞总理分别发表热情洋溢的讲话。两国总理还在下榻的芒市宾馆种下了两株象征中缅友谊万古长青的金缅桂花树。

12 月 16 日　瑞丽各族代表 500 人前往芒市参加中缅边民联欢会，15 日下午 7 时，芒市三棵树附近群众列队跳舞欢迎周恩来总理和缅甸总理吴巴瑞。16 日中午，在芒市广场参加欢迎集会，当两国总理绕场一周与群众见面时，周总理专门走到瑞丽代表前称赞傣族舞蹈家毛相的孔雀舞跳得好。周总理夸赞的这个毛相，瑞丽的群众都骄傲地把他称为"傣家的金孔雀"。

毛相出生在瑞丽县姐相乡一个农民家庭，德宏州民族歌舞团著名民间舞蹈家，以表演独特的孔雀舞而闻名海内外。早年在中央民族歌舞团工作，1956年州民族歌舞团成立后，进该团任舞蹈演员曾担任过保山地区文工团舞蹈教员。1957年莫斯科召开第六届世界青年联欢节，周总理点名让他参加第六届世界青年联欢节，他和州歌团舞蹈演员白文芬表演的《双人孔雀舞》荣获银质奖章，为祖国争得了荣誉。1961年参加中国友好代表团出访缅甸时，周总理又点名让毛相随同出访缅甸，毛相在缅甸所演的孔雀舞震动缅甸人。后来毛相曾任中国舞蹈家协会和云南舞蹈家协会理事、中国舞蹈家协会第五次代表大会特邀代表。毛相是从傣族农民中成长起来的我国第一位傣族民间舞蹈第一代专业舞蹈工作者。也许是受能歌善舞傣民族的熏陶，他从小就热爱舞蹈艺术，特别是酷爱傣族民间舞蹈孔雀舞。因此他成了雄性孔雀舞表演的典范，开创了德宏雄性孔雀舞表演的阳刚气质，和西双版纳雌性孔雀舞的阴柔特点，形成各具特色的鲜明对照。

（三）江应樑先生三访勐卯著《勐卯史话》

1958年，云南大学历史系教授江应樑先生率领云大历史系民族史专业的研究生和四年级学生三访勐卯，亲自深入到傣族村寨与傣族父老亲切交谈，搜集了大量的民间故事，遍访了具有历史古迹的一些村寨，专门考察了广贺罕、平麓古城、姐勒金塔等文物古迹。江应樑先生曾于公元1937年受中山大学派遣，前往滇西调查傣族社会历史时，首次踏上地处祖国西南边陲的勐卯，和当地傣族居民结下了深厚的情谊。翌年，江先生与中山大学、西南联大、云南大学几位教授再次踏上这块富饶美丽的土地，故地重游，感受更深。1951年江应梁又随中央民族访问团到达德宏州首府芒市，多次向勐卯来的人访求勐卯史事。回昆明后，撰写了《勐卯史话》，成为研究瑞丽古代史的重要著作，为研究德宏地区傣族的历史做出了可贵的贡献。在该文中，他首次提出了"勐卯是德宏傣族的摇篮"和"乘象国"就是"勐卯古国"的著名论断。

十三、我的后半生是跟着共产党走的

（一）历经磨难忠心不改

1958年，云南省委一些推行"左倾"错误的领导，不顾中央三令五申指示精神，在"整风反右"运动中扩大运动对象，在昆明集中批斗各地爱国民族上层人士，戴上各种政治帽子。结果德宏送到昆明黑林铺集中"整风学习"的57个民族上层人士中，有１７人被戴上"民族主义分子""反革命分子""特务嫌疑分子"等政治帽子。至1959年4月"整风学习"结束时，宣布撤职的 2 人，长期留住昆明进行"保护审查"的 12 人，继续交待问题和控制使用的 14 人，返回州里工作的 29 人。衎景泰的叔叔刀京版被免除了州长的职务。衎景泰属于留住昆明进行"保护审查"的，对此让他陷入深深的痛苦之中，他觉得自己从解放以来是一心跟着共产党的，现在又说自己是"反革命分子""特务嫌疑分子"，到底是怎么一回事呢？但他始终相信共产党是一个伟大的党，黑白不可能颠倒，一切终归要水落石出的，党一定会还大家一个清白的。衎景泰的信念果然得到了实现，到了 1960 年 6 月，中共德宏州委召开边疆县委书记会议，传达贯彻中央北戴河会议及省委指示精神，对照检查前段工作中出现的许多错误，批判了"'左'比右好，快比稳好"的思想，把坚持社会主义方向道路和执行现行政策分开来对待，下决心纠正前期工作错误。1960 年 12 月 13 日，瑞丽土司衎景泰和山官纳排堵出席了保山专区召开的首次各族各界代表大会。通过会议，他们逐渐解除疑虑，放下包袱，表示拥护共产党的方针政策。

1961 年 3 月，中共德宏州委根据中央及省委关于长期团结教育民族上层人士的指示，召开全州统战工作会议，提出了对民族上层人士继续贯彻"长期共存，互相监督"的方针，加强了对政协工作的领导，并做了如下的决定：对于 1958 年以来被错误批斗和戴上各种政治帽子的民族人士给予赔礼道歉，彻底平反，恢复名誉；继续坚持对他们政治上的安排和生活上的补助；纠正"民主改革补课"中的错误，所划的阶级成分宣布无效，清查退回民族上层被查抄的物资，修缮被损坏的房屋、匾额和坟墓。按照云南省委"住昆民族上层人士，愿上愿下，听其自便"的原则，德宏州留昆的 29 名民族上层人士大都要求回到德宏，只有衎景泰在昆明学习后自愿留在省民委工作，州委州政府通过召开被整民族上层人士的座谈会、谈心会，与他们恳切交谈，从各个方面开导他们，请大家以"忍"字为开头，放下思想包袱，转变思想，振作精神，消除顾虑。各级领导又从各个方面关心他们，帮助他们解决生活上的后顾之忧，并组织他们到各县去视察，开阔视野，以各地翻天覆地的变化唤起他们美好的回忆。通过请进来，与他们恳切交谈，虚心听取他们的意见帮助解决困难，逐步改进工作方法。尔后，州委、州政府又召开了人代会、政协会，由他们出面做报告，行使职权，召开统战会议，明确"团结包下来，包到底，安排使用，教育改造"方针政策长期不变。通过这次学习，衎景泰和其他上层人士一道，"放下包袱，消除怨气"，州委领导与他们一道彼此谅解，消除了不良影响。

（二）勐卯三角地问题的彻底解决

新中国成立以后，中国总理周恩来与缅甸领导人不断进行深入具体的讨论。经过多次谈判，1960 年 10 月 1 日《中缅边界条约》在北京正式签订。鉴于中缅两国的平等友好关系，双方决定废除缅甸对属于中国的勐卯三角地的"永租"关系，考虑到缅甸的实际需要，中国政府同意把这个地区（面积约 220 平方千米）移交给缅甸成为其领土的一部分，中国主动放弃南坎主权，从此南坎属于缅甸；作为交换，同时为了照顾历史关系和部落的完整，缅甸把班洪、班老在"1941 年线"以西的辖区、片马、古浪、岗房等地管辖区（面积约 189 平方公千米）划归中国作为补偿，成为中国领土的一部分，这实际是一次换地行为。为了庆祝中缅边界条约生效，中国政府通过缅甸政府所指定的官员，向居住在中缅边界附近大约 120 万缅甸居民赠送 240 万米花布和 60 万个瓷盘；缅甸政府则通过中国政府所指定的官员，向居住在中缅边界附近大约 100 万中国居民赠送 2 千吨大米和 1 千吨食盐。接着，在 1960～1961 年间，两国对中缅边界全面勘察定界，树立了永久性界桩。勐卯三角地也正式成为缅甸领土，从此，和平解决了中缅两国的边界问题。勐卯三角地问题的解决，让中缅边界瑞丽的一些寨子原本是中国的公民被划到了缅甸，成了缅甸国民，引出了许多中缅两国边民和睦相处的佳话。在中缅交界的 71 号界碑旁，有个和缅甸芒秀寨连在一起的中国银井村，寨中的国境线以村道、水沟、竹篱、土堆、田埂为界，初到这里的人，分不清哪个是中国寨，哪个是缅甸寨，故大家把银井称为"一寨两国"，因此中国的瓜藤爬到缅甸的竹篱上结瓜，缅甸的鸡跑到中国居民家来下蛋成了常有的事。若是碰到这种情况，互相都会把"跨国瓜"和"国际蛋"送还主人，绝不会悄悄据为己有，至于中国的牛群出国探亲，缅甸的鹅鸭进来访友的情形更是司空见惯，早就传为中缅友好的佳话。瑞丽的傣族村寨里，几乎都有一口别具民族特色的石砌水井，由于井罩大多有一个宝塔式的尖顶，傣家人叫它"南磨广母"（塔井）。在众多的水井中，位于弄岛镇姐冒寨和缅甸滚海寨之间不远处的那口井，却又别具风韵，这就是被誉为中缅共饮一井水的中缅友谊井。每当朝霞染红瑞丽江或夕阳给凤尾竹梢镀上金边的时候，来自中国姐冒寨和缅甸滚海寨的姑娘们，便肩挑镀锌铁皮桶或头顶红色陶土罐前来取水，井畔刹那变成了两国边民交流情谊的天地，朵朵水花，串串笑语，伴着江风悠悠飘去，正如井塔上的那副井联写的"清泉留客醉，胞波情谊深。"

正当云南边疆地区的工作在中央"调整、巩固、充实、提高"的"八字方针"指示下得到健康发展之时，1966 年史无前例的"文化大革命"暴发了。刚开始之时，还仅限于造反派、红卫兵张贴大字报、进行游行等形式，后来各种"破四旧"活动以及打、砸、抢日渐升级，形势逐渐恶化。林彪、江青反革命集团趁机肆意践踏党的民族政策，攻击团结教育民族上层人士是投降主义，修正主义。否定新中国成立后 17 年统一战线工作的巨大成就，昆明及各地"造反派"趁机把大批民族爱国人士当作"牛鬼蛇神""反动土司、山官、头人"，"反共头目"，实行封建法西斯式的"全面专政"。41岁的衍景泰被省民委机关的"造反派"戴上"封建土司"、"国民党特务"的帽子在省民委进行批斗，先是送往安宁县白花山省民委机关农场进行劳动改造，后来林彪发布"紧急战备一号通令"，衍景泰又被下放到保山地区昌宁县达丙公社九甲大队下罗扁生产队劳动达8年之久。这期间从所谓的"破四旧"开始，民族上层爱国人士就受到全面打击和严重摧残，土司衙门被查抄，被破坏，很多人家的金银财宝被没收，他们的鸟枪、火药枪、长刀等作为凶器被收缴，匾额、坟墓等作为历史罪证被捣毁，群众正当的宗教活动以及宗教活动场所、民族传统节日等被诬为"四旧"而被"横扫"，佛寺里的大小佛像及佛塔同时被炸毁，奘房、寺庙被拆除或作为他用，佛像、法器被砸烂，经书被焚毁，僧侣、教牧人员被撵走，不愿意走的强行还俗；"破四旧"与揪斗"牛鬼蛇神"同时进行，对民族上层人士实行残酷批斗，制造了许多冤假错案。德宏原来的土司龚授、多永安、思鸿升、多英培、刀良生等人在批斗中被迫害至死。衍景泰的叔叔、德宏州州长刀京版也首当其冲地遭到了迫害，被当作德宏州政府最大的"走资本主义道路当权派"进行了批判。

在这段黑白颠倒的岁月里，衍景泰也没有得到幸免。"文化大革命"初期，衍景泰在云南省民委（衍景泰在昆明学习后留在省民委），他是大名鼎鼎的瑞丽土司，因此免不了被揪斗。衍景泰被省民委机关的"造反派"戴上"顽固不化反动土司""国民党特务"的帽子在省民委受到批斗，变成了死老虎，遭各种大小会批斗不计其数，不但身心受到严重的折磨，而且家当也被洗劫一空。他的内心感到无比的痛苦，百思不得其解，不明白为什么形势突然就变得让人无法理喻，已经决心无怨无悔地跟随共产党的自己，为什么突然就变成了"顽固不化的反动土司""国民党特务"了？但这一切在那个时期是有理难争、有据难辩，只能默默忍受精神上的煎熬和肉体上的折磨，一段时间他除接受批斗外，还被赶到安宁县白花山省民委机关农场进行劳动改造。后来林彪发布"紧急战备一号通令"时，他又扫地出门，全家下放到昌宁县达丙公社九甲生产队（地处贫困的山沟）接受"劳动改造"。其全家生活的困难可想而知。吃的是苞谷、洋芋、南瓜饭，住的是破烂不堪的茅草房，吃尽不少苦头，生活异常艰辛，除简单的生活用具外一无所有。这种生活，一晃就是8年，在这8年中，他挺过来了，学会了种庄稼、种菜、养猪、养鸭、养鸡、砍柴、赶街，能挑一百多斤重的东西，学会了做布鞋自己穿，还学会了采摘草药给自己治小病的医术。这期间，他戒了大烟，面孔晒黑了，身体比过去壮实了。他从过去一个享尽荣华富贵、吃遍山珍海味、过着衣来伸手饭来张口的生活，什么都不会做的封建土司，变成为一个和贫苦农民一样的普通人，真是换了一个天地。衍景泰是一个乐观派，他为自己能劳动、自食其力而感到自豪。这段经历，他在1979年落实政策回到德宏州芒市后，曾津津有味地对别人说：在昌宁"劳动改造"的这8年中，他曾产生了许许多多的想法，思想一直想不通，担心共产党的政策变了。他说：共产党、毛主席、各级领导历来对少数民族上层都是团结的，建国以来的几次运动中他受到错误的冲击后，共产党最后都作了纠正，我衍景泰解放后都是跟共产党走的，为什么现在这样对我呢？后来当他看到"造反派"们不仅对民族上层乱批乱斗，对共产党的老干部、甚至对中央领导人同样如此对待，据此他认定：这不是共产党的政策！于是在心里下决心，我一定要坚持下去，看看"文化大革命"到底是怎么一回事。后来，衍景泰从昌宁落实政策回到芒市后，1979年7月25日，他参加了经中共云南省委批准，由德宏州革委为原州长刀京版（傣族）补开的追悼会，参加了为原副州长思鸿升（傣族）、龚绥（傣族）、多永安（傣族），原州政协副主席多英培（傣族）、刀良生（傣族）等人召开的平反昭雪追悼会。

党和政府为衍景泰落实了政策，让他担任了德宏州人大常委会副主任、德宏州政协常委，退赔了"文革"中他被没收的财物，给他补发了2万多元的工资，让他住进了州政协新建的楼房。他的子女也参加了工作，有两个儿子还先后参加了中国人民解放军。衍景泰高兴地逢人就说："现在党的政策好了，和五十年代政策一样了。想不到我衍景泰这个过去的勐卯大土司，现在也变成光荣的军属了，政府还来我家贴光荣匾。我老婆前不久到部队去看望儿子时，还受到部队首长的热情接待。儿子在部队表现也好，我一家都很高兴。最后，他由衷地表示："现在我跟党和政府才真正是一家人了！相信党团结民族上层的政策不会变，我放心了。如果够条件，我衍景泰还想参加中国共产党呢？"1981年7月，衍景泰以云南省民族事务委员会委员身份去昆明参加全委会，省民委委员会议一开始就是揭批"四人帮"。会议过程中，衍景泰表现积极活跃。在揭批"四人帮"时，他说："现在四人帮打倒了，是大好形势，为什么有些跟随'四人帮'的人至今还得势？"接着，他在会上揭发了个别人对民族上层及其亲属所进行的打砸抢行为，强烈要求有关部门予以查处。

（三）我的后半生是跟着共产党走的

衍景泰在解放后跟共产党走，始终不渝，党和政府给他很高的荣誉，工资待遇是行政十级，落实政策后安排他担任第六届全国政协委员、第五届德宏州政协常委、德宏州人大常委会副主任。他比过去忙碌了，经常外出开会。生活上他大量吸香烟、喝名酒。每次到省、到中央参加政协会议，带了很多钱，也不够用，主要花费在大量买名牌瓶酒喝。因此他饭量少了，年龄逐渐大了后，身体一天天差了。

1983年2月12日，瑞丽县姐勒佛塔重建竣工，衍景泰和上万名当地各族群众以及缅甸边民参加了隆重的佛塔开光礼仪。中国佛教协会云南分会会长刀述仁（傣）专程从昆明前来祝贺。

1985年3月，有一次在州政协开会，衍景泰遇到当年跑到境外的表兄、芒市末代土司方御龙，休息时，衍景泰忽然对着方御龙很自豪地说："表兄，你早该回来了，在外面寄人篱下没有意思。我就比你强，当时把你送出国后，我就没有出去。" 11月，衍景泰哮喘病发作，并发其他疾病，住进州医院，经抢救无效而逝世，享年60岁。"跟共产党走，走完我的后半生"，这是衍景泰1985年在州政协一次学习会上说的。在他病重住院期间，他对探望他的州委领导同志说："我衍景泰可以说跟共产党走完了后半生的。"

衍景泰实践了他过去的诺言，跟共产党走完了他的后半生。综观他的一生，他虽然是一个封建领主，有过对人民群众的剥削史，在日本侵占德宏地区时曾经帮助日本人办了一些事，在小节上或许也存在不少毛病，但用历史唯物主义的观点来看，衍景泰在新中国建立以后，30多年来，他始终是跟共产党走的，在大是大非问题上是不糊涂的，他是爱国的。

第六篇　魅力瑞丽展现勐卯古城新姿

一、改革开放让勐卯古城插上腾飞的翅膀

日月更迭，星移斗转，碧绿如玉的瑞丽江水欢快地流向远方，2000 年 8 月迎来了一个重要的日子——经国家计委报请国务院批准，决定把瑞丽姐告建成面向东南亚、南亚对外开放地区中全国唯一实行"境内关外"特殊监管模式的边境经济贸易区，与全国 100 多个享有特殊监管政策的保税区、保税物流区和进出口加工区不同，姐告放开一线，管住二线（与非自由贸易区的连接线），同时具备了保税区、进出口加工区、自由贸易区和边境贸易区四大功能，在境内外人员、资金、商品的自由进出，以及建立商业性生活消费设施和开展免税商业零售业务等方面，经济自由化程度最高，操作空间更大，让姐告一跃成为最独特的中缅自由贸易区。瑞丽市各族干部群众欢呼雀跃、奔走相告，企盼着国家做出的这一决定，能让古老的勐卯坝子发生翻天覆地变化

古时的勐卯，那遥远的勐卯，曾听说有多么美丽富庶，曾听说有多么威风强盛！可那毕竟是书本、史册上的文字记载，毕竟是歌手、文人的随意传颂。今天，只有今天，当我们走进了瑞丽，才使我们真正认识了傣族先民开创的往日的勐卯——不再是传说中的天堂；我们眼中这个蒸蒸日上的瑞丽，就是勐卯最真实的山水景色和村寨风貌！今天，只有中国共产党领导下实行改革开放后的今天，多少代瑞丽人的痛苦和不幸才能在这里从此消失；今天，只有各族人民紧密团结奋斗不息的今天，瑞丽人千百年的梦想和企盼才将在这块热土上如诗如画地得到实现！

（一）中国—东盟自由贸易区建设的先行实验区——瑞丽

瑞丽之所以被国务院确立为国家实施"一带一路"发展战略云南面向东南亚、南亚对外开放的桥头堡，除瑞丽所具有的特殊的地理区位优势条件外，更有瑞丽人在改革开放实践中努力拼搏和大胆探索的结果。

瑞丽，系傣语译音，意为"一个祥瑞美丽的地方"。它是祖国西南边陲一个神奇迷人的地方、"古南方丝绸之路"的重要通道、国家级风景名胜区、国家一类口岸、首批"中国优秀旅游城市"；

是中国连接东南亚、南亚的"金大门"、中国—东盟自由贸易区建设的"先行实验区"、320 国道（上海——瑞丽）的终点、昆（明）瑞（丽）高速公路（滇缅公路）与缅甸史迪威公路（中印国际公路）的交汇处、中国西南最大的边境贸易口岸；是中国四大珠宝市场的源头、世界珠宝集散中心、全国珠宝玉石首饰特色产业基地；是蜚声海内外的中国优秀民歌《有一个美丽的地方》的创作地、优秀影片《孔雀公主》的拍摄地；是中国傣民族文化的发祥地，1988 年和 2005 年两次被文化部命名为"中国现代民间绘画之乡"，1996 年荣获"万里边疆文化长廊建设先进市"称号，2006 年被评为云南省"文化产业特色市"，民间孔雀舞被文化部列入国家非物质文化遗产名录，畹町被评为"云南省十大名镇"。多彩的瑞丽被誉为"中国傣族文化的摇篮""孔雀舞之乡""鱼米之乡""天然氧吧""东方珠宝城""口岸明珠"……

瑞丽市地处云南省西部，位于东经 97°31'～98°02'，北纬 23°38'～24°14'之间，全市总面积 1020 平方千米，辖 3 乡 3 镇 2 区 2 个农场。距州府所在地——芒市 99 千米，距省会所在地——昆明市 752 千米，瑞丽辖区国境线长 169.8 千米，是云南省边境线上界碑和渡口最密集的地段，有国家一类口岸 2 个。其西北、西南、东南三面与缅甸山水相连、村寨相依，形成了世界上罕见的"一个坝子、两个国家、三个国际性经济圈结合部（中华经济圈、东盟经济圈、南盟经济圈）、五座城市"（中国的瑞丽、畹町和缅甸的木姐、南坎、九谷）以及"一寨两国、一院两国、一井两国、一街两国、一桥两国、一岛两国"的特殊地理优势。瑞丽市区距缅甸国家级口岸——木姐市 4.5 千米，距缅甸旅游城市——南坎 32 千米，距缅甸水陆码头——八莫 138 千米，距缅甸经济文化中心城市——仰光 981 千米。其间有瑞（丽）木（姐）、瑞（丽）南（坎）、瑞（丽）八（莫）、畹（町）九（谷）4 条跨境公路相通，构成了"一江环流、两谷相抱、三面邻边、四围苍翠"的靓丽景观。

瑞丽地处北回归线北侧，属南亚热带湿润性季风气候，全年只分旱、雨两季，气温高，日照长，湿度大，雨量多，花开四季，果结终年，冬无严寒，夏无酷暑，风物得天独厚，让人流连忘返。国家级风景名胜区——瑞丽江，发源于世界级自然保护区、联合国"人与生物圈"保护网成员——高黎贡山的西南侧，横贯瑞丽市全境，汇入缅甸伊洛瓦底江，流入印度洋，成为我国江河唯一流入印度洋的水系。以"瑞丽江"为典型标志的自然风光雄伟壮观，傣家竹楼葱翠环绕，景颇山寨青山绿水，风光旖旎，景色秀丽；以"东方珠宝城"为城市主题定位的文化资源丰富深厚，以少数民族为特色的民俗风情绚丽多彩，其民族文化与缅甸的佛教文化交相辉映、相得益彰，傣族的"泼水节"与景颇族的"目脑纵歌节"、以及"中缅胞波狂欢节"与缅甸的民间传统节日、民间歌舞相映成趣，形成了具有浓郁边地特色的浪漫风情。

放眼今日美丽的瑞丽，更让我们有心再次回眸它遥远而神秘的昨天和历史变迁：瑞丽古称"勐卯",意为"雾城"。相传在三千年前,傣族在今瑞丽一带建立了"勐果占璧王国",有一个王妃名叫耶夏玛谢喜。有一天,怀有身孕的王妃在阳台上晒太阳,这时天空突然飞来一只怪鸟,它的翅膀遮住了天空,大地顿时一片阴暗。正在王妃惊呆之际,怪鸟朝王妃扑来,将王妃叼到天空中,朝遥远的天边飞去。当王妃苏醒过来时,已被怪鸟放在一颗大木棉树上,次日王妃在树上分娩生下一子。后来王妃母女被一个苦行僧所搭救,王妃从苦行僧口中得知,此地离勐果占璧王国都城远隔千山万水,非十天半月不能走到。王妃母女只好和苦行僧生活在深山小庙中。转眼间,王妃的儿子已长大成人,一天,天神赐给他一把神琴,弹起神琴,森林中所有的野象就会乖乖地拢在他的身旁,听从他的指挥。后来他骑着大象返回王都继承了王位。他就是傣文史书中记载的国王召武定("定",傣语琴之意)。登基那天,召武定站在检阅台上,看见当年母亲被怪鸟叼走的那个阳台,便决定将王都取名为"勐卯"。"勐",傣语,意为地方;"卯"傣语意为头晕、头昏,意思是为了纪念召武定的母亲被怪鸟叼走后的不平凡经历。在傣语中"勐"这个音稍微拖长就变为"雾蒙蒙"的意思。所以后人也将勐卯(瑞丽一带)解释为"大雾迷茫的地方"。传说与历史记载竟如此吻合。在三四千年前,勐卯地方历史上曾是"勐卯果占璧王国""麓川王国""滇越乘象国"的首都,是古"南方丝绸之路"的重要通道。我国地质专家团曾在瑞丽南姑坝发现万年古人类牙齿化石,考古工作者曾在芒约发现新石器时代遗址。它表明早在三、四千年前,瑞丽地区就有人类繁衍生息。公元前364年,傣族先民就在今天的瑞丽江两岸建立了勐卯果占璧王国和雷允城。遗址至今尚存。勐卯果占璧王国当时被尊为"勐卯弄",即大勐卯。历史还明确地告诉我们,勤劳、坚强的勐卯人不仅开拓了瑞丽江畔这片广阔的沃土,创造了自己的美好家园。还因为漫漫岁月里的频繁战事,有一些勐卯人也开始陆陆续续地离开了不太安宁的故土,走向武定、永仁一带的金沙江畔的高山峡谷,走向耿马、孟连、孟定、景谷、元江及红河两岸,走到缅甸、泰国、老挝、越南、印度、斯里兰卡等东南亚、南亚遥远的地方,与那里的各民族劳动生活在一起,如此延续了一代又一代。异国他乡的勐卯人依然不忘自己的民族特征、生活方式,依然坚守着自己的民族语言、服饰和礼俗。千千万万颗心依然紧系着自己的故土和族根,日夜不安的依然是勐卯人心底的那份乡愁。日月如梭,年轮飞转,值得我们赞美的是勐卯人无论在何处繁衍生息,他们都一样用实际行动证明了自己的智慧和能力,用血汗谱写了一页又一页色彩斑斓的社会生活、历史文化篇章。或许是对故土对亲人的一种歉意和深深思念吧,他们总是以各种方式默默地填补着、丰富着傣族的勐卯弄文化。例如每当我们举办傣族历史文化学术研讨会活动时,国内国外的好多傣学学者总是千里迢迢赶来赴会,其中不乏勐卯籍的学者。尤其是印度阿萨姆帮地区的学者很是难得,他们还到昆明、德宏及西双版纳等地与傣族学者进行学术交流和友好访问，非常认真，非常亲热。就好比傣族民间流传的一句名言"腊傣路咩留"（傣语，译为"傣人一娘生"），来自四面八方的傣族学者心连心同铸傣学研究、傣族历史文化的研究成果。

新的历史跨越，新的时代来临，让瑞丽各族人民重获新生！1950 年 5 月瑞丽各族人民苦苦等待的曙光终于从东方升起，瑞丽江畔广阔的土地和山谷从此沐浴着温暖、吉祥的光芒。共产党、毛主席派来的中国人民解放军第 14 军 41 师 121 团 1 营进驻瑞丽，瑞丽和平解放！这是瑞丽最重大的历史转折，是瑞丽翻天覆地的大变化！随后瑞丽即建立了各民族民主联合政府。1952 年经中央人民政府政务院批准设瑞丽县。1956 年 1 月，中共瑞丽工委改为中国共产党瑞丽县委员会；同年 5 月，改瑞丽县各族人民政府为瑞丽县人民委员会。1958 年 11 月 30 日，陇川、瑞丽合并为瑞丽县，12 月 1 日正式合署办公，县府设在勐卯镇。1959 年 11 月 1 日，陇川、瑞丽分设，恢复原建制。1980 年 12 月，改瑞丽县革命委员会为瑞丽县人民政府。1990 年国务院批准瑞丽为旅游开放县。1992 年 6 月 9 日，国务院决定瑞丽为我国沿边开放城市，实行沿海地区一些开放政策。邓小平同志南方巡视的重要讲话刚刚在各级地方领导中进行传达后，当习惯于"文革"左的思想禁锢的人们还在战战兢兢地议论改革会不会改变社会主义性质？开放会不会让资本主义卷土重来时，当时的中共德宏州委、瑞丽县委的领导同志早已从邓小平同志的重要谈话精神中敏锐地捕捉到了那股改革开放促发展的强劲春风。深圳特区能用中央给的政策，发挥紧邻香港的区位优势，从一个穷乡僻壤的小渔村一夜之间华丽转身为一座对外开放的繁华城市。德宏、瑞丽自古就是古代南方丝绸之路的重要通道，有着两个国家级口岸、9 个渡口、64 条陆路通道，中缅两国边民世代友好往来，有着历史悠久的民间传统贸易习惯，新中国成立后，中国与缅甸建立了牢固的和平友好关系，这一切都为德宏和瑞丽扩大对外开放奠定了坚实的基础。为什么不能学习深圳经验，按照中央关于改革开放的宏观战略决策，从德宏具有的古代南方丝绸之路通边达海的区位优势和中缅两国人民世友好的人文环境优势实际出发，在勐卯古国也建立一个西南的"沙头角"呢？

思路决定出路，方向启迪方法，瑞丽县委在德宏州委作出关于把全州开放为边境贸易区的决定后，积极在瑞丽大胆突破，经过努力争取于 1990 年 10 月 9 日在瑞丽成功举办了云南省届中缅边境贸易交易会，借助这一平台，昆明及内地 300 多家工商企业在瑞丽展销了 800 多种各类商品，让进入瑞丽参加首届"边交会"的缅甸及印度、巴勒斯坦、孟加拉等国的商人们眼花缭乱，喜出望外，大批物美价廉、经济实用的日用百货、机电产品从过去限制出口，现在基本放开，为这些参加边交会的外国商人们提供了大把赚钱的商机，同时也让瑞丽成了对缅甸、东南亚及南亚开展边境贸易的黄金口岸，瑞丽的知名度传遍了中原大地和东南亚各国，以至于使瑞丽成了"无人不识君"的地步，许多外地人只知瑞丽而不知德宏。一时间，国内外商贾如过江之鲫，纷纷云集瑞丽。山潮水潮不如人来潮，不到 1 年时间，到瑞丽县经商办企业的商号就达 300 多家，边境贸易进出口总额迅速增长，成为云南省对缅贸易的主要通商口岸。

为了适应新形势下行政管理体制的需要，1992 年 6 月 26 日，国务院批准撤销瑞丽县，设立瑞丽市（县级），由原县辖行政区划改为市辖行政区划。1999 年 2 月 8 日，国务院决定撤销畹町市，将其行政区域并入瑞丽市，设立畹町经济开发区（副县级）。地处国门一线的瑞丽，很快就成为国家重点建设的地区，成为改革开放的前沿。而滇西历史重镇——畹町加盟瑞丽，则以强强联手的形式进一步提升了瑞丽中缅边贸桥头堡的显著地位。

（二）滇西历史文化商贸名城——畹町

走近瑞丽，了解瑞丽和认识瑞丽，是需要时间和选择的。因为在那块热土上积淀着太多太丰厚的傣族及其他民族的历史文化，展现着太多太精彩的社会主义建设成就和新时代改革开放的辉煌。这里，让我们沿着滇缅公路走近瑞丽，走进瑞丽的第一站——畹町！它是坐落在中国西南边界的一座人们熟悉的历史文化名城，也是中外闻名的中国云南滇西边防一线重要的军事要塞。

自德宏傣族景颇族自治州首府芒市出发向西南行 80 多千米，就可以到达昆畹公路的终点站畹町（傣语音译，意为太阳当顶的地方）。1937 年勘查滇缅公路时，畹町被选作国内的终点站，过畹町河桥即与缅甸的公路衔接。滇缅公路于 1938 年通车后，出国抗战的部队经此奔赴东南亚前线，同盟国支援我国抗战的军火和各种物资源源不断经此输入。那时，畹町一度车水马龙，机关林立，成为我国抗日战争中唯一的西南重要口岸和军事重镇，当时进出口物资月吞吐量达万吨以上，居住在此地的人口最多时曾达两万多人，商店、旅馆、货栈等不少，妓院、烟馆、特务机构等密集，被称为"冒险家的乐园"。1942 年 5 月 3 日，日寇由此入侵我滇西地区后，畹町一度繁华热闹的景象戛然而止，直到 1945 年 1 月 20 日抗日远征军最后攻克此地驱逐日寇后，滇缅公路又恢复为我国西南的动脉，新建的中印输油管也经此向国内输入石油。新中国建立前，畹町仍然是德宏边境的一个繁荣的小城镇，集镇上有居民3000 多人，其中就有国内 18 个省市的上千流落人员。滇缅公路仍然通车，两国边民往来频繁。1950 年畹町同西南边疆各地一样获得解放，畹町设立办事处，隶属潞西县。1954 年，瑞丽县的混板乡划入畹町，建立县一级的镇人民政府，直属于州辖。1985 年 1 月 31 日经国务院批准，设畹町为县级市。全市辖一个市区和两个农村乡，全市人口 8000 余人，土地面积 96 平方千米，国境线长 28 千米，海拔 830 米，年平均气温 19.9^{0}C。畹町市位于中缅边境的一条狭窄河谷地带，市政府建在中段。一条细长的畹町河是中缅界河，界河对面是缅甸的小镇——棒赛。畹町与棒赛遥遥相望，鸡犬之声相闻。一座畹町桥将中缅紧紧相连，是中缅边民往来的重要通道，"胞波"友谊的纽带。畹町市区，自界河直达半山腰，高楼拔地，鳞次栉比，层层叠叠，十分壮观。畹町市的海关和外贸机构早已建立；国营、集体、个体商店商号接踵而起；对外开放、对内搞活的经济政策，吸引着两国边民的贸易往来，小小畹町无日不市……可谓繁荣的边界山城，诱人的历史重镇。

（三）畹町桥—— 传递胞波深情的友谊桥

凡是来到畹町的人，大都要到那座横跨中国与缅甸界河的畹町桥，驻足观光。

畹町桥，并不富丽堂皇，也不高大雄伟，全长只20多米，宽不过5米，它横跨两个国度，是踞守祖国西南边陲的重要关隘。还在滇缅公路未通之前，多灾多难的祖国内战不休，满目疮痍。那时的所谓畹町桥，其实只是几根并排紧挨的大圆木，谁走在上面都提心吊胆，稍不小心就会滑倒摔跤，至于驮马牲口，当然只有从桥下涉河而过了。1938年滇缅公路通车了，畹町桥变成了单孔石桥。1950年，五星红旗在畹町桥头高高升起，畹町获得了解放，畹町桥获得了新生。经过30多年的建设，今日的畹町已变为一座楼房矗立，花木掩映的新城镇。畹町桥也早已改建为一座结实坚固的钢筋水泥桥了。凡是到畹町的客人，大都要漫步畹町桥头，久久伫立观光。站在庄严的五星红旗下，耳闻桥下界河的悠悠流水声，眺望对岸的异国风光。此时此刻，人们一定会回忆起永生难忘的一件大事：

我们的敬爱的周恩来总理当年曾健步走过这座小小的畹町桥！那是1956年12月15日。这一天，天高气爽，风和日丽，畹町河水乐融融，边镇军民笑逐颜开。穿着节日盛装的各民族群众，敲响象脚鼓，跳起民族舞，手捧鲜花恭候于畹町桥头，等待着周恩来总理和缅甸贵宾前来芒市参加边民联欢大会。下午四时，我们敬爱的周总理来了，他陪着缅甸总理及一行贵宾，神采奕奕，目光炯炯，满面笑容，迈着稳健的步子踏上畹町桥。桥头两边一片欢呼声，一束束鲜花在人们的手中摇动，一面面彩旗迎风招展……在畹町桥的历史上，永远记下了这个激动人心的幸福时刻。时至今日，那些当年见过周恩来总理的人们，还常常情不自禁地向人们细细描述总理的音容笑貌。畹町桥两岸的边民，历来相处和睦，来往互市，有的还联姻结亲。这种地连地、水连水的"胞波"情谊，正是靠畹町桥传送着，靠畹町桥联结着。

（四）黑山门——把日军赶出国门最后一战的地方

来到畹町，总会让人想到，这里曾是那场让人刻骨铭心的中国抗日战争第一次把日寇赶出国门的地方，威严的黑山门抗日战场遗址则是最后的战斗发生地的地方。

黑山门在畹町以东2千米处，是横卧南北的大黑山中间的一个垭口。滇缅公路由东向西蜿蜒而来，经由黑山门直下畹町，过了畹町大桥就是缅甸九谷。畹町，傣语为"太阳当顶的地方"，这里的特点是热，其地形并不险峻，虽称之为国门，其实只是一个小山沟而已，一条丈余宽的畹町河就是国界线，人们在旱季都可涉足而过。只有黑山门才可称之为天险屏障，只要攻下黑山门，畹町便唾手可得。大黑山高耸入云，巍巍然一条大山岭向南北延伸开去，如威严的城墙，而黑山门却如城门。沿遮放坝西下黑山门，一路山岭起伏，沟深林密。三角山、天盆山、香椿南山、小湾山、遮旺山、虎尾山、扫线山如龙盘虎踞，各展雄姿。站在缅境九谷或鱼枯山向东越过畹町眺望黑山门，它山势如同一道铁浇钢铸的大门，上连霄汉，下插黑森森的密林雾谷，深不可测，大有一夫当关，万夫莫开之势。顾名思义，人们将它叫做黑山门，是一点也不夸张的。1944 年底，日本侵略军兵败芒市后，2000 余残兵退守畹町黑山门，凭借着险要的地势进行最后的顽抗。在对周围的残敌进行肃清后，抗日军民经过一整夜的激烈战斗，大部分日军被歼灭，守卫黑山门的日军剩余部队于次日上午向畹町溃退。我爱国军民高呼着杀敌口号乘胜追杀，胜利收复了国门要塞畹町。因此"黑山门攻击战"成为了中国远征军把日军赶出国门的最后一役。公元 1945 年 1 月 20 日早晨，中国远征军的刺刀挑落了大日本帝国的太阳旗，88 师进入畹町。沦陷了 2 年零 8 个月的滇西大地至此全部收复。这是自公元 1840 年以来中国收复的第一道国门。这一天，太阳似乎出得特别早，也特别光亮，朗朗地照耀着满布硝烟弹痕的南国大地，仿佛在告诉人们：春天已经提早来临。无数青青的草芽，纷纷从战地的焦土中探出头来，显示着不可遏制的生机。阳光笑吟吟地照射在伏在战壕中的满是露水的战士们身上，蒸发出一股股血腥的汗臭味。他们身上的斑斑血迹犹如片片凋零的残花。温暖的阳光亲吻着这些浑身血污的战士们。南国的柔风，轻轻地抚摸着一张张瘦削而满是灰尘的脸庞，抚摸着他们身上的累累伤痕。

"黑山门攻击战"战斗打得异常激烈，在战后的 30 年内，这里仍然寸草不生，直到进行封山育林后，残存在土里的草根才开始逐渐长出地面，但还是掩盖不了斑驳的岩石上枪炮弹洞的痕迹。现在，站在"黑山门垭口"山风依旧强劲，"黑山门战斗遗址"的纪念碑就伫立在路旁，和呼啸而过的山风一起，仍然忠诚地守护着这片洒过烈士鲜血，捍卫着中华民族尊严的土地。

（五）海外华侨爱国热忱的历史丰碑

来到畹町，人们自然而然会到那高耸入云的南洋华侨回国抗日纪念碑前，凭悼念那些曾经为祖国的抗日战争不远万里奔赴国难，用爱国热忱和流血牺牲为中华民族的自由和解放作出重要贡献的南洋华侨机工勇士们。

那是全国全面抗战刚刚暴发后的 1939 年，南洋华侨总会筹赈祖国难民总会主席陈嘉庚先生和他领导的南洋华侨筹赈会发出的通告："凡吾侨具有此技能之一，愿回国以尽其国民天职者，可向各处华侨筹赈会或分支各会接洽。事关祖国复兴大业迫切需要，望各地侨领侨胞，深切注意办理是要。征募要求：熟悉驾驶技术，体魄健全，无不良嗜好，年龄在20以上40以下的爱国志愿者……"就是这些严格的要求，最终把3400多名优秀的南洋华侨机工带到了祖国战场，也把1000多名侨胞的鲜血洒在了祖国大地。抗战胜利后，曾经有一位来自马来西亚的爱国志愿者（车辆技师），因没有足够的路费返回马来西亚，便在遮放户闷寨安家落户，做了傣家的女婿。并以修理汽车、拖拉机、单车谋生，精湛的技术令人翘首。人们已经记不得他的姓什么了，只是称呼他"弄福音"（傣语，即福音大爹）。后来他也把忠骨埋在了户闷寨的坟山上了。抗战时期，这些南洋机工们担任的主要工作虽然是驾驶车辆运送物资和修理车辆。但险路、疾病、日机轰炸随时都在威胁着他们的生命。滇缅公路（史迪威公路）沿途的悬崖、峭壁、陡坡、急弯，以及傣族坝子"焖头摆子"的恶性疟疾，都没有让他们望而却步。正是在千千万万英勇抗日的中华儿女共同拼搏下，中华民族才取得了抗日战争的全面胜利，人们永远不应该忘记"华侨机工回国抗战服务团"为抗战胜利做出过的重要贡献。于是，在边境山城畹町，有了一座俯瞰滇缅公路、面对邻国缅甸的纪念碑：南洋华侨回国抗日纪念碑！这一丰碑彰显了祖国人民对海外爱国侨胞的赞颂和崇高敬意！

历史记忆是永恒而无价的，也是畹町的光荣和自豪！

畹町，作为瑞丽国家重点开发开放试验区的一部分，作为瑞丽国家级口岸之一，作为国家在实施"一带一路"重大战略的一个重要通道，同样担承着时代所负有的使命。让那些无价的历史记忆、历史文化遗产得到充分应用和发扬，将它们转化为精神力量和正能量，融入到各方面的经济建设中！让畹町这个历史文化名城、改革开放的国际大通道焕发新貌，作出应有的贡献！

（六）瑞丽的开放前沿——姐告

1. 昔日麓川国旧都，今日"中国西部口岸明珠"—姐告

在姐告设立实行"境内关外"特殊管理模式的边境经济贸易区，是国家计委于2000年8月批准的。也是目前全国唯一实行该管理模式的边境经济贸易区。在中共德宏傣族景颇族自治州州委、州人民政府的坚强领导下，瑞丽历届市委、市政府始终坚持"以开放促开发、开发求发展"的指导思想，不断解放思想，与时俱进，艰苦创业，锐意进取，团结带领全市各族干部群众，用辛勤劳动的汗水，浇绿了这块美丽富饶的热土地，使这片既古老又年轻的"绿色宝地"发生了翻天覆地的变化，成为享誉国内外的一方乐土，成为名副其实的"中国西部口岸明珠""国际商贸旅游城市"。瑞丽经济社会呈现出前所未有的良好发展态势，祖国西

南边陲这只"腾飞的金孔雀"正在焕发出璀璨的光芒。

姐告，傣语意为旧城，是当年麓川王国的都城。姐告地缘优势得天独厚，西临瑞丽江，东、南、北三面与缅甸相连，国境线长4.186千米，面积1.92平方千米，处于中国瑞丽和缅甸木姐两个国家口岸的衔接部位，是我国向印度洋开放的重要门户，西向国际物流大通道的中枢，扩大与东南亚、南亚及印度洋沿岸国家经贸合作的先行区，西部内陆地区参与经济全球化、一体化的沿边特区，开放前沿。

1988年7月14日，当时的瑞丽县成立姐告工作委员会。1988年11月3日成立县委、县政府的派出机构——中共姐告工委和姐告办事处。1991年，云南省政府批准设立瑞丽县委、县政府的派出机构——姐告边贸经济区。1992年，经国务院批准，姐告成为国家级开发区"瑞丽边境经济合作区"的一部分。

1999年，为充分发挥姐告口岸通道优势，促进中缅两国边境贸易的发展，姐告人创造性地向上级提出了按"境内关外"方式设立姐告边境贸易区的请求。1999年10月，省政府向国务院上报了《关于设立云南省姐告边境贸易区的请示》。2000年4月，国家计委会同国家十部委到姐告实地调研并报请国务院同意后，下发了《国家计委办公厅关于解决云南边境贸易发展有关问题的复函》，同意按照"境内关外"的方式设立姐告边境贸易区，海关后撤于大桥西侧，履行对货物和物品的监管、征税和检查等职能。同年6月，云南省委、省政府在瑞丽召开姐告现场办公会，进一步确立了姐告的性质和功能，批准了姐告的建设规划和管理体制，制订了姐告的发展目标和优惠政策。

改革开放30多年来，无论是20世纪80年代"全国边贸看云南，云南边贸看瑞丽"的辉煌，还是今天产业规模由小变大和城市规模不断扩张。无论从最初"摸着石头过河"开展边民互市和边境小额贸易，率先推动边境贸易转型升级；从建立全国第一个"境内关外"海关特殊监管区，再到第一个实施边境贸易出口人民币结算退税政策，姐告形成了边境贸易为基础的边民互市——边境贸易——边境经济合作——"境内关外"渐次推进，创新发展的沿边开放模式，瑞丽姐告一直是省和国家多项陆路口岸开放政策的试验区。瑞丽的每一点变化、每一步发展，都与思想解放休戚相关，都与改革开放相生相伴。正是瑞丽的广大干部和群众敢于解放思想，在全国、全省率先实行沿边开放，使瑞丽从对外开放的末端变为对外开放前沿，极大地促进了经济社会的发展；正是瑞丽的广大干部和群众勇于解放思想，全面推进各个领域的改革，大胆探索出姐告边境贸易区"境内关外"特殊监管模式等一系列创新举措，为加快发展注入了新的活力和动力；正是瑞丽的广大干部和群众善于解放思想，充分发挥区位优势和资源优势，初步培育形成了贸易、工业、旅游、农业等支柱产业群，全市经济社会保持了持续快速发展的良好势头，人民生活实现了由温饱到总体小康的历史性跨越。

姐告作为瑞丽国家重点开发开放试验区的重要组成部分，是我国陆路边境唯一实施"境内关外"特殊监管模式的边境贸易区，与全国100多个享有特殊监管政策的保税区、保税物流区和进出口加工区不同，姐告放开一线，管住二线（与非自由贸易区的连接线），同时具备了保税区、进出口加工区、自由贸易区和边境贸易区四大功能，在境内外人员，资金、商品的自由进出，以及建立商业性生活消费设施和开展免税商业零售业务等方面，经济自由化程度最高，操作空间更大，1.92平方千米的姐告跃然成为最独特的中缅自由贸易区。一是"境内关外"优惠政策赋予了姐告独特的开放优势。政策明文规定："对姐告边境贸易区按照'境内关外'方式实施管理工作，以姐告大桥中心线为海关关境线，海关后设于大桥西侧，依法履行对进出境运输工具和货物、物品的监督管理职能。从缅方进入姐告边境贸易区的货物和物品，海关不实行监管。从姐告大桥西侧进入姐告边境贸易区的货物和物品，越过关境线即为出口，执行国家出口管理规定和税收政策。""境内关外"顾名思义，即：姐告属于中国国境之内，但在海关关境线之外，以姐告大桥中心线为分界线，是海关的特殊监管区域，其独特优势在于以下两个方面：进口方面，从缅方进入姐告的货物和物品，海关不实行监管。因此，姐告成为一个天然封闭的保税区，进口货物在姐告区内是免向海关申报的；出口方面，从姐告大桥西侧进入姐告的货物和物品，越过姐告大桥中心线（即关境线）即视为出口。因此，已报关出口的商品，只要越过姐告大桥中心线，来到姐告区内，即使没有出境到缅甸，也视为出口商品。二是优越的投资环境为姐告搭建了广阔的贸易平台。政策明文规定："除国家明令禁止的商品外，各国商品均可在姐告边境贸易区内展示、销售。"根据此项规定，第三国商品（即除中国和缅甸外的第三国商品）、缅甸翡翠、国内产品、云南省及东南亚国家特色产品等均可在姐告展示销售，姐告成为一个各国商品展示、销售的贸易集散地，中缅贸易的中转站、缓冲区，优越的投资环境为企业缩短了退税周期，减轻了资金压力，加之区内实施优惠的税费减免政策，一个广阔的贸易和投资平台赫然呈现在商家面前。

（1）优惠政策促进了姐告的跨越发展

在党中央、国务院和省、州、市各级党委政府的关心和支持下，姐告作为全国享有特殊优惠政策的沿边口岸，经济社会进入了跨越发展和全方位开发开放的新阶段。优惠政策促进了姐告的跨越发展，贸易、仓储、加工、旅游四大主体功能卓有成效。在优惠政策的带动下，姐告经济社会呈现持续稳定的发展态势，贸易拓展效应显著。仅2000年至2012年12年间，经姐告进出口贸易总额从15.2亿元增加到123亿元，增长达8倍以上，若与改革开放初期1980年全德宏州对缅贸易总额仅有的2812万元相比，增长了400多倍。瑞丽口岸进出口货物的 95% 左右在姐告完成交割，成为名副其实的中缅贸易中转站和集散地。中缅边境贸易交易会已成功举办了 12 届，每年的成交额均保持高位增长，极大地促进了中缅贸易的增长。会展经济成为姐告的一大亮点，成为提升沿边开放的重要载体和互利共赢的重要平台。仓储物流全面提速。建成以姐告东协物流仓储中心为主、恒茂水果批发市场、小三建材市场及企业自用仓库为辅的仓储物流区，全区物流仓储面积达 24 万平方米，年货物吞吐能力达 160 万吨。80 多户缅甸经贸中介服务企业长期驻区服务，伯乐、万昌、三和、恒顺等 30 多家对缅贸易专业市场快速发展。进出口加工业从无到有。以小汽车、摩托车为龙头的机电组装、建材加工等一批出口组装加工企业在姐告日益发展壮大。

瑞丽珠宝荟萃，魅力无限。珠宝玉石是姐告的一大特色产业，经过多年培育发展，姐告的珠宝文化产业发展已从最初的低层次过境贩卖发展到今天集原料采购、生产加工、销售服务于一体的完整的产业体系。瑞丽紧邻世界著名宝玉石产地缅甸，经过多年发展，瑞丽已成为东南亚重要的珠宝集散中心，是我国四大珠宝市场之一，"东方珠宝城"品牌的知名度不断提高。随着《德宏州珠宝玉石产业发展规划》和《中共德宏州委、德宏州人民政府关于加快珠宝产业发展的意见》的出台，进一步推动瑞丽珠宝玉石产业的快速发展。

瑞丽自古以来珠宝翡翠交易历史悠久，最早可追溯到傣族勐卯古国时期，至元、明时代最为繁盛。"风水宝地出奇石，天涯地角藏奇珍"，"玉从云南，玉出瑞丽"已成为我国珠宝界的共识。进入新世纪，瑞丽抓住了"翡翠王国"缅甸扩大边境贸易和发展经济技术合作的良机，在国家工商总局成功注册了"东方珠宝城"商标，提出了放手发展珠宝产业，全力打造"东方珠宝城"品牌的战略，精心建设集加工、销售、服务一条龙的五大珠宝加工工业园区。推出了翡翠、玛瑙、宝石、硅化石及淘宝五大品牌系列，使市场上的珠宝玉器流通到了全国各地及港澳台地区，辐射到东南亚、韩国、日本、南非和部分西欧国家，使瑞丽成了璀璨夺目的"珠宝之都"，1998 年 3 月，缅甸政府正式开通其唯一的翡翠陆路出口通道——与瑞丽姐告一街之隔的木姐市，允许翡翠毛料以边贸方式进入瑞丽，瑞丽翡翠玉石集散地的功能迅速扩大，翡翠玉石交易活动日趋活跃。据海关统计数字表明，在缅甸每年产的 2 万吨翡翠毛料中，约有 6000 吨流入我国。其中通过瑞丽这条"翡翠之路"进入的就占到了 4000 吨！不仅国内广东的平州、四会、揭阳和河南的镇平、南阳等较大的玉石加工中心到此购货，就连美国、日本的客商也纷纷来到这里挑选他们青睐的产品。目前，瑞丽已经形成了姐告玉城毛料批发交易市场、华丰珠宝加工工业园区、瑞丽珠宝一条街、姐告中缅一条街和新东方珠宝城等 5 大珠宝市场，推出了翡翠、玛瑙、硅化石、淘宝等系列品牌。全市共有大小珠宝加工厂 800 多户、珠宝店铺 1000 多户，从业人员 6000 多人，已成为中国四大珠宝集散地之一，是世界上翡翠贸易最繁荣、最具代表性的城市，市场上的珠宝玉器已流通到了包括港、澳、台在内的全国各地。

旅游购物突破性发展。姐告旅游购物特色产业快速发展，中缅边境一日游、自驾车出境游、中缅胞波狂欢节、中缅边交会、瑞丽珠宝文化节等旅游、节庆、会展品牌引人注目，姐告已发展成为集贸易、旅游、文化观光、购物等为一体的旅游胜地。瑞丽风光秀丽，风情万种，旅游资源十分丰富，是中国首批优秀旅游城市和云南省最具魅力的旅游城市，这里古榕垂须，金塔映日，胶林滴翠，绿竹婆娑，是一块不可多得的绿色宝地。这里有国家级风景名胜区瑞丽江，有美丽神奇的莫里亚热带雨林，有历史文化名镇畹町，珍稀动植物园畹町生态园，有"农村天然公园"美誉的大等喊傣寨，有迷人的民族风情，神奇的异国风光，激动人心的淘宝之旅，绚丽多姿的傣族、景颇族等民族节日。中缅胞波狂欢节堪称近年来"造节兴市"的成功典范，已被列为中国昆明国际旅游节重要活动之一。节日期间，中缅民族服饰展演、瑞丽江中缅友谊小姐评选、牛车彩车评选、竹筏竞赛、嘎秧比赛等特色节目，令到瑞丽旅游观光的中外宾客流连忘返。全市旅行社、宾馆酒店林立。中缅边境旅游已成为云南省成熟的四大精品旅游项目之一。

优惠政策加快了姐告的口岸建设，城市面貌日新月异。2000年以来，姐告口岸城市基础设施建设取得前所未有的发展，全区累计投入基础设施建设资金13亿元，完善了城市道路交通、供排水、输变电和现代通信网络系统建设。修建"一国门、两通道"，实施了省政府现场办公会确定的瑞丽口岸联检中心、联检中心至姐告大桥的道路拓宽改造、区内道路、姐告小学、姐告医院、姐告35KV变电站和瑞丽江复线桥8大基础设施建设项目。目前，城市绿化面积达25公顷，路灯2880盏，城市道路面积41.6万平方米，长约30千米，电视电话入户率达100%。姐告已经成为一座环境优美、服务设施齐全、管理有序、宜居宜商宜旅的现代化口岸城市。2012年，全区完成固定资产投资5.01亿元，完成目标任务3.5亿元的143.11%，同比增长16.85%。

优惠政策让姐告成为商家投资的热土，创业者的摇篮。"境内关外"在全国产生极大的轰动效应，一批批知名企业前来考察投资，一个个重大项目纷纷落户发展，姐告成为我国西部开发吸引投资的新亮点。成功引进开发建设项目153个，引进国内资金25亿元，利用外资500万美元，姐告发展活力明显增强。2000年至2012年底，区内各种所有制实体从508户发展至2811户；税收由160万元增至6461万元。非公经济的发展成为推动姐告发展的生力军，为地方财政增收做出积极贡献。

优惠政策带动了缅甸边境地区的繁荣发展，中缅双方形成互动开放。对外开放促进了两国边境地区多层次互信合作、互利双赢关系，夯实了双边合作基础。2004 年以来，缅方借鉴姐告开放模式，将木姐口岸 105 码作为一个最大的贸易区进行开发建设，设立了面积达到 300 平方公里的"木姐特殊经济贸易区"，把木姐口岸升格为与仰光口岸地位相同的大贸口岸，实施类似中方的海关特殊监管模式，为加快与姐告的"口岸对开一体发展"，继 2012 年重新启动建设"白象街"后，又在姐告北面缅方一侧开工建设占地 1.2 平方公里的中央商务区，为推进中缅跨境合作，实现姐告、白象街区域经济一体化奠定了基础。目前，木姐已成为缅甸边境地区社会经济发展最快的城市，木姐口岸也迅速成为缅甸与邻国中、泰、印、孟 14 个边境口岸中最大的边贸口岸，占全缅边境贸易额的 60% 以上。

（2）迈向美好明天的姐告

如果说瑞丽是沿边开发开放的特区，姐告就是特区开发开放的最前沿。云南向西南开放重要桥头堡和瑞丽国家重点开发开放试验区建设全面提速的背景下，在缅甸加快开放进程的机遇面前，姐告的发展站在了一个新的历史起点上。如何加快发展？如何实现产业转型升级？如何扩展区域范围和对外合作影响力？成为姐告人面临的重大课题。姐告的功能定位和发展走向不能只盯在 1.92 平方千米有限的国土面积上，要从姐告作为沿边特区开放前沿，面向印度洋，打开西向国际物流大通道的战略视角来重新审视姐告潜在的巨大开放空间、开放势能，不可替代的战略地位以及"境内关外"尚未释放的政策效应、尚未组合的功能效应。经过认真的思考，姐告提出了"四步"发展目标。一是加快对外合作步伐，突出中缅瑞丽—木姐跨境经济合作区核心区作用。按照"两国两区，功能互补"的合作思路，与缅甸木姐市产业发展规划充分对接，力求实现经济一体化发展。按国际惯例和世界通行的自由贸易规则开展更为自由的贸易、投资、金融、运输等经济活动，实现更大范围的人员、资本、货物跨境自由活动和企业投资经营、居民生活消费的自由与便利最大化，为推进中国—泛南亚经济合作建立新的合作机制，形成新的地缘经济格局探路，为西部沿边地区探索新的特区经济模式。向北通过开通中缅旅游入境通道与木姐市白象商贸旅游区（CBD）无缝对接，开展中缅旅游合作，使两区成为中缅旅游的目的地和跨境旅游的集散地。向南与木姐市芒温仓储物流片区开展跨境物流合作，"腾笼换鸟"分流部分区内物流仓储功能，建设中缅物流信息服务平台和电子商务平台，提高通关便利化水平。向东与木姐市开展教育、卫生、外籍人员管理、警务、商务等各种社会事务合作，展示姐告经济文化交流的窗口作用。二是加快区内产业转型升级步伐。在多年发展的基础上，区内进一步强化旅游和商贸功能，弱化仓储加工功能，努力发展金融、会展、物流信息等现代服务业。建设"国际旅游购物天堂"。变政策优势、政策效应为"功能优势"、"功能效应"，以免税购物为突破口，建设国际高端奢侈品和世界名牌免税购物区，建设高端消费品营销中心，使之具备国际配送、国际采购、国际中转高度国际化功能，积极推动中缅珠宝、红木等奢侈品和第三国高端消费品和国际品牌进驻免税购物天堂。打造边境金融中心，以现有的本、外币兑换企业和区内金融机构为平台，推进中缅货币兑换和结算试点，把姐告与木姐建设成为中缅金融合作试验区。大力发展会展经济，在原有的中缅边境经济贸易交易会基础上，提升会展业的档次、范围和国际化水平，把姐告建设成为中外商品展示和销售的平台，并积极探索发展中缅电子商务模式，依托便利的物流体系，发展面向缅甸和南亚市场的电子商务。三是加快扩区申报步伐。为进一步扩大"境内关外"优惠政策覆盖面，解决姐告容积小、功能受限的问题，姐告提出了向瑞丽江西岸拓展2平方公里，海关管理线后撤至口岸联检中心的构想。如实现扩区，则可通过建设姐告跨境货运大桥，由口岸联检中心直接向木姐芒温地区分流部分贸易物流，同时新区沿江优美的自然环境，为姐告打造高端旅游休闲度假区和民族风情体验区提供了空间。四是加快探索的步伐，建设口岸对开、一体发展的"双核型"国际边境城市先导区。随着中缅边境贸易的快速发展，姐告——木姐由口岸相互对开发展为城市无缝对接，在我国西部沿边地区第一次衍生出两个边境城市"一城两国"国际化互动共生现象。以国际化为指向，加快姐告——木姐双边互动，搭建跨境经济合作新平台，推动中缅两国边境地区经济一体化、双边化和国际化进程，变口岸经济、通道经济为城市经济，把姐告建成双核型国际边境城市的引领区，为姐告建设国际旅游购物天堂和跨境经济合作区创造无法替代、难以复制的国际氛围。以此为突破口，加快跨境资本集聚、资源集聚、人口集聚、信息集聚，使瑞丽——木姐"双核型"国际边境城市具备区域增长极功能和跨国影响功能，充分体现在跨境经济活动中的领导地位和组织作用，把双边互利互动、合作共赢的区域向缅甸纵深拓展，向印度洋推进，把试验区建设提升到一个崭新的高度。纳入孟、中、印、缅更大范围的国际区域合作框架之中，为中缅油气管道的开通运营和将来瑞丽至皎漂公路、铁路的开工，营造和平、稳定、合作、发展的国际环境。

紧抓沿边开放和试验区建设的历史机遇，姐告以开放和可持续发展为主线，以建设国际旅游购物天堂为抓手，着力完善组合、提升、创新保税区、进出口加工区、自由贸易区和边境贸易区四大功能，通过拓展区域面积，扩大中缅经济合作和技术交流覆盖面，加强联系与沟通，建立双方友好、可持续的互惠互利机制，实现姐告产业的转型升级，我们相信，姐告的明天一定更加美好。

（七）瑞丽重点开发开放试验区发展前景

作为国家一类口岸，瑞丽拥有国家和省对外贸易的一系列优惠政策，特别是有中国唯一的"境内关外"海关特殊监管政策。作为西部地区，瑞丽有国家实施西部大开发战略的政策

魅力瑞丽展现勐卯古城新姿

机遇。目前西部大开发进入新的推进阶段，东南沿海地区的资金、技术、人才在加速向西部转移，瑞丽市得天独厚的口岸优势，将有利于更多地吸引国内外的投资加快发展，为瑞丽以扩大贸易为重点，共同建立面向东南亚的商贸物流基地和出口产品加工基地，联手开拓东南亚、南亚市场创造良好的条件。作为边疆民族地区，瑞丽既是云南省县域经济试点县、又是"兴边富民工程"边境县，还是全省重点建设的 8 个口岸城市或口岸城镇之一。有国家大力支持边疆民族地区发展的优势，同时享受国家和省"兴边富民行动计划"的政策。与此同时，瑞丽是全省 30 个重点工业园区之一，具有立足区位优势，充分应用我国对老挝、柬埔寨和缅甸提供特殊优惠待遇的政策，吸引东南沿海地区的资金、技术、人才在瑞丽发展边贸加工型企业、农副产品加工型企业，特色优势工业、劳动密集型工业的条件；具有通过旅游产业，带动旅游商品生产，提升"东方珠宝城"品牌的优势；具有建设中国边境贸易加工业中心的条件。"中国——东盟自由贸易区"建设步伐的加快，大湄公河次区域经济合作的加强，为瑞丽经济发展提供了更多、更广阔的贸易商机和平台。我国对老、柬、缅 3 国的特殊优惠关税待遇开始，根据《中华人民共和国对老挝、柬埔寨和缅甸提供特殊优惠关税待遇换文》的要求，从 2004 年 1 月 1 日起，我国对原产于 3 国的大部分农产品及部分工艺品实行进口关税一步到位降为零的特殊优惠关税待遇。这样更加有利于瑞丽对外贸易的发展。

未来几年，瑞丽将迎来前所未有的发展机遇，全市经济社会发展将进入重大战略机遇期，发展前景十分广阔。有四大机遇：一是国家宏观环境不断优化。党的一系列重大决策，必将引领瑞丽经济社会继续保持又好又快发展。目前，国家已经规划启动了大（理）瑞（丽）铁路、龙（陵）瑞（丽）高速公路、中缅输油管道、芒市机场改扩建等一批重大基础设施建设项目。未来五至十年，瑞丽的硬件环境、大通道经济将会得到进一步提升。当前，从国家发展的总体战略和决策来看，西部大开发战略、城镇化战略、"兴边富民"工程、社会主义新农村建设、构建社会主义和谐社会等各项战略决策，为加快瑞丽发展、建设美好家园提供了良好的机遇。同时，国家将进一步加大对人口较少民族、"直过区"的扶持力度，这势必为加快瑞丽经济社会又好又快发展提供了难得的机遇。二是国家政策投入不断倾斜。今后五至十年，国家投入西部大开发的重点项目是加快水利、交通、能源、通信、市政、生态、农业、科技、教育等领域一批重大基础设施建设，将有效改善西部地区基础设施落后状况。国家"兴边富民"政策直接惠及瑞丽。国家批准唯一实行"境内关外"特殊管理模式的姐告边境贸易区工作的政策效应十分明显。三是区域经济合作不断加强。瑞丽地处大中华经济圈、东盟经济圈、南盟经济圈的结合部，在我国陆上通道参与全球化和区域合作具有非常重要的区位优势和战略地位。从昆明出发沿公路一天即可到达相邻国家的边境，从瑞丽出境 1000 公里就可达太平洋、印度洋和南亚次大陆。在中国——东盟自由贸易区建设中，省委、省政府提出了力争在2010 年前建成瑞丽—木姐自由贸易先行示范区的目标规划。建立"瑞丽一木姐边境经济合作区"的规划初步形成。缅甸境内瑞丽江梯级电站 1503 瓦以及恩眉开江、迈立开江、伊洛瓦底江梯级电站 2000 多万千瓦电源经济技术合作稳步推进。时下，瑞丽区位经济日益凸现，战略地位日趋显著。四是中缅往来互动不断升华。自古以来，中缅两国亲仁善邦，共饮一江水、"胞波"情谊深。特别是近年来，两国关系持续稳定发展，高层互访不断，中缅战略合作关系进入一个新的发展时期，建立了诸多合作机制，实施了仰光国际会议中心、公路桥梁、铁路交通、人才培训等一系列对缅甸的援助项目，努力实现互利与共赢。同时，缅甸对边境经济合作的态度日渐明朗，呈现互动态势。1998 年，缅甸将设在木姐镇区、九谷镇区的进出口管理部门撤销，统一在 105 码设立一体化的对外贸易管理机构，把木姐至 105 码近 300 平方公里划为木姐自由贸易区；2006 年，缅甸政府把木姐口岸开辟为缅甸第二个正规贸易口岸，不断改善木姐口岸功能设施，积极扩大木姐口岸的贸易份额，加速推进中缅经贸向纵深发展。缅甸中央始终高度重视这一区域的发展，已形成与我国对应开放的态势，而且显示出越来越高涨的热情。

德宏是我国通往印度洋大通道的重要节点之一，目前我国进口石油的 80% 和进出口货物的 60% 都要途经马六甲海峡，风险大、成本高。从云南德宏经瑞丽进入缅甸的这条通道历来就是我国通往印度洋最便捷、最安全的陆路通道，相对于从沿海地区绕道马六甲海峡可缩短行程 3000 余公里，降低运输成本 40% ～ 60%，具有无可替代的重要战略地位。

2012 年 1 月 13 日，云南省人民政府正式批复《瑞丽重点开发开放试验区产业发展规划（2013—2022 年）》，此举为瑞丽成为云南及中国对东南亚、南亚开放"桥头堡"重要地位真增添了新的活力。瑞丽重点开发开放试验区处于东盟经济圈、南亚经济圈和中华经济圈的核心区域，国境线长达 503.8 公里，是泛亚铁路西线的重要节点，是杭瑞高速公路的末端；有中缅原油管道、中缅天然气管道从试验区经过，管道起于缅甸西海岸马德岛的皎漂市，经瑞丽入境，项目输油和输气能力分别为 2200 万吨 / 年和 120 亿立方米 / 年。

瑞丽重点开发开放试验区总体规划面积 1420 平方公里，规划为一核两翼（一核：即瑞丽重点开发开放试验区；两翼：瑞丽——芒市、瑞丽——陇川），有六个功能区组成：跨境经济合作区、国际物流仓储区、国际商贸旅游服务区、进出口加工区、特色农业示范区、生态屏障区。打造以瑞丽市为核心，联通芒市、陇川、盈江、梁河等县市和周边地区主要城镇的"一环、二连、八通道、两枢纽"的试验区干线公路交通网，将对瑞丽—畹町—遮放—芒市经济带、瑞丽—陇川—盈江—梁河经济带、芒市—梁河经济带；四城：瑞（丽）芒（市）

陇（川）盈（江）边境国际口岸城市群起到极大的联动作用。

2012 年一年，飞速发展的瑞丽拥有多处亮点：3 月 26 日，云南省首家外籍人员消费权益保护站在瑞丽正式挂牌成立；3 月 31 日，中国首个中缅货币兑换中心在瑞丽市姐告边境贸易区挂牌成立，中缅货币兑换有了"瑞丽指数"；5 月 14 日，云南省人民政府正式批复《瑞丽重点开发开放试验区城乡发展规划（2013—2022 年）》；5 月 26 日，云南省人民政府正式批复《瑞丽重点开发开放试验区环境保护规规划》；6 月 8 日，云南省人民政府正式批复《瑞丽重点开发开放试验区旅游文化产业发展规划（2013—2022 年）》；6 月 14 日，中缅瑞丽——木姐跨境经济合作区国际研讨会在昆明举行；7 月 23 日，云南省人民政府正式批复《瑞丽重点开发开放试验区口岸发展规划（2013—2022 年）》；7 月 26 日，北汽云南瑞丽汽车有限公司第一批产品正式下线；8 月 24 日，首届跨喜马拉雅发展论坛在芒市举行。共有来自国内、缅甸及南亚国家印度、巴基斯坦、孟加拉国、尼泊尔、阿富汗、斯里兰卡八国 146 名专家学者代表出席；8 月 31 日，瑞丽国家重点开发开放试验区被评定为云南省级可持续发展实验区；9 月 15 日，云南省首座天然气母站在芒市建成投用；9 月 23 日，德宏首家互联网金融交易中心"安益互联网金融瑞丽交易中心"在瑞丽市正式挂牌运营；9 月 23 日，泛亚国际众创空间暨国际科技创新孵化园在芒市正式挂牌；9 月 30 日，龙瑞高速公路龙陵—芒市—瑞丽段全线通车；10 月 2 日，中国·瑞丽第 15 届中缅胞波狂欢节在瑞丽开幕；10 月 4 日，"瑞丽制造"第一批银翔摩托车产品下线；10 月 16 日，云南省人民政府批复《瑞丽重点开发开放试验区土地利用保障专项规划（2013—2020 年）》，至此，瑞丽试验区一个总规六个专规全部获得批复；11 月 28 日，德宏州贸易商会驻缅甸腊戌商务代表处成立；12 月 1 日，大瑞铁路保山至瑞丽段全面开工建设；12 月 4 日，中国第一份有独立刊号、公开发行的缅文报《胞波（缅文）》在德宏州正式创刊；12 月 10 日，陇川通用机场场址的审查意见得到了民航西南地区民航管理局批复，取得了陇川通用机场场址的审查意见；12 月 11 日，首届孟中印缅（BCIM）卫生与疾控合作论坛在芒市开幕；12 月 14 日，中缅瑞丽——木姐跨境经济合作区双方联合工作组第一次会议在瑞丽市举行；12 月 14 日，首届中缅边境青少年"手拉手·心连心"友好交流活动在瑞丽举行；12 月 15 日至 21 日，第十五届中缅边境经济贸易交易会在"一带一路"上的云南省瑞丽姐告国际会展中心举行；12 月 23 日，瑞丽傣寨喊沙村荣获 2015 年度 CCTV"中国十大最美乡村"荣誉称号；12 月 31 日，龙瑞高速公路龙陵至芒市段通车，标志着 G56 杭州至瑞丽高速公路全线贯通。

中共瑞丽市委、市人民政府结合瑞丽实际，提出了瑞丽当前和今后一段时期加快发展的总体思路：以实现经济社会发展新跨越和全面建设小康社会为目标，以科学发展为主线，以改革开放为动力，坚持"环境立市、产业强市、开放活市、以城带市、特色建市、科教兴市、依法治市"的发展思路。实施贸易国际化拓展、新型工业化加速、农业产业化提升、城乡一体化发展四大战略。做强对外贸易、新型工业、旅游文化、生物创新四大产业。强化基础设施、产业培植、禁毒防艾、环境建设、民生改善、人才培养、基层党建七项措施，努力把瑞丽建设成为自然生态好、投资环境佳、文化有特色、人民富裕幸福、社会安定和谐的面向两亚、走向世界的现代化国际商贸旅游城市。发展目标是：经济增长度保持在 14% 左右，预计 2020 年全市 GDP 达到 64 亿元人民币，比 2000 年翻 3 番。在全省率先实现全面建设小康社会目标。城镇居民年收入 4 万元，农民人均纯收入 10125 元，实现城乡同步进入小康；总人口控制在 20 万人以下；城市规划控制区面积 98.15 平方公里，建设面积达到 25 平方公里；全力打造以观光、旅游、购物、休闲为一体的"东方珠宝城"品牌；森林覆盖率达到 60.4% 左右；优势产业群体成为经济增长的坚实基础，区域布局较为合理；实现充分就业；社会保障体系覆盖城乡。

按上述发展思路和目标定位，到 2020 年全面建设小康社会目标实现之时，瑞丽将成为工业化基本实现、综合实力和经济竞争力显著增强、市场总体规模位居全省前列的地区，成为人民富裕程度普遍提高、生活质量明显改善、生态环境最佳的地区，成为人民具有更高文明素质和精神追求的地区，成为各方面制度更加完善、社会更加充满活力、对外更加开放、更加具有亲和力的地区；将建成中等城市和一批特色城镇、现代化的立体交通网络格局、开展国际经济合作的贸易、信息、物流、旅游、文化交流和公共服务平台；社会事业全面发展；精神文明建设、政治文明建设和生态文明建设更加完善；社会秩序更加安宁和谐。全面实现瑞丽经济社会又好又快发展，着力打造开放、富裕、民主、文明、和谐的新瑞丽。

2012 年 3 月，省政府批复《瑞丽重点开发开放试验区产业发展规划（2013-2022 年）》。按照规划到 2017 年试验区珠宝玉石加工制造业、生物特色产业、清洁载能产业和商贸物流业等支柱产业支撑经济增长的基础和能力加强；种植业、家具制造业和建材加工业等传统优势产业形成规模。到 2022 年试验区形成具备较强国际及区域产业合作和竞争能力的产业集群。通过规划的实施，实现试验区经济总量快速增长，产业结构优化升级，节能降耗取得明显实效，自主创新能力全面提高。到 2017 年试验区总产值达到 350 亿元；到 2022 年试验区总产值达到 1000 亿元以上，工业总产值达到 708 亿元。对此，按照"大项目支撑、大集团带动、集群化发展"思路，州工信委积极开展了以下工作：认真落实省政府关于促进全省经济平稳健康发展的政策措施和州政府打好三个攻坚战的要求，抓投资管理，加强对北汽瑞丽汽车、银翔摩托、盈江海螺水泥等重大项目和工业园区建设投资，推进重大项目建设；抓基础管理，加大对 2015 年度丰水期工业硅生产的服务协调和管理工作力度，确保了硅电联动价格等相关政策的有效落实；完成北汽瑞丽汽车生产项目的工信部备案和省工信委的核准工作，确保北汽首辆汽车整车产品下线，瑞丽银摩托产品下线；加大对蔗糖、咖啡、电力、工业用天然气产业的培育发展；争取省级工业跨越发展、技术改造、非公经济、园区建设、蔗糖发展项目资金 18875.65 万元、2013 年以来州级跨越发展资金 5700 万元。

瑞丽北汽、瑞丽银翔摩托等装备制造业建设、投产带动了产业化集群的发展。盈江海螺水泥、允罕水泥、陇川安琪酵母、弄璋糖厂、景罕糖厂扩建和德宏后谷 2 万吨速溶咖啡等项目建设为德宏经济持续健康发展奠定更加坚实的基础。同时淘汰落后产能工业，切实加大产业结构调整力度，进一步推进产业转型升级进程。

二、民族文化为勐卯魅力增添灿烂的色彩

（一）让民族文化助推经济社会的和谐发展

瑞丽经济的发展，促进了民族文化和旅游业的蓬勃发展。由于瑞丽地处大中华文化圈、东南亚文化圈、南亚文化圈的交汇点，与勐卯古国源远流长数千年的傣民族本土文化相互交融、吸纳、借鉴，形成了勐卯傣族有深厚底蕴、浓郁特色的民族文化：有绚丽多彩的勐卯傣族民歌、音乐、舞蹈、传说、故事、民族服饰、民族节日、风味饮食、民族建筑、历史遗址、自然风光、人文景点、珠宝文化，以及蜚声海内外的著名傣族文学家、诗人、历史学家、歌手、舞蹈家等等，让瑞丽成为一座资源富集的文化宝库。瑞丽市委坚持文化是经济社会发展的灵魂的发展理念，用大文化的观念指导经济建设和社会发展各项事业，文化搭台经济唱戏，让民族文化为勐卯魅力求增添了灿烂的色彩，助推了经济社会的和谐发展。2012 年 6 月 8 日，云南省政府批复《瑞丽重点开发开放试验区旅游文化产业发展规划（2013—2022 年）》（以下简称《规划》），《规划》获批后，如何落实是关键，为此围绕把旅游文化产业培育成为瑞丽试验区战略性支柱产业的目标，德宏州旅游发展委员会创新思路，"试走"试验区旅游"新思路"，取得了六个突破的好成绩。

1. 政府投入旅游发展专项资金有突破

2015 年共投入 4000 万元，比 2014 年增加 1121 万元，发挥 11 个兼职部门在重大项目建设、重要工作推进、"十三五"规划编制的作用，组织编制"十三五"旅游产业发展规划初稿；完成了《德宏七星傣寨特色文化旅游村详细规划（2014—2020 年）》、《德宏瑞丽江国家湿地公园史迪威码头旅游度假区总体规划（2015—2025）》专家评审。

投资 3.44 亿元的重大基础设施建设进展有突破。龙瑞高速的全线贯通使德宏旅游的通达性、便捷性和吸引力显著提升。投资 3.44 亿余元的重大项目建设进展顺利，其中"一寨两国"提升改造项目、景成地海三期工程、梁河金塔温泉小镇等重大项目共完成投资 1.257 亿元；瑞丽喊沙特色村、畹町边关文化园、陇川龙安温泉等项目得到提升，户撒乡村风情项目、大盈江旅游基础设施建设项目等一批新项目完成前期工作，完成总投资 1.8 亿元；总投资 3863 万元建设了佛塔景观小品 3 个、旅游标识牌 26 块、观景台 5 个，大型户外旅游宣传广告牌 7 块。

2. 打造旅游宣传营销市场有突破

旅游产业逐渐成熟。瑞丽是一块独具特色的旅游之地，更是发展旅游业的理想之区，曾被列为云南省"八五"期间四个旅游重点建设县市之一。瑞丽旅游局成立于 1987 年 12 月，时称瑞丽县旅游局。1990 年 7 月，组建了瑞丽县旅游工作领导小组，负责各相关部门之间的协调与全市旅游业的管理、规划、开发和实施。伴随着瑞丽的对外开放，瑞丽旅游产业开始"挂挡起步"，开创了全省乃至全国边境旅游的先河，成为瑞丽继边贸之后的又一新兴支柱产业。1993 年至 1997 年，是瑞丽旅游业打基础、求发展的 5 年，是旅游管理逐渐成熟、旅游市场逐步规范、旅游业不断壮大的 5 年。1994 年，为了更好地促进旅游业的发展，瑞丽市政府出台文件进一步规范了旅游程序，制定了《中缅边境一日游章程》，向游客公布了投诉电话，规范了旅游行程和时间，维护了游客的合法权益；加强了宾馆饭店的质量管理，通过了星饭店的评定，开始步入了规范化、标准化轨道；采取了"请进来，送出去"的办法，提高和改善从业人员的业务素质；成立了"瑞丽市旅游协调管理领导小组"和旅游稽查队，全面加强对旅游业经营活动的监督管理。5 年时间瑞丽旅游总人数达 953 万人次，其中参加中缅边境旅游人数为 92.6 万人次，占全州边境旅游总人数的 95%，从而确立了瑞丽市在全省旅游发展中的地位，成为滇西地区重要的旅游集散中心和云南五个旅游热点城市之一。从 1993 年至 2007 年的 15 年间，旅游总人数累计达 2300 多万人次，年均接待约 150 万人次，旅游总收入近 55 亿元人民币，年均超过 3.5 亿元。 1997 年，瑞丽市创建"中国优秀旅游城市"活动全面展开。2000 年被国家旅游局授予首批"中国优秀旅游城市"。同年 5 月成功举办了首届"中缅胞波狂欢节"，使这一节日成为云南省的知名品牌。

瑞丽旅游业经过 20 年的发展，瑞丽从无到有、从小到大，得到了快速发展。全市现有国际旅行社 2 家，国内旅行社 10 家，宾馆、酒店、招待所 190 多家（其中星级酒店 16 座，四星 1 座、三星 2 座、二星 14 座），总床位 15000 多个，有国家 A 级景区 3 处（莫里热带雨林景区 4A 级、独树成林景点 2A 级、瑞丽旅游淘宝场 2A 级，其他景点主要有：大等喊傣寨旅游区（全国农业旅游示范点）、一寨两国、畹町红蛇码头等，已具备一定的旅游接待能力和服务水平。旅游直接从业人员 5000 余人，间接从业人员 12000 余人，旅游业为发展第三产业、吸纳就业人员做出了重要贡献。截至 2007 年，瑞丽旅游业总投资已达 8 亿多元，综合服务功能有较大提升，旅游产业不断壮大。目前，瑞丽开辟了中缅边境游、民俗风情游、亚热带雨林风光游、淘宝和珠宝购物游等 4 大系列旅游产品；开通了若干条适应不同需要的旅游线路。

首次与昆明铁路局合作开通昆明至上海"德宏号"文化旅游列车，途经昆明、贵州、湖南、江西、浙江、上海等 6 省市，沿途宣传和展示了德宏州多姿多彩的民族文化、自然风光和开发开放优势；把我州的民族文化元素、美食、美景融入车厢装饰、列车员服饰、食品等各环节。"德宏号"文化旅游列车自开通运营以来，通过进沪列车连接东南、辐射全国的流动长廊和宣传平台，宣传、展示了德宏"边境风情、民族文化、绿色生态、养生休闲、特色购物"旅游和"沿边特区、开放前沿、美丽德宏"良好形象，展示瑞丽国家重点开发开放试验区建设的投资环境、优惠政策，将优美旖旎的"美丽德宏"推向全国。首次在昆明长水、丽江、西双版纳、大理、香格里拉等 8 个支线机场投放德宏旅游形象宣传广告。在央视新闻频道和北京故宫《导览图》上投放德宏旅游宣传广告，编辑出版了《灵性德宏》《摄影旅游》《德宏旅游地图》《大美德宏》等德宏专刊，其中《摄影旅游》德宏专刊面向全国发行 28 万册；通过新闻媒体吸引旅游爱好者对德宏的关注度，实施"互联网＋旅游"行动计划，加强德宏旅游门户网站、微博和手机微信平台建设，利用网站宣传报道全州最新旅游动态。

3. 缅甸游客入境旅游有突破

融入国家"一带一路"战略，拓展新的跨境旅游产品和线路，加快推动边境旅游、跨境旅游和入境旅游发展，利用瑞丽试验区建设政策优势，大胆探索入境旅游和到缅甸旅游第三国人员入境旅游新政，共办证出境 1.7 万人次；加密了昆明至芒市航班，恢复了杭州至芒市航班。筹集 1600 万元航空旅游发展资金，培育和拓展航空旅游市场，2014 年游客吞吐量有望突破 130 万人次。由于特色突出，游客大增，预计 2015 年旅游接待总人数 976.38 万人次，同比增长 8.7%，其中海外旅游者人数 22.71 万人次，同比增长 8%；国内旅游者人数 953.67 万人次，同比增长 8.8%；口岸入境一日游人数 203.77 万人次，同比增长 10%。

4. 在旅游文化产业发展突破的后面

瑞丽开放的辉煌成就是令人赞颂的。瑞丽旅游文化产业这块的成果也是显著的，可是一些专家的见识和理论分析也是值得重视的。因为，如今的瑞丽已不仅仅是边境口岸的瑞丽，它更是品牌的瑞丽，文化的瑞丽。这意味着，营造软环境、提升软实力，打造品牌瑞丽已成为桥头堡和试验区建设先行先试的重要内容。软环境是瑞丽全面推进桥头堡黄金口岸建设的"无形资产"，软实力是沿边重点开发开放试验区建设的"无形竞争力"，二者承载着一个地区最重要的文化底蕴及内涵，反映出一个地区人文精神的密集程度，折射出一个地区深层文化集合的能量，其对地方经济发展的影响力，甚至会超过某些增长要素。把打造节庆品牌、旅游品牌、城市品牌和产业区域品牌与中缅边境经济贸易中心、我国向西南开放重要国际陆港、国际文化交流窗口、国际绿色休闲度假黄金口岸城市、沿边统筹城乡发展先行区和中缅睦邻安邻富邻示范试验区建设结合起来，形成一个有机整体，一个互动互联的演进形态，文化经济互补，整体协调推进，这是一项开创性的试验，对桥头堡先行区和沿边重点开发开放试验区建设具有深远意义。瑞丽以桥头堡先行者和试验区建设者应有的文化自觉，着力营造一个开放、包容、多元，富有创造活力的软环境；提升一种具有导向力、吸引力和亲和力，代表沿边开放文化高度的软实力，把品牌瑞丽、文化瑞丽推向世界。此举将有利于实施互利共赢的开放战略，有利于构建和谐西南周边，事关根本、事关全局、事关长远。

文化是民族的血脉，是一座城市的根脉，是边疆各族人民的精神家园。只有充分认识文化的价值，重视文化生态建设，才能在非经济因素中开掘发展动力之源；只有形成与桥头堡先行区建设和试验区发展相适应的文化优势，才能在区域经济合作和文化的激荡碰撞中掌握主动权。

从瑞丽沿边重点开发开放试验区启动的国内外社会大背景来观察，文化已深深融入经济之中，而经济的发展也纷纷超越纯经济的框架，越来越重视文化的开发渗透，经济竞争越来越依赖于文化竞争，社会财富越来越向拥有文化优势的地区集聚，文化成为社会发展的重要决定性力量。打造节庆、旅游、城市和产业区域四大品牌正是市委、市政府利用沿边地区丰富的文化资源，独特的文化优势，打造和提升文化竞争力，使文化真正成为经济社会发展先导力量、带动力量的开创性试验。

主题是节庆的主旋律，大凡有持久生命力的节庆活动，都有一个恒久的主题。中缅胞波狂欢节是中缅两国为传承和增进由老一辈国家领导人亲自缔结的中缅胞波情谊，弘扬两国多姿多彩又各具特色的民族民间文化而举办的国际节庆活动。节会尊重中缅两国的文化、风俗、信仰，突出"和平、发展、吉祥、共欢"的节庆主题。同样，国际珠宝文化节也以"弘扬珠宝文化，推进和谐发展"为主题。可以这样认为，德宏瑞丽在中缅边境举办的国际节庆活动，"和平"、"和谐"既是鲜明的主题，又体现了最大的地域特色。"和平"、"和谐"的节庆主题，体现了中缅胞波情谊，反映了两国人民的精神诉求和加强文化交流的良好愿望，两国人民因节而聚，因节而欢，因节而庆，这是中缅胞波狂欢节的节庆基础，是打造国际节庆品牌的社会之根、大众之本、生命之源。

桥头堡建设和试验区建设的启动，为节庆的品牌化开创了一个前所未有的开放空间和政策环境，使市委、市政府能够站在全面提升沿边开放水平这样一个新的高度来深化节庆主题，站在搭建国际文化交流窗口，建设中缅睦邻安邻富邻示范试验区的操作层面上来丰富节庆的内涵。营造具有亲和力的节庆软环境，和谐周边，增进睦邻友好；打造具有导向力的文化软实力，加强两国间的互利合作共赢，这是时代赋予节庆主题的新内容。

节庆是一座城市的名片。"两节"同庆，全城共欢，万民同乐，是瑞丽整合节庆资源、提高办节水平、发展节庆产业、放大节庆效应、叫响节庆品牌的创新之举。瑞丽将国际珠宝文化节与中缅胞波狂欢节、泼水节和红木文化节合并举办，将节庆活动融入到"瑞丽珠宝"、"瑞丽红木"品牌的打造中，实现节庆品牌和城市品牌、产业区域品牌的良性互动；将欢乐元素注入东方珠宝城和西部"红木之都"，打造沿边"动感地带"，珠宝文化、红木文化与民族文化交相辉映，中缅胞波同城狂欢，极大地提升了瑞丽的城市形象魅力和国际亲和力。节庆合办，品牌共塑，瑞丽四大节庆已演变成为开放型、展示型、旅游型、国际化的社会大文化大经济活动。

节庆是传统民族文化的重要传承方式，是伴随着农耕文明而发展兴盛起来的。节庆品牌不仅是一个地方的经济标签，更是一种文化标识，需要高度的文化自觉，不断挖掘文化内涵，创新文化表现形式。中缅胞波狂欢节至今已成功举办了11届，之所以能以浓郁的民族特色、异国情调和狂欢气息吸引广大中外宾客，特色化、国际化、大众化是其生命力之所在。"中缅竹筏竞赛"、"中缅牛车选美"、"中缅水灯祝福"，求新、求特、求异引导着传统表演形式不断创新。从"瑞丽江泼水狂欢"到"万人摇滚狂欢"，再到"中缅民族风情巡游狂欢"，体验性、参与性和互动性成为现代节庆活动的发展方向。

在这里我们想说的是，我们的瑞丽，在旅游方面除了对历史遗迹、节庆活动、书刊画册、歌曲乐曲等的旅游宣传和旅游融入以外，我们觉得是不是也能将我们瑞丽的优秀历史人物、优秀劳模、著名歌手和诗人、著名舞蹈表演艺术家，有名的民间舞蹈大师、孔雀舞传承人、民间歌手、民间象脚鼓手、民间绘画家、民间织锦能手等，作为民族文化品牌进行广泛宣传和推广，增强旅游的文化内涵和文化氛围。在桥头堡和试验区建设的大背景下，营造文化软环境，提升文化软实力。我们的瑞丽有的是名人，有的是名歌，无论是专业的或是业余（民间）的，都会是一样的闪亮光彩，都会是一样吸人眼球，令游人向往和陶醉。尤其是大众旅游时代到来的时候，我们更要加强旅游建设和管理，规范旅游市场秩序，加强旅游文化的广度和深度。有一位作家曾经这样介绍我们瑞丽的著名傣族诗人召尚弄芒艾、著名傣族歌手庄相、著名傣族舞蹈表演艺术家毛相和著名民间孔雀舞大师约相。

召尚弄芒艾（1848—1916）又名苏伦打，傣族，生于勐卯芒艾寨（今瑞丽县弄岛区芒艾寨），是清代勐卯宣抚司辖区内最著名的傣族诗人。"召尚弄"意为大和尚，"芒艾"是一村名，"召尚弄芒艾"即芒艾的大和尚。傣历1210年，苏伦打生于一个贫苦农民家庭。按照傣族风俗，他在3岁时被送进奘房当"嘎备"即预备和尚，一年后升"召尚"。他在识傣文后便开始写诗编歌了，他写作的诗歌语言流畅，词句优美，周围傣族群众爱唱爱听。到14岁时，父亲病故，母亲年老，苏伦打还俗回家，佣工度日。16岁时砍竹子，不幸被竹子刺伤了眼睛，不能干活复入奘房为僧。他经常为青年男女们写作诗体情书，由于过度疲劳，导致双目失明，从此他更加奋发创作。他从26岁时就整理和创作了大量民间故事和叙事诗、情歌，失明后又长期口头创作，请人代写。他一生搜集整理和创作了大约有66部作品（主要是叙事诗），使傣族文学中的精华，得以书面形式流传下来，同时由于他的艺术才能，又使这些艺术品产生巨大影响，在国内外争相传播，德宏地区著名的叙事长诗《娥并与桑洛》就是由他首次整理出的。现今所知他整理创作的叙事诗有《宾机宾列》，《广姆贺卯》《阿朗浪》《菩提供玛腊》《广姆宫》《广姆写项》《秀三满》《金省勐晃》《章阿凉》《阿朗日劳》和描写四季风光的长篇诗歌《无独松静》等等。傣历1278年10月14日，这位杰出的傣族大诗人在芒艾奘房病逝了，享年66岁。境内外群众为了纪念他，做了3天大摆，并破例用老佛爷的规格厚葬他。第二年在芒艾建立了一座方塔形石墓。1984年，当地群众又在原地重建了一座笋形墓塔。

庄相（1912—1986）原名岩赛，云南省瑞丽县广拉寨人。著名傣族歌手和诗人。他生于一个贫苦的农民家庭。9岁时，庄相被母亲送到奘寺当了小和尚，19岁便晋升为佛爷。25岁还俗后，即成为乡间百姓敬慕的歌手。他不仅熟悉佛教经典，而且对傣族民间文学情有独钟，他吟唱的各类民间叙事长诗声情并茂，委婉动人。他像一只辛勤的蜜蜂从浩如烟海的傣族民间文学中吸取了丰富的营养；他大量背诵和研究了许多民间叙事长诗、传说、故事，这些为他以后的创作打下了坚实的基础。新中国建立后的1952年，庄相参加了工作，被吸收到瑞丽市文化馆工作。他跟随工作组参加了"和平土改"、农业合作化等社会变革。在走村串寨中，他展开双臂拥抱新生活，亮开嗓子歌唱新时代，先后创作了大量群众喜闻乐见的文艺作品。1956年后，他几次被送到内地参观学习，开阔了视野，增长了见识，创作激情更加高涨。1961年他创作的叙事长诗《孔雀啊，迎着朝霞飞翔》在《人民日报》发表。不久，他又创作了叙事长诗《幸福的种子》由云南人民出版社出版发行。他的作品不仅受到国内读者的喜爱，缅甸、泰国读者也争相抢购。以后他又创作了《三朵银花》、《一朵红花》、《瑞丽江之歌》、《党——红太阳》、《我们的边城欣欣向荣》等数十首诗歌。"文化大革命"中，庄相的作品也受到了批判，有的被打成"毒草"，老人竟忧愤成疾。这时候，境外有不少人劝他去国外写诗唱歌，并"保证吃穿不愁"。庄相毅然回答道："金鹿眷恋绿色的草地，大象喜爱莽莽的森林，我难舍生我育我的故乡。没有共产党就没有我庄相，死活也要在祖国的土地上！"后来，自由的庄相又张开被锁住的金嗓子放声歌唱了！1979年，他赴京出席全国少数民族诗人歌手座谈会，他以激动的心情创作了《从边疆到北京》、《象脚鼓又响了》等，其中用傣文创作的《泼水节之歌》荣获1980年全国首届少数民族文学创作奖。他曾是省文联委员、中国作协云南分会会员、省民研会理事、德宏州文联副主席、州政协委员。庄相于1986年2月25日病逝，享年75岁。他留下30余本生活、创作笔记。

毛相（1920—1986），傣族，云南省瑞丽县姐相区顺哈村人。著名傣族舞蹈表演艺术家。毛相天资聪慧，并受到傣族传统的民间舞蹈的熏陶。他小时候放牛时经常躲在森林中，悉心观察和模仿孔雀的跳舞动作，后来他逐渐创造了傣族民间孔雀舞。他曾拜当地民间艺人和傣族艺人哦贺哈为师，学习舞蹈和武术。1953年参加工作，在中央民族歌舞团任舞蹈演员。1954年返回德宏州民族歌舞团工作。他表演的孔雀舞不仅形似，而且神似，刚柔相济，出神入化，特别是那融自然之灵气而生辉的精灵眼神，令艺术家们望尘莫及、叹为观止。毛相的孔雀舞艺术造诣很高，为国内外各族观喜爱赞赏。1957年，在莫斯科举行的第六届世界青年联欢节上，他和该团演员白文芬表演的《双人孔雀舞》荣获银质奖章，成为我国闻名的孔雀舞表演艺术家。1961年，参加中国友好代表团随周恩来总理出访缅甸联邦演出受到高度赞誉，被称为"传递和平与友谊的金孔雀"。他不断学习，把其他民族的舞蹈语言汇融入孔雀舞中，大大丰富和发展了孔雀舞的表演。是摆脱孔雀架子道具进行徒手孔雀舞表演的第一人，对孔雀舞的发展做出了重大贡献。主创兼表演的《双人孔雀舞》荣获"中华民族20世纪舞蹈经典"提名奖，成为全国为数不多的优秀获奖作品之一。20世纪90年代初，他被荣誉收入《中国当代艺术界名人录》（第二卷）。曾任中国舞蹈家协会理事、云南舞蹈家协会理事，是中国舞蹈家第五次代表大会特邀代表。1986年8月在瑞丽市逝世，终年66岁。

约相，傣族，1948年11月生，云南省瑞丽市喊沙村人。著名傣族民间舞蹈家。曾任瑞丽市姐勒乡姐东村党总支书记。约相生在孔雀之乡，从小就爱跳孔雀舞。年轻时先后拜民间著名孔雀舞艺人帅哏撒卡和毛相为师，习练孔雀舞。由于他悟性高，勤奋好学，舞技不断提高，18岁就在中缅边境一带享有名气。20世纪八十年代以后，约相两次参加国家文化部举办的汇演和比赛并获奖，两次参加全国少数民族运动会表演"孔雀拳"获表演奖。多次被聘请到深圳、广州、文山等地及台湾、缅甸进行表演和文化交流。北京、上海、四川等地的艺术院校师生和文艺团体的编导、演员，专门前来瑞丽向他学习孔雀舞。约相成为继毛相之后德宏州著名的民间孔雀舞大师，孔雀舞传承人。约相在自家的地上建盖了舞台和练功室，用作培育、训练少年儿童学习孔雀舞场地，他勇于担当，不辞辛苦，为傣族民间孔雀舞后继有人而做出了很大的付出。是云南省舞蹈家协会会员。

他们是我们傣族的一代文学艺术名星！他们的形象和作品早已蜚声海内外，我们为何不在文化旅游方面好好赞美他们、尽情颂扬他们一番呢？这难道不是我们瑞丽的一张最实在的、最好的名片，最引人注目的一种文化品牌么？其实，由这四位瑞丽文化名人可见瑞丽文化之一斑。新中国诞生后到现在，瑞丽本土的文化艺术名人，如上所说的作家、诗人和国家二级演员以上、副教授以上、副研究员以上，还有省级以上的英雄人物、劳动模范、三八红旗手等就有 40 余人。这数目不算小了。他们都是一群拥有很高名声和高级专业技术职称的爱党爱国爱家乡的有志之士、有识之士。我们以为，宣传这些人，就是宣传了瑞丽的文化旅游，宣传了瑞丽的文化层次，也将彰显瑞丽的精神风貌和精神气质。

三、一带一路为勐卯明天绘制了宏伟的蓝图

习近平总书记在 2013 年 9 月和 10 月先后提出了建设"新丝绸之路经济带"和"21 世纪海上丝绸之路"的战略构想，构想提出丝绸之路沿线国家合力打造平等互利、合作共赢的"利益共同体"和"命运共同体"的新理念；描绘出一幅从波罗的海到太平洋、从中亚到印度洋和波斯湾的交通运输经济大走廊，其东西贯穿欧亚大陆，南北与中巴经济走廊、中印孟缅经济走廊相连接的新蓝图，这一构想也是本世纪最重要的构想，随着这一构想的推行，在不久的将来，它不但会影响中国与东盟国家的关系，也会影响东盟与南亚、中亚、中东、非洲以及欧洲等地区的关系。习总书记视察云南时，对云南省在"一带一路"发展战略中要发挥好面向东南亚、南亚开放的重要桥头堡作用的指示，为处于中印孟缅经济走廊带交汇点的瑞丽试验区的发展前景提供了无限的发展机遇。为适应和融入"一带一路"发展战略之中，瑞丽市对瑞丽各方面的发展前景进行了全面的规划，勾画了瑞丽明天宏伟的蓝图。

（一）《瑞丽重点开发开放试验区城乡发展规划》引领传承民族元素和特色风貌

结合"一核两翼三带四城"的桥头堡黄金口岸总体空间布局和"一核两翼，联动发展，一区多园，政策叠加"的瑞丽试验区建设总体思路，以推进芒瑞陇盈沿边国际口岸城市群建设为核心，及时启动了《州域城镇体系规划》修改工作，并于 2014 年初完成规划编制，已经德宏州第十四届人民代表大会常务委员会第十三次会议审议通过，待省政府批准即可组织实施。根据 2015 年全省城乡规划工作会议精神，结合全省"千村示范、万村整治"工作要求，组织全州 34 个村庄申报省级村庄规划建设试点，其中 13 个村庄被列入省级试点，现已完成规划编制，进入法定报批阶段；结合全省"十城百镇"工作要求，组织申报瑞丽市为省级城

市规划建设试点、组织 7 个乡镇申报省级乡镇规划建设试点。旨在通过结合省委省政府提升人居环境工作要求，着重打造一批特色鲜明、景色秀美的新型村镇。

眺望德宏大地：坝子里美丽的傣寨，原始质朴的景颇族山乡，坐落于青山之中的傈僳族德昂族特色村落，别具风格的阿昌族四合院民居，在蓝天白云下多彩夺目，与绿水青山相映成趣，好似一幅恬静悠然的山水画……一个个充满特色与灵气的德宏 5 种世居少数民族风格的新农村聚居点让人耳目一新，看不够，串不完。这是州住房和城乡建设局把民族元素融入试验区城乡发展 10 年的规划亮点。

德宏州属少数民族聚居的地区，少数民族在长期的生产生活中创造了灿烂的少数民族文化，具有丰厚的民族文化底蕴，特色民族建设就是其中之一，但多年来由于缺少统一的标准指导，城乡规划鲜有民族特色及传统建筑风格。为此，州委、州政府提出传承民族建筑精髓、彰显民族建筑特色、弘扬民族建筑文化，打造民族风情文化州的战略目标。

按照德宏州委州政府城乡发展的新思路，州住房和城乡建设局着眼打造民族风情文化州的战略，以规划引领试验区特色城镇化建设，充分运用我州 5 种世居少数民族的文化元素，在规划中将少数民族建筑特点、特色体现在试验区城乡规划建设中，集中编制了《瑞丽重点开发开放试验区城乡发展规划（2013—2022）》，获省政府批准实施后，州住建局本着"彰显特色、突出个性、体现魅力"的原则，开展了城乡建设规划特色化研究，出台了《关于加强德宏州建筑色彩及造型管理的指导意见》和《关于进一步加强城乡规划工作的决定》。结合本州实际，制定了《德宏州建筑色彩管理实施细则（试行）》，用于控制和引导州内城市建筑造型及色彩的选用和设计。2012 年设计出版了《德宏傣族景颇族新民居》和《德宏特色建筑》图集。按照"新房新村、生态文化、宜居宜业"的要求，牢牢把握"彰显德宏少数民族建筑文化特色"的主线，组织完成了 10 个傣族新民居设计方案，并以省烟草公司对我州陇川、梁河两县阿昌族村寨实施整乡推进、整族帮扶活动为契机，充分发掘和提炼阿昌族民族元素，完成了 6 个阿昌族新民居方案和阿昌族寨门、小广场、村民文化活动室的设计方案。德宏州传统村落上报 77 个，被列入国家传统村落名录 10 个；2015 年 1 月九保村申报为省级历史文化名村。通过特色化工作的开展，彰显了德宏民族文化，突出了德宏民族建筑特色，完善了城乡功能布局，开辟了一条德宏城镇化发展特色道路。瑞丽市的城镇乡村也将很快展现出应有的民族姿色和风采。

（二）开辟一带一路建设重要能源通道 – 中缅油气管道国门首站瑞丽站

在青藏高原东南部的横断山脉高山峡谷、丛林草莽之中，唐宋以来，就绵延盘旋着一条神秘的古道，这就是世界上地势最高的文化传播古道之一—滇藏茶马古道。它同中国古代海上之道、西域之道、南方丝绸之路有着同样的历史价值和地位，是中国对外交流的主要通道。

随着时代的发展，如今一条深埋于地下的中缅油气管道已经建成，沿着这条渐渐被人们遗忘的古道边又开辟了"一带一路"建设中重要能源通道。

中缅油气管道建设计划于 2004 年提出；2009 年 6 月，中国与缅甸签署中缅油气管道项目协议，协议期限为 30 年。该项目是由中国、缅甸、韩国、印度四国六方投资建设的原油、天然气双管并行的管道工程。2010 年 6 月 3 日和 9 月 10 日，管道境外和境内段分别开工建设，成为我国继中亚油气管道、中俄原油管道、海上通道之后的第四大能源进口通道，是"一带一路"建设中最特殊的"大物流"通道。

中缅油气管道天然气管道起于缅甸皎漂，途经若开邦、马圭省、曼德勒省等地，经南坎进入中国瑞丽，在贵州安顺实现油气管道分离，分别通往重庆、广西，总长度接近 2500 千米，原油管道直达重庆，总长度大致 2400 千米。这条油气管道穿越了缅甸西部最高山若开山、缅甸最大的河流伊洛瓦底江，还有中国的横断山脉、澜沧江、怒江……中缅油气管道中国境内段途经 4 省区市、23 个地级市、73 个县市，穿越大中型河流、山体、隧道等，沿线地形、地貌、地质条件复杂，地质灾害严重，是目前中国管道建设史上难度最大的工程之一。中缅油气管道在云南省境内包括一干三支，油气干线从瑞丽市入境后，自西向东并行铺设，经过德宏、保山、大理、楚雄、昆明、曲靖，在富源县的后所镇进入贵州盘县。三条支线分别是安宁支线输油管线、丽江支线输气管线、玉溪支线输气管线。由西南管道德宏输油气分公司瑞丽输油气站远远地望去，几个巨大的油罐映入眼帘。这就是中国第四大能源通道——中缅油气管道国门首站瑞丽站。位于瑞丽市弄岛镇。据了解，瑞丽输油气站于 2012 年 6 月 28 日开工，1 年零 1 个月完成了输气设备的建设，其中天然气管道于 2013 年 7 月 31 日从缅甸入境向国内输送天然气。当时，为确保天然气管道顺利畅通，瑞丽海关等联检部门对油气管道建设物资相应出台了系列保障措施，确保中缅油气管道建设物资通关"快速接单"、"快速放行"等专用绿色通道。中缅油气管道是我国第四条能源进口大动脉，从缅甸的马德岛一路向北至南坎县，再由云南瑞丽 58 号界碑入境，穿越云南、贵州，最后到达广西贵港市。这条油气管道从平面图上看，犹如一条巨龙，蜿蜒盘旋于中缅两国的崇山峻岭间。输油气站的所有装置、设备都是国际上认可的，最为先进的设备。

输油气管道的管理很特别，输油气站聘请了管道沿线村寨的村干部或贫困的村民担任农民巡线工，为什么这样做呢？因为输油气管部分管道途经人口密集区，如村寨、学校、集市等，农民建新房或在自家田地上种植深根植物、电力和交通设施的修建等活动，都极有可能造成对中缅油气管道的破坏和损毁。所以就通过这些农民巡线工及时掌握这些情况，同时第一时间到农户、村寨和相关单位进行相关法律的宣传，及时有效的化解威胁管道安全运行的隐患。

目前，瑞丽输油气站与周边村寨可以说是亲如一家。11月初，是瑞丽输油气站驻地傣族群众"出洼"的节日，周边的村寨邀请站里的员工与他们一起过节，在现场上大家一起聊天、跳舞。在这样和谐共处的氛围中，企业与村寨、企业与村民的关系越来越融洽，沟通也越来越顺利。村民理解输油气站的工作，输油气站的领导和员工也尽最大努力帮助村里的建设和村民的生活。形成非常有利的全民性管理。

（三）打造对缅跨境电商的第一品牌—瑞思通中缅跨境电商网站

瑞思通中缅跨境电商网站是瑞思通电子商务有限公司在我国提出"一带一路"、"互联网+"、"大力推进跨境电商发展"等思路背景下推出的。瑞思通致力于打造对缅跨境电商的第一品牌。瑞思通跨境电商网站总部设在瑞丽市，依托云南省建设"面向东南亚、南亚开放的桥头堡"的思路，结合瑞丽国家级一类口岸的全方位对外开放优势，充分发挥姐告中缅双边跨境自由贸易区的"境内关外"特殊政策优势。与此同时，瑞思通还在上海设立技术研发中心，负责网站的开发维护工作；在缅甸设立分公司，负责网站对缅推广和订购流程。

据瑞思通CEO黎佳介绍，瑞思通将通过缅语版、符合缅甸文化习惯的跨境电子商务平台网站，推动传统经营的对缅出口贸易企业"上网"，将店铺由线下拓展到线上。广大的缅甸买家可以通过网站浏览商品、订购商品并支付货款，平台组织商家调货、报关、物流并将商品送到买家手中，使买家实现"一站式购物"，极大地减少交易的中间环节，降低买家的购物时间成本与经济成本。同时，卖家也可实现"卖后不用管"，由瑞思通平台负责组织物流和收取货款。

与阿里巴巴、惠聪网等现有一般跨境电商平台相比，瑞思通专注于对缅甸出口的市场，其符合缅甸当地传统文化和购物需求的特点，简化的购销流程，更快、更方便、更安全的特点将让广大缅甸消费者更容易接受瑞思通。现瑞思通已全面开启招商合作模式，上线当天即有100余商家入驻，下一步瑞思通将引进更多商家，打造产品最全，服务最优的中缅跨境电商平台。

（四）着力培养的打造珠宝文化重点产业

多年来，瑞丽市委、市政府充分发挥地域优势，将珠宝文化产业作为重点产业加以打造扶持，通过着力培育产业市场，抓好诚信经营，引进重大项目，扶持龙头企业，打造知名品牌，大力宣传推广，不断提升产品品质，成功打造集贸易、加工、销售等功能为一体的珠宝产业链，并为瑞丽赢得了"东方珠宝城"、"中国珠宝首饰特色产业基地"、"精彩瑞丽，富贵之都"、"中国翡翠之源头"、"云南省文化产业发展特色县市"、"云南省百城万店无假货示范街"等美誉。

瑞丽国际珠宝文化创意产业园是由云南省文投集团投资，由文投集团子公司瑞丽国际珠宝文化产业投资有限公司具体负责开发建设，项目总投资约 20 亿元人民币，占地面积约 491 亩，建筑规模约 70 万平方米，建设周期为 3 年，项目于 2012 年已被云南省政府列为"三个一百"重点建设项目。园区将规划建设中国最大翡翠毛料交易中心、珠宝加工生产中心和互联网电子商务平台，最具特色的珠宝创意设计中心和旅游购物中心，最完善的功能珠宝成品交易区，全国最知名珠宝博展拍卖中心、珠宝教育培训与文化传播中心，全国首家珠宝产业孵化中心和珠宝金融中心，国内最权威珠宝鉴定评估中心，以及国家级珠宝产业进出口基地共 12 个功能区。

瑞丽将通过构建起完整的珠宝文化产业链条和产业集群，打造国际一流的珠宝产业园区，加快珠宝产业转向升级，推进珠宝产业与国际化的合作，增强瑞丽珠宝的文化性和增强产业的竞争力，带动瑞丽珠宝相关产业集约化、规模化、规范化发展，形成产业集群效应，让瑞丽成为国际珠宝行业的新标杆和珠宝产业发展的新高地。

（五）让古代南方丝路古道迸发新的活力

瑞丽与缅甸山水相连，背靠大西南，面向南亚、东南亚，立足南亚经济圈、东盟经济圈交会点。历史上，南方丝绸之路和茶马古道由此而过。二战时期，滇缅公路以此为节点，将抗战物资运往内地。随着"一带一路"建设的稳步推进，瑞丽以其得天独厚的地理区位优势，迸发出强劲的发展活力。

作为中国面向西南开放的重要前沿，瑞丽既是中缅公路、水路、铁路、民航、管道五大国际通道的重要枢纽和中国连接印度洋通道的国内终端，也是"一带一路"、孟中印缅经济走廊的重要节点。

2010 年 6 月，瑞丽被确定为国家重点开发开放试验区。按照国务院批准的《瑞丽重点开发开放试验区建设实施方案》，该试验区估算投资 7687 亿元，重点建设边境经济合作区、国际物流仓储区、国际商贸旅游服务区、进出口加工区、特色农业示范和生态屏障区 6 个功能区，最终把瑞丽试验区建设成为中缅边境经济贸易中心、西南开放重要国际陆港。

瑞丽是一个缺乏资源开发的城市，发展的潜力在于通道经济。充分发挥口岸优势，深入推进瑞丽试验区建设，有效融入国家"一带一路"建设，关键是要加强交通基础设施建设，提高对内对外的物流运输水平。走进瑞丽试验区，一片热火朝天的建设场面，公路、铁路、水运、航空、管道运输综合立体交通网络建设正在全方位推进。杭州至瑞丽高速公路龙陵至瑞丽段建成通车，是横贯东西的大动脉，它将上海自由贸易区与瑞丽试验区紧紧相连。瑞丽至陇川高速公路也将建成通车。瑞丽航空有限公司成立和瑞丽直升机机场的投入使用。都是瑞丽发展通道经济的有力展示。

值得注意的是，由新加坡经吉隆坡、曼谷、仰光，直到昆明的泛亚铁路西线方案，也途经瑞丽。目前，这条线路上大理至瑞丽段已进入实质开工阶段。此外，经瑞丽到缅甸皎漂的境外公路项目建设，中缅双方也在积极协调推进。这条通道一旦打通，我国外贸货物可直接经缅甸运至印度洋，比从东部沿海绕道马六甲海峡的运距缩短 3000 多公里。

（六）为融入一带一路发展战略打好坚实基础

"十二五"时期，是瑞丽市大开放、大开发、大建设、大发展的重要机遇面前，瑞丽市着力转方式、调结构，努力开创瑞丽跨越式发展的新篇章：2013 年瑞丽在全省县域经济综合考核中排名第 13 位，2014 年排名第 6 位，瑞丽正在向构建云南面向南亚、东南亚辐射中心前沿基地的目标大步迈进。

1. 通道枢纽加快形成。"十二五"期间，瑞丽市千方百计加大交通基础设施建设力度，公路通车里程达 700.51 千米，公路密度达每百平方公里 68.68 千米，乡镇通畅率、建制村通达率 100%，建制村通畅率达 72%。国高网杭瑞高速公路芒市至瑞丽段建成通车。

畹町至缅甸 105 码二级公路建成使用，全市有大小通道 34 条与缅甸互联互通。瑞丽综合客运枢纽站投入使用。中缅陆水联运大通道起始段——瑞丽至陇川高速公路全速推进，预计明年建成通车；中缅陆水联运大通道陇川章凤至缅甸八莫二级公路建设获得缅甸中央政府 BOT 建设批复，正准备开展勘测设计工作。

全省首家本土民营航空公司——瑞丽航空公司安全发展一周年，开通 11 条航线，连通全国 16 个城市；瑞丽景成直升机场基本建成，直飞、高效的短线"空中黄金走廊"即将开通。保山至瑞丽铁路 2014 年 12 月开工建设，泛亚铁路西线中国境内"最后一段"建设提速。

中缅通讯光缆建成使用，移动、电信手机网络覆盖边境缅方一侧 15 公里。中缅天然气管道于 2013 年 8 月正式向国内供气，当年实现了原油进口。畹町芒满——九谷贺弄通道、姐告第四国门通道建设加快推进，瑞丽口岸、畹町口岸成为全国首批进口粮食指定口岸，畹町口岸是全省唯一的"非即食性"冰鲜产品进口指定口岸，瑞丽口岸还被列为云南电子口岸平台建设第一批重点建设口岸。2013 年，在泰国曼谷召开的亚洲交通运输部长论坛第二届会议上，瑞丽被确定为国际陆港城市。2014 年，瑞丽、畹町口岸进出口货运量 364 万吨、货值 47.67 亿美元；出入境人流量 1780 万人次、车流量 389 万辆次，瑞丽口岸"四项指标"连续多年均居云南省首位，边民出入境流量连续多年位居全国第一，一个联通内外的通道辐射网络正在加快形成。

2. 产业基地雏形初现。瑞丽依托"两种资源、两个市场"，着力打造"乘瑞丽航空、驾瑞丽汽车、骑瑞丽摩托、看瑞丽电视、打瑞丽手机、赏瑞丽红木、购瑞丽珠宝、品瑞丽柠檬、观瑞丽风光"的"大产业"基地。粮食、柚子、柠檬、石斛、烟草、咖啡、高山生态蔬菜、高山生态林果等生物特色产业快速发展,瑞丽荣获"中国野生石斛示范基地"、"中国林下经济生态示范基地"等称号。

瑞丽工业园区纳入省级园区扶持范围,累计入园企业达45户,产业聚集能力明显增强。年产15万辆的北京汽车云南(瑞丽)产业基地、年产100万辆的瑞丽银翔摩托产业园完全达产后,两大项目可带动上下游产业250亿元以上产值;瑞丽启升液晶电视科技有限公司年产20万台液晶电视机和10万部手机生产线正在规划建设,"瑞丽制造"崭露头角。

红木产业从最初的简单过境贸易发展到集原料采购、生产加工、销售服务于一体的完整产业链,被中华木工委授予"中华红木文化特色产业之都"称号。瑞丽姐告玉石毛料二次公盘正式开盘,珠宝玉石产业毛料批发中心、设计加工中心、成品展示销售中心"三个中心"基本形成,被授予"中国珠宝玉石首饰特色产业基地"称号。推出国内首条中缅自驾车旅游环线,荣获"中国旅游金途奖"2015年度最佳旅游线路奖,中缅跨境旅游迅速升温。

3. 交流平台日趋完善。瑞丽市与缅甸木姐市缔结为友好城市,双方建立了定期会谈会晤机制,在互联互通基础设施建设、跨境旅游、跨境农业合作、农用物资进出口、界河治理、禁毒防艾、疫病联防联控、中缅边境警务合作等方面开展了深入务实的交流与合作。瑞丽市中缅边境文化交流协会和银井"一寨两国"国门书社先后挂牌成立,姐告国门小学、银井边防小学等边境学校接收的缅籍学生不断增多,缅甸华文教师培训多批次开班,中缅文化交流平台不断拓展。中国第一家驻缅甸NGO组织—瑞丽妇女儿童发展中心木姐项目办公室挂牌成立,为帮助缅甸妇女儿童享有健康生活水平和平等发展机会开展了大量卓有成效的工作。推动设立德宏州贸易商会驻缅甸腊戌商务代表处,为中缅边境经济合作交流开辟了新渠道。瑞丽市异地商会和行业组织蓬勃发展,目前共有12家异地商会和87家行业协会。每年举办的中缅胞波狂欢节、中缅边交会、泼水节、目瑙纵歌节等节庆活动,瑞丽已经成为中缅经贸合作和友好往来的桥梁和窗口。

4. 先行先试有声有色。深入推进体制机制创新,"瑞畹姐"同城化改革基本完成,为实现"芒瑞陇"一体化发展创造了良好条件。成立了瑞丽银井"一寨两国"边民矛盾纠纷调解中心,开创了沿边和谐发展新模式。创新节庆活动承办模式,引入市场主体承办中缅胞波狂欢节。创新边境管理,成立了瑞丽市外籍人员服务管理中心和外籍人员金融消费权益保护投诉站,为到瑞丽居住、经商和务工的外籍人员提供简便快捷的"一站式"办证服务和后续维权服务,目前在瑞丽务工生活的外籍人员达4.5万余人。

出台支持境外机构和人员在瑞丽购买房产的政策，保障境外人员的住房权益。中国注册会计师协会试验区会计服务示范基地投入使用，瑞丽国家重点开发开放试验区泛亚经济研究院挂牌成立，为瑞丽发展提供了有力的人才保障和智力支撑。创新"三农"金融服务改革，首创柠檬、柚子等经济林木确权颁证并成功实现融资；筹建了全省首家县域农村商业银行——瑞丽南屏农村商业银行，形成了由中、农、工、建、农发、农信、富滇、邮储、沪农商、南屏农商行10家商业银行共44个营业网点组成的齐备的金融服务网络；成立了全国首个"中缅货币兑换中心"，首次以中国政府官方形式发布人民币兑缅币汇率的"瑞丽指数"，成为云南沿边金融综合改革的新亮点；瑞丽是全省发展中缅跨境结算试点，在缅甸木姐市设立了全国首个对缅非现金跨境结算服务点，2014年，跨境贸易人民币结算量达123.11亿元，连续五年名列全省县市第一。"十二五"规划实施以来，特别是试验区建设启动以来，瑞丽市委、市政府紧密团结和带领全市各族干部群众，坚持改革不停顿、开放不止步，大胆先行先试，加快发展步伐，着力构建面向南亚、东南亚的通道枢纽、产业基地和交流平台。2013年瑞丽在全省县域经济综合考核中排名第13位，2014年排名第6位。瑞丽正在向构建云南面向南亚、东南亚辐射中心前沿基地的目标大步迈进。

（七）2015年瑞丽的发展成就

瑞丽国家重点开发开放试验区工委管委按照试验区建设总体规划，突出开发和开放两大主题，围绕通道枢纽、产业基地和交流平台三大功能先行先试，在政策落实、规划实施、通道枢纽、特色优势产业、对外合作、体制机制创新等方面取得新进展，沿边开发开放高地雏形显现。

政策落实有突破。2013年3月云南省人民政府印发了支持试验区建设28条政策，"五免五减半"税收优惠政策率先得到落实，截至2015年6月，瑞丽试验区新增入驻企业1110户，投资1000万元以上的142户，合计减免企业所得税地方分享部分4119万元。（其中今年1～6月，新增入驻企业319户，减免企业所得税地方分享部分549万元）。

规划引领有进展。一是试验区产业发展、城乡发展、环境保护、旅游文化产业发展等4个专项规划已获省政府批复，口岸发展、土地利用保障专项规划已上报待批；试验区总体规划环境影响评价报告通过环保部审查。二是试验区"一核两翼"工业园区布局了进出口加工产业。瑞丽环山工业园布局了18.03平方千米的家具板材、珠宝玉石加工、农副产品加工、机械机电、电子电器等进出口加工制造基地；芒市遮放片区布局了国际物流仓储区，风平镇帕底片区布局了7平方公里的出口加工及高原特色农产品加工；陇川章凤规划布局了20平方公里的生物制药、机械制造、电子产品、新材料新技术、木材加工等进出口加工产业。三是完成芒市遮放镇、风平镇、轩岗乡及章凤镇等全州 50 个乡镇环境保护规划的编制工作；着力打造"芒市主城、遮放新城、戛中颐城"的城市布局，完成了勐焕街道、芒市镇、风平镇、遮放镇、轩岗乡、中山乡 6 个乡镇定期评估和规划修改工作。

通道枢纽建设有成效。试验区正全方位推进公路、铁路、水运、航空、管道运输综合立体交通网络和大通关口岸基础设施建设。公路方面，陇川章凤至缅甸八莫二级公路建设已获得缅甸中央政府 BOT 建设批复；龙瑞高速路芒市至畹町段已于今年 5 月建成通车，预计 10 月全线贯通；瑞丽至陇川高速路预计 2016 年内建成；芒瑞大道一期工程加快推进。铁路方面，泛亚铁路西线大理至瑞丽铁路控制性工程已开工建设，德宏段各项前期工作积极推进。航空方面，芒市机场跑道延长和申报为口岸机场的关键性工程"一关两检"设施建设加快推进；瑞丽航空有限公司在第 51 届巴黎航展上签署协议计划订购 30 架波音 737MAX 飞机；瑞丽直升机起降点建成投入使用；瑞丽（陇川）通用机场前期工作抓紧推进，民营航空走在全省前列。管道运输方面，中缅油气管道全线建成，今年将实现原油进口；以 3G 通讯覆盖全境，4G 通信网络、"数字德宏"信息基础设施加快建设，GMS 信息高速公路中缅通道缅甸干线网基本完成；以姐告为交换中心的中缅通讯光缆建成使用，移动、电信手机网络覆盖边境缅方一侧 15 公里。口岸方面，瑞丽口岸、畹町口岸被指定为进境粮食口岸，章凤口岸被指定为进境水果口岸，瑞丽试验区成为国家级口岸和特殊经济功能区最密集的区域和全省口岸综合流量最大的地区。今年上半年试验区共争取到口岸基础设施建设项目 4 个，争取资金 1390 万元，各项建设已有序推进。

特色优势产业有亮点。1. 进出口加工产业方面：年产 15 万辆北京汽车项目于 7 月投产；年产 100 万辆银翔摩托车、30 万吨硅铝合金、150 万吨海螺水泥等一批重大加工装配项目即将建成投产；畹町久丽康源石斛加工基地和瑞丽启升 LED 液晶数码科技项目已投产；瑞丽制造的摩托车、手机成为出口生力军，今年 1～5 月，出口摩托车 32.4 万辆、手机 305.4 万台、电视机及显示器材 57.3 万台，共 832 家企业在瑞丽口岸申报进出口业务，其中德宏州企业 225 家，贸易额占比 64.3%。2. 特色农产品及加工业方面：上半年共完成粮食种植面积 59.37 万亩，占计划的 31.9%，比去年同期快 5.15 万亩，快 9.5%；完成坚果新植 3.5 万亩、核桃新植 3.1 万亩、油茶新植 0.6 万亩、柠檬新植 0.3 万亩、柚子新植 0.2 万亩、辣木新植 0.1 万亩、草果新植 1.7 万亩、咖啡老园改造 1 万亩；完成香料烟种植 2.35 万亩，截至 6 月 24 日，瑞丽香料烟收购工作已经完成，共收购香料烟 45312.1 担、收购金额为 4119.3 万元，超额完成州级下达收购量的 113.25%。3. 旅游文化产业方面：积极推进瑞丽一寨两国（二期）、景成地海（二期）、梁河金塔温泉、大盈江旅游基础设施建设、瑞丽喊沙特色村、畹町旅游小镇等重大重点项目建设；1～5月全州旅游接待总人数390.79万人次，同比增长9.75%，口岸入境一日游人数87.11万人次，同比增长10.46%。预计旅游业总收入539555.83万元，同比增长15.71%。积极探索开辟中缅自驾车旅游，中缅自驾车九日游线路获得由旅游卫视主办的2015中国旅游大会暨"中国旅游金途奖"颁奖盛典授予"年度最佳旅行路线奖"。1～5月已组织赴缅自驾车旅游团队5批次256人，接待边境一日游游客6904人。4.商贸物流业方面：扎实推进城乡内贸流通市场建设，全州典当、拍卖、二手车市场运行正常，今年1～4月，全州实现社会消费品零售总额35.16亿元，同比增长12%，完成全年计划数的30.73%；新出台了《德宏州人民政府办公室关于印发农产品流通体系建设专项资金管理暂行办法的通知》，项目申报工作正在积极推进之中；积极推进商业网点规划编制工作，陇川县的商业网点规划编制已通过州级评审，各县市商业网点规划编制工作全面启动；着力打造大专业和批发市构建网络销售平台，畹町长合水果批发市场、芒沙国际商贸城运营较好。5.项目建设和招商引资方面：2015年瑞丽试验区计划实施项目合计306个，其中：新开工56个，完工64个，续建186个，计划总投资694亿元，累计完成投资221亿元。2015年瑞丽试验区计划完成引进国内资金162亿元，预计同比增长14.7%，其中计划引进省外到位资金147.3亿元，1～6月引进实际到位资金71.19亿元，其中省外到位资金66.97亿元。

对外合作有特色。一是在缅甸密支那设立了德宏州商务代表处，缅甸掸邦腊戍商务代表处于年底正式设立；州总商会与缅甸曼德勒工商总会缔结为友好商会，与缅甸商务部的定期会晤机制目前已经进行了9次，双方基层旅游部门、商会组织之间的会晤交流实现定期开展；与缅甸商务部驻木姐105码贸易处每月一次的信息交换机制和基层商务会晤机制长期得到坚持。二是在缅甸木姐成立了境外NGO组织—瑞丽市妇女儿童发展中心。积极开展对缅民间交往，发展对缅民生建设项目。积极争取"宋庆龄基金会"支持，筹措1000万元建立中缅民生基金。三是6月14日在昆明成功举办中缅瑞丽—木姐经济合作区2015年国际研讨会。双方就会上达成的共识签署了会议纪要，明确中缅双方应尽快成立中缅跨境经济合作区联合工作组，并于年内举行联合工作组会议；召开了滇缅经贸合作论坛第五次会议。四是深化国际经济技术合作。积极开展"引进来"和"走出去"工作，今年1～5月，全州新批外资项目1个，实际利用外资610万美元，完成目标任务的21.79%。1～5月共申请"走出去"战略发展专项资金项目5个；加快推进"瑞丽国家重点开发开放试验区中缅云井、芒秀农村环境综合整治示范项目"的实施；坚持境外替代发展，共25家企业在缅甸境内开展替代经济项目，种植面积43.16万亩。五是加强边境社会事务合作。争取到宣明会"瑞丽市中缅跨境儿童——创造美好明天"项目1个，项目资金57.416万元；加快国门学校建设力度，树立良好国门形象，

2015 年投入试验区学校建设资金 4594 万元；建立了中缅登革热跨境联防联控工作机制，双方加强了疫情信息通报，加大了口岸检疫力度，同时向缅方捐赠消杀药品 1000 千克、喷雾器 30 台、热力烟烟雾机 1 台，捐赠物资价值共计 13.5 万元；积极与缅方联办一些国际马拉松赛、自行车、汽车拉力、沙排赛等有影响力的赛事，大力培育和开发"中缅胞波狂欢节体育比赛"、"东盟足球赛"、"中缅篮球友谊赛"，恢复"中缅体育对抗赛"等赛事；推动中缅双方合作建立"中缅体育人才培训和训练的基地"。

　　体制机制创新有保障。一是创新边境管理体制。边境管理改革试点在全省率先开展，瑞丽、陇川相继成立了外籍务工人员管理服务中心；完善《缅籍边民入境通婚登记备案制》，出台境外边民入境务工管理办法，采用中缅文编印的外籍人员服务手册在瑞丽免费发放，推广外籍人员"一站式"服务新模式，受理登记外籍人员 23680 人、体检 23254 人，就业登记 21729 人；海关一站式通关、无纸化通关、海关区域一体化等通关改革新举措不断实施，认真落实上级海关下放的 18 项管理权，试验区内三个海关平均无纸化通关率已达 90% 以上，关检合作开展一次性报关、一次性报检、一次性放行的 "三个一"改革试点，人、车最快 15 秒即可通关；二是创新金融管理体制。瑞丽中缅货币兑换中心于今年 3 月 31 日在瑞丽市姐告正式揭牌，形成了中缅货币兑换汇率的"瑞丽指数"；瑞丽市已成为全国首个允许个人本外币兑换特许机构办理全部经常项目项下人民币与缅币兑换业务的试点城市；全省首家县域农村商业银行—瑞丽南屏农村商业银行落户试验区，全省首家混合制资本管理公司—德宏黄金时代资本管理有限公司挂牌成立；建立了全省首个外籍人员金融消费权益保护投诉站，在缅甸木姐市设立我国对缅首个非现金跨境结算服务点，跨境贸易人民币结算量位居全省第一；率先实现了成立小额贷款行业协会并建立小额贷款公司分类评级制度、私募股权投资基金设立审批授权等金融制度；保险领域成功开展试验区出境 200 千米以内车辆、入境外籍人员的跨境保险试点，跨境保险产品研发、再保险和机构合作等先行先试稳步推进。三是创新跨境合作机制。州委主要领导分别与缅甸总统府经济顾问、缅甸商务部、矿业部、驻昆总领事等缅方官员及缅甸珠宝协会就双方深化合作、促进双边经济发展举行了会晤，达成了系列共识；中缅跨境农业合作、禁毒合作、智库合作、应急救援、疫病防控、跨境旅游、文化交流等领域合作不断加强。四是创新土地管理方式。实行土地差别化管理，下放了建设用地预审管理权限，瑞丽市的征收占用林地、农用地征收转用报件，已经实现由瑞丽市分别直报省林业厅、省国土资源厅审批；严格执行试验区内水利、水电、旅游等项目区中的绿化景观用地、生态涵养用地、水面用地，在农民补偿安置到位的前提下，可不办理农用地转用手续，不占用建设用地指标，参照原地类管理；耕地补充指标在州内其他县市有偿优先流转给试验区使用；省国土资源厅批准了瑞丽市土地利用总体规划修改成果，瑞丽市的土地利用年度计划指标已由省国土资源厅直接下达；积极稳妥推进瑞丽环山工业园、芒市帕底工业园、陇川县东部城镇、畹町灵溪项目等4个低丘缓坡项目建设；芒市已组织实施2个城乡建设用地增减挂钩项目，农村集体土地所有权确权调查工作已全部完成，具备登记发证条件。五是创新行政、人才管理体制。省委组织部、省人社厅批准的瑞丽试验区 "云南省高层次人才创新创业示范战略、提高人才资源开发利用水平，辐射、引领和推动各基地"，试验区 "人才特区"建设工作启动，上半年，全州引进紧缺高学历优秀专业人才637名（研究生68名、本科569名）；2014年5月，省委组织部、省人社厅批准瑞丽试验区为"云南省高层次人才创新创业示范基地"，标志着试验区"人才特区"建设工作启动，目前已委托省人才发展研究促进会起草省上支持瑞丽试验区"人才特区"建设的实施意见，并开展相关课题研究；2015年5月1日新出台的《德宏州科学技术奖励办法》施行后共征集到报奖项目37项；围绕"科技创新驱动瑞丽试验区建设体系"、"跨境科技交流合作体系"，积极申报创建省级"可持续发展实验区"；制定《瑞丽试验区科技创新管理办法》（草案），实施大众创业、万众创新工程。

（八）抢抓一带一路战略机遇，开启瑞丽十三五新航向

在"十三五"来临之时，瑞丽市将主动服务和融入国家和省、州发展战略，紧紧围绕全州建设"沿边特区、开放前沿、美丽德宏"总目标和"三个三"（按照"通道枢纽、产业基地、交流平台"三个功能定位，认真打好"沿边开放、民族团结、生态环境"三张德宏最鲜明的优势牌，大力实施"基础设施建设、招商引资、项目落地三个攻坚战"）的总要求，坚持创新发展、协调发展、绿色发展、共享发展，切实抓好"政治生态、经济生态、社会生态、绿色生态"四个生态建设，努力在新常态下闯出一条跨越式发展的新路子。"十三五"时期，瑞丽将紧紧围绕全州建设"沿边特区、开放前沿、美丽德宏"总目标，坚持创新发展、协调发展、绿色发展、共享发展，切实抓好"政治生态、经济生态、社会生态、绿色生态"四个生态建设，努力在新常态下闯出一条跨越式发展的新路子。

瑞丽最鲜明的历史特点就是"开放"。2012年，国务院批准了《瑞丽重点开发开放试验区建设实施方案》，瑞丽再次肩负起国家赋予的开发开放历史重任。2013年瑞丽在全省县域经济综合考核中排名第13位，2014年排名第6位，瑞丽正在向建设中缅边境经济贸易中心的目标大步迈进。一个边疆、不靠海的内陆地区，何以成为活力、人气、魅力十足的热土？答案是，德宏州委、州政府，瑞丽市委、市政府抢抓"一带一路"建设机遇，用好重点开发开放试验区这块"金字招牌"，积极构建大开放格局。一个开放、富裕、和谐、美丽的新瑞丽正在孕育蝶变。

勐卯土司千秋史话

优势在口岸。瑞丽是我国进入南亚、东南亚，走向印度洋最便捷、最安全的陆路通道和重要枢纽，是"一带一路"和孟中印缅经济走廊的重要节点。瑞丽拥有 2 个国家一类口岸、2 个国家级边境经济合作区以及全国率先实行"境内关外"海关特殊监管模式的姐告边境贸易区，是我国最大的对缅贸易陆路口岸，进出口贸易总额占云南省对缅贸易的 60% 以上，占全国对缅贸易的 20% 左右。目前，瑞丽口岸、畹町口岸是全国首批进口粮食指定口岸，畹町口岸是全省唯一的"非即食性"冰鲜产品进口指定口岸，瑞丽口岸还被列为云南电子口岸平台建设第一批重点建设口岸。2013 年，在泰国曼谷召开的亚洲交通运输部长论坛第二届会议上，瑞丽被确定为国际陆港城市。2014 年，瑞丽、畹町口岸进出口货运量 364 万吨、货值 47.67 亿美元；出入境人流量 1780 万人次、车流量 389 万辆次，瑞丽口岸"四项指标"连续多年均居云南省首位，边民出入境流量连续多年位居全国第一。目前，畹町芒满—九谷贺弄通道、姐告第四国门通道建设正在加快推进，随着龙瑞、瑞陇两条高速公路陆续建成通车，弄岛至八莫公路扩建，瑞丽对外开放的交通大动脉将内外贯通。瑞丽在国家"一带一路"开放战略中的重要地位和作用日益凸显。

核心在产业。在对外开放的探索历程中，瑞丽依托"两种资源、两个市场"，着力打造"乘瑞丽航空、驾瑞丽汽车、骑瑞丽摩托、看瑞丽电视、打瑞丽手机、赏瑞丽红木、购瑞丽珠宝、品瑞丽柠檬、观瑞丽风光"的"大产业"基地。云南省第一家民营航空公司—瑞丽航空安全运行一周年，11 条航线把瑞丽这张名片带向全国；瑞丽景成直升机场基本建成，直飞、高效的短线"空中黄金走廊"即将开通；年产 15 万辆的北京汽车云南（瑞丽）产业基地、年产 100 万辆的瑞丽银翔摩托产业园将在年内陆续建成投产，瑞丽启升液晶电视科技有限公司年产 20 万台液晶电视机和 10 万部手机生产线正在规划建设，"瑞丽制造"步伐不断加快；红木产业形成完整产业链，被中华木工委授予"中华红木文化特色产业之都"称号；缅甸玉石毛料二次公盘将于今年 9 月正式入驻姐告，"玉回瑞丽"即将到来；"瑞丽柠檬"为代表的生物特色产业品牌效应逐渐显现；推出国内首条中缅自驾车旅游环线，荣获"中国旅游金途奖"2015 年度最佳旅游线路奖，中缅跨境旅游迅速升温；进出口贸易蓬勃发展，以手机、家电为代表的电子产品出口增长迅猛，经瑞丽口岸出口的日用品占全缅市场份额的 75%，农副产品进口贸易加快转型升级，边民互市、仓储物流、国际会展等产业协调发展，瑞丽产业迈出了从传统产业向加工制造业根本转型的关键一步，一个云南面向南亚、东南亚产业辐射的前沿基地正在形成。

活力在创新。2012 年 10 月，瑞丽市与缅甸木姐市缔结为友好城市，双方在多领域、多层次开展了深入务实的交流与合作，为沿边开发开放探索了路径，积累了经验。深入推进体

制机制创新，"瑞畹姐"同城化改革稳步推进，为实现"芒瑞陇"一体化发展创造了良好条件。成立了瑞丽市中缅边境文化交流协会，搭建了中缅文化交流平台。中国第一家驻缅甸NGO组织—瑞丽妇女儿童发展中心木姐项目办公室挂牌成立，为中缅民间交往开辟了新渠道。创新市场化承办节庆活动模式，中缅胞波狂欢节、中缅边交会已成为全省的节庆品牌。创新边境管理，成立了瑞丽市外籍人员服务管理中心和外籍人员金融消费权益保护投诉站。中国—东盟教育培训中心、云南民族大学国际职业教育瑞丽培训基地揭牌开班，中国注册会计师协会试验区会计服务示范基地投入使用，瑞丽国家重点开发开放试验区泛亚经济研究院挂牌成立，为瑞丽发展提供了强大的人才保障和智力支撑。筹建了全省首家县域民营农村商业银行—瑞丽南屏农村商业银行；瑞丽是全国首个允许个人本外币兑换特许机构办理全部经常项目下人民币与缅币兑换业务的试点城市，成立了全国首个"中缅货币兑换中心"，首次以中国政府官方形式发布人民币兑缅币汇率的"瑞丽指数"，成为云南沿边金融综合改革的新亮点；在缅甸木姐市设立全国首个对缅非现金跨境结算服务点，跨境贸易人民币结算量位居全省第一，跨境金融的健康发展为瑞丽对外开放注入了新的活力。

三十多年改革开放辉煌成就是广大干部和群众干出来的。处在开放的前沿，处在实施"一带一路"战略的特殊地位的瑞丽，必将在新的挑战中成长，必将更加坚韧地面对前进中的种种困难，敢于正视，敢于决断，敢于迎接挑战，敢于自我更新，继续沿着改革开放的大道越战越勇。2016年是中国"十三五"规划的开局之年，也是全面建成小康社会决胜阶段的开局之年。或许还可以说，我们正在走进一个新的商业时代。不仅仅因为，不断翻新的新技术、新商业模式为创业创新者提供了更多的可能，还因为我们正在经历的变革，会为所有敢于梦想和实践的人，打开更富有想象力的空间之门。

魅力瑞丽——勐卯古都腾飞的金孔雀！

勐卯土司千秋史话

表一：　　　　勐卯果占壁王国历任王位承袭表

姓名	世序	袭职时间	职名	在位时间	备　注
根　仑 根　兰	1	陈废帝（陈伯宗）光大元年，公元567年，	部落酋长	无考	勐卯根仑、根兰王朝
葛拉叭	2	武则天天授元年，公元690年	果占壁王国国王	19年	勐卯果占壁王国时期
召武定	3	唐中宗景龙四年，公元710年	果占壁王国国王	51年	召武定王朝时期，原名混相吾，建都于勐卯雷允
混　等	4	唐肃宗宝应元年，公元762年	果占壁王国国王	72年	混等王朝时期，被南诏国王封为"勐卯王"
召混鲁	5	唐文宗（李昂）开成元年，公元836年	果占壁王国国王	78年	建都于等贺
召混莱	6	明末帝（朱友贞）贞明元年，公元915年	果占壁王国国王	36年	无子嗣袭位，由陶勐、陶曼代行职务
混岛雅鲁混岛昂仑	7	五代后周乾佑四年，公元951年	果占壁王国国王	62年	由陶勐岛列、陶勐岛罕兄弟分封到勐卯任"召"
混顿货	8	北宋徽宗（赵佶）大观二年，公元1108年	勐卯王	60年	傣名召法弄宏勐
混果琅	19	南宋孝宗淳熙三年，公元1167年	勐卯王		1176年后雅鲁王朝无子嗣承袭，王朝消亡

表二：　　　　　　　麓川思氏土司世系表

姓名	傣族名	世系	职　名	在位时间	袭职年代	备　注
谬　蚌	芳罕	1	麓川路（总管）	36 年	1256 年	大理国授印封"勐卯王"，建都允外，后迁棒罕
南玉喊良		2	勐卯女王	16 年	1292 年	建都允南玉（代行芳罕职务）
罕　好		3	麓川路（总管）	20 年	1308 年	居允南玉
罕静法		4	麓川路（总管）	12 年	1328 年	居允南玉，无子袭位，4 马寻到思汉法
思汉法	混依海罕、刹远	5	平缅宣慰使	29 年	1340 年	建都允遮海（果占璧王城，8 年才建成，后迁姐兰
思并法	思恒法	6	平缅宣慰使	8 年	1369 年	居姐兰
思洪法	台　扁	7	平缅宣慰使	2 年	1377 年	迁都每色弄
思的法		8	平缅宣慰使	2 年	1379 年	居每色弄
思瓦法		9	平缅宣慰使	2 年	1381 年	居每色弄
思伦法	思混法	10	麓川平缅宣慰使	22 年	1382 年	明王朝授封，迁都姐兰
思行法	思亨法	11	麓川平缅宣慰使	10 年	1404 年	迁都景冷
思任法	思昂法	12	麓川平缅宣慰使	28 年	1414 年	迁都芒遮，后迁广贺罕
思机法		13	麓川平缅宣慰使	7 年	1442 年	迁都姐兰
思禄法		14	勐养地方长官		1449 年	明三征麓川后退居勐养，麓川思氏王朝灭亡

表三：　　　　勐卯衍氏土司承袭表

世　序	姓　名	别　名	官职名称	承袭时间	备　注
一世祖	思　化		蛮莫安抚使	1573-1598	原为勐密头目，明朝廷授蛮莫安抚使
二世祖	思　正		蛮莫安抚使	1599-1602	缅攻取蛮莫时战死
首任土司	衍　忠	思　忠	勐卯安抚使	1603-1606	思正弟，思正死后由沐昌祚收养改思姓为衍姓，明朝廷封授安抚使职，被缅军杀害
二任土司	衍　珑	罕伦法	勐卯安抚使	1607-1637	衍忠遇害无子袭位，由舍目衍珑承袭
三任土司	衍　瑾	罕静法	勐卯安抚使	1638-1650	衍珑之子
四任土司	衍　珍	罕镇法	勐卯安抚使	1651-1658	衍瑾之子
五任土司	衍　瑄	罕宪法	勐卯安抚使	1659-1698	衍珍之子
六任土司	衍　玅	罕并法	勐卯安抚使	1699-1725	衍瑄之子
七任土司	衍　志	罕举法	勐卯安抚使	1726-1740	衍玅之子
八任土司	衍　玥	罕荫法	勐卯安抚使	1741-1769	衍志之子
九任土司	衍　初	罕软法	勐卯安抚使	1770-1786	衍玥之子
十任土司	衍　衿	罕金法	勐卯安抚使	1787-1813	衍初无子，由弟衍衿承袭
十一任土司	衍　莲	罕亮法	勐卯安抚使	1814-1862	衍衿之子
十二任土司	衍如凤	会算法	勐卯安抚使	1863-1877	衍莲之子
十三任土司	衍定邦	罕印法	勐卯安抚使	1878-1892	衍如凤之子
十四任土司	衍国藩	罕盖法	勐卯安抚使	1893-1926	衍珑之子
十五任土司	衍盈丰	罕按法	勐卯安抚使	1927-1929	衍国藩之子
末代土司	衍景泰		未受封	1944-	衍盈丰之子，因年幼，期间先后由刀京版、方克胜任代办

编写《勐卯土司千秋史话》参考书目

1.《德宏自治州志》（综合卷），德宏州史志办编，德宏民族出版社，（滇）新登字06号，1994年12月第1版。

2.《德宏历史资料》德宏州史志办公室编，德宏民族出版社，ISBN978-7-80750-755-0，2012年10月第1版

3.《瑞丽市志》，瑞丽市志编纂委员会编，（川）新登字009号，四川辞书出版社，1996年4月第一版

4.《勐卯弄傣文史籍译注》杨永生主编，德宏民族出版社，ISBN 978-80750-186-2/H.7，2009年7月第1版

5.《腾越厅志》（点校本），[清] 陈宗海，云南美术出版社 ISBN7-80586-936--7/K-47，云南人民出版社，2003年12月第1版

6.《乘象国揭秘——瑞丽傣族历史文化研究集萃》杨进才、李云鹏主编，德宏民族出版社，ISBN 978-7-80750-709-3，2012年10月第1版

7.《召武定王朝》，蔡小晃、岳小保译，ISBN 978-7-222-12244-4，云南人民出版社，2014年9月第1版

8.《从文明起源到现代化》林甘泉、张海鹏、任式楠主编，人民出版社，2002年2月第1版 ISBN 7-01-003530-X

9.《清实录》（越南缅甸泰国老挝史料摘抄），云南省历史研究所编，
云南人民出版社，1986年10月第一版。

10.《云南简史》马曜主编，云南人民出版社，统一书号11116.75，1983年1月第一版

11.〈云南——可爱的地方〉，云南日报社新闻研究所编，云南人民出版社，1984年8月第一版。

12.《德宏大观》，傣族景颇族自治州人民政府编，（沪）新登字105号，1993年3月第1版。

13.《德宏州文史资料选辑》（第十一辑），德宏州政协文史资料委员会编，德宏

民族出版社，1999年3月第一版。

14.《德宏州文史资料（德宏土司专辑）》，德宏州政协文史和学习委编，德宏民族出版社，1997年5月第一版，（滇）新登字06号，ISBN 7－80525－340－4/K－90

15.《傣族史》江应樑主编，四川民族出版社，1983年12月第一版

书号 M11140-25

16.《滇西摆夷之现实生活》江应樑著，江晓林笺注，德宏民族出版社，2003年12月第一版，ISBN 7－80525－798－1/K－171

17.《滇川贸易百年》，王川著，云南人民出版社，2013年4月第一版，ISBN 978-7-222-10776-2

18.《瑞丽文史资料选辑》（第一辑），瑞丽市政协文史资料委编，德宏民族出版社，1994年8月第一版。ISBN 7－80525－245－9

19.《新编德宏风物志》张方元主编，云南人民出版社 ISBN 7－222 －02968－0/2-341，2000年5月第1版

20.《德宏风采》张承源 方华著，云南人民出版社出版，1988年3月第1版

21.《德宏，大家的德宏》德宏傣族景颇族自治州旅游局主编，云南出版集团公司、云南美术出版社出版，2009年8月第1版

22.《勐卯弄傣族历史研究》，德宏州傣学学会编，云南民族出版社，2005年3月第一版，ISBN 7-5367-3158-2/K.811

23.《傣族纪年》，龚锦文编著，德宏民族出版社，2015年2月第一版，ISBN 078-7-5558-0221-1/P.8

后 记

《勐卯土司千秋史话》一书的策划完全是在一次偶然的时间形成的。2014年8月，当中国少数民族大辞典系列《傣族卷》几位撰稿人在一起聚会时，大家谈到《傣族卷》有关德宏土司文化时，都感到德宏土司是中国土司制度建立最早，存在时间最长，制度最完善，各土司人物济济，历史事件影响大、内容最丰富，非常值得浓墨重彩地写一下。说者无心，听者有意，参加议论的德宏民族出版社傣文编辑室孟成信主任却记在了心中，回去与出版社舒生跃社长汇报了这个题材后，立即得到舒社长的首肯，当即拍板同意组织有关人员进行编写。

当孟成信把舒生跃社长的意思转达给笔者后，我们一是有一种历史的责任感：觉得不把这些历史写出来有点对不起我们的读者；二来也为舒社长的信任和热忱所感动，决定承担这一重任。编写计划方案很快被出版社领导和专家审定通过后，我们立即就着手进行资料收集和编写工作。经过近一年多的时间，几经周折，《勐卯土司千秋史话》一书初稿终于脱稿。在此书开展调研、资料收集、组织照片拍摄、修改审定内容等各个环节方面，都得到了社会各有关单位和人士的大力支持和协助，特别是瑞丽市傣学会的岩板主席不仅对编者在瑞丽开展调研活动时派人、派车给予协助，在审稿、核对有关内容方面也做了大量工作。当得知需要增补缅甸境外勐卯果占璧王朝古都遗址照片时，岩板主席通过关系立即组织有关人员到境外拍摄提供了所需照片。州傣学会常务副会长龚家强接到出版社安排的初稿审稿任务后，利用休息时间加班加点进行修改，从文字内容到标点符号都提出了非常重要的修改意见，为此书减少内容文字差错、提高质量作出了积极贡献，州傣学会有关专家学者都为此书提出了许多建设性的意见和建议，在此一并表示衷心的感谢。

本书编者在编写过程中，对于汉文史籍与傣文史籍对同一历史事件和人物的记载中有明显矛盾时，经编者综合各方佐证选取了我们认为更为合理的资料，所持观点只代表编者所持的立场，难免会引起争议，在此特予说明。由于编者水平有限，无论在内容表述、字词校对方面肯定还会存在许多不尽人意的地方，恳请各界人士提出宝贵意见。

　　本书照片提供者分别是衎玉兰、岩板、钱民富、蔡小晃、封履仁、何少林、张方元。

编著者